ilv leske republik

Materialien zum Vormärz

Georg Weerth
Vergessene Texte

Werkauswahl
in zwei Bänden
Band I

EVA
Europäische Verlagsanstalt

ilv
informationspresse – c. w. leske

Georg Weerth Vergessene Texte

Werkauswahl Band I

Nach den Handschriften herausgegeben von
Jürgen-W. Goette Jost Hermand Rolf Schloesser

Mit einem Beitrag
von Heinrich Böll

informationspresse - c.w. leske · Köln 1975
Eine Co-Produktion mit der Europäischen Verlagsanstalt

Reihe ›ilv leske republik‹ · Materialien zum Vormärz
Herausgeber und Redaktion: Rolf Schloesser
Unter Mitwirkung von Felicitas Allardt-Nostitz,
Edith Queiser, Johannes Uhlmann

Band 2: Georg Weerth · Vergessene Texte
Werkauswahl in zwei Bänden
Band I

Mit Beiträgen von
(Band I)

Heinrich Böll
Wolfram Fischer
Jürgen-Wolfgang Goette
Jost Hermand
Rolf Schloesser

(Band II)

Felicitas Allardt-Nostitz
Hans Bender
Jürgen-Wolfgang Goette
Reinhart Koselleck
Georg Lukács
Florian Vaßen

Originalausgabe

Die Reihe ›ilv leske republik‹ erscheint als
Co-Produktion der
informationspresse - c. w. leske, verlag GmbH, Köln
und der Europäischen Verlagsanstalt GmbH,
Frankfurt/Main – Köln
Umschlaggestaltung: Katrin Jäger
Satz: Heinz Böninghausen, Köln · Münch, Köln
Gesamtherstellung: fotokop wilhelm weihert KG,
Darmstadt
Printed in Germany · ISBN 3-434-00261-8

Inhalt

Register und Literaturverzeichnis befinden sich am Schluß des Bandes II

EDITORISCHE NOTIZ

Unsere zweibändige Werkausgabe möchte einen zu Unrecht vergessenen Dichter durch eine möglichst umfassende Auswahl seiner Werke und Briefe in der Bundesrepublik Deutschland einem breiteren Kreis bekanntmachen. Ergänzende Anregungen soll der Leser durch die von verschiedenen Wissenschaftlern und Publizisten geschriebenen einführenden Aufsätze und den Beitrag von Heinrich Böll erhalten.

1956/57 legte Bruno Kaiser eine fünfbändige Gesamtausgabe der Werke und Briefe Georg Weerths in der DDR vor. Kaiser gebührt das Verdienst, Weerth aus der Vergessenheit herausgeholt zu haben. Doch abgesehen davon, daß die DDR-Ausgabe nicht vollständig ist und eine Reihe von Kürzungen enthält, sind dort eine Fülle von Lesefehlern und Irrtümern bei der Texterstellung unterlaufen. Die vorliegende Werkauswahl bemüht sich, die Texte getreu den Handschriften, die sich im "Internationaal Instituut voor Sociale Geschiedenis", Amsterdam, befinden, herauszugeben; sofern die Handschriften nicht mehr existieren, dienten als Vorlage die Erstdrucke.

Bei der Texterstellung konnte es nicht darum gehen, alle unterschiedlichen Schreibweisen und Flüchtigkeitsfehler Weerths beizubehalten. Die Handschriften Weerths sind zwar meist gut zu lesen, aber nicht alle Manuskripte wurden vom Autor einer genaueren Korrektur unterzogen. Darum wurde bei der Text-Bearbeitung der vorliegenden Werkauswahl nach folgenden Grundsätzen verfahren:

1. Offensichtliche Schreibfehler wurden stillschweigend berichtigt, Ergänzungen sind in eckige Klammern gesetzt. In den Handschriften unleserliche Stellen wurden durch das Zeichen .–. kenntlich gemacht.
2. Die Orthographie ist unter Wahrung des Lautstandes modernisiert worden.
3. Groß- und Kleinschreibung, Trennung und Zusammenziehung wurden dem heutigen Sprachgebrauch angepaßt. Gelegentlich kleingeschriebene Satzanfänge (z. B. nach Frage- und Ausrufezeichen) wurden meist großgeschrieben.
4. Die in den Handschriften sehr unterschiedliche Schreibung der Fremdwörter ist vereinheitlicht worden.
5. Die Interpunktion wurde sehr behutsam modernisiert. Die Veränderungen betreffen meist nur fehlende oder überflüssige Kommas, die sicherlich weitgehend auf das Konto mangelnder oder flüchtiger Durchsicht durch den Autor gehen. Weerths Vorliebe für den Gebrauch des Gedankenstrichs und des Semikolons wurde Rechnung getragen.
6. Die von ihm unterschiedlich gehandhabte Zeichensetzung für die direkte Rede wurde vereinheitlicht; in den Handschriften sind die Dialoge meist durch Gedankenstriche, im Erstdruck dagegen häufig durch abwechselnd volle und doppelt volle Anführungszeichen gekennzeichnet. Um Ungereimtheiten zu vermeiden, folgen wir dem heutigen Gebrauch.
7. Alle Weerth-Zitate in den wissenschaftlichen Beiträgen wurden ohne Anführungen kursiv gesetzt, Titel von Werken Weerths kursiv mit Anführungszeichen. Die Seitenangaben in diesen Beiträgen (S. . . .) beziehen sich auf die vorliegende Ausgabe.

Folgende Abkürzungen werden in den Fußnoten häufiger verwendet:

SW = Georg Weerth, Sämtliche Werke in fünf Bänden, hrsg. von Bruno Kaiser. Berlin: Aufbau 1956/57.

MEW = Karl Marx und Friedrich Engels, Werke. Berlin: Dietz 1956 ff.

NRhZ = Neue Rheinische Zeitung.

Die Herausgeber

Heinrich Böll

An Stelle eines Vorworts
Eine erwünschte Reportage

Georg Weerth zum Gedächtnis
und Günter Wallraff gewidmet

Daß seltsame Dinge auf dieser Erde geschehen, mag als Banalität gelten, und doch, geschehen sie, werden wir von ihnen überrascht, und wohl kaum ein Ereignis hat in letzter Zeit soviel Überraschung hervorgerufen wie die Tat des Land- und Forstarbeiters Heinrich Sohlweg, der die letzte tarifliche Lohnerhöhung seinem Arbeitgeber, dem Grafen Kleroth nicht demonstrativ sondern überzeugt zurückgab. Man hat dieses Ereignis lange Zeit für eine von der Reaktion manipulierte, von der Presse hochgejubelte Ente gehalten, selbst rechtsgerichtete Blätter sind nur zögernd in diese story eingestiegen, erschien sie doch auch ihnen wenig glaubwürdig. Jedoch getreu der Devise: "Was wahr ist, muß auch wahr bleiben", soll hier berichtet werden, daß diese wahre Geschichte, die man wie alle wahren Geschichten zunächst für verlogen hielt, tatsächlich wahr ist.

Wer sich heutzutage, aus welcher Richtung immer, Groß-Kleroth nähert, wird selbst an Regentagen den einen oder anderen Pilgerbus nicht übersehen können, der zwischen Kirch- und Schloßplatz auf dem eigens dazu hergerichteten Grundstück des Gastwirts Heuschneider parkt. Nicht alle diese Pilgerbusse sind von jener Organisation in Bewegung gesetzt, die sich "Rettet das Abendland vor dem Materialismus" nennt (Abkürzung RAM, nicht zu verwechseln mit RAF!), gar mancher Bus wird spontan geheuert, nicht nur von ländlichen Gruppen. Und gar mancher Neugierige kommt nicht aus ungemischt edlen Motiven. Mag dem einen oder anderen Pilger wirklich daran liegen, das Abendland vor dem Materialismus zu retten, so wird doch auch dem gläubigsten Pilgrim, und wäre er der krasseste Idealist, ein Arbeiter seltsam vorkommen, der eine Lohnerhöhung ablehnt, nur weil er sie gewerkschaftlichen Tarifverhandlungen verdankt. Es war denn auch zunächst allen Betroffenen und auch den Betreffenden eher peinlich, als Heinrich Sohlwegs Aktion durch die gezielte Indiskretion eines gewerkschaftsfeindlichen Buchhalters in der gräflichen Forstverwaltung publik wurde. Es wurde alles getan, um den Vorfall geheim zu halten, und es muß hier besonders der geradezu unermüdliche Einsatz der jungen Gräfin Kleroth gelobt werden, die alles versucht hat, die Publizierung der Sohlwegschen Tat zu verhindern. Doch da wir in einem freien Land mit einer freien Presse leben, und da besagter gewerkschaftsfeindlicher Buchhalter ebenfalls als freier Mensch in einem freien Land lebt, war da nichts zu machen: es wurde publik, daß Heinrich Sohlweg nach der letzten Tarifrunde eine Lohnerhöhung, die in seinem Fall 67,80 DM netto betrug, gar nicht erst in Empfang nahm, sondern eben diesen Betrag dem Buchhalter sofort über den Tisch zurückschob mit der Bemerkung, er wolle die "roten Groschen" nicht. Gefragt, was denn damit geschehen solle, ob man sie einem wohltätigen Zweck zuführen solle, sagte Sohlweg energisch, nein, das Geld gehöre dem Herrn Grafen und niemand sonst, und der solle es auch zurückerhalten; für sich persönlich? Sozusagen als zusätzliche Einnahme? Ja. Es gehöre dem Herrn Grafen, und der solle es haben. Wer je mit Buchhaltung zu tun gehabt oder auch nur in diese hineingerochen hat, wird sich denken können, daß nicht nur die sozusagen moralische Seite der Sache peinlich genug war, auch die buchungstechnische. Wie sollte man den Betrag buchen? Als Spende? Zusätzliche Einnahme? Selbst als er – diesmal von der jungen Gräfin Kleroth, die keineswegs linksverdächtig ist – darauf aufmerksam gemacht wurde, daß mehr als die Hälfte des Betrages angesichts der gräflichen Steuerklasse ohnehin ans Finanzamt ginge, bestand Sohlweg auf der Rücknahme des Betrags, den man dann nach einer langwierigen mündlichen Verhandlung als "verweigerte Lohnerhöhung" buchte.

Es muß noch einmal hervorgehoben werden, daß selbst erklärt reaktionäre, extrem gewerkschaftsfeindliche Kreise, zu denen man auch die junge Gräfin Kleroth zählen muß, mit äußerster Zurückhaltung auf Sohlwegs Aktion reagierten, während mehr oder weniger linke Publikationsorgane an der Version "Zeitungsente der Reaktion" festhielten. Hatte sich der gute Heinrich Sohlweg, sechsunddreißig Jahre alt, verheiratet, zwei Kinder, r. k., zwischen sämtliche Stühle gesetzt? Keineswegs. Graf Kleroth nahm die Lohnzurückzahlung ungerührt an, verleibte das Geld bar seiner Brieftasche beziehungsweise das Kleingeld seinem Portemonnaie ein, und genehmigte sich zwei besonders gute Flaschen trockenen Moselweins, und selbst als Sohlweg davon erfuhr (es wurde gemunkelt, daß der Graf ihn zu einem Schoppen eingeladen habe, was Sohlweg, Antialkoholiker, aber ablehnte), trafs ihn keineswegs auf der verdrießlichen Seite seines Gemüts, sondern er nahms fröhlich und sagte: "So soll es ja sein, der Herr Graf ist mein Herr, und meinem Herren soll es wohlergehen. Nicht mein Herr soll mir unterworfen sein, sondern ich ihm, und mag er als Zeichen meiner Unterwerfung von den roten Groschen, die nicht mir, sondern ihm gehören, einen guten Tropfen trinken."

Gar mancher Leser wird sich inzwischen die Augen gerieben haben und sich fragen, ob er wache oder träume, ob er einem Lügner oder Märchenerzähler aufgesessen sei. Diese Frage muß hier energisch verneint werden: die Sohlweg-story ist w a h r, und mag sie – analysiert man sie – noch so verlogen wirken, wahr ist sie, im Sinne von: So hat es sich zugetragen. Sohlweg lehnte auch künftige (inzwischen vergangene) Lohnerhöhungen ab, und wenn man den Angaben des Hauptbuchhalters der gräflichen Landwirtschafts- und Forstverwaltung glauben kann, so beläuft sich die Summe der verweigerten Lohnerhöhungen bisher auf 1.870 DM, eine Summe, von der Frau Sohlweg gesagt haben soll: "Das ist ja das Drittel eines Autos." Die Sohlwegschen Kinder Brigitte, 12, Klaus Anton, 9, sollen sich ähnlich zynisch geäußert haben. Brigitte, linksinfiziert, wird eine Äußerung zugeschrieben, die sie in einer Diskothek in Klein-Kleroth getan haben soll: Diesem feudalistischen Ausbeuterschwein die Piepen zurückzugeben! Während Klaus Anton, noch in der katholischen Grundschule von Groß-Kleroth, lediglich mit weinerlichem Unterton gesagt haben soll: "Der Graf hat doch Geld genug – und ich hab' immer noch kein Fahrrad."

Alle diese der Familie Sohlweg zugeschriebenen Äußerungen sind u n w a h r. Frau Sohlweg ist mit dem Opfer ihres Mannes einverstanden, die beiden Kinder leugnen die ihnen zugeschriebenen Äußerungen und gehen weiterhin, um das karge Einkommen der Familie aufzubessern, zur Ähren- und Kartoffelnachlese, zum Brombeerpflükken und Pilzesammeln, sie weigern sich, Geld und Geschenke anzunehmen, die die junge Gräfin ihnen gelegentlich zustecken möchte.

Nun könnte man annehmen wollen, daß die Familie Sohlweg duckmäuserisch oder gar muffig sei: das Gegenteil ist der Fall. Es werden dort fröhliche Lieder gesungen und muntere Tänze getanzt, wenn auch der einzige Wandschmuck in einer Tafel besteht, auf der zu lesen ist: "Ich dien'".

Im Saal der Gastwirtschaft Heuschneider – bei gutem Wetter im Wirtshausgarten – gibt Sohlweg denn auch fröhlich vor kleineren Pilgergruppen – er weigert sich, an Massenveranstaltungen teilzunehmen – seine Philosophie zum besten: Der Graf, so sagt er, sei nun einmal sein Herr, der Besitz seines Herrn sei ihm heilig, und jeder Groschen, den die Roten seinem Herrn abknöpften, sei eine Verminderung des Herrentums, dem er sich freiwillig, fröhlich unterwerfe, und außerdem: er brauche das Geld tatsächlich nicht; seine Familie und er seien zwiefach gesegnet: mit Bescheidenheit und Fleiß, und wer fleißig und bescheiden sei, sei noch immer auf dieser Erde zurechtgekommen. Es müsse endlich ein Zeichen gesetzt werden, das dem Materialismus, dem Lohnegoismus der Arbeiter ein Ende setze, und er, Sohlweg, habe dieses Zeichen setzen wollen. Nicht mehr und nicht weniger, und wenn dann die Pilger, so verlegen wie gerührt, irgendeinen Obolus loswerden wollen – sie sind gewöhnt, nichts kostenlos zu erhalten – so verweist Sohlweg sie auf den Opferstock der nahegelegenen Pfarrkirche; er nimmt nichts, nicht einmal ein Bier; nur wenn man ihn arg bedrängt, läßt er vielleicht sich herab, eine Zigarette anzunehmen.

Die RAM ist inzwischen massiv in die Sohlweg-story eingestiegen, bisher ohne großen Erfolg, was die Werbung von Sohlweg-Nachfolgern betrifft, und zwar, das hat eine Analyse ergeben, schämen sich diejenigen unter den Arbeitern, denen Sohlwegs "Grundgedanken nicht unsympathisch sind". Nicht den geringsten Anklang, nicht einmal theoretischen, hat der Sohlwegismus bisher unter Beamten gefunden; der Klerus schwankt: gewisse klerikale Gruppen sympathisieren, andere fürchten den moralischen Rigorismus. Graf Kleroth äußert sich nie zu Sohlweg: weiterhin ungerührt nimmt er die zusätzliche Einnahme, oder zutreffender ausgedrückt: zurückgegebene Nicht-Ausgabe aus den Händen seines Buchhalters entgegen als direktes, ihm zustehendes Opfer, das er in Wein verwandelt. Und doch: irgendwie wird man in Groß-Kleroth dieser Sache nicht ganz froh. Nach neuesten Informationen soll die Vermutung geäußert worden sein, Sohlweg sei kein Knecht der Reaktion, sondern ein Söldling der Gewerkschaften. Die RAM hat eine entsprechende Untersuchung eingeleitet. Wahr ist: unheimlich ist Sohlweg allen Beteiligten, Interessierten und Betroffenen, aber vielleicht sollte man von der Wahrheit keine Gemütlichkeit erwarten.

Jürgen-Wolfgang Goette
Rolf Schloesser

Georg Weerth
Ein Lebensabriß

Georg Weerth.

1

Wer war Georg Weerth, den bis heute kaum eine deutsche Literaturgeschichte auch nur erwähnt, obwohl er zu den glänzendsten Schriftstellern und Journalisten unserer Sprache in der ersten Hälfte des 19. Jahrhunderts gehört? Weerth wurde nur 34 Jahre alt und schrieb nur zwischen seinem 20. und 27. Lebensjahr[1]. Aber was und wie er schrieb, blieb für seine Zeitgenossen unvergeßlich – für seine vielen Feinde und seine wenigen Freunde. Er war Vorkämpfer und Wegbereiter einer Revolution, und er verstummte, als sie scheiterte. Er war – wie Friedrich Engels ihn nannte – "der erste und bedeutendste Dichter des deutschen Proletariats"[2]. In seiner äußeren Erscheinung bis zu seinem letzten Lebenstag ein Bürger – der bürgerliches Denken kompromißlos bekämpfte.

Georg Ludwig Weerth wurde am 17. Februar 1822 in Detmold geboren. Er wuchs in einem nicht wohlhabenden, aber auch nicht armen Haus auf. Die meisten seiner protestantischen Vorfahren waren väterlicherseits Kaufleute gewesen. Weerths Vater dagegen – Ferdinand Weerth – hatte Theologie studiert, war danach eine Zeitlang Pfarrer in Homberg bei Duisburg und in Kettwig an der Ruhr, kam 1805 auf Wunsch der Fürstin Pauline nach Detmold und wurde dort Generalsuperintendent. Seine Predigten waren – nicht unbedingt im Einklang mit seiner Zeit – rationalistisch-lehrhaft. Und mit besonderem Engagement widmete er sich der Arbeit an den Schulen und der Lehrerausbildung. 1811 schrieb Ferdinand Weerth einen "Leitfaden für den Religionsunterricht in der Schule", der in deutlichem Gegensatz zum offiziell verordneten Heidelberger Katechismus stand.

Drei Jahre zuvor – 1808 – hatte er die Predigertochter Wilhelmine Burgmann aus Mülheim an der Ruhr geheiratet. Sie war von naiv-gefühlvoller Gläubigkeit, ganz im Gegensatz zur Geistigkeit ihres Mannes, der trotz seines Hangs zum Rationalistisch-Lehrhaften, zum Patriarchalischen als tolerant und einsichtsvoll geschildert wird. Das so verschiedenartige Wesen der Eltern sollte sich dereinst in Georg Weerths Persönlichkeit und Werk auf eigentümliche Weise widerspiegeln. Wie sehr er die Mutter verehrte und liebte, bezeugen die vielen Briefe, die er bis zu seinem Tod an sie geschrieben hat.

Georg Weerth hatte noch vier Geschwister: Sein älterer Bruder Carl wurde Naturwissenschaftler und Gymnasiallehrer, sein Bruder Wilhelm, mit dem sich Georg zeitlebens besonders gut verstand, wurde Pfarrer, seine Schwester Charlotte heiratete einen Pfarrer und der Jüngste – Ferdinand – wurde wie Georg Kaufmann.

1 Es sei besonders verwiesen auf: Georg-Weerth-Bibliographie, bearbeitet von Ernst Fleischhack. In: Lippische Mitteilungen aus Geschichte und Landeskunde (Detmold) 41 (1972), S. 191–227.

2 MEW, Bd. 21, S. 7.

2

Weerth lernte früh die Welt des Handels kennen. Mit 14, wenige Monate vor dem Tod seines Vaters (1836), verließ er die Sekunda und begann in Elberfeld eine kaufmännische Lehre. Seine schon damals erstaunlich ausgeprägte Beobachtungsgabe, seinen wachen Sinn für alles, was in seiner Umgebung vorging, belegt ein Brief aus dieser Zeit. Barmens Kunststraße schildert der 16jährige seinem Bruder Wilhelm so: *Vom frühen Morgen bis tief in die Nacht wogt die geschäftigste Menschenmasse der Welt in ihr auf und ab. – Links sieht man von Elberfeld den stärksten Strom heranwallen, elegante Wagen, Reiter, Karren kommen im bunten Gemisch dahergezogen. Rechts fährt der märkische Bauer seine Kohlen heran, vor uns hängt der Färber seine in allen Farben schimmernde Wolle zum Trocknen auf, und hinter uns hört man unaufhörlich den kräftigen Hammer manches weithergekommenen Arbeiters, der unermüdlich das größte Werk, die Eisenbahn, zu entstehen helfen sucht.* (S. 41) Ein anderes Mal berichtet er davon, wie er seinem Prinzipal ein Buch, das Wilhelm geschrieben hat, geben will. Der Chef glaubt, Georg wolle es ihm verkaufen; *plötzlich veränderte sich seine Gesichtsfarbe, und bei dem Gedanken an Geldbezahlen wäre er beinah hintenübergeschlagen.*

Dabei hat Weerth seinen Kaufmannsberuf stets sehr ernst genommen. Geschäftlichen Erfolg verachtete er nicht. Doch Handel und Industrie waren für ihn vor allem Nahtstellen einer neuen Zeit, an denen sich künftige Entwicklungen und Veränderungen am klarsten beobachten, erfassen und abschätzen ließen. Schon in seiner Lehrzeit verurteilt er die einseitige Krämergesinnung und die falsche Religiosität seiner Umgebung. Das gipfelt in der Frage: *Denn wo ist der scharfsinnige, erfinderische Gelehrtengeist? Wo ein Gedanke von Poesie und Schwung in meinem von kaufmännischen Rechnungsexempeln starrenden, strotzenden Wanste?*[2a] Die Diskrepanz zwischen Geist und Geld, zwischen Wirklichkeit und Idealen in der selbstsicheren, anscheinend so intakten Biedermeier-Welt hat viele von Weerths Generation beschäftigt. Aber bei Weerth war das Interesse an sozialen Fragen und Veränderungen von Anfang an stärker.

Daß sich dieses Interesse in wenigen Jahren so sehr ausprägte – dazu hat zweifellos ganz entscheidend die Begegnung mit Hermann Püttmann[3] beigetragen. Püttmann, sein eigentlicher 'Entdecker', war damals Redakteur an der liberalen "Barmer Zeitung". Er war ein Ver-

2a SW, Bd. 5, S. 28.

3 Hermann Püttmann wurde am 12. 8. 1811 in Elberfeld geboren und starb am 24. 12. 1874 in Richmond, Australien. 1839 erschien in Leipzig die "Düsseldorfer Malerschule", 1840 sein "Chatterton" in Barmen. In seinen 1841 anonym in Hamburg herausgekommenen "Tscherkessenliedern" besang er den Freiheitskampf gegen den russischen Absolutismus. Sein Buch "Kunstschätze und Baudenkmäler am Rhein", Mainz 1841, widmete er "seinem lieben Freunde Georg Weerth". Von Herbst 1842 bis zum 1. Dezember 1844 war er Feuilletonchef der "Kölnischen Zeitung", danach Herausgeber verschiedener Zeitschriften des Frühsozialismus. 1844 erschien in Darmstadt sein "Deutsches Bürgerbuch für 1845" (vgl. Neuausgabe in der Reihe ilv leske republik, Köln 1975). Püttmann emigrierte 1845 in

fechter der politischen Dichtung, besonders aufgeschlossen für alle sozialen Fragen. 1838 führte er Weerth in einen Elberfelder Literatenzirkel ein, wo der spätere Satiriker und radikale Sozialkritiker Weerth seine ersten Gedichte vortrug; sie waren zwar noch ganz von der romantischen Schule eines Uhland und Eichendorff bestimmt – aber in ihnen klingt auch schon etwas vom kecken Ton seines großen Vorbildes Heine an. Püttmann war es, der Weerths soziales und politisches Engagement beflügelte. Rückschauend schreibt Weerth 1843 über seinen Mentor: *Die Redlichkeit dieses Mannes geht ins Aschgraue, und sooft ich auch andre Leute kennenlerne, so komme ich doch immer wieder auf meinen alten Republikaner zurück. Was er mir schon im Leben genutzt hat, kann ich ihm nicht vergelten. Das wünsche ich einem jeden, daß er in seinem sechzehnten Jahre ihn zum Freunde erhalte. Ich hatte das Glück!*[3a]

3

Im Frühjahr 1840 wird der 18jährige Weerth Buchhalter im Gräflich Meinertshagenschen Kontor in Köln.

Anders als in den übrigen Teilen Deutschlands waren um diese Zeit im Rheinland die wirtschaftlichen Verhältnisse wesentlich weiter entwickelt. Die aus England 'importierte' Industrielle Revolution nahm hier ihren Anfang. Schon die von Napoleon eingeführte und nach 1815 auch von Preußen nicht mehr rückgängig zu machende Gesetzgebung schuf die Bedingungen dafür, daß das rheinische Bürgertum zwischen 1815 und 1848 zur entscheidenden wirtschaftlichen Macht wurde. Und so gewann der Vormärz, jene Oppositions-Bewegung gegen das Preußen Friedrich Wilhelms IV., seit 1840 im Rheinland seinen stärksten Rückhalt. Nirgendwo sonst war die kapitalistische Produktionsweise in Deutschland um diese Zeit so weit ausgebildet wie in Preußens westlichster Provinz. Früher als anderswo wurde hier der herrschende Feudalismus mit einer Vielzahl neuer Probleme konfrontiert – vor allem mit der sozialen Frage. Der rheinische Frühkapitalismus schuf in erster Linie die Voraussetzungen für jene liberalen, radikal-demokratischen und frühsozialistischen Ideologien, die mehr und mehr öffentlich diskutiert wurden. Und ihre verhältnismäßig rasche Verbreitung schien die Hoffnungen breiter Kreise auf eine Überwindung der herrschenden Verhältnisse zu rechtfertigen.

Diese Hoffnungen richteten sich 1840 zunächst auf Friedrich Wilhelm IV., der in diesem Jahr den Thron bestieg. Marx und Engels sprachen von einem "Wendepunkt in der deutschen Geschichte"[4]. Würde der neue König endlich das Versprechen seines Vaters – Preu-

die Schweiz, wo er noch seine "Socialen Gedichte" herausgab. 1854 verließ er Europa und ging nach Australien. Sein Nachlaß ist nicht erhalten. Vgl. Bert Andréas / Wolfgang Mönke, Neue Daten zur "Deutschen Ideologie". In: Archiv für Sozialgeschichte (Hannover) 8 (1968), S. 90 f.

3a SW, Bd. 5, S. 71.

4 MEW, Bd. 8, S. 249.

ßen eine konstitutionelle Verfassung zu geben – einlösen? Es begann vielversprechend: Er lockerte die Presse-Zensur, rehabilitierte bisher Verfemte wie Arndt, Jahn, Dahlmann und die Brüder Grimm – aber wie so oft in der deutschen Geschichte: Es blieb bei dieser "Morgendämmerung". Als Frankreich den Rhein forderte, es zur sogenannten 'Rheinkrise' kam, wurden wieder einmal innenpolitische Themen durch außenpolitische Fragen verdrängt. Die Überzeugung, 'Deutschland' sei in Gefahr, überdeckte alle Gegensätze. Beckers Rheinlied ("Sie sollen ihn nicht haben,/Den freien deutschen Rhein") entsprach genau der nationalen Massenpsychose. Doch die 'Rheinkrise' blieb Episode. Sie war – wie so vieles danach – nicht imstande, die wachsenden sozialen Probleme vergessen zu lassen.

Ein typisches Beispiel für die zugleich opportunistische und spontan-unnachgiebige Politik Friedrich Wilhelms IV. ist dessen Verhalten Georg Herwegh gegenüber. Herwegh, der in seinen "Gedichten eines Lebendigen" voll Feuer und drängend die Wünsche einer neuen Generation nach Freiheit und Demokratie formuliert hatte, reiste gerade in einem Triumphzug durch Deutschland und wurde in Berlin auch vom preußischen König empfangen. Friedrich Wilhelm ermunterte ihn, seine Arbeiten fortzusetzen. Wenig später, als Herwegh sich kritisch zu Preußens Politik äußerte, wurde er daran gehindert, öffentlich in Königsberg zu sprechen, und aus dem Lande gejagt. Über Herwegh urteilte Weerth: *Herwegh steckt aber alle in den Sack und wird jedenfalls der Bannerführer der politischen Richtung in der Literatur, wenigstens der Lyrik, bleiben.* (S. 51)

Georg Weerths erste, noch etwas zaghafte Stellungnahme zu politischen Fragen findet sich in einem Brief vom Februar 1841 – Weerth war damals noch in Köln –, in dem er sich darüber freut, daß der Lippische Landtag seine Rechte gegenüber dem Fürsten behauptet: *und schadet es gar nichts, wenn einer von den 36 Monarchen von Zeit zu Zeit etwas gestäubt wird, – die guten Leute werden sonst zu üppig!* (S. 48) Auch die seit 1837 schwelende Affäre um den Kölner Erzbischof Droste-Vischering (der Vater Friedrich Wilhelms IV. hatte ihn 1837 gefangennehmen lassen) erweckt das Interesse des jungen Weerth. Er lobt die *Freimütigkeit* des Bischofs und meint: *Wenn es mehr solche Leute wie den Graf Westphal gäbe, stünde Deutschland auf einer höheren Stufe in der Reihe der Völker!*[4a]

4

Genau zwei Jahre nachdem er im Meinertshagenschen Kontor in Köln als Buchhalter begonnen hatte, wechselte Weerth im Frühjahr 1842 als Kommis und Sekretär zu einem Verwandten nach Bonn über, dem Kommerzienrat Friedrich aus'm Weerth. Er ermöglicht dem 20-jährigen, nebenher einige Kollegien an der Bonner Universität zu hören: *Aus eigenem Antrieb und der freundlichsten Aufmunterung des*

4a SW, Bd. 5, S. 49.

alten Weerth zufolge, besuchte ich im vorigen Semester mehrere Kollegien, hörte bei Loebel neuere Literatur, bei Düntzer die Erklärung des 'Faust', Kunstgeschichte bei Schlegel und mehrere interessante Vorträge über Geologie und andere naturgeschichtliche Dinge bei Nöggerath und Bischof.[5] Ein Jahr später – 1843 – hört er bei Kinkel Kirchengeschichte und bei Nasse Anthropologie. Nach der Lektüre von Börnes "Briefen aus Paris" und Dingelstedts "Nachtwächter" bedauert er, daß man diese Bücher in Bonn nicht bekommen könne, weil das Volk viel zu indifferent ist, *und die Gelehrten lesen nur Goethe und scheren sich den Henker an neuere Literatur.* (S. 51)

Eine politische Auseinandersetzung führt im Herbst 1843 zur Trennung Weerths von seinem Onkel. Der Kommerzienrat aus'm Weerth war nicht nur Fabrikbesitzer und Kaufmann, sondern auch Abgeordneter des Landtags in Düsseldorf. Er setzte sich – wie der überwiegende Teil der Bevölkerung es forderte –, für die Einführung der Pressefreiheit und die rechtliche Gleichstellung der Juden ein. Bonns Oberbürgermeister unterschrieb eine große Bittschrift für den Landtag, die auch von Georg Weerth entschieden unterstützt wurde. Doch in einem Brief des Oberbürgermeisters an seinen Onkel konnte Weerth nachlesen, daß der Oberbürgermeister die Petition nur zum Schein unterschrieben hatte, denn *Preßfreiheit sei nicht zu wünschen, und die meisten Juden seien noch Schurken.* (S. 53) Weerth gab den Brief zwar nicht weiter, erzählte aber dem Initiator der Bittschrift-Aktion davon, der dann die ganze Sache publik machte. Freiwillig räumt der junge Weerth das Feld – denn der blamierte Oberbürgermeister ist ein Freund seines Chefs und Onkels!

Für Georg Weerth beginnt damit ein neuer Lebensabschnitt – der vielleicht entscheidendste seines Lebens. Schon im September 1843 hatte er bei einer ersten England-Reise eine neue Stelle gefunden. Im Dezember verläßt er Deutschland, um nach Bradford zu gehen, wo er bis 1846 als Kontorist für die Textilfabrik Passavant tätig ist. Anfang 1844 lernt er Friedrich Engels kennen.

5

Seit Herbst 1842 war Weerths Freund Hermann Püttmann leitender Feuilleton-Redakteur der "Kölnischen Zeitung". Schon Ende Juli 1841 hatte er über Weerth dem gemeinsamen alten Barmer Bekannten Hackländer geschrieben: "Georg Weerth in Köln ist mir ein sehr lieber Freund; der junge Kerl hat ein eminentes Talent für Poesie, das ich zur Entwicklung bringen muß."[6] Püttmann veröffentlicht 1842 die ersten Arbeiten Weerths in der "Kölnischen". Für Weerth ist es der Anfang einer langjährigen ständigen Mitarbeit; sie dauert bis 1848, obwohl Püttmann seinen Posten schon am 1. Dezember 1844 aufgeben muß, weil seine Artikel immer radikaler wer-

5 SW, Bd. 5, S. 54.
6 25. 7. 1841 (unveröffentlicht: Stadt- und Landesbibliothek Dortmund).

den und seine Verbindung zu den Frühsozialisten dem Verleger Joseph DuMont untragbar erscheint. Seit dem 1. Januar 1842 hatte die "Kölnische Zeitung" in der "Rheinischen Zeitung" eine ernstzunehmende Konkurrenz bekommen. Die "Rheinische Zeitung", mit Hilfe des rheinischen Großkapitals gegründet, war von den Zensurbehörden in der Absicht zugelassen worden, ein 'heilsames' Gegenstück zur katholischen "Kölnischen" zu schaffen; denn diese hatte sich im Streit um die Festsetzung des Kölner Erzbischofs zum Ärger der preußischen Behörden gegen die Regierung gestellt. In Berlin hatte man keine Bedenken, daß der Mitarbeiterstab der "Rheinischen" aus dem Kreis der Linkshegelianer kam, die 1838 mit den "Hallischen Jahrbüchern" ihr erstes radikal-demokratisches Organ gegründet hatten. In der Existenz des preußischen Staates sahen die Linkshegelianer ursprünglich das Mittel des Weltgeistes zum Fortschritt. Doch angesichts der bestehenden Verhältnisse änderten sie bald ihre Meinung. Aus der "Rheinischen Zeitung", die zunächst wirtschaftlich die Interessen des Großbürgertums vertrat, wurde schnell ein sehr kritisches Organ. Das Blatt bekämpfte nicht nur die Grundsätze der preußischen Politik im allgemeinen, sondern vor allem den immer eklatanter werdenden Religionseifer Friedrich Wilhelms IV.

Unter Karl Marx, der seit dem 1. Oktober 1842 leitender Redakteur der Zeitung war, erschienen zahlreiche kämpferische Gedichte und Beiträge, darunter von Herwegh, Püttmann, Robert Prutz und Dingelstedt. Im Januar 1843 schrieb Marx eine Reihe von Artikeln, die sich mit der Notlage der Moselbauern befaßten, denen die hessischen und pfälzischen Weinbauern aufgrund der gefallenen Zollschranken heftig Konkurrenz machten. Die zuständigen Oberpräsidenten hielten die Lage allerdings nicht für ernst. Marx' Artikel-Serie brach am 20. Januar unvermittelt ab. Noch ehe am 1. April 1843 die "Rheinische Zeitung" ihr Erscheinen einstellte, schied Marx aus der Redaktion aus und verließ Köln. Zu diesem Zeitpunkt kannten sich Marx und Weerth noch nicht. Marx kehrte erst fünf Jahre später als Chef der am 1. Juni 1848 gegründeten "Neuen Rheinischen Zeitung" zurück.

6

Kein anderes Erlebnis hat das politische Bewußtsein Georg Weerths so geprägt und verändert wie die drei Jahre seines Aufenthalts in England zwischen 1843 und 1846. Diese Begegnung mit dem Zentrum des Frühkapitalismus, in dem alle kontinentalen Maßstäbe nicht mehr zu gelten schienen, bestimmte zeitlebens Weerths Denken und Handeln.

Weerth war nicht der einzige der Vormärz-Generation, für den das England der 40er Jahre zu einer Lebenswende wurde. Viele Dichter und Publizisten entdeckten damals in England eine neue Welt; so etwa Fontane, Freiligrath und Engels. Für die Jungdeutschen war das Mekka noch Paris gewesen. Heine, Börne, Büchner und zahlreiche andere begeisterten sich für Frankreich und dessen vergleichsweise freies politisches Leben. Zwar hatten auch schon die Liberalen England als Muster der Demokratie gepriesen, zugleich aber die gesellschaftlichen Verhältnisse falsch eingeschätzt oder idealisiert. Jetzt werden auch Englands Schattenseiten sichtbar: Die Einsicht in die Unvermeidbarkeit der industriellen Revolution verbindet sich mit dem Entsetzen und dem Abscheu vor den Folgen dieser neuen Produktionsweisen. Der Vormärz entdeckt jetzt das Janusgesicht des Fortschritts.

Auch Weerth hatte sich – ein romantisches Mißverständnis – die Ferne schöner vorgestellt. Doch er macht sich rasch frei von Illusionen. Mit offenen Augen betrachtet er die Erscheinungen der Industrialisierung. Er prangert sie an – und ist zugleich fasziniert von den neuen Möglichkeiten. Schon Anfang 1844 lernt er Engels kennen, der nicht weit von Bradford, in Manchester, lebt und an seinem Buch "Die Lage der arbeitenden Klasse in England" schreibt. Weerth unterstützt Engels' Arbeit durch eigene Beobachtungen und Materialien. Mit Engels bereist er Städte und Industriereviere. Im August 1844 heißt es in einem Brief Weerths: *Ich bin jetzt schon tausend Meilen weiter, und andre Gedanken haben die verdrängt, die ich in den ersten Monaten meines Hierseins hatte.* (S. 59)

In diesen ersten Monaten muß London ihn überwältigt haben. Seitdem er diese Stadt gesehen hat, wird er immer wieder die großen Städte der Welt bereisen; *wie die Araber nach Mecca, so sollen die Menschen des 19. Jahrhunderts nach jenen großen Städten pilgern.*[7] Einem guten Deutschen, der an *seine schöne Gemütlichkeit* und meistens an *eine ziemlich ruhige Straße vor seinem Hause* gewöhnt sei, schreibt Weerth, dem werde es *wahrhaftig etwas sonderbar zumute, sieht er plötzlich das Städteungeheuer, London, vor sich liegen, das sich am Ufer des breiten Stromes aus Dampf und Nebel geisterhaft emporhebt.* Er ist zunächst verwirrt von dem *Gewühl von Menschen* und dem *Gebrause dieses unheimlich großen Chaos, in dem beinahe zwei Millionen glückliche und unglückliche Seelen ihr Wesen treiben.* (S. 210) Zugleich befällt Weerth das Gefühl der Einsamkeit *in diesem Gewirr.* Hier klingt schon etwas an von dem künftigen Grauen vor der steinern starrenden Riesenstadt, wie es später expressionistische Dichter empfunden haben. Doch Weerth macht aus dem *Betäubenden* etwas *Belehrendes,* denn diese Stadt umschließt eine Welt, *und du hast nur die Augen zu öffnen, um das Leben unsres Jahrhunderts in seiner ganzen Breite, in seiner vollen Entwicklung, in seinen schrecklichsten Kontrasten vor dir zu sehen.* (S. 215)

Mehr und mehr begreift Weerth, daß das Leben in England seine eigenen Bedingungen stellt: Ausbeutung, Handel, Industrie, Konkurrenzkampf und Geld – Zeichen einer neuen Zeit, die ihn gleichzeitig

7 Ungedruckt (Internationaal Instituut voor Sociale Geschiedenis, Amsterdam), Brief vom 22. 3. 1850.

abschrecken und fesseln. Was er freilich nicht begreifen kann und worin er schon bald die Grundlage für eine Veränderung der gesellschaftlichen Verhältnisse erkennen wird, das ist die Tatsache, daß *in den Docks alles volliegt von dem, was das Herz erfreuen, den Magen stärken, die Füße wärmen und die Seele erbauen kann, und wie zehn Minuten weiter die Geschöpfe Gottes auf dem Straßenpflaster verhungern und den Wandrer wie Wölfe und Katzen anfallen.* (S. 223)

Weerths Folgerung ist unschwer zu erraten: Die Eigentumsverhältnisse sollen von Grund auf umgestaltet werden. Immer klarer wird ihm im Verlauf seines England-Aufenthalts, daß das System der freien Konkurrenz den Menschen moralisch verderben muß, ganz gleich, ob er sich wehrt oder nicht: *Der Durst nach Geld läßt keine menschliche Regung mehr aufkommen.* (S. 254)

In jenen Jahren der Industrialisierung wurde die Erde und damit das Leben der Menschen von Grund auf verändert. So ist es kein Wunder, daß viele Arbeiter der Meinung waren, die Maschinen wieder zerstören zu müssen, um das Rad der Geschichte zurückzudrehen; tatsächlich wurden zwischen 1810 und 1820 in England Maschinen zerstört. Weerth war der Ansicht, daß die Industrie eine Zeitlang zwar tiefe Not und großes Leid bringe; aber die Industrie sei auch die Voraussetzung dafür, daß einmal alle Menschen in glücklichen Verhältnissen leben könnten. Die ungeheuren Schätze, die durch die Industrie aufgetürmt würden, und das unvorstellbare Elend der Arbeiter – dies sei kein unlösbarer Widerspruch.

Es ist dieselbe Hoffnung, die schon Saint-Simon 1817 im Motto seiner Schrift "L'Industrie" angedeutet hat: "Tout par l'industrie, tout pour elle". Weerth glaubte zwar an eine kraft der Entwicklung mit Notwendigkeit kommende klassenlose Gesellschaft. Aber diese Überzeugung bedeutete für ihn nicht Verzicht auf Engagement. Die bestimmenden Faktoren, die er in England kennengelernt hatte – Stadt, Handel, Industrie, Politik, Demokratie – bejahte er uneingeschränkt als die entscheidenden Elemente der Zukunft. Die negativen Seiten, die diesen Entwicklungsprozeß begleiten, sind seiner Meinung nach notwendig, aber keineswegs endgültig. Aus dieser Einstellung ergab sich Weerths Beurteilung sozialer Fragen.

Im Dezember 1844 – nach einjährigem England-Aufenthalt – schreibt er, daß die *sozialistischen Ideen* auf eine erstaunliche Weise um sich griffen. Wenn es weiter solche schlechten Ernten gäbe, wäre die *Revolution* fertig: *Eine Revolution nicht gegen königliche Gewalt, gegen parlamentarische Albernheiten oder gegen die Religion, sondern gegen das Eigentum.* (S. 63) Das ist die entscheidende Wende im Denken Weerths. Aus dem erst liberalen, dann radikalen Demokraten ist ein Sozialist geworden. Von nun an wird er das Heil nicht mehr in Reformen sehen, sondern in der Revolution.

Im Mai 1845 berichtet er in einem Brief: *Der Tag vergeht bei der gewohnten Arbeit, und die freien Stunden werden mit politischen und gesellschaftlichen Bestrebungen zugebracht. – Ich mache in allerlei*

Erkenntnis Fortschritte und liebe England immer mehr. – Nicht, daß ich gern ewig hierbleiben möchte – aber ich weiß, daß ich auf dem interessantesten Boden der Gegenwart bin [. . .]. Ich lebe ganz in der Politik und im Sozialismus und fühle, daß ich mit jedem Tage praktischer werde. (S. 74f.) Weerth konnte dies von sich sagen, nachdem er inzwischen durch seinen Freund Engels tiefe Einblicke in die englische Arbeiterbewegung gewonnen hatte.

7

Einer der führenden Köpfe der englischen Sozialisten war damals Robert Owen, dessen praxisnahe Arbeit und moralische Kraft Weerth auch in späteren Jahren immer wieder als beispielhaft empfand. Doch er erkannte auch schon bald den utopischen Charakter der Owenschen Bewegung. Die Sozialisten um Owen hätten, meint Weerth, alles *durch die liberale Moral, auf friedlichem, bürgerlichem Wege zu zwingen* gesucht. Weerth hat viele der von Owen begründeten sozialen Einrichtungen und Schulen gesehen. So urteilte er beispielsweise über die sozialistischen Anstalten von "Harmony Hall": *Die ganze Bevölkerung von Harmony Hall kam mir wie eine große, glückliche Familie vor, bei der sich Wohlstand und gute Sitte bis in die kleinsten Details hinunter zeigte.* Aber bei aller Hochachtung für die große Leistung Owens und seiner Gesinnungsfreunde, glaubte er doch, daß die *Philanthropie eines Owen* nichts sei im *Vergleich zu den Ereignissen, welche die eherne Notwendigkeit mit sich bringen* werde. Ein solches Programm – dies war Weerths Überzeugung – ließ sich in einer kapitalistischen Wirtschaft nicht verwirklichen. Owen drängte es, *Widersprüche zu versöhnen* – jedenfalls interpretierte Weerth ihn so. Seiner Meinung nach war es aber nicht möglich, die Vorteile zweier widerstreitender Gesellschaftssysteme miteinander zu verbinden und gleichzeitig ihre Nachteile auszuschließen: *Es zeigte sich, daß man durch persönliches Aufopfern zwar andere Menschen glücklich machen kann, daß aber solche edlen Beispiele selten andere Leute veranlassen, aus der Starrheit der noch zur Stunde bestehenden Eigentumsverhältnisse ebenso liebreich und philantropisch herauszutreten.* (S. 283) Owens Forschungen über die gesellschaftlichen Zustände könne viel Wahrheit und Belehrung entnommen werden. Als großen Reformer hat Weerth ihn immer verehrt. Aber: *Wir gehören nicht zu den Bewunderern solcher Systeme und halten es jedenfalls für das beste, die Menschen einstweilen so zu nehmen, wie sie sind.*

Stärkeren Einfluß hatte auf den jungen Weerth die Gruppe der englischen Chartisten (benannt nach der Volkscharte von 1838), deren Programm im wesentlichen demokratisch war; sie forderten in sechs Punkten: "Jährliche Parlamentswahl, Allgemeine Wahl, Geheime Abstimmung, Gleiche Wahlkreise, Abschaffung des Vermögenszensus, Bezahlung der Parlamentsmitglieder." Der Chartismus stützte sich auf die breite Masse der Arbeiter und war – im Gegensatz zu Owen – von unbändiger Kampfeslust erfüllt. Die Chartisten, deren Führer Feargus O'Connor war, wollten durch Wahlen die politische Macht erobern, um notwendige Reformen durchzusetzen. An O'Connor rühmt Weerth dessen *Rechtlichkeit,* seine *Unerschrockenheit* und seinen *eisernen Fleiß.* Aber er entdeckt auch andere Charakterseiten: *Borniertheit, blinden Enthusiasmus* und *heinebüchenen und nur zu oft trivial werdenden Humor.* (S. 275) Obwohl Weerth keineswegs mit allen Ansichten O'Connors übereinstimmte, hielt er dessen Bewegung doch für wesentlich bedeutender als die von Owen. Besonders beeindruckte ihn das Kampfmittel der englischen Arbeiter, der Streik.

8

Als Weerth – 24jährig – 1846 England verläßt, um in Brüssel die Vertretung des Hamburger Textilhauses Emanuel & Sohn zu übernehmen, hat er nicht nur durch eine Fülle praktischer Erfahrungen und Anschauungen ein neues Weltbild gewonnen. Auch die intensive Beschäftigung mit Nationalökonomie, mit Hegel und Feuerbach hatte seinem Denken eine neue Richtung gegeben.

Die Unsicherheit sozialen Fragen gegenüber – in seiner Bonner Zeit noch bezeichnend für den unbekümmert-leichten Ton seiner ersten Arbeiten – ist verschwunden. England hatte ihm all das vermittelt, was künftig in seinem Leben Gewicht haben sollte: *Es ist mir gewiß nie ein größeres Heil geschehen, als daß ich einst Gelegenheit fand, nach England zu gehen, wo man alles Elend, aber auch alle Mittel, es zu heben, kennenlernt.* (S. 64) In diesen drei Jahren war er zu einem kritischen Beobachter der kapitalistischen Verhältnisse geworden.

Neben der konkreten Anschauung der dortigen gesellschaftlichen Zustände war es vor allem das Studium Feuerbachs, das ihn entscheidend beeinflußte. 1845 notierte er: *Im vergangenen Winter las ich den Feuerbach, der eine vollständige Revolution bei mir zu Wege brachte.* (S. 72) Weerth fügte hinzu, Feuerbach sei der erste wieder einmal verständliche Philosoph, sein Einfluß werde ungeheuer sein. Die Aristokratie fasse ein solches Buch nicht an, *da sie die Maske der Religion stets bei der Hand haben muß, um ihr Sündengesicht zu verbergen.* (S. 73) Und Friedrich Engels schreibt aus der Rückschau: "Wir waren alle momentan Feuerbachianer." [8]

Von Feuerbach führte der Weg zu den sozialen Fragen. Er wurde – wie Gustav Mayer es formuliert hat – "zum Führer aus dem Labyrinth der Ideologie" [9]. Das Sein, die Natur, die Existenz waren nach Feuerbach das Primäre – unabhängig vom Menschen und seinem Bewußtsein; das Denken dagegen sei das Abgeleitete. Mit dieser Lehre er-

8 MEW, Bd. 21, S. 272.
9 Gustav Mayer, Friedrich Engels. Eine Biographie, 2 Bde. Den Haag: Nijhoff 1934, Bd. 1, S. 78.

schütterte Feuerbach für immer das abstrakte Gedankengebäude der Hegelschen Schule. Er wies die Theoretiker als erster entschieden auf die reale Wirklichkeit hin – freilich ohne diese Wirklichkeit näher zu fixieren. Hier knüpfte nun Marx an, indem er lehrte, daß unter dem Menschen die Welt des Menschen zu verstehen sei, Staat und Gesellschaft. Befreit von den religiösen Fesseln könne sich der Mensch jetzt um seine eigenen Dinge kümmern.

9

Weerth und Marx hatten sich bereits 1845 kennengelernt, als Weerth in den Monaten Juli und August erstmals für längere Zeit in Brüssel gewesen war. Die endgültige Übersiedlung nach Brüssel 1846 hatte für Weerth den großen Vorteil, daß er in seiner neuen kaufmännischen Stellung viel reisen konnte; er war weitgehend frei und unabhängig, in der Nähe seiner politischen Freunde und konnte deren Kampf unterstützen. Brüssel hatte sich zu einem Zentrum der europäischen Emigration entwickelt, nachdem zu Beginn des Jahres 1845 die radikalen Schriftsteller in Paris mit Ausweisung bedroht worden waren. Andere flüchteten aus der Schweiz. In Deutschland konnten viele ohnehin nicht bleiben, seitdem Friedrich Wilhelm IV. 1843/44 seine liberalere Presse-Politik rückgängig gemacht hatte. In Brüssel hielten sich außer Marx auch Engels, Heß, Weitling, Weydemeyer, Wolff und – für kurze Zeit – Freiligrath auf.

Durch den Weberaufstand in Schlesien hatten sich seit 1844 in Deutschland die sozialen Unruhen verstärkt. Aus England schrieb Weerth damals: *Ich bin davon überzeugt, daß in kurzem derselbe Spektakel hier losbricht, wie Ihr ihn in Schlesien gehabt habt, und der Unterschied wird nur zwischen diesen beiden Ereignissen der sein, daß in Schlesien der Arbeiter ins Loch kommt und hier der Arbeiter ans Ruder.* (S. 63) Der Kampf zwischen Besitzenden und Nichtbesitzenden hatte begonnen.

Soziale Fragen konnten um diese Zeit in Deutschland öffentlich eher diskutiert werden als politische. Ausgelöst durch wachsende soziale Unruhen entstand eine umfangreiche Literatur. Zwischen 1845 und 1847 erschienen hier auch verschiedene Publikationen des deutschen Frühsozialismus, an denen Weerth mitarbeitete ("Gesellschaftsspiegel", "Deutsches Bürgerbuch", "Rheinische Jahrbücher" und andere). Sie fanden zum Teil weite Verbreitung. Noch 1843 hatte Friedrich Wilhelm IV. selbst einen "Schwanenorden zu ritterlicher Bekämpfung von Not und Armut" gegründet. Und Bettina von Arnim widmete dem König ihr "Armenbuch". Doch die Haltung der preußischen Regierung änderte sich schnell, als 1844 deutlich wurde, daß es nicht mehr nur um einen 'ritterlichen' Kampf gehen konnte, sondern das Eigentum infrage gestellt wurde. Als deutsche Kaufleute Ende 1844 ein Preisausschreiben veranstalten, um "vorzugsweise Hilfsbedürftige" zu finden und herauszubekommen, welches die geeignetsten Mittel seien, deren Not abzuhelfen, antwortete Weerth ironisch: *Also ihr deutschen Leipziger Gewerbetreibenden habt noch nötig, einem Literaten 100 Stück Dukaten zu bieten, um etwas über die Not der arbeitenden Klassen zu erfahren? Habt ihr denn nie die 'Rheinische Zeitung' gelesen, wenn sie ihre Korrespondenzen aus der Eifel, von der Lahn oder der Mosel brachte? Habt ihr nie von den Armen Berlins gehört? Nichts über die Bauern in Westfalen, im Ravensbergischen, in der Senne? Sind euch die Vorfälle in Schlesien unbekannt? – Es scheint, daß ihr lange Zeit in festem Schlafe gelegen habt.* [10]

In der Auseinandersetzung zwischen Marx mit den 'wahren' Sozialisten und den Handwerkerkommunisten verteidigt Weerth den Standpunkt von Marx. In einem Brief schreibt er 1846, Marx bemühe sich, den Handwerkern *ihre verrückten Systeme auszupauken* und sie zum Studium *gegenwärtiger Verhältnisse* zu bringen. (S. 86) Einer der Hauptverfechter des Handwerkerkommunismus war der Schneidergeselle Wilhelm Weitling, dem es weniger um theoretisch-ökonomische Fragen als um die sofortige Verwirklichung sozialer Gerechtigkeit mit dem Mittel der Revolution ging. Seine Agitation – er plädierte unter anderem für Gütergemeinschaft – war stark gefühlsbetont. Er hatte im Pariser Exil zunächst zum "Bund der Geächteten" gehört, von dem sich der "Bund der Gerechten" abspaltete, der seit 1845 seinen Sitz in London hatte. In Brüssel sucht Weitling nun die Zusammenarbeit mit Marx und Engels, die dort im Frühjahr 1846 das "Kommunistische Korrespondenz-Komitee" gründen, das ihre Vorstellungen von einem wissenschaftlich orientierten Sozialismus verbreiten soll. Weitlings utopisches Programm und seine putschistischen Pläne führen schließlich zum Bruch: In der KKK-Sitzung vom 30. März 1846 kritisiert Marx heftig den Handwerkerkommunismus, der ein Zusammengehen mit der Bourgoisie ausschloß. Weitling verläßt Brüssel. Es ist das Ende seiner Rolle in der Arbeiterbewegung. Im Februar 1847 erklären Marx und Engels ihren Beitritt zum Londoner "Bund der Gerechten", der im Juni in "Bund der Kommunisten" umbenannt wird. Bezeichnenderweise wird auch das Motto geändert. Es heißt nicht mehr "Alle Menschen sind Brüder", sondern fortan "Proletarier aller Länder, vereinigt euch!".

Obwohl Weerth seit Januar 1847 auch an der soeben von Emigranten gegründeten "Deutschen-Brüsseler-Zeitung" mitarbeitet, bleibt er weiter Korrespondent der großbürgerlichen "Kölnischen Zeitung", für die er bis ins Revolutionsjahr 1848 tätig ist. Die "Kölnische" war zwar aus Protest gegen den wachsenden Druck der Zensurbehörden auf entschiedeneren Oppositionskurs gegangen. Aber während Weerths Freund und Mentor Hermann Püttmann schon am 1. Dezember 1844 als Feuilletonchef der "Kölnischen Zeitung" wegen seiner Verbindung zu den Frühsozialisten auf ausdrückliche Weisung des

10 SW, Bd. 2, S. 57 f.

Herausgebers Joseph DuMont gehen mußte, hielt er Georg Weerth als Mitarbeiter offenbar weiterhin für tragbar. Für diese Tatsache gibt es eigentlich nur eine einzige Erklärung: Weerths außerordentliche sprachliche Begabung, die ihn auch für Marx und Engels so wertvoll machte. Allerdings geht aus einem Brief Weerths hervor, daß er in der "Kölnischen Zeitung" nicht immer *alles* drucken lassen konnte. (S. 98)

Im September 1847 spricht Weerth auf einem Freihandels-Kongreß in Brüssel. Engels berichtet über diese Rede unter anderem im "Northern Star", dem Hauptorgan der englischen Chartisten. Er schreibt seinen englischen Lesern, er nähme an, sie kennten Weerth, "ein junger Handelsreisender, dessen Dichtung in Deutschland wohlbekannt ist und sehr geschätzt wird" [11] – und daß für die Leser die Rede Weerths das "Interessanteste" des Kongresses sei. Auch Marx sollte auf diesem Kongreß sprechen. Warum er es nicht tat, darüber gibt es zwei Versionen. Weerth teilt in einem Brief mit, er habe seine Freunde beschworen, zu sprechen, habe aber keinen dazu bringen können. Engels dagegen schreibt im "Northern Star", Marx sei bereit gewesen, jedoch von den Veranstaltern des Kongresses abgelehnt worden, da außer Weerth kein weiterer Oppositioneller zu Wort kommen sollte. Welche Version richtig ist, bleibt weiterhin ungeklärt. Obwohl Engels die Rede Weerths so positiv kommentierte, scheint er über dessen Auftreten in Brüssel nicht besonders erfreut gewesen zu sein. In einem Brief an Marx lehnt er Weerth als Delegierten für den 2. Kongreß des "Bundes der Kommunisten" ab: "Weerth um Gottes willen nicht als Repräsentanten! Einer, der immer zu faul war, bis ihn der Kongreß-succès d'un jour hineinlancierte! Und der obendrein noch an independent member sein will. Il faut le retenir dans sa sphère." [12]

Diese Stellungnahme macht deutlich: 1. Engels hielt Weerth nicht geeignet für systematische politische Arbeit. 2. Trotz seines Engagements für die Ideen der Kommunisten nahm Weerth wohl nicht kontinuierlich am organisatorischen Aufbau der "Partei" teil. 3. Engels sah die eigentliche Aufgabe Weerths woanders: seine 'Sphäre' – das war die Welt der Literatur und des Journalismus. Nur hier konnte er – und vielleicht darf man sagen, nur hier wollte er – kämpfen. Engels hat in diesem Punkt Weerth wohl richtig eingeschätzt. Dies beweist ein erst kürzlich aufgefundener Brief Weerths an Gottfried Kinkel vom 15. Juni 1847 aus Brüssel. (S. 89) Weerths ideologische 'Zwischenstellung', seine Suche nach der ihm gemäßen Weltanschauung, aber auch sein gelegentliches Schwanken zwischen Begeisterung und Resignation kommen darin sehr klar zum Ausdruck. So, wenn er an Kinkel schreibt, er müsse oft über sich lachen, wie er so lange Zeit ein *politischer, chartistischer, sozialistischer, kommunistischer, philanthropischer und entsetzlicher Esel* hätte sein können. Weerth spricht von *Verirrungen* und bekennt: *Die*

11 MEW, Bd. 4, S. 301.
12 MEW, Bd. 27, S. 108.

Hauptsache ist aber, daß ich bis zur Stunde selbst eigentlich noch nicht weiß, was ich bin. Diese Äußerung darf zwar nicht überbewertet werden – mit dem Brief verfolgte Weerth das Ziel, Kinkel für den Abdruck seiner Dichtungen zu gewinnen –, doch die darin aufgeworfenen Fragen nach dem Sinn und den Wirkungsmöglichkeiten der Dichtung zeigen, daß Weerth sich um diese Zeit wieder stärker der Literatur zuwendet. Das geeignete Tätigkeitsfeld fand er dann ein knappes Jahr später als Feuilletonchef der von ihm mit vorbereiteten und gegründeten "Neuen Rheinischen Zeitung" in Köln.

10

Daß Weerth offensichtlich häufiger von einem nicht berechtigten Enthusiasmus erfüllt war, belegt eine kritische Bemerkung von Engels, die dieser nach dem Ausbruch der französischen Februarrevolution von 1848 über ihn gemacht hat: "[Bornstedt] und Weerth sind jetzt .–. und Weerth läuft als wütender Republik[aner] hier herum".[13] Als in Paris das "Juste-Milieu-Regime", das Bürgerkönigtum, gestürzt wird, eilt Weerth sofort nach Frankreich und beteiligt sich an Demonstrationen und Kundgebungen der deutschen Emigranten in Paris. Die Revolution begeistert, fasziniert, ja berauscht ihn: *O liebe Mutter! Ich kann Dir nicht sagen, was ich hier seit 14 Tagen gesehen und gehört habe! So etwas läßt sich nicht wiedererzählen, man muß dabei gewesen sein, um zu begreifen, wie man auf offner Straße vor Freude weinen kann! [...] Diese Revolution wird die Gestalt der Erde ändern – und das ist auch nötig! Vive la République!* (S. 100) Auf einem großen Treffen der Emigranten war Georg Herwegh zum Präsidenten gewählt worden, Weerth ins Komitee. Man verfaßte eine Adresse an das französische Volk. Nach heftiger Diskussion stimmte die Mehrheit der rund 4000 Anwesenden dem Entwurf Herweghs zu. Darin heißt es unter anderem: "Der Sieg der Demokratie für ganz Europa ist entschieden. Gruß und Dank vor allem dir, französisches Volk! In drei großen Tagen hast du mit der alten Zeit gebrochen und das Banner der neuen aufgepflanzt für alle Völker der Erde. Du hast endlich den Funken der Freiheit zur Flamme angefacht, die Licht und Wärme bis in die letzte Hütte verbreiten soll."[14]

Einige Tage später zogen an die 7000 Menschen durch Paris, um der Provisorischen Regierung diese Adresse zu überreichen. Eine Abordnung, zu der auch Weerth gehörte, wurde von Ledru-Rollin, Crémieux und Dupont empfangen. Herwegh verlas die Adresse, und *wir schieden dann von jenen großen Revolutionshelden mit herzlichem Händedruck,* schreibt Weerth. (S. 100)

Die deutsche Märzrevolution erlebt Weerth in Köln. Marx berichtet er, daß man den Berliner Versprechungen nicht traue. Der alte Landtag sei tot und alle Mitglieder, die nicht *total demokratisch* seien, wür-

13 MEW, Bd. 27, S. 122 f.
14 Georg Herwegh, Werke in einem Band. Berlin: Aufbau 1967, S. 327.

den von den Tribünen gejagt. Allerdings betont er auch, man schaudere vor dem Wort *Republik,* und eine mögliche Invasion bewaffneter Deutscher aus Paris würde schlecht empfangen. Kommunismus sei das *Hauptschreckwort.* (S. 101) In dieser Beurteilung der Lage befand sich Weerth sicherlich im Einklang mit der Taktik, die Marx und Engels verfolgten: daß zuerst die Bourgeoisie siegen müsse, und die Arbeiterschaft die Aufgabe hätte, dem Bürgertum in seinem Kampf gegen die alten Feudalmächte beizustehen.

11

Mit der Abschaffung der Pressezensur wird auch die Gründung jener Zeitung möglich, in der Weerth als Publizist die Krönung seiner journalistischen Arbeit sah – die "Neue Rheinische Zeitung". Fast die Hälfte dessen, was er geschrieben hat, erschien in ihren Spalten, das meiste im Feuilleton, dessen Chef er war. Der Charakter seiner Skizzen, Gedichte und Aufsätze für die "NRhZ" unterscheidet sich wesentlich von den Arbeiten der Vormärz-Periode. Jetzt stehen soziale Fragen nicht mehr im Vordergrund. Jetzt geht es nicht mehr um den Kampf der Arbeiter gegen die Fabrikbesitzer, nicht mehr darum, das Eigentum infrage zu stellen. Die neuen Gegner für seine scharfe Feder sind die Feudalherren, aber auch die Bourgeoisie und das Kleinbürgertum, denen der Mut fehlte, die Aristokratie endgültig zu stürzen. Daher haben nun alle seine Arbeiten einen eindeutig politischen Akzent. Die *"Humoristischen Skizzen aus dem deutschen Handelsleben"* bilden dabei die Brücke zwischen der vormärzlichen und der revolutionären Phase im Werk von Georg Weerth, da die letzten fünf Kapitel dieser vorher in der "Kölnischen Zeitung" veröffentlichen Skizzen zu den ersten Feuilletons der "Neuen Rheinischen Zeitung" gehören.

Solange die "Neue Rheinische Zeitung" erschien – vom 1. Juni 1848 bis zum 19. Mai 1849 – hat Weerth mit großem Engagement das Feuilleton geleitet – und fast alleine mit seinen Beiträgen bestritten. Alles deutet darauf. hin, daß Karl Marx, der Chefredakteur, ihm freie Hand gelassen hat. Hier erschien auch sein berühmter *"Schnapphahnski",* eine keineswegs fiktive Lebensbeschreibung; ihr Held war der bei den Frankfurter Unruhen durch Aufständische als Spion erschlagene Fürst Lichnowsky. Der Abdruck dieses Romans löste wegen "Verleumdung eines nicht mehr Lebenden" eine Welle von Prozessen gegen die "Neue Rheinische Zeitung" aus, vor denen auch Weerth nicht verschont blieb. Er wurde zu drei Monaten Gefängnis verurteilt, selbst ein Gutachten seines Freundes Lassalle nützte ihm nichts. Im Februar 1850, als die Revolution längst gescheitert war, stellte sich Weerth freiwillig den Behörden und saß im Kölner Klingelpütz seine Strafe ab.

Weerth hat die Tätigkeit an dieser Zeitung nie vergessen können: *Ich muß gestehen: so leid es mir tut, die letzten 3 Jahre für nichts und wieder nichts verloren zu haben, so sehr freut es mich, wenn ich an unsre Kölner Residenz denke. Wir haben uns nicht kompromittiert. Das ist die Hauptsache! Seit Friedrich dem Großen hat niemand das deutsche Volk so sehr en canaille behandelt wie die 'Neue Rh. Ztg'. Ich will nicht sagen, daß dies mein Verdienst war; aber ich bin dabeigewesen.* (S. 125)

12

Nach dem Scheitern der Revolution verstummt auch Weerth. Er sieht keinen Sinn mehr darin, zu schreiben. *Jetzt schreiben! Wofür?* fragt er. *Wenn die Weltgeschichte den Leuten die Hälse bricht, da ist die Feder überflüssig.*[14a] Von nun an gelingt es ihm nicht, seinem Leben noch einmal eine klare Richtung zu geben: *Aber was ist das Rätsel dieser meiner Unstetigkeit und daß ich keine zehn Minuten ruhig mehr auf dem Hintern sitzen kann? Die Revolution ist schuld daran! Die Revolution hat mich um alle Ruhe, um alle Heiterkeit gebracht. Varus! Varus! Gib mir meine Heiterkeit wieder!* (S. 118) Alles richte sich wieder auf dem alten Fuße ein und die Literatur spiegele dies genau wider: *Gelb-Veiglein, Rosen und Tränen sind wieder an der Tagesordnung [. . .].* (S. 119) *Ja, die Literaten haben wieder Chance! Denn die deutschen Frauenzimmer, die bis gestern noch Politik trieben und für Gagern schwärmten und für Herrn von Soiron, greifen wieder zu den Strickstrümpfen und wollen Romane lesen und zärtliche Geschichten.* (S. 121)

Weerth, der seit 1849 wieder für die Hamburger Textilfirma Emanuel & Sohn tätig ist, betäubt sich durch Geschäftsreisen, die ihn in nahezu jeden Erdteil führen. Unter seiner tiefen Resignation hat auch das Verhältnis zu Marx und Engels gelitten. Wohl sind sie noch häufiger zusammengekommen und man hat freundliche Briefe gewechselt. Aber etwas lebte man sich auseinander. Die gelegentlichen Spannungen bezeugt ein Brief von Marx aus jenen Tagen: "Weerth kam Sonntag abend, fand mich sehr beschäftigt und nicht ganz rosig gelaunt. Er fragte mich, 'was ich denn eigentlich über die Kölner Geschichte schreiben wolle?' – und dies zwar in etwas vornehm näselndem Ton. Ich fragte ihn, 'was er in Westindien wolle?', und nach einer Zeit von einer Viertelstunde verschwand er. Dienstag abend kam er wieder und sagte mir, er hätte eigentlich nicht wiederkommen wollen, er habe aber dem Andringen Freiligraths nachgegeben. Ich habe ihm nämlich Sonntag sehr beschäftigt und verdrießlich erschienen. Ich nahm mir die Freiheit, Herrn Weerth darauf aufmerksam zu machen, daß er 9/10 der Zeit, die ich ihn kenne, immer verdrießlich und malcontent war, was er von mir nicht behaupten werde. Nachdem ich ihm den Kopf etwas gewaschen, fand er sich wieder zurecht und wurde – wieder der alte Weerth. Ich finde, daß er verdammt verbürgert ist

14a SW, Bd. 5, S. 412.

und seine Karriere zu sehr 'au sérieux' nimmt." [15]

Im Herbst 1852 kommt es wieder einmal zu den unregelmäßigen Besuchen bei Marx in London. Marx an Engels: "Du hast längere Zeit keinen Brief von mir erhalten. Hauptursache Weerth, der die Abende, die ich sonst mit Schreiben verbringe, plus ou moins mit Beschlag belegt. Und zwar zu meiner nicht übergroßen Freude. Du weißt, daß ich Weerth sehr gern habe, mais es ist peinlich, wenn man bis an den Hals im Dreck sitzt, sich einen so feinen Gentleman gegenüber zu haben, auquel il fait cacher les parties trop honteuses. Solch ein Verhältnis bringt doppelte gêne hervor, und ich hoffe, daß er morgen nach Manchester abreist, und mich, wenn er wiederkömmt, in Verhältnissen findet, wo ich wieder franchement mit ihm verkehren kann." [16] Engels antwortete: "Was Teufel genierst Du Dich vor dem Kerl! Außerdem weiß er doch, daß Du seit Jahren im Pech sitzest, und weiß auch schon daran, daß Du noch in dieser alten Wohnung sitzest, was die Glocke geschlagen." [17]

Weerth hat gelegentlich noch einmal zur Feder gegriffen und einige Seiten geschrieben. Aber ohne wirkliches Interesse, ohne Lust. Verlockende Angebote des Berliner Verlegers Duncker, der seine *"Reisetagebücher"*, später seine Briefe drucken wollte, lehnte er ab. 1852 hatte Weerth eine entfernte Verwandte der Dunckers, die 20jährige Betty Tendering, kennengelernt. Als er sie 1855 wiedersieht, flammt eine Liebe auf, die unerwidert bleibt. Er wirbt zum letztenmal um sie und prophezeit: *Ich werde dann die erste Liebhaberei meiner Jugend, die Literatur, wieder aufnehmen; ich fühle, daß ich geistig frisch bleiben werde bis an meinen Tod; ich werde immer lieben, immer hassen können, meine ganze Natur ist Anti-Philister, und in den Jahren, wo gewöhnlich Schriftsteller erlöschen, werde ich erst die Bühne besteigen, und, ich weiß es, mit Erfolg.* [18] (S. 132)

Diese Worte kennzeichnen die Situation eines Mannes, der darunter litt, daß er als Schriftsteller nicht mehr die Möglichkeit hatte, aktiv in den Lauf der Dinge einzugreifen. Daß sich Betty Tendering nun dem unsteten und ruhelosen Wanderer versagte (wie sie sich kurz zuvor Gottfried Keller versagt hatte), führte zu dem Entschluß, Europa für immer zu verlassen. Am 30. Juli 1856 stirbt Georg Weerth mit 34 Jahren am Gelbfieber in Havanna auf Kuba.

15 MEW, Bd. 28, S. 200.
16 MEW, Bd. 28, S. 147.
17 MEW, Bd. 28, S. 150.
18 Vgl. den jetzt vollständig veröffentlichten Briefwechsel: Georg Weerth, Briefwechsel mit Betty Tendering, hrsg. von Bruno Kaiser. Berlin: Aufbau 1972.

GEORG LUDWIG WEERTH · ZEITTAFEL

1822	In Detmold am 17. 2. geboren als Sohn des Generalsuperintendenten Ferdinand Weerth.
1836	Schulabgang aus der Sekunda.
1836–1840	Kaufmännische Lehre in Elberfeld.
1837	Begegnung mit Ferdinand Freiligrath.
1838	Erste unveröffentlichte Gedichte.
1840–1841	Buchhalter im Gräflich Meinertshagenschen Kontor in Köln.
1842–1843	Korrespondent und Buchhalter bei einem Verwandten, Kommerzienrat Friedrich aus'm Weerth, in Bonn.
1842	Erste Veröffentlichungen, gefördert durch seinen Freund Hermann Püttmann, der von der "Barmer Zeitung" kommt und seit Herbst des Jahres bis Ende 1844 leitender Feuilletonredakteur der "Kölnischen Zeitung" ist.
1843–1846	Kontorist in der Textilfirma Passavant in Bradford.
1843	Erste Teile der späteren *"Skizzen aus dem sozialen und politischen Leben der Briten"* werden geschrieben und als England-Berichte in der "Kölnischen Zeitung" veröffentlicht. Erste Konzeption eines Romans, der unvollendet bleibt.
1844.	Enge Freundschaft mit Friedrich Engels beginnt. Soziale Studien in den Bradforder Elendsquartieren. Weerth nähert sich dem Sozialismus. Schreibt Gedichte und Prosaskizzen mit sozialem Inhalt.
1845	*"Lieder aus Lancashire"* erscheinen im Elberfelder "Gesellschaftsspiegel". Bekanntschaft mit Karl Marx in Brüssel, die zur Freundschaft wird.
1846–1848	In Brüssel Vertretung des Textilhauses Emanuel & Sohn, Hamburg und Bradford, für Frankreich, Holland, Belgien.
1847	Weerth wird Mitglied des "Bundes der Kommunisten". Vertritt am 18. 9. auf dem Brüsseler Freihandelskongreß mit einer vielbeachteten leidenschaftlichen Rede die Interessen der Arbeiter. Wird in den Vorstand der "Association démocratique" aufgenommen. Erste Kapitel der *"Humoristischen Skizzen aus dem deutschen Handelsleben"* erscheinen in der "Kölnischen Zeitung".
1848	Nach Ausbruch der französischen Februarrevolution in Paris.
1848–1849	Leiter des Feuilletons der "Neuen Rheinischen Zeitung" in Köln (Chefredakteur: Karl Marx), das Weerth weitgehend alleine schreibt.
1848	Letzte Kapitel der *"Humoristischen Skizzen aus dem deutschen Handelsleben"* und *"Leben und Taten des berühmten Ritters Schnapphahnski"* erscheinen in der NRhZ. Freundschaft mit Ferdinand Lassalle.
1849	Der *"Schnapphahnski"* kommt als Buch heraus.
1849–1852	Geschäftsreisen in Europa für die Firma Emanuel.

1850	3 Monate Haft in Köln (Klingelpütz) wegen Beleidigung des Abgeordneten der Nationalversammlung Fürst Lichnowsky (= Schnapphahnski).
1851	Weerth besucht Heinrich Heine in Paris.
1852–1856	Reisen in Westindien und Südamerika für die Textilfirma Steinthal, Manchester.
1852	Weerth lernt Betty Tendering kennen.
1855	6 Monate in Europa. Letztes Zusammentreffen mit Marx und Engels. Betty Tendering lehnt ab, seine Frau zu werden.
1856	(30. 7.) in Havanna auf Kuba am Gelbfieber gestorben.

Weerths zweitältester Bruder,
Pfarrer Wilhelm Weerth (1815–1884)

Die Mutter, Wilhelmine Weerth,
geborene Burgmann (1785–1868)

Georg Weerth · Briefe
1836 bis 1856

Die besondere Faszination, die von den Briefen Weerths ausgeht, hat verschiedene Gründe. Es gab kaum einen Tag in seinem Leben, in dem er sich nicht gedrängt fühlte, anderen seine Erlebnisse, Erfahrungen oder Einsichten mitzuteilen. Wenn nicht im direkten Gespräch, so im Brief.

Er tat dies zumeist mit einer Offenheit, die auch den unvorbereiteten Adressaten mitriß. Das eben Erlebte, Gedachte, Erfahrene in seiner ursprünglichen Farbe festzuhalten – spontan und unreflektiert –, er mußte es tun, um *nie anders als in meiner wahren Gestalt zu erscheinen!* (S. 50) So vermitteln Weerths Briefe tiefe Einblicke in sein Denken und Handeln. Zugleich aber, und das macht die unverwechselbare Diktion dieser Zeugnisse aus, bleibt er stets in der Rolle des präzise registrierenden Chronisten, dem das getreue Abbild des jeweiligen Lebensumfelds wichtiger ist als die Beschäftigung mit dem eigenen Ich. Das gibt diesen Briefen ihre Geschlossenheit und Dichte, macht sie zu Dokumenten des Vormärz von hoher literarischer Qualität.

Weerth war kein "Diplomat". Er sprach aus, was er dachte, auch wenn es für den Empfänger bisweilen bittere Wahrheiten waren. Das zeigt sich vor allem in den Briefen an die Mutter, der er immer wieder über Dinge berichtete, von denen er wußte, daß sie kaum ihre Zustimmung finden würden. Und doch glaubte er, dies seiner großen Liebe zu ihr schuldig zu sein. Vor ihr verteidigt er sich stets aufs neue, ihr will er beweisen, daß er nicht der "verlorene Sohn" ist, für den sie ihn hält.

Typisch für die Briefe Weerths aus der Zeit vor der 48er Revolution sind ausführliche soziale, politische und literarische Bekenntnisse und Schilderungen. Sie sind daher in unserer Auswahl vorwiegend vertreten. Doch stehen sie an Farbigkeit in nichts den späteren – manchmal vielleicht etwas zu lang geratenen – Reiseschilderungen der letzten Lebensjahre nach.

Erhalten geblieben sind handschriftlich im wesentlichen Briefe an die Mutter (über 200), den Bruder Wilhelm (über 40) und an Marx und Engels (jeweils mehr als 20). Außerdem liegen noch einige wenige Briefe an andere Familienmitglieder und Freunde, sowie eine größere Zahl von Briefen an Betty Tendering vor.[1]

Unsere Auswahl versucht, den Zeitraum von 1836 bis 1856 durch charakteristische Zeugnisse zu verdeutlichen.

1 Nähere Angaben über die Briefe jetzt: Erich Kittel, Zum literarischen Nachlaß Georg Weerths (1822–1856). Mit bisher ungedruckten Dokumenten. In: Rheinische Vierteljahrsblätter 37 (1973), S. 191–206.

1. AN DEN BRUDER WILHELM

Elberfeld, 16. November 1836

Lieber Wilhelm!

Deinen Brief von Göttingen aus habe ich empfangen und sage Dir den herzlichsten Dank dafür. – Du warst der erste, der mir etwas Näheres über alles das, was in der letzten Zeit vorging, sagte. Denn bis wo ich Deinen Brief erhielt, hatte ich noch nichts von Detmold gehört als die schreckliche Todesnachricht[1], die mich an alles erinnerte, woran ich sonst wenig dachte. – Gestern erhielt ich auch Briefe von der Mutter und Carl, die mich vollends beruhigten und zufriedenstellten. – Die Mutter, die mir einen Mantel schickte, hatte mir vom Pastor Althaus[2] einige Exemplare der Predigt, die sich auf den Tod des Vaters bezog, mit eingelegt, die ich mit vielem Interesse las. – Carl schrieb mir auch, daß er eine Lebensbeschreibung des Vaters herausgeben wolle, wozu ich auch noch einiges beizutragen wüßte, woran sonst gewiß keiner mehr denkt. Auch hast Du ja vor, den Vater malen zu lassen, ich weiß aber nur nicht recht, wovon denn. Das Ölgemälde, was in Detmold ist, war ja gar nicht getroffen, wenn es aber gelingt, dann bitte ich Dich sehr, mir auch ein Exemplar zukommen zu lassen. – In einem Jahre bist Du nun wohl mit Deinem Studium fertig und kannst Dir selbst helfen, dann kommt wohl die Reihe an mich, und tüchtig arbeiten und die Zeit benutzen ist jetzt für mich die Hauptsache. – Das Kaufmanns-Lehrlings-Leben gefällt mir so, und ich stehe mit den Prinzipalen in so gutem Klang, daß ich denke, wenn meine Lehrzeit aus ist, schon durchzukommen. –

Wenn Du künftig wieder an mich schreibst, so schreibe *pr. Adresse* J. H. Brink & Co., nicht *bei* J. H. B. & Co., dann brauchen ich und Du kein Porto zu bezahlen. – Peills lassen Dich vielmals grüßen. Sie haben Deinen Brief gelesen, sie waren, wie ich, sehr verlangend auf Nachrichten und durch Deinen Brief beruhigt. – Ich weiß für dieses Mal nichts mehr, was ich Dir schreiben soll, wenn etwas vorfällt, mehr. Nochmals den herzlichsten Dank für Deinen langen Brief.

Dein Bruder Georg.

2. AN DEN BRUDER WILHELM

Elberfeld, 1. Juli 1838

Lieber Wilhelm!

Schon vor einiger Zeit hatte ich das Vergnügen, Deinen werten Brief vom 26. pto. zu empfangen, und indem ich Dir für seinen vielfältigen, interes-

1 Am 18. 10. war Georg Weerths Vater gestorben.
2 Georg Friedrich Althaus, der Vater von Georg Weerths Freund Theodor Althaus.

santen Inhalt meinen aufrichtigsten Dank sage, setze ich mich heute hin, nach Deinem Wunsche Gleiches mit Gleichem zu vergelten.

Sehr hat es mich überrascht und gefreut, Dich so bald unter die Haube gebracht zu sehen; – ich hätte das wirklich nicht gedacht, und kann man die Worner nur loben; daß Deine jährliche Einnahme noch nicht bedeutend ist, ist ganz natürlich, doch wirst Du wahrscheinlich ebenso schnell vom Rektor- auf den Pastorstuhl steigen, als Du den Schüler mit dem Lehrer vertauschtest; – doch die schöne Reise, der Du entsagen mußtest, wird Dir noch wohl erst etwas in den Gliedern steckengeblieben sein, denn es war doch jammerschade, so viele wohlfeile Annehmlichkeiten mit einem Male aufgeben zu müssen. –

Doch wir wollen davon nicht weiter sprechen, das Vergangene vergessen und uns über das Gegenwärtige freuen. –

Ich soll Dir erzählen, wie es mir hier geht und was ich anfange? – Es ist ungeheuer wenig, was ich, außer dem, was in unserm Geschäft vorgeht, sonst erlebe. Meine freien Stunden fülle ich mit dem Studium der englischen und französischen Sprache aus, was mir auch fürs erste am meisten not tut, denn hierauf kommt später alles an. – Im Französischen bin ich nun schon gottlob so weit vorgerückt, daß ich kleinere Korrespondenz wohl führen kann, doch das Englische macht mir nun desto mehr zu schaffen. Doch ich will mich tüchtig dranhalten und hoffe, dann auch später meine Arbeit belohnt zu finden. –

Der Ort und die Umgebung erleichtern mir mein Lernen sehr, denn ich bewohne mit noch einem jungen Kaufmann, der mir im Studieren mit dem besten Beispiel vorangeht, zwei charmante Zimmer, die so schön und reizend liegen, daß es nur Spaß ist, in ihnen zu arbeiten. – Ziemlich gut möbliert, unter anderm mit einem schönen Flügel, sehen sie inwendig ordentlich und nett aus; doch was ihnen denn auch noch fehlen sollte, wird durch die schöne Aussicht gutgemacht, welche man hat, wenn man sich vorn zum Fenster hinausbiegt; denn man durchsieht die ganze Länge der schönen Barmer Kunststraße, einer Brunnen-Allee ähnlich, denn an beiden Seiten verbreiten ziemlich hohe und starke Linden einen angenehmen Schatten. Vom frühen Morgen bis tief in die Nacht wogt die geschäftigste Menschenmasse der Welt in ihr auf und ab. – Links sieht man von Elberfeld den stärksten Strom heranwallen, elegante Wagen, Reiter, Karren kommen im bunten Gemisch dahergezogen. Rechts fährt der märkische Bauer seine Kohlen heran, vor uns hängt der Färber seine in allen Farben schimmernde Wolle zum Trocknen auf, und hinter uns hört man unaufhörlich den kräftigen Hammer manches weithergekommenen Arbeiters, der unermüdlich das größte Werk, die Eisenbahn, zu entstehen helfen sucht. – Dieses alles und die schönen Wälder, durch welche das freie Auge weithin schweift, umringt die friedliche Wohnung, welche mir ein Schloß dünkt. – Die besten Leute von der Welt bewohnen mit mir diese angenehme Wohnung. Der Herr Drinkmann ist Lehrer und ein Mann Gottes, daher sehr geduldig und willig, weshalb man sich bei ihm ziemlich viel herausnehmen kann. – So z. B. tranken wir nie Bier bei Tisch; ich habe ihn aber so weit getrieben, daß ich nun als Kellermeister immer ein Lager des herrlichsten Saftes unterhalte. –

Ich habe Dir schon gesagt, daß ich alltags wenig herausgehe, um so mehr wird aber auch der Sonntag benutzt. – Da kann man sich bei schönem Wetter, wie Du selbst wohl wissen wirst, Spaß genug machen. Merkwürdig ist es anzusehen, mit welcher Leichtigkeit da die jungen Leute das Geld wegwerfen; auch ich hatte vor einiger Zeit ziemliche Übung darin, doch da alles aufgezehrt ist, muß man sich schon stille halten. – Zu den letzten Unternehmungen, welche ich machte, gehören auch drei Touren nach Düsseldorf. Sie fielen ziemlich gut aus, besonders die erste, wo wir beinah Hals und Beine gebrochen hätten. – Ich spiele bei solchen Unternehmungen gewöhnlich den Schwager, doch hatte ich gerade da die Zügel einem Freunde anvertraut, der, da ihm mehrere Kümmel den Hals umgedreht hatten, auf einmal mit solcher Gewalt eine große Karre mit Steinen über den Haufen zu werfen suchte, daß unser Gaul bald ohne Gick weglief und sich auf gegenüberliegendem Feld nach einiger Zeit erst wiederfand und ich, dank meinem guten Engel, mich wie durch ein Wunder zwischen Himmel und Erden hängen machte. – Dies war das Werk eines Augenblicks, doch länger dauerte es, den Gaul einzufangen, die Riemen wieder anzuknoten und meinem armen Compagnon wieder auf die Beine zu helfen. –

Doch erreichten wir glücklich das Schloß Benrath, wo mitleidige Leute uns unser Geschirr so weit wieder instand setzten, daß wir bald in gestrecktem Galopp in Düsseldorf hereinfuhren. – Beim Nachhausefahren, mitten in der Nacht, ist unser Gaul auch einmal von selbst ½ Stunde weit spaziert, ohne regiert zu werden, denn als wir erwachten, hatten wir den steilen Grafenberg bereits passiert. Doch man muß solche Sachen alle gewohnt werden. –

Du schreibst mir, Du hofftest mich im Herbst dort zu sehen, doch wäre es mir ungleich lieber, wenn wir das Wiedersehen bis auf das Ende meiner Lehre verschöben, obgleich ich nichts mehr wünsche, als Euch mal alle wiederzusehen. – Doch möchte ich gern mal 8 Tage an den Rhein nach Köln, Bonn und Koblenz. – Hiervon habe ich nun der Mutter nichts geschrieben, weil ich fürchtete, sie möchte es übelnehmen, daß ich den Rhein lieber als sie besuchen möchte. – Solltest Du daher hören, daß sie nur im geringsten nicht gern hätte, daß ich ein solches Reischen machte, so fange lieber nicht davon an. Jedenfalls wäre es mir aber lieber, daß ich erst nach Beendigung meiner Lehre Euch besuchte. Doch wenn Ihr es wünscht, so komme ich mit Freuden, wenn meine Prinzipale, wie ich wohl glaube, es erlauben. –

Ich hoffe, hierüber Näheres von Dir oder der Mutter zu hören. Wenn ich meine Lehre zu Ende habe, so hoffe ich, holst Du mich ab, und ließe sich dann auch noch manches andere arrangieren. Ich denke immer, wenn ich die wunderschönen reichen Mädchen sehe, das wäre eine für unsern Wilhelm! – Und Pastöre sind sehr gesucht und beliebt. – Wir haben neulich mal nachgezählt, daß unter 12 hiesigen und benachbarten 9 Frauen aus den ersten, reichsten Familien haben. – Ich wollte, daß Du an diesen Neunen ein Beispiel nähmest. – Es würde für uns alle von der größten Wichtigkeit sein. –

Für die Komplimente am Ende Deines Briefes danke ich bestens; ich hoffe, daß sich alles dereinst mal so einstellen wird. Sapperment!

Aber ich komme allmählich ganz von meinem Text ab, – ich sollte Dich auch noch von Richard Peill[3] unterhalten.

Er ist noch immer der alte.–. hartnäckige, unermüdliche, feine Christ, das Gegenstück zu seinem fidelen Bruder. Von beiden wäre zu wünschen, daß der eine mal aus den Konventikeln, der andre mal den Abend von der Straße käme. Richard ist jedoch ein sehr lieber Mensch und zeigt sich im Umgang gar so eigen nicht, als wie man wohl denken sollte, man muß sich nur, was die Religion angeht, ihn weit genug vom Halse halten. Besonders ich, da ich den ganzen Tag mit resoluten Leuten umgehe, bin keineswegs so ängstlich in meinen Interjektionen und würde daher, wenn wir von theologischen Sachen anfingen, nur zu Richards Ärger und meinem Schaden meine liberalen Gesinnungen an den Tag legen. – Konrad ist aber gegen früher doch etwas solider geworden, obgleich er doch vor einiger Zeit noch eine Zigarrenbüchse zum Besehen rundgehen ließ, die ihm eine gewisse Dame oder Damen aus Dankbarkeit zum Geschenk gemacht hatten. –

Doch scheint es mir für heute so ziemlich alles zu sein, was ich Dir zu sagen hätte, und bitte ich Dich, mich nun auch bald wieder durch einige Zeilen zu erfreuen. –

Es freut mich sehr, daß Du in Deinem Aufenthaltsort so viele Annehmlichkeiten hast, und wünsche ich nur, daß sie Dir auch ferner erhalten bleiben möchten. –

Da ich der Mutter dieser Tage geschrieben, so wäre es unnötig, Dir Grüße an sie aufzutragen, deshalb beschränke ich mich einzig darauf, Dich zu bitten, in gutem Andenken zu halten

Deinen Bruder

Georg.

PS. Wenn Du hier Pastor werden willst, so kannst Du nur kommen und eine Probepredigt halten. P[astor] Stier aus Sachsen hat großen Beifall eingeerntet, so auch Meinertshagen aus Bremen, er hat sich aber dadurch blamiert, daß er den Repräsentanten Visiten gemacht hat, und glaubt man nicht, daß er gewählt würde.

3. AN DEN BRUDER WILHELM

Elberfeld, 30. August 1839

Lieber Wilhelm!

Deinen Brief vom 22. Juni hatte ich seiner Zeit das Vergnügen zu empfangen und ließ Dir auch schon durch die Mutter meinen herzlichsten Dank für alle Deine interessanten Mitteilungen sagen, komme heute aber noch-

3 Kaufmannsfamilie in Elberfeld.

mals darauf zurück, indem ich Dir den Ausdruck meiner Erkenntlichkeit wiederhole. –

Ich hoffe, daß die Pläne, wovon Du mir sprachst, Dir nicht leid geworden sind und Du mit allem Eifer strebst, sie auszuführen; es tut mir freilich sehr leid, daß Du nicht zum Ziele als durch ungeheures Arbeiten gelangen kannst, doch wird dies denn auch wohl die letzte Deiner Anstrengungen sein und bald ein weites Feld Erholungen und schönste Aussichten vor Dir liegen. – Dieses ist wenigstens sehr zu wünschen, aber auch schon als realisiert anzusehen, denn Dein alter Fleiß, durch muntern Sinn und Kenntnisse unterstützt, wird Dich sicher jetzt nicht verlassen. – Auch werden der Ohm Roß[4] und Freund Vincke[5] gern die Hand Deinen Bestrebungen entgegenreichen. – Wenn dann der Frühling von neuem über Eure Berge dahinschreitet, dann stehst Du sicher reisefertig auf einem ihrer schönsten Gipfel, siehst noch einmal zurück ins Jugendland, schwingst Deinen Hut und läßt Berge, Täler und Schluchten Dein Lebewohl beantworten. Schweigend steigst Du dann wieder in die weite Ebne, durchfliegst sie eilend und hältst erst an, wenn Du das Land und den Strom Deiner Väter freudigen Blickes erschaust.

Oh, ich kann es mir denken, wie gern Du Dich wieder auf dem glänzenden Nacken des alten Rheins hin und her bewegtest! Wie sehr Du wünschst, immer an seinen üppigen Ufern zu wohnen! – Und *eine* Deiner Hoffnungen muß auch in Erfüllung gehen, und gewiß die, die sich auf Liebe zu dem Lande unsres Stammes emporbaut. – Mit nächstem Frühjahr ist auch meine Lehrzeit, ich will hoffen, glücklich vollbracht. Vieles habe ich mir über die Zukunft ausgedacht, aber noch nichts Eigentliches, was auch nicht möglich ist. – Nur *der* Gedanke und *der* Wunsch bleibt fest in mir, so bald als möglich meine jetzige Umgebung zu verlassen und mich frisch durchs Leben hindurchzutreiben und keineswegs meine Jugend in dem Dampfe einer Fabrikstadt zu verschlummern. – Die Aussichten, welche ich in Buenos Aires hatte, zerstörte der dort wütende Krieg. –

Die letzten Tage habe ich mich viel im Geiste mit unserm Nandus[6] beschäftigt; die Mutter schrieb mir neulich, daß sie den unglücklichen Gedanken gefaßt habe, ihn nächsten Ostern in die Gothaer Handlungsschule zu schicken. – Ich möchte wirklich wissen, wer der Mutter dieses angeraten hat! Entweder hat er es aus Spekulation getan, oder es ist irgendein Mensch, der gar keinen Begriff von einem Kaufmann – ich sage Kaufmann, nicht Krämer – hat und nie das, was Goethe sagte:

»Grau, teurer Freund, ist alle Theorie,
Doch grün des Lebens goldner Baum!«

Wenn die Mutter Ferdinand in ein solches Institut sendet, so wird das erstens viel Geld kosten, zweitens wird er nichts lernen, drittens, hat er seinen 4jährigen Kursus mal vollendet, höchstens als Volontär in irgendeinem Hause auftreten können und viertens sich erst im 20. Jahre oder gar

4 Bischof und Probst Johann Roß (1772–1854).
5 Ludwig Freiherr von Vincke (1774–1844) hatte 1813 in Westfalen die Befreiungskriege gegen Napoleon organisiert und wurde 1815 Oberpräsident der Provinz Westfalen.
6 Ferdinand Weerth.

21. eine selbständige Existenz erringen können. – Dieses werden die unausbleiblichen Folgen sein, wenn die Mutter dem Rate dortiger Freunde glaubt; und diese Folgen sage ich nicht nur voraus, sondern auch Richard P[eill], Herr Ritterhaus und Eller, unser Herr Kirchner und Müller und mehrere andre achtbaren Leute, mit denen ich darüber sprach und welche wahrscheinlich in kaufmännischen Angelegenheiten jeder einzelne soviel Erfahrung haben als alle Eure Krämer und sonstige Proselyten zusammen. –

Ein Institut wie das Gothaer ist nur für diejenigen jungen Leute gut, welche in dem Orte selbst wohnen, oder für solche, welche viel Geld haben und deren Eltern Kaufleute sind, indem letztere sich dann später, haben sie im Institut nichts gelernt, auf dem Comptoir des Herrn Papa noch genug ausbilden können. –

Da das Ferdinand aber nicht kann, so würde er lange ein ganz unbrauchbarer Mensch sein. – Man hat hier lange die Einfältigkeit eines Handlungsinstituts einzusehen gelernt, weshalb kein Kaufmann seinen Sohn in ein solches gehen läßt. Alle jungen Leute machen eine ordentliche Lehre und bilden sich nur auf diese Weise so heraus, wie sie tun, denn hinter dem Schultisch und vor dem Katheder lernt man niemals Spekulationen unternehmen, nur Theorien, die meist im Leben unanwendbar sind. – Ich bitte Dich deshalb inständigst, lieber Wilhelm, suche die Mutter auf andre Gedanken zu bringen; Sie mag abwarten, was aus mir nächstes Frühjahr wird, und danach entscheiden, sich aber ja in so einfältige Ratgebungen nicht einlassen. – Eine Lehrlingsstelle, wo Ferdinand alles, was er fürs Leben nötig hat, lernt, werde ich [ihm] hier leicht seiner Zeit verschaffen. –

Entschuldige gütigst, daß ich Dich so lange mit diesem langweile. – Ich habe noch eine Bitte an Dich, einem Philister auf die Schnauze zu klopfen. – Seit einiger Zeit ist hier der lange Meyer, der Tholuckianer[7] aus Lemgo, beim Grafen von der Recke als Lehrer seiner Zöglinge und sehr häufig mit den hiesigen barocken Kandidaten in Konventikeln zusammen. – Neulich kommt nun der K. Rubel, ebenfalls ein korrupter Mensch, und erzählt mir, er habe Meyer gesprochen, der ihm viel von Lippe-Detmold erzählt habe. – Aber was das für ein Land sein müßte, nach Meyers Beschreibung! – Er hätte nicht gedacht, daß dort solche Geisteszerrüttung herrsche, und besonders müßte der Pastor Althaus ein elendes Subjekt sein, in jeder Beziehung! Nur einige liebliche Pflänzchen keimten unbemerkt im stillen. – Meyer, sagte er mir auch, sei ganz entrüstet und zugleich betrübt über dieses gefallene Land. – Sollte man nicht solch einem sich hier einzuschmeicheln suchenden Hunde von gespinnbeintem Tholucker den After so zuhauen, daß ihm das Wasser zum Maule herausflösse? Ja wahrhaftig! Schließlich danke ich Dir noch für die allerliebste Beschreibung des Jubels in Horn. –

Neulich hörte ich aus *unsicherer* Quelle, Ferd. Sprütten sei gänzlich auf den Furz gepfropft, und zwar mit 300 Taler Schulden. – Ich kann's nicht glauben, werde aber in den nächsten Tagen durch Freiligrath, der jetzt in Bonn ist, bestimmtes hören.

Grüße mir auch den holden Pastor von.–.

7 Nach dem pietistischen Theologen Friedrich August Tholuck (1794–1877).

Richard befindet sich äußerst wohl, wird mit jedem Tage frommer. Er scheißt am Ende noch Bibeln. –

Konrad will sich, wenn er Geld hat, Pferd und Kutscher halten, und holt er sich dann noch ein Weib im Bordell, da ist er bedient, beweibt und beritten. –

Gestern nahm mich Konrad Peill auf einen ungeheuern Patentenball mit, der nur von den Ersten Elberfelds besucht werden darf. – Ich tanzte mit ihm den Kotillon vor – hatte famose Tänzerinnen. –

Um Dich zu erholen, kannst Du mich wohl mal besuchen! Es ist ja nicht weit bis hier, oder richte es ein, daß wir im künftigen Frühjahr, bin ich hier fertig, mal zusammen nach Frankfurt a. M. reisen, es wäre eine gute Gelegenheit, Deine XX mal wieder zu sehen. –

Einstweilen meinen herzlichsten Gruß.

Dein Georg.

Grüße gütig die Mutter und sage ihr, ich werde in den nächsten Tagen schreiben.

4. AN DEN BRUDER CARL

Elberfeld, 26. Dezember 1839

Lieber Doktor!

Sehr angenehm hast Du mich durch Dein schönes Weihnachtsgeschenk, das »Nibelungenlied«, überrascht und erfreut, und bitte ich Dich, meinen herzlichsten Dank zu genehmigen. – Das schöne Buch soll ein neuer Gegenstand sein, der mich an Dich erinnert, und zwar recht oft. Gott weiß, woher mir die große Liebhaberei an Literatur und schönen Büchern gekommen, doch muß ich gestehen, daß mir nach einem Kuß von roten, artigen Lippen oder auf dieselben ein inhaltreiches Buch die größeste Freude verursacht. – Die Lieder-Sammlung, welche ich so frei war, Dir durch die Mutter zuzusenden, ist von einem meiner Freunde herausgegeben, der sich wirklich damit um die Menschheit berühmt gemacht oder besser, verdient gemacht hat. – Wenn ein alter Tröster wie Du nun das Register durchliest, ist es nicht anders möglich, als daß er sich in die goldenen Studienjahre zurückversetzt fühlt. –

Heute morgen las ich in der »Mitternachtzeitung« Nr. 193 eine Rezension Deines Buchs[8] der Rassen und freute mich sehr, daß es überall Anerkennung findet. Man nennt es »einen Schatz von Kenntnissen und Gelehrsamkeit«. Ich werde stolz! –

Seit einiger Zeit bin ich in ein Literaten-Kränzchen aufgenommen worden, welches Freiligrath seine Entstehung verdankt. – Es besteht aus 15 Doktoren, Poeten, Kaufleuten und Taugenichtsen, welche abwechselnd in

8 Carl Weerth, Die Entstehung der Menschenrassen. Ein Versuch. Lemgo 1839.

ihren Kneipen zusammenkommen, sich über Literatur unterhalten und etwas zusammen lesen. Dies ist das einzige Amüsement, außer einem Ball von Zeit zu Zeit, welches mich unter den bornierten Bewohnern des rötlichen Wupper-Strandes noch am Leben erhält. Wirtshäuser besuche ich gar nicht, da man dort selten andre Geschöpfe als geldstolze, fromme oder liederliche Elberfelder und Barmer findet. – Ich hoffe, daß mich der kommende Frühling aus diesem Ländchen befreit und in bessere Regionen versetzt; wenigstens tue ich mein möglichstes dazu, indem ich den halben Erdball mit Briefen bombardiere, die bis jetzt leider noch keine Bresche schossen.

Unser Freiligrath sitzt jetzt teils in Unkel, teils in Köln dem Wein, der Liebe und Poesie ergeben. Einer meiner hiesigen Freunde besuchte ihn neulich und fand ihn in der heitersten Stimmung, jedoch ohne Geld. Er hatte einen armen Studenten bei sich, der mit ihm den letzten Bissen gebrochen hatte. – Plötzlich kommt ein Wechsel, auf Köln ausgestellt, an. Nach Köln zu fahren, um ihn einzukassieren, war unmöglich, denn niemand wollte pumpen; man sah sich also genötigt, einen Mantel und einige Stiefel zu verkaufen, um so zum Zweck zu gelangen. – Freiligrath samt seinem Kollegen segeln also ab, im schrecklichsten Zustande und arm wie Hiob. Doch den folgenden Tag sind sie schon zurück, – aber wie: in neuen Hosen, Polonaisen[9], neuen Filzhüten, Kanonen[10], – kurz, von Kopf zu Fuß in gutem Stande! – Und so leben sie lustig, bis alles aufhört, bis Gott oder Cotta[11] ihnen von neuem »Amen« zurufen. –

Ein Dichter de bon aloi! –

Sei doch so gütig, der Mutter meinen herzlichsten Dank für ihren Brief und ein von Peills in ihrem Auftrag erhaltenes, ungemein angenehmes Geschenk zu sagen. – Ich werde ihr in den nächsten Tagen schreiben. –

Für Ferdinand hoffe ich bald eine gute und famose, zugleich aber Vorteil bietende Stelle zu erhalten. Der Junge wird noch einmal ein tüchtiger Kaufmann werden! –

Warum lassen Dresel, Eschenburg oder andre Detmolder ihre Söhne nicht auch mal den Handel lernen? Es ist doch das Beste, was es auf Erden gibt! –

Herrn Eller werde ich jedenfalls besuchen!

Den herzlichsten Gruß

Deines Georg.

9 Seidenzeug.
10 Eine Art Reitstiefel, die bis übers Knie reichten.
11 Freiligraths Verleger.

5. AN DEN BRUDER WILHELM

Köln, Februar 1841

Lieber Wilhelm!

Den herzlichsten Dank für Deinen Brief! Leider ist noch nichts Gewisseres über die Lippstädter Affäre darin – hoffentlich dreht sich aber alles zu Deinem Besten! Tu es Dir aber selbst zulieb und denke nicht zu sehr daran, sonst ist, wie Du auch selbst weißt, später, in einem unglücklichen Falle, Dein Ärger, Kummer und Verdruß desto größer! – Der Onkel Roß hat freilich recht, wenn er sich beschwert, daß ich noch nicht in Bonn gewesen sei. – Ich bin sicher 4–5mal auf meinen Streifzügen ins Siebengebirge dort durchgekommen und sogar einmal, ohne daß ich es wußte, im Weerthschen gewesen, um, da die Tür offen war, mich nach einem Hause zu erkundigen, und doch, Gott weiß es, habe ich nie dazu kommen können, dem Onkel meine Aufwartung zu machen! Doch sobald nun wieder Geld in Bänken ist, soll alles gutgemacht werden! –

Der Tod der Tante[12] hat mich ebenfalls nicht so sehr um die Tante selbst als um den Ohm gedauert und betrübt; denn ich kann mir so recht vorstellen, wie die beiden alten Leute, von allen Kindern getrennt, sich namentlich in letzter Zeit ganz aneinander gewöhnt hatten. – Ja Gott! Geboren werden, leben und zu Dreck und Staub werden. So runs the world away!

Was meine amerikanische Geschichte angeht, so kannst Du aus meinen Briefen an Carl sehen, wie ich in allen Dingen mit der größesten Vorsicht zu Werke gehe. – Keinesfalls bleibe ich aber länger hier. Das Meinertshagensche Geschäft ist steif und uninteressant wie ein alter Adeliger. – Ferdinand, wie ich nun sicher weiß und täglich sehe, vergißt das nicht, was er zu Haus gesehen und gehört hat, und da er ein fixer, tüchtiger Junge ist, so kann er ohne mich gut fertig werden. –

Das Volk ist hier lustig und froh, gefällt mir gut, und bin ich mit jedem bald bekannt. – Die Leute von früher sind es aber lange nicht! – Am meisten amüsiert mich, wie natürlich, die Stadt selbst, und namentlich daher, weil ich in der letzten Zeit die Kölner Chronik studiert und viel über Bauten und Kunstgegenstände gelesen habe, ohne, wie Aug. v. Cölln meint, gerade katholisch zu werden. – Carls Baupläne sind mir freilich auch sonderbarlich vorgekommen. Doch ist er alt genug, sich selbst raten zu können. Es sollte mir leid tun, wenn er in die Patsche geriete; laß ihn nur die Jungfrau Elisabeth, Tochter des Regierungs- und Kammerpräsidenten, festhalten, vielleicht läuft dann doch noch alles gut ab. – Wirklich! Über Euern Landtag habe ich mich gefreut. – Ist ein Staat auch noch so klein, so kann er doch seine Rechte behaupten, und schadet es gar nichts, wenn einer von den 36 Monarchen von Zeit zu Zeit etwas gestäupt wird, – die guten Leute werden sonst zu üppig! –

12 Luise Weerth, Frau von Bischof Roß.

Hier rumort jetzt die karnevalistische Hanswursterei im höchsten Grade. Jeden Sonntag ist Komitee, wo sich 600 Menschen, alt und jung, arm und reich, mit den tollen Mützen auf den baumelnden Köpfen, versammeln, nicht, um das Wohl des Landes zu beraten, aber wie sie sich die folgende Zeit amüsieren wollen. – Es gibt nichts Herrlicheres, als diese fröhliche Menschenmasse beieinander zu sehen; Tische und Bänke sind überflüssige Gegenstände, jeder hängt die Flasche an den Hals, behält das Glas in der Hand, um den Rednern, die fortwährend in kölnischem Platt von der Wiege herunterdonnern, stante pede ein Hoch oder je nachdem ein Gezisch darbringen zu können. – Dann singt die ganze Gesichte das Lied ohne Text: O Jerum! O Jerum! Dreißig Blechinstrumente fallen brausend ein. – Man wird außer sich, verliert den Kopf, umarmt alle Menschen, Grauköpfe und junge Burschen – in einem Wort, ist wahnsinnig, toll!

Jetzt tönt die Domglocke! Alles fließt auseinander – und da der Abend noch lang ist, verdienen die Wirte noch einen Haufen Geld, denn die meisten erholen sich nicht so schnell von der Raserei und stürmen die ganze Nacht aus einem Weinhaus ins andere, bis sie der Montagmorgen mit hängendem Kopf an der gewöhnlichen Tagesarbeit wiederfindet. –

O Jerum! O Jerum!

In den nächsten Tagen werde ich jedenfalls einmal an den Onkel Roß schreiben. – Gestern erhielt ich durch Kemper einen Brief von der Mutter, in dem sie sich sehr besorgt über meine neuen Reisepläne ausspricht, – bitte sie doch, überzeugt zu sein, daß ich keine leichtsinnigen Streiche anfangen würde, obgleich ich oft große Lust dazu hätte! – Die Mutter muß aber nur immer bedenken, daß ich kein Geld habe!

Hoffentlich wirst Du mir bald gute Nachricht aus Lippstadt schicken, ich laß dann hier 11 Freudenschüsse ertönen, auch würde ich schon Ochsen zu einem Dankopfer auffinden! –

Leb wohl! Behalte in gutem Andenken

Deinen Georg.

6. AN DIE MUTTER

Bonn, 21. März 1843

Liebe Mutter!

Dein letzter Brief würde mich grenzenlos geärgert haben, wenn Du ihn nicht geschrieben hättest.

Ich bin mir eines redlichen Strebens bewußt, mit dem ich vor der ganzen Welt bestehen kann, und wenn meine ersten poetischen Erzeugnisse auch den Stempel der Unvollkommenheit tragen, so sind sie doch nichts weniger als gemein! – Im Anfang hat freilich fast jeder mit Schwierigkeiten zu kämpfen, und so wird es auch noch einige Zeit dauern, bis man darin übereinkommt, daß mehr Humor als Gemeinheit in meinen neusten Liedern ist.

– Daß Du für mich fürchtest, ist natürlich, da es einer Mutter stets unangenehm sein wird, ihren Sohn mit so wenigen Kenntnissen auftreten zu sehen. – Ich kann Dich daher jetzt nur auf eine spätere Zeit vertrösten, wo es mir hoffentlich gelingt, mich vor Dir zu rechtfertigen. Jedenfalls kann ich Dir aber versichern, daß Du nie mehr Ursache haben sollst, Dich meiner zu schämen! –

Was andere Leute in dortiger Gegend von mir denken, kann mir gleichgültig sein, da ich hier im Lande so glücklich war, viele wahre und aufrichtige Freunde zu finden, welche sich meiner auf die liebevollste Weise annehmen und mir stets mit dem besten Rat zur Seite stehen. – So hat mir noch vor kurzem der Dichter Simrock[13] den Zutritt in seinem Hause eröffnet, und ein Herr Kinkel[14], von dem ich Dir schon erzählte, ist mein Freund wie früher. –

Nichts wünschte ich mehr, als bald persönlich vor Dir erscheinen zu können. Durch Wort und Handschlag würde ich Dir versichern, daß ich auch in anderen Beziehungen nicht von der rechten Straße gewichen bin. Mit voller inniger Liebe denke ich an Dich wie an den seligen Vater und werde nie vergessen, daß er mich beim Abschied ermahnte, die gute Sitte zu bewahren, welche ich im elterlichen Hause vor Augen hatte. –

Ferdinand, der Dir diese wenigen Zeilen überbringt, mag noch ein gutes Wort für mich einlegen und Dir erzählen, ob er mich als verworfenen Menschen oder als rechtschaffenen Bruder vorgefunden hat. Bei gewiß vielen anderen Sünden habe ich doch wenigstens die des Heuchelns nicht und glaube, nie anders als in meiner wahren Gestalt zu erscheinen!

Sei aufs herzlichste gegrüßt von

Deinem Georg.

7. AN DEN BRUDER WILHELM

Bonn, 25. April 1843

Lieber Wilhelm!

Dein furzhafter Brief hat mir größere Freude gemacht! Ich bedauere unendlich, nicht mit etwas Ähnlichem aufwarten zu können, da meine ganze Umgebung bei Glaube, Liebe und Öffnung ist. – Zudem ist am Rhein das Trinken mehr Mode als das Stinken, und wenn ich meine unmaßgebliche Meinung sagen soll, so meine ich, daß ein Glas Laubinger besser duftet als ein aufgelöster Naturlaut!

Seit den letzten Tagen des Hornung, wo aller tolle Spuk aufhörte, ist es hier ruhig geworden, wenigstens erfahre ich von dem Leben in Bonn sehr wenig. – Auf meiner schönen Kneipe, außerhalb der Stadtmauern, gestaltet sich die Geschichte aber viel interessanter. – Schon am frühen Morgen, wenn sich kühler Wind aufmacht und durch den Nebel streicht, halte ich

13 Karl Simrock (1802-1876), Dichter und Germanist.

14 Gottfried Kinkel (1815-1882), Poet, Theologe, Kunsthistoriker, demokratischer Politiker. Vgl. Anm. 40a, S. 89.

meinen Entblößten aus dem Fenster und lasse ihn das Siebengebirge besehen. – Gleich darauf muß er freilich in den Sofa, weil ich mit ungemeinem Eifer meine Studien beginne; dies dauert aber nur eine halbe Stunde, da haue ich mit einem alten Rapier an den Wänden herum und spiele den rasenden Roland oder den König Lear. – Ein paar lumpige Verse sind die Folge dieser Aufregung, – sie werden schnell entworfen und gegen acht Uhr als Arschwisch gebraucht, da ich mich nie entschließen kann, ein reines Blatt zu mißbrauchen, – mit einem Wort – ich wische nur mit Versen den Hintern aus! – Der übrige Tag geht geräuschlos vorüber; – abends werden Volkslieder gelesen, Hegel studiert und nicht verstanden, Korrespondenzen geschrieben, – ich trinke Bier und schlafe mittelmäßig. Da hast Du mein ganzes Leben! Es ist nicht schön, aber auch nicht häßlich, und wenn ich aufrichtig sein soll, so muß ich gestehen, fast einen jeden Tag würde ich für eine Flasche Nierensteiner mit Vergnügen verkaufen.

Sehr gern würde ich Dir den »Nachtwächter« von Dingelstedt[15] senden, wenn ich ihn besäße; man kann dergleichen Büchern auch nicht in Bonn auf die Spur kommen; das Volk ist viel zu indifferent, und die Gelehrten lesen nur Goethe und scheren sich den Henker an neuere Literatur. Beikommend erhältst Du aber einige gute Censur-Flüchtlinge[16], den »Michel«, den 2. Teil von den »Unpolitischen Liedern« und die »Lieder aus der Schweiz«, ebenfalls von Hoffmann v. Fallersleben. – Letztere sende mir gelegentlich zurück, die andern drei Sachen kannst Du dort behalten. – H. v. Fallersl. ist mir viel lieber wie Dingelstedt. Bei jenem kommt alles aus dem Herzen und der Überzeugung; dieser läßt seine Muse nur mit der Mode laufen und scheint überhaupt weniger Gesinnung als Gewandtheit zu besitzen. – Herwegh steckt aber alle in den Sack und wird jedenfalls der Bannerführer der politischen Richtung in der Literatur, wenigstens der Lyrik, bleiben. – Hast Du Börnes »Briefe aus Paris« wohl gelesen? Man wird sie schwerlich bei Euch bekommen können; ich könnte sie Dir leihen. –

Meine Tätigkeit ist fast ausschließlich der humoristischen Lyrik zugewandt. Ich kann jedoch nur wenig tun, und selten gelingt etwas so, wie ich es wünsche. Da ich aber weniger darauf dringe, schnell bekannt zu werden, was bei meinen vielen Verbindungen wohl möglich wäre, und ruhig am Sammeln bleibe, bis ein Bändchen zusammenkommt, so kann es mir vielleicht gelingen, manche Wünsche erfüllt zu sehen. – Ist dies nicht der Fall, so haben mir wenigstens meine Versuche so viel genützt, daß ich viele tüchtige Leute dadurch kennenlernte und mich hier in der Gegend eines kleinen Rufs erfreue, der mir schon manche fröhliche Stunde verursacht hat. – Meine Korrespondenzen in der »Kölnischen Zeitung« haben leider viel Unheil angerichtet; ich machte die hies. Theologen Nitzsch, Sack und Bleek lächerlich und brachte es so weit, daß sie von Berlin aus gerüffelt wurden. – Freilich schmeckte ich auch die bittern Früchte der Öffentlichkeit, da meine Artikel von der »Mannheimer Abendzeitung« scheußlich heruntergemacht wurden. – [17]

15 Franz Dingelstedt, Lieder eines kosmopolitischen Nachtwächters. Hamburg 1842.
16 Titel eines Gedichtheftes von Rudolf Gottschall. Zürich 1843.
17 Die Artikel konnten bislang nicht ermittelt werden.

Von der Mutter habe ich viel Schlimmes hören müssen; hoffentlich ist sie aber durch meinen letzten Brief beruhigt; – ich werde ihr so bald keine Ursache zum Verdruß mehr geben, obgleich ihre Ermahnungen mich schwerlich von der einmal eingeschlagenen Richtung abbringen werden.

Mit Theodor Althaus vermied ich jedes Gespräch, was Deine Angelegenheiten betraf, – ich achtete in ihm eine tüchtige Gesinnung, welche er auch den Mut hatte, von der Kanzel herunterzudonnern, trotz seiner orthodoxen Lehrer, die ihn genugsam gerüffelt. – Cruel scheint ruhig hinzugehn wie das Abendrot; er ist gescheit und freisinnig, nur zu schüchtern; es würde nicht schaden, wenn Du ihn in Berlin gut empfehlen könntest.

Der Umgang mit Studenten mundet mir aber auf die Dauer sehr wenig. Die Leute sind wild ohne Humor, dumm mit Arroganz, haben kein Geld und kneipen gern auf andrer Menschen Rechnung. Wenigstens der größere Teil ist so. Edle Ausnahmen gibt es. – Ich habe aber mit niemandem gern zu tun, dem der Student noch im Leibe sitzt. Unter meinen Bekannten gibt es freilich manchen, der sehr leichtsinnig ist, – sie haben aber schon alle etwas geleistet und sind nicht mehr so grün wie die strebsamen Juristen, Mediziner und Theologen.

Wegen der Geldgeschichten habe ich Dir neulich in einigen Zeilen geantwortet. Die Sache ist mir verhaßt, ich komme nicht näher darauf zurück. Wenn Du die hiesigen Verhältnisse kenntest, würdest Du Dir alles besser erklären können. Fordere keine weitern Explikationen und suche Dir dort ein geduldiges Schaf. – Kann ich helfen, so bist Du der erste!

Während dem Schreiben habe ich 3 Zigarren geraucht; ich kann also vermuten, daß Du für heute zufrieden sein wirst. Draußen ist es überdies so schön, daß ich den Steiß nicht mehr in der Gewalt habe. Leb wohl!

Alles ist nur Lumperei, und mit wenigen Ausnahmen gibt es keine Ausnahme in dieser Lumperei. Jedenfalls bekommt mir aber ein Glas Walporzheimer stets vortrefflich. –

Den herzlichsten Gruß

Deines Georg.

8. AN DIE MUTTER

Bonn, 8. September 1843

Erschrick nicht vor meinem großen Brief!
Schlimm fängt er an,
Gut hört er auf. –

Liebe Mutter!

Es hat wieder lange Zeit gewährt, ehe ich Dir für Deinen letzten Brief und die Besorgung des Passes danken konnte; indes ist die Reise nach Holland nicht Schuld daran gewesen, denn diese zerschlug sich schon, bevor die Post ankam. – Die Baumwolle nämlich, welche in Rotterdam gekauft werden sollte, wurde in New York bestellt, da dies durch eine Veränderung der Preise notwendig wurde. Allerlei andere Dinge sind aber vorgefallen, welche anfangs sehr unangenehm aussahen, sich allmählich aber doch, wie die Franzosen sagen, à l'amiable gestalteten. Um dies alles deutlich zu machen, fange ich von vorn an. –

Höre denn zu und merke ein jegliches Wort Dir!

Der alte Weerth kam vom Düsseldorfer Landtag zurück, wo er sich vor allen Deputierten durch eine kräftige Verteidigung der Preßfreiheit und der Judenemanzipation ausgezeichnet hatte. – Wir hatten dies nicht anders erwartet, denn nicht allein war von der jüngeren hiesigen Welt eine Petition für beide Sachen an den Landtag abgegangen, sondern auch die ältern Herren hatten unterschrieben und, den Oberbürgermeister an der Spitze, die Akten befördert. Daß der O.Bürgermeister dies tat, mußte jeden wundern, da eine Demonstration gegen seine Vorgesetzten, gegen das Gouvernement, darin lag. – Es stellte sich auch bald anders heraus. – Denn kaum waren die Empfangsfeierlichkeiten vorüber und hatte der alte Weerth seine Papiere ausgekramt und mir zum Ordnen übergeben, als ich darunter einen Brief des Oberbürgermeisters fand, in welchem er dem Alten schrieb: »es sei von verschiedenen Hitzköpfen eine Petition für Preßfreiheit und Emanzipation an ihn zum Vertrag abgegangen – er hätte zwar selbst mit unterschrieben, riete ihm aber doch, für die ganze Sache nichts zu tun, denn Preßfreiheit sei nicht zu wünschen, und die meisten Juden seien noch Schurken.« – Dann führte er die Namen von vielen der geachtetsten Männer auf und sagte: diese hätten die Sache betrieben – es seien sämtlich unerfahrene Leute, man müsse ihnen das Handwerk legen usw. –

Da ich mich für den Erfolg der Petitionen auf das lebhafteste interessierte, so mußte mich dieser schändliche Brief förmlich empören. Der erste Beamte der Stadt schämt sich nicht, den Bürgern vorzuheucheln, er unterstütze ihre Sache aufs wärmste, und kommt nun hinterrücks, nennt ein Dreißig rechtschaffene Juden hintereinander Schurken, erklärt die tüchtigsten Leute für dumme Jungen, sucht den alten Weerth in seinen Gesinnungen irrezumachen und die Sache, für welche er selbst unterschrieben hatte, zu vereiteln. – Ich fühlte recht gut, daß die Veröffentlichung eines solchen Briefes den Oberbürgermeister ruinieren würde, und nahm es mich fast Lust, der Welt diesen Dienst zu leisten. – Wenn ich dagegen bedachte, daß mir die Papiere von dem Alten anvertraut waren, so mußte mir dies gebieten, den Mund zu halten.

Ich beschloß dies zu tun, mir übrigens die Geschichte für die Zukunft zu merken. – Nur zu einem ältern Herrn ging ich, da dieser das Sammeln der Unterschriften geleitet hatte, ließ mir das Ehrenwort geben, zu schweigen, erzählte ihm alles und warnte ihn davor, sich mit dem Bürgermeister in Zukunft einzulassen. – Dieser gute Freund war nun schurkig genug, noch denselben Abend die Geschichte zu publizieren. – Am folgenden Morgen rückt bereits der ganze Stadtrat dem alten Weerth in der größten Bestürzung zu Leibe; dieser, der den Zusammenhang gar nicht erriet, versichert, daß er den Brief nur mir gegeben habe, und läßt mich hereintreten. – Allerlei Umstände hätten es mir leicht gemacht, mit Lügen und Umschweifen durchzukommen, ich hielt es aber für besser, bei der Wahrheit zu bleiben; – erklärte, daß ich freilich das Zutrauen des alten Weerth mißbraucht hätte, indem ich dem einen die Sache mitgeteilt; dieser sei indes noch in größerer Schuld, da er sein Ehrenwort gebrochen und die Affäre erst zur Öffentlichkeit gebracht habe. – Übrigens könne es ihnen ja nur erwünscht sein, da sie jetzt wüßten, in welchen Händen ihre Angelegenheiten wären, welch saubern Bürgermeister sie hätten. Dieser stand wie ein begossener Pudel daneben, – ich sagte ihm ins Gesicht hinein, daß er ein Schurk sei. – Er wußte nichts darauf zu erwidern, und die andern Herren entfernten sich. –

Alles war nun gut und in Ordnung – der Bürgermeister hatte eine gute Lehre bekommen, und der Stadtrat wußte, was er in Zukunft zu tun hatte; jene sprachen nicht mehr davon und der alte Weerth und ich auch nicht. –

Mit diesem hatte ich übrigens nun noch abzurechnen: – der Oberbürgermeister ist der intimste Freund des alten Weerth; nach dem, was vorgefallen war, mußte dies Verhältnis entweder aufhören, oder ich, als erste Ursache des Skandals, war zu entfernen. Denn sicher kam der Oberbürgermeister nicht mehr über Weerths Schwelle, wenn ich noch darauf hauste. –

Dies wäre, für die ganze Familie, aus manchen Ursachen sehr zu bedauern gewesen, – ich setzte daher dem Alten die ganze Geschichte vernünftig auseinander und bat ihn um meine Entlassung. –

Es folgten nun mehrere Tage hindurch die sonderbarsten Unterredungen, die jungen Weerths wollten sich ins Mittel schlagen – – ich hatte aber einmal abgebrochen und nicht Lust, wieder anzubinden. –

Du wirst nun freilich sagen, daß dies sehr übereilt gewesen wäre – ich finde aber immer mehr, daß ich den Anlaß, welcher meine Stellung bei dem Alten auflöste, nicht zu betrauern habe. – Denn erstens wurde mir der fortwährende Krieg zwischen Vater und Söhnen doch etwas unangenehm und der Aufenthalt auf dem Comptoir sehr verleidet; zweitens kam ich mit dem hohen Salär, durch das fortwährende Zusammensein mit den jungen Weerths, keineswegs aus und war bisher immer gezwungen, Schulden zu machen; drittens wird sich das Geschäft wahrscheinlich insoweit auflösen, als der Alte sich auf seine Güter zurückzieht und den beiden Söhnen die Fabrik übertragen wird; mit diesen zu wirtschaften, hätte ich auf die Dauer keine Lust gehabt, und sie wären auch nicht imstande gewesen, mir, bei der durchaus nötigen Vereinfachung des Geschäftes, ferner e i n so hohes Gehalt zu zahlen, als der Vater tat. – Endlich trieb mich denn auch noch die Lust zu weiterer Ausbildung, einem Verhältnisse zu entsagen, was freilich viele schöne Seiten hatte, aber doch in der Weise nichts taugte, als durchaus keine Garantie zu einem spätern selbständigen Auftreten darin lag; denn an eine Aufnahme als Teilhaber im Geschäfte oder an ein Assoziieren mit den Söhnen ist gar nicht zu denken. – Alles dies wurde genau überlegt, als ich meine Demission einreichte. – Jetzt mußte für die Zukunft gesorgt werden. – Am liebsten war es mir, eine Stelle im Auslande zu finden; der alte Weerth war daher so gütig, eigenhändig, was er sonst nie tut, an alle englischen Korrespondenten zu schreiben und mich zu empfehlen. – Es war von Erfolg, denn seit kurzem stehe ich mit einem Londoner Hause in Unterhandlung und werde wahrscheinlich dort, zu einem schönen Salär, eine Stelle als deutscher Korrespondent erhalten. – Gelingt dies, so hätte ich mich also wahrlich nicht zu beklagen – um etwas Eignes anzufangen, fehlt das Geld – ist man aber einige Jahre in England gewesen und wird einigermaßen empfohlen, so findet sich leicht später als Agent eines engl. Hauses eine Stelle – man kehrt nach dem Kontinent zurück, besorgt die Geschäfte seines Hauses und hat noch Gelegenheit, für eigne Rechnung zu arbeiten, was als Comptoirist nicht erlaubt ist. – Dies ist der nächste Weg, um selbständig zu werden – Hunderten von jungen Leuten ist es auf diese Weise gelungen, und ich halte es für gut, auch darauf loszusteuern. –

Mittlerweile, und bevor die englischen Pläne entschieden sind, nahm ich, um nicht müßig zu gehen, die Einladung von dem jungen Aug. Weerth, dem Bankier, der mich gern immer bei sich behalten möchte, an, zu ihm in sein Haus zu ziehen und seine Korrespondenz zu übernehmen.

Außer daß ich alles bei ihm frei habe, bezahlt er für die Zeit, wo ich bei ihm arbeite, meine hiesigen Schulden. – Dadurch, daß ich immer alles nachbezahlen mußte, waren diese etwas sehr aufgelaufen; was ich beim Alten auf Salärkonto im voraus genommen hatte, wurde einstweilen gelassen bis auf schönere Tage. – Meine Geldgeschichten waren also geordnet, wenn ich auch hin und wieder noch etwas zu berichtigen habe. –

So wohne ich denn jetzt ganz vergnügt im Hause des Ohm Jacob, der die obere Etage für sich hat. – In der mittleren residieren Aug. Weerth und seine schöne Frau nebst meiner Wenigkeit, und unten haben wir die Geschäftsaffäre. –

Nach dem langjährigen Herumliegen in Wirtshäusern tut mir dies Verweilen in einer Familie sehr wohl – die Frau Weerth (geb. Rhodius) ist liebenswürdig und hat blaue Augen, womit sie einen ganz verzweifelt anzusehen weiß – dazu ist ihr Mann eine gute Seele, bei dem ich gern immer bliebe, wenn es mich nur zu etwas anderm als zu einem angenehmen Leben führen könnte. –

Die englische Geschichte entscheidet sich hoffentlich bald, tut sie es nicht, so macht es auch nichts, da ich Zeit habe, ein gutes Wildbret abzuwarten. –

Doch nun zu etwas anderm, – für Ferdinand hat sich leider noch immer nichts finden wollen – indes ist der Onkel Roß jetzt in Berlin, und dürfen wir hoffen, daß von ihm schon etwas getan wird. – Es ist sehr schwer, gleich nach der Lehrzeit eine Stelle mit einigermaßen annehmbarem Salär zu finden, und namentlich für jemanden, der so schlecht schreibt wie Ferdinand. – Bei Weerths mochte ich ihn nicht empfehlen, da es weder gut wäre, wenn er in die robusten Arme des Alten noch in die sanften der Söhne geriete. – Der alte Weerth hat sich alle Mühe gegeben und empfiehlt ihn jedenfalls, wenn sich etwas darbietet. – Ich muß vermuten, daß Roß nicht bei Euch gewesen ist. – Von Hamburg ist er nämlich direkt nach Krefeld gefahren, ohne sich hier einmal aufzuhalten, – von dort hat er die Pferde seines Sohnes, über Iserlohn und Höxter bis nach Braunschweig mitgenommen und ist dann gleich nach Berlin weitergefahren. – Ich teile Dir dies nur mit, damit Wilhelm weiß, woran er ist. –

Mein Brief fängt an, etwas lang zu werden. Ich habe aber absichtlich *Dir* alles geschrieben, damit es nicht nötig ist, den andern noch die Geschichte auseinanderzusetzen. –

Besser ist es, man täte dies und jenes nicht, – aber wenn es einmal geschehen, da ist glücklich der, wer vergißt – und nach England geht, aber vorher noch zusieht, wie es in seinem Vaterlande aussieht; denn dies tue ich auch, da Du mich so freundlich einlädst. – Ich möchte wirklich gern die Grotenburg einmal wieder besteigen. –

Sage August gütigst meinen besten Dank für seinen Brief, – ich antworte in einigen Tagen. – Grüße an alle!

Nun ein herzliches Lebewohl, liebe Mutter!

Dein Georg.

9. AN ALEXANDER KAUFMANN[18]

[Detmold, Anfang Dezember 1843]

»Eh ich die Normandie verlasse«, rufe ich Dir, lieber Kaufmann, meine herzlichen Grüße zu. Du ergehst Dich im Odenwalde – ich in dem altsassischen Teutoburger, sintemalen ich für einige Wochen in die edle Heimat, in das Land der meerschaumenen Pfeifenköpfe, der geräucherten Schinken, Grabbes und Freiligraths zurückgekehrt bin. Deinen Brief erhielt ich in Köln und danke aufs herzlichste dafür; Du hast mir eine rechte Freude dadurch gemacht. Übrigens werde ich bald zur Ruhe kommen. Meine Mutter hat mir 6 Paar wollene Strümpfe gestrickt; damit werde ich nächste Woche nach Rotterdam reisen und mich für 1 Pfund Sterling über den Kanal gen Hull schleudern lassen, um einige Zeit in Bradford, Grafschaft Yorkshire, zu verweilen. Gib mir Deinen Segen dazu! Willst Du mir einmal schreiben, so adressiere: Ph. Passavant & Cie. in Bradford (England).

Was soll ich Dir erzählen? Schlage mich tot – ich weiß nichts. Es ist hier eine sonderbare Wirtschaft – lauter Beamte, von denen einer höflicher ist wie der andre, Stadtgeklatsche, Kasinobälle, die fürstliche Familie und ein Theater – das ist alles! Nicht zu vergessen, der Wein ist billig, 10 Sgr. die allmächtige große Flasche Erbacher. Das einzige, was Dich interessieren wird, ist unser Kirchhof, weil Grabbe darauf liegt. Ich besuchte ihn gestern. Die Mutter hat dem Sohne einen Leichenstein gesetzt. »Hier ruht der Dichter Grabbe«, steht darauf. Der Stein blieb stehen, wie er stand. Das Grab selbst ist ganz eingesunken. Rosen und Trauerweiden, welche es bedeckten, fielen darüber her und wurden mit in den dunklen Erdspalt hineingezogen. Es tat mir leid um den armen toten Kerl; – er ist der Erde immer so fern gewesen, und jetzt liegt sie ihm feucht und naß auf der bloßen Brust.

Hast Du wohl etwas von der Senne gehört?[19] Es ist eine sandige, mit Heidekraut bewachsene Ebene, die das ganze Lippische Ländchen umgibt

18 Alexander Kaufmann (1817–1893), rheinischer Schriftsteller, der wie Weerth zum Freundeskreis um Kinkel und Simrock gehörte.

19 Vgl. auch "*Die Armen in der Senne*" (S. 190).

und sich bis nach Paderborn, Münster usw. erstreckt. Dort wohnen die ärmsten Leute weit und breit. Ich besuchte meinen Bruder, der ihr Pastor ist. Ach Gott, was hab ich dort hören und sehen müssen! Niemand darf heiraten, wenn er nicht 200 Taler aufweisen kann. Ein schöner Bauernjunge hatte sie nicht; er macht einem Mädchen drei Kinder, da wird er kopuliert. Bald vermehrt sich seine Familie bis auf 8 Kleine. Sie haben kein Brot mehr und leiden seit vielen Tagen Hunger, denn der junge Bauer hat auch noch seine beiden alten Eltern zu versorgen. Die alte Mutter stirbt und wird im Sande verscharrt. Der Vater liegt schon lange krank am Boden. »Es wird doch nicht besser!« denkt der junge Bauer und reißt das Heidekraut aus den Fugen der Wände. Der kalte Nordwind pfeift dem Alten über das Gesicht. Am Morgen ist er tot. Da steckt der junge Bauer die Hütte in Brand und zieht nun mit seiner Frau und 8 Kindern im Lande herum und bettelt. – Ist das nicht eine schöne Geschichte? Wir denken gewöhnlich, in Paris und London wäre nur das Elend zu Hause; ich versichere Dir, in unserm Lande sieht es ebenso schlimm aus. Den Leuten, welche jetzt Dorfgeschichten schreiben, möchte ich raten, einmal die Senne zu besuchen; da gibt es viel herrlichen Stoff! Leider Gottes!

Nach England mußt Du mir bald schreiben; ich lasse auch etwas von mir hören. In der »Kölnischen«[20] werde ich von Zeit zu Zeit kleine Artikel mitteilen und hoffe, Deinen Namen ebenfalls oft darin zu finden. Es ist nächst der Augsburgerin [21] das weitverbreitetste Blatt.

Gott gebe Dir seinen Frieden! Amen! Leb wohl, lieber Kerl! Denke bisweilen an mich!

Dein Weerth.

10. AN DEN BRUDER WILHELM

Bradford, 23. Mai 1844

Lieber Wilhelm!

Meine Seele sehnt sich nach stillen Dörfern, nach Lindenbäumen, rieselnden Bächen und Apfelblüten; deshalb suche ich Dich auf, in Deiner still-theologischen Klause, in der Du Dich wahrscheinlich gerade mit einer Tasse Kaffee und den Römerbriefen amüsierst; – ich klopfe an die Tür; es ruft »Herein« – und ich bin da. Herr Pastor, wie geht es Ihnen? Was macht Ihr freundlicher Kadaver zusamt Ihrem Gemüte? Erfreuen sich Dero Waden einer angenehmen Rundung? Und wie sieht es mit der christlichen Kehle aus? Liebt sie starkes Frühstück und einen sanften Regen, wenn der Abend herankommt? Ist alles wie früher wohl und gut bestellt, und, Herr Pastor, um mit einem alten Lanzenknecht, dem Sebastian Schertlein, zu sprechen, reiten Euer Würden noch fleißig Ihre Zähne in die Schwemme? –

20 "Kölnische Zeitung".
21 Augsburger "Allgemeine Zeitung".

Hoffentlich ist es so. Denn, abgeschieden genug, wird doch der Wein oder dessen weitläufige Anverwandte, das Bier, mit alter Treue um Dich sein – und Dich, als geistlichen Herrn, den es immer geliebt, auch jetzt nicht verlassen. Ich meine hiermit gerade nicht, daß Du Dich dem stillen lieblichen Trunke ergeben solltest; aber ein gutes Getränk verschönert das Leben, ist auf Reisen und daheim zu gebrauchen und gibt der armen, sonderbaren Seele des Menschen manchmal einen gewissen Schwung, der sie für Augenblicke der Alltäglichkeit entrückt.

So gestern z.B. – aber, um Vergebung, das Land Yorkshire ist jetzt voller Blüten, der Himmel meistens prächtig blau, und unwillkürlich kommt die alte Sehnsucht in die langen Beine: »hinüberzustrolchen, – Gott weiß wohin«. Aber daheim sollst du bleiben, in deinen engen Burggemächern. – Und so tue ich auch. Treibe Politik und Verschiedenes, trinke Porter dazu, rauche sehr teuern Tabak und finde das Leben wie immer herzlich schlecht, um mit dem Teufel zu sprechen. – Meine Lage hat sich sehr gut gestaltet, aber trotzdem, daß man mir am Ende des Jahres eine bedeutende Zulage geben will, ziehe ich dennoch vor, bald in mein Vaterland zurückzukehren oder – ich weiß wahrhaftig nicht, was ich will, – genug, England wird mir zu enge – ich sehne mich nach stillen Dörfern und nach stillen Meeren, und könnte ich mir das Trojanische Pferd satteln und in einer Stunde um die Welt sprengen, – es wäre mir doch zu langsam.

Indes hat sich mein Gesichtskreis denn doch in etwa erweitert; voriges Jahr, wenn ich in Bonn die Dampfer herauf und hinunter fahren sah, da hieß es stets: »Wohin? Nach Köln oder nach Koblenz?« – Heute frage ich mich: »Wohin? Nach London oder Dublin?« Und ich hätte, bei Gott, Lust, dem alten O'Connel[22] einen Besuch abzustatten. – Eins tut mir nur leid, daß ich Dich nicht einmal herüberholen kann. – Aber wer weiß? Vielleicht gelingt es dennoch – für lausige 100 Taler kann man alles sehen – und dann zeige ich Dir das Ungeheuer, das schwarze London, dieses Gebirge von Pracht und Jammer.

Vergiß nicht, mir bald wieder zu schreiben; Du sollst nicht lange auf Antwort warten.

Für heute den herzlichsten Gruß

Deines Georg.

11. AN DIE MUTTER

Bradford, 28. August 1844

Liebe Mutter!

Heute nur ein paar Zeilen. Ich will Dir nämlich nur für Deinen letzten Brief danken, der wohl und munter hier eingetroffen ist. Es gibt jeden Tag etwas Neues unter der Sonne, das sieht man. Nur der Bischof Roß wird mit der Zeit alt, das sieht man auch. Was dieser große theologische Landstreicher

22 Daniel O'Connell (1775–1847), irischer Politiker.

von mir denkt und was er über mich spricht, ist mir ganz gleichgültig. Wir stecken in sehr verschiedener Haut, und es freut mich, daß ich ihm nie einen Pfennig zu verdanken hatte. Er ist ein guter Mann bei Rheinwein und gekochtem Salm, und ich will ihm wünschen, daß er noch lange Zeit seine holden Mädchengestalten von Berlin nach Kallach und Potldeckel hinüberführt. Auf Verwandtschaft gebe ich überhaupt wenig; es ist ein ganz ander Ding, wenn ein Bruder dem andern die Hand reicht, als wenn der Herr Onkel und der Herr Vetter schön miteinander tun. – Wir Brüder, Deine vier rot- und blondgelockten, kurz und länglichen Sprößlinge, können sich nun freilich noch nicht recht einander helfen – aber dafür schafft ein jeder für sich selbst, und das ist am Ende das beste. –

Von Ferdinand erhielt ich heute morgen ein Schreiben, dessen Buchstaben zwar noch so aussahen, als wäre eine Spinne übers Papier gelaufen, aber der Inhalt war desto besser, lustig und klug! – Mit dem Schönschreiben hat es aber nichts mehr auf sich; die Buchstaben sind nüchtern, aber der Geist bringt den Schatz aus der Erde. –

Du führst eine so kräftige Feder, daß ich jetzt mehr wie je begreife, weshalb Wilhelm so schrie, als er einst spät am Abend vom Blocksberg nach Hause kam. – Daß Dir meine Berichte in der »Kölnischen Zeitung« oft nicht gefallen, kann ich wohl denken, – aber ich lerne mit jedem Tage mehr. Was in einer Stunde geschrieben wird, liest sich in zehn Minuten und wird noch schneller vergessen, – außerdem habe ich aber die Macht, alles durch einen neuen Wurf wiedergutzumachen. Übrigens, fürchte Dich vor weitern Berichten aus Yorkshire nicht; es soll mit den wenigen Aufsätzen sein Bewenden haben; ich bin jetzt schon tausend Meilen weiter, und andre Gedanken haben die verdrängt, die ich in den ersten Monaten meines Hierseins hatte. Rasch fährt der Wagen der Zeit, und verloren ist, wer in seinem Leben einen Abend hat.

Mir verstreicht der Abend jetzt sehr schnell, da ein jedes Schiff viele tausendpfündige Ballen von meiner Sendung in das Meer trägt. Sie enthalten zwar nur Wolle und Garn, aber daraus spinnt man die lieben Röcke, welche der Menschheit so wohl bekommen. Jedes Ding hat seine schöne Seite, und es kommt nur darauf an, sie herauszufinden. – Ob ich bei diesem Wollhandel in die Wolle komme, muß sich zeigen, wenn ich nächsten Monat den alten Passavant um eine kräftige Zulage angehe; es sind indes die besten Hoffnungen vorhanden.

Die christliche Liebe sollte zwar die Welt regieren, aber ein alter englischer Kaufmann ist ein kurioser Heiliger; so will ich auch niemandem raten, auf den Mr. Cheetham zu bauen, obgleich der Mann das beste und feinste Garn spinnt und viel Gold und edle Steine in Stalybridge aufgehäuft haben mag. – *Wir* wollen uns indes an dem laben, was uns beschieden ist. Die Erde gehört einem jeden, der nicht mehr verlangt, als sie bieten kann, und freundlich blicken die ewigen Sterne auf unsre Arbeit hinab. –

Sie schimmern in diesem Augenblick in allem Glanze über den dunkelgrünen, stillen Feldern, und ich rufe Dir und allen andern meine herzlichen Grüße zu.

Dein Georg.

12. AN DIE MUTTER

Bradford, 19. Oktober 1844

Liebe Mutter!

Wie geht es Dir? Hoffentlich wohl. Dein letzter Brief kam zur rechten Zeit an und überbrachte mir viele Neuigkeiten. Für alles meinen Dank. – Wo Georg Rosen und Fräulein Escher sich aufhalten, weiß ich wirklich nicht. – Um übrigens mein Bestes zu tun, das verschwundene Frauenzimmer wieder einzufangen, fuhr ich in der letzten Woche über Manchester nach Liverpool, schiffte mich an Bord des »John Mac Adam« ein und steuerte, teils an den Küsten entlang, teils durch die offne See, nach der Insel Man, nach Ormes Head, nach Wales usw. – durchsuchte alle verfallenen Burgen der verschiedenen Grafschaften, alle Höhlen der Insel Anglesea, stieg bis auf den Gipfel des höchsten Berges im ganzen Königreich, auf den Snowdon, schaute mich überall um – und leider – fand und sah nichts von jener deutschen Pflanze. – Es tut mir leid, kann's aber nicht helfen.

Ich kann Dir versichern, es war die höchste Zeit, daß ich mal einige Tage davonging. – Wir mußten schrecklich arbeiten seit einigen Monaten, und das ewige Einerlei drohte mich zu vertilgen. Die Reise durch die grasgrüne und sehr wilde Irische See hat mir sehr wohlgetan. Obgleich wir tagelang auf dem Wasser waren und der Wind sehr scharf pfiff, wurde ich doch nie krank und konnte an Bord mehr Austern und Lachs essen, als je zuvor auf dem Lande. Das Wirtshaus, dessen Bild Du am Kopf dieses Blattes siehst, gehört einer Frau Roberts, die mich und meinen Begleiter während zwei Tagen herrlich pflegte. – Es liegt an der Meerenge Menai – welche die äußerste Spitze von Wales von der Insel Anglesea trennt; und nahe bei der gewaltigen Brücke, welche in einem Strich über die See fortgeht, – aber alles kannst Du besser auf dem Bilde sehen. Carl hätte die Reise mit uns machen müssen, da wären schöne Felsen und Gesteine zu sehen gewesen. – Auf dem Gipfel des Snowdon war es sehr kalt; wir trafen es aber gut mit dem Wetter, – denn während zehn Minuten konnten wir Schottland, Irland und England sehn, – wenigstens die Spitzen der Berge. – Mir machte die Tour vielen Spaß. Ich habe nie eine grünere See erblickt, nie wildere Felsen, nie betrunkenere Matrosen, nie kolossalere Ruinen, nie fettere Austern gegessen, und sehr heiter trafen wir wieder in dem stinkenden Bradford ein. In Manchester besuchte ich Grubers für einen Abend und sprach auch den alten Passavant. Der alte Deuwel wollte mich noch für die 3 nächsten Jahre engagieren. Ich ließ mich aber gar nicht darauf ein und bestand auf meinem Entschluß: »Weggehn, wann ich will, und £ 150.– Sterl.!«, worauf er nach vielem Ringen und Würgen einging. – Wenn ich nun nächstes Jahr um diese Zeit noch in England bin, was ich übrigens nicht denke, so will ich ihn erst recht schrauben, – denn hier muß man Geld verdienen oder sonst davongehn. –

Am 14. ds., Montag, langten wir wieder in Liverpool an und hatten im Hafen ein traurig-interessantes Schauspiel. Vor uns, auf dem Fluß Mersey, zog nämlich ein sehr großer Ostindienfahrer herauf, um nach viermonatlicher Reise in den Hafen zu gehn. – Es stürmte fürchterlich, – Sturm,

Regen, Donner und Blitz, wie man nur erleben kann, – die Matrosen konnten des Schiffes nicht mehr Meister werden, und mit fürchterlichem Stoß rannte es gegen die Werft und zerschellte derart, daß es nur mit unsäglicher Anstrengung vor dem gänzlichen Versinken gerettet wurde. – Und dergleichen Geschichten mehr, wovon ich Dir nächstens mehr erzähle. – Ich schreibe Dir in einigen Tagen wieder. Einstweilen herzliche Grüße an alle.

Mit alter Liebe

Dein Georg.

13. AN DIE MUTTER

Bradford, 22. November 1844

Liebe Mutter!

Es kommt mir so vor, als hätte ich recht lange nichts von Dir gehört. Wie geht das zu? In diesem kalten November, wo sich die Engländer gewöhnlich vor lauter Schwermut totschießen, hätte ich mein Herz an einem mütterlichen Brief recht erwärmen können. Damals, als ich gerade von Wales zurückkam, schrieb ich Dir und dankte für die freundlichen Nachrichten über die edlen Sonnen, welche am Morgen des 24. Septembers so wohlgefällig über Deine Gartenmauer sahen und den Reif von den Weinranken leckten. – Du siehst, ich vergesse Deine Briefe nicht; Dein letzter ist mir aber in besonderm Andenken. Warum? – Liebe Mutter, ich kann Dir sagen, Du bist eine herrliche Frau! Meinen Bekannten in Köln, von denen ich übrigens seit einem halben Jahre nichts hörte, werde ich das auch seiner Zeit versichern. – Ach, könnte man die Dächer der Häuser aufdecken und sehen, was darin vorgeht, da sollte sich noch wohl mancher zu einem Anfall von Großmut verleiten lassen. – Übrigens dreht sich die Welt; wer weiß, wie es übers Jahr aussieht!

Ich bin jetzt ganz mit dem Vaterlande außer Korrespondenz gekommen, und da ich auch hier keine großen Freundschaften unterhalte, so lebe ich wie ein Einsiedler und wandle wie eine abgeschiedene Seele in meinem weißen Flausrock auf und ab durch den ewigen Novembernebel. Dagegen verstehe ich mich darauf, einen herrlichen Kaffee zu brauen, dessen lieblicher Duft sich mit den Rauchwolken meiner irdischen Pfeife verknüpft und sehr häufig meine Wohnung dergestalt durchräuchert, daß ich darnach an die süße Wirklichkeit erinnert werde und mich zwar abgeschieden, aber dennoch sehr komfortabel fühle.

Und ich sage Dir: Komfort über alles! Es geht nichts über den Komfort. – Liebe, Liebe ist mich nötig, aber Komfort noch viel mehr! – Komfort ist aber nämlich jedes Ding, was gut ist – also auch die Liebe.

Außerdem besuche ich meinen Doktor sehr häufig und berede mit ihm die Verbesserung der menschlichen Gesellschaft; wir besuchen Krankenhäuser und Strafwerkanstalten zusammen; er belehrt mich über den Walfischfang und ich ihn über das andere. – Er ist ein Tory, ich bin ein Radikaler; wir geraten jedesmal in den gräßlichsten Streit, versöhnen uns dann und scheiden jeder mit dem Bewußtsein, daß der andere doch ein rechter Narr sei. –

So fleußet die Bach unseres Lebens gemächlich weiter.

Manchmal kommt es mir vor, als wäre mein Aufenthalt in Bradford ein rechter Tintenklecks in meinem sonst so nüdlichen Leben. – Aber was hilft es, mit Zeus Kronion und dem alten Passavant zu zürnen? Der erstere ist tot, – der letztere liebt mich. Ich vergebe ihnen beiden, hoffe auf ein fröhliches Frühjahr und singe nochmals:

»Liebe, Liebe is mich nötig,
Liebe ist mein Leben!«

Ach, liebe Mutter, vergib mir alle diese Schnurrpfeifereien. Aber für manchen ist es ja so schwer, stets lustig und guter Dinge zu sein. Glücklich, wer es ist! –

Seit einiger Zeit gehe ich mit dem Gedanken um, allerlei Zeitungen und interessante Blätter hinüberzusenden, die Euch gewiß Freude machen werden. – Hoffentlich gelingt es mir dieser Tage durch Beipackung in einem Ballen. Ergötze Dich dann zuerst daran, und verteile sie darauf an Carl und Wilhelm!

Aber jetzt schreibe mir auch bald! Auch von Ferdinand wünschte ich etwas zu erfahren. Grüße alle miteinander. –

Mit der Bitte, daß Du alle schwärzlichen Verunreinigungen dieses Briefes entschuldigen möchtest, bleibe ich Dein gehorsamer Sohn, der Dir bald wieder schreibt, Dich herzlich liebt und –

hier sind meine Grüße!

Dein Georg.

Seit acht Tagen in dunkelblaugraubraunen Nebel gehüllt. Aus meiner frühen Kindheit schwebt mir nur dämmerig vor, wie Sonne, Mond und Sterne aussehen. – Gestern fiel ich mittags um 1 Uhr auf der Straße über einen Irländer; wir boxten uns etwas, und es wäre gewiß zu unangenehmen Auftritten und Tritten gekommen, wenn wir uns nicht bald darauf gegenseitig spurlos verloren hätten.

14. AN DEN BRUDER WILHELM

Bradford, 24. Dezember 1844

Lieber Wilhelm!

Sturm und Eis haben Deinen letzten Brief ziemlich lange unterwegs gehalten; – die Antwort wird daher erst wohl einige Tage nach Weihnachten eintreffen. – Daß ich Dir lange Zeit nicht geschrieben, ist nur ein Überfluß von großer Liebe zu Dir; denn wahrhaftig, in der letzten Periode meines

Bradforder Daseins ist mir oft die Pfeife des lieben Humors ausgegangen, und nur erbärmliche Epistel hätte ich schreiben können. Daß es Dir wohl geht, freut mich, und daß es Dir nicht noch besser geht, tut mir leid. Aber was ist zu tun? Die Not ist am Ende das einzige Gute auf der Welt – ein bißchen Not stachelt in die Rippen hinein, und vor uns liegt die Zukunft.–

Dem alten Blomberger Pfaffen wünsche ich ein seliges Ende; wenn man 70 Jahre alt ist, da bleibt einem nicht viel mehr übrig als zu sterben, und ein solch altes Fell nützt vielleicht durch seinen Tod mehr als durch sein ganzes Leben.

Von Ferdinand hörte ich lange nichts; – neulich machte ich ihn auf etwas aufmerksam, weiß aber nicht, ob es ihm von Nutzen war. Vielleicht könnte ich ihn hier in Bradford wohl einmal unterbringen, aber habe ihn zu lieb, als dies zu tun. In diesem nebeligen, kalten, ungesellschaftlichen, gräulich liederlichen Bezirk kann nur eine Fliege wie ich ausdauern, die schon mit allen Hunden gehetzt ist – oder ein Vieh. – Es ist nichts für Ferdinand hier – aber ich will sehen, daß ich sonst von Nutzen für ihn bin. Ich sage Dir, Wilhelm, es ist alles Scheißdreck.

Wo Geld ist, da ist der Teufel. Aber wo kein Geld ist, da ist er zweimal.

Dem alten Geldgott wird übrigens bald das Handwerk gelegt sein. Rothschild wird verhungern bei all seinem Reichtum. Die sozialistischen Ideen greifen hier in England auf eine erstaunliche Weise um sich. Wir brauchen hier nur zwei Jahre hintereinander eine Mißernte zu haben, außerdem irgendein Pech in der kommerziellen Welt, und die Revolution ist fertig. – Eine Revolution nicht gegen königliche Gewalt, gegen parlamentarische Albernheiten oder gegen die Religion, sondern gegen das Eigentum.

Der Arbeiter, der durch chartistische Umtriebe, durch Petitionieren und aufrührerische Meetings nie zu seinem Ziel kam, wird hintereinander den Nerv der jetzigen Gesellschaft zerschneiden und das Geld anfassen. – Ich bin davon überzeugt, daß in kurzem derselbe Spektakel hier losbricht, wie Ihr ihn in Schlesien gehabt habt, und der Unterschied wird nur zwischen diesen beiden Ereignissen der sein, daß in Schlesien der Arbeiter ins Loch kommt und hier der Arbeiter ans Ruder.

Denn jeder gemeine Mann in England, wenn er auch nicht die Spur gelernt hat – er ist doch ein fertiger Politiker – er ist praktisch – er weiß, was er will!

Deshalb getrost! Dieser erbärmliche Zustand, daß man bei lebendigem Leibe schier verwest, wird in kurzer Zeit geändert sein. Einstweilen wird eine prächtige Propaganda gegen die Seele der jetzigen Gesellschaft gemacht, und ich freue mich von Herzen, daß ich ein Proletarier bin, der Religion, Eigentum und Vaterland mit bescheißen hilft.

Doch, um auf die Frauenzimmer zu kommen. Ich sage Dir, nichts ist besser als das Weib! Vereheliche Dich! Es ist das Beste, was Du tun kannst, nur sei gescheit und lasse Dir keinen langweiligen Besen anhängen, z. B. die Ida Escher – warne auch Carl davor! – Die wird eine unausstehliche Ehefrau, philiströs, gouvernantisch – God forbid! – Aber die Lina Tendering[23]

23 Enkelin des Bischofs Roß, die Schwester von Betty Tendering und spätere Frau des Berliner Verlegers Franz Duncker.

ist eine liebe Dirne – das sollte mich freuen, wenn das Deine Frau wäre – ich liebe sie selbst noch – es tut mir leid, daß sie schwindsüchtig ist – die mußt Du heiraten, sie ist ja auch zu kurieren. Die kleine Engländerin kenne ich nicht so genau – ich möchte nicht zwischen ihren Beinen liegen, sie ist mir gar zu winzig – scheint aber eine gute, gescheite Mücke zu sein – sinnig – ein Veilchen.

Über unsre alte Mutter freue ich mich – das ist eine famose Frau! Sie schreibt mir Briefe – poetisch – aber echte Poesie! Und sie ist gut und honorig, wie es kein Edelmann je gewesen! Wenn ich je noch einmal in den Fall komme zu beten, so bete ich für unsre Mutter.

Leb wohl, lieber Wilhelm, verlaß Dich darauf, ich bin Dein treuer Bruder, nächstens sollst Du mehr von mir hören!

Dein Georg.

15. AN DIE MUTTER

Bradford, 12. Januar 1845

Liebe Mutter!

Daß ich Dir vergnügte Weihnachtstage und ein glückliches Neujahr gewünscht habe, kannst Du Dir denken, wenn ich auch brieflich, nach alter Sitte, keine Anzeige davon machte. Aber die alten Sitten kommen ja immer mehr aus der Mode, und die Sache wird viel einfacher und schöner, wenn die alte Sitte im Herzen fortbesteht. Daraus ist sie auch nicht zu vertreiben und ist so damit verwachsen, daß sie selbst zum Herzen wurde. –

Nun kann ich Dir versichern, daß ich ein Herz habe, so gut wie jedes andere Menschenkind, und mein Herz ist die alte, gute Sitte, und die alte, gute Sitte ist mein herzlicher Glückwunsch.

Für Deine letzten Nachrichten sage ich Dir den besten Dank. Sie zeigen mir stets, daß es noch ein Leben gibt, wo Liebe und gute Laune die Seelen ineinanderschlingen, woran ich in diesem Lande, wo ein einziger Jammer und die schrecklichste Not die grelle Fiedel streicht, oft zu zweifeln beginne.

Es ist mir gewiß nie ein größeres Heil geschehen, als daß ich einst Gelegenheit fand, nach England zu gehen, wo man alles Elend, aber auch alle Mittel, es zu heben, kennenlernt. – Diese Mittel, dem Elend abzuhelfen, bilden auch den einzigen Trost. Während Ihr in Detmold unter Blumen und guten Menschen wandelt, treibe ich mich in der Mitte eines lärmenden Volkes herum, mache oft an einem Abend mehr Erfahrungen wie sonst in einem Jahr und finde oft, daß es sehr gut ist, das heitere rheinische Leben mit dem ernsten englischen für einige Zeit zu vertauschen. –

Glücklich, wer einmal in die Welt hinausgeschleudert wird.

Der Tod des alten von Vincke überraschte mich ebenfalls. Mit solchen alten Herren geht eine Generation zu Grabe, die wir lieb hatten. – Wir jungen Leute beginnen nun den Tanz an ihrer Stelle; oft auf andere Weise, aber gewiß mit derselben Begeisterung und mit demselben Wunsche, zu nützen. –

Der alte von Vincke hielt es seiner Arbeit wert, einer ziemlich herabgekommenen Provinz Preußens alle Tätigkeit zu schenken, und ein junger Mann, von dem Du sprichst, Freiligrath, glaubt nichts Besseres tun zu können, als das Talent, was die Natur ihm gegeben, zum Angriff auf ihm verhaßte und unwürdig scheinende Verhältnisse zu verwenden. Beide Leute hatten recht; sie folgten ihrer Überzeugung und handelten. Wer am meisten nützte, das können wir noch nicht wissen; keiner verfehlte eine gewisse Wirkung, und so mag Friedrich Wilhelm IV. oft mehr vor dem einfachen Poeten zittern, als er sich einst über den alten von Vincke freute. Ob es aber nicht gut ist, daß bisweilen auch ein König zittert, das lasse Dir von Deinem gelehrten Carl, der sich ja mit Gegensätzen in diesem Augenblick befaßt, auseinandersetzen. Daß der König Ursache hat, vor einem Poeten zu zittern, das glaube ich. – Es gibt darüber einen schönen Vers, der ungefähr so heißt:

»Kennst du die Hölle Dantes,
Die schrecklichen Terzetten?
Wen der Dichter darin verwebt,
Den kann nichts mehr erretten!«[24]

D. heißt mit andern Worten: die Sünde der Könige wird durch den Poeten bekanntgemacht und kommt auf die späteste Nachwelt.

Daß ich Dir bisweilen etwas wilde Briefe schreibe, dafür kann ich gewiß nicht. – Es peinigen mich stets trübselige Gedanken, die mir meine Umgebung beibringt; – man muß sich in England mit dem armen Volke abgegeben haben, um zu wissen, was es für Unglück auf der Welt gibt. Es kann einen Bär zum Weinen bringen, ein Schaf zum Tiger machen. Ich sollte mich freilich lieber mit Wollengarn bekümmern, aber ich kann nicht anders, ich muß auch an etwas anderes denken.

Lange Zeit werde ich aber nicht mehr unter diesem barbarischen Geldvolk zubringen, denn diese Engländer, diese Reichen, sind mir verhaßt bis in den Tod. – Das kleine Mädchen, die Miss Cheetham, von der Du schreibst, mag ein gutes Kind sein, aber es faßt mich ein Schrecken, wenn ich an ihren Vater denke, der sein großes Vermögen durch den Ruin vieler Tausende seiner Arbeiter erwarb. – Liebe Mutter, es ist ein Glück, daß wir nicht reich sind; seit einiger Zeit denke ich an den seligen Vater mit doppelter Liebe und werde ihn nie vergessen. – Ein Trost in dieser schwarzen Umgebung wird mir vielleicht die Veränderung sein, die im Passavantschen Hause vorgeht. Der Alte gibt nämlich sein Geschäft in Manchester auf und zieht mit Frau und Kindern hierher. – Auf seine Frau freue ich mich sehr, ich habe mich fast in die alte Dame verschossen, denn sie hat so lebhafte Augen und spricht gescheit über Kirche und Staat.

Ein weibliches Wesen tut mir überhaupt not; denn das will ich den Frauenzimmern nur zum Ruhme nachsagen, sie können ein Menschenkind erfreuen und erheitern. – Am liebsten heiratete ich gleich – aber leider habe ich noch manche Schlacht zu gewinnen, ehe ich den Rat des Landpredigers

24 Heinrich Heine, Deutschland. Ein Wintermärchen. Caput XXVII.

von Wakefield befolgen kann. Meine verehrten Herren Brüder sollten übrigens doch nicht gar zu platonisch werden; wenn sie auch nicht gerade die gewiß sehr geistreiche Ida freien, so will ich Carl doch wenigstens erlauben, ein lächelndes Regierungsratskind oder dergleichen von der Kammer oder Kanzlei zu beschauen, und wenn Wilhelm die Miss Cheetham erobern will und ihr halbes Vermögen an die Armen gibt, so werde ich ein Auge bei dieser Heirat zudrücken.

Denn Du weißt, Mutter, ich bin human. Ehe Ihr übrigens entscheidende Schritte tut, fragt doch lieber bei mir an – mein Weltblick weiß die Spreu vom Weizen zu sondern, und gebe ich meine Einwilligung, da sind sämtliche Hindernisse beiseite geschoben. – Natürlich.

Ob unser Ferdinand auch schon in den Stand der heiligen Ehe getreten ist, steht dahin. Fast möchte ich es vermuten, denn nur ein Übermaß menschlicher Glückseligkeit kann ihn so lange vom Schreiben abhalten – seit Jahrtausenden hörte ich nichts von ihm.

Da dieser Bf. p. Einschluß gehen soll, so habe ich keine Zeit, weiterzuschreiben. A propos, hast Du Geld von Köln erhalten? Neulich erhielt ich einige Nachrichten von dort.

An alle Geliebten und Liebende meinen herzlichen Gruß!

Von ganzem Herzen

Dein Georg.

Es freut mich, daß Dir der Boz[25] Freude macht; er ist ein edler Mann, hier in England wird er ungemein verehrt. – Er hat jetzt eine Weihnachtsgeschichte geschrieben, welche am besten erzählt, wie es bei armen Leuten hergeht. – Neulich las mir mein Schneider, ein armer Teufel, etwas daraus vor, und die hellen Tränen standen ihm zuletzt im Auge.

16. AN FRIEDRICH AUS'M WEERTH

Bradford, 22. Januar 1845

Verehrter Herr Kommerzienrat!

Seit ich im Sommer 1843 einen dummen Streich machte, wagte ich nicht mehr, Ihnen zu schreiben. Mit den dummen Streichen ist es eine sonderbare Sache: sie können oft sehr ruinierend sein, oft aber auch in das Gegenteil umschlagen und den Weg zu neuen, erwünschten Verhältnissen bahnen. Durch den meinigen habe ich viel verloren und viel gewonnen. Eine der angenehmsten Stellungen, die ein Mensch wie ich am Rhein haben kann, ging verloren, und mein einziger Trost war, daß ich in ein Land wie Großbritannien geriet, wo auch der erschrecklichste Tölpel gescheit werden kann. So kam Hans mit seiner Dummheit fort, und außerdem habe ich die bessere

25 Charles Dickens (1812-1870), dessen "Weihnachtsglocken" Ende 1844 erschienen waren.

Gestaltung der Dinge gewiß nur jenem edlen, prächtigen Manne zu verdanken, der Ihnen unter dem Namen Gruber ja auch lieb ist. –

Die materiellen Glückseligkeiten entwickeln sich heutzutage nicht mehr so im Sturm wie wohl früher zu manchen Epochen,und so schreite auch ich nur langsam vorwärts. Dagegen ist mir in dieser Wiege des Handels und der Politik, in diesem England, schnell eine solche Gelegenheit erwachsen, Kenntnisse zu sammeln und Beobachtungen anzustellen, wie ich sie sonst wohl vergebens gesucht haben würde. Ich glaube, daß England in diesem Augenblick die wahre Schule für einen jungen Mann ist; denn dies kalte, heuchlerische Volk, das vom Premier herab bis zum gewöhnlichsten Krämer unter der Maske der Religion so große Niederträchtigkeiten begeht wie nur möglich und das auf der andren Seite doch zu gleicher Zeit bei allen heilsamen Weltbewegungen an der Spitze steht, eröffnet mit einem Schlage die Aussicht in einen Abgrund der Verworfenheit und in ein herrliches Feld rein menschlicher Bestrebungen. Zudem scheint England das Terrain zu sein, auf dem die nächste Revolution wächst – denn nirgends ist die Armut und die Unzufriedenheit des gemeinen Mannes brennender wie hier. Die Leiter der Volksopposition machen sich dies trefflich zunutze und haben darin ein neues Mittel zu ihrem Zweck erfunden, daß sie nicht wie früher bloß die Lächerlichkeit des jetzigen Parlaments, die schlechte Volksvertretung angreifen, sondern ihren Sturm direkt auf den Nerv der jetzigen Gesellschaft, auf das Geld, auf das Eigentum richten, indem sie, freilich noch etwas sub rosa, dem Volke auseinandersetzen: »Der Aristokrat hat euch jahrhundertelang bestohlen, und eure Händler und Fabrikbesitzer bestehlen euch jeden Tag – erklärt dem Eigentum den Krieg, und ihr werdet gewinnen!«

Dies leuchtet nun zwar dem Engländer, welcher mehr wie alle anderen Menschen an die Ungleichheit des Besitzes gewöhnt ist, nicht gleich ein, – da die Sache aber zu verlockend ist und den gereizten Gemütern jetzt immer energischer auseinandergesetzt wird, so unterliegt es keinem Zweifel, daß bei einer wiederkehrenden Handelskrise, welche die Brotlosen zu Tausenden auf die Straße jagt, der Funke zünden wird, daß man das Eigentum angreift und nicht, wie bei dem letzten Aufstand in Lancashire und Yorkshire, nur murrend aus der Arbeit geht, sondern in die Häuser der Reichen einbricht, sich mit dem Notwendigen versorgt, die Arbeit auf längere Zeit weigert und dadurch eine totale Umwälzung herbeiführt. Dadurch, daß hier nicht wie anderorts stets eine imponierende Soldateska bei der Hand ist und die irische Repeal[26] wie ein Gespenst dem Gouvernement im Rücken sitzt, so ist auch anzunehmen, daß der englische Arbeiter besser reüssieren wird wie der schlesische bei seinem kleinen Versuch.

Diese kleine Schilderung mag Ihnen beweisen, mit welchem verteufelten Ernst bei der Sache zu Werk gegangen wird. In den Zeitungen werden Sie zwar wenig davon lesen; ich habe mich aber in den Meetings der Arbeiter, in verschiedenen Distrikten davon überzeugt, daß die Leute nichts mehr auf

26 Irische Unabhängigkeitsbewegung mit dem Ziel, die Union von Irland und England zu beseitigen.

die schönen Aussichten des Handels mit China geben und sich weder durch die Methode der Jung-Engländer, Ländereien zu parzellieren und einzeln an Arbeiter zu vermieten, noch durch Abschaffung der Korngesetze und Verringerung der Arbeitsstunden beruhigen lassen wollen, sondern vielmehr zu der Überzeugung kommen, daß jeder Vorteil, wenn er errungen und dem Parlament abgepreßt ist, doch nur von den Händlern und Fabrikanten ausgebeutet wird und daß man das Volk nach wie vor schindet.

Wenn je ein gründliches Donnerwetter über England hereinzubrechen drohte, so ist dies jetzt der Fall, und, um die Sache in Ihren Bereich hineinzuziehen, so kann nicht geleugnet werden, daß vielleicht bald schon eine Zeit kommt, wo der englische Arbeiter nicht mehr für den Deutschen arbeiten und fabrizieren wird und die Beschleunigung der industriellen Tätigkeit im Auslande Notwendigkeit wird. Ob aber durch eine größere Anzahl von Fabriken in Deutschland dann nicht derselbe Tanz losgeht, das ist eine andre Frage! und hängt von der Milde der Kapitalisten und einer guten Staatswirtschaft ab.

Um das über England Gesagte zusammenzufassen, so kann man sich so ausdrücken: Die Möglichkeit einer Handelskrisis und der aufhörende Respekt vor dem Eigentum sind die zwei Sachen, welche in England eine Höllenmaschine bereiten, die den größesten Teil der jetzigen Gesellschaft in die Luft sprengen wird.

Das einzige Mittel, um diese Katastrophe gelinder zu machen, ist eine bessere Volkserziehung, die dem Arbeiter erstens friedlichere Gedanken beibringt und ihn dann auch lehrt, mit wenigem besser hauszuhalten. Daß der Knoten nur auf friedlichem Wege gelöst werden kann, das versteht sich von selbst. Raub und Mord werden das alte Elend schnell zurückbringen, und darin scheint man in Deutschland auf der rechten Spur zu sein, daß man Vereine bildet, um der leiblichen Not abzuhelfen, und zugleich die Erziehung fördert. Wenn dies auf radikale Weise geschieht, so muß es den größesten Teil der Gefahr entfernen.

Man sieht es hier täglich, wie nicht nur die Not, sondern namentlich die Unwissenheit zum Verbrechen verleitet – in den meisten Fällen haben diese beiden Sachen den Menschen zum Verbrechen gezwungen. Daß also die Gesellschaft nicht nur des Volkes wegen, sondern auch zu ihrer eignen Sicherheit Zugeständnisse machen muß, liegt auf der Hand. Ich für meinen Teil gehe stets darauf aus, alle Wunden und Blößen aufzudecken, denn man kann nur verbinden und amputieren, wenn man die Wunden besieht.

Wenn ich Ihnen auf diese Weise einen Bericht über meinen hiesigen Aufenthalt mache, so geschieht es mit dem Wunsche, Ihnen zu beweisen, wie lebhaftes Interesse ich noch stets an den Angelegenheiten nehme, die ich zuerst unter Ihrer Leitung kennenlernte. Wir jungen Leute behandeln die Sache freilich oft anders wie die erfahrenen alten; aber wir tun, was wir können – wir tun, was wir für recht halten – ob man uns hängt oder stäupt – das ist einerlei! Am Ende holt uns doch alle der Teufel.

Haben Sie die Güte, mich in freundlichem Andenken zu behalten; ich habe freilich noch einige Zeit nötig, bis ich Ihnen ganz unbefangen vor die Augen kommen darf. Da ich aber lustig am Arbeiten bleibe, so werde ich mich schon in die Höhe krabbeln, und die vielen Freundlichkeiten, welche ich in Ihrem Hause genoß, vergesse ich nie! –

Mit dem herzlichsten Gruße an Ihre Angehörigen verbleibe ich, verehrter Herr Kommerzienrat,

Ihr aufrichtig ergebener

Georg Weerth.

17. AN DIE MUTTER

Bradford, 18. Februar 1845

Liebe Mutter!

Dein unendlicher Brief, wie Du ihn nennst, hat mir unendliche Freude gemacht und veranlaßt mich, Dir unendlich dafür zu danken. – Seit jener Zeit ist mein Leben so patriarchalisch dahingelaufen, daß ich Dir gar nichts darüber zu erzählen weiß. – Ich esse Beef und Pudding wie ein Drescher, trinke fleißig den schäumenden Porter und wiege augenblicklich 160 Pfund brutto. Zudem habe ich mir einen langen Judenbart angeschafft, der mir in Gesellschaft eines isabellenfarbigen Flausrocks ausnehmend gut steht. Der lustige Winter trieb seit 2 Monaten hierzulande sein altes Wesen, und Ströme und Meere hatten sich so übermäßig erkühlt, daß meine Flotte nicht in See gehen konnte.

Viele meiner geliebten Wollballen verträumten daher ihr Dasein in den gewaltigen Warenhäusern, und um sie nicht im Schlummer zu stören, verfügte ich mich nur für kurze Zeit in das Geschäft und segnete die Jahreszeit, welche die menschliche Tätigkeit in ihrem gräßlichen Eifer hemmt und den Gliedern erlaubt, sich länger als sonst auf den heimischen Diwan zu strekken. –

Es freut mich, daß Dir die englischen Zeitungen einigen Spaß machten. Das Fratzenhafte ist freilich immer häßlich – in den Fratzen des Londoner »Punch«[27] liegt aber so viele Weisheit verborgen, daß sie oft größere Wirkung hervorbringen als die reinste griechische Statue. – Diese Fratzen des »Punch« haben schon Minister gestürzt, Herzogskronen vom Haupte gerissen und Umwälzungen herbeigeführt, die sich bis in die fernste Ecke der Welt fühlbar machten. Diese hastige Zeit hat oft nicht mehr Lust, lange Räsonnements zu lesen; da muß der Pinsel und der Griffel herhalten und ein Bild schaffen, was mit einem Schlage den Gegenstand vor die Augen und dadurch in den Kopf bringt. – In diesem Momente sind in England Feder und Griffel wieder in gewaltiger Bewegung, da seit einigen Tagen das Parlament eröffnet ist. Sir Robert Peel[28] hielt am Freitag eine dreistündige Rede, in der es sich darum handelt, ob die Abgaben in Zukunft von dem Betrag des Einkommens oder des Eigentums bezahlt werden sollen. Daß bei

27 Satirische Zeitung, seit 1840.
28 Robert Peel (1788–1850), war 1841–1846 Premierminister.

einer solchen Rede viele Leute interessiert sind, kannst Du daraus abnehmen, daß z.B. Dein teurer Sohn, der kein Eigentum, sondern nur ein Einkommen hat, von seinem Gehalt von £ 150.– Sterl. 5 £ Sterl. (Taler 33.–, 10 Sgr. Pr. ct.) an den Staat bezahlen muß. Unter £ 150.– braucht man keine Taxe zu bezahlen. Nun ist Dein Sohn freilich so schlau gewesen, sich von Herrn Passavant nur £ 149.– Sterl. ausschreiben zu lassen, wodurch also £ 4.– gespart werden; – fiele es aber Herrn Passavant ein, mir etwa 200 £ zu geben, so müßte ich unerbittlich 5 £ an das Gouvernement entrichten. – Da dieser Fall vielleicht später eintreten kann, so bin ich natürlich ganz damit einverstanden, daß in Zukunft lieber die Leute des Eigentums als die des Einkommens geschatzt werden; denn jedenfalls schadet es dem Aristokraten weniger, wenn er 1000 £ bezahlen muß, als wenn ich 5 £ geben soll. (Leider hat die Sache sich nach eben eingetroffenen Nachrichten doch zu meinem Nachteil entschieden.)

Du kannst also denken, wie aufmerksam man den Reden Sir Robert Peels zulauscht; dieser Mann ist freilich einzig in seiner Art; er spricht 3 Stunden lang in einem Atem – setzt sich dann einige Augenblicke und beginnt aufs neue.

Ein Karrengaul hat ein besseres Leben als ein englischer Premier; aber deshalb werden sie auch gewöhnlich wahnsinnig oder schneiden sich die Hälse ab.

In den letzten Tagen hatten wir hier einige Eisenbahn-Meetings, die bei großer Kälte, im Schnee, auf freiem Felde gehalten wurden, denn kein Gebäude hätte die Versammlung fassen können. – Zwei Parteien stritten sich darum, wer die Bahnen bauen sollte. – Die eine Partei siegte schon nachmittags um 4 Uhr, und da es bereits dunkelte, so war alle Aussicht, daß die andere Seite ihre Sache nicht wieder herstellen könne. Die Sieger von 4 Uhr hatten sich indes geirrt, denn die Redner der besiegten Partei erklärten plötzlich, daß sie nicht von der Stelle weichen würden, daß sie trotz des gräßlichen Frostes die ganze Nacht durch sich verteidigen würden; und um zu zeigen, daß es ihnen ernst sei, zogen sie Röcke und Westen aus und standen in den Hemdärmeln bis nachts 11 Uhr auf der Rednerbühne, wo sie dann auch wirklich die Sieger von 4 Uhr nachmittags überwanden und im Triumph in die Stadt einzogen. Ich habe nie so etwas gesehen. Ob nicht mancher der Herren Redner den Tod davon hat, ist freilich etwas anderes. Der Durst nach Gold schreckt aber hier im Lande auch nicht vor Tod und Verderben zurück. –

Es freut mich, daß Du endlich Gelder aus Köln empfangen hast. – Die ersten 50 Taler, welche eigentlich nach Detmold bestimmt waren, hat der liebe Herr Deuvel geholt, indem gefressen sein mußte und sonst kein Geld da war. – Freund P[üttmann][29] war nämlich wieder in fataler Lage, die sich jetzt aber insoweit gebessert hat, als ihm und seiner Familie die nächstens bei Leske[30] in Darmstadt erscheinende sozialistische Zeitschrift wenigstens

29 Hermann Püttmann (1811–1894), Redakteur der "Barmer Zeitung", vom Herbst 1842 bis 1. Dezember 1844 leitender Feuilletonredakteur der "Kölnischen Zeitung", Herausgeber verschiedener frühsozialistischer Zeitschriften.

30 Bei Leske erschienen die von Püttmann herausgegebenen "Rheinischen Jahrbücher" und das "Deutsche Bürgerbuch".

ein einjähriges Auskommen sichert. – Die Redaktion der kölnischen Feuilletons hat er drangegeben. Es geht den liberalen Leuten jetzt arg auf die Kappe – sie werden bald alle aus Deutschland vertrieben; für Püttm. bin ich auch bange – jedenfalls wäre er mit seinen Kindern dann aber sehr, sehr schlimm dran.

Von Ferdinand erhielt ich dieser Tage einen Brief. – Die einl. Zeilen an Aug. v. Cölln besorge gütigst. – Was macht die kleine Lotte? Grüße sie alle miteinander von mir. –

Hoffentlich geht es Dir wohl. – Ich werde den Frühling bitten, Dich bald zu besuchen, und jedenfalls bitte ich ihn, Dir die schönsten Rosen von mir zu bringen. Laß bald wieder etwas von Dir hören, liebe Mutter.

Von ganzem Herzen

Dein Georg.

Die beiden Bücher von Boz heißen: 1843 Weihnachten: »Christmas Carol« (Weihnachtsgesang), 1844 Weihnachten: »Christmas Chimes« (Weihnachtsglocken) – ich weiß nicht, wie die Titel im Deutschen heißen. Übersetzt sind aber beide Sachen.

18. AN DEN BRUDER WILHELM

Bradford, 12. April 1845

Lieber Wilhelm!

Ich wollte nur einige herzliche Grüße in Dein Ohr säuseln – sonst habe ich nicht viel zu erzählen. Das leben vergeht sehr einförmig und wird nur erträglich durch Anfeuchtung mit Lektüre und schottischem Ale. Hoffentlich geht es Dir ebenfalls gut, und erwarte ich nächstens zu hören, wie sich die Blüte Deiner Blomberger Bauernmädel befindet.

Hierzulande treibt die Politik ihren alten Tanz; ein wahrer Jammer, die Kerle im Parlament bespeien sich mit langweiligen Reden, und am Ende kommt noch verdammt wenig heraus; das wird sich aber schon ändern, wenn sich das Proletariat regt; in diesem Augenblick ist so ziemlich alles ruhig, da der Handel prächtig geht und die Ernten gut waren.

Da es aber am Tage ist, daß nur durch eine fortwährende Ausdehnung des englischen Handels und der Industrie die stets anwachsende Bevölkerung beschäftigt, ernährt und dadurch ruhig gehalten werden kann, so ist es sicher und gewiß, daß der bisherige Segen des Handels, wenn man ihm überhaupt einen Segen zusprechen soll, sofort in das Gegenteil umschlagen wird, sobald die Tätigkeit der Industrie ihren Gipfel erreicht hat. Einstweilen ist nun zwar durch die Eroberung von China ein neuer Markt aufgefunden; man kann flott weiterfabrizieren, – die Fabrikanten verdienen, und die Arbeiter haben zu fressen. – Nimmt die industrielle Tätigkeit auf dem Kontinent aber noch mehr zu, so werden die Engländer auch bald auf China wieder einzig angewiesen sein, andre Völker fallen ihnen ebenfalls in das Handwerk, und dieselbe Krisis entsteht wie vor dem chinesischen Kriege; – dann ist es aus, denn die Welt hat keine unentdeckten Länder mehr.

Hoffentlich erleben wir diese Krisis bald; mit der englischen Konstitution wird es dann zum Teufel gehn (wir haben 14 Millionen Arbeiter, welche von Hand zu Mund leben), eine Demokratie bildet sich, die notwendigerweise in den Sozialismus übergehen muß. Der Sozialismus ist nämlich hier im Lande bereits praktisch ausgebildet und macht unter den Arbeitern furchtbare Fortschritte.

In London entstand vor kurzem ein Arbeiterparlament unter Vorsitz von Duncombe M. P.[31], dem bekannten Redner, welcher darauf antrug, sämtliche Arbeiter Großbrit[annien]s sollten sich vereinigen und nicht allein einen Anteil auf die bereits erworbenen Reichtümer Englands, sondern auch einen auf die noch zu erwerbenden reklamieren. –

Nach dem Londoner Verein haben sich bereits viele hundert andere im Innern des Landes gebildet; die Partei mag nach einem mäßigen Überschlag 2 Millionen Menschen zählen; die Kerle machen wütige Progaganda und werden in kurzem alle Arbeiterklassen in ihre Interessen verwickeln. – Die feisten Herren des Besitzes mögen vor dieser Koalition zittern! Wir sind jetzt so weit in der Welt, daß man einsieht, die größte Not entsteht durch den Privatbesitz. Diesen lustig angegriffen, das ist der Nagel auf den Kopf getroffen. –

Ich weiß nicht, wie weit Du Dich für kommunistische Umtriebe interessierst; solltest Du Geschmack daran finden, so vergiß nicht, die letzten Publikationen von Heß, Marx und Püttmann zu lesen.

Vor einigen Tagen erhielt ich einen Pack deutsche Bücher aus Hamburg, worunter auch die 2 ersten Hefte der »Deutsch-Französischen Jahrbücher« sind. Kannst Du diese auftreiben, so tu es ja, da sie famose Artikel enthalten, Sachen, die tausendmal besser sind als das Beste der weiland »Hallischen Jahrbücher«. –

Die deutschen Zeitungsnachrichten sind unter allem Luder. Ich lese die Augsburger jeden Mittag – ich kann Dir doch sagen, wenn man einige Zeit in England gelebt hat, da schämt man sich, ein Deutscher zu sein. Deutschland ist den hiesigen Zeitungen ein wahrer Kinderspott, wozu der jetzige König von Preußen das meiste beigetragen hat.

Das alte Toryblatt, die »Times« – die konservative »Times« –, schimpfte neulich über den preußischen König mehr, wie die politischen Flüchtlinge in Paris je getan haben. –

Mein Hauptstudium ist jetzt die Nationalökonomie, – den Adam Smith habe ich fast durch und gebe mich dann mit Macht an das andere Gesindel, den Malthus, Ricardo, Mac Culloch – Folianten voll Lügen und Unsinn.

Im vergangenen Winter las ich den Feuerbach, der eine vollständige Revolution bei mir zu Wege brachte. – Das ist der erste Philosoph, der wieder einmal verständlich ist; sein Einfluß wird ungeheuer sein. – In Man-

31 Im März 1845 fand unter dem Vorsitz des Parlamentsabgeordneten (M.P.) Thomas Duncombe die erste nationale Gewerkschaftskonferenz statt.

chester kam seiner Zeit eine Übersetzung von Strauß' »Leben Jesu« heraus, die von unzähligen Fabrikarbeitern jetzt gelesen wird; – die Aristokratie rührt natürlich solch ein Buch nicht an, da sie die Maske der Religion stets bei der Hand haben muß, um ihr Sündengesicht zu verbergen. – England ist überhaupt das Land der Heuchelei, – das gemeinste Geldinteresse hinter einem angelogenen Christentum, mit dem sie sich jeden Augenblick breitmachen. – Wie überall ist der Proletarier auch hier im Lande nur der einzig wahre, gesunde Mensch. –

Diesen Sommer denke ich noch tüchtig zu arbeiten und muß abwarten, was die Zeit dann mit sich bringt. Hier mag ich nicht bleiben, und nach Deutschland sehne ich mich auch nicht – es muß daher ein anderer Ausweg gesucht werden.

Schreib mir bald, lieber Kerl; ich kann Dir nichts anderes erzählen als das, wovon mir gerade das Herz voll ist; wenn es Dich auch nicht interessiert, so weißt Du doch ungefähr, was ich anfange. Grüße meine und Deine Freunde. Behalte mich lieb wie ich Dich; vielleicht sehen wir uns in einem Jahre einmal wieder. – Es ist eine Lauserei, daß der verdammte Schacher den Menschen so in die Welt hinausschmeißt; aber nicht zu ändern. – Leb wohl!

Von ganzem Herzen

Dein Georg.

Ich las in den Zeitungen von Euren christlich-revolutionären Pastören. Schlagt diese Kerle doch tot!

19. AN DIE MUTTER

Bradford, 29. Mai 1845

Liebe Mutter!

Deinen Brief mit der Einlage von Wilhem erhielt ich und danke von Herzen dafür. – Hoffentlich geht es Dir und andern wohl; ich erfreue mich eines mittelmäßigen Daseins, da der Frühling sehr kalt hier ist. – Alle Menschen tragen noch 2 Röcke; – manche freilich auch gar keinen. –

Die große Predigerrevolution hatte ich schon aus vielen Blättern gelesen, wußte aber die Namen der Leute nicht und habe mich an Deinen Details sehr ergötzt. Sollte noch etwas vorfallen, so laß es mich doch ja wissen. Ich interessiere mich für diese Pastöre und wollte, daß ich jetzt in Eurer Nähe wäre. Indes reicht der Arm der Gerechtigkeit auch über Land und Meer und wird die Vögel schon am Rock zupfen. – Das fehlt noch, daß man Euer gutes Land mit einer pietistischen Sauce begießt! Und diesen Stockmeyer kenne ich; er ist ein notorischer Zotenreißer – und gewiß ein durchtriebener Heuchler. – Der alte Krücke mag es gut und ehrlich meinen.

Diese Leute ernst zu widerlegen, ist ganz falsch – die Satire und der Spott helfen viel besser, und Eure Aufgeklärteren sollten dergleichen über sie losschütten. – Die Heiratsgeschichten in Detmold amüsierten mich ebenfalls. Ich wünsche den Leuten viel Glück, gebe ihnen meinen Segen und habe damit alles getan, was ich für sie tun kann.

Hier ist alles beim alten. – Der Tag vergeht bei der gewohnten Arbeit, und die freien Stunden werden mit politischen und gesellschaftlichen Bestrebungen zugebracht. – Ich mache in allerlei Erkenntnis Fortschritte und liebe England immer mehr. – Nicht, daß ich gern ewig hierbleiben möchte – aber ich weiß, daß ich auf dem interessantesten Boden der Gegenwart bin, und bin davon überzeugt, daß mein hiesiger Aufenthalt von unendlichem Nutzen für mich ist. Sollte es mir einmal möglich werden, nach London überzusiedeln, so geschieht dies jedenfalls – darüber ist aber noch nicht einmal ein Plan gefaßt – wir wollen also die Zukunft einstweilen noch in Ruhe lassen. –

Meine deutschen Freunde, welche freilich immer mehr von der frühern Bühne verschwinden und sich in Belgien oder der Schweiz aufhalten, versorgen mich fortwährend mit guten Büchern, so daß ich über alle wichtigen Ereignisse des Vaterlandes fast ebensogut unterrichtet bin wie die Leute daheim. Mein Umgang hier ist sehr beschränkt; – ich gebe mich übrigens oft mit Arbeitern ab, um die verschiedensten Sachen an Ort und Stelle zu untersuchen; außerdem kenne ich jetzt manche Beamte, die mich zu ihren Meetings und Verhören mitnehmen und auf diese Weise in alle Einrichtungen dieses gewaltigen Landes blicken lassen.

So habe ich in der letzten Zeit alle Branchen des Armenwesens durchgemacht und erhielt durch einen Freund Zutritt zu den Armenverhören, wo ich neulich nacheinander ungefähr 60 unglückliche Männer und Weiber erscheinen sah, deren Schicksale und Verhältnisse auseinandergesetzt wurden und die man je nach dem Grade ihrer Not unterstützte.

Ich komme jetzt erst allmählich dahinter, eigentliche Kenntnisse zu sammeln. – Die Zeitungen erzählen freilich alles, aber immer nur in dem Sinne ihrer Partei. Da kann man sich tot und lebendig lesen und hat zuletzt doch noch nichts. Mit eignen Augen kann man nur das Rechte herausfinden, aber die haben leider oft ihre Grenzen. –

Die Familie Passavant wohnt jetzt auf einem Landgut in Bingley – 6 Meilen von hier, sehr hübsch, auf einem Hügel – mitten in prächtigen Wiesen und Büschen. – Der Alte kommt morgens um 10 Uhr hereingefahren und verläßt uns nachmittags um 4, damit er zu seinem Mittagessen um 5 zu Hause ist; wir hören etwas später auf zu arbeiten. Neulich besuchte ich sie in Gesellschaft des jungen Passavant und Prellers; letzterer hatte auch seine Braut, eine wunderschöne Kreolin, bei sich; die Geschichte gefiel mir ganz gut. Solche alten Kaufleute pflegen einen guten Tag zu leben, – hoffentlich werfen wir sie bald von ihren Landsitzen herunter; ich kann nicht leiden, daß einer besser lebt als der andre. –

Von Grubers habe ich lange nichts mehr gehört und kümmere mich auch wenig um sie. Die Frau wird immer wohlbeleibter, und der arme Mann, den ich, nebenbei gesagt, viel lieber habe als die Frau, ist fortwährend krank, so daß er schon wieder in diesem Sommer nach Wiesbaden muß. – Von Ferdinand habe ich wieder lange nichts gehört; tritt ihn doch mal, daß er mir schreibt. – Dann vergiß auch nicht, mir in Deinem nächsten Brief den Titel von Carls neuem Buch zu bemerken, damit ich es von Hamburg beziehen kann, woher ich Bücher in 4 Tagen, ohne Kosten, erhalte. –

Eben fällt mir ein, daß ich seit 4 Monaten nur Ochsenfleisch und Brot gegessen habe und daß meine Wirtin plötzlich das erste und einzige frische Gemüse bringt, nämlich Radiesen, die wir jetzt morgens zum Kaffee, mittags zum Fleisch und abends zum Tee essen. – Dies wird Dich gewiß interessieren! –

Ich lebe jetzt sehr billig. – 24 Schilling die Woche – meine Frau ist nämlich schon 60 Jahre alt, und da sie bisher ehrlich war, so hat sie keine Lust mehr, das Gegenteil zu werden – andere Landsleute leben nicht unter 30 Schilling – wir Deutschen werden nämlich immer für sehr reich gehalten und folglich sehr geschnitten. – Es halten sich hier jetzt über 100 deutsche Kaufleute auf – größtenteils Kinder Israels und schreckliche Gesellen. –

Und so weiter, liebe Mutter. Ich hätte Dir noch manches in Dein Ohr zu flüstern, was Deine Aufmerksamkeit wohl verdiente. Es sind dies aber alles Sachen, die doch einmal öffentlich zur Sprache kommen. Ich lasse es daher. Ich lebe ganz in der Politik und im Sozialismus und fühle, daß ich mit jedem Tage praktischer werde. Wenn ich daher keine mit schönen Redensarten ausgeschmückten Briefe schreibe, so weißt Du, woher dies kommt. –

Laß bald etwas von Dir hören. Grüße alle Leute, die ich liebe, und versichere die übrigen meines fortwährenden Hasses.

Wilhelm habe ich neulich direkt geschrieben. –

Von ganzem Herzen

Dein Georg.

20. AN FRIEDRICH ENGELS

Bradford, 25. Juni 1845

Lieber Engels!

Wegen der Schutzzollgeschichte verhält es sich so: die Hauptpetitioniererei wurde betrieben durch den alten Weerth in Bonn, Vetter Köchlin, Direktor der Spinnerei zu Ettlingen (Württemberg), und Gebr. Heinzelmann in Kaufbeuren. – Diese drei Leute sandten die Listen zum Subskribieren herum und bearbeiteten namentlich den alten Beuth-Kastrat zu Berlin – Freetrader. Die Süddeutschen hatten sich die Sache schon einiges Geld kosten lassen – Reisespesen, Druckkosten etc. Da trat der Dr. List mit seinem Zollvereinsblatt auf – allgemeiner Jubel unter den Spinnern –, und Vetter Köchlin schrieb an den alten Weerth, *den* Kerl müsse man warmhalten, man müsse ihm Geldgeschenke machen etc. Da hierdurch die Kosten für das allgemeine Interesse aber größer würden, so sollten auch jetzt die rheinischen Spinner beitragen. –

Ich schrieb damals an alle Menschen der Umgegend um den Tribut für Dr. List. – Aber die Herren wollten nichts herausrücken, und nur einige

Gladbacher *versprachen* etwas. – Der alte Weerth gab kein bares Geld, da er schon durch sein vieles Geschrei genug genutzt zu haben glaubte. – Der einzige, der gleich Geld schickte, war Brögelmann aus Cromford bei Düsseldorf. 50 Taler (oder 30, ich weiß nicht genau) in Kassen-Anweis.

Dieses Geld schickten wir an Vetter Köchlin, der den Tribut der Württemberger Spinner einsammelte – die ganze Sache war damals sehr flau – Beuth wollte nicht nachgeben, der Dr. List war der einzige, auf den die Spinner damals bauten. Ob sie ihm noch weitere Zahlungen machten, weiß ich nicht, da ich zu der Zeit Bonn verließ – übrigens müßte ich mich *sehr* irren, wenn mir der alte Weerth nicht seiner Zeit gesagt hätte, daß auch Jung aus Elberfeld damals den List unterstützte. – *Soviel ist gewiß, daß List von den Württembergern und andern Süddeutschen im Jahr 1842 eine förmliche Rente erhielt und daß ich 50 Taler für Rechnung des Brögelmann – aus Auftrag des alten Weerth – an Vetter Köchlin für List absandte.* List kann freilich alles Geld stolz von sich gewiesen haben – ich war nicht dabei – wie er etwas kriegte – ist aber nicht wahrscheinlich – soweit ich die deutschen Literaten kenne.

Aus den Briefen von Vetter Köchlin ging hervor, daß ihm die Agitation viel Geld kostete, und er war es namentlich, der auch List an die Hand ging. –

Der alte Weerth ist immer so klug, daß er sich aus dem Staube macht, wenn es ans Zahlen geht. – Diese verdammten Spinner sind alle durch die Bank Lausekerle, die Fußtritte statt Schutzzoll verdienen. Der alte Weerth kann freilich nur mit Schutzzoll bestehen, denn er hat unter seinen Maschinen noch einige Exemplare, die er gebrauchte, als der Konzern noch mit Ochsen statt Dampf getrieben wurde. –

Auf diese Weise kann man freilich nicht gegen die Engländer an. In Wuppertal gibt es ähnliche Sauetablissements – ausgenommen das Jungsche. – Die Bestrebungen der Spinner scheiterten immer an der Hartnäckigkeit des alten Beuth. – Wir haben sogar einmal durch meinen Onkel Roß – den Bischof – in Berlin geklimpelt – es wollte aber nicht helfen.

Damals war ich dumm genug, mich für Schutzzölle zu erhitzen – ich mußte den ganzen Tag schreiben – oft – und hatte es oft so satt, daß ich dummes Zeug schrieb. Da der alte Weerth nie einen Brief las, so ging das alles in die Welt, so daß ich den Spinnern wohl mehr geschadet als genutzt habe. –

Ich schrieb Dir am Montag wegen meiner Reise. Ich möchte Dich am liebsten einmal sehen, und I don't care a damn where. Gehst Du freilich nach London, so ist es etwas anderes – ich erwarte Dich und Marx dann hier und werde Euch nach Kräften erheitern.

Ich hatte vor, am Samstag über acht Tage p. Monarch Steamer – cheap trip – hinüberzufahren. Schreib mir, ob ich dies tun soll oder nicht. – Ich brauche etwas Erholung, und es wäre vielleicht nicht übel, wenn ich Dich nach London begleitete. Später kommt Ihr dann hierher. – Es ist mir alles einerlei, ich habe 3 Wochen Zeit – 10–12 Pfund Sterl.

Schreib mir daher umgehend, was ich tun soll.

Sehr *eilig* bin ich heute von Herzen

Dein Weerth.

21. AN DIE MUTTER

Brüssel, 19. Juli 1845

Liebe Mutter!

Ich schrieb Dir vorgestern und erhielt gestern abend von England Deinen Brief vom 24. Juni/5. Juli, der mir natürlich die größeste Freude machte, namentlich da ich gar nicht wußte, daß so etwas unterwegs war. – Ferdinand werde ich jetzt von hier aus einmal gehörig schreiben. Mit Wilhelm hat sich seitdem die Sache ja prächtig gemacht; ob die L[ina] T[endering] wirklich so krank ist, bezweifle ich noch, denn früher war sie immer gutaussehend. – Das wäre gerade eine Frau für ihn. Übrigens komme ich auf Deinen Brief noch in den nächsten Tagen zurück. Jedenfalls ärgert es mich, daß Du mir verbietest, gegen die 5 Pfaffen aufzutreten; – rechte Pfaffen, Tröpfe und Heuchler. Weißt Du denn nicht, daß ich vor Wut zitterte, als ich von der Erbärmlichkeit und Albernheit dieser Leute zuerst hörte? Erstens greifen sie einen Mann an, der mehr für die Menschheit getan hat als ihrer sechzig zusammengebacken; zweitens greifen sie ihn an, nachdem er längst im Grabe liegt; drittens wollen sie nur verdammten Unsinn; viertens bin ich der Sohn meines Vaters, und fünftens soll diese 5 Burschen der Henker holen unter jeder Bedingung.

Während ich dies schreibe, gerate ich wieder in eine solche Aufregung, daß ich nichts mehr wünsche, als die Kerle mit meinem alt-englischen Eichenstock abwichsen zu können, nach Noten. Da Du es indes willst, so gebe ich mich mit der Sache nicht weiter ab und überlasse sie meinen beiden Brüdern, welche hoffentlich geradeso wie ich denken!

Wenn ein Pastor ein Esel und ein Heuchler ist, so ist er gar nicht heilig genug mehr, um ihm nicht das Fell über die Ohren zu ziehen. Beträgt er sich vernünftig, so wird es niemand einfallen, ihn und die Würde seiner Stellung anzugreifen.

Übrigens werde ich in Zukunft noch vielleicht manche Sachen tun, die Deinem Willen und Deinen Ansichten total zuwider sind. Ich muß Dich ein für allemal bitten, mich meinen eignen Weg gehen zu lassen; Du kannst aber versichert sein, daß ich alles in der reinsten Absicht tue. Ich gehöre zu den »Lumpen-Kommunisten«, welche man so sehr mit Kot bewirft und deren einziges Verbrechen ist, daß sie für Arme und Unterdrückte zu Felde ziehen und den Kampf auf Leben und Tod führen. Laß die Herren des Besitzes sich in acht nehmen, die kräftigen Arme des Volkes sind auf unsrer Seite, und die ersten Geister aller Nationen treten nach und nach zu uns über. – Da ist mein sehr lieber Freund Fried. Engels aus Barmen, der hat ein Buch zugunsten der englischen Arbeiter[32] geschrieben und die Fabrikanten mit vollem Recht schrecklich gegeißelt. Sein eigner Vater hat Fabriken in England und Deutschland.

Nun ist er mit seiner Familie schrecklich zerfallen; man hält ihn für gottlos und verrucht, und der reiche Vater gibt seinem Sohn nicht einen

32 Friedrich Engels, Die Lage der arbeitenden Klasse in England. Leipzig 1845.

Pfennig mehr zum Unterhalt. – Ich aber kenne diesen Sohn als einen himmlisch guten Menschen, der einen ungewöhnlichen Verstand und Scharfsinn besitzt und Tag und Nacht mit den ungeheuersten Anstrengungen für das Wohl der arbeitenden Klassen kämpft. – Da fällt einem dann oft ein, was weiland der edle Ulrich von Hutten sang:

»Und ob meine liebe Mutter weint,
daß ich die Sach' gefangen an –
Muß dennoch gehn« – usw.

Damals weinte Ulrichs Mutter – der Ulrich brach aber den Pfaffen die Hälse, und der gewaltige Luther hatte nie einen bessern Ritter an seiner Seite.

Hiermit sollen denn aber auch die ernsten Briefe geschrieben sein; unsre Korrespondenz muß lieblich und lustig sein – das ist tausendmal besser!

Mit herzlichem Gruße

Dein Georg.

Den Herrn Pastor Becker werde ich gelegentlich besuchen, obgleich er nicht zu meinen Leidenschaften gehört. Übrigens kennen ihn meine hies. Freunde.

Von England höre ich, daß das Geschäft sehr schlecht geht und auf uns. Comptoir nichts zu tun ist – das ist desto besser für mich. –

22. AN FRIEDRICH ENGELS UND KARL MARX

Bradford, 23. Oktober 1845

Teure Rue de l'Alliance!

Innigst geliebte Frauen, Männer und ein Kind! (Ein Kind kenne ich.)

Meine Sehnsucht nach Euch ist seit einem Monat in geometrischer Proportion gestiegen, während ich mich nur in einer arithmetischen Weise zu trösten vermag.

Was kann also aus mir geworden sein? Nichts ist aus mir geworden, und ich überlasse mich meinem Schmerze.

(Er weint.)

Armer Mann! Nur Porter und Beef halten Dich noch aufrecht. Die Frau Gott hat ihre Zahlungen eingestellt – dies ist das Neuste aus Bradford; auch haben wir eine Maschine erfunden, um Wolle zu kämmen.

Ich bekam zuerst wieder etwas Ordentliches zu essen, als ich in Ostende den Steamer belegte. Ein fröhlicher Kerl – »Tritone« mit Namen –, er führte uns zart hinüber in das Land der neblichen Jungfrauen.

Unsern Freund Harney traf ich bei Weitling, der sich gerade seinen Winterrock näht; er legte die Nadel fort und machte uns auf seinem Kamin einen Pfannkuchen; auch ließ er Salat wachsen, dito Porter.

Die Französische Revolution konnte ich nicht mitfeiern helfen, da mein Beutel durchaus ausgefeiert hatte. Die Festlichkeit soll sehr schön gewesen sein, ein türkischer Demagoge sang eine Arie aus dem »Freischütz« von dem seligen Carl Maria. Im Hintergrunde des Saales erschienen verschiedene Könige und ließen sich noch einmal köpfen – es wurde viel rote Tinte vergossen; Robespierre weint vor Freuden, und in seiner Hofburg zitterte der Kaiser.

Ihr würdet Euch also sehr amüsiert haben. Seitdem bin ich sehr fleißig gewesen. Tags liege ich mit dem alten Passavant unter einer Decke. Der Mann liebt mich wie seinen einzigen Floh und will mich gar nicht entlassen. Abends schrieb ich Prosa für den kleinen Pipewittmann und schickte es nach der Schweiz, wo, wie Ihr wißt, die deutschen Poeten und Politiker ihre Begeisterung an den Eutern der Kühe und an den Zitzen der Steinesel saugen.

Zum Arbeiten bin ich aber noch gar nicht gekommen, da ich die Bücher von Manchester noch nicht holen konnte.

Ach, Manchester! Ihr wißt, ich wollte meine Frau besuchen? Aber wie könnt Ihr Eure Frau besuchen, wenn Ihr nicht recht bei Troste seid?

Seit 4 Wochen wälze ich mich betend und einsam auf dem Schauplatz meiner jugendlichen Reize herum, hoffend, daß der nächste Sabbat kommen wird, wo die Bett-Tücher im Allerheiligsten zerreißen sollen.

Über den Herrn Preiss habe ich mich ferner lustig gemacht und werde Euch das Ms. in Gesellschaft des Marcus und des Ricardo dieser Tage zur Erquickung einsenden.

Herr De Bruyn in Brüssel wird Euerm Bruder Engels zwei Pfund einhändigen.

Dem Räuberhauptmann Esq. nebst Gemahlin empfehle ich mich mit aller der Achtung, die mir zukommt.

Dem Herrn Moses samt Gattin erscheine ich hierdurch im feurigen Busch und segne sie zu der nächsten Nummer des nächtlichen Gesellschaftsspieles – the Lord may bless You in No. 7. Grüßend wende ich mich gen Westfalen.

Herrn von Säuerig und meinen Leibarzt versichere ich meiner fernern Huld.

Den süßen Rest umschließe ich im Geist und in der Wahrheit. Amen.

Hierauf sang die Gemeinde das schöne Lied:

»Als ich lag auf weichem Pfühle
Nächst der heiligen Gudule.«

Und die Sonne verneigte sich.

23. AN DIE MUTTER

Brüssel, 13. Juni 1846

Liebe Mutter!

Du siehst aus der Einlage, daß ich schon vor mehreren Tagen besten Willens war, Dich zu beruhigen. Ich ließ den Brief aber doch nicht abgehen, da ich Dir schon einige Tage vorher geschrieben hatte und doch erwarten konnte, daß Du jenen Brief erhalten hättest. Seit vorgestern bin ich wieder in Brüssel. Der Pastor Becker war bei meinem Hauswirt Lannay gewesen, der mir später versicherte, daß meine Mutter mich wohl sehr lieben müsse. Dies Brüssel ist ein sonderbarer Ort, – die Zeit geht einem hier auf eine merkwürdige Weise schnell herum. Es kommt aber daher, weil ich erstens mit meiner Agentur viel zu tun habe und weil zweitens rechts und links gute Freunde wohnen, die in der Unterhaltung sehr interessant sind. Meinem Zimmer gegenüber wohnt der bekannte Marx mit seiner sehr schönen und hochgebildeten Frau und zwei schönen Kindern. Ferner hält sich hier auch noch der Fried. Engels auf, dessen Buch über England Du gelesen hast. Er hat eine kleine Engländerin aus Manchester zur Frau, so daß unsre Konversationen halb englisch und halb deutsch sind. –

Außerdem besuche ich meinen frühern Doktor Breuer zuweilen, der neulich eine junge, sehr lebendige Belgierin heiratete, die mir versprochen hat, mich im Französischsprechen zu vervollkommnen.

Dann gehört zu meinen Bekannten noch ein Monsieur Gigot de Mouton (z. deutsch Hammelskeule), ein höchst interessanter Mensch, der alle Sprachen kennt, spricht und schreibt, aber sonst sehr faul ist, morgens immer im Dante liest und die übrige Zeit im Kaffeehause sitzt. –

Übrigens glaube ich, daß ich nicht fortwährend in Brüssel bleiben werde, da das Geschäft hier doch sehr unbedeutend ist und Lüttich und Verviers bei weitem tätigere Orte sind. –

Schreib mir bald wieder, liebe Mutter, aber nur keine ängstlichen Briefe.

Den herzl. Gruß

Deines Georg.

24. AN DEN BRUDER WILHELM

Brüssel, 2. Juli 1846

Lieber Wilhelm!

Ich kann nicht unterlassen, an Dich zu schreiben, – ich ergreife daher die Feder, und ich grüße Dich zunächst aufs herzlichste. Hoffentlich geht es Dir wohl, von mir hoffe ich dasselbe. Ich komme soeben wieder in Brüssel an und throne augenblicklich im Bois sauvage, umringt von Woll- und Garnmustern usw., was Du Dir leicht denken kannst. Meine letzte Reise war ziemlich interessant. Zuerst ging ich nach Antwerpen und verkaufte Strickgarn; dann nach Lille, eine große französische Fabrikstadt, mit bedeutendem Proletariat, arroganten Kaufleuten und altertümlichen Häusern. Den Marktplatz ziert eine schöne Erzstatue; mit der Inschrift »Les habitants de Lille ont bien mérité de la patrie pendant la nuit de . . . 1792«.

Da fällt einem die ganze Französische Revolution ein!

Von Lille fuhr ich mit dem ersten Eisenbahnzuge, der die neue Bahn durchrannte, nach Amiens; – dieser Ort sieht ungefähr aus wie Lemgo, Paderborn, kurz – wie eine alte, abgetakelte, verrammelte römische Reichsstadt. Die Kathedrale ist ein Meisterwerk, in demselben Stil wie die Notre-

Dame de Paris und ähnliche Kirchen in Rouen. Die Hitze war so groß, daß die Menschen auf den Straßen umfielen. Mein Wirt ließ zwei Fuder Eis von Paris kommen, und dennoch wären fast alle seine Gäste verrückt geworden. Ich lag fast den ganzen Tag in dem kleinen Fluß Somme, der übrigens so voller Menschen war, daß die Fische kaum Platz mehr darin hatten. – Geschäfte habe ich dort weniger gemacht und eilte so schnell wie möglich nach Paris. Adressen und Empfehlungsschreiben hatte ich genug, – ich nahm mir aber vor, ganz allein umherzuspazieren; – ich las die »Revolution«[33] von Thiers, die »Geschichte der 10 Jahre« von Louis Blanc[34], die »Mysterien« von Eugène Sue – wenn man das gelesen hat – und behalten, da kennt man in Paris jeden Fleck, jeden Stein – und braucht keinen Führer mehr. Im Hôtel de Paris in der Rue Richelieu stieg ich ab – es ist dies ein ungeheueres, kolossales Etablissement – eins der Ersten in Paris. Ich erhielt ein Zimmer im 6. Stockwerk und mußte 120 Stufen zählen, ehe ich oben war; aber prächtig war es auch noch dort, Teppiche, seidne Vorhänge, Pendülen, silberne Leuchter mit Wachskerzen, enfin – komfortabel. Es war schon fast 12 Uhr abends, ich ging aber doch noch eine viertel Stunde weit ins Palais Royal und setzte mich auf die kleinen Stühle und Bänke unter dieselben Linden, unter denen einst Camille Desmoulins zuerst zur Revolution aufforderte; – er zog einen Dolch aus der Brust, ließ ihn weithin blitzen, riß ein Lindenblatt vom Baume, heftete es als Kokarde an den Hut, forderte den Pöbel auf, ein Gleiches zu tun – und in 2 Minuten waren die Lindenbäume des Palais Royal entlaubt.

Um 7 Uhr am andern Morgen ging ich über die Boulevards des Italiens und des Capucines nach der Vendôme-Säule und dann in den Garten der Tuilerien, denselben Garten, wo die größten Tragödien der neuern Geschichte gespielt wurden. Ach, man freut sich, wenn man die Marmorbecken der Fontänen sieht, in denen so viele Reaktionäre ersäuft wurden; – Marie Antoinette stand am Fenster, verhüllte ihr Antlitz – an demselben Fenster steht heute wieder der feiste Louis Philippe. – Die arme Antoinette – sie ist wahrhaftig für nichts und wieder nichts geköpft. Im Garten, dicht unter den Fenstern der Tuilerien, steht die Statue des Spartakus – die Fäuste zerreißen die Ketten und packen das Schwert, zornig schaut der schöne Kopf nach dem nächsten Balkon – das ist ein warnendes Bild!

Die Galerie des Louvre ist natürlich sehr schön; – ich besah sie im Fluge, stürzte dann über den Place de Caroussel, dann über die Seine-Brücke d'Arcole und stand vor der Notre-Dame de Paris. Diese alte Kirche hat eine ehrwürdige Miene; – wenn man aber den »Gargantua und Pantagruel« des Meisters Rabelais kennt, da muß man unwillkürlich lachen, wenn man das große Pfaffennest sieht. Ich besah darauf das Hôtel de Ville – auf dem Balkon gleich in der Mitte stand im Jahre 1830 der Bankier Lafitte[35], der alte Lafayette und Louis Philippe. Lafitte sprach das bedeutende Wort aus, daß

33 Geschichte der Französischen Revolution, 6 Bde., 1823–27.
34 Geschichte der 10 Jahre 1830–1840, 5 Bde., 1841–44.
35 Jacques Lafitte (1767–1844), Bankier, erster Finanzminister Louis Philippes. Gilbert Marquis de Lafayette (1757-1834), General, befehligte 1789 die Pariser Nationalgarde und unterstützte 1830 die Thronbesteigung des Bürgerkönigs Louis Philippes (1773-1850), König der Franzosen von 1830 bis 1848.

in Zukunft die Bankiers in Paris regieren würden. Louis Philippe lächelte wohlgefällig – Lafayette blickte stumm auf das stumme, blutige Volk in den Gassen – das war ein sonderbarer Augenblick; von jener Minute an war die nächste Zukunft Frankreichs entschieden – die Bourgeoisie kam zur Herrschaft. –

Eine Vigilante[36] brachte mich im Fluge nach dem Panthéon; ich stieg hinab zu den Gräbern Rousseaus und Voltaires – ich stieg hinauf in die Spitze der Kuppel, und ganz Paris lag zu meinen Füßen – es ist das Herrlichste, was ich je gesehen.

Rasch ging es dann nach dem Palais du Luxembourg, in die Galerie moderner Bilder – in die Chambre des Pairs – durch die Blumengärten und Lindenalleen, voll von schönen Parisern und noch schönern Pariserinnen. Eine viertel Stunde davon entfernt steht der Dom der Invaliden – das Grab Napoleons – dem Publikum jetzt noch nicht geöffnet – ich sah nur das Kirchenschiff, in dem Hunderte zerschossener Fahnen hängen, erbeutet in allen Schlachten, in allen Zonen, bei allen Völkern. – Vor den Türen liegen die größesten eroberten Kanonen – preußische, bayrische, ägyptische, holländische, türkische – nur keine englischen und russischen. Einbeinige Invaliden sitzen auf den stummen Mörsern, Tabak rauchend, trinkend, schwatzend – die Leute von Jena, Marengo und von den Pyramiden. Vom Luxembourg ist man in 20 Minuten auf den Champs de Mars – dieser großen, schauerlichen Bühne, wo einst Robespierre seine Triumphe feierte, wo jetzt die Engländer fleißig ihre Stuten auf und ab reiten, wo Paris zu Ende geht. – –

Enfin – ich sah sehr viel an jenem Tage; um 6 Uhr abends langte ich wieder in der Rue Richelieu an, hielt mein Diner und wollte mich eben auf ein Polster strecken, um etwas zu verschnaufen, als mich ein junger Franzose schon wieder aufjagte und mich hinaus auf die Elysäischen Felder schleifte – ich konnte kaum mehr gehen – aber dort werden auch die Toten wieder lebendig – in der herrlichsten Abendbeleuchtung hatten wir die Tuilerien, das Louvre, die Chambre des Deputés, die Madeleine-Kirche, den Arc de Triomphe, den Obelisk von Luxor, Hunderte von Orangenalleen, Dutzende von Fontänen, eine singende, tanzende, schwatzende, spazierende, liebenswürdige Pariser Welt, kurz – wir hatten alles um uns, was uns das Herz der Welt, was Paris, was diese ganze immense Stadt in ihrem heitersten und herrlichsten Glanze aufzuweisen und zu zeigen hat. Die Elysäischen Felder, oder vielmehr der Place de la Concorde, ist wirklich das Famoseste, was man sehen kann – London mit allem seinem Gewühl ist nichts dagegen – ich stand wie ein Kind und sperrte das Maul auf – ich weiß nicht, was ich dachte.

Erst als es Nacht war, saßen wir in der Opéra Comique, – es wurde 12 Uhr – bis 1 Uhr schlenderten wir über die Boulevards – um 2 morgens saßen wir bei Tortoni und aßen Eis; um drei Uhr lag ich im Bett – halb tot, halb verrückt – aber in Paris kann man nicht schlafen – schon um 9 Uhr frühstückte ich wieder im Palais Royal. –

36 Verdeckte Pferdedroschke.

In der Rue St. Denis besuchte ich dann die Seidenhändler, die Leute, denen meine Anwesenheit in Paris eigentlich galt. Mittags um 2 Uhr verfügte ich mich auf die Börse. – Eine ungeheuere Säulenhalle, rings von Galerien umgeben, die mehr von Zuschauern als Geschäftsleuten bevölkert ist. Unten bewegt sich die Handelswelt, schreiend, zankend, schachernd, fluchend, betend – und ein Getöse dringt dir in die Ohren, als hätte man tausend Bienenkörbe losgelassen, die im wildesten Gesumme begriffen waren. Es ist ein häßliches, wüstes Schauspiel – alt und jung balgt sich um den Profit – wie wilde Tiere hausen sie miteinander. Du fühlst, daß du im Tempel der freien Konkurrenz stehst; Geld ist Gott und der Teufel – Rothschild ist hoher Priester, und der Rest des Schacherpacks singt Chorus.

In der Rue du Cadran suchte ich den kleinen Alex Weill auf, den Verfasser der »Dorfgeschichten aus dem Elsaß«; er ist seit zehn Jahren in Paris und kennt alles genau, namentlich wie man gut ißt. Ein Pariser Diner in einer Restauration ist wirklich ergötzlich – Weill lud mich dazu ein – erst Schildkrötensuppe, dann Melonen mit Salz, Maccaroni mit Schinken, Pasteten mit Trüffeln, Tauben mit Erbsen, Erdbeeren mit Burgunder, Eis und Champagner – gesegnete Mahlzeit. – Nachmittags fuhren wir nach Neuilly und dem Arc de Triomphe – den Abend besuchte ich mehrere Volkstheater. – Den dritten Tag fuhr ich in aller Frühe nach dem Bastille-Platz und besah die Juli-Säule. Zehn Minuten weiter – da ist man auf dem Père Lachaise. Ein ernster Ort – in der Ferne braust die ungeheuere Stadt, das lebendige Paris – hier liegt das Tote – es ist ein großes Leichenfeld, und von unzähligen Leichensteinen schimmern die Namen entgegen, welche die weite Welt kennt. Die schönsten Blumen, die herrlichsten Bäume hängen hinab auf die Gräber vieler Hunderttausende, ja, wer weiß wie viele. So weit das Auge sieht, dehnt sich die Reihe düsterer Kreuze, Statuen, Monumente, Kränze, Blumen. – Börnes Grab konnte ich nicht finden.

Doch was soll ich weiter erzählen? Die wenigen Tage in Paris liegen hinter mir wie ein Traum. In der gräßlichsten Hast, in der kürzesten Zeit habe ich alles genossen, ich habe einen Totaleindruck der ganzen immensen Stadt bekommen, der sich nie bei mir verwischen wird – ich wünsche, daß ich später das einzelne besser kennenlerne. Morgens um 7 Uhr fuhr ich auf der Eisenbahn in einem Stück zurück nach Brüssel, wo wir um 7 Uhr abends anlangten – also in 12 Stunden. Künftig wird man in 9 fahren.

Ich wollte, Du wärst bei mir gewesen!

Laß bald etwas von Dir hören. Für heute noch den herzlichsten Gruß

Deines Georg.

25. AN KARL MARX

[Verviers, 5. oder 6. Juni 1846]

Lieber Marx!

Vor ein paar Tagen traf ich Heß auf dem Spaziergang an und habe ihn seitdem öfter gesehen. Er ist sehr munter und lustig, verläßt in kurzem Verviers, trennt sich von seiner Frau, die in Bonn wohnen wird, und kehrt in das Haus seines Vaters zurück, wo er sich in Zukunft einige Stunden des Tages dem Kommerz widmen wird, um dadurch seine materiellen Verhältnisse auf den Strumpf zu bringen; die freie Zeit denkt er dann desto besser und erfolgreicher mit der Literatur zu verbringen.

Er sieht sehr wohl ein, daß er nicht in bisheriger Weise schriftstellern kann, und bedauert, daß seine Jünger noch an den Geschichten kauen, die er jetzt selbst verwirft.

Er denkt, sich in Zukunft namentlich mit Geschichte und Nationalökonomie zu befassen, und hofft, dazu in Köln viel Material zu finden.

Mit Weitling scheint er sich in Brüssel nur deswegen noch abgegeben zu haben, weil ihn seine versöhnliche Natur nicht gleich so entschieden auftreten läßt; – er ist, nach dem, was ich ihm über Weitling erzählte, mit mir einverstanden, daß W[eitling] ein kleinlicher und aufgeblasener Kerl ist, den man laufen lassen muß. Den zarten Brief, den er Dir vor ungefähr 14 Tagen schrieb, schreibt er einer Übereilung zu und versichert mir, daß er Dich bereits deswegen um Entschuldigung gebeten habe.

Im übrigen hat Heß eine große Achtung vor Dir, und wenn ich seine sämtlichen Unterredungen mit mir zusammenfasse, so kann ich nur wünschen, daß er bei seinen jetzigen erfreulichen Erinnerungen und Vorsätzen bleibt usw.

Der Patriarchen-Stil, in dem ich dies schreibe, kommt mir eigentlich gar nicht zu – da ich aber nur simpler Reporter sein will, so ist keine Anmaßung oder Aufgeblasenheit dabei im Spiele. – Mr. Schulz fährt soeben nach Köln ab. Die Ms., die ich mitnahm, wurden befördert. –

Ich hoffe, Dich in einigen Tagen wohl und heiter wiederzusehn und unterzeichne mich mit

freundschaftlicher Ergebenheit

Anselm Stahl[37].

37 Scherzhafte Unterschrift Weerths.

26. AN DEN BRUDER WILHELM

Brüssel, 18. November 1846

Lieber Wilhelm!

Zuerst meinen Gruß!

Zweitens meine Gratulation.

Und drittens die Versicherung, daß ich mich über die eben erhaltene Nachricht von ganzem Herzen freue. Du hast das Beste getan, was Du auf Erden tun kannst, und ich gebe Dir meinen vollständigen Segen! Amen.

Es versteht sich ganz von selbst, daß ich mich seiner Zeit in dem teuern Vaterlande einfinde; ich wollte, daß ich Dich auch bald in derselben Angelegenheit hierher zitieren könnte, denn es ist sehr verwerflich, daß der Mensch so allein ist – man ist ein kompletter Esel ohne eine schöne Frau – ein abgeschmacktes Verhältnis, ohne Weib zu sein – liederlich, trostlos, kalt, unfreundlich – genug, Du bist ein vernünftiger Mensch, und Du mußt Deine Braut von mir grüßen und ihr erklären, daß ich sie von Stund an liebe, weil sie, erstens, ein Frauenzimmer ist und weil sie Dich, zweitens, liebt und so weiter – es ist alles einerlei – aber ich freue mich sehr über die Geschichte. Sorge gut dafür, daß wir eine fidele Blomberger Rasse bekommen, und wenn Du ein schönes Weib für mich findest, so teile es gleich mit – hier gibt es wenige.

Ich muß Dir überhaupt gestehen, daß unsre deutschen Kinder gar nicht übel sind. Die Französinnen haben das verdammt fidele Blut, was sie so liebenswürdig macht, sonst habe ich doch auch nicht viel Schönes in Paris gesehn. Belgien ist komplett arm an Schönheiten, nur meine Doktorin gefällt mir sehr gut; in Holland haben sie große Füße – in England findest Du indes viel Interessantes, namentlich in den Agrikulturdistrikten, wo patriarchalische Sitten noch einen wohltuenden Einfluß auf Gemüt und Glieder haben.

Deine Handwerkerschulen sind sehr praktisch. Volkserziehung ist die Basis für eine neue Welt. All das dumme Geschwätz, was jetzt in der Welt los ist, hilft zu nichts. Dies praktische und reelle Einwirken auf den tiers état kann uns einzig und allein weiterbringen. Während das heutige Geld- und Handelswesen die Völker auf der einen Seite total demoralisiert, bringt das Fortschreiten der Wissenschaft die Sache auf der andern Seite kaum wieder ins Gleise, da sie bisher ja nur so wenigen zugänglich war. Die Geschichte ändert sich aber mit jedem Tage. In England und Frankreich haben die untern Volksklassen, trotz aller Vernachlässigung von oben her, durch ihre politische Stellung unwillkürlich einige Fortschritte gemacht und sind mitunter viel gebildeter als die Bourgeoisie. In Belgien ist man eben damit beschäftigt, den Volksunterricht aus den Händen der Jesuiten zu reißen, so daß auch hier die Sache besser werden wird. In Deutschland lernen die Kinder gewiß mehr als in allen andern Ländern, da sie aber durch die politische Nullität ihres Vaterlandes in reiferen Jahren sehr selten in den Fall kommen, von dem, was sie gelernt haben, auch außerhalb eines engen Familien- oder Geschäftskreises Gebrauch zu machen, so verfallen sie eben nur zu leicht in jenen bleiernen Schlaf einer kümmerlichen, unenergischen, hausbackenen Tätigkeit. Diese Handwerksschulen sind daher ein herrlicher Ersatz für politisches Leben, was, wenn es einmal da ist, auch die traurigsten Subjekte der Gesellschaft aufrüttelt und für manches empfänglich macht. Ich erzählte dem hier wohnenden, bekannten Marx von Deiner Tätigkeit in diesem Punkte, und er freute sich sehr darüber. Marx wird gewissermaßen für den Chef der kommunistischen Partei gehalten. Viele der soi-disant Kommunisten und Sozialisten würden sich aber sehr wundern, wenn sie über die Tätigkeit dieses Menschen genauer Bescheid wüßten. Marx arbeitet nämlich Tag und Nacht darauf hin, den Handwerkern in Amerika, Frankreich, Deutschland usw. ihre verrückten Systeme auszupauken, indem er sie auf das Studieren gegenwärtiger Verhältnisse hinweist. Bei den Arbeitern in London ist ihm dies schon durch persönliches Auftreten gelungen, und wenn die Sache sich ferner gut macht, so werden auch die Deutschen bald ihre bisherigen Agitatoren und kommunistischen Helden zum Teufel jagen.

Für die deutschen Handwerkerschulen und Lohnvereine wäre es natürlich sehr gut, wenn man populär geschriebene Bücher über Nationalökonomie, über Handel, Industrie und dergleichen hätte, wie sie zu Tausenden in England und Frankreich existieren. Marx wußte mir indes nichts in deutscher Sprache zu empfehlen und versicherte mir, daß fast nichts darin existiere; übrigens behalte ich die Sache im Auge, wozu indes hier nicht viel Gelegenheit ist. – Englische und französische Sachen kann ich Dir schicken, da ich darin selbst manches besitze.

Wenn Du selbst einmal etwas Interessantes lesen willst, so empfehle ich Dir »Cours de l'économie politique« von Blanqui[38], was auch ins Deutsche übersetzt ist. In französischer Sprache kann ich es Dir von hier schicken.

Dies Buch würde Dich jedenfalls interessieren. Handel und Industrie alter und neuer Zeiten sind darin ausführlich und hübsch besprochen. Geldwesen, Armenwesen, Bankwesen, Schiffahrt, kurz alles, was heutzutage die Welt in Bewegung setzt; und namentlich solche Sachen wären ja auch dazu geeignet, um wieder bei den Handwerkern Vorträge darüber zu halten. Über englisches Armenwesen habe ich Ende September in der Kölner Zeitung einen größeren Aufsatz gegeben.

Um Dir mein jetziges Leben in etwa zu schildern, will ich meine Handelsgeschichten fallen lassen, da Dir dies schon bekannt ist und da ich auch heute wieder an die Mutter darüber schrieb. Die kaufmännischen Sachen beschäftigen mich hier nämlich nur sehr kurze Zeit, da ich in Brüssel selbst wenig Kunden habe und die allenfallsige Korrespondenz sehr rasch beseitigen kann. Womit also die überflüssige Zeit ausfüllen? Bisher, d.h. in Deutschland und die erste Zeit in England, geschah dies dadurch, daß ich Gedichte machte. Aber das hörte bald auf. Die praktischen Sachen bekamen bald die Oberhand, und in den letzten 14 Monaten trieb ich in England nur Ökonomie und Geschichte. Manche Sachen, die mir noch nicht klar wurden, lernte ich, als ich dann nach Brüssel ging, durch das Zusammensein mit Marx, Engels und andern Leuten.

38 Adolphe Jérôme Blanqui (1798–1854), Histoire de l'économie politique en Europe. 1838.

Marx ist aber seit kurzem so sehr in seinen Arbeiten versunken, daß ich ihn selten mehr sehe; – Engels ging nach Paris[39], und mit den meisten andern brach ich total, da ich sie für Dummköpfe und Phantasten hielt.

Ich bin also seit einiger Zeit sehr allein. – Die Studien, die ich in England machte, habe ich dadurch abgeschlossen, daß ich entweder einiges in Zeitungen oder Zeitschriften publizierte oder manches nur so ausarbeitete, daß ich es bei der ersten Gelegenheit wieder benutzen kann. Alles dies bezog sich nur auf Handel, Industrie und Geschichte; ich führte es bis zum Jahre 42 durch und halte mich nun durch Zeitunglesen über das Weitere unterrichtet.

Nachdem dies geschehen, gab ich mich einmal an französische Romane, die ich bisher nie zu Gesichte bekam. Die Romanliteratur ist im höchsten Grade wichtig; die Franzosen sind Matadore darin, und wenn man in Deutschland sagt, daß selten Kunstwerke von den Franzosen darin geschaffen werden, so irrt man sich gewaltig. Das ist aber nur Nebensache; die Hauptsache ist, daß der neuere französische Roman treu die jetzige Gesellschaft widerspiegelt und daß man in ihm nur in angenehmerem Gewande das noch einmal liest, was man entweder selbst schon im Leben gesehen hat oder durch das Studieren der Geschichte und der Nationalökonomie erfuhr. Romane wie »César Birotteau« von Balzac, »L'homme et l'argent« von Emile Souvestre, »Indiana« von George Sand und ähnliche Sachen sollte jeder lesen. Mit den Romanen habe ich nun auch wieder eine Pause gemacht und mich dran gegeben, die deutsche Bourgeoisie etwas zu schildern, indem ich den alten Weerth in Bonn als einen der besten Exemplare namentlich ins Gedächtnis zurückrief. Der erste Teil dieses Manuskripts ist bereits zum Druck abgegangen – ich schreibe jetzt alles ohne meinen Namen – der Rest befindet sich noch hier und wird eifrig von mir fortgesetzt. Dies hat nun in den letzten Wochen meine freie Zeit ausgefüllt. Die vorigen Tage, wo ich nach einer Reise in Holland wieder ganze Tage frei hatte, dachte ich mal daran, ob ich nicht einen Band Gedichte herausgeben sollte. – Du mußt wissen, daß ich schon so viel dummes Zeug schrieb, daß ich mich einmal einen ganzen Abend in Yorkshire am Brande meiner Manuskripte wärmen konnte. Ich hielt das Beste zurück und schrieb es jetzt ab. Es ist ein vollständiger Band, aber nachdem ich mir die Sache wieder überlegt habe, ziehe ich es vor, mit dem Publizieren noch ein paar Jahre zu warten, um zu sehen, wie ich dann darüber denke. –

Durch derartige Sachen fülle ich meine freie Zeit gut aus, gehe mit wenig Leuten um, mache wenig mit und brauche deswegen nicht so sehr viel Geld, was auch nötig ist, da mein Geschäft noch nicht genug abwirft.

Bessert sich dies, so habe ich natürlich auch mehr kaufmännische Arbeit, und inwieweit dann literarische Arbeiten zurückstehen, das wird sich dann finden.

Ein für allemal habe ich es mir zum System gemacht, daß der praktische kaufmännische Gelderwerb die Oberhand bei mir behält und daß sich danach das andere richtet.

39 August 1846.

Auf diese Weise hoffe ich mich vor der Lumperei zu bewahren und dann auch noch hinlängliche Muße für Liebhabereien zu finden.

Sieh, da hast Du den ganzen Bettel, und nimm mir nicht übel, daß ich so weitläufig bin, – Du hast es aber gewünscht.

Unser Freund Püttmann lebt im größesten Pech bei Konstanz mit Frau und acht Kindern, man hat ihn vielfach unterstützt, da er aber nur sehr mittelmäßiges Zeug schreibt, so haben ihn viele ganz aufgegeben. Er gibt jetzt eine Zeitschrift »Prometheus« heraus. –

Marx arbeitet an seiner Geschichte der Nationalökonomie wie rasend – dieser Mensch schläft seit mehreren Jahren nur noch etwa 4 Stunden jede Nacht. Engels publiziert nächstens eine Broschüre über deutschen Jammer, von der ich Dir ein Exemplar besorgen werde. Freiligrath soll in London sein, läßt aber aus guten Gründen nichts von sich hören, da ihn die hiesigen Leute zu freundschaftlich behandelt haben.

Sein letztes Gedicht in der »Kölnischen Zeitung«[40], die armen literarischen Proletarier betreffend, ist wirklich so abgeschmackt, daß ich fast glaube, daß all sein Witz zum Henker gegangen ist. Heine in Paris wurde vom Schlag gerührt, ist an einer Seite gelähmt und sieht nur noch mit einem Auge – er arbeitet aber wie ein Pferd, schreibt ein Werk über die Saint-Simonisten, zu denen er einst selbst gehörte, und ein anderes über die Lichtfreunde.

Da hast Du also auch noch Neuigkeiten.

Im Wollhandel ist es augenblicklich flau. Preise hoch – keine Käufer – lauter Widersprüche, es ist zum Tollwerden!

Doch noch ein Witz. Heine geht vor einiger Zeit zu Rothschild in Paris und sagt ihm, glaub' ich, daß er (Heine) kein Geld habe – R[othschild] sagt ihm, er möge seinen Namen auf eine Liste schreiben, die er ihm vorlegt. Heine tut dies, und nach 14 Tagen schickt ihm R[othschild] 20 Tausend Francs. – Die Liste hatte auf eine Eisenbahnspekulation Bezug – R[othschild] hatte für den Poeten spekuliert und wie immer gewonnen. Dies aber entre nous.

Es ist schon sehr spät – Herzliches Lebewohl

Dein Georg.

Der Pastor Becker erzählte mir, daß in Köln eine große protestantische Kirche gebaut werde und daß man einen dritten Pastor anstellen wolle, der mit den beiden andern auf gleichen Fuß gestellt werde. – 1500 Taler Gehalt, wie ich glaube.

40 Requiescat!

27. AN GOTTFRIED KINKEL[40a]

Brüssel, 15. Juni 1847

Verehrter Herr!

Damals waren Sie ein liebenswürdiger Mensch, ein Poet, mit dem man allenfalls ein unvernünftiges Wort reden konnte; aber vier Jahre flohen – »Dir, mein Kind, wie mir!«, und Sie könnten jetzt füglich Professor oder gar Pastor geworden sein – Traurig! – namentlich für mich; denn ich weiß jetzt nicht, ob ich noch mit unbefangener Heiterkeit vor Ihre schönen Augen treten darf oder ob ich mich in biblischer Andacht und Demut einer höchst entfernten Annäherung unterfangen muß – – Ihr allein wißt es, ihr Unsterblichen! –

Aber die Demut ist eine falsche Münze, – ich kann nur vor mir selbst demütig sein und rede deswegen zu Ihnen so naiv wie Gott geredet mit den Erstlingen der Menschheit, weiland. – Redlicher, guter Gott!

Ich kann Ihnen versichern, daß ich im Jahre 1843 mit dem festen Vorsatz nach England ging, ein brauchbarer Gegenstand zu werden. »Georg Weerth« – Stand: »Kaufmann«. Gebürtig: »Detmold«. Alter: »21 Jahre«. Größe: »5 Schuh, 10 Zoll Kölnisch«. Haare: »blond«. Stirn: »oval«. Augenbraunen: »blond«. Augen: »braun« – Nase: »groß« – Mund: »gewöhnlich«. Bart: »fehlt«. Kinn: »spitz«. Gesicht: »oval«. Gesichtsfarbe: »blaß«. Besondere Zeichen: »Schulden«. –

Was wollte ich mehr? Ich hatte nichts Eiligeres zu tun, als mich in die Industrie zu stürzen, und es konnte nicht ausbleiben, daß ich gleich den Spleen bekam. An diesem Spleen habe ich drei volle Jahre gelitten – gelitten erschrecklich! Ich trank jeden Tag zwei Krüge Porter – trank vier Gläser Brandy und Wasser – aß nichts anderes als Beef – erfreute mich an vielem Tee, und es half zu nichts. Ich verliebte mich in eine Irländerin, küßte ein Dutzend kernige Schottinnen, verheiratete mich fast mit einer Welschen und sang Psalme zum Lobe Jehovahs mit mehr als sehr vielen Anglikanerinnen und half wieder nichts! – Ich wurde englischer Demokrat, wurde Chartist, schimpfte auf Lord John, schwärmte für O'Connor, boxte mich für Prinzipien und Grundsätze und half noch nichts! – Da ging ich zu den

40a Gottfried Kinkel (1815–1882), Sohn eines Pfarrers, studierte in Bonn und Berlin Theologie und Germanistik, wurde 1836 Privatdozent für Kirchengeschichte in Berlin, 1839 Religionslehrer in Bonn, brach dann aber mit seinem theologischen Beruf. 1846 wurde er Professor für Kunst- und Kulturgeschichte und war publizistisch tätig. Weerth hat 1843 in Bonn bei ihm Vorlesungen besucht und gehörte auch zu dem literarischen Kreis um Kinkel und Simrock. Weerths in diesem Brief geäußerte Bitte um Abdruck seiner Gedichte konnte nicht erfüllt werden, da der geplante Almanach nicht erschienen ist. 1848 war Kinkel Mitglied der preußischen Nationalversammlung als Vertreter der republikanischen Linken. Er beteiligte sich 1849 am badisch-pfälzischen Aufstand, wurde gefangengenommen und zu lebenslänglicher Festungshaft verurteilt, aber 1850 von Carl Schurz befreit. Er ging dann in die USA, später nach England und schließlich in die Schweiz. Weerth, Marx und Engels haben sich über sein politisches Auftreten immer wieder lustig gemacht. Kinkel litt vor allem daran, daß er sich sehr überschätzte.
Der Brief wurde von Uwe Zemke (Cambridge) gefunden und zuerst publiziert in: Georg Weerth, Werk und Wirkung. Berlin: Aufbau 1974, S. 31–35. Das Original befindet sich im Kinkel-Nachlaß der Universitätsbibliothek Bonn.

Sozialisten über, wurde ein Schüler Owens, predigte Fourier, legte den Cabet aus, prophezeite eine bessere Welt, wurde Philanthrop und half Alles nichts! Am Tiefsinnigwerden warf ich mich auf Spitäler, studierte Armenwesen, Totengräberei, Giftmischen, Mechanik, Statistik – und wurde noch immer nicht gesund. Zitternd für mein Leben schloß ich mich den free Traders an, hielt Reden für Abschaffung der Korn-Gesetze, donnerte gegen die Protektionisten, machte Eisenbahn-Spekulationen, verlor, was ich nie gewonnen hatte, und fühlte mich noch immer unwohl – Oh, ich versichere Ihnen, ich habe Alles durchgemacht, was ein Sterblicher durchbringt, und zuletzt war ich doch noch davon überzeugt, daß ich in 14 Tagen an der Schwindsucht sterben würde und packte deswegen eines Morgens meinen Reisesack und fuhr nach Dover und nach Paris und legte mich mit dem Gefühl des herannahenden Todes ins Bett – O unsterbliches, unbeschreibliches Bett! – Als ich am andern Morgen aufstand, versicherten mir zwei infam allerliebste Lippen, daß ich durchaus gesund sei, und da gingen wir ins Palais Royal und frühstückten in der Rotonde, Morgenluft mit Austern, Chably mit Rosen und tête de veau mit Petersilie, und ich genas! – Viel hab ich genossen!

In jener Zeit aber baute Herr von Rothschild den chemin de fer du Nord, damit ich bequem nach Bruxelles fahren könnte – und so geschah's.

Wenn ich nun oft hier im Park sitze, unter den großen Ulmen, am hellen, lieben Tage, wo die ganze Welt so geschäftig ist und wo ich nur der einzige bin, der so unendlich faul und glücklich ist, da muß ich oft über mich lachen, wie ich so lange Zeit ein politischer, chartistischer, sozialistischer, kommunistischer, philanthropischer und entsetzlicher Esel sein konnte und falle dann vor der ersten besten Rose auf die Kniee und bitte sie wegen meiner Verirrungen um Verzeihung und gelobe ihr, künftig nur an singende Nachtigallen glauben zu wollen und an kleine Weiberfüße, an die Heiligkeit des Cancans und an des Lebens lieblichen Burgunder.

In einer solchen reuig menschlichen Stimmung blüht mir die alte Wollust wieder in der Seele herauf, – jene hohe Laune, wo man unendlich küßt, wo man Laternen einwirft, wo man in das beliebigste Haus geht und sich mit den Leuten an den Tisch setzt, gerade als ob man zur Familie gehörte, wo man seine Seligkeit für zwei Gutegroschen verkaufte, mit Vergnügen – und wo man Verse macht, mit Erlaubnis...

Verse! – Es ist gut, daß ich kein Homer geworden, dann säß ich schon im Himmel; es ist gut, daß ich kein deutscher Lyriker bin, denn sonst hätte ich Anwartschaft auf die Hölle. Die Hauptsache ist aber, daß ich bis zur Stunde selbst eigentlich noch nicht weiß, was ich bin. Als ich Ihnen einst erklärte, daß es sich noch sehr frage, ob Sie ein Poet wären, da antworteten Sie mir: daß dies allerdings richtig sei, denn die Anerkennung des Volkes mache erst den Poeten. Ich muß Ihnen gestehen, daß dies nicht im geringsten der Fall ist, das Volk ist dumm wie Gott; aber weil Sie nun einmal jener Ansicht sind, so will ich herzlich gern darauf eingehen.

In meinem Pult, unter meinem Bett, zur Seite des wärmenden Ofens, auf dem Abtritt häufen sich meine Manuskripte, und ich finde leider, daß ich die Musen sehr genotzüchtelt habe. Ein Roman, mehrere Broschüren, eine

Geschichte der englischen Arbeiterbewegungen und ein Band Reise-Tollheiten nebst zahllosen poetischen Niederträchtigkeiten sind fast schon gestorben, ehe sie geboren wurden. Stückwerk ist Alles auf dieser Welt, und ich bin ein wahres Kabinettstück. Aber was soll ich meinem Volke länger die Schätze meiner ovalen Stirn vorenthalten? »Ein Drang, der wahrlich nicht von innen kommt«, wie der arme, kranke Heinrich bemerkt, zwingt mich dazu, mich mit der deutschen Literatur und die d. Literatur mit mir bekannt zu machen. Ich laufe daher schon seit einigen Tagen in Brüssel herum und erkundige mich bei allen Gimpeln, wo ein Markt für meine Überproduktion zu erspähen sei.

Man versichert mir, daß in ökonomischer Hinsicht überall großes Miserere vorherrschend sei, daß aber die Ehre sehr billig stehe, unter Pari, wie spanische Effekten. Ferner erfuhr ich, daß Sie Vater von vier Kindern seien und einen Almanach herausgäben. – Ei! Das konveniert mir ja vortrefflich! Das heißt, Ihr Almanach – Kinder erkenne ich nie an, namentlich nicht in Zeiten, wo die Kartoffeln 2 francs kosten, wo das Quarter Weizen 112 shilling sterling steht und wo der junge Cunningham mir mit der ernstesten Miene von der Welt erzählen konnte, auf seines Vaters Gütern in Irland sei nur e i n e Frau vor Hunger gestorben und die sei schon sehr alt gewesen. George Cunningham hat 20000 £ Rente, und die habe ich nicht. Armer George, wie bist du arm! Du hast 20000 Pfund Rente, aber du hast nicht das Reiselied eines Vagabunden geschrieben, jenes herrliche Reiselied, dessen ehelicher, unsterblicher Vater ich, ja nur ich bin!

Ich sende Ihnen davon die Ouverture, zu Ihrer eignen speziellen Erbauung und zur weitläuftigen Erquickung des sämtlichen Lesepublikums Ihres Almanachs, dem ich langes Leben und großen Absatz prophezeie, wenn er mich zu seinem ausgezeichneten Mitarbeiter erhält.

Aber verzeihen Sie, geehrter Herr, daß ich vier Seiten voll Torheit schreibe. Ich sehne mich nach Menschen, – ich habe mich mit vielem Vieh abgeben müssen; – ich wollte gern in Ihr Gedächtnis zurückpurzeln, und es wird mir ein Festtag sein, wenn ich auch einmal von Ihnen etwas höre.

Genehmigen Sie meine achtungsvolle Empfehlung

Georg Weerth.

Meine Adresse ist: No. 140 rue royale, Bruxelles.

Wenn Sie Herrn Karl Simrock, den Dichter, sehen, so grüßen Sie ihn doch und sagen Sie ihm, ich dächte an ihn wie an jemand, den man sehr liebt und verehrt und den man gern einmal wiedersähe.

28. AN DEN BRUDER WILHELM

Brüssel, 27. September 1847
[Poststempel]

Lieber Wilhelm!

Ich habe Dir so lange nicht geschrieben, weil ich fest davon überzeugt war, daß Dich meine Briefe nicht glücklicher machen könnten, als Du von Gottes und Rechts wegen sein solltest. Wenn man mit jungen Weibern zu tun hat, da bedarf es weiter des Irdischen nicht mehr. Hoffentlich geht es Dir und Deiner Auguste wohl; grüße sie aufs herzlichste von mir.

Lange Zeit ist mein Leben so einförmig fortgegangen, daß ich mich wirklich ernstlich besinnen müßte, ehe ich Dir irgendein Ereignis auftischen könnte, da will es plötzlich der Zufall, daß mir der 18. September zu einem sonderbaren Tage wird. Ich habe gerade einige Augenblicke Zeit, ich will Dir die Geschichte erzählen. –

Du wirst vielleicht aus den Zeitungen gesehen haben, daß die Association Belge pour la Liberté Commerciale vor kurzem die Ökonomen aller Länder und Völker zu einem großen Kongreß nach Brüssel eingeladen hatte, damit man überlege, wie die durch die englische Anti-Corn-Law-League begonnene Bewegung zur Abschaffung der Barrieren zwischen den verschiedenen Ländern auch auf dem Kontinent fortzusetzen und zu vollenden sei.

Ich will nicht weiter über die Wichtigkeit eines solchen Aufrufs sprechen – genau 13 Völker waren bei dem Kongreß vertreten. Belgien, Deutschland, Frankreich, Italien, Holland, Spanien, Schweden, Dänemark, Amerika, England, Rußland, die Schweiz und Portugal hatten dem Aufruf gehorcht und ihre Repräsentanten geschickt.

Am 16. d.M. eröffnete der belgische Ex-Minister de Brouckère die Sitzung, indem er der Versammlung 4 Fragen vorschlug, welche man debattieren sollte. Ich will Dir die zwei ersten Fragen nicht weiter auseinandersetzen – sie betreffen die Vorteile des freien Handels im allgemeinen. Während 2 Tagen, am 16. und 17., wurde von 10 Uhr morgens bis 6 Uhr abends von den ausgezeichnetesten Leuten darüber diskutiert. Die Protektionisten wurden total geschlagen, die Anhänger des freien Handels errangen den vollständigsten Sieg.

Da nahte der dritte Tag. Es handelte sich darum, zu beweisen, daß der freie Handel zur Prosperität »der arbeitenden Klasse« führen werde.

Wenn mich die zwei ersten Fragen interessierten, so kannst Du leicht denken, daß mich die dritte als mehr als alles andere in Anspruch nahm. Ich gehöre seit mehreren Jahren zu einer Partei, die es sich zum Ziele gesteckt hat, die soziale Misere unseres Jahrhunderts ans Licht herauszuzerren. Wo liegt diese Misere entsetzlicher am Tage als in dem Zustand, in dem sich die arbeitende Klasse, die Grundlage der ganzen jetzigen Gesellschaft, befindet? Der Kongreß gab uns durch seine dritte Frage eine herrliche Gelegenheit, mit all unseren Argumenten, mit unserer ganzen Wut und Begeisterung in die Schranken zu treten und das zur Sprache zu bringen, was uns Tag und Nacht keine Ruhe läßt.

Ich selbst hielt mich für zu unfähig, persönlich aufzutreten; ich lief deswegen von vornherein zu einem der talentvollsten unserer Anhänger: ich beschwor ihn vom Himmel bis zur Erde, diesen günstigen Moment nicht verstreichen zu lassen – vergebens! Er schlug es aus. Ich bearbeitete den zweiten, den dritten, den vierten, den einen nach dem anderen – aber keiner hatte Mut – keiner Entschlossenheit.

Die zwei ersten Tage verstrichen daher, ohne daß ein Redner die Freihandelsfrage vom sozialen Standpunkte aus behandelt hätte. Es wurde Abend – ich war in einer fürchterlichen Aufregung – ich weiß nicht, ob Du so etwas kennst – die Galle steht einem bis oben im Halse, das Blut rumort einem im Leibe, als sollte es aus allen Poren herausspritzen – wie wahnsinnig lief ich in der Stadt herum: es war unterdes Mitternacht geworden – ich konnte nicht anders mehr, ich nahm mir fest vor, am nächsten Morgen auf die Tribüne zu steigen.

Einen Bekannten, der sehr flüssig Französisch schreibt, störte ich aus dem Bett auf und diktierte ihm eine Rede. Gegen 3 Uhr morgens waren wir fertig. Ich schlief einige Stunden, stand um 8 Uhr auf, las meine Rede noch einmal durch und war mehr als je entschlossen, es aufs Äußerste kommen zu lassen.

Ich kann Dir versichern, daß mir das Herz etwas klopfte. Man hatte die Chance, sich entweder unendlich zu blamieren oder einen enormen Triumph davonzutragen. Die Aussicht auf den letzteren überwand zuletzt alle Furcht. Es lockte mich, dieser Versammlung von großenteils heuchlerischen und aufgeblasenen Gesellen einmal den Handschuh keck ins Gesicht zu schleudern. Dabei denn auch der Gedanke, daß die Versammlung nichtsdestoweniger aus der Elite der jetzigen europäischen Welt bestand, daß man in dem alten gotischen Saale des Hôtel de Ville sprach, in demselben Raume, der einst von den Stimmen Egmonts, Albas und so vieler Männer der Französischen Revolution widertönte. Kurz, alles hatte Reiz – ich konnte nicht widerstehen. Um 9 Uhr stand ich vor dem Tisch des Präsidenten und verlangte das Wort. Ich hatte gehofft, zuerst gekommen zu sein, ich wollte zuerst sprechen, ich wollte hintereinander die Fragen stellen, über welche die Debatte rollen sollte: denke Dir meinen Schrecken, ich fand, daß schon 7 Redner vor mir eingeschrieben waren. Ich gab alles verloren – wenn 7 alte Philister vor mir gesprochen hatten, da war es mir zu gewiß, daß man die Frage längst auf ein sehr unschuldiges Feld hinübergespielt hatte. Die ganze Taktik bestand darin, die Leute von vornherein ad coram[41] zu nehmen – ich wäre untröstlich: ich ersuchte den Präsidenten flehentlich, mich dennoch zuerst auftreten zu lassen – er konnte es nicht erlauben – ich mußte abtreten.

Die Sitzung war indes eröffnet. Das englische Parlamentsmitglied Brown, ein alter, trockener Mann, begann mit einer langen Rede in englischer Sprache. Ausnahmsweise hatte man ihm erlaubt, englisch zu sprechen, die Diskussion sollte sonst französisch geführt werden. Die meisten verstanden ihn daher nicht – er sprach ½ Stunde lang, er sprach noch viel länger. Alles wurde unruhig und unbehaglich, man scharrte und spuckte, und jeder atmete erquickt auf, als Mr. Brown endlich fertig war. Als zweiter Redner

41 Zur Rede stellen.

hatte sich der bekannte Dr. Bowring, ebenfalls englisches Parlamentsmitglied, einschreiben lassen.

Man harrte diesem interessanten Manne schon ungeduldig entgegen, da erklärt der Präsident plötzlich, daß Dr. Bowring heute morgen sehr heiser sei und nicht zu sprechen wünsche; er gebe deswegen diesen vakanten Platz auf der Tribüne à Monsieur Georges Weerth aus der Rheinprovinz, der dringend gebeten habe, das Wort im Anfang der Sitzung ergreifen zu dürfen.

Ich konnte jetzt nicht mehr zurücktreten. Ich dränge mich durch die dichten Reihen von Staatsmännern und Gelehrten, die mich erstaunt betrachten, und springe auf die Tribüne. Der Lärm, der während der Rede des alten Brown entstanden war, hörte plötzlich auf – es entsteht eine Totenstille.

Ich hatte noch einen Augenblick Zeit, mein Auditorium zu überschauen. Auf einer Erhöhung saß der Präsident der Versammlung, der frühere belgische Minister de Brouckère. Neben ihm der Herzog d'Harcourt, Pair de France, . – ., der Dr. Asher aus Berlin und mehrere belgische Advokaten als Vizepräsidenten und Sekretäre. Die ersten Reihen der Zuhörerbänke nahmen die Franzosen ein. An ihrer Spitze die berühmten Schriftsteller Blanqui, Horace Say, Dunoyer, ferner . – ., der Professor Wolowski und andere. Dann folgten einige Spanier unter Anführung des Staatsrats Ramon de la Sagra, dann die Florentiner und Genuesen unter Leitung des Marquis Rodolphi, weiter die Holländer, den Philanthropen Suringar an ihrer Spitze, die Deutschen, repräsentiert durch John Prince-Smith; Schweden, Dänen, Russen und Portugiesen nebst einigen Schweizern saßen mehr zurück. Den Hintergrund bildete ein gemischtes Publikum.

Links von der Tribüne saßen unter den Hallen des alten Saales die Brüsseler Damen und das jetzige belgische Ministerium. Rechts etwa 14 Stenographen und Korrespondenten englischer, französischer und deutscher Zeitungen und zu guter Letzt rings um die Tribüne herum Engländer und Amerikaner, die wichtigsten Leute der ganzen Versammlung. Unter den Engländern waren die Parlamentsmitglieder Bowring, Brown, Ewart, Thompson und Pearson die hervorragendsten. Den Vater der englischen Anti-Corn-Law-League, Wilson aus Manchester, vermißte man ebenfalls nicht.

In einer solchen Versammlung, die zwar höchstens 500 Menschen groß war, die aber die Koryphäen der europäischen Politik und Wissenschaft umschloß, wagte ich das Wort zu nehmen. Es war eine lächerliche Dreistigkeit; ich stand nun aber einmal auf dem verhängnisvollen Orte, auf der Tribüne, und nun mußte gesprochen sein.

Ich machte kurzen Prozeß. Ich schlug mit der Faust auf die Tribüne und drückte der Versammlung meine Verwunderung darüber aus, daß an diesem Orte, wo alle Klassen der Gesellschaft vertreten seien, niemand als direkter Repräsentant der arbeitenden Klasse auftrete. Ich warf mich dann zu ihrem Anwalt auf, und weil ich mehrere Jahre unter den englischen Chartisten gelebt hätte und diese besser als andere kenne, so nähme ich das Wort im Namen der 3 Millionen englischen Arbeiter, mit denen ich einer Meinung und Ansicht sei und an die ich mit vieler Liebe zurückdächte. –

Diese wenigen Worte reichten hin, um alle Ohren zu spitzen, um alle Federn in Bewegung zu bringen. Ich meine, ich sähe noch den Dr. Bowring, diesen alten Commis voyageur der Whigs, der seit 30 Jahren alle Handelstraktate für Großbritannien abschloß, wie er mürrisch nach seiner Tafel griff, wie der kleine Duc d'Harcourt vom Sessel emporspringt und wie mich der Minister Rogier mit zornigen Augen betrachtet. Es war etwas Unerhörtes, in einer so hohen Versammlung geradezu für die Arbeiter aufzutreten. Ich hatte aber das Wort. Ich schildere, wie infam man die Arbeiter bisher behandelt hat und setze mit allen meinen ökonomischen Argumenten auseinander, daß man ihre Lage nicht um ein Haar breit durch die Einführung des freien Handels bessern werde. Ich gehe auf die Geschichte der englischen Freetrade-Agitation ein und beweise, wie die Arbeiter auf praktischem Wege zu derselben Ansicht gekommen sind wie ich auf theoretischem.

Ich verlange daher au nom de l'humanité, daß man zu anderen Mitteln greife, um die Lage der Parias unseres Jahrhunderts zu bessern. Ich mache persönliche Angriffe auf einige Parlamentsmitglieder und stelle sie als Heuchler bloß. Ich drohe der Versammlung mit der Revolte ihrer weißen Sklaven. »Les ouvriers sont las de se faire payer de leur souffrances avec des traites non acceptées pour la banque céleste du bon Dieu.« (Allgemeines Gemurmel). »Lorsque en 1830, les ouvriers se sont battus pour vous dans les rues de Paris et de Bruxelles, ils étaient les bienvenus, on les a fêtés et embrassés, mais lorsque plus tard ils ont crevé de faim et lorsqu'ils vous ont demandé du pain – on les a fait fusiller!« – Die Franzosen sprangen von ihren Sitzen auf. Einige schrien »Non, non!«, andere »Oui, oui!«, ein allgemeiner Tumult entsteht. Ich fahre ruhig fort und mache mich bloß wieder hörbar, – ich denke in dem Augenblicke daran, daß es immer gut ist, alle Saiten bei jenen Zuhörern anzuschlagen, – ich hatte sie bei ihrem Verstand angepackt, bei ihren Leidenschaften, bei manchem anderen, ich fasse sie zuletzt noch bei ihrem Herzen an. Ob die Engländer auch brummen und knurren, die Franzosen verleugnen ihre Natur nicht – ihre Wut legt sich, sie lassen sich hinreißen – sie sehen für einen Moment ein, daß ich recht habe, daß ich die Wahrheit sagte. Auf den Rest der Versammlung geht dies ebenfalls über, und als ich endlich von der Tribüne herunterspringe, wird mir der wildeste Beifall zuteil.

»Voilà du courage! Voilà la vérité!«, so geht es durch den ganzen Saal. Man sieht mir nach, bis ich wieder auf meinem Platze sitze, und der Aufruhr legt sich erst, als der Präsident in den Verhandlungen fortfährt.

Ich will wahrhaftig nicht mit meinem Rednertalent, mit Kenntnissen und dergleichen renommieren, aber ich hatte ein rechtes Wort am rechten Orte gesagt. Das ist mein Verdienst. Es machte mir nicht wenig Vergnügen, als, kaum auf meinem Platz angelangt, ein alter Engländer mit schneeweißen Haaren sich gegenüber von der Bank erhob. Er verneigte sich vor mir, reichte mir die Hand und dankte mir im Namen des englischen Volkes.

Dr. Bowring, der früher auf das Wort verzichtet hatte, glaubte denn doch nach meiner Rede ebenfalls sprechen zu müssen und verfügte sich trotz seiner Heiserkeit auf die Tribüne, die ich eben verlassen hatte. Er griff mich ebenso unerbittlich an, wie ich frech über ihn gespottet hatte, und suchte in einer Rede, die von Zahlen und Tarifdaten strotzte, zu beweisen, daß ich im Irrtum sei und daß der freie Handel ein wahres Panazee für die Arbeiter sei. Er sprach über eine Stunde lang und zwar ausgezeichnet, wie man übrigens von einem Menschen, der schon seit 30 Jahren im englischen Parlament das Wort führt, auch nicht anders erwarten kann.

Der Professor Wolowski beehrte mich dann mit einer Antwort, dann das Parlamentsmitglied Ewart, auch ein alter Holländer und schließlich noch der Herzog d'Harcourt, der sich am meisten über meine Kühnheit geärgert zu haben scheint. Da er die Sache aber rein persönlich auffaßte und nur meinte, daß ich die Association Parisienne hätte angreifen wollen, so verfehlte er allen Eindruck.

Von 11 Uhr an, wo ich gesprochen hatte, dauerte die Debatte bis 6 Uhr nachmittags ununterbrochen fort. Es wurden noch viele schöne Reden gehalten, namentlich von Blanqui und von dem belgischen Radikalen Bartels. Es ist aber eine Stimme darüber, daß mir niemand etwas Gründliches erwidert hat. Blanqui soll erklärt haben: »Notre position sociale ne permet pas cela.« Da liegt aber eben der Punkt – da liegt die ganze Heuchelei der hohen Herren.

Welche Sensation meine Rede gemacht hat, geht daraus hervor, daß außer allen belgischen Blättern mehrere französische und namentlich 7 englische Journale dieselbe ausführlich erwähnen. Die Londoner »Times« und die »Sun« geben sie fast ganz. Die Berliner »Zeitungs-Halle« vom 23., welche mir heute in die Hand kam, bringt eine ziemliche Übersetzung. Die »Kölnische Zeitung« vom Sonntag, heute, den 26., bringt einen leitenden Artikel über meine Rede. Der »Rheinische Beobachter« gibt sie ebenfalls fast ganz. Der Compte-rendu[42] des ganzen Kongresses erscheint in nächster Woche als Broschüre, und ich werde dann ein Exemplar nach Detmold schicken.

Die ganze Geschichte ist schon von sehr wichtigen Folgen für mich gewesen, da ich dadurch mit vielen hiesigen und französischen Notabilitäten bekannt geworden bin. Offiziere, Beamte, Kaufleute, Schriftsteller, Journalisten und eine Menge anderer Menschen machten mir am selben Abend Komplimente und luden mich ein, sie zu besuchen. Alle Salons waren mir geöffnet. Der Congrès pénitentiaire[43], der dem Congrès des Economistes auf dem Fuße folgte, ernannte mich zu seinem Mitglied. Die Fourieristen baten mich, ihren Versammlungen beizuwohnen, und ein Mitglied der flandrischen Armenverwaltung ersuchte mich sogar, ihm meine englischen Erfahrungen in betreff der Aufhilfe der armen Bevölkerung weitläufiger auseinanderzusetzen. In Preußen würde man mich nach meiner Rede 2 [Jahre] nach Magdeburg geschickt haben – hier leben wir in [einem] freien [Lan]de. In einer Viertelstunde habe ich unter Belgiern und Franzosen das erlangt, was ich bei den Eseln von deutschen Buchhändlern in Jahren nicht fertigbringen konnte.

42 Bericht.
43 Straffürsorge-Kongreß.

Ich will sehen, ob ich auf der einmal betretenen Bahn weiter fortschreiten kann. Bei meiner nächsten Anwesenheit in Paris werde ich im Saale Montesquieu das Wort verlangen. Außerdem werde ich zu dem über ein Jahr stattfindenden Kongreß, wenn es eben geht, nach Lyon reisen. Meine Stellung als Kaufmann und homme de lettres à la fois bietet mir zu diesen Unternehmungen prächtig die Hand.

So ist das Leben! So treiben wir Possen mit der Zeit, und die Geister der Weisen sitzen in den Wolken und lachen über uns.

Lebe wohl, lieber Wilhelm! Hoffentlich sehe ich Dich bald wieder.

Mit dem herzlichsten Gruße

Dein Georg.

29. AN DIE MUTTER

Brüssel, 28. November 1847

Liebe Mutter!

Für Deinen letzten Brief vom Oktober sage ich Dir meinen herzlichsten Dank. Ich hätte längst drauf antworten sollen, aber es kamen mir immer so viele Geschichten in den Weg, daß es von einem zum andern Tage verschoben wurde.

Am 10. Oktbr. hattest Du Deinen Geburtstag; ich gratuliere Dir nachträglich aufs herzlichste dazu; – ach, ich bin ein unglücklicher Mensch, solche Tage vergesse ich immer. Aber das kommt davon, wenn man so lange in der Welt herumläuft und gar nicht wieder nach Hause geht. Alle Feste kommen einem aus dem Gedächtnis; – man weiß nicht mehr, wie das Kirchengeläute daheim klingt und welche Melodie der Kuhhirt bläst.

Endlich ist nun die Eisenbahn fertig, und ich kann nun nicht lange mehr widerstehen. Ich muß Dich wieder beschauen und mich davon überzeugen, daß Du noch frisch und gesund bist.

Ach, wenn wir doch einmal zusammen nach Paris reisen könnten! – Der Brief von Carl war mir ebenfalls sehr lieb, und Du mußt ihm einstweilen sehr dafür danken. Den Direktor des hiesigen Museums konnte ich noch nicht sprechen, da er verreist ist. Sobald er wieder hier ist, gehe ich ihm wegen des unglücklicherweise im Sande verstorbenen Blitzes zu Leibe. Was sich so ein Blitz wohl ärgern muß, wenn er auf einmal in den dummen Sand fährt? Das ist geradeso, als wenn man etwas sehr Geistreiches aufs feierlichste sagen will und plötzlich niesen muß. Armer Blitz! Du hast ein ganzes Volk erleuchtet und starbst im Sande. Als Blitzröhre liegst du nun wie ein getrockneter Gedanke des Donnerers Zeus hinter den Glasfenstern eines Museumsschrankes. Mensch, wie gleichst du dem Blitze! Mensch, wie gleichst du der Blitzröhre!

Doch verzeihe, liebe Mutter, daß ich plötzlich auf so schöne Ideen gerate. Es passiert mir selten, aber doch noch viel zu oft.

Die Geldkrisis ist überall noch sehr groß; in England war sie entsetzlich –

jetzt geht es hier los, und die Häuser purzeln zu Dutzenden – es ist ordentlich gefährlich, über die Straße zu gehn.

Ich habe in den letzten Tagen ein Langes und Breites über diese sonderbaren Sachen geschrieben; ich habe wirklich die Zeit dazu, denn meine Bradforder Freunde hatten mir aufgetragen, mich gar nicht mehr um Geschäfte zu bemühen.

Ich sehe plötzlich, daß das Papier sehr durchschlägt, und damit Du Dir nicht die Augen verdirbst, so fahre ich auf der folgenden Seite zu schreiben fort.

Wenn Du nun etwas über die große englische Geldkrisis lesen willst, so mußt Du die »Kölnische Zeitung« vom 27., 28. und von morgen lesen, wo Du unter der Rubrik »Die englische Geldkrisis und die Eröffnung des Parlamentes« einige leitende Artikel finden wirst, in denen Dein teurer Sohn diese wunderbaren Ereignisse geschildert hat. Seit die englische Tory-Presse erklärt hat, daß ich mehr über England wüßte als das Parlamentsmitglied, der Dr. Bowring, da lassen sie alles von mir drucken.

Mit der Geldkrisis habe ich mich in der letzten Zeit mehr wie mit allem andern bekümmert.

Mit Theodor Althaus korrespondierte ich neulich und finde immer wieder, daß er ein ordentlicher, ehrlicher Kerl ist, mag nun sein persönliches Auftreten auch sein, wie es will. Von Ferdinand hatte ich ebenfalls einige Zeilen aus Berlin; er mußte damals nach Ostpreußen reisen.

Mit meinen Reisen hat es im Winter nicht viel zu sagen; nur bisweilen nach Verviers und Lüttich, das ist alles. Erst im Februar und März geht es wieder nach Holland und Frankreich.

Die kaufmännischen Sachen beschäftigen mich nun einstweilen nur einige Stunden jeden Tag, und die übrige Zeit wird dann nützlich zu literarischen Arbeiten verwandt. Überhaupt geht mir jetzt keine Minute mehr unbenutzt vorüber, denn da ich nun aus Zufall ein bekannter Mensch geworden bin, so nimmt man mich von allen Seiten in Anspruch. Ich schlage indes das meiste aus, um unabhängig zu bleiben.

Nur eine Ehre habe ich gern angenommen. Man hat mich nämlich in das Komitee der demokratischen Association gewählt, der ich jetzt mit dem General Mellinet, der die belgische Revolution dirigierte, mit dem Polen Lelewel, der den Polenaufstand 1830 in Krakow leitete, und mit Imbert, dem Freunde Lafayettes, präsidiere.

Meine andern Kollegen sind Marx, Dr. Maynz[44] usw.

Der Winter will noch immer nicht kommen; und das ist mir auch recht lieb, denn ich habe Wolle auf Lieferung verkauft, und die muß geschehen – kommt aber der Frost früh und wird die Schiffahrt geschlossen, da ist alles zu Ende.

Der Winter hat aber auch seine schönen Seiten. Da sitzen die hübschen Mädchen am Fenster, und während sie liebeatmend in den Schnee hinaussehen, da frieren lauter Rosen, Nelken und andre Blumen an die Glasscheiben.

44 Mitglied des "Bundes der Kommunisten".

Wie sieht es mit den schönen Mädchen in Detmold aus, und was macht meine Braut Auguste? Sage ich doch, daß ich in diesem Augenblick an sie dächte, und ich hätte schon den Luftschiffer Green bestellt, der mich nächstens zu ihr hinübertragen sollte.

Neulich war Green hier, und ich wäre gern mit ihm aufgestiegen; es kostete aber 500 Frs., und die besitzt man nicht bei einer Geldkrisis.

Grüße auch Wilhelm und Cölln von mir. Was macht Lottchen jetzt und fuckelt sie noch immer mit der Zunge und der Unterlippe? Aber sie ist gewiß schon eine große Dame geworden, und Du mußt mich ihr empfehlen.

Da geht mir die Sonne unter – leb wohl, liebe Sonne! und lebe wohl, liebe Mutter. Glücklich der, welcher noch eine Sonne hat, die jeden Morgen wiederkommt – und eine Mutter, die er von Herzen liebt.

Mit den herzlichsten Grüßen

Dein Georg.

30. AN DIE MUTTER

Paris, 11. März 1848

Liebe Mutter!

Am Abende desselben Tages, an dem ich Dir neulich von Brüssel schrieb, reiste ich noch nach Paris – aus verschiedenen Gründen – namentlich aber, um die letzte Revolution in ihren unmittelbaren Folgen zu beobachten. Nach einer mühseligen, oft unterbrochenen Tour langte ich in der Nacht hier an – es war am Mittwoch, in den letzten Tagen [des] Februars. Alle Barrikaden standen noch, die Wachtfeuer brannten, und die Nationalgarde marschierte an allen Ecken. Mit meinem Begleiter ging ich auf einen Posten und erkundigte mich nach einem Hotel. Ein Gastwirt war auf der Wache und ging sofort mit uns und machte uns das Bett, in voller Uniform, den Tschako auf dem Kopfe, den Säbel an der Seite. –

Am nächsten Morgen verfügten wir uns fofort auf das Bureau der »Réforme« und des »National«, der 2 Organe des jetzigen Gouvernements, und erließen einen Aufruf an die in Paris lebenden Deutschen, um sich zu einer großen Demonstration zugunsten der Republik zu versammeln. Dies Meeting fand zuerst im Café Mulhouse statt, und Herwegh, der Poet, wurde zum Präsidenten erwählt – wir andern im Komitee.

Im Saale Valentino hielten wir dann eine Sitzung vor 4000 Menschen, und eine von uns entworfene Adresse an das französische Volk ging nach heftigem Kampfe glänzend durch. Am Mittwoch versammelten wir nun alle deutschen Demokraten auf dem Caroussel-Platz – 7000 Mann trafen ein, zu vier und vier bildeten sie einen Zug, die schwarzrotgoldne Fahne und die Trikolore wehten vorn an, und so schritten wir den Quai der Seine hinab nach dem Hôtel de Ville, um dem provisorischen Gouvernement unsre Adresse zu überreichen. 500 Sänger an der Spitze unsres Zuges sangen französische und deutsche Lieder.

Das Komitee verließ nun vor dem Hôtel de Ville die Masse, und wir wurden von Ledru-Rollin, Crémieux und Dupont de l'Eure[45] im großen Saale empfangen. Herwegh las unsre Adresse vor, und Crémieux antwortete in wahrhaft ergreifender Weise. Man bat sich dann unsre Fahnen als Geschenk zum Andenken aus, um sie gleich den amerikanischen und andern Flaggen im Heiligtum der Republik aufzuhängen, und wir schieden dann von jenen großen Revolutionshelden mit herzlichem Händedruck, während eine zahllose Masse Menschen uns auf unserm Heimzug mit Jubel begleitete und »Vive l'Allemagne!«, »Vive la République!« rief. Gegen Abend trafen wir an der Juli-Säule ein und feierten dort den Schluß eines der schönsten Tage, welche ich je erlebt habe.

O liebe Mutter! Ich kann Dir nicht sagen, was ich hier seit 14 Tagen gesehen und gehört habe! So etwas läßt sich nicht wiedererzählen, man muß dabeigewesen sein, um zu begreifen, wie man auf offner Straße vor Freude weinen kann!

Eins der schönsten Völker der Welt hat sich in drei Tagen seine Freiheit wiedererobert und den niederträchtigsten aller gekrönten Schufte, samt seiner Clique, mit Stumpf und Stiel vernichtet. Was bedarf es weiter der Worte noch? Ganz Frankreich ist für die Republik, und ob auch tausend Schwierigkeiten zu übersteigen sind – alles vereinigt sich, um den Triumph zu sichern. –

Die Leichenfeier der Gebliebenen war das Ergreifendste, was ich sah. Eine Million Menschen ging mit dem Zuge, 400 000 Mann mit den nackten Waffen in der Hand. Keiner sorgte für Ordnung, weil alle dafür sorgten.

Vom Morgen bis in die Nacht habe ich an allem teilgenommen, und nur mit Schrecken denke ich daran, daß ich am Montag wieder nach Brüssel zurückkehren muß.

Ich sitze jetzt im Palais de la Liberté (früher Palais Royal) im Cabinet Valois – ein Zwanzig Zeitungsschreiber um mich herum. – Von der Tätigkeit, die jetzt hier herrscht, macht man sich keinen Begriff.

Lies die Zeitungen genau – sie sind jetzt des Lesens wert. Glaube aber den deutschen Verdächtigungen nicht! Diese Revolution wird die Gestalt der Erde ändern – und das ist auch nötig!

Vive la République!

Mit dem herzlichsten Gruße

Dein Georg.

45 Alexandre Auguste Ledru-Rollin (1808-1874), Publizist, 1848 Innenminister; Adolphe Crémieux (1796-1880), 1848 Justizminister; J. Ch. Dupont de l'Eure (1767-1855), Präsident der Kammer und der Provisorischen Regierung.

31. AN KARL MARX

Köln, 25. [und Brüssel,
26. oder 27.] März 1848

Lieber Marx!

Seit einigen Tagen bin ich in Köln. Alles ist bewaffnet, man traut den Berliner Versprechungen nicht – man wird nur mit allgemeiner Wahl, unbedingter Preßfreiheit und Associationsrecht zufrieden sein – der alte Landtag ist in den Augen des Volkes tot, und alle frühern Mitglieder, die sich sehen lassen und nicht total demokratisch sind, werden von den Tribünen gejagt; heute gehen 5 Abgeordnete von hier nach Berlin, um alles dies dem Könige zu erklären. Nur mit einem neuen, aus allgemeiner Wahl hervorgegangenen Landtag ist man einverstanden. Dasselbe gilt von der Frankfurter Reichsversammlung; man sendet von hier einige Leute dahin, um den Abgeordneten auf die Finger zu passen.

Obgleich alles, was man hier durchsetzt, ziemlich demokratisch ist, so schaudert man doch bei dem Worte Republik, und eine Invasion Deutscher von Paris aus würde hier schlecht empfangen werden.

Nach Koblenz und dem Oberrhein zu soll die Stimmung dagegen mehr für die Republik sein.

Der Kommunismus ist das Hauptschreckwort. Ein offen auftretender Kommunist würde gesteinigt werden. Bürgers, d'Ester sprechen von einer neuen Zeitung. Die Fonds, welche man zu erhalten glaubt, scheinen mir aber noch zweifelhaft.

Statt in Paris zu sitzen, wäre es gewiß gut, wenn Du hierher kämst usw. Denn jedenfalls ist jetzt viel zu machen. Die Polizei ist sehr kaduk, und die Amnestie scheint bis jetzt wirklich zu existieren.

Mit herzlichen Grüßen

Dein W.

Tedesco ist wieder hier in Brüssel. Maynz war mit uns in Köln. Bürgers wird von den Kölnern wahrscheinlich nach Frankfurt a./M. geschickt.

Durch die vielen Reisen bin ich mit meinen Finanzen sehr herunter. Wäre es Dir nicht möglich, die 50 Francs, welche ich Dir nach und nach lieh, an Reinhardt, Nr. 12, Rue neuve de l'Université, zu zahlen? Du würdest mich dadurch sehr verbinden.

In Berlin Tote 500 Zivilisten, 800 Militär. Täglich sterben noch Verwundete. –

32. AN DIE MUTTER

Brüssel, 27. März 1848

Liebe Mutter!

Allerdings habe ich Deine Briefe vom Anfang März mit den gedruckten Beilagen und den vom 23. ds. erhalten und danke Dir von ganzem Herzen für alle Mitteilungen. Zu den politischen Änderungen im Lippischen wünsche ich Euch viel Glück. Bei den vielen vernünftigen Leuten, welche es in Detmold gibt, war das nicht anders zu erwarten. Andere Länder sind gefolgt, und wir wollen hoffen, daß man an das noch von alten Zuständen Bestehende bald ebenfalls die Hand legt und den Franzosen auch darin folgt.

Recht lieb war es mir, von Ferdinand etwas durch Dich zu erfahren, denn er hätte doch leicht bei der Berliner Geschichte Unglück haben können – wenn man so sagen darf.

»Sterben fürs Vaterland,	»Mourir pour la patrie,
Das ist das schönste Los,	C'est le sort le plus beau,
Das würdigste des Lebens –	Le plus digne de la vie –
Sterben fürs Vaterland!«	Mourir pour la patrie!«

So heißt ein Vers des schönen Liedes, welches die Pariser Jugend sang, als sie in die Barrikaden trat. – Nun Ferdinand am Leben geblieben ist, kann ich mich natürlich doppelt über die Berliner Revolution freuen – im andern Falle hätten wir nur noch stolzer darauf sein können!

Von Paris reiste ich wieder hierher und blieb dann einige Tage in Brüssel, ging aber am vorigen Montag nach Verviers, wo eben die großen Nachrichten aus Deutschland eintrafen. Meine Geschäfte waren bald gemacht, da man jetzt gar keine macht, und ich eilte daher nach Köln, wo ich alle meine alten Bekannten in den Volksversammlungen auf dem Gürzenich antraf und mich nicht wenig darüber freute, daß sie die errungenen Freiheiten trefflich zu benutzen wissen. Nachdem wir über Errichtung einer neuen Zeitung in Köln verhandelt hatten, kehrte ich gestern, Sonntag, den 26., hierher zurück.

So war ich denn im Momente der höchsten Aufregung sowohl an der Seine als am Rhein und bedaure nur, daß ich das rechte Feuer nicht gesehen habe. Von hier sind fast alle meine Bekannten jetzt verschwunden, der eine dahin, der andre dorthin; alles ist zerstoben und geflogen.

Recht leid tut mir Augustens Unwohlsein. Du mußt sie herzlich von mir grüßen und ihr sagen, daß sie sich mit der Preßfreiheit usw. trösten müsse, und Wilhelm grüße ebenfalls.

Es freut mich, daß es Dir wohl geht, und da Du es ganz kategorisch verlangst, daß ich Dir auch über mein Wohlbefinden Rechenschaft geben soll, so versichere ich Dir, daß ich in vortrefflicher Gesundheit bin und nur infolge des vielen Reisens und Laufens Zahnweh mit nach Hause gebracht habe. Dies ist nun aber auch alles, und ein Mensch, der seit dem 4. Februar nur 3mal in seinem Bett in Brüssel schlief und sonst immer unterwegs war, kann gewiß nichts Besseres verlangen. Ich trinke heute abend ein Glas Rum mit Zucker, abgebrannt, und morgen früh erhebe ich mich froh wie Apollo und schön wie Adonis. Verlangst Du mehr? Aber es ist eine wahre Schande, jetzt gesund zu Hause zu sitzen, während sich andre für das Heil der Welt schlagen müssen.

»Mourir pour la patrie,
C'est le sort le plus beau,
Le plus digne de la vie –
Mourir pour la patrie.«

Vor meiner Abreise habe ich in Paris noch ein rechtes Gaudium gehabt; mein alter Freund Imbert, der als Refugié hier in Brüssel Töpfe fabrizierte, ist jetzt in den Tuilerien Gouverneur des Lazaretts und wohnt in den Zimmern des Prinzen Joinville. Er lud mich ein, und ich besuchte ihn in Gesellschaft eines Engländers. Im Cabinet Louis Philippe, an demselben Tisch, an dem die Minister-Conseils gehalten wurden, frühstückten wir. Ich fand mehrere Briefe von der Königin von Belgien, von Jérôme, dem frühern König von Westfalen, und von Isabella von Spanien, die ich mir als Andenken mitnahm. Auch eroberte ich einen Fetzen von dem Thron Louis Philippes, wovon einliegend eine Probe zu Deiner speziellen Erbauung. Du kannst sie Ferdinand schicken, weil er sich als ordentlicher Mensch gezeigt hat.

»Ces pauvres rois, ils seront tous nagés« – »Diese armen Könige, sie werden alle ersäuft werden«. So sang Béranger[46] vor einem Jahre. Jetzt schon fängt dies an, wahr zu werden – überall, überall! Vive la République! Hier in Belgien geht es jetzt sonderbar zu. Der König hat es den Leuten freigestellt, ihn fortzuschicken oder ihn zu behalten, der Philosoph! Und man besinnt sich jetzt darüber, was man tun will. Vielleicht sind wir auch bald Republikaner. Die Sache hängt hier aber nicht von einem blutigen Kampfe ab, sondern nur von einer Majorität in den Kammern. Diese wird bald neu gewählt, und dann findet sich das. Der gute Leopold ist wirklich gescheit.

Ich hätte Dir noch manches zu erzählen, aber die Zeit ist mir zu kurz, da Du gleich Nachricht haben willst. Mit dem Geschäft geht es freilich gar nicht, denn niemand denkt an Kaufen oder Verkaufen. So hat man glücklicherweise für andere Sachen Zeit, und die andern Sachen fehlen jetzt nicht.

Bald mehr! Danke Carl einstweilen für seinen Brief. Bleibe gesund und wohl, liebe Mutter.

Mit den herzlichsten Grüßen

Dein Georg.

46 Pierre Jean de Béranger (1780–1857), Dichter politischer Chansons.

33. AN DIE MUTTER

Hamburg, 30. Januar 1849

Liebe Mutter!

Du wirst Dich wundern, daß ich schon in Hamburg bin und daß ich noch nicht bei Dir war. Die Sache verhält sich folgendermaßen. Ich hatte nämlich meinen hiesigen Freunden versprochen, sie am 20. oder 22. ds. Mts. zu besuchen, und mein ursprünglicher Plan war, einige Tage vorher von Köln abzureisen und dann erst in Detmold zu bleiben. Leider hatte ich mir aber eine so starke Erkältung mit Zahnweh und ähnlicher angenehmer Begleitung zugezogen, daß ich mehrere Tage zu Hause bleiben mußte und daher mit allen meinen Plänen derangiert wurde. Wollte ich daher zur rechten Zeit hier eintreffen, so konnte ich unmöglich erst einige Tage in Detmold bleiben, und so leid es mir auch tat, mußte ich daher einstweilen an Dir vorüberfahren. Die Geschichte steht nun so, daß ich bis Ende dieser Woche hier in Hamburg bleibe und dann nach Bradford und Liverpool reise, wo ich mir die Geschäfte in Augenschein nehmen soll. Von England gehe ich dann nach Holland und fahre über Rotterdam und Amsterdam nach Almelo und Enschede, also gradewegs nach Westfalen, wo ich wieder ganz in Deine Nähe komme und dann jedenfalls zu Dir hinübereile.

Die Geschäfte waren hier noch nicht so weit vorbereitet, daß ich gleich nach dem Süden hatte gehen können; alles ist indes abgesprochen, und wenn ich mit England, Holland und der Rheinprovinz fertig bin, so werde ich zunächst nach der Schweiz und schließlich nach Italien gehen. Die Reisen nach Rußland hat jemand anders übernommen, so daß ich also mit den nordischen Bären zunächst keine Bekanntschaft machen werde. Dies in wenigen Worten meine Pläne und Aufträge für die kommenden Monate.

Hier in Hamburg wurde ich sehr gut aufgenommen, die Leute sind sehr artig. Ich logiere in dem schönen Hotel »Streit« an dem Alster-Bassin, mit einer herrlichen Aussicht. Tag für Tag bin ich eingeladen, und man zeigt mir das Leben von der besten Seite. Man scheint zu glauben, daß ich gute Geschäfte mache, und man geht mir in jeder Weise an die Hand. Aus einem Redakteur der »Neuen Rheinischen Zeitung« bin ich plötzlich wieder ein Mensch geworden, dessen Name in dem großen Buch der Hamburger Börse angeschrieben steht – so habe ich Veränderung genug.

Mit Campe, dem alten Verleger von Heine, Börne usw., war ich auch schon mehrere Male zusammen, und ich erfahre und lerne wieder mancherlei.

Hoffentlich geht es Dir wohl! Ich befinde mich ausnehmend gut. Köln mit all seinem Gestank und mit aller seiner Politik liegt hinter mir, und die Bewegung bekommt mir vortrefflich. Es freut mich, daß ich alle Drangsale der »Neuen Rh. Ztg.« mit durchgemacht habe und daß ich gerade in dem Augenblick von dannen zog, wo die Demokratie so glänzend bei den Wahlen siegte. Hier sind die Leute natürlich sehr gemäßigt. Ich trete aber nach wie vor als Republikaner auf. Ich zanke mich aber mit niemandem mehr. Wie mich jeder Streit religiöser Meinungen anwidert, so treibe ich es jetzt auch in der Politik; ich bleibe, was ich bin, und lasse andern Leuten ebenfalls ihr Vergnügen. Die Presse ist das beste Mittel der Propaganda.

Ferdinand wird Dich durch seinen Besuch erfreut haben. Ich sah ihn in Köln. Grüße an alle.

Nun leb wohl, liebe Mutter! Bald mehr von

Deinem Georg.

Nächstens gebe ich Dir auf, wo mich Deine Briefe treffen.

34. AN DIE MUTTER

Verviers, 1. Juni 1849

Liebe Mutter!

Ich erhielt gestern hier in Verviers Deinen Brief vom 24. ds. und eile nun, Dir zu antworten und Dich zu beruhigen. Es ist mir ganz einerlei, was manche Leute von mir denken – ich habe das Recht, mich frei zu entwikkeln, und ich werde noch vielen Menschen, die vielleicht heute den Kopf über mich schütteln, zeigen, daß ich ihnen kühn die Stirn bieten darf. Mit Dir, liebe Mutter, ist es etwas anderes; Du hast das Recht, mich zurechtzuweisen, und ich tue nichts lieber, als mich vor Dir zu rechtfertigen. Über viele Dinge, die ich tue und treibe, sollte ich Dir eigentlich nie etwas schreiben; aber der Mund geht davon über, wovon das Herz voll ist, und ich denke immer, es ist Dir lieber, wenn es so geschieht.

Also, was zuerst die Herausgabe des »Lebens und der Taten des berühmten Ritters Schnapphahnski« angeht! Ich hatte nie daran gedacht. Als aber in der Frankfurter Insurrektion zufällig ein gewisser Fürst L[ichnowsky] erschlagen wurde und ich damals auch aus diesen und jenen Gründen zufällig oder nicht zufällig aufhörte, diese Skizzen fortzusetzen, ja, als ich vielleicht absichtlich die Sache drangab, weil jeder meinte, der Schnapphahnski sei der Fürst L[ichnowsky], und mancher eine Unwürdigkeit darin gesehen haben würde, wenn ich noch allerlei Abenteuer beschrieben hätte, die man fortwährend auf die Rechnung des Fürsten L[ichnowsky] setzen konnte – da beging der Justizminister Mohl der deutschen Zentralgewalt die unbegreifliche Unvorsichtigkeit, mir einen Prozeß anzuhängen, in dem man mir gerade das zum Vorwurf machte und gerade dadurch meine Schuld zu beweisen suchte, daß ich eben in *dem* Augenblick den »Schnapphahnski« zu schreiben aufgehört hätte, wo der Fürst Lichnowsky erschlagen worden sei.

Es war dies eine der erbärmlichsten juristischen Spitzfindigkeiten, die man erfinden konnte, und es war nur diese Infamie, welche mich veranlaßte, ungeachtet vieler andrer Arbeiten, nun trotzdem den »Schnapphahnski« fortzusetzen, um den Gerichten und dem Publikum zu beweisen, daß unter dem Schnapphahnski nicht ausschließlich dieser oder jener bestimmte Mensch, sondern *die ganze Kategorie der preußischen Krautjunker zu verstehen sei.*

In diesem und keinem andern Sinne habe ich den »Schnapphahnski« fortgesetzt und vollendet; ich habe dadurch den gerichtlichen Verfolgungen hintereinander jeden Grund einer Verfolgung genommen und zugleich dem Publikum gegenüber die Sache so gestellt, daß man in dem Schnapphahnski nicht mehr jenen durch seinen Tod genug bestraften Fürsten L[ichnowsky], sondern eben einen beliebigen preußischen Krautjunker sieht. Wir müssen sehen, inwieweit sich mein Werk des Beifalls zu erfreuen hat; ich habe nicht die Persiflage eines gewissen Menschen geliefert, nein, ich schilderte eine ganze Klasse der Gesellschaft; meine Arbeit gewinnt dadurch nur an Interesse.

Fürchte daher nicht das Erscheinen meines Buches, von dem man sich eine andre Meinung macht, als es wirklich um die Sache steht. Cervantes schilderte den Don Quijote, Louvet verherrlichte den Chevalier Faublas, und ich schrieb den »Schnapphahnski«. Der Spanier schilderte den spanischen Adel, der Franzose den französischen, ich den deutschen. Mögen mir Cervantes und Louvet verzeihen, daß ich mich in einem Briefe an meine Mutter neben sie gestellt habe.

Du sollst bei dem Erscheinen des Buches sehen, daß ich mich glänzend gerechtfertigt habe. Zufällig haben mich die Zentralgewalt und die Gerichte zu dieser Rechtfertigung *gezwungen*. Der »Schnapphahnski«, wie er in der »N. Rh. Ztg.« erschien, würde sonst längst vergessen sein. Vielleicht haben mich die Gerichte dazu gezwungen, ein gutes Buch zu schreiben!

Wenn es mich nun gar nicht wundert, daß Dir das Erscheinen des »Schnapphahnski« einige Sorge macht, aus dem einfachen Grunde, weil Du nicht weißt, in welcher Form er erscheinen wird, so wundert es mich, daß Dir mein Feuilleton in der letzten Nummer der »N. Rh. Z.« so großen Ärger bereitete. Es ist freilich wahr, wir leben in mancher Beziehung, trotz aller Revolutionen, noch in einer prüden Zeit, wo man selten etwas beim rechten Namen zu nennen wagt und wo man das Natürlichste hinter dem Unnatürlichen zu verbergen sucht. So errötet man alberner Weise auch noch vor der Sinnlichkeit. Ist nicht die Sinnlichkeit ebensogut eine menschliche Eigenschaft wie alle andern? Weshalb soll man Mummenschanz damit treiben? Ich sehe dies nicht ein, ich halte es für abgeschmackt. Ich begreife nicht, daß man nicht geradeso sinnlich schreiben soll, wie man sinnlich fühlt und denkt. Oh, die Leute sollten nur beim König Salomo, beim alten Aristophanes oder bei Vater Goethe in die Schule gehen, da würden sie einsehen, daß ich recht habe.

Aber ich bitte Dich um alles in der Welt, liebe Mutter, was ist daran zu tadeln, wenn eine deutsche Frau einen schönen Ungarn liebt und umgekehrt? Und wenn ich sage, daß die Frauen ihre alten Männer fortjagen und lauter Ungarn heiraten sollen, so versteht es sich doch von selbst, daß hiermit der Scherz doch nur in aller Glorie hervorkommt und die Sache absichtlich übertrieben wird, damit der ganze Artikel seine humoristische Wendung findet – eine humoristische Wendung, die in so schrecklich ernsten Tagen doppelt schwer ist, aber um so mehr Dank verdient.

Wirklich, liebe Mutter, lasse die dummen Familienväter und laß viele der dummen National-Versammelten, welche uns in so gräßliches Elend stürzen

– laß diese »braven« Leute sich über den Scherz, den sie für bare Münze nehmen, ärgern. Geistreiche Leute werden mir den fraglichen Artikel nicht übelnehmen – und nur für die schreibe ich. Daß meine Mutter sich über so etwas ärgert, kann ich mir nur daraus erklären, daß sie zu liebenswürdig um mich besorgt ist.

Mit Freiligrath reiste ich von Köln ab. Meine übrigen Kollegen fuhren den Rhein hinauf. F[reiligrath] und ich fuhren bis Arnheim, von wo er nach Amsterdam ging und von wo ich eine zweite kleine Tour durch Holland über Brüssel bis hierher fortsetzte.

Nach Köln werde ich nicht zurückgehen, sondern mich einstweilen in Lüttich niederlassen, wo ich grade im Mittelpunkt meiner Geschäfte bin und wo ich jetzt viel zu tun habe. In wenigen Tagen gebe ich Dir meine Adresse in Lüttich auf. Meine Sachen lasse ich mir in nächster Woche dorthin senden.

Es ist schon sehr spät geworden. Ich muß für heute scheiden. Leb recht wohl, liebe Mutter! Bald schreibe ich Dir mehr!

Mit herzlichem Gruß

Dein Georg.

35. AN DEN PRÄSIDENTEN DES KÖNIGLICHEN LANDGERICHTES IN KÖLN[47]

London, 20. Juli 1849

Geehrter Herr!

Im September v. J. erschien ich vor dem Instruktionsrichter des Königl. Landgerichtes, Herrn von Fuchsius in Köln, angeklagt: *»dem Fürsten Lichnowsky durch die in dem Feuilleton der ›Neuen Rheinischen Zeitung‹ im Laufe der Monate August und Septbr. abgedruckte Novelle ›Leben und Taten des berühmten Ritters Schnapphahnski‹ Tatsachen, die, wenn sie wahr wären, denselben verächtlich oder strafbar machen würden, vorgeworfen und ihn dadurch verleumdet zu haben.«*

Vergebens wartete ich 6 Monate lang darauf, daß mir das Königl. Landgericht Gelegenheit geben würde, mich wegen dieses Vorwurfes zu verteidigen. Erst Mitte Mai d. J. erhielt ich eine Vorladung für den 29. desselben Monats, indem man einen fernern Termin für den 4. Juli anberaumte.

Leider war ich zu jener Zeit krank, worüber ich die ärztlichen Atteste beibringen kann, so daß es mir unmöglich war, diesen Termin einzuhalten und nach Köln zu reisen. Ich wurde daher in contumaciam zu 3 Monaten Gefängnis und zu 5 Jahren Verlust der bürgerlichen Rechte verurteilt.

Ich habe nun dem Advokat-Anwalt, Herrn Hagen, aufgetragen, gegen dieses Urteil in der Sitzung der Appellkammer vom 25. Juli Opposition ein-

47 Nach dem Konzept im Nachlaß.

zulegen, und durfte um so mehr hoffen, das gegen mich erlassene Urteil zurückgenommen zu sehen, als ich bis zu diesem Termin darauf rechnete, die ganze betreffende Novelle in einem eingebundenen Bande dem Königl. Landgerichte vorlegen zu können.

Die sr. Zt. erschienenen Feuilletons der »Neuen Rheinischen Zeitung« bildeten nämlich nur den Anfang der Novelle, und würde das ganze Werk augenblicklich den Beweis liefern, daß ich nicht den genannten Fürsten Lichnowsky damit zu »verleumden« beabsichtigte, sondern daß ich nur ganz allgemein das Leben eines sinnreichen Junkers darin zu schildern und eine Fortsetzung des Bären Atta Troll von Heine zu liefern versuchte und folglich kein größeres Verbrechen beging als weiland der Brite Shakespeare, indem er den Sir John Falstaff und Dortchen Lakenreißer »verleumdete«, oder als der Spanier Cervantes, indem er den Don Quijote und den Sancho Pansa der allgemeinen Heiterkeit preisgab, oder als der Franzose Louvet, indem er den liebenswürdigsten aller leichtsinnigen Edelleute, den Chevalier Faublas, unsterblich machte.

Wie gesagt, hatte ich vor, mein ganzes Werk am 25. Juli dem Königl. Landgerichte vorzulegen und dadurch das ehrenwerte Richterkollegium zu veranlassen, mich sofort freizusprechen. Wider Erwarten hat sich aber der Druck des genannten Buches so sehr in die Länge gezogen, daß es dem Verleger unmöglich geworden ist, dasselbe bis zum 25. Juli nach Köln zu schaffen, so daß ich also des Hauptbeweismittels meiner Unschuld beraubt wäre.

Sollte daher das Königl. Landgericht nicht so gefällig sein, mich nach den in diesem Briefe gemachten Aufklärungen am 25. Juli ohne weiteres freizusprechen, woran ich eigentlich gar nicht zweifle, so bitte ich Sie wenigstens, geehrter Herr Präsident, die betreffende Oppositions-Instanz so lange aufzuschieben, bis der Druck des »Lebens und der Taten des berühmten Ritters Schnapphahnski« wirklich fertig ist. Unfehlbar wäre derselbe in Zeit von 3 Wochen vollendet, und habe ich dem Verleger bereits aufgetragen, Ihnen, Herr Präsident, und dem aus fünf Mitgliedern bestehenden Richterkollegium zusammen 6 Exemplare meines Werkes franco p. Post zuzusenden, um auf diese Weise sofort eine Sache zum Schluß zu bringen, welche wirklich zu heiter ist, als daß sie mit dem tragischen Ende des unglücklichen und von mir lebhaft betrauerten Fürsten Lichnowsky in Verbindung gebracht werden sollte.

Unbewandert, wie ich in allen gerichtlichen Dingen bin, habe ich den Advokat-Anwalt, Herrn Hagen, in dieser Sache zu meinem Bevollmächtigten ernannt und bitte Sie, demselben alle mich betreffenden Aktenstücke zustellen zu lassen.

Empfangen Sie, geehrter Herr Präsident, für jede Bemühung in der fraglichen Angelegenheit meinen aufrichtigen Dank und genehmigen Sie meine

hochachtungsvolle Empfehlung.

Georg Weerth.

36. AN DEN PRÄSIDENTEN DES KÖNIGLICHEN LANDGERICHTES IN KÖLN[48]

London, 29. September 1849

Herr Präsident!

Infolge meiner frühern Eingabe ist das Königl. Landgericht in Köln so gütig gewesen, die Verhandlung der gegen mich erhobenen Verleumdungsklage in Sachen des »berühmten Ritters Schnapphahnski« bis auf den 3. Oktober auszusetzen.

Es versteht sich von selbst, daß es mir großes Vergnügen machen würde, an diesem Tage vor dem Königl. Landgerichte zu erscheinen. Wie aber aus einliegendem, von den englischen Behörden legalisierten Atteste meines Arztes John Little McMichan in Bradford in der West Riding von Yorkshire hervorgeht, verbietet mir derselbe, die Reise nach Köln zu unternehmen, da sie meiner Gesundheit im höchsten Grade nachteilig sein würde; [und macht es mir zur Pflicht, zu meiner Wiederherstellung den kommenden Winter im Süden von England zuzubringen.][49]

Mit betrübtem Herzen erlaube ich mir daher, Ihnen anzuzeigen, daß ich leider der an mich ergangenen Vorladung nicht Folge leisten kann, und bitte Sie, Herr Präsident, mein Nichterscheinen am 3. Oktb. entschuldigen zu wollen.

Ich kann Ihnen nicht sagen, wie leid es mir tut, daß eine so ernste Behörde wie das Königl. Landgericht so entsetzlich lange Zeit mit einer so spaßhaften Geschichte wie mit der des »berühmten Ritters Schnapphahnski« zu tun hat, und wenn es mir auch augenblicklich untersagt ist, dieselbe durch meine persönliche Verteidigung zu einem heitern Ende zu bringen, so will ich doch gern das Meinige tun, damit das Königl. Landgericht endlich von einer Sache befreit wird, welche mit so vielen komisch anmutenden Erinnerungen des Jahres 1848 längst im Strudel der Weltgeschichte untergegangen sein sollte.

Weit davon entfernt, einen neuen Aufschub zu verlangen, erkläre ich mich daher mit dem Urteil, welches die Richter des Königl. L.-Gerichtes am 3. Oktbr. über mich fällen werden, im voraus einverstanden und tue dies um so bereitwilliger, da seit dem Erscheinen des »Lebens und der Taten des berühmten Ritters Schnapphahnski« bei Herren Hoffmann & Campe in Hamburg und bei den trefflichen juristischen Gründen, welche mein Advokat, Herr Hagen, während meiner Verteidigung vorzubringen hat, wirklich wohl kein Zweifel mehr daran ist, daß die ehrenwerten Richter des Königl. Landgerichtes etwas anderes als meine vollständige Freisprechung dekretieren werden.

Sie, Herr Präsident, werden diese meine Freisprechung längst bei sich beschlossen haben und mit mir darin übereinstimmen, daß mein eigentliches Verbrechen nur darin bestand, daß ich zur Partei der geistreichen Leute gehörte, nämlich zur Partei der »Neuen Rheinischen Zeitung«.

Für diese Sünde, zur Partei der geistreichen Leute gehört zu haben, büße

48 Nach dem Konzept im Nachlaß.
49 Satz ist von Weerth gestrichen.

ich aber schon bitter genug in den neblichten Nächten meines großbrit. Exiles, aus dem ich Ihnen, Herr Präsid., die Versicherung hinübersende meiner

hochacht. Ergebenh.

Georg Weerth.

37. AN DEN PRÄSIDENTEN DES KÖNIGLICHEN LANDGERICHTES IN KÖLN[50]

London, 11. Oktober 1849

Herr Präsident!

Durch meinen Advokaten, dem Herrn Hagen in Köln, höre ich zu meinem großen Leidwesen, daß das Königl. Landgericht sich in die traurige Notwendigkeit versetzt gesehen hat, mich am 3. ds. Mt. wegen meiner Dichtung »Schnapphahnski« zu einer Gefängnisstrafe zu verurteilen, von der mich nur eine hoffentlich erlassene Entscheidung des Kassationshofes wieder zu befreien imstande ist.

Herr Hagen hat den Kassationsrekurs nun auch bereits für mich angeordnet; zugleich teilt er mir aber mit, daß ich mich jetzt entweder provisorisch zur Haft stellen oder daß ich bis zur Entscheidung des Kassationshofes um meine provisorische Freilassung gegen eine Kaution bei Ihnen einkommen müßte.

Sie werden leicht begreifen, Herr Präsident, daß mir die provisorische Freiheit lieber ist als die provisorische Haft.

Übrigens begreife ich nicht, warum ich Sie noch um diese provisorische Freiheit bitten soll, da ich mich faktisch schon auf durchaus freien Füßen befinde.

Die Ratschlüsse der hehren Göttin der Gerechtigkeit sind aber unerforschlich und rätselhaft, und an meinem eignen schwachen Verstande verzweifelnd, beuge ich mich daher vor ihrer tiefen, unermeßlichen Weisheit.

Haben Sie daher die Güte, Herr Präsident, mich trotz meiner vollständigen Freiheit provisorisch in Freiheit zu setzen, und wenn eine sogenannte Kaution dabei nötig ist, so messen Sie dieselbe nicht nach dem Reichtum dieser neblicht-nordischen Weltstadt, sondern lassen Sie sich von dem Gedanken leiten, daß es einem Menschen wie mir lieber wäre, wenn er London sofort verlassen könnte, um mit den Schwänen und den Kranichen in den Süden zu ziehen, wo der Himmel heiter ist und der Wein so billig wie zur Zeit, als es noch keine Gerechtigkeit auf Erden gab, kein Landgericht, keine Kaution und keinen Kassationshof.

Was Sie aber auch für eine Entscheidung treffen mögen, seien Sie davon überzeugt, daß ich nicht aufhören werde, Herr Präsident, zu sein

Ihr hochachtungsvoll ergebener

G.W.

50 Nach dem Konzept im Nachlaß.

38. AN DEN BRUDER WILHELM

Köln, 16. April 1850

Lieber Wilhelm!

Deinen letzten Brief erhielt ich noch in England, und ich danke Dir für die Schilderung Deines stillen Familienlebens, worüber ich mich von Herzen gefreut habe und wozu ich Dir aufrichtig gratulieren kann. Von Zeit zu Zeit mag es langweilig sein, grade immer in Blomberg zu sitzen, aber ich versichere Dir, die Langeweile wohnt auch in vielen andern Orten, und außerdem führen auch von Deinem Kloster die Wege nach allen Weltteilen, und wenn Du Dich eines Morgens mit Deiner kleinen Frau aufmachst, so kannst Du Dich ja schon am Abend im Rheine spiegeln und Dich am nächsten Abend auf der See wiegen.

Man kann an jedem Orte der Welt wohnen, wenn man diesen Ort jederzeit ohne große Mühe verlassen kann. Nur ein gezwungener Aufenthalt hat sein Unangenehmes, sein wahrhaft Langweiliges.

Dein teurer Bruder Georg macht diese Erfahrung jetzt recht aus der Fülle, denn er schreibt Dir in diesem Augenblicke aus dem Gefängnis der heiligen Stadt Köln. Wenn Du mir versprechen willst, weder Deiner Frau noch unsrer Mutter, noch sonst irgendeinem weiblichen Wesen etwas davon zu erzählen, so werde ich Dir meine neuste Aventüre mitteilen. Ich glaube sogar, daß dies aus verschiedenen Gründen durchaus nötig ist.

Du weißt, daß ich den Prozeß Schnapphahnski auf dem Nacken hatte und in dritter Instanz zu 3 Monaten Gefängnis verurteilt wurde, und zwar in contumaciam. Sehr wahrscheinlich würde dieses Urteil nicht erfolgt sein, wenn ich mich sr. Zt. gestellt hätte. Dies war aber nicht möglich, da ich in London zuviel zu tun hatte. Es blieb daher nur noch der Kassationsrekurs übrig, den Advokat Dorn in Berlin besorgte, nachdem ich eine Kaution von 200 Talern gestellt hatte. Ohne vielen Erfolg von diesem Schritte zu erwarten, glaubte ich, ihn doch tun zu müssen, um wenigstens das Letzte zu versuchen. Die Sache scheiterte aber, das Urteil wurde bestätigt, und ich hätte nun nicht nur die Kaution verloren und eine steckbriefliche Verfolgung erfahren, sondern einstweilen auch nicht mehr nach Preußen und dem größern Teile von Deutschland zurückkehren können, wenn ich mich nicht gestellt hätte. Das letztere war mir am unangenehmsten. Ich kam daher, ganz im Einverständnis mit meinen Hamburger und Londoner Handelsfreunden, zu dem heroischen Entschluß, lieber die 3 Monate abzusitzen, um auf diese Weise hintereinander alle Schwierigkeiten aus dem Wege zu räumen; ich packte daher meine Wäsche zusammen, reiste von London über Amsterdam nach Köln, meldete mich bei dem Oberprokurator John und trat am 25. Febr. meine Haft an.

Wenn man gewohnt ist, sich zwischen Trafalgar Square und Cornhill zu bewegen, auf dem lebendigsten Punkte der ganzen Erde, so ist es grade nicht angenehm, plötzlich auf ein kahles Zimmer von 9 Fuß Breite und 16 Fuß Länge angewiesen zu sein, dessen ganzes Möblement aus Tisch, Stuhl und Bett besteht und aus dessen Fenster man durch 6 Eisenstäbe auf einen sehr prosaischen Hof sieht. Nach wenigen Tagen hatte ich mich indes schon an alles gewöhnt, und da ich täglich 2 Stunden in einem sonnigen Revier an der Stadtmauer spazierengehen, mir Essen und Trinken nach Belieben kommen lassen, Bücher und Zeitungen, soviel ich will, studieren, Besuche aus der Stadt empfangen und mit den andern Gefangenen auf einem großen Korridore den ganzen Tag über frei verkehren darf, so sind mir die 50 Tage, die ich bis heute gesessen habe, wirklich sehr rasch verflossen. Ich bin daher sehr froh, daß ich die Geschichte riskierte, und da ich jetzt nur noch 40 Tage in Haft bleibe und am 26. Mai wieder auf freien Füßen bin, so ist mir bei den genannten, durchaus erträglichen Umständen und bei der wirklich sehr artigen Behandlung der Gefängnisverwaltung das Vollenden meiner Haft im höchsten Grade leicht.

Außerdem habe ich von der Oberprokuratur die offizielle Versicherung erhalten, daß sonst nichts gegen mich vorliegt, und da ich auch wirklich nicht das geringste mehr verbrochen habe, so sind am 26. Mai meine Zerwürfnisse mit Gott und aller Welt beseitigt.

Du wirst daher mit meinem Verhalten durchaus einverstanden sein. Bedenke nur, wie viele fortwährende Unannehmlichkeiten ich gehabt haben würde, wenn ich mich nicht gestellt hätte! Fürs erste wäre es zu traurig gewesen, wenn ich mich wegen einer solchen Lumperei wie der Prozeß Schnapphahnski aus Deutschland hätte verbannen wollen. Einmal im Exil, wäre ich mehr oder weniger in die Reihe der politischen Flüchtlinge geraten, was mir wirklich sehr unangenehm gewesen wäre. Dann der Steckbrief in allen Zeitungen und der Verlust meiner Kaution und vor allem: die ewige Hemmnis in meinen kaufmännischen Unternehmungen, bei denen Reisen nach Deutschland durchaus notwendig sind! – Du wirst leicht einsehen, wie die Sache steht. Dazu kommt noch, daß ich jetzt in London wegen der entsetzlichen Preissteigerung vieler Artikel im Handel nichts machen kann, also nichts versäume; daß ich mich körperlich wohler befinde als seit langer Zeit und daß ich in diesen 3 Monaten viele Sachen durchstudieren kann, nach denen ich mich lange sehnte und wozu mir in London bisher auch nicht ein Augenblick Zeit blieb – alles das fällt in die Waagschale, und ich sehe daher dem 26. Mai mit so vieler Gemütsruhe entgegen wie einer Oper oder einem guten Diner. Sobald ich wieder auf freien Füßen bin, mache ich für unser Hamburger Haus eine Reise durch Deutschland und werde im Juli wahrscheinlich für die nächste Woll-Auktion wieder in London sein.

In Vorstehendem gab ich Dir nun den einfachen, richtigen Tatbestand, den Du aber gänzlich verschweigen und nur Carl bei Gelegenheit ohne allen Rückhalt mitteilen willst, [damit] er genau weiß, wie er daran ist. Ich habe nämlich der Mutter, damit sich letztere nicht ohne Ursache Sorge macht, die ganze Geschichte etwas verblümt mitgeteilt. *Die Mutter glaubt mich in Holland, wohin sie mir auch schreibt – Briefe, die mir hierher zugeschickt werden.* Es ist das beste, daß sie in diesem Glauben bleibt, denn Frauen denken sich diese Sachen immer viel schlimmer, als sie sind. Sobald ich frei bin, will ich ihr die Geschichte selbst erzählen, da ich auf meiner nächsten Reise sehr wahrscheinlich über Bielefeld komme und dann natürlich in Detmold vorspreche.

Einstweilen wäre es mir aber wirklich lieb, von *Dir* zu erfahren, ob die Mutter auch meinen letzten Brief erhalten hat, ob sie auch sonst nichts erfahren und ob sie auch wohlauf und ohne Sorgen ist. Dies ist wirklich der einzige Punkt, der mich interessiert. Ohne daher viel in Detmold zu fragen und daher dadurch etwas zu beunruhigen, teile mir baldmöglichst mit, wie es in Detmold aussieht. *Dein Brief trifft mich: Herrn Georg Weerth, Nr. 23, Klingelpütz in Köln a./Rh.* Dies ist nämlich die Adresse des Gefängnisses, wo ich alle Briefe schreiben und empfangen darf. Ich bitte Dich aber inständigst, Dich mit diesem meinem Briefe in acht zu nehmen, damit der Mutter nichts zu Ohren oder zu Gesichte kommt, was ihr unnötige Sorge machen könnte. Grüße daher auch Deine Frau nicht, denn die Weiber können nichts verschweigen. Küsse aber stillschweigend Deinen Jungen für mich.

Hoffentlich sehe ich Dich bald wieder; ich werde Dir dann noch viele interessante Einzelheiten mitteilen, wozu mir heute keine Zeit mehr bleibt.

Mit dem herzlichsten Gruße

Dein Georg.

39. AN KARL MARX

Arresthaus Köln, 2. Mai 1850

Liebster Marx!

Ich hatte mir vorgenommen, Dir erst zu schreiben, wenn ich wieder auf freien Füßen bin. Meine alte Sehnsucht nach Dir zwingt mich aber dazu, Dir schon jetzt meine besten Grüße ins Ohr zu murmeln. Sei nicht böse darüber, daß ich Deinem gewiß gutgemeinten Rate nicht folgte und mich dennoch einstecken ließ; ich werde Dir später meine Gründe mitteilen. Die Hauptsache ist, daß ich das Leben nicht länger in England aushalten konnte; ich versichere Dir, der Spleen würde mich dort in ein frühes, ruhmloses Grab gebracht haben – (wie schade!). Außerdem kommt es mir zu heiter vor, daß ich als vermeintlicher politischer Flüchtling in der Welt herumtaumeln soll; wenn Leute wie Du, Engels, Willich[51] usw. im Auslande bleiben, so hat das Sinn und Verstand, aber ich – voilà ce que serait ridicule! Ich habe wahrhaftig zu wenig verbrochen, als daß es mir einfallen dürfte, mit politischen Wundenmalen zu renommieren.

Der Oberprokurator John mußte laut lachen, als er mich sah; er lobte meinen Stil und versicherte mir, daß er meine Briefe als kostbare Beiträge in seinem Archiv aufbewahre; ich eröffnete ihm darauf, daß ich nicht wenig erstaunt sei, in dem Manne, der mir stets als ein so greulicher Werwolf geschildert worden sei, plötzlich diesen liebenswürdigen kleinen Herrn anzutreffen, und als wir uns gegenseitig in Artigkeiten erschöpft hatten, beglei-

51 August Willich (1810–1870), Leutnant, Mitkämpfer im badischen Aufstand, Kommunist.

tete er mich bis an die Treppe, und nach einigen Tagen traf ich zufällig in dem Hafen der Ruhe ein, aus dem mich Gott, der Allmächtige, übrigens am 26. Mai zufälligst befreien wolle, da ich inzwischen anfange, mich zu langweilen wie tausend Möpse.

Im Juli hoffe ich zu der Woll-Auktion wieder in London zu sein; mein Stubengenosse ist der Verfolger der Bosheit, der mir eben versichert, Gottschalk sei nicht tot, sondern in Amerika, und wenn trauernde Jünger von dem »Jenseit« sprächen, so seien dies die Vereinigten Staaten.

Empfiehl mich Deiner Frau.

Mit herzlichem Gruße

Dein Weerth.

Von der »Revue«[52] erhielt ich bis jetzt drei Hefte, mit denen ich sehr zufrieden bin. In der Tat, ich gratuliere Euch; namentlich Dein dritter Artikel über die Weinsteuer und die Grundrente ist famos, und die Artikel über Baden könnten nicht besser sein, wenn ich sie selbst geschrieben hätte. Dies ist natürlich das höchste Lob, was ich Engels geben kann.

40. AN HEINRICH HEINE

Hamburg, 21. Februar 1851

Verehrter Herr!

Ihre Mutter konnte mir leider keine Audienz geben, da sie etwas unwohl war. Ich übergab daher die Bücher ihrer Gesellschafterin, die sich nach Ihrem Befinden erkundigte und natürlich nur von mir erfuhr, daß Sie sich wohl befänden.

Frau Embden[53] inquirierte dagegen so scharf wie der beste Instruktionsrichter und hörte alles, was jemand, der Sie aufrichtig verehrt, von einem Besuche bei Ihnen erzählen kann.

Eine dritte Person, für die Sie sich interessieren, ist Herr Campe, mit dem ich mich ganz herrlich gezankt habe. Ich glaube, daß er innerlich sehr bedauert, Ihnen so lange nicht geschrieben zu haben. Mir gegenüber will er dies freilich nicht eingestehen. Er hat sich aber fest vorgenommen, Sie gleich nach der nächsten Messe, also in diesem Frühjahr, zu besuchen. Ihrer Schwester sandte er gestern abend einen Pack Bücher, um sie einer Sendung an Sie beizufügen. Die »Geschichte der humoristischen Literatur«[54] ist aber nicht aufzutreiben, und das Püttmannsche Jahrbuch[55] kann ebenfalls erst bei nächster Gelegenheit an Sie abgehen, da es erst verschrieben werden

52 "Neue Rheinische Zeitung". Politisch-ökonomische Revue, von der 6 Hefte erschienen.
53 Heines Schwester Charlotte (1800–1899).
54 D. F. Flögel, Geschichte der komischen Literatur. 1784–87.
55 "Album". 1847.

muß. Campe sagte mir, daß Sie die Bücher nicht zurückzuschicken brauchten.

Unterwegs sammelte ich verschiedene kleine Broschüren, von denen ich Ihnen den kleinen unterhaltenden und hinkenden Boten beifüge und eine Verteidigungsrede des roten Beckers.

Lassalle, der wegen Beleidigung eines Oberprokurators zu 6 Monaten Gefängnis verurteilt wurde, sitzt schon wieder seit 3 Monaten im Arresthause zu Düsseldorf, also jetzt das vierte Mal! No. 186 der »Neuen Rheinischen Zeitung« vom 4. Januar 1849, welche im Feuilleton Ihren Brief an Varnhagen enthält, sende ich Ihnen einliegend. Ich habe mich in Köln noch wegen dieser Geschichte erkundigt und erfahren, daß die Veröffentlichung dieses Briefes allerdings mehr auf den Wunsch der Gräfin Hatzfeldt als auf den Lassalles geschah. Da Lassalle damals in Gefahr stand, wegen einer politischen Anklage verurteilt zu werden, und die Redaktion der »N. Rh. Ztg.« mit Ihrem Urteile über Lassalle übereinstimmte, so ist der Abdruck des Briefes gewiß zu rechtfertigen.

Von Deutschland habe ich bis jetzt noch nicht mehr gesehen als schlechtes Wetter und verdrüßliche Gesichter. Die politische Stimmung der Rheinprovinz äußerte sich sehr unangenehm durch kalte Nasen, erfrorene Hände und ausgehungerte Mägen der heimkehrenden preußischen Landwehr. Die armen Teufel erzählten mit gerechter Begeisterung von der großen Völkerschlacht bei Bronzell im Hessischen, bei der 5 östreichische Soldatenmäntel erschossen sein sollen. Wie Sie vielleicht erfahren haben, brachten die verschiedenen deutschen Staaten zu dieser Mordgeschichte ungefähr eine Million Truppen auf die Beine.

Hier in Hamburg spielen die Östreicher jeden Abend auf dem Jungfernstieg die schönsten Walzer.

Ich wünsche Ihnen von ganzem Herzen baldige Genesung und bleibe

Ihr ergebener

G. Weerth.

Ihre Schwester hat natürlich nichts von dem in der »N. R. Ztg.« abgedruckten Briefe erfahren.

41. AN KARL MARX

Hamburg, 3. März 1851
[bei Weerth irrtümlich 1850]

Lieber Marx!

Gestern erhielt ich Deinen Bf. vom 11. Januar, und zwar via Manchester, Southampton, mit Poststempel Cadiz, von da nach Barcelona weiterbefördert und endlich über die Pyrenäen und durch Frankreich sorgfältig gen Hamburg expediert! Der Bf. hätte wirklich auf keinem kürzern Wege gehen können – er hat eine sehr interessante Reise gemacht, für die er sich jedenfalls bei Engels bedanken kann, da dieser ihn erst, zugleich mit seinem Schreiben, am 6. Febr. von Manchester absandte!

Trotz ihres frühen Eintreffens waren mir Deine Zeilen indes sehr willkommen, denn, aufrichtig gestanden, ich hatte alle Hoffnung aufgegeben, je wieder etwas von Euch zu hören, und es ärgerte mich dies, und ich war entschlossen, ebenfalls in Zukunft zu schweigen.

Den Beweis Deines Andenkens in Händen, nehme ich nun meine Flüche und festen Vorsätze zurück.

Soviel ich, der deutlichen Handschrift wegen, aus Deinem Briefe sehen kann, befindest Du Dich nebst Deiner Frau noch wohl; dagegen bedauere ich von ganzem Herzen den Tod Deines kleinen Jungen – – Da Du aber noch 3 andre schöne Kinder hast, so mußt Du Dich mit diesen trösten – Ich selbst habe nicht einmal ein einziges Kind bis jetzt – das ist noch viel schlimmer.

Weshalb ich Spanien schon wieder verließ, ich weiß es selbst eigentlich nicht. Aber ich hatte alles gesehen und genossen, was die Terra de Dios, Andalusien, zu bieten imstande ist, und nur Andalusien ist des Sehens wert, denn es liegt, wie die Mauren sagten, grade unter dem Himmel, von dem ein Stück auf die Erde hinabgefallen ist.

Tor, daß ich Cadiz verließ! Aber meine alte Unruhe trieb mich von dannen, und von Gibraltar und der afrikanischen Küste ging ich daher nach Malaga, und da es mir doch von gar zu großer Wichtigkeit war, die Zahl der Esel kennenzulernen, welche täglich ölbeladen von der Sierra Nevada zum Mittelmeer wandern, so reiste ich bald weiter nach Granada und zählte auf dieser Tour, die mich fast das Leben und 16 Piaster kostete, etwas über 7000 Grauschimmel, mich selbst nicht mitgerechnet. Gern überliefere ich diesen merkwürdigen Beweis meiner statistischen Beobachtungsgabe einer dankbaren Nachwelt.

Granada ist des Eroberns wert. Steil erhebt sich der Gipfel der Sierra 13000 Fuß hoch über der Meeresfläche, und während dort oben der ewige Schnee im Sonnenbrande funkelt, pflückt man dort unten in Granada und in den Gärten der Alhambra ewige Rosen an orangenumdufteten Fontänen.

Die Alhambra befand sich übrigens nur leidlich, da sie schon bessere Zeiten gesehen; ich entdeckte einige Unrichtigkeiten in Freiligraths Gedichten in bezug auf die Alhambra – wiederum ein Beweis meiner Beobachtungsgabe – und ging dann nach Cordova, einer alten zerbröckelten Stadt, angenehm unter Palmen schlummernd.

Durch den Engpaß der Sierra Morena in die Mancha vordringend, machte ich hierauf klassische Studien in der Venta de la Quesada, in der Don Quijote zum Ritter geschlagen wurde; besuchte auch bei Puerto Lápiche die Hügel, auf denen er sein Windmühlenabenteuer bestand und die noch heute mit Windmühlen bedeckt sind, und eilte dann über Toledo und Aranjuez nach Madrid, wo ich bis vor die Schlafzimmertür Isabellens drang.

Da der Prinz von Asturien gleich nach der Geburt starb, so hatte ich nun noch Gelegenheit, dem Volke der Spanier einen Thronerben zu hinterlassen, und wer weiß, welchen Umschwung dann die europäische Politik genommen haben würde. Der Augenblick war sogar sehr günstig, denn Narvaez war eben gestürzt und begegnete mir in der Tür, von dem Abschied bei der Königin zurückkehrend – was konnte mich also hindern?

Tor, daß ich die Schlafzimmertür nicht einrannte! Fern von Madrid habe ich nun Gelegenheit, über meine Unterlassungssünde nachzudenken.

Oh, Madrid ist schön! Eine französische Stadt. Aber die Weiber sind hübscher in Madrid wie in Paris, und wenn nachts die Sterne über dem Prado emporsteigen, da erscheinen dem keuschen Wanderer schwarzverschleierte Gestalten, denen man folgt, bis die schneeweiße Hand und der rauschende Fächer Halt gebieten, ach, und die Schlafzimmertür des Paradieses ist dann nur zu leicht gesprengt. Das Geschlecht der Königin wird erlöschen in Spanien, die Bevölkerung des Prado wird sich fortpflanzen bis ans Ende der Tage.

Auch den Eskorial besuchte ich; er liegt unter demselben Breitengrade wie Neapel, aber so hoch wie die Spitze des Vesuv. Ich trank dort viel Brandy und Wasser und stellte am Porphyrsarge Karls V. Betrachtungen an über die Vergänglichkeit alles Irdischen und über meine eigne verfehlte Laufbahn.

Nach Madrid zurückgekehrt, sah ich noch ein Stiergefecht, etwas höchst Seltenes in dieser Jahreszeit, und fuhr dann in 5 Tagen und 4 Nächten ununterbrochen mit 14 Maultieren caracho! punietta! über Alcala und Catalajuel quer durch Aragonien nach Barcelona, wo ich, Ave Maria purissima, so durchrüttelt ankam, daß mein Wirt volle fünf Minuten an meinem Aufkommen zweifelte.

Ich hatte nun die Wahl, entweder noch die baskischen Provinzen zu besuchen oder nach Cadiz zurückzukehren oder irgend sonstwo hinzureisen, und da dumme Streiche dazu existieren, um begangen zu werden, so wählte ich das letztere.

Die Hauptsache war indes, daß ich seit meiner Abreise von Southampton, also seit vollen 6 Monaten, kein schlechtes Wetter gesehen hatte und mich ungemein sehnte, wieder einmal Dreck, Nebel, Regen und Donnerwetter vor die Augen zu bekommen. Nach kurzem Schwanken setzte ich mich daher auf den ersten Steamer nach Marseille und hoffte, das Mittelmeer zu einigen Wogen emporrauschen zu sehn. Aber umsonst; dieser erbärmliche See blieb ruhig wie ein Spiegel. Ich eilte daher in die Provence – wiederum eine Täuschung! Alle Mandelbäume blühten, Sonnenschein und heiterer Himmel. Sofort nahm ich Platz auf der Eisenbahn und ging über Lyon und Orleans nach Paris – dort dasselbe Unglück! Die Champs-Elysées leuchteten wie im Frühling, alle Leute in ihren buntesten Kleidern, alle Leute gesund, nur Heine krank, sonst schönes Wetter! Da riß mir die Geduld, ich mußte nach Deutschland, und da ich Belgien zu sehr verehre, um seinen heiligen Boden betreten zu wollen, so machte ich die Fuchstour über Châlons, Metz nach Bingen! Hier wird es regnen und schneien! dachte ich. Aber der Teufel verfolgte mich mit seinem blauen Himmel; wiederum alles in Flor, alle Leute gesund, nur der alte Soherr tot! Sonst schönes Wetter – da sank mein Mut, und ich ging sofort über Köln nach Hamburg!

Hier regnet es endlich Katzen und Hunde.

So endete meine große spanische Reise. Ich bin eigentlich nun gerade soweit wie vorher. Gewöhnlich ist dies im Leben so der Fall. Jedenfalls bin ich um diese Überzeugung reicher, und im Geiste stehe ich wieder am Grabe Karls V. und denke über die Vergänglichkeit alles Irdischen nach und über meine eigne verfehlte Laufbahn.

Aber was ist das Rätsel dieser meiner Unstetigkeit und daß ich keine zehn Minuten ruhig mehr auf dem Hintern sitzen kann? Die Revolution ist schuld daran! Die Revolution hat mich um alle Ruhe, um alle Heiterkeit gebracht.

Varus! Varus! Gib mir meine Heiterkeit wieder!

Mit tiefer Rührung

Dein Kaiser Augustus.

Briefe treffen mich wie folgt: *G. Weerth, Adr.: Herren Emanuel & Sohn, Hamburg*.

Auf Gelegenheit warte nie mit Briefen, sondern wirf sie unfrankiert in die erste beste Briefbüchse, da dies der Postkonvention mit Hamburg wegen möglich ist.

Empfiehl mich Deiner Frau und Deinen Kindern und grüße den Roten. »Räuberhauptmann« nannte ich Dich früher oft. Wenn dies sr. Zt. auch in einem Briefe an Tellering geschah, so war es jedenfalls unvorsichtig. Ich konnte aber damals nicht wissen, daß dieser Mensch ein solcher Polterer ist; ich hatte ihn damals noch nie gesehen.

Einliegend noch ein Abschnitt aus dem Feuilleton der »Hamburger Nachrichten« vom 28. Febr. Mit dem darin über Dich gefällten Urteile bin ich eigentlich ganz einverstanden; aber ich verzeihe Dir Deine »Herrschsucht«, Deinen »perfiden Machiavellismus« und Deine »diplomatische Liebenswürdigkeit«. – – Übrigens soll doch der Teufel diese schlappen, dummen Bürger holen. Ich habe seit 2 Jahren kein Wort drucken lassen; aber allmählich juckt es mir in den Fingern, und wenn ich mich nicht sehr irre, so werde ich mich nächstens über Kinkel sehr souverän lustig machen. Welch ein Schaf ist dieser Kerl; es ist ein Glück, er ist nun frei und wird sich ohnehin blamieren; man braucht ihm gar nicht zu helfen, aber man muß auf die ganze Clique zurückgehen: wie er in Bonn »Geist ausströmt«, wie sein Junge U. N. krumme Beine kriegte, aus lauter Begeisterung für seinen Rabuni, der ebenfalls schiefe Schenkel hat. Wie er aus reiner Affektation ein altes Weib heiratet und sich mit dem Gedanken herumträgt, das Schicksal werde ihn als unglücklichen Schauspieldirektor sterben lassen. Wie er allmählich aus Mode revolutionär wird usw. Der Mensch ist reif wie ein fauler Apfel. Dronke hatte recht, wenn er sr. Zt. sagte: »Ich lechze nach dem Kerl!«

Theodor Althaus, der nach vielem literarischen Pech hier deutsch-katholischer Schullehrer werden wollte, wurde vom Senate ausgewiesen und wohnt jetzt in Wandsbek. Er erzählte mir neulich: Kinkel habe geschrieben (ob an ihn?), er möchte so gern irgendein großes Gedicht schreiben usw. Der reine Katzenjammer einer schönen Seele! Enfin, es soll wohl einerlei sein.

Vor allen Dingen ärgere Dich nicht über diese Lumpereien. Laß die Kerle ausstinken wie alte Stallaternen, das ist ihre Bestimmung.

Nochmals ein herzl. Lebewohl!

42. AN FRIEDRICH ENGELS

Hamburg, 28. März 1851

Lieber Engels!

Aus Deinem Briefe spricht der Spleen; ich kenne ihn, grüße ihn doch von mir. Ich hatte in der Tat neulich vor, ihn in Bradford aufzusuchen, aus alter Freundschaft, aber es ist nichts daraus geworden, und so schwimme ich noch in diesem ewigen norddeutschen Regen, und meine Nase wird vor lauter Pläsir immer länger.

Ein Pult mit Büchern befindet sich allerdings noch in Köln. Die losen Bücher sind dagegen in aller Welt zerstreut und werden wahrscheinlich zum größten Teil, d.h. einige Bände von Goethe und »Don Quijote«, in London sein, wo ich noch 2 Koffer meiner Sachen stehen habe. Es ist unmöglich, diese jetzt daraus zu nehmen, und Du mußt warten, bis ich im Juli zur Exhibition nach London komme. Das *Pult* mit Büchern steht indes zu Deiner Verfügung, und ich bitte Dich daher, mir mitzuteilen, wenn ich es ausliefern lassen soll.

Wie gesagt, hoffe ich im Juli in London zu sein, wenn nicht schon früher, denn das gemütliche Leben bringt mich hier um allen Verstand, und ich möchte gern einmal das amerikanische Geschäft versuchen – nur Unruhe! Unruhe! sonst bin ich verloren und verheirate mich gar; zwei Heiratsanträge habe ich schon gehabt, aber siegreich widerstanden.

Hierzulande ist nichts Neues; es richtet sich alles wieder auf dem alten Fuße ein, und die Literatur spiegelt dies herrlich wider.

Gelb-Veiglein, Rosen und Tränen sind wieder an der Tagesordnung, die deutschen Frauenzimmer lesen wieder à mort, und die Mittelsorte Adolf Stahr, Geibel, Hackländer, Kinkel, Hauenschild[56] dominieren. Auch in Berlin stehen neue Kerle auf, Putlitz und solches Vieh, mit Bachgemurmel, was in 14 Tagen mehrere Auflagen erlebt. Die Literaten haben wieder Chancen, man könnte kein besseres Geschäft machen, als Liebeslieder zu schreiben und sie unter einem gräflichen Namen drucken zu lassen.

Lieblich spielen die Östreicher hier auf ihren Klarinetten; ich wohne mit dem Erzherzog Leopold in ein und demselben Hotel, und mein Stubennachbar ist ein Kroat, ein Offizier, der immer an den Hut faßt, wenn er mich sieht. So liebt sich alles, und die Hamburger Judenmädchen tanzen auf den Bällen herum wie die Flöhe auf einem Bunde Stroh.

Mazzinische Noten von 100 Francs werden von London aus an deutsche

56 Erfolgreiche Unterhaltungsschriftsteller und romantisierende Dichter.

Demokraten geschickt, und neulich kommt ein solcher Kerl zu mir und bittet mich, ihm den Wisch zu diskontieren. Ich machte ein sehr ernstes Gesicht und sagte ihm, daß ich leider kein Geld hätte, obgleich ich mit allen Münzsorten auf dem freundschaftlichsten Fuße stände; unten in der ersten Etage wohne aber ein reicher, sehr liberaler Bankier, der schon vielen Leuten aus der Not geholfen habe, namens Leopold. Dieser sei der rechte Mann usw., und der Tölpel ist auch bis vor die Zimmertür des Erzherzogs geraten, als ihn leider ein Adjutant am Vordringen hinderte und so das projektierte Geschäft vereitelte. Natürlich wäre ich nicht so maliziös gewesen, wenn ich nicht gewußt hätte, daß dem Esel als Nicht-Östreicher weiter nichts passieren könne, als vor die Tür geschmissen zu werden. Außerdem ärgerte mich aber diese Unverschämtheit, denn ich erfuhr, daß die Londoner Deutschen jetzt unter der Firma der italienischen Freiheit mit Mazzini-Noten betteln gehen; sie hatten nämlich keine eignen Noten, und da sie doch das Projekt der Italiener gut fanden, so haben sie so eingerichtet, daß ihnen Mazzini einige Wische überlassen hat. Wenn sie dafür nun den Betrag einkassieren, so zweifle ich noch sehr daran, ob Mazzini je etwas von dem Gelde zu sehen kriegt. Jedenfalls scheint mir die Sache sehr faul zu sein, denn wenn man ein deutsches Revolutions-Komitee ist, so sollte man doch auch eigne deutsche Noten machen; Kossuth[57] hatte seine eignen Noten, Mazzini hat sie, der Kaiser Soulouque[58]; nur die Deutschen machen wieder eine Ausnahme. Hol sie der Teufel!

Dein G. Weerth.

Von Marx habe ich noch nichts wieder gehört. Hat er die frühere Adresse?

43. AN HEINRICH HEINE

Hamburg, 12. April 1851

Verehrter Herr!

Da sich augenblicklich keine Gelegenheit findet, um das Püttmannsche »Album«, welches Sie zu erhalten wünschten, nach Paris zu schicken, so lege ich Ihnen eine Kopie der Gedichte bei, welche ich in jenem Buche von Ihnen gefunden habe. Sollten Sie indes das Buch selbst nachträglich zu haben wünschen, so bedarf es nur Ihres Auftrages.

Seit ich Spanien und die Spanierinnen vergessen mußte, um mich wieder an Rauchfleisch und an die Hamburger Börse zu gewöhnen, habe ich leider so wenig erlebt, daß ich Ihnen so gut wie gar nichts erzählen kann. Es regnet hier den ganzen Tag, die Östreicher spielen auf ihren Schalmeien, und erst gestern verkaufte man die ersten Veilchen an der Börse.

57 Ludwig Kossuth (1802–1894), Führer der ungarischen Freiheitsbewegung von 1848/49, Finanzminister und Staatspräsident.
58 Kaiser von Haiti.

Campe schwört noch immer Stein und Bein, daß er Sie in kurzem besuchen werde, aber kein Mensch glaubt daran. Ich verstehe dies nicht. Ich begreife nicht, wie jemand nur lügen und lügen sollte, wenn es sich darum handelt, einen alten Freund zu besuchen, der krank ist. Ich hoffe daher, daß er seinen Plan noch ausführen wird. Jedenfalls bleibt es unverzeihlich, daß er Ihnen in so langer Zeit nicht schrieb, und ich habe ihm dies, wie noch manches andere, wiederholt vorgeworfen.

Nachdem Campe eine Menge Schund verlegte, läßt er jetzt eine »Geschichte der deutschen Höfe und der d[eutschen] Diplomatie« von Vehse[59] erscheinen, die 30 à 35 Bände ausmachen wird. Die ersten 4 Bände über Preußen sind fertig, und der Rest folgt in kurzen Zwischenräumen.

Von Ihrem »Buche der Lieder« ließ er kürzlich eine Ausgabe in kleinem Format erscheinen, in rotem Umschlag mit goldenen Arabesken, die ein Herr von Hauenschild gezeichnet hat, der unter dem Namen Max Waldau in kurzer Zeit ungeheuer viel bei Campe drucken ließ.

»Alles zieht jetzt, aber nichts schlägt durch«, sagt Campe.

Ja, die Literaten haben wieder Chance! Denn die deutschen Frauenzimmer, die bis gestern noch Politik trieben und für Gagern schwärmten und für Herrn von Soiron, greifen wieder zu den Strickstrümpfen und wollen Romane lesen und zärtliche Geschichten. Sie haben ganz recht.

Eine Schar von mittelmäßigen Eseln sprengt in die deutsche Hausmannsküche, und wenn Sie glauben, die Zeit der Romantik sei vorüber, so irren Sie sich sehr, denn alles wird wieder aufgewärmt, was aus frühern Tagen übriggeblieben, und der Unterschied ist nur der, daß es nicht mehr so gut schmeckt wie vor fünf oder zehn Jahren.

So hat z.B. ein Herr Putlitz dieser Tage eine Kleinigkeit bei Duncker in Berlin erscheinen lassen, zu der er etwas Bachgemurmel aus Schwab, etwas Mondschein aus Eichendorff und bunte Blumen aus allen Romantikern stahl. Die Nachtwächter in Berlin singen davon, in wenigen Wochen erschienen mehrere Auflagen, Duncker wird reich dabei, und die Literaten haben wieder Chance; die deutschen Frauenzimmer werfen sich auf die Literaten.

Die Demokraten sind totgeschossen, im Auslande oder versimpelt.

Von London hört man, daß Kinkel sich nicht eher unter dem großen Haufen sehen lassen wolle, als bis sein Schnurrbart wieder gewachsen sei. Dieser Heroe der deutschen Revolution dichtet jetzt Lieder eines Johanniswürmchens. Er ist ein ehrenwerter Mann. Sie wissen doch, daß er schiefe Beine hat? Die Verehrung für Kinkel ging so weit, daß einer seiner Jünger ebenfalls schiefe Beine bekam, obgleich er von Natur kerzengrade war.

Da sehen Sie, welches Malheur sogar unsre größten Männer über das Vaterland bringen.

Wie gewöhnlich nach verlorenen Schlachten – für Deutschland wurden stets alle Schlachten verloren –, ja, wie gewöhnlich nach beendigten Kriegen, wo Landsknechte billig wurden, wirbt man auch jetzt wieder für fremde Länder; diesmal für Brasilien.

59 Karl Eduard von Vehse (1802–1870), Historiker, mit Weerth befreundet.

Auf dem Jungfernstieg können Sie Hunderte von diesen großen, starken, armen Jungen sehen, die, das Handgeld im Sack, nur auf die Abfahrt des ersten Schiffes warten, um die schleswig-holsteinische Campagne in den Pampas von Südamerika fortzusetzen.

Leid wird es Ihnen tun zu erfahren, daß der »König, der kein Hengst ist«[59a], seit einiger Zeit an sehr unzweifelhaftem Wahnsinn leidet. Ob es Säuferwahnsinn, Liebeswahnsinn, Wahnsinn über getäuschte oder erfüllte Hoffnungen ist, läßt sich noch nicht ermitteln. Friede sei mit seinem Hosenlatz! Friede mit der Asche seines Verstandes! Friede mit seinem Witz!

Und so weiter! Und so weiter! Was soll ich Ihnen erzählen?

Sie sind krank und sehen nichts mit eignen Augen und wissen doch alles. Seit Sie gesagt haben, daß wir in das »Joch von Wölfen, Schweinen und ganz gemeinen Hunden« geraten würden, habe ich nichts mehr gelesen, was des Lesens wert war.

Warum bin ich nicht in Sevilla geblieben? Warum bin ich nicht bei Ihnen Krankenwärter geworden?

Lassen Sie mich recht bald durch Reinhardt wissen, daß es Ihnen besser geht. Dies wünscht von Herzen

Ihr ergebener

G. Weerth.

Wollen Sie die Güte haben, Reinhardt von mir zu grüßen?

Eben höre ich von Herrn Embden junior, daß Sie sich über die von Campe gesandten Bücher geärgert haben. Ich bedauere dies sehr, da ich die Veranlassung zu dieser Sendung war.

Übrigens erklärte mir Campe damals, daß Sie die Bücher nicht zurückzusenden brauchten und sie auf beliebige Weise verwenden möchten. Unter dieser Bedingung glaubte ich den Schund abgehen lassen zu dürfen, da sich das Porto nach Paris durch den etwaigen Geldwert der Bücher ausgleichen wird.

Verzeihen Sie, daß ich Ihnen dies nicht früher bemerkte.

44. AN DEN BRUDER WILHELM[60]

Hamburg, 16. April 1851

Hoffentlich befindest Du Dich mit Frau und Kind sehr wohl; grüße Auguste und Deinen Jungen aufs herzlichste von mir und laß bald einmal von Dir hören. Durch die Mutter und durch Ferdinand erfuhr ich zuletzt, daß Du Dich in Berlin gut amüsiert hast; wäre ich einige Wochen früher zurückgekommen, so hätte ich Dich wahrscheinlich auf der Eisenbahn getroffen; aber es war mir damals nicht möglich, bei Bielefeld oder sonstwo

59a Heinrich Heine, "Schloßlegende" (gemeint ist König Friedrich Wilhelm IV.).
60 Bisher ungedruckt.

seitwärts zu fahren, und ich muß es mir bis Ende Juni vorbehalten, Dich einmal in Blomberg zu besuchen. Wie Du vielleicht durch Carl gehört haben wirst, beabsichtige ich nämlich, um jene Zeit ihn in Detmold abzuholen und nach London zu reisen. Wie wäre es, wenn Du ebenfalls mitgingst? London wird im Laufe dieses Sommers der interessanteste Punkt der Welt sein, und man muß alles aufbieten, um so etwas nicht zu versäumen. Von meiner Seite geschieht das Nötige, damit ich zur rechten Zeit in Detmold eintreffe; bei meinem unsteten Leben und bei den vielen Sachen, die meine Pläne durchkreuzen können, läßt sich so etwas aber nie bestimmt feststellen, und ich muß abwarten, ob meine Wünsche in Erfüllung gehen.

In den letzten 2 Monaten, wo es hier ununterbrochen regnete, habe ich mich oft nach Spanien zurückgesehnt und eigentlich nachträglich sehr bedauert, daß ich schon so früh wieder abreiste. Aber es ließ sich damals nicht anders einrichten, und da ich keineswegs beabsichtigte, für längere Zeit in Spanien zu bleiben, so mußte ich es bei der einen Reise bewenden lassen. Das Geschäft ist nämlich in Spanien nicht bedeutend genug, um große Chancen für die Zukunft zu bieten, und außerdem ist man dort so sehr außer aller Welt, daß man sich trotz des schönen Himmels und ähnlicher hübscher Zutaten, doch schließlich langweilt. Hoffentlich verschlägt mich das Schicksal jetzt einmal nach New York, denn ich möchte gar zu gern Amerika gesehen haben, ehe ich mich fest irgendwo niederlasse. Eine solche Reise läßt sich aber nicht so aus dem Ärmel schütteln, und ich bin deswegen darauf angewiesen, auf eine günstige Gelegenheit zu warten.

Einstweilen habe ich hier in Hamburg noch zu tun, was mir ganz recht ist, da sich viele Anknüpfungspunkte von hier aus darbieten und weil meine hies. Freunde sich bestreben, mir das Leben angenehm zu machen. Einladungen und Besuche plagten mich seither förmlich, was mir umso unwillkommener war, da ich nach dem vielen Herumreisen am liebsten ganz ruhig geblieben wäre. Außerdem ist mir an dem gewöhnlichen Firlefanz entsetzlich wenig gelegen; ich habe zu viel gesehen und erlebt in den letzten Jahren, und wenn ich an viele meiner Freunde denke, die jetzt entweder tot sind, im Gefängnis stecken oder im Auslande ihre liebe Not haben, so will mir der lausige Spaß gewöhnlicher Gesellschaften wenig mehr gefallen.

Die Revolution hat wirklich schauderhaft unter den Menschen gewirtschaftet; außer den Tausenden von Existenzen, die dabei verloren gingen, ist eine solche Mutlosigkeit und Leere in die Gemüter gefahren, daß man seine Freunde kaum mehr wiederkennt.

Teilweise spüre ich diese schwachmatische Stimmung an mir selbst; mein alter Humor will nicht wiederkehren, und ich bin nur dann glücklich, wenn ich ununterbrochen arbeite.

Und doch kann man sich keine Vorwürfe machen, daß man sich sr. Zt. blindlings in die Bewegung hineinstürzte, denn sie war zu groß, als daß man nicht etwas Besseres als ihr wirkliches Resultat davon hätte erwarten sollen. Jedenfalls freut es mich, daß ich mich in der Revolution und durch die »N. Rheinische Zeitung« beteiligte; denn ich sehe erst jetzt, wie richtig wir agierten, wenn wir alle Parteien, unsre eigne nicht ausgeschlossen, en canaille behandelten. Dies ist die einzig richtige Manier, mit den Deutschen umzugehen, denn es gibt wirklich keine liederlichere, zerfahrenere und sklavischere Nation als die unsrige. Ich habe mich amüsiert, als ich in diesen Tagen Vehse's »Geschichte des preußischen Hofes« las und sah, wie Friedrich der Große mit seiner Zeit umgesprungen ist. Seitdem haben sich die Verhältnisse allerdings geändert, aber der unsterbliche deutsche Geist ist in seiner ganzen Misére derselbe geblieben, und das Urteil des damaligen Lord Malmsburg über die damaligen Deutschen paßt auch noch für heute.

Solltest Du Vehse's »Geschichte der deutschen Höfe«, von der bis jetzt die ersten 4 Bände über Preußen erschienen, noch nicht gelesen haben, so suche sie Dir zu verschaffen, denn sie enthält die interessantesten Aufschlüsse und unzählig viele authentische Notizen über die Geschichte der letzten 2 Jahrhunderte. Übrigens kann ich Dir ein Exemplar des Werkes mitbringen, wenn ich nach Detmold gehe, da das Buch bei Campe erscheint, der mir die jedesmal erscheinenden Bände gleich zediert. Auf diese Weise sparst Du den etwas teuren Preis des Werkes.

Von den in London lebenden Deutschen haben sich der Philosoph Ruge, der Poet Kinkel, der Priester Ronge, der Normalschädel Struve und ein General Haugh, der in Rom mitfocht, und endlich unser früherer Korrektor Schapper, mit dem Ledru-Mazzinischen Komitee zu einem allgemeinen Revolutionsvorstand vereinigt, indem sie weltbeglückende Proklamationen erlassen und sich an der Mazzinischen Anleihe beteiligen, so daß sich z.B. Ruge und Kinkel für 10 Millionen Francs verbürgen. Die Sache ist ebenso ergötzlich als traurig, und ich freue mich nur, daß Marx mit diesen Leuten nichts gemein hat und sich ganz von ihnen trennte, um ausschließlich seinen wissenschaftlichen Arbeiten obzuliegen, was unter den augenblicklichen Verhältnissen wirklich das beste ist. Inzwischen verfolgen jene Leute aber ihre Pläne und scheinen noch nicht aus der Vergangenheit gelernt zu haben, wie töricht es ist, Revolutionen vom Auslande her organisieren zu wollen.

Doch ich gerate vom Hundertsten ins Tausendste! Der Frühling ist wieder gekommen, und es muß jetzt in Deiner Gegend schön aussehen. Gern hätte ich Dich hier bisweilen bei den Hamburger Blumen-Ausstellungen, die wirklich alles übertreffen, was ich bisher sah. Natürlich ist alles durch Kunst hervorgebracht, denn die Natur scheint mir hier in diesem schlechten Landstück die Pflanzen wahrhaftig nicht zu begünstigen. Aber die menschliche Kunst kann alles, und wenn man bedenkt, daß die schönsten Muskateller Trauben, die in London gegessen werden, in Harlem gewachsen sind, so muß man gestehen, daß die Menschen die Klimate und die Jahreszeiten auf eine schlaue Weise durcheinander zu würfeln wissen.

Von den Kaktus und den Aloes, die Deine alten Freunde sind, hätte ich Dir gern einige aus Spanien mitgebracht, wo sie zu Hecken-Zäunen dienen, aber die Dinger sind gar zu stachelig!

Aber grüße mir inzwischen Eure Buchen- und Linden-Bäume, die jedenfalls schöner sind als Kaktus, und die in Spanien nicht zu finden sind.

Mit dem herzlichsten Gruße

Dein Georg.

45. AN KARL MARX

Hamburg, 28. April 1851

Lieber Marx!

Gleich nach Abgang meiner letzten Zeilen, via Bradford, erhielt ich Deinen Brief vom 8. April, den Du nicht rechtzeitig auf die Post gegeben hast. Daher die verzögerte Ankunft in Hamburg. Seitdem kam mir auch Dein Schreiben vom 16. April zu.

Wenn Du mich mit ökonomischen Gründen über die Seltenheit Deiner Briefe trösten willst, so wird Dir dies schwerlich gelingen. Ich liebe die Quantität ebensosehr als die Qualität.

Übrigens hoffe ich, Dich Anfang Juli in London wiederzusehen, denn ich kann diese Grashopper in Hamburg nicht länger ertragen. Es droht mir hier eine glänzende Existenz, aber ich erschrecke davor. Vielleicht habe ich unrecht – wer weiß! Jeder andre würde mit beiden Händen zugreifen. Aber ich bin zu alt geworden, um noch ein Philister zu werden, und jenseit der See liegt ja der ferne Westen.

Lupus'[61] Lage tut mir sehr leid, aber es ist mir unmöglich, ihm jetzt Geld zu schicken. Ich schäme mich, dies zu gestehen, denn ein Kaufmann sollte immer Geld haben; aber meine Unstetigkeit, die mich zwar stellenweis viel genießen läßt, bringt mich bisweilen auch in so komische Umstände, daß mein Humor auf den allerschwächsten Füßen geht. Dies ist augenblicklich wieder der Fall, aber wenn der Wind sich ändert, so werde ich die Adresse von Lupus benutzen. Wahrscheinlich ist es, daß ich ihn eines Tages unverhofft am Mississippi wiedertreffe.

Ich habe in der letzten Zeit allerlei geschrieben, aber nichts beendigt, denn ich sehe gar keinen Zweck, kein Ziel bei der Schriftstellerei. Wenn *Du* etwas über Nationalökonomie schreibst, so hat das Sinn und Verstand. Aber *ich?* Dürftige Witze, schlechte Späße reißen, um den vaterländischen Fratzen ein blödes Lächeln abzulocken – – wahrhaftig, ich kenne nichts Erbärmlicheres! Meine schriftstellerische Tätigkeit ging entschieden mit der »Neuen Rheinischen Zeitung« zugrunde.

Ich muß gestehen: so leid es mir tut, die letzten 3 Jahre für nichts und wieder nichts verloren zu haben, so sehr freut es mich, wenn ich an unsre Kölner Residenz denke. Wir haben uns *nicht* kompromittiert. Das ist die Hauptsache! Seit Friedrich dem Großen hat niemand das deutsche Volk so sehr en canaille behandelt wie die »Neue Rh. Ztg.«.

Ich will nicht sagen, daß dies mein Verdienst war; aber ich bin dabeigewesen.

Und so empfinde ich einen höchst aristokratischen Ekel, wenn ich die Feder jetzt abermals ansetzen soll. Ich soll Kinkel angreifen? Weshalb? Dieser unschuldige Mann mit der ganzen Londoner Clique wird niemandem über den Kopf wachsen; diese Leute werden sich allmählich in Gin und Porter auflösen und dann an der Langeweile verduften. Kinkel an und für

61 Wilhelm Wolff.

sich ist ein zu unbedeutender Mensch, er verdankt seine Wichtigkeit nur den deutschen Demokraten; die »Westdeutsche Zeitung«, Herr Becker und Herr Bürgers, waren es, die s. Zt. aus Kinkel das Lamm Gottes, den großen Revolutionsbär machten, und wie soll ich nun einen Angriff auf Kinkel arrangieren, der in einer Zeitschrift, eben bei Becker und Bürgers, gedruckt werden soll!

Aber freilich, man kann seinen deutschen Freunden alles bieten, alles.

Lassen wir daher meine Beiträge zu der neuen Zeitschrift, bis ich Dich in London wiedergesehen habe. Einstweilen will ich Romane lesen, spazierengehen und alles vergessen.

Hierzulande ist alles wieder im alten Gleise. Die seichte Mittelmäßigkeit schwimmt behaglich in Gesellschaften, Büchern und Zeitungen. Selbst die Polizei ist mittelmäßig geworden; sie macht nicht mehr von sich reden. Die Leute, die noch in den Gefängnissen stecken, sind längst vergessen.

»Alles zieht, aber nichts schlägt durch«, sagte mir neulich der alte Campe und blickte betrübt auf seine Makulatur. Dieser Spruch läßt sich auf alles anwenden.

O Portugal! O Spanien! Hätten wir nur deinen schönen Himmel, deinen Wein, deine Orangen und Myrten! Aber auch das nicht! Nichts als Regen, als lange Nasen und Rauchfleisch.

Bei Regen, mit langer Nase,

Dein G. Weerth.

46. AN FERDINAND LASSALLE

Hamburg, 3. Mai 1851

Lieber Lassalle!

Da ich gar nicht wußte, ob und wo Dich mein Brief treffen würde, so hatte ich meine neulichen Zeilen absichtlich so kurz gefaßt. Jetzt weiß ich, daß Du wieder in Deiner alten Umgebung bist, und ich beeile mich, Dir meine herzlichen Grüße hinüberzusenden, indem ich Dich bitte, mich der Gräfin sehr empfehlen zu wollen.

Du mußt von jetzt an recht für Deine Gesundheit sorgen: viel schlafen, regelmäßig spazierengehen, gut essen und trinken und wenig denken. Dies allein führt zur Glückseligkeit.

Ja, es wäre das beste, wenn Du die Gräfin veranlassen könntest, alle Prozesse an den Nagel zu hängen. Du würdest sie dann nach Italien begleiten. Dort setztet Ihr Euch an das blaue Mittelmeer und studiertet den Dante oder meine interessanten Briefe – die Myrten und Orangen würden Euch lieblich umduften, die See rauschte, und alle Not wäre vergessen. Statt dessen zankt Ihr Euch fortwährend mit verderblichen Advokaten, mit Kerls, die Gott in seinem Zorne erschaffen hat, aus Käserinden und Sternschnuppenschnäuzen. Ihr verbittert Euch das Leben, verliert Euer Geld und

Eure Prozesse, und in dieser ewigen Angst, ja, in dieser ewigen Hatzfeldtschen Hetzjagd streichen die schönsten Jahre vorüber, und das Alter kommt, wo das Blut nicht mehr perlt und wo wir alle Schafsköpfe werden.

Drum tue, was ich Dir rate. Weisheit spricht aus meinem Munde. Ich bin ein alter Mann, vielleicht der einzige alte Mann, der noch kein Schafskopf ist; ich muß wissen, was der Jugend frommt – und mittlerweile sorgt die Weltgeschichte für das übrige, und es wird sich später finden, ob sie Dich noch einmal nötig hat.

Die Reise, die ich jüngst geträumt habe – denn Träumen ist das rechte Wort für solches Reisen –, ging, wie Du weißt, von London über Amsterdam durch das kölnische Arresthaus nach Hamburg und Schottland, und ich muß Dir wirklich in allem Ernste raten, Edingburgh nächstens mit Deinem Besuche zu erfreuen, denn dies ist bei weitem die schönste Stadt, die ich noch gesehen habe. Auch die Hochlande sind nicht übel, aber doch nur zu der sonnigsten Jahreszeit und bei anhaltendem Trinken starker geistiger Getränke.

Über Newcastle und Manchester nach London hinunterpurzelnd, ging ich dann via Southampton nach Oporto und Lisbon und verlebte in Cintra einige Herbsttage, die von meinem kölnischen Arresthaus-Frühling sehr verschieden waren. Im Oktober und November wurde Cadiz meine Residenz, die weiße Stadt im blauen Atlantik, die Stadt der funkelnden Augen und der zierlichen Füße. Dann ein Ausflug nach der Nordküste von Afrika und Gibraltar, von wo wir in großer Kavalkade zur Fuchsjagd nach dem spanischen Festlande zurückritten. Hierauf Malaga und Granada, das Land der Kontraste, oben der ewige Schnee der Sierra Nevada, und unten im Tale ewige Rosen. Ja, ein Land der Kontraste, namentlich für mich, denn wenn ich den Tag über mit Sir John Packington an den Fontänen der Alhambra gelegen hatte, so machte ich abends Geschäfte in Öl und Trauben von Spanien nach Amerika und in Industrieproduktion von Schottland und Deutschland nach Spanien. Lache nicht! Du verstehst so etwas nicht. Der Handel ist für mich das weiteste Leben, die höchste Poesie.

Heitere Tage verstrichen in Sevilla, und mit schwerem Herzen riß ich mich los von dem schönen Andalusien, von dem Lande, das ich ewig lieben werde. Über Cordova durch die Sierre Morena und durch die Mancha, wo ich vergebens nach meinem großen Ahnen, dem unvergleichlichen Don Quijote, forschte, setzte ich meine Reise nach Toledo, Aranjuez und Madrid fort; säuselte auch seitwärts nach dem Eskorial und eilte dann durch Aragonien nach Barcelona, um hier plötzlich von meiner alten Krankheit, dem Spleen, in höchst bedenklicher Weise überrascht zu werden.

Ich hatte nämlich seit sechs Monaten kein schlechtes Wetter gesehen und konnte es wirklich nicht länger unter dem ewig schönen Himmel aushalten. Ich warf mich also auf das erste Schiff, fuhr nach Marseille, quer durch die Provence über Paris und Bingen auf Köln und stürzte endlich erfrischt hier in die Hamburger Fleeten.

Doch wozu diese Weitläufigkeiten?

Ich wollte Dir heute nur über das Dokument schreiben, was ich gestern an Dich abgehen ließ. Ein besseres ist nicht aufzutreiben, ein Visa unmöglich.

Es muß also Deinem Scharfsinn überlassen bleiben, was weiter geschehen kann. Jedenfalls bitte ich Dich aber, nur dann von dem Dinge Gebrauch zu machen, wenn es wirklich für Lupus ist, und den Paß zurückzuschicken, wenn er nicht paßt; denn ich möchte unter keiner Bedingung dem Eigentümer, der oft und gerade in den betreffenden Ländern reist, Unannehmlichkeiten bereiten.

In England sind *neue* Pässe jederzeit zu haben, und es wundert mich, daß man Lupus von da aus nicht längst einen gesandt hat.

Anfang Juli werde ich Dich für einige Stunden in Düsseldorf besuchen, da ich auf die Industrieausstellung in London zu gehen beabsichtige.

Einstweilen empfehle ich Dich den ewigen Göttern

und bleibe

Dein G. Weerth.

Der Paß hat auf der Rückseite ein französisches Visa.

47. AN HEINRICH HEINE

Leipzig, 14. Mai 1852,
am Markt No. 9

Geehrter Herr!

Seit Sie mir erlaubt haben, Ihnen bisweilen zu schreiben, ist es eigentlich ein Verbrechen, daß ich von dieser Erlaubnis so wenig Gebrauch machte. Aber ich habe in der letzten Zeit nur Menschen gesehen und Dinge erlebt, die von wenig Interesse für Sie sein konnten. Als ich nämlich Yorkshire verlassen hatte, ging ich zunächst in die Kohlenbergwerke von Schottland und führte dort ein sehr ernstes unterirdisches Leben, indem ich für mein rotes Gold jene schwarzen Diamanten kaufte, deren Rauch Ihnen von jeher so unangenehm gewesen ist. Am Firth of Forth wieder auf die Oberfläche der Erde gelangt, fuhr ich nach Aberdeen und begegnete einer Lokomotive, welche mit Efeu und Blumen bekränzt war, denn es hatte sich in Schottland das Gerücht verbreitet, soeben sei der Papst in Rom gestorben. In den Hochlanden gab es sonst nichts Neues, das heißt, es gab so viel Neues, daß das Alte so gut wie vergessen ist. Denken Sie sich, daß von Inverness durch die Hochlande nur noch eine einzige vierspännige Kutsche fährt, eine jener gelben Kutschen, die früher der Stolz Großbritanniens waren. Wenn auch der Postillon dieser letzten Kutsche gestorben ist, da wird die Reihe an den Papst in Rom kommen, und der Dampf der schwarzen Diamanten wird uns dann ohne Unterbrechung von Aberdeen und Inverness bis in die Pontinischen Sümpfe bringen.

Bei Gelegenheit der Pontinischen Sümpfe fällt mir ein, daß ich von Schottland nach Holland reiste und dort an dem Haarlemer Meer vorüberfuhr, welches unsre guten Nachbarn jetzt vermittelst einer großen Dampfmaschine in die Nordsee hineinpumpen. Ein faules Ei, eine tote Auster und ein sozialistischer Schneider können nicht mehr Gestank verbreiten als die von so vielen trefflichen Poeten besungenen versunkenen Dörfer, welche jetzt auf dem Grunde des Haarlemer Meeres wieder zum Vorschein kommen. Holland hat von jeher nach schmutziger Wäsche gerochen, und es ist wahrscheinlich nur aus diesem Grunde, daß ich nie eine Holländerin habe küssen mögen, wo das Haarlemer Meer am tiefsten ist; seit ich aber die versunkenen Dörfer berochen habe, erkläre ich mich auch leicht begreiflichem kosmopolitischem Leichtsinn dazu bereit, lieber, wenn ich wählen müßte, alle Schrecken einer Waffelbude ertragen zu wollen, als Pastor in einem jener versunkenen Dörfer zu werden, auf dem Grunde des Haarlemer Meeres.

Durch Holland reiste ich in mein Vaterland und spürte an der Grenze, daß ich trotz vieler männlicher Eigenschaften doch mit Frauenzimmern große Ähnlichkeit habe, indem ich mich bei jeder Grenzüberschreitung gedrungen fühle zu schmuggeln.

Sie wissen, wie sehr die Verderbnis des Weibes zunimmt, wenn es einmal von der Bahn der Tugend abgewichen ist. Obgleich ich gar keine Kontrebande mit mir führte, konnte ich daher doch nicht der Versuchung widerstehen, einen Douanier vor dem Öffnen meiner Koffer zu bestechen. Aber ach, wie sehr hatte ich mich in dem Charakter meines Landsmannes getäuscht, denn dem Lasterhaften, der alle Zöllner bestochen hat von Kopenhagen bis nach Gibraltar, gelang es nicht, jenen schäbigen, verdrießlichen Preußen zur Annahme eines geheimnisvollen Talers zu überreden – sehen Sie, und seit diesem Augenblick glaube ich an die Einigkeit und die Unteilbarkeit der preußischen Monarchie und an die hoffnungslosen Anstrengungen aller sozialistischen Schneider.

Krefeld war der erste deutsche Ort, den ich erreichte. Ich verfügte mich sofort auf den Abtritt und fand hier unter Glas und Rahmen ein Porträt von Arnold Ruge. Dies ließ mich auf eine gewisse Entwicklung der politischen und sozialen Ansichten meines Wirtes schließen, und ich nahm ihn daher im Laufe des Tages beiseite und fragte ihn nach seiner Meinung über die Dinge im allgemeinen.

»Verehrter Freund«, erwiderte er, »das will ich Ihnen verraten: Wenn ich ein gutes Glas Wasser habe, da lasse ich ein schlechtes Glas Bier stehen und trinke ein Glas Wein.«

Gegen diese tiefsinnige Mitteilung, welche selbst dem großen Philosophen Ruge verständlich sein wird, konnte ich nichts einwenden, und ich habe mich seitdem nicht mehr um die politischen und sozialen Zustände Deutschlands bekümmert, sondern fuhr den Rhein hinauf bis nach Mainz und dann nach Frankfurt, um vor zwei Heiligenbildern meine Andacht zu verrichten, vor der Ariadne und vor einer Larve, die in derselben Halle steht, vor dem Bilde des Fürsten Lichnowsky, dessen Schicksal mir von Herzen leid tut.

Meine Feinde sind tot, meine Freunde sind zerstoben und zerflogen. Ohne Feind und Freund führe ich ein Leben wie der Schädel des großen Mammut im Britischen Museum; ich stiere in die Welt hinein und weiß nicht mehr warum, und bisweilen wünsche ich, daß ich mit dem großen Mammut umgekommen wäre in der heiligen Sündflut.

Sie begreifen daher, daß ich nicht mehr dichte und trachte und daß ich nichts mehr schreibe als mitunter Briefe an meine Mutter, und die ist schon sehr alt, und an Sie, und Sie sind sehr krank – ja, Sie begreifen, daß ich ein ganz gemeiner Handelsmann geworden bin, der jüngst auch auf die Leipziger Messe gezogen ist, um mit den polnischen Juden jenen trüben Cancan zu tanzen, bei dem sich die Phönizier, die Karthager und die Nüremberger längst zu Tode getanzt haben und den nur das auserwählte Volk Gottes fortsetzt bis in alle Ewigkeit, Amen.

Übrigens ist es mir gestern komisch ergangen. Als ich nämlich mit einem langbärtigen Kaftan im besten Trödel bin, da sehen wir zufällig zu gleicher Zeit nach dem Fenster des nächsten Ladens und schrecken zusammen, wie man erschrecken würde, wenn mit einem Male aus heiterm Himmel ein angeschossener Falke niederstürzte und den Boden färbte mit rotem Blute, ja, wir blickten hin und wurden beide still, denn an dem Fenster hing Ihr Porträt, das eben fertig gewordene.

Ich fragte den alten Juden, ob er »jenen Mann« kenne. Er sagte mir, nein. Und ich erklärte ihm, daß »jener Mann« ebenfalls in Arkadien geboren sei, worauf er sich erkundigte, ob Sie in Baumwollwaren, in Samt oder in welchem Artikel Sie »machten«.

Er machte in Blumen Geschäfte, künstlich aus Gold und Silber, auch in Perlen und Edelgesteinen, erwiderte ich ihm. Ein schönes Geschäft! versetzte der Alte, indem er wiederholt zu Ihnen hinaufblickte, aber auf der Messe muß er schlechte Geschäfte gemacht haben, denn er sieht sehr traurig aus. –

Das war aber ein Irrtum, denn ich habe Vater Campe nie so jugendlich lustig gesehen als in der verflossenen Woche, wo ich ihn mit wenigstens hundert seiner Kollegen vergleichen konnte und gestehen mußte, daß er in der Tat aller Verleger Blüte ist.

Während wir gegen Mitternacht unsre Zähne in die Schwemme ritten und von ganzem Herzen auf Ihr Wohlsein anstießen, wollte es der Zufall, daß ein kleiner östreichischer Buchhändler eine Bestellung auf mehrere Exemplare Ihrer Gesamtwerke, d.h. Ihrer Perlen und Edelsteine, über den Tisch herüberreichte. Ich nahm dies als ein gutes Omen an, und gemeinschaftlich schlugen wir großen Lärm, daß bald eine neue Ausgabe erscheine.

So nehme ich den Gedanken an Sie mit hinab in die Bergwerke, in das Haarlemer Meer, den Rhein hinauf, über Felder und Gassen.

Bessere Perlen wie Sie verstehe ich nicht zu fischen. Ich erfreue mich daher Ihrer Schätze.

Hat Sie vielleicht ein Dr. Eduard Vehse besucht? Ich hatte ihn gebeten, meine herzlichen Grüße zu überbringen.

Ihr aufrichtig ergebener

G. Weerth.

48. AN BETTY TENDERING

Detmold, 2. Oktober 1855

Liebe Betty!

Ich sitze wieder bei meiner siebzigjährigen Mutter in dem stillen Detmold. Die Herbstsonne bricht durch die gelbgrünen Lindenblätter und zittert auf den Blumen des Teppichs. Einige leichtfertige Fliegen und ein Kanarienvogel machen das einzige Geräusch. Es ist die Atmosphäre einer alten Frau. Leidenschaft und Lüge sind unmöglich. Kein Zweifel kann darüber sein: ich bin wieder zu Verstande gekommen. Ich bin nüchtern wie ein frostiger Wintermorgen.

In dieser frostigen Nüchternheit lege ich die Hand aufs Herz und gestehe mir, daß ich von meiner Liebe zu Dir leider noch nicht kuriert bin, nein, daß es mir im Gegenteil vorkommt, als finge ich erst an, Dich zu lieben.

Das verdammte Flennen und die abscheuliche Angst sind vorüber. Ich betrachte Dein Bild mit der größten Ruhe; ich wage nicht, es zu küssen, ich habe fast Furcht vor Dir, und doch bin ich mit Leib und Seele an Dich gefesselt. Ob dies wirklich Liebe ist, ich weiß es nicht.

Ich habe mir immer eine Frau gewünscht, die mir imponierte, vor der ich heiligen Respekt haben könnte. Da ich nie eine solche fand, so küßte ich alle Weiber nur einmal, und die Bemühungen meiner Freunde, aus einer Liebschaft ernst zu machen, sind immer verloren gewesen.

Unbegreiflich ist es mir, weswegen ich mich so unwiderstehlich zu Dir hingezogen fühle. Du bist lange nicht so schön wie viele meiner spanischen Freundinnen. Deine Figur ist königlich, aber es fehlt ihr eine gewisse Anmut. Dein Mund ist zu groß, und Dein Blick entzückt abwechselnd und versteinert.

In vergangener Nacht träumte mir, Du wärst eine Giftmischerin. Wir wären 14 Tage verheiratet, und schon wolltest Du mir Blausäure in den Kaffee mischen und mich im Schlafe erdrosseln – vergifte und erdrossele mich!, es ist mir recht. Ich will diese Chance laufen.

Die alte Welt ist mir zuwider geworden. Alle meine ersten Anstrengungen in der Literatur, in der Politik, im Handel, sie sind zunichte geworden, und was das schlimmste ist, ich hatte Ursache, meine besten Freunde zu verachten; früher oder später ertappte ich sie alle auf einer kleinen oder größeren Niederträchtigkeit; mit wenigen, sehr edlen Ausnahmen, wurden sie alle Schufte oder Philister.

Da ging ich nach Westindien, und ich habe zum ersten Mal in meinem Leben vollständig reüssiert. Ich bin dem Schicksal dankbar; ich gehe nach Westindien zurück. Materielle Prosperität ist mir Notwendigkeit, und mein Herz erfreut sich an einer großartigen Natur, an dem Sonnenhimmel der Tropen.

Trotz alledem wurzle ich mit tausend Fasern in der Erde, die ich fliehe. Ich weiß, daß ich nur an die alte Welt denken werde, während ich in der neuen wohne. Ich weiß nicht, wie man etwas hassen und doch lieben kann, aber dieser Widerspruch ist ein Faktum, und ich klammere mich fest daran, denn ich muß etwas haben, was ich verehre, was ich liebe, wofür ich mich aufopfere.

In Deiner Person, in meiner Liebe zu Dir, hat sich diese Schwärmerei für die alte Welt verkörpert. Du bist für mich das Rätselhafte, die Sphinx der alten Welt, das Heidentum und das Christentum, die Geschichte der Vergangenheit und der glühende Genuß des ewig Schönen.

Ich erschrecke vor Dir, und ich liebe Dich zu gleicher Zeit, und ich kann nicht von Dir lassen.

Wenn Du meine Frau werden willst, so behalte Dein Geld und lebe 6 Monate jedes Jahr in Europa und tue, was Du willst. Die andern 6 Monate kommst Du nach Westindien und lebst mit mir. Ich werde mein tolles Umherirren in Amerika aufgeben, ich werde alle meine Anstrengungen auf Havanna konzentrieren. Ich verdiene schon jetzt dort ein Minimum, welches dem Gehalte eines preußischen Generals oder Ministers mehr als gleich steht, und ich glaube, daß es mir möglich sein wird, in Zeit von 10 Jahren ein Vermögen zu sammeln und dann nach Europa zurückzukehren.

Ich werde dann die erste Liebhaberei meiner Jugend, die Literatur, wieder aufnehmen; ich fühle, daß ich geistig frisch bleiben werde bis an meinen Tod; ich werde immer lieben, immer hassen können, meine ganze Natur ist Anti-Philister, und in den Jahren, wo gewöhnlich Schriftsteller erlöschen, werde ich erst die Bühne besteigen, und, ich weiß es, mit Erfolg.

Dies sind meine unumstößlichen Pläne; ich habe kein Geheimnis vor Dir; es gehört Dir meine ganze Seele.

Wenn Du entschiedene Abneigung gegen mich hast, so kann ich Dir das übrigens nicht verdenken. Es ist leicht möglich, daß Du hundert bessere Männer kennst, als ich bin, und außerdem ist es ja auch denkbar, daß Dein Spleen, die Welt allein zu durchirren, aufrichtig ist und noch lange dauert. Aber verzeih mir, Betty, wenn ich Dir sage, daß dieser Spleen nichts Gutes ist. Es liegt etwas Häßliches darin, daß man allein mit sich genießen will.

Und nun lache mich aus, mit Deiner allerliebsten Schwester Bertha, und sage ihr, ich sei seit vielen Jahren nicht bei Tage so glücklich gewesen als neulich, wo ich mit Euch herumlief, und nie unglücklicher als nachts, wenn ich allein im Bette lag.

Ich denke nicht daran, Dir zur Last zu sein oder Dich zu ennuyieren. Du kannst mit mir machen, was Du willst. Paßt es in Deine Reise-Arrangements und paß ich zu Deiner übrigen Gesellschaft, so erlaube, daß ich Dich wiedersehe. Bis zum 8. Okt. gehe ich nicht fort von Detmold und reise dann mit meinem Bruder Wilhelm nach Paris, wo meine Spediteure Matthies & Co., Agents de la Comp. du Chemin de fer du Nord, 50 Rue Croix des Petits Champs, Auskunft über mich geben können, da diese mir ein Logis besorgen.

Ich wünsche Dir ferner Sonnenschein und viel Vergnügen am Rhein und bleibe

Dein aufrichtig ergebener

Georg Weerth.

49. AN BETTY TENDERING IN ROM

Zwischen den Azoren und den Antillen,
Dienstag, 27. November 1855

Liebe Betty!

Wenn ich seit jenem Nachmittage in Marseille traurig war, elend und zerschlagen, so ist das kein Wunder. Ich habe oft gewünscht, daß ich jemandem meinen Kummer erzählen könnte, aber ich habe niemand als Sie. In Ihrer Nähe bin ich froh gewesen, glücklich, ich hatte keinen Wunsch mehr als den Wunsch: nie von Ihnen getrennt zu werden. Aber das Schicksal hat es anders gewollt, ich soll ohne Sie leben. Ich besinne mich jetzt hin und her, was ich anfangen kann, aber die ganze Welt kommt mir langweilig und erbärmlich vor. Ich muß eine große Sünde begangen haben, daß ich so unglücklich werde, aber ich weiß nicht welche.

Ihnen selbst kann ich keinen Vorwurf machen. Sie haben recht, daß Sie Ihrer Natur folgen. Aber ich kann ebenso wenig an meinem aufrichtigen Gefühl sündigen, und je mehr ich mich anstrenge, den Gedanken an Sie aus der Brust herauszureißen, desto weniger will es mir gelingen. Der letzte Gedanke, den ich habe, wenn ich einschlafe, das sind Sie, und am Morgen erwache ich mit Tränen in den Augen, weil ich sehe, daß mich meine Träume betrogen haben.

Mein einziger Trost in dieser Jammerexistenz ist das Gefühl und die feste Überzeugung, daß es keinen Menschen auf Erden gibt, der Sie so lieb hat wie ich.

Sie werden wiederum sagen, daß dies nicht mein Verdienst sei und daß auch der Liebe nur Egoismus zugrunde liege – sagen und denken Sie, was Sie wollen, ich kann Ihnen nicht mehr geben, als ich habe, aber meine Liebe gebe ich Ihnen mit freudiger Begeisterung.

Es tut mir leid, daß ich in Ihrer Gegenwart so weinerlich und so kindisch gewesen bin. Aber mein Herz ging mit meinem Kopfe durch. Ach, könnte ich Sie noch einmal wiedersehen, noch einmal bei Ihnen sein! Und doch könnte es mein Tod sein, wenn ich mich wieder von Ihnen trennen müßte!

Ihr Bild besehe ich jeden Morgen. Sie wissen, daß ich das Glas davon zerbrochen habe. Mehrere Male bin ich in Versuchung gekommen, Sie zu küssen, aber ich gebe Ihnen mein Ehrenwort darauf, daß ich es nicht getan habe. Ich will von Ihrem Bilde nicht, was Sie mir im Leben verweigert haben.

Aber eine Freude können Sie mir machen. Schicken Sie mir eine von den kleinen blauen Blumen, die in Ihrem alten Hute stecken. Das ist eine Lächerlichkeit, ich weiß es, aber Sie wollen ja, daß ich mit wenigem zufrieden sein soll.

Ich bin jetzt fest entschlossen, mit keinem meiner Bekannten in Europa mehr zu korrespondieren. Ein Brief meiner Mutter, der auf mein Zusammensein mit Ihnen Bezug hat, bestimmt mich hierzu. Da ich auch Ihrer Schwester Lina nicht mehr schreiben werde, so bleibt es Ihnen überlassen, von mir zu sagen, was Sie für gut halten. Aber grüßen Sie Lina und Bertha aufs herzlichste von mir.

Als ich von Marseille wieder in London eintraf, begegnete ich nachts zwischen 12 und 1 Uhr Franz Duncker auf der Straße. Er war auf einer buchhändlerischen Reise. Ich beendigte dann meine Geschäfte in Manchester, schiffte mich am 17. ds. ein und schwimme in diesem Augenblick auf meinem alten Freunde, dem Atlantik.

Das ist derselbe Weg, den ich vor drei Jahren schwamm. Ich hatte Sie damals zuerst gesehen, und ich liebte Sie. Ich habe drei Jahre lang gearbeitet, und es ist umsonst gewesen. Aber ich liebe Sie heute wie am ersten Tage, und ich liebe Sie tausendmal mehr, und was es auf Erden gibt von zärtlicher Anhänglichkeit und von herzlichen Wünschen, ich sende es Ihnen!

Georg Weerth.

50. AN WILHELM WOLFF

St. Thomas, 10. Februar 1856

Lieber Lupus!

Da ich das Schreiben fast ganz verlernt habe, so mußt Du nicht viel von meinem Briefe erwarten. Das Federhandwerk ist in den Tropen ein unerträgliches Geschäft und die Abfahrt der Steamer von St. Thomas ein wahrer Greuel. Das Prinzip der menschlichen Tätigkeit zwischen den Wendekreisen ist: die Sachen gehen zu lassen, wie's Gott gefällt. Aus früherer Gewohnheit arbeite ich zwar noch immer, aber so wenig als möglich. Auf diese Weise hoffe ich mich immer mehr zu akklimatisieren, denn die Idee, nach Europa zurückzukehren, habe ich gänzlich fahren lassen. Da siehst Du, wie ich mich zu meinem Vorteil verändere!

Ob allen Leuten die Tropen so gut gefallen wie mir, das weiß ich nicht. Wenn aber morgens um 5 Uhr von dem dänischen Fort der Alarmschuß fällt und ich mit beiden Beinen zugleich aus dem Bett springe, um aufs Dach zu steigen und den Sternenhimmel allmählich vor der Morgenröte schwinden zu sehen, da kommt es mir oft so vor, als ob es auf der ganzen Erde nicht schöner als in St. Thomas wäre. Denn die Luft ist in diesen frühen Stunden kühl und erquicklich. Ein leises Windchen flüstert um das Hemd und die Unterhose, und gern entledigt man sich auch dieser letzten Kleidung, steigt vom Dach herab und springt ins Meer. Während man im Wasser angenehm herumplätschert, wird es immer heller. Da erlischt auch der Morgenstern, und die Sonne steigt hinter den Palmen herauf, und man geht wieder nach Hause und trinkt vorzüglichen Kaffee und hinterher ein Glas Eiswasser, so kalt wie es nur am Nordpol gefunden werden kann. Nach diesem morgendlichen Wandern, Baden und Frühstücken kleidet man sich in die Farbe der Unschuld und verfügt sich auf die Straße zu einigem verliebten Gekose mit ehrenwerten Geschäftsfreunden. Die Konversation dreht sich um die größten Interessen der Menschheit, die in Europa, wie Du weißt, im Durchschnitt 5 % per Jahr sind, hierzulande dagegen etwas höher, nämlich 1 % per Monat. Gern sind alle Geister in dieser Morgenstunde zu guten und schlechten Geschäften aufgelegt. Aber immer höher steigt Phöbus am Himmel herauf; was man um 7 Uhr in 10 Minuten fertigbrachte, dazu braucht man um 8 Uhr eine halbe Stunde, und wer um 9 Uhr noch nicht selig geworden ist, den holt um 10 Uhr erst recht der Teufel. Denn um diese Zeit schickt Phöbus schon ziemlich senkrechte Strahlen. Auch lebt der Mensch nicht allein von der Morgenluft und einer Tasse Kaffee. Es ist Pflicht eines vernünftigen Geschöpfes, gut zu frühstücken. Und so verfügt sich jeder zu seiner Gattin, zu seiner Negerin oder zu seinem Wirte, und alle erheben sie die Hände zum lecker bereiteten Mahle.

Zu einem Frühstück bei mir lade ich Dich hierdurch feierlich und förmlich ein. Wir sitzen auf einer Terrasse, die ein gewölbtes Dach und einen Fußboden von weißem Marmor hat. Über einen Garten, voll blühender Oleander, Kakteen und Orangen, den links eine Reihe Tamarinden, rechts eine Palmen-Allee einfaßt, sehen wir auf die Schiffe des Hafens und weiter in die blaue See hinein, an derem Horizont die Insel Santa Cruz aus den Wellen taucht. Zu uns herauf tönt das Geschrei von Negern und Papageien, zwar nicht sehr harmonisch, aber doch verständlich für Menschen, die wie ich den Gesang der besten europäischen Sängerin und des letzten amerikanischen Esels mit gleicher Andacht zu belauschen pflegen. Das Frühstück ist gut; eine Konversation in vier Sprachen, roter Creolanpfeffer, Brandy und Wasser mit Eis und allgemeine Sorglosigkeit würzen das Mahl; so frühstückt man nur in Westindien, und es ist nur schade, daß auch diese Abwechselung im Laufe des Tages untergeht, dessen fernere Entwicklung gegen Mittag durch einen kurzen Schlaf in der Hängematte göttlich unterbrochen wird.

Frage mich nicht nach einem tropischen Nachmittage, denn dieser ist schrecklich. Sonnig langweilig schleicht er dahin. Da wird es endlich Abend; es donnert, Wolken steigen auf, die Sonne senkt sich, und der ganze Himmel scheint ins Meer hinunter zu bluten. Dies ist die Zeit zum Reiten. Die Pferde werden gesattelt, und auch der trägste Philister schwingt sich von seinem Comptoirstuhl auf den Klepper, und holterdiepolter galoppiert und trabt der Teufel und seine Großmutter rechts links um die ganze Insel herum, bis gegen 6 oder 7 Uhr eine zweite Auflage des Frühstücks den denkenden Menschen wieder zur Heimat lockt.

Die Nacht, die keines Menschen Freund sein soll, ist hierzulande eine willkommene Erfindung. Nur muß man nicht lesen, schreiben oder tätig sein wollen. Beliebiges Geschwätz, Rauchen, Tanz und Musik machen die zwei Stunden von 8 bis 10 Uhr abends zu einer vortrefflichen Erholung. Um 10 Uhr ist aber der Termin alles Umhertreibens, und die Hängematte oder das Bett empfängt den Müden zu jenen nächtlichen Verirrungen, die in den Tropen und am Nordpol wahrscheinlich dieselben sind.

Sollte Dir dies aus Schlafen, Essen, Trinken, Reiten und wenig Arbeiten zusammengesetzte Leben in St. Thomas gefallen, so bringe einen guten Sack voll Geld mit und komme hierher. Ich selbst bleibe immer nur 14 Tage an einem Orte und hoffe, daß ich es nirgendwo länger aushalte. 14 Tage fühle ich mich daher stets unendlich glücklich, dann entführt mich ein Steamer, ruck, ein anderes Bild. Ich glaube, dieses unstete Leben ist die alleinige Quelle aller Heiterkeit und guten Laune. Möchte jedem Menschen seine Liebhaberei erhalten bleiben und mir die meinige.

Im übrigen habe ich Dir nichts zu erzählen, und wenn ich es recht bedenke, so ist dieser Brief ebenfalls im Grunde ganz überflüssig. Aber da er einmal geschrieben ist, so füge ich noch meine freundlichen Grüße hinzu und bleibe wie früher

Dein G. Weerth.

Wenn ich aufrichtig sein soll, so muß ich gestehen, daß ich aus dieser einförmigen Aequinoktial-Existenz eigentlich wenig zu erzählen habe und z. B. wirklich nicht wüßte, was ich Marx oder Engels schreiben sollte. Was in Westindien vorgeht, steht gewöhnlich in der »Times«, nach Eintreffen der »West India Mail«. Es ist gewöhnlich äußerst wenig. Ein interessantes Evenement ist der kürzlich ausgebrochene Krieg zwischen dem Kaiser Soulouque und der Republik St. Domingo. Wenn ich irgendwie noch Lust hätte, mich mit schöngeistigen Dingen abzuplagen, so würde ich versuchen, aus diesem Kriege ein Heldengedicht zu machen. Wie schöne Parallelen ließen sich zwischen dem Orient und dem Okzident ziehen! Aber ich habe längst den Sonnenstich für alle poetischen Arbeiten bekommen. Wenn Freiligrath so viel Humor in der Poesie hätte wie im Leben, so könnte er eine zweite Auflage seines Ruhmes erleben. Aber so wird der alte Heide wohl sterben, ohne Soulouque besungen zu haben.

Georg Weerth · Gedichte
1842 bis 1847

Weerth hat wohl eine Unmenge von Versen geschrieben: *Die Nächte wurden mir da zum Tage, und ich schrieb mehr Verse als Calderon und verdarb mehr gutes, geduldiges Papier, als ich vielleicht vom zwanzigsten bis zum achtzigsten Jahr zu Fidibus verbrauchen werde, mehr Papier, als alle alten Jungfern seit Erfindung des Papyros in ihre spärlichen Haare gewickelt haben.* (S. 199) Das meiste davon hat er allerdings selbst vernichtet. Er dachte recht kritisch über seine eigene Produktion. Im Jahr 1846 hat er dann aber alle Lieder, die erhalten geblieben oder dazugekommen waren, in einem Heft gesammelt und für eine Herausgabe vorbereitet. Er teilt darin die Gedichte in sieben Gruppen ein: *1. Die Liebe, 2. Der Wein, 3. Die Not, 4. Bruder Straubinger, 5. Die Landsknechte, 6. Historisches, 7. Verschiedenes.* Es kam jedoch nicht zu einer Veröffentlichung. Sein alter Schulfreund Theodor Althaus hatte ihm abgeraten; aber auch Weerth selbst erkannte, daß er inzwischen andere Vorstellungen von der Funktion der Dichtung hatte und nahm daher Abstand von einer Publizierung. Die von Weerth vorgenommene Gliederung ist nicht recht überzeugend und wird auch der Bedeutung der Gedichte nicht gerecht. Wichtige Verse finden sich unter der nichtssagenden Überschrift *Verschiedenes,* andere fehlen ganz in dieser Sammlung. Unsere Auswahl gliedert die Gedichte nach inhaltlichen und biographischen Gesichtspunkten.

1

Kennzeichnend für die frühen Gedichte ist das 1842 in der "Kölnischen Zeitung" veröffentlichte *"Karnevalslied"*. Das Gedicht steht – dem Anlaß entsprechend – unter dem Zeichen der "Freude". Wer Freude liebe und kenne, der solle nur herbeikommen, Lieder singen und Wein trinken. Die einzige Bedingung: *Nur sei er froh und frei.* Die Feiernden wollen weder *Kastengeist* noch *Parlament,* womit wohl das demokratische, aber auch unpolitische Element angesprochen ist. Die dritte Strophe feiert die Kraft des Volkes.

Die Gruppe der Lieder über den Wein besingt unbeschwert Freude und Fröhlichkeit junger Menschen. Jeder Tag scheint ein Feiertag zu sein. Mitunter sind es witzige Einfälle, die den späteren Satiriker und Sozialkritiker ahnen lassen: Der Wirt in dem Gedicht *"Die Schenke"* [1] hat ein *Bäuchlein wie ein Faß.*

Stolz ist er drauf, sein Weib zu führen
Am Sonntag in die Kirch hinein,
Doch bleibt er selber vor der Türen –
Für seinen Bauch ist sie zu klein!

Wenn er einmal tot sein wird, kann er nicht zum Himmel fahren, *dieweil er ein zu groß Gewicht* hat.

1 SW, Bd. 1, S. 81–83.

Vorerst hat der Witz noch kein Ziel, ist zufällig, nur um seiner selbst willen da. Er hat noch keine kritische Funktion. Gegen Ende seines Aufenthalts im Rheinland mischen sich zum erstenmal auch soziale Töne in seine Lyrik. Das Gedicht *"Der Wein ist nicht geraten"*, im November 1843 in der "Kölnischen Zeitung" veröffentlicht, greift das in jener Zeit heftig diskutierte Thema der Not der Winzer auf.

Die Gedichte Weerths in den Jahren 1838 bis 1843 sind stark von der rheinischen Romantik geprägt. In der Form ist die Lyrik vor allem Heine, Eichendorff, Uhland und dem deutschen Volkslied verpflichtet. Die Liebe, die Natur, der Wein, fröhliche Geselligkeit, das freie jugendlich-unbeschwerte Leben bilden die Themen seiner jugendlich-unbeschwerten Verse. Die frühen Gedichte sind – so das Urteil Hans Kaufmanns "zwar keine Meisterwerke, doch wertvoll und erfreulich zu lesen als Zeugnisse eines frischen und gesunden Naturells, dem der damals so moderne 'Weltschmerz' und der romantische Mystizismus gleichermaßen fremd sind" [2].

2

Angeregt durch das Studium Feuerbachs schreibt Weerth einige Gedichte, in denen seine neue Weltsicht zum Ausdruck kommt: *"Freund Lenz"*, *"Die Natur"*, *"Vernunft und Wahnsinn"* und *"Die Industrie"*. Sie sind in feierlichen, gewichtigen, rhythmisch 'schweren' fünfhebigen Jamben geschrieben. Jede Strophe besteht aus 8 Versen. *"Die Natur"* (ursprünglich *"Ein Festlied"* betitelt) feiert die Selbstbefreiung des Menschen. Hier sind unmittelbar Feuerbachsche Gedanken eingegangen: daß im Menschen die Natur zum Bewußtsein gekommen ist, daß der Mensch nun sein eigner Gott ist, an sich selbst nur glaubt. Der Mensch wird nun als freier, selbstbewußter Bürger der Erde gesehen, frei aber auch von Elend und Not. Die Glückseligkeit besteht in einem mangellosen, natürlichen Leben. Den stärksten Ausdruck findet diese Siegeszuversicht in dem Gedicht *"Die Industrie"*.

3

Die dritte Gruppe in der von ihm selbst zusammengestellten Gedichtsammlung – *Die Not* überschrieben – enthält 11 Gedichte. Davon sind 1845 einige im "Gesellschaftsspiegel" unter dem Titel *"Lieder aus Lancashire"* veröffentlicht worden. In Hermann Püttmanns "Album" (1847) kommen zu dieser Lieder-Gruppe noch einige Gedichte hinzu. Man geht wohl nicht fehl, wenn man die Entstehung all dieser Gedichte in die erste Jahreshälfte 1845 legt.

Weerths soziale Gedichte lassen sich nur dann sinnvoll beurteilen, wenn man sie in zwei Gruppen unterteilt. Zur ersten gehören die, in

2 Hans Kaufmann, Hundert und ein Jahr später. In: Berliner Zeitung (20. 8. 1957).

denen Einzelschicksale geschildert werden. Die Ursachen der Not werden nicht genannt. Der Erzähler tritt als nüchterner, zurückhaltender, sowohl naiver wie auch verhaltener Chronist auf. Er stellt nur fest und registriert die Tatsachen. Die Beurteilung der Fakten und eventuelle Schlußfolgerungen überläßt er dem Leser. In dem Gedicht *"Es war ein armer Schneider"* wird berichtet, wie ein armer Schneider 30 Jahre lang gearbeitet hat und dann Selbstmord begeht. Das stärkste Gedicht dieser Gruppe ist wohl das Lied *"Die hundert Bergleute"*. Bei einem Grubenunglück sind hundert Bergleute ums Leben gekommen. Die Witwen kommen und wollen Geld, um leben zu können. Der Grubenbesitzer zahlt auch einen Wochenlohn, nicht mehr. Die letzte Strophe schildert knapp das Verhalten des Fabrikanten:

Und als der Lohn bezahlet,
Da schloß er die Kiste zu.
Die eisernen Riegel klangen –
Die Weiber weinten dazu.

Weerth klagt so die Hartherzigkeit der Grubenbesitzer an, die nicht bereit sind, den Frauen die notwendige Unterstützung zu geben. Der Egoismus und die Hartherzigkeit ihrer Gesinnung sind in jenem Bild der Kiste mit ihrem eisernen Riegel treffend symbolisiert. Diese Geste erinnert den heutigen Leser an Brechts Mutter Courage, die in ähnlicher Weise ihre Geldtasche schließt. In einer anderen Fassung des Gedichts heißt es noch ein wenig härter: *Die eisernen Riegel knarrten.*

Aber nicht nur Hartherzigkeit und Mitleidslosigkeit werden angeprangert. In einer Anmerkung fügt Weerth hinzu: *In den Kohlengruben zu Haswell kamen im September v. J. hundert Menschen ums Leben. – Das Verdikt lautete: 'Visitation of God'. Man versichert aber, es sei dies Unglück durch die Nachlässigkeit der Grubenbesitzer entstanden.* –[3] Dieser Vorwurf, die Grubenbesitzer hätten nicht genügend für die Sicherheit getan, geht allerdings nicht unmittelbar aus dem Gedicht hervor. Zwar heißt es, *die Weiber weinten,* aber nun nicht mehr wie im *"Armen Schneider": Und niemand weiß warum.* Die Anklage ist nicht mehr ziellos, ihre Richtung ist sehr deutlich. Die Menschen ziehen schon ihre Rückschlüsse. Sie treten mit ganz konkreten Forderungen an die Besitzenden heran. Das Gedicht impliziert generell die Forderung nach ausreichender Versorgung der Witwen und – durch die Anmerkung betont – nach Sicherheit. Nicht das Schicksal waltet hier, sondern der *reiche Herr.* So begnügt sich das Gedicht nicht damit, Mitleid zu erregen. Es klagt zielgerichtet die Unmenschlichkeit der Bergwerksbesitzer an. Gerade dadurch unterscheidet es sich von den Gedichten des 'wahren' Sozialismus, daß es nicht den

3 Diese Anmerkung fehlt in der Handschrift, steht aber im "Gesellschaftsspiegel" und im "Album" (hier ist allerdings der letzte Satz weggelassen).

reichen Herrn auffordert, wohltätig zu sein, philanthropisch zu handeln, sondern betont, daß der reiche Grubenbesitzer sein Eigeninteresse nicht preisgibt. Das Verhalten beider Parteien setzt den antagonistischen Klassengegensatz voraus. Allerdings fehlt hier noch ein bewußtes Handeln der Arbeiter.

Dieses Grubenunglück bei Haswell, über das schon Engels berichtet[4], hat Weerth auch an anderer Stelle erwähnt. Dort läßt er den Chartistenführer O'Connor sagen, daß in den letzten Tagen, wiederum in den Bergwerken von Haswell, durch Nachlässigkeit der Grubenbesitzer hundert Menschen auf einen Schlag ums Leben gekommen seien und das Verdikt wie gewöhnlich: 'Visitation of God' gelautet habe; und Weerth fährt fort, die Wirkung dieses Berichts auf die Arbeiter beschreibend: *Da war es mit der Geduld der Leute zu Ende, sie entfernten sich und ein Fluch klang aus jedem Munde.*[5] – *Die Leidensmienen dieser Unglücklichen, der stumme Schmerz ihrer Züge, der lauter um Rache schrie als der tobende Haufen einer Revolte,* wie es im Romanfragment (vgl. Band II) heißt – das ist der erste Schritt auf dem Wege zum Bewußtwerden der Gemeinsamkeit des Leidens.

Das Gefühl, beziehungsweise das Bewußtsein unversöhnlicher Klassengegensätze kommt deutlicher in einer zweiten Gruppe von Gedichten zum Ausdruck. Dort ist eben jene Geduld zu Ende, von der Weerth im Zusammenhang mit der Haswell-Rede O'Connors gesprochen hat; mitunter ist erst noch nur ein Fluch auf den Lippen, aber auch andere Folgerungen werden schon gezogen. Die Skala des Handelns reicht von unbewußtem Rachegefühl bis zur Ankündigung bewußter Aktionen. Höhepunkt dieser Gedichte Weerths ist das *"Hungerlied"*, dessen Kürze und Schlichtheit wirkungsvoll den Inhalt bekräftigt. Die ganze Woche haben die Menschen gehungert. Diese Woche steht stellvertretend für das ganze Leben. Die Formulierungen, die den Hunger beschreiben, werden für jeden Wochentag kunstvoll variiert und gesteigert. Der König wird aufgefordert, nun endlich für Brot zu sorgen, sonst würde er selber gepackt und gefressen werden. So wird für den Fall, daß den Arbeitenden kein Recht widerfährt, in allegorischer Form eine Revolution angekündigt.

Weerth verzichtet in seinen Gedichten im Gegensatz zu Heine auf alles Subjektive. Sie sind unsentimental, sinnlich-anschaulich, eindringlich. Nicht von jener vagen Allgemeinheit, wie sie für die politische Dichtung des Vormärz weitgehend charakteristisch war. Im Vorwort zum 1. Band der "Rheinischen Jahrbücher" kritisiert Hermann Püttmann, daß die Dichter bislang entweder von "Schafen und Blümchen" oder von "Constitutionen und deutschen Flotten" gesungen hätten, nicht aber von Menschen.[6] Die von ihm verlangte "natürliche Volksdichtung" hat Weerth geschaffen. So ist auch das Wort von Engels zu verstehen, daß Weerth durch den "Ausdruck na-

4 Vgl. MEW, Bd. 2, S. 463.
5 Rheinische Jahrbücher, Bd. 1 (1845), S. 325.
6 Rheinische Jahrbücher, Bd. 1 (1845), S. V.

türlicher, robuster Sinnlichkeit und Fleischeslust" Meister gewesen sei und in deutscher Sprache nur von Goethe übertroffen werde[7]. Engels stellt Weerth sogar noch über Heine, weil er "gesünder und unverfälschter" gewesen sei. In Weerths Gedichten tritt das Ichbezogene völlig zurück. Es scheint, als erzähle irgendein naiver Mann aus dem Volk eine Geschichte. Daher fehlt auch jede Rhetorik, jedes breite Ausmalen, jeder bombastische Aufwand. Ein mehrfach bei Weerth zu beobachtender Verknappungsprozeß hat seinen Höhepunkt erreicht. Die Verbindung von lapidarer Kürze mit pointierter, durch Wiederholungen und Variationen gesteigerter Sprache, von Wortkargheit und sachlicher Einfachheit macht ihren unverwechselbaren Ton aus. Von unhistorischer Liebes- und Versöhnungsbereitschaft, wie sie der 'wahre' Sozialismus predigte, ist nichts zu spüren. Weerth jammert nicht darüber, daß die Fabrikanten "keine sozialistischen Philanthropen sind, keine Schwärmer, keine Menschheitsbeglücker"[8], er sieht in ihnen eben Fabrikanten, die ihrem Klasseninteresse folgen. Zunächst klagt er nur die Gesellschaft an, die den Menschen erniedrige; dann aber wird bald auch das Bewußtsein eines notwendigen Kampfes deutlich. Schließlich geht es Weerth – wie Marx – darum, "alle Verhältnisse umzuwerfen, in denen der Mensch ein erniedrigtes, ein geknechtetes, ein verlassenes, ein verächtliches Wesen ist"[9].

4

Die satirische Dichtung Weerths erreicht im Revolutionsjahr 1848 (vgl. Band II) ihren Höhepunkt. Allerdings gibt es auch schon einige dieser Satiren aus der Vormärzzeit, zum Beispiel das Gedicht *"Die deutschen Verbannten in Brüssel"*.

•

Die meisten der hier in Auswahl abgedruckten Gedichte finden sich auch in Weerths handschriftlich erhaltenem Gedichtheft. Nicht darin enthalten sind: *"Karnevalslied"*, *"Der Wein ist nicht geraten"*, *"Das war daheim ein ewiger Gesang"*, *"Sie saßen auf den Bänken"*, *"Die deutschen Verbannten in Brüssel"*, aber sie können den anderen Gedichten zugeordnet werden. Der Abdruck erfolgt nach den Handschriften, beziehungsweise, wenn diese nicht vorhanden sind, nach dem Erstdruck.

7 MEW, Bd. 21, S. 8.
8 MEW, Bd. 4, S. 207.
9 MEW, Bd. 1, S. 385.

LOCKENRAUB

Möchte sein ein keckwilder Vogel,
Zu schweben durch Morgenlüfte!
Möchte sein ein keckwilder Vogel,
Zu fliegen über Berge und Klüfte!

Und wenn ich die Brust mir gebadet
In des Frührots güldenen Wellen,
Wollt ich blitzschnell herniederrauschen
Zu des Tales sprudelnden Quellen.

Und käme die Maid, die holdsel'ge,
Zu schöpfen aus klaren Fluten,
In der murmelnden Quelle zu kühlen
Der Wange jungfräuliche Gluten –

So wollt ich entgegen ihr fliegen,
Ihr Haupt mit den Flügeln umschlagen,
Die schönste der Locken mir rauben
Und fort in die Wolken tragen!

KARNEVALSLIED

Wer Freude liebt und Freude kennt,
Der komme nur herbei!
Von wann er ist, wie er sich nennt –
Das ist uns einerlei.
Wir singen Lieder, trinken Wein
Und schrein ein wild »Juchhei« –
Ein jeder soll geladen sein,
  Nur sei er froh und frei.

Wir wollen keinen Kastengeist,
Wir wolln kein Parlament –
Den Fasching feiern keck und dreist.
Ist unser Element!
Ob auch der Teufel droht und flicht
Viel schnöde Klüngelei –
Wir lachen hell ihm ins Gesicht –
  Wir bleiben froh und frei!

Was schön und edel ist und recht,
Was bis ans Ende währt,
Tat stets des Volkes stark Geschlecht,
Drum sei das Volk geehrt!
In ihm lebt Ruhm, in ihm lebt Glück,
Trotz aller Teufelei,
Drum treten nimmer wir zurück,
Wir bleiben froh und frei!

Drum wer die Freude liebt und kennt,
Wer nur dem Fasching treu,
Ist unser Mann – wie er sich nennt,
Er komme nur herbei!
Wir reichen gern ihm Herz und Hand,
Wir schrein ein wild »Juchhei«,
Wir sind die wahren Narrn im Land –
Wir bleiben froh und frei!

AN KÖLN

O Köln, du große Freudenstadt,
Was sag ich noch zu deinem Ruhme?
Wie du geblüht im grauen Altertume,
So blühst du noch – die schönste Blume,
Die je geblühet hat!

Dich preis ich, Königin allein!
Der hohe Dom ist deine Krone!
Ha! wie es rauscht an deinem Uferthrone!
Die Völker bringt dir, jeder Zone,
Der rebengrüne Rhein!

Frohlockend grüßt dich ihr Gesang;
Und rascher schlägt den Schaum der Wellen
Der Schiffer, wenn in Tönen, wunderhellen,
Herab von Kirchen und Kapellen
Erklingt der Glocken Klang;

Wenn in der Abendsonne Strahl
Die buntbemalten Fenster sprühen;
Wenn rings die alten Gotenbögen glühen

Wie Laubgewinde, die erblühen
Mit Rosen ohne Zahl.

Still schreit' ich durch das graue Tor,
Dran hoch hinauf die Linden ragen;
Und prächtig steigt der Glanz aus fernen Tagen,
Der ganze Zauber deiner Sagen
Vor meinem Geist empor!

Hier ist's, wo Agrippinens[1] Haar
Sich lockig um die Schläfen drückte;
Wo Karl Martell vom Kapitole blickte
Und wo das Schwert, das blut'ge, zückte
Durch der Normannen Schar!

Hier rief zu deiner Bürger Krieg
Das Horn in schauerlichen Klängen;
Hier sah man Panzer gegen Panzer drängen
Und deinen Overstolzen[2] sprengen
Zum Tode und zum Sieg!

Hier schuf der Maler rüst'ge Hand
Ein Heer von schimmernden Gestalten;
Und dort sah man um Mitternacht den alten
Albertus Magnus[3] Wache halten
Ob staub'gem Foliant!

Das war vordem! Auf ihr Gebein
Ist längst der Grabesstein gesunken.
Dein Banner weht daran; und freudetrunken
Sah ich erglühn eilf goldne Funken
Und dreier Kronen Schein![4]

So hat es einst auf langer Fahrt
Gewallt von deiner Hansa Masten,
Wenn Stürme wild die weißen Segel faßten
Und drauf in Golfen kam zu rasten
Die Flotte, bunt geschart.

1 'Colonia Agrippina' war der ursprüngliche Name Kölns – nach Agrippina, der Frau des römischen Kaisers Nero.
2 Bedeutendes Patriziergeschlecht in Köln.
3 Lehrer des Thomas von Aquin, galt als Schöpfer des ersten Entwurfs für den Bau des Kölner Doms.
4 Das Kölner Wappen führt elf "Funken" und drei Kronen.

Es sah die Welt zu ew'gem Ruhm
Stets deine Bürger es geleiten;
Drum, wie die Jahre wild verheerend schreiten,
Du stehest da, zu allen Zeiten
Ein schönes Heiligtum:

Wo Freiheit noch die Herzen schwellt
Und kühne Männer noch zu schauen;
Wo noch im Glanz von Augen, schwarz und blauen,
Die Schar der minniglichen Frauen
An echter Treue hält!

Ich singe noch; da lischt im Strom
Das Abendglühn. Um die verwehten
Kirchtürme schon die dunklen Schatten treten;
Ich eile, eh es Nacht, zu beten
In deinem hohen Dom.

EIN SONNTAGABEND AUF DEM MEERE

Die Sonne neigte sich zur salz'gen Flut;
Nach Irland fuhr das Schiff, die Wimpel flogen.
Es schien die See in abendlicher Glut
Rings wie ein wildes Rosenfeld zu wogen.
Hoch in den Lüften nur der Möwe Sang –
Der Flutendonner dumpf herüberdrang
Gleich einem Festchoral zu Gottes Ehre –
Es war am Sonntagabend, auf dem Meere.

Die in die Ferne zogen, jung und alt,
Der schönen Heimat dachten sie, wo heute
Zu gleicher Feier hell die Orgel schallt,
Und in den Dörfern tönt ein lieb Geläute.
Es schweiften ihre Seelen weit hinaus
Zu stillen Tälern, wo ums Vaterhaus
Die Buchen rauschen und die Linden wehen,
Und Sterne über blauen Strömen stehen.

Und jedes Herz schlug rascher an die Brust;
Was sie umgab mit tausend bunten Bildern:
Das Jugendland, der Heimat Pracht und Lust,

Hört, wie sie's selbst in kurzen Zügen schildern!
Ein deutsches Wort, ein Lied darauf und keck
Ein Jubel jetzt, weit schallt es vom Verdeck;
Es knarrt der Mast, hoch schäumen auf die Wellen,
Und frisch beginnt der erste der Gesellen:

»Ich bin vom Rhein, vom schönen Rhein, vom Rhein,
Wo frei das Volk und freudig im Gemüte,
Wo man zufrieden mit 'nem Becher Wein,
Mit einem Kuß und einer Rosenblüte.
Am Morgen in den Dom, ins Gotteshaus;
Am Abend steckt den jungen Maienstrauß
Ein kölnisch Kind wohl in die braunen Locken,
Wenn Geigen hell zum Kirchweihtanze locken.«

Der zweite drauf: »Vom Heidelberger Schloß
Zieh' ich daher, wo einst in grauen Zeiten
Der Pfalzwein in dem Riesenfasse floß
Und jetzt die bärtigen Studenten schreiten.
Der Neckar blitzt durch dunkles Wiesengrün,
Die Schwalbe fliegt, die Bergstraßreben blühn;
Um morsche Burgen kreist der Falken Flügel,
Und paradiesisch dehnen sich die Hügel!«

Dem Schwaben ward die treue Brust so weit,
Das treue Herz, so wacker und so bieder:
»Ein Märchen bist du heut' wie alle Zeit,
Dich grüß' ich, Schwaben, Vaterland der Lieder!
Ha! wie es tönt von Frauen hold und zart!
Wild schwang sein Schwert der alte Rauschebart –
Herr Uhland ist zwar nicht dabeigewesen,
Doch ist es schön, in seinem Buch zu lesen.« –[5]

»Auch meine Heimat ist mir lieb und wert.«
Ein andrer sprach's, vom Teutoburger Walde;
»Dort ruht im Sand manch rostig Römerschwert,
Und Edelhirsche wandeln an der Halde.
Im Norden braust die Weser, und im Süd
Der Weizen auf Westfalens Feldern blüht.
Dort spornte Herzog Wittekind den starken,
Den Sennerhengst einst durch des Landes Marken.«

5 Ludwig Uhland, "Graf Eberhard der Rauschebart".

»Doch Schön'res nicht« – so stimmten alle an;
»Als wenn der Rhein an Wäldern und an Auen,
Hoch auf dem Dampfer, wie auf ries'gem Schwan,
Vorüberträgt die holden deutschen Frauen!
Am Ufer rings die Berge, wild und kühn.
Die Reben nicken und die Rosen glühn!
Im Fluge hält der Sonnengott die Pferde,
Und neidisch blickt er auf die deutsche Erde!« –

Da sprach der letzte noch: »Wohl rauscht daheim
Die alte Freude bei Gelag und Festen;
Wohl tönt der Becher zu des Liedes Reim,
Wohl ragt die Pracht von Kirchen und Palästen;
Wohl ist es schön, das große deutsche Land –
Nur jüngst an schlesischer Gebirge Rand[6]
Sah das Gefild ich blutig rot sich färben,
Sah ich den Armen weinen und verderben!« –

Und stille ward es; – dumpf nun klang die See,
Verdorben war die Lust den deutschen Seelen!
Und erst am Morgen schwand das tiefe Weh,
Und neuer Jubel brach aus allen Kehlen.
Denn auf den Wellen lag, smaragdengrün,
O'Connells[7] Land, das prächtige Erin –
Erin, als ob der Hoffnung Bild es wäre!
Und lächelnd stieg das Frührot aus dem Meere.

ERINNERUNGEN

Muß ich einst sterben – sei's als Mann, als Greis,
Nach einem Leben voller Not und Plage –
Auf dann, mein Geist, erinnre du dich leis
An deiner schönen Jugend schönste Tage!

Daß ich den Flor der Gärten wiederschau,
Wo ich als Kind mit goldnen Blumen spielte,
Wo meine Diamanten all der Tau,
Wenn frisch der Wind in tausend Kelchen wühlte.

6 Weberaufstand 1844.
7 Daniel O'Connell (1775–1847), irischer Politiker und Vorkämpfer für die Unabhängigkeit seines Landes. Erin: Irland.

Daß ich dran denke, wie zur Winterzeit
Bei eines Feuers knisterndem Verglimmen
Ich einst mit Bertha und mit Adelheid
Gelauscht der Amme schauerlicher Stimmen.

Wie uns Sigunens[8] Leid so still gemacht,
Wie uns der Heinzelmänner Spaß erheitert,
Wie bei den Märchen Tausendeiner Nacht
Phantastisch die Gemüter sich erweitert.

Wie ich im Traum manch Königskind befreit
Und manchen fürchterlichen Drach erschlagen;
Wie ich als Knabe drauf zur Weihnachtszeit
Zuerst mein Nüremberger Ei getragen.

Wie ich als ehrlicher Quartaner dann,
Ach, auf der Schule glatt gerittnen Bänken
Gewünscht: der Herr Magister lobesam,
Er möcht' am nächsten Balken sich erhenken.

Wie ich zuerst den Ranzen mir geschnallt,
Der Ferienreise Wunder zu erfahren,
Und an die Weser und den Rhein gewallt
Mit offner Brust, mit langen Burschenhaaren.

Und wie in der Genossen froher Mitt'
Die Feuer dann geflammt auf offner Halde,
Wie ich den Namen in die Eichen schnitt
Vom Spessart bis zum Teutoburger Walde.

Wie ich des Faublas Aventüren[9] las,
Der Brust geheimstes Wünschen zu erwidern,
Wie ich mein Griechisch und Latein vergaß
Bei Heinrich Heines und bei Uhlands Liedern.

Wie drauf ein Sehnen meine Brust erfaßt,
Als ob es nimmermehr zu lindern wäre:
Hätt' ich der Sterne letzten auch durchrast,
Als Taucher auch durchfurcht die tiefsten Meere.

8 Figur aus: Wolfram von Eschenbach, "Parzival".
9 Louvet de Couvray, "Die Abenteuer des Chevalier Faublas".

Wie mir die Kraft durchtobt der Seele Bronn,
Als könnt', Titanen gleich, das All ich stürmen,
Den alten Ossa auf den Pelion,
Den Chimborasso auf die Alpen türmen –

Bis mich dein Wort, du großer Feuerbach,
Gerungen dann aus meinen letzten Zweifeln,
Bis ich des Wissens schönste Blüte brach,
Befreit, erlöst von Göttern und von Teufeln.

Bis endlich mir erstrahlt ein höher Glück
Als Ruhmes Brausen, als des Goldes Scheinen:
Da mich, o Lieb', dein seelenvoller Blick
Gemacht auf ewig zu dem einen, deinen! –

Drum, wenn ich sterbe – sei's als Mann, als Greis,
Nach einem Leben voller Not und Plage –
Auf dann, mein Geist, erinnre du dich leis
An deiner schönen Jugend schönste Tage!

Noch einmal wirst du deine Erde sehn,
Der jedes Leid und jede Lust ersprossen;
Und fröhlich wirst du dann zugrunde gehn
In der Erinnrung, was du einst genossen.

DAS WAR DAHEIM EIN EWIGER GESANG

Das war daheim ein ewiger Gesang
Von Roß und Panzer und von güldnen Tressen,
Die deutschen Dichter sangen jahrelang
Von Drachen nur, von Elfen und Prinzessen,
Von Burgen, kecken Rittern stets, und ach,
Das liebe Volk sang den Poeten nach.
Nur Wunder, so die Gegenwart geboren,
Die gingen stets dem blinden Aug verloren!

Gottlob, mit der Romantik ist es aus,
Satt ist die Welt des märchenhaften Plunders,
Ins junge Leben sehnt sie sich hinaus
Und ahnt die Nähe ihres eignen Wunders.
Der Geist, der jüngst sich träumrisch abgehärmt,

Der auf bemoosten Schlössern nur geschwärmt:
Sagt Lebewohl jetzt den phantast'schen Affen
Und lauscht dem Werk, das unsre Tage schaffen.

Gewaltig ist die Göttin unsrer Zeit,
Und tiefer Ernst ruht auf den strengen Mienen,
Doch farbenglühend weht ihr prächtig Kleid,
Und schaffend weilt sie, wo sie nur erschienen.
Es ist die Göttin, die mit ries'ger Faust
Verborgnes auf zum Sonnenlichte zaust,
Erfindungsreich die Elemente bändigt
Und zahm dem Menschen zum Genuß sie händigt.

FREUND LENZ

Aus fernen Wolken braust ein dumpfer Ton.
Die Donner sind es, so der Welt verkünden,
Daß wieder der Natur geliebter Sohn,
Der Frühling, wandelt zu der Erde Gründen.
Bei andern Völkern hat er lang geweilt,
Das war's, daß jüngst die Kunde ihn ereilt:
Wir hier im Norden trügen heiß Verlangen,
Aufs neu zu schauen seiner Blüte Prangen.

Er kommt; und aus des Südens frohen Talen,
Wo träumend er im Lorbeerwalde lag;
Wo er zum Fest bei glutgefüllten Schalen
Des Myrtenhaines vollste Kränze brach,
Wo mit dem Zephir er die Wangen kühlte
Und buhlerisch in schwarzen Locken wühlte –
Fern aus dem Süden hat er alle Pracht
Herauf jetzt in den Norden uns gebracht!

Er setzt sich lächelnd auf die Hügel hin:
Da weht ein Duften rings durch Fels und Auen.
Zum Forste lustig Falk und Taube ziehn,
Und Knospen rötlich aus den Gärten schauen.
Der Bäche Lauf schmückt er mit grünem Samt,
Es blitzt der Tau, hellauf die Sonne flammt,
Und nieder steigt er von den Hügelthronen
Hinab zum Tale, wo die Menschen wohnen;

Mit ihrer Lust, mit ihrem bittern Leid,
Mit ihren Freuden, ach, und ihren Tränen;
Mit all dem Ringen, all dem herben Streit,
Mit all dem Hoffen, all dem stillen Sehnen.
Er ist's, der in des Armen Hütte schaut,
Der zu ihm spricht, wenn kaum der Morgen graut:
»Getrost! Wie deine Freuden auch zerstieben,
Dir Armen ist der Lenz noch treu geblieben!

Hinaus! Durch meine Blumen sollst du schreiten,
Ich labe dich mit meiner Wälder Grün!
Durch Busch und Wiese will ich dich geleiten
Den Berg hinan, wo meine Rosen glühn.
Ich zeige dir, wie nieder zu den Flächen
Befreit die Ströme ihre Bahnen brechen;
Und wie der Nacht erblüht der Sterne Schein,
Zieh ich, der Lenz, in deine Seele ein!

Ich küsse deiner Kinder müde Stirnen,
Ob all ihr Glanz erloschen und verstaubt.
Ich will gleich der Lawine von den Firnen
Wälzen den Gram von ihrer Mutter Haupt.
Und Feuer menge ich mit deinem Blute,
Daß bald die Hand, die nur am Pfluge ruhte,
Zum Schwerte greift und ringend im Gefecht
Von Schmach befreit ein unterdrückt Geschlecht.«

DIE NATUR

Natur, mit deinen strahlenden Kolossen,
Die du die Ewigkeit zur Dauer nahmst,
Nur zur Vollendung bist du erst erssprossen,
Seit du im Menschen zum Bewußtsein kamst.
Im Menschen nur, des' stürmende Gedanken
Der Freiheit wunderbarstes Gut geraubt;
Der auf den Trümmern jetzt von Trug und Schranken,
Sein eigner Gott, an dich, an sich nur glaubt!

Wohl mag sein Auge keck den Himmel fragen,
Wenn Sonn' an Sonne wirbelnd sich bewegt:
»Ihr andern Welten, habt ihr je getragen

Ein solches Kleinod, wie die Erde trägt?
Trugt Menschen ihr, die trotz der grausen Zweifel,
Die wild zersplittert ihre beste Kraft,
Doch stets zum Kampfe mit dem alten Teufel,
Dem Wahne, kühn zusammen sich gerafft?

Und die gesiegt!« Wohlan, Sieg und Triumphe
Laßt schmettern eurer Krieger vollsten Chor;
Es trug der Mensch aus tausendjähr'gem Sumpfe
Die Freiheit jubelnd an das Licht empor!
Was frühe Völker ahnend vorempfunden,
Er freut sich dessen in bacchant'scher Lust:
Er hat den größten Riesen überwunden,
Vertilgt den Zweifel seiner eignen Brust!

Der einst dem Feuer seine Kniee beugte,
Der Hekatomben opfernd niederschlug,
Der einen Gott auf Sinai erzeugte –
Triumph! Der hat jetzt an sich selbst genug!
Und wie der Kranich liebt die Wolkenbahnen,
Und wie der Löwe liebt der Wüste Spur:
So liebt der Mensch die Fluren seiner Ahnen
Und weilt entzückt auf seiner Erde nur.

Ob Millionen wandeln auch im Dunkeln –
Das Jahr entrollt! Es leuchtet sonder Wahl
Der Stern der neuen Zeit; hell wird er funkeln
Auch ihren Seelen mit gewalt'gem Strahl!
Die Priester dieser Tage fordern Knechte
Und Sklaven nicht – sie fordern laut und frei,
Daß jeder, treu dem angestammten Rechte,
Hinfort ein Mensch mit freien Menschen sei.

VERNUNFT UND WAHNSINN

Dem Morgen träumt nicht, was der Abend bringt,
Wenn lächelnd wohl aus rosenrotem Osten
Sein erster Strahl durch Wald und Fluren dringt,
Des Taues frische Perlensaat zu kosten,
Wenn ihr Erwachen hell die Amsel preist

Und Hirsche wandeln zu des Tales Bronnen,
Wenn um die Gletscher still der Adler kreist,
Sich in der Frühe heil'gem Licht zu sonnen.

Blau schaut die Blume aus des Feldes Garben;
Auf Moor und Weiher schwankt des Schilfes Kranz.
Es fließt der Strom in Regenbogenfarben –
Zum Meere, wiegend seiner Wellen Tanz.
Und rauschend im gewalt'gen Wogenliede
Dehnt unabsehbar sich die grüne Flut –
Und Freude nur und wundervoller Friede
Auf Festland, Inseln und Gewässern ruht.

Doch wie zum Mittag wandelt sich der Morgen –
Hüllt sich in Schleier auch des Tages Pracht.
Was einer frühen Stunde tief verborgen:
Es bricht herein mit Angst und Graus und Nacht.
Der Himmel tönt von rasselnden Gewittern,
Die Erde zuckt und birst zu jähem Spalt,
Und heulend über Fels und Eichensplittern
Der Sturm entfesselt seine Bahnen wallt.

Es rast die Brandung an zerfetzten Küsten,
Und Dunkel herrscht, bis aus entwölkten Höhn,
Als ob sie nichts von Sturm und Wetter wüßten,
Die Sterne ruhig strahlend niedersehn.
Und die vom Staub bis auf zum Firmamente
Gewälzt sich mit dämonischer Gewalt —
Sie schlummern dann, die starken Elemente,
Bis sie ein neuer Kampf zusammenballt. –

So, ewiglich, mit wechselndem Gestalten,
Sklavischen Laufes rollt und kreist das All;
Nicht schöner mag sich die Natur entfalten,
Noch wenden sich als zu gewohntem Fall.
Die Welt und Welten aneinander bannte
Mit unerbittlicher Notwendigkeit –
Nur in den Geistern ihrer Menschen brannte
Sie fort zu schrankenloser Herrlichkeit!

Seit von der Lippe greiser Patriarchen
Der Weisheit blumenreiche Rede floß,

Bis wo die Schädel stürzender Monarchen
Zerstampft der Freiheit jugendliches Roß:
Hat die Natur mit ihrer Donnerstimme
Gesungen stets den mahnenden Gesang:
Daß jeder folge seinem Gram und Grimme
Wie seines Herzens liebevollem Drang!

Die gleich der Möwe keck die See umschwanken,
Die gleich der Schwalbe ihre Heimat baun,
Die gleich der Wolke blitzen den Gedanken
Und gleich dem Falken forschend niederschaun;
Die sich mit Palmen über Hügeln wiegen,
Mit Rosen träumen auf bemooster Flur,
Die gleich dem Tiger ziehn von Krieg zu Kriegen –
Sie sollten folgen ihrem Innern nur!

In gleicher Schönheit flammten durch die Zeiten
Des Raumes Wunder; nur zu höherm Flug
Mocht seines Geistes ries'ge Schwingen breiten
Der Mensch, der alle Kraft im Busen trug,
Der, ob er knechtisch sich im Staube wühlte
Und zitternd sich vor Thron und Altar wand:
Doch wieder keck mit seinen Göttern spielte
Und freier nur und herrlicher erstand!

Der eignen Brust ist Freud' und Leid entsprungen;
Vernunft und Wahnsinn! Schon jahrtausendlang
Hat dieses fürchterliche Paar gerungen,
Den Kampf gewälzt vom Auf- zum Niedergang.
Es weht der Staub zermalmter Nationen
In düstern Massen auf von ihrem Pfad;
Und ob sie ruhig beieinander wohnen –
Sie rasten nur zu neuer, größrer Tat!

In Ost und West, ein reges Völkerleben!
Vom Meere schallt's bis zu der Wüste Saum.
Das ist ein Ringen, Schaffen nur und Streben
Auf Feldern, Gassen und der Märkte Raum.
Und kommt der Morgen sacht herangeschritten:
Da scheint's, nur Segen schmücke rings das Land,
Als schaue Liebe süß aus hundert Hütten,
Als herrsche rings nur ordnender Verstand.

Wohl mag die Blume außen üppig winken –
In ihrem Herzen wohnt nur Angst und Qual!
Wie einst muß heute noch der Weise trinken
Des Wahnsinns giftdurchfluteten Pokal.
Mit Blute leimen sie ihr Werk zusammen,
Die satt durchtaumeln Tempel und Palast;
Die Armut röchelt Wimmern und Verdammen,
Und wild die Lust aus goldnen Schüsseln praßt.

Doch wie der Wahnsinn, folgend seinem Rechte,
Sinnlos mag rasen – so durch alle Welt
Hat die Vernunft ihr Recht, daß sie die Nächte
Des Wahnsinns funkenstiebend auch erhellt,
Daß, eine Löwin, sie die Glieder schüttelt
Und wieder naht in drohender Gestalt,
Daß sie den Wahnsinn aus den Fugen rüttelt
Und über Trümmer fort zum Siege wallt!

Vernichtet wird der Wahn zu Boden rollen,
Der mit Gewalt und schmeichelndem Geschwätz
Gebeut, daß Alle Einem folgen sollen,
Der Schranken schafft und Regeln und Gesetz,
Der seine Liebe macht zu aller Liebe
Und seinen Haß zum Hasse aller nur;
Der sie vergleicht, die menschlich freien Triebe,
Der Elemente sklavischen Natur! –

Der Erde goldner Morgen ist verronnen,
Anbrach der wilde, wetterschwangre Tag!
Es hat den langen, herben Streit begonnen,
Was schlummernd einst in tiefster Seele lag.
Fort mag er sich durch alle Zeiten türmen!
Es kennt der Mensch kein Ruh'n und Stillestehn –
Nur aus des Wahnsinns fürchterlichsten Stürmen
Wird die Vernunft zu schönerm Siege gehn.

DIE INDUSTRIE

Vor ihm sind tausend Jahre wie der Tag,
Der gestern schied mit feierlichem Prangen;

Denn was der Sturm der Zeiten auch zerbrach –
Ihm ist er machtlos nur vorbeigegangen!
Ihm nur, der Menschheit wundervollem Geist,
Den ewig seine eigne Schöne preist;
Der frei entwandelt jeglicher Vernichtung,
Der leuchtend zieht die eigne Bahn und Richtung!

Er wohnte an des Indus heil'ger Flut;
Er stürmte durch der Griechen grüne Felder;
Er strahlt' und blühte in ital'scher Glut
Und sang sein Lied im Dunkel deutscher Wälder.
Er schwebte durch der Meere wüsten Schwall,
Und in des Niagara Donnerfall
Erscholl sein Ruf: »Wie auch die Jahre schreiten,
Ich bin derselbe wie zu allen Zeiten!«

Wohl hat er als das Höchste sich bewährt,
Der Mensch, der kühn die Elemente bändigt;
Der rastlos fort und weiter nur begehrt,
Des Streben nie mit einem Abend endigt.
Dem der Gestirne Wandel so bekannt
Wie seiner Heimat blumenreiches Land;
Dem täglich neue Welten sich erschließen
Zu neuer Tat, zu schönerem Genießen!

Erfindrisch greift er in die Gegenwart:
Da keimt es auf zu schimmernder Gestaltung!
Was ein Jahrhundert ahnungsvoll erharrt –
Es ward! Es ist in herrlicher Entfaltung.
O Toren, die dem Leben ihr entrückt,
Euch stets an alten Wundern nur entzückt:
Die Wunder, so der Gegenwart entsprossen,
Sind groß wie die der Tage, so verflossen!

Es ging der Mensch durch grüner Wälder Pracht,
Und prüfend wählte er die Riesenfichte.
Er wand das Eisen aus der Berge Schacht
Und trug's empor zum frohen Sonnenlichte.
Drauf, in der Schiffe flutbespültem Raum,
Fuhr er frohlockend zu dem Küstensaum
Entfernter Völker; transatlant'schem Strande
Die Kunde bringend europä'scher Lande.

Und in der Städte dampfumhülltem Schoß,
Wie rast die Flamme wild aus tausend Essen!
In reinen Formen windet es sich los,
Was ungebildet die Natur besessen.
O wär's dem sel'gen Gotte doch erlaubt,
Aufs neu zu heben sein ambrosisch Haupt:
Hephaistos[10], säh den Dampf die Bahn er wallen,
Dem Menschen staunend, würd er niederfallen!

Nicht braucht's der Morgenröte Flügel mehr,
Um sich zu betten in den letzten Zonen:
Die eigne Kunst trägt brausend uns einher,
Weit durch den großen Garten der Nationen!
Entgegen eilt, was Strom und See getrennt,
Und rings in Millionen Augen brennt
Hell das Bewußtsein, daß die Nacht verschwunden,
Der Mensch den Menschen wieder hat gefunden. –

So donnert laut das Ringen unsrer Zeit.
Die Industrie ist Göttin unsern Tagen!
Zwar noch erscheint's, sie halte starr gefeit
Mit Basiliskenblick der Herzen Schlagen;
Denn düster sitzt sie auf dem finstern Thron,
Und geißelnd treibt zu unerhörter Fron,
Tief auf der Stirn des Unheils grausen Stempel,
Den Armen sie zu ihrem kalten Tempel!

Und Menschen opfernd steht sie wieder da,
Des Irrtums unersättliche Begierde;
Weinend verhüllt sein Haupt der Paria,
Indes der andre strahlt in güldner Zierde;
Doch Tränen fließen jedem großen Krieg,
Es führt die Not nur zu gewisserm Sieg;
Und wer sie schmieden lernte, Schwert und Ketten,
Kann mit dem Schwert aus Ketten sich erretten!

Was er verlieh, des Menschen hehrer Geist,
Nicht Einem – Allen wird es angehören!
Und wie die letzte Kette klirrend reißt
Und wie die letzten Arme sich empören:
Verwandelt steht die dunkle Göttin da,

10 Griechischer Gott des Feuers und der Schmiedekunst.

Beglückt, erfreut ist alles, was ihr nah; –
Der Arbeit Not, die niemand lindern wollte,
Sie war's, die *selbst* den Fels beiseite rollte!

Dann ist's vollbracht! Und in das große Buch,
Das tönend der Geschichte Wunder kündet,
Schreibt man: »Daß jetzt der Mensch sich selbst genug,
Da sich der Mensch am Menschen nur entzündet.«
Frei rauscht der Rede lang gedämpfter Klang,
Frei auf der Erde geht des Menschen Gang!
Und die Natur mit zaubervollem Kusse
Lockt die Lebend'gen fröhlich zum Genusse.

ERST ACHTZEHN JAHR[11]

Ein letztes Glühn! Da zog an brit'scher Küste
Dämmernd herauf die schönste Winternacht;
Im Mondenstrahle floß die Wasserwüste,
Und auf den Hügeln lag des Schnees Pracht.
Leer das Gestad. Es schwieg der Dampfer Sausen;
Matros und Krieger war'n des Tages matt; –
Doch durch die Stille sandte dumpf ihr Brausen
London, der Themse dunkle Riesenstadt.

Ihr galt es gleich, mocht auch der Schlummer drücken
Manch müdes Auge zu ersehnter Ruh;
Es wälzte donnernd über Park und Brücken
Derselbe Lärm sich nur dem Morgen zu.
Zaubrisch und still da draußen das Gefild!
Hier nur das Volk, in buntem Strome, wild
Zusammenflutend, schaffend, ringend, suchend,
Schwelgend und darbend, betend bald und fluchend!

11 Der Erstdruck mit folgendem Motto, das Weerth bei der handschriftlichen Zusammenstellung seiner Gedichtauswahl nicht wiederholte: *On this bitter night – the hour approaching midnight, a woman sat on an doorstep in a London street. Her head had fallen backward against the door, and her face shone like a white stone in the moonlight. That face had a terrible history in it, cut and lined as it were by the twinworkers, vice and misery – her temples were sunken, her brow wrinkled and pinched – her mouth thin and jagged – could it be thought that woman was once a child? Douglas Jerrold.*

Und Schimmern rings, von Dach und Tor und Fenster;
Dort buhlt die Luft in seidenem Gewand!
Hier überm Golde höhnische Gespenster
Und dort geballt die magre Bettlerhand!
Ein Seufzer hier; ein Kuß dort! Von Terrassen
Und Treppen: Jubel, Flüstern und Gestöhn –
Das ist der Tanz, in dem auf Londons Gassen
Sich rastlos zwei Millionen Menschen drehn!

Er brauste fort. Da hob auch *Sie* vom Lager
Sich sacht empor; es fiel der Sterne Licht
Auf die Gestalt, so tief gebeugt, so hager,
Und auf ihr bleiches, starres Angesicht.
Sie sann – nur einen Augenblick; sie preßte
Das kranke Kind an ihre nackte Brust; –
Das arme Weib schritt rasch durch die Paläste;
Ach, das Wohin – sie hat es nicht gewußt!

»Der Mutter Brot! Und Kleider diesem Kinde!«
So rief sie. »Oh, wie toll das Herz mir schlägt!
Gern trüg ich dich, mein Sohn, so warm und linde,
Wie wohl die Mutter ihre Kinder trägt.
Noch ist es Zeit! Bist du erst großgezogen
Und siehst am Strand der Schiffe bunte Schar:
Da eilst du treulos durch die blauen Wogen,
Ein wilder Seemann, wie dein Vater war!

Dein Vater? Still! – Das war ein sel'ger Morgen,
Als weinend ich an seiner Brust erwacht!
Es kam der Mai, der Juni drauf, verborgen
Hielt ich, was früh mich schon so bleich gemacht.
Erst als im Herbst das gelbe Laub der Bäume
Leis rauschend in die grüne Themse fiel:
Da ward erfüllt der schönste meiner Träume –
Und achtzehn Jahr, da steh ich schon am Ziel!

Erst achtzehn Jahr! Und schon so fahl mein Leben!
Erst achtzehn Jahr! Und arm und elend schon!
Doch halt! – Froh will ich meine Stirne heben,
Dem Vaterlande gab ich diesen Sohn!
Ha! Reizt denn niemand mein so junger Leib?
Sagt, die ihr klirrt mit Kreuzen und mit Ketten,

Seid ihr nicht reich genug, um nur ein Weib,
Ein britisch Weib vom Hungertod zu retten?«

Sie schwieg. Dem Gott, der niemals sie erhörte,
Sie sandte kein Gebet ihm himmelwärts.
Trüb ward ihr Blick. – Das siedend sich empörte,
Ihr Blut, zu Eis gerann's – ausschlug ihr Herz!
Die Lippe bebend jetzt von einem Fluche! –
Ein Lächeln dann – sie sank – rings tiefe Ruh –
Und die Natur mit schee'gem Leichentuche
Deckte das reinste ihrer Kinder zu! –

Geschloßnen Augs, erstarrt der Knabe lag
Fest an der Mutter marmorkalten Brüsten,
Als weit ein Leuchten durch den Nebel brach
Und Sonnenstrahlen Strom und Hügel küßten:
Fern von Westminster feierlich Geläut –
So tönt es an der Kön'ge Sarkophagen; –
Es klang so weit – es war, als müßt es heut
Rings nur der Welt den Tod der Armen klagen! –

Die Glocke klang – doch nicht für dich gerührt,
Armselig Weib! Getrost! Laß sie erdröhnen
Den toten Kön'gen nur. Dir ja gebührt,
Du früh Verblich'ne, wohl ein ander Tönen.
Dir tönt der Schrei, den jüngst die Not gepreßt
Aus tausend Herzen, der in Ost und West
Die Völker ruft in einen Bund zusammen –
Und deine Mörder werden sie verdammen!

DAS HUNGERLIED

Verehrter Herr und König,
Weißt du die schlimme Geschicht?
Am Montag aßen wir wenig,
Und am Dienstag aßen wir nicht.

Und am Mittwoch mußten wir darben,
Und am Donnerstag litten wir Not;
Und ach, am Freitag starben
Wir fast den Hungertod!

Drum laß am Samstag backen
Das Brot, fein säuberlich;
Sonst werden wir sonntags packen
Und fressen, o König, dich!

DER WEIN IST NICHT GERATEN

Was hab ich doch vernommen
Für große Traurigkeit!
Es ist ins Land gekommen
Gar eine schlimme Zeit!
Der Wein ist nicht geraten
An Mosel, Rhein und Lahn,
Und was die Winzer taten,
Das ist umsonst getan!

Es pflanzte seine Reben
Ein jeder nett und fein;
Er dachte: Gott wird geben
Den lichten Sonnenschein,
Der fern die Wolke lenket,
Daß sie sich rauschend senkt,
Auch unsrer Hügel denket
Und frischen Tau uns schenkt.

Und oft zur Morgenstunde –
Kam Mai und Juni drauf –
Die irdne Pfeif im Munde,
Stieg er den Berg hinauf;
Und froh war sein Gemüte,
Wenn von der Felsenwand
Die erste junge Blüte
Den süßen Duft gesandt,

Wenn sich zu voller Traube
Die Beeren angesetzt
Und in dem grünen Laube
Ein Schimmern war zuletzt:
Als säh man herrlich prangen
Des Goldes hellen Schein,
Als wär der Berg behangen
Rings mit Rubinenstein!

»Gott ist mir gut gewesen!«
So klang des Winzers Lied;
»Bald werd ich lustig lesen,
Was mir der Herr beschied!
Ein schöner Erntemorgen
Bricht in den Dörfern an,
Vorbei nun Gram und Sorgen,
Ich bin ein froher Mann!«

Er sprach's. Da zog mit Stürmen
Der kalte Herbst daher;
Er sah die Wolken türmen
Sich rings so regenschwer.
Verschwunden ist sein Hoffen!
Das kurze Glück ist aus!
Von hartem Schlag getroffen,
Geht weinend er nach Haus! –

Du wirst die Hände legen
Nicht an die Kelter dein!
Nun träuft des Weines Segen
Nicht in dein Faß hinein!
Du wirst kein Lied mehr singen!
Kein Brot und wärmend Kleid
Wirst du den Kindern bringen,
Ist alles rings verschneit!

Drum, die ihr in den Städten
Nach vollen Schüsseln langt,
Die ihr mit güldnen Ketten,
Mit Kreuz und Sternen prangt,
Die ihr den Nierensteiner
Im tiefen Keller habt
Und oft mit Ingelheimer
Die durst'gen Kehlen labt;

Die ihr im schmucken Saale
Aus grünen Römern zecht:
Des Morgens Speciale,
Am Abend Schoppen stecht;
Die ihr bei Lust und Scherzen

Verjubelt Nacht auf Nacht –
Denkt, daß mit schwerem Herzen
Manch armer Winzer wacht!

Denkt, daß zu allen Tagen,
Denkt, daß bei uns von je
Man immer hörte sagen:
»Nur Wohl und keinem Weh!«
Und laßt das Scherflein springen
So lustig an den Rhein,
Wie ich dies Lied tät singen
Frei in die Welt hinein!

DIE WINZER

An Ahr und Mosel glänzten
Die Trauben gelb und rot.
Die dummen Bauern meinten,
Sie wären aus aller Not.

Da kamen die Handelsleute
Herüber aus aller Welt:
»Wir nehmen ein Drittel der Ernte
Für unser geliehenes Geld!«

Da kamen die Herren Beamten
Aus Koblenz und aus Köln:
»Das zweite Drittel gehöret
Dem Staate an Steuer und Zölln!«

Und als die Bauern flehten
Zum Himmel in höchster Pein –
Da klang es mit Hagel und Wettern:
»Ihr Bauern, der Rest ist mein!« –

Viel Leid geschieht jetzunder,
Viel Leid und Hohn und Spott.
Und wen der Teufel nicht peinigt,
Den peinigt der liebe Gott!

ARBEITE

Du Mann im schlechten blauen Kittel;
Arbeite! Schaffe Salz und Brot.
Arbeite! Arbeit ist ein Mittel,
Probat für Pestilenz und Not.

Arbeite! Rühre deine Arme.
Arbeite sechzehn Stunden so!
Arbeite! Nachts ja lacht das warme,
Das Lager dir von faulem Stroh!

Arbeite! Hast ja straffe Sehnen.
Arbeite! Denk, mit schwangerem Leib
Harrt in der Hütte dein mit Tränen
Ein schönes, leichenbleiches Weib.

Arbeite! Gleich der Stirn der Rinder
Ist ja die deine breit und dick.
Arbeite! Deine nackten Kinder,
Die küssen dich, kehrst du zurück.

Arbeite bis die Adern klopfen!
Arbeite bis die Rippe kracht!
Arbeite bis die Schläfen tropfen –
Du bist zur Arbeit ja gemacht!

Arbeite bis die Sinne schwinden!
Arbeite bis die Kraft versiegt!
Arbeite! – Wirst ja Ruhe finden,
Wenn dein Gebein im Grabe liegt.

DAS LIED VON DER VERUNGLÜCKTEN KARTOFFEL

Zur Nacht auf ihrem Lager lag
Eine arme, kranke Kartoffel.
Sie hob sich matt empor und sprach,
Sie sprach zu dem armen Stoffel:

»O Stoffel, unglücklicher Mann,
Ich fühl's, daß ich sterben werde!
Schon kommt der Tod, der schlimme, heran
Und rafft mich von der Erde.

Zwar frag ich nach mir selber nicht,
Nicht will ich mich bedauern.
Doch wenn ich schaue dein bleich Gesicht,
Da muß ich trauern und trauern.

Dir blüht kein Wein und Weizen nicht,
Hast weder Ochs noch Rinder,
O Stoffel, bist ein armer Wicht,
Du hast nur hungrige Kinder.

Was wird aus deinen Kindern nun,
Die fröhlich waren noch gestern,
Wenn ich bald werde im Grabe ruhn
Mit all meinen lieblichen Schwestern?

Sie starben in Ober- und Niederland,
Sie starben mit Weh und Gewinsel,
Sie starben an Englands weißem Strand
Und auf der smaragdenen Insel.

Sie starben, und ach, ich folg ihnen nach!«
So sprach die kranke Kartoffel.
Sie schwieg, und das Herz, das Herz ihr brach –
Aufschluchzte der arme Stoffel

Und weinte die Nacht mit Weib und Kind,
Und der Hunger, der wollte nicht weichen.
Dumpf brauste der kalte Novemberwind
In den prächtigen deutschen Eichen.

DER ARME TOM

Es sprach der Tod zum armen Tom:
»Armer Tom, komm, o komm!
Komm hinab ins kühle Grab,
Komm, Tom, komm hinab!

Sei nur getrost und fasse Mut;
Armer Tom, bin dir gut!
Komm, ich bringe dich zur Ruh,
Komm, Tom, – deck dich zu!

Ich deck dich zu mit Blumen fein,
Armer Tom; alle Pein
Sollst du nun vergessen, Tom,
Komm, Tom, komm, o komm!

O komm, dieweil dein Bett gemacht!« –
Durch die Nacht klang es sacht,
Klang es also wundersam:
»Komm, Tom!« – bis Tom kam.

Lieder aus Lancashire[12]

ES WAR EIN ARMER SCHNEIDER

Es war ein armer Schneider,
Der nähte sich krumm und dumm;
Er nähte dreißig Jahre lang
Und wußte nicht warum.

Und als am Samstag wieder
Eine Woche war herum:
Da fing er wohl zu weinen an
Und wußte nicht warum.

Und nahm die blanken Nadeln
Und nahm die Schere krumm;
Zerbrach so Scher und Nadel und –
Und wußte nicht warum.

Und schlang viel starke Fäden
Um seinen Hals herum;
Und hat am Balken sich erhängt
Und wußte nicht warum.

Er wußte nicht – es tönte
Der Abendglocken Gesumm.
Der Schneider starb um halber acht,
Und niemand weiß warum.

DIE HUNDERT BERGLEUTE[13]

Die hundert Bergleute von Haswell,
Die starben an einem Tag!
Die starben zu einer Stunde!
Die starben auf einen Schlag!

12 Dieser Gesamttitel zuerst in: "Gesellschaftsspiegel". Elberfeld: Bädeker 1845/46. Später in Püttmanns "Album" in anderer Anordnung wiederholt.

13 Gedruckt unter dem Titel "Die hundert Männer von Haswell". Dort auch folgende Anmerkung hinzugefügt: In den Kohlengruben zu Haswell kamen im September v. J. hundert Menschen ums Leben. – Das Verdikt lautete: 'Visitation of God.' Man versichert aber, es sei dies Unglück durch die Nachlässigkeit der Grubenbesitzer entstanden. –

Und als sie still begraben,
Da kamen wohl hundert Fraun,
Wohl hundert Fraun von Haswell,
Gar kläglich anzuschaun.

Sie kamen mit ihren Kindern,
Sie kamen mit Tochter und Sohn:
»Du reicher Herr von Haswell,
Nun gib uns unsern Lohn!«

Der reiche Herr von Haswell,
Der stand nicht lange an:
Er zahlte wohl den Wochenlohn
Für jeden verunglückten Mann.

Und als der Lohn bezahlet,
Da schloß er die Kiste zu.
Die eisernen Riegel klangen –
Die Weiber weinten dazu.

DER ALTE WIRT IN LANCASHIRE[14]

Der alte Wirt in Lancashire,
Der zapft ein jämmerliches Bier.
Er zapft' es gestern, zapft es heute,
Er zapft es immer für arme Leute!

Die armen Leut von Lancashire,
Die gehen oft durch seine Tür.
Sie gehn in Schuhen, die verschlissen,
Sie kommen in Röcken, die zerrissen.

Der erste von dem armen Pack,
Das ist der bleiche, stille Jack.
Der spricht: »Und was ich auch begonnen –
Hab' nimmer Seide dabei gesponnen!«

14 Im Erstdruck noch folgende Anmerkung: Das erinnert uns unwillkürlich an einige der ersten Bierwirtschaften Elberfelds, in welchen zweierlei Bier gezapft wird: gutes für Herren und jämmerliches für die Arbeiter, welche in der Regel nur am Sonntag dahin gehen. Das Arbeiterbier kostet aber nicht weniger als das Herrenbier.

Und Tom begann: »Schon manches Jahr
Spann ich die Fäden fein und klar;
Das wollene Kleid mocht manchem frommen –
Bin selbst aber nie in die Wolle gekommen!«

Und Bill darauf: »Mit treuer Hand
Führt ich den Pflug durch britisch Land;
Die Saaten sah ich lustig prangen –
Bin selbst aber hungrig nach Bett gegangen!«

Und weiter schallt's: »Aus tiefem Schacht
Hat Ben manch Fuder Kohlen gebracht;
Doch, als sein Weib ein Kind geboren –
Goddam – ist Weib und Kind erfroren!«

Und Jack und Tom und Bill und Ben,
Sie riefen allesamt: »Goddam!« –
Und dieselbe Nacht auf weichem Flaume
Ein Reicher lag in bösem Traume.

DER KANONENGIESSER

Die Hügel hingen rings voll Tau:
Da hat die Lerche gesungen!
Da hat geboren die arme Frau;
Geboren den armen Jungen!

Und als er sechzehn Jahre alt:
Da wurden die Arme strammer;
Da stand er in der Werkstatt bald
Mit Schurzfell und mit Hammer;

Und rannte den Öfen in den Bauch
Mit schweren Eisenstangen,
Daß hell aus Schlacken und aus Rauch
Metallne Bäche sprangen.

Kanonen goß er – manches Stück!
Die brüllten auf allen Meeren;
Die brachten die Franzen ins Ungelück
Und mußten Indien verheeren;

Die warfen Kugeln, leidlich schwer,
Den Chinesen in die Rippen;
Die jauchzten Britannias Ruhm daher
Mit eisernen Kehlen und Lippen!

Und immer goß der rüst'ge Held
Die blitzenden Geschütze:
Bis ihm das Alter ein Bein gestellt –
Die Fäuste wenig nütze.

Und als sie versagten den Dienst zuletzt,
Da gab es kein Erbarmen:
Da ward er vor die Tür gesetzt
Wohl unter die Krüppel und Armen.

Er ging – die Brust so zornig weh,
Als ob sie der Donner durchgrollte
Von allen Mörsern, die er je
Hervor aus den Formen rollte.

Doch ruhig sprach er: »Nicht fern ist das,
Vermaledeite Sünder,
Da gießen wir uns zu eignem Spaß
Die Vierundzwanzigpfünder!«

SIE SASSEN AUF DEN BÄNKEN

Sie saßen auf den Bänken,
Sie saßen um ihren Tisch,
Sie ließen Bier sich schenken
Und zechten fromm und frisch.
Sie kannten keine Sorgen,
Sie kannten kein Weh und Ach,
Sie kannten kein Gestern und Morgen,
Sie lebten nur diesen Tag.

Sie saßen unter der Erle –
Schön war des Sommers Zier –
Wilde, zorn'ge Kerle
Aus York und Lancashire.

Sie sangen aus rauhen Kehlen,
Sie saßen bis zur Nacht,
Sie ließen sich erzählen
»Von der schlesischen Weberschlacht.«

Und als sie alles wußten,
Tränen vergossen sie fast,
Auffuhren die robusten
Gesellen in toller Hast.
Sie ballten die Fäuste und schwangen
Die Hüte im Sturme da;
Wälder und Wiesen klangen:
»Glück auf, Silesia!«

HERÜBER ZOG EINE SCHWARZE NACHT

Herüber zog eine schwarze Nacht.
Die Föhren rauschten im Sturme;
Es hat das Wetter wild zerkracht
Die Kirche mit ihrem Turme.

Zerschmettert das Kreuz, zerdrückt der Altar,
Zermalmt das Gebein in den Särgen –
Die gotischen Bögen wälzen sich
Donnernd hinab von den Bergen.

Zum Dorfe stürzt sich Turm und Chor
Als wie zu einem Grabe –
Da fährt entsetzt vom Lager empor
Und spricht zur Mutter der Knabe:

»Ach Mutter, mir träumte ein Traum so schwer,
Das hat den Schlaf mir verdorben.
Ach Mutter, mir träumte, soeben wär
Der liebe Herrgott gestorben.«

DAS HAUS AM SCHWARZEN MOOR

Das ist das Haus am schwarzen Moor!
Wer dort im letzten Winter fror,

Der friert dort nicht in diesem Jahr –
Er sank schon längst auf die Totenbahr.

Das ist das Haus am schwarzen Moor,
Das Haus, wo der alte Jan erfror.
Zur Tür gewandt das weiße Gesicht,
Starb er; und wußt es selber nicht.

Er starb. – Da kam, wie ein scheues Reh,
Der Tag und hüpfte über den Schnee:
»Guten Morgen, Jan! Guten Morgen, Jan!« –
Der Jan keine Antwort geben kann.

Da erhuben die Glocken ihr hell Geläut;
Sie sangen und klangen und riefen so weit:
»Guten Morgen, Jan! Guten Morgen, Jan!« –
Der Jan keine Antwort geben kann.

Da kamen die Kinder aus der Stadt:
»Wir wissen, wie lieb er uns alle hat;
Guten Morgen, Jan! Guten Morgen, Jan!« –
Der Jan keine Antwort geben kann.

Tag, Glocken und Kinder er nicht verstund –
Da nahte die sonnige Mittagsstund;
Da nahte ein altes Weib: »Mein Jan,
Willst essen und trinken nicht, alter Mann?

Sieh, was ich dir brachte aus der Stadt,
Sollst froh nun werden und warm und satt!«
Die Alte sah lange auf ihren Jan –
Da fing sie bitter zu weinen an.

Da weinte sie an dem schwarzen Moor;
An dem Moor, wo der alte Jan erfror.
Da weinte sie ihr brennend Weh
Hinunter in den kalten Schnee.

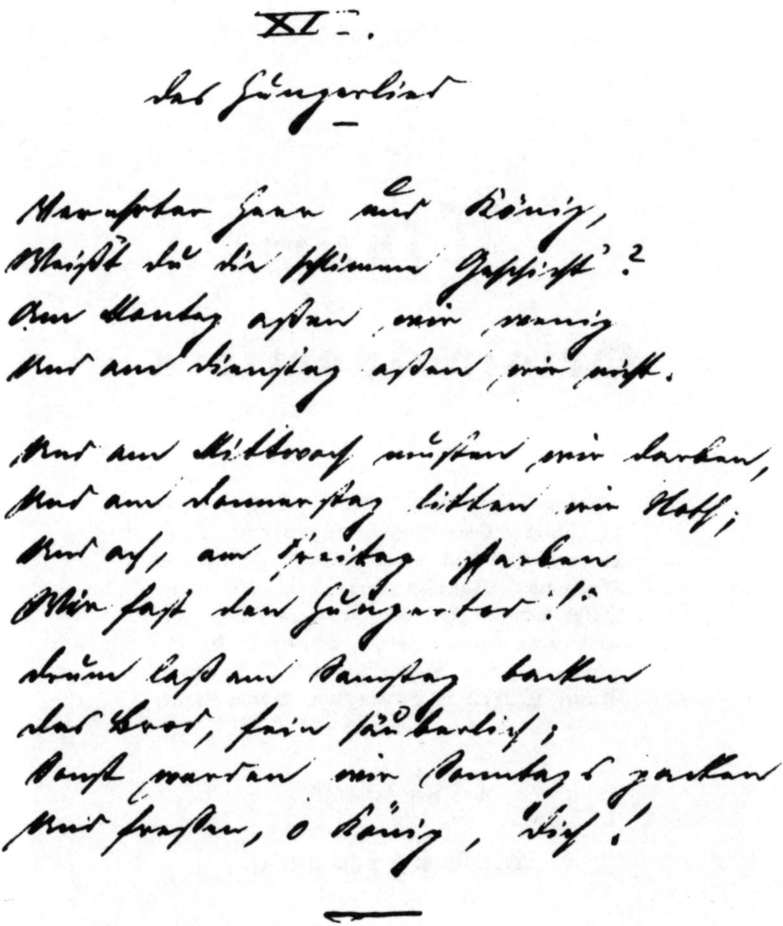

XI.

Das Hungerlied

Verehrter Herr und König,
Weißt du die schlimme Geschicht'?
Am Montag aßen wir wenig,
Und am Dienstag aßen wir nicht.

Und am Mittwoch mußten wir darben,
Und am Donnerstag litten wir Noth;
Und ach, am Freitag starben
Wir fast den Hungertod!

Drum laßt am Samstag backen
Das Brod, fein säuberlich;
Sonst werden wir Sonntags packen
Und fressen, o König, Dich!

Handschrift des "Hungerlieds"

Album.

Originalpoesieen

von

George Weerth, N..h..s, Friedrich Saß, H. Sem-
mig, Theodor Opitz, Miß Speridan Carrey, Alfred
Meißner, Karl Beck, Shelley, Weitling, Ferdinand
Freiligrath, Anastasius Grün, Heinrich Heine,
Adolph Schults, Karl Eck, Johannes Scherr, Ru-
dolph Schwerdtlein, Joseph Schweitzer, E. W.,
Herrmann Everbeck, Richard Reinhardt, Volksstimmen,
Edward P. Mead in Birmingham, Ludwig Köhler,
L. Seeger

und dem Herausgeber

H. Püttmann.

Borna, 1847.

Albert Reiche.

"Album"-Titel mit fiktivem Verlagsnamen und Erscheinungsort

Handwerksburschen-Lieder[15]

DER ABSCHIED

Meine alte, gute Mutter,
Die nähte die halbe Nacht;
Sie hat mir aus feinem Linnen
Ein feines Hemd gemacht.

Meine wunderschöne Schwester,
Die hat einen freien Sinn:
Die stickte mit stolzer Seide
Meinen stolzen Namen darin.

Und morgens, um halber viere,
Da hat der Hahn gekräht:
Nun schnüre seinen Ranzen,
Wer auf die Reise geht.

Und morgens, um halber fünfe,
Da hab ich meinen Vater geweckt:
Der hat drei rostige Kronen
In meinen Sack gesteckt.

Wir standen unter der Linde,
Da ward mein Herz so schwer.
Meine treue Mutter meinte,
Sie sähe mich nimmermehr.

Mein Vater ward so stille,
Meine Schwester schluchzte darauf -
Da ging in den Weizenfeldern
Die goldene Sonne auf!

Und vor den Toren klang es:
»Ade, du dumpfige Stadt!
Nun freue sich, wer ein freies,
Ein lustiges Leben hat!«

15 Dieser Titel findet sich nur im Druck ("Album"). Die Handschrift hat die Überschrift: *"Bruder Straubinger"*. Die Überschriften der einzelnen Lieder nur im Druck.

AUF HOHEM BERGE

Ich stand auf hohem Berge
Und blickte ins Tal hinab:
Dort wohnen die kleinen Menschen,
Die lange geliebet ich hab!

Dort steht die graue Kirche,
Die ist schon alt genug.
Dort schrieb mich einst der Küster
Ins große Kirchenbuch!

Und drüben steht die Kapelle;
Dort lernt ich den ersten Choral!
Der Kantor spielte die Geige
Und schlug mich mannigmal.

Doch wo die Linden rauschen,
Da steht ein schneeweißes Haus!
Dort schauen die Monatsrosen
Hoch oben zum Fenster hinaus. –

O blühet fort, ihr Rosen,
Ohn Not und Ungemach;
Bis daß ich euch wiederschaue
Wohl über Jahr und Tag!

Bis daß ich wieder wandle
Die hallenden Gassen hin;
Bis daß ich wieder küsse
Meine feine Nachbarin!

IM GRÜNEN WALDE

Sie lagen im grünen Walde,
Sie lagen im grünen Gras.
Da sangen sie alsobalde
Diskant, Tenor und Baß.

Der Schneider sang Diskante,
Der Schuster, der blies Tenor,

Der Schreiner, sehr galante,
Der brüllte den Baß hervor.

Zuerst begann der Schneider
Und tanzte mit leichtem Schritt:
»Ich mache die lieblichen Kleider
Nach Wiener und Hamburger Schnitt!«

»Und ich«, erhub mit Grüßen
Der Schuster und lachte dazu:
»Ich mache manch zierlichen Füßen
Den reizenden, zierlichen Schuh!«

Und kräftig brüllte der Schreiner,
Daß das Reh im Walde sich barg:
»Geschickter wie ich ist keiner,
Ich mache so Wiege als Sarg!«

Und Schreiner und Schuster und Schneider,
Sie sangen zusammen im Takt:
»Ohn treffliche Schneider, leider,
Da ginge schier alles nackt!

Und wäre kein Schuster lebendig,
Da liefe man üblen Trab;
Und ohne den Schreiner, anständig
Käm nimmermehr jemand ins Grab!« –

So sangen sie wohl im Walde;
Es blitzte das grüne Gras.
Es klangen an Strom und Halde
Diskant, Tenor und Baß.

UM DIE KIRSCHENBLÜTE

Wohl um die Kirschenblüte,
Da haben wir logiert,
Wohl um die Kirschenblüte
In Frankfurt einst logiert.

Es sprach der Herbergsvater:
»Habt schlechte Röcke an!«

»Du laus'ger Herbergsvater,
Das geht dich gar nichts an!

Gib uns von deinem Weine,
Gib uns von deinem Bier;
Gib uns zu Bier und Weine
Auch ein gebraten Tier!«

Da kräht der Hahn im Spunde;
Das ist ein guter Fluß.
Es schmeckt in unserm Munde
Als wie Urinius!

Da bracht er einen Hasen
In Petersilienkraut:
Vor diesem toten Hasen
Hat es uns sehr gegraut.

Und als wir war'n im Bette
Mit unserm Nachtgebet:
Da stachen uns im Bette
Die Wanzen früh und spät!

Dies ist geschehn zu Frankfurt,
Wohl in der schönen Stadt;
Daß weiß, wer dort gelebet
Und dort gelitten hat.

DIE DEUTSCHEN VERBANNTEN IN BRÜSSEL

Und in den Kaffeehäusern von Brüssel,
Da saßen sie und weinten
Und hingen die Paletots an die Wände
Und tranken Mokka mit Zucker und Kognak
Und seufzten und jammerten sehr – wenn
Dein sie gedachten, germanische Heimat!

Verbannte waren's. Der Zorn des
Sechsunddreißigeeinigen deutschen
Bundestag-Gottes verstieß sie –
Stieß sie hinaus, die Geächteten,
Lieblos hinaus in des Auslands
Weiche, sammetgepolsterte Sessel.

Sinnend schaut ich sie oft; und entsetzt dann
Hört ich, wie laut sie zu klagen
Erhoben: »O weh uns! Nimmer
Essen wir jetzt mehr deinen
Pumpernickel, Westfalen! und
Posen, deine Kapusta![16]

Nicht mehr rauschen die Fichten uns deiner
Seligen Steppen, o Uckermark! Nicht mehr
Fühlen den Biß wir deiner
Kasernen-Wanzen, o Preußen! Und nicht mehr
Sinken entzückt wir an deine
Gänsebrüste, ambrosisches Pommern!

Nicht mehr tönet der Männer der
Bernsteinküst liberales Gejammer
Erfreulich ins Ohr uns! – Nicht mehr
Werden wir Dome erbaun und
Betrinken mit euch uns, ihr
Heiligen Kölner!

Ferne die Heimat! Ferne ja alles, was
Reiz noch dem Leben verlieh und das Dasein
Köstlich machte – und traurig
Sitzen wir, ach, wir großen, blonden
Teutonen nun unter den kleinen
Bräunlichen Belgiern!

16 Polnisch: Kohl.

Müssen Burgunder trinken und
Leid'gen Champagner – und Austern
Essen, Ostender, Fasanen und tête de
Veau en tortue[17] und was sonst noch
Bietet die Fremde an kaum wohl
Genießbaren Sachen!

Müssen statt lieblich deutscher
Vergißmeinnicht-Kinder des Auslands
Schwarzumleckte, brennende
Rosen jetzt küssen und
Tanzen Cancan am Sabbat, wo sonst wir
Brünstig gebetet in Odins ragenden Tempeln.

Müssen allein jetzt wandern den dorn'gen
Lebensweg, nicht länger bewacht von
Väterlichen Gendarmen, die gern uns
Stets daheim geschützt vor der Pest
Moderner Ideen und
Hochverrät'rischer Tollheit!

Ach! Verlassen sind wir; und ihr nur
Nehmet noch Anteil an uns, ihr teuren
Vaterländ'schen Spione und du, o
Repräsentant der preuß'schen Nation, du
Hehrer, gewaltiger Graf, du
Henckel von Donnersmarck! – – «[18]

Also sangen sie wohl in Brüssel, die
Deutschen Verbannten; – ich hört sie
Klagen im Café des Arts und
Im Café Suisse und im Café der Tausend
Säulen – und Wehmut
Drang durch die liebende Brust mir.

17 Kalbskopf in Schildkrötensauce.
18 Preußischer Gesandter in Brüssel.

NACHWEIS DER ERSTDRUCKE

LOCKENRAUB
Jahrbuch für Kunst und Poesie, Jahrgang 1843, hrsg. von Ludwig Wihl. Barmen: Langewiesche 1842, S. 210.

KARNEVALSLIED
Coelnische Carnevalslieder des Großen Rates. Köln 1842, S. 9–10.

AN KÖLN
Kölnische Zeitung, Nr. 214 v. 2. 8. 1843.

EIN SONNTAGABEND AUF DEM MEERE
Kölnische Zeitung, Nr. 224 v. 11. 8. 1844.

ERINNERUNGEN
SW, Bd. 1, S. 154–156.

DAS WAR DAHEIM EIN EWIGER GESANG
SW, Bd. 1, S. 170.

FREUND LENZ
Rheinische Jahrbücher zur gesellschaftlichen Reform, hrsg. von Hermann Püttmann. Darmstadt: Leske 1845, Bd. 1, S. 350.

DIE NATUR
Rheinische Jahrbücher, Bd. 1, S. 351. Dort unter dem Titel "*Ein Festlied*".

VERNUNFT UND WAHNSINN
Rheinische Jahrbücher, Bd. 1, S. 352.

DIE INDUSTRIE
Deutsches Bürgerbuch für 1845, hrsg. von Hermann Püttmann. Darmstadt: Leske 1844, S. 346.

ERST ACHTZEHN JAHR
Rheinische Jahrbücher, Bd. 1, S. 347.

DAS HUNGERLIED
Die Achtundvierziger. Ein Lesebuch für unsere Zeit, hrsg. von Bruno Kaiser. Berlin: Aufbau 1953, S. 331.

DER WEIN IST NICHT GERATEN
Kölnische Zeitung, Nr. 316 v. 12. 11. 1843.

DIE WINZER
Sozialdemokrat, Zürich, Nr. 29 v. 12. 7. 1883. Dort unter dem Titel "*Die rheinischen Weinbauern*".

ARBEITE
SW, Bd. 1, S. 196.

DAS LIED VON DER VERUNGLÜCKTEN KARTOFFEL
SW, Bd. 1, S. 197 f.

DER ARME TOM
SW, Bd. 1, S. 208.

ES WAR EIN ARMER SCHNEIDER
Gesellschaftsspiegel, hrsg. von Moses Heß. Elberfeld: Bädeker 1845, Bd. 1, S. 63.

DIE HUNDERT BERGLEUTE
Gesellschaftsspiegel, Bd. 1, S. 64. Dort unter dem Titel "*Die hundert Männer von Haswell*".

DER ALTE WIRT IN LANCASHIRE
Gesellschaftsspiegel, Bd. 1, S. 64.

DER KANONENGIESSER
Gesellschaftsspiegel, Bd. 1, S. 196.

SIE SASSEN AUF DEN BÄNKEN
Album. Originalpoesien von Georg Weerth [u.a.], hrsg. von Hermann Püttmann. Borna 1847 [Küthmann, Bremen], S. 126.

HERÜBER ZOG EINE SCHWARZE NACHT
Album, S. 127.

DAS HAUS AM SCHWARZEN MOOR
Deutsche-Brüsseler-Zeitung, Nr. 9 v. 31. 1. 1847. Dort unter dem Titel "*Das ist das Haus am schwarzen Moor*"; wiederholt in: Album, S. 128.

HANDWERKSBURSCHENLIEDER
Album, S. 5–14.

DIE DEUTSCHEN VERBANNTEN IN BRÜSSEL
Deutsche-Brüsseler-Zeitung, Nr. 51 v. 27. 6. 1847.

Georg Weerth ·
Sozialkritische Skizzen

1

Wegen der Vorfälle um die Bonner Petition für Pressefreiheit und Judenemanzipation hatte Weerth Anfang September 1843 seine Position als Privatsekretär beim Kommerzienrat aus'm Weerth in Bonn aufgeben müssen. Ende September reist er für drei Wochen nach England, um sich dort eine neue Stelle zu suchen.

In diesen Septembertagen schreibt er seine *"Schmetterlingsgeschichte"*, die dann kurz vor Weihnachten in der "Kölnischen Zeitung" gedruckt wird. Sehnsüchte und geheime Wünsche des 21jährigen haben in dieser romantischen Erzählung ihren Ausdruck gefunden; so, wenn er die Stimmung eines jungen Mannes beschreibt, der die Möglichkeit erhält, eine größere Reise zu machen: *Wie ein junger Falke, der nach langer Haft die Tür seines Käfigs unverschlossen findet, plötzlich mit wildem Freudengeschrei seine Schwingen ausbreitet und in die Lüfte hinauseilt, so konnte es auch jetzt der frohe Gabriel nicht mehr in den kalten Mauern aushalten und stürzte jubelnd in die belebten Straßen hinunter. Wie schön kam ihm die ganze Welt vor!*[1] Er eilt durch Straßen und Felder, *mit ihm zogen nur der alte Leichtsinn und alle die seltsamen Regungen seiner jungen, schwärmerischen Seele.*[2] So, wenn die Enttäuschung mächtig wird, als durch eigene Schuld die Reise in weite Ferne rückt: *Und vor ihn trat mit einem Male, seinen Sinn fast verwirrend, die ganze Gestalt seines Elends, seiner Hilflosigkeit, und um ihn her lag es wie ein ödes Feld vereitelter Hoffnungen!*[3] Man denkt sofort an Eichendorffs "Taugenichts", der dem jungen Georg Weerth eines der liebsten Bücher gewesen ist. Daran erinnert die unbeschwerte Lebensweise des Jünglings, seine romantische Sehnsucht nach der Ferne und die fröhliche Zecherei mit den Kumpanen. Aber die *"Schmetterlingsgeschichte"* endet verhältnismäßig wirklichkeitsnah, unproblematisch.

Wenig später entstanden seine Berichte über die erste Englandreise, die im Oktober in der "Kölnischen Zeitung" unter dem Titel *"Von Köln nach London"* veröffentlicht werden. Über diese Reiseskizzen meint er in einem Brief: *Was ich über meine Reise nach London mitteilte (in der Zeitung), ist doch so ziemlich alles wahr, da ich mich stets an Wahrheit und Einfachheit halte. Es versteht sich, daß man hin und wieder ausschmücken muß.*[4] Das ist ein frühes – wenn auch naiv formuliertes – Dokument einer realistischen Konzeption.

Bevor Georg Weerth endgültig nach England übersiedelte, wo er in Bradford am 15. Dezember seine neue Stelle antreten sollte, kehrte er noch einmal für kurze Zeit in seine alte Heimat zurück. Dort lernte er auf Fahrten in die Umgebung Detmolds auch die Senne kennen.

1 SW, Bd. 2, S. 32.
2 SW, Bd. 2, S. 33.
3 SW, Bd. 2, S. 35.
4 SW, Bd. 5, S. 98.

Die Armut der Bauern in diesem kargen Land rührte ihn an, schärfte sein soziales Gewissen. In einem Brief (S. 56f.), der einen Wendepunkt in Leben und Denken des 21jährigen kennzeichnet, fragt er seinen Bonner Freund Alexander Kaufmann: *Hast Du wohl etwas von der Senne gehört?* Und dann erzählt er ergriffen und engagiert – seinen witzig-ironischen Stil völlig aufgebend: *Dort wohnen die ärmsten Leute weit und breit.* Er berichtet von dem traurigen Schicksal einer vielköpfigen, hungernden Bauernfamilie und meint dazu: *Ist das nicht eine schöne Geschichte? Wir denken gewöhnlich, in Paris und London wäre nur das Elend zu Hause; ich versichere Dir, in unserm Lande sieht es ebenso schlimm aus. Den Leuten, welche jetzt Dorfgeschichten schreiben, möchte ich raten, einmal die Senne zu besuchen; da gibt es viel herrlichen Stoff! Leider Gottes!*

Ein halbes Jahr später hat er dieses Erlebnis zu der Skizze *"Die Armen in der Senne"* ausgearbeitet. Das Geschehen wird darin in ein dem Inhalt entsprechendes Kolorit getaucht. Er schildert die Realitäten, registriert die Fakten – allerdings zieht er noch keine Schlüsse daraus. Aber der soziale Dichter kündigt sich an, dem England zum entscheidenden Erlebnis werden sollte. Der Weg zu einem an Wirklichkeit und Gegenwart orientierten Stil ist beschritten; Weerth hat sich aus den Fesseln der Romantik befreit.

2

Von Mitte Dezember 1843 an arbeitete Georg Weerth als Kaufmann in Bradford. Über seine Erlebnisse und Erfahrungen in diesem *Hexenkessel des modernen Kapitalismus*[5] hat er eine Reihe von Berichten nach Deutschland geschickt. Die ersten Feuilletons über die Septemberreise waren ja schon im Oktober 1843 erschienen. Von März bis August 1844 folgten dann ebenfalls in der "Kölnischen Zeitung" sieben Kapitel *"Englische Reisen"*, ein Jahr später *"Scherzhafte Reisen"* in fünf Teilen, und mit dem Feuilleton *"An Bord des Glen Albyn. Ein Reise-Affenteuer (See-Charivari)"* enden seine Reiseberichte.

In den Jahren 1847/48 überarbeitet Weerth diese Texte und stellt sie zu einem Buch zusammen *("Skizzen aus dem sozialen und politischen Leben der Briten").* Insbesondere die Berichte von der ersten Fahrt nach London werden erheblich erweitert; der Rahmen jedoch – der Reiseverlauf – bleibt erhalten. Er ordnet alles in 14 Kapitel, von denen das erste die Reise nach London, das zweite und dritte die Stadt London, das vierte die Reise in das Landesinnere (Birmingham und Bradford), das fünfte eine Fahrt in die Yorkshire-Berge, das sechste Bradford, das siebte bis zwölfte das Leben der englischen Arbeiter und die Geschichte der englischen Arbeiterbewegung, das dreizehnte eine Reise nach Wales und das vierzehnte die Rückkehr behandeln.

5 Karl Weerth, Georg Weerth. Der Dichter des Proletariats. Leipzig: Hirschfeld 1930, S. 20.

Diese Reiseschilderungen sind in dieser Zusammenstellung der äußere Rahmen, der Weerths Erlebnisse und Erfahrungen in England umschließt. Denn in den mittleren Kapiteln berichtet er von dem, was ihm vor allem am Herzen lag – vom Leben der englischen Arbeiter, vom Verhältnis des Proletariats zur Bourgeoisie und von der Geschichte der englischen Arbeiterbewegung.

Diese Kapitel stehen zwar nicht unmittelbar aber doch inhaltlich im Zusammenhang mit den Reisen, wenn sie Eindrücke vom Kohlenrevier wiedergeben und das Gesehene gedanklich vertiefen. Insbesondere haben hier Berichte ihren Platz gefunden, die Weerth zwischen 1845 und 1847 im wesentlichen in frühsozialistischen Zeitungen veröffentlicht hatte. Diese Teile sind die bedeutendsten, weil sie Erfahrungen von allgemeinem Interesse widerspiegeln, während die vielfach harmlosen, zufälligen Reiseabenteuer wie die leichte Verpackung des gewichtigen Inhalts wirken. In unserer Auswahl werden beide Teile berücksichtigt.

Nach dem unrühmlichen Ende der deutschen Märzrevolution von 1848 bestand keine Aussicht mehr, diese Texte als Buch herauszubringen. Sie blieben bis 1956 ungedruckt. Höhepunkt dieser frühen Prosa von Georg Weerth ist zweifellos *"Das Blumenfest der englischen Arbeiter".*

Seine Erfahrungen mit dem Kapitalismus in England, dessen Wesen für ihn notwendigerweise den Menschen korrumpierte, und vom Leben und Handeln der englischen Arbeiter lassen ihn zu dem Schluß kommen: *Wie überall ist der Proletarier auch hier im Lande nur der einzig wahre, gesunde Mensch.* (S. 73) Dieses Bekenntnis richtet sich gegen die Heuchelei der Besitzenden, die *das gemeinste Geldinteresse hinter einem angelogenen Christentum* verstecken. Einige Zeit später schreibt er, daß die unteren Klassen *mitunter viel gebildeter* seien als die Bourgeoisie. (S. 85) Die Arbeiter hätten ihre eigene Kultur, läsen ihre eigenen Bücher. Eine ganze Welt trenne diese Kultur von der des Bürgertums. Von dieser eigenen Arbeiter-Kultur berichtet das *"Blumenfest"*, der Kern des England-Buches. Dieses Fest ist Weerth Beweis dafür, daß *der Arbeiter neben seiner politischen Entwicklung noch einen Schatz von warmer Liebe für die Natur in seinem Herzen bewahrt hat, eine Liebe, welche die Quelle aller Poesie ist und die ihn einst in den Stand setzen wird, eine frische Literatur, eine neue gewaltige Kunst durch die Welt zu führen.* (S. 274) Während Heine noch befürchtete[6], die Proletarier würden Kaffee und Tabak in das Papier seiner Lieder wickeln, glaubt Weerth, daß von der Arbeiterschaft eine neue bessere Kultur ausgehen werde. Als Beispiel dafür berichtet er am Schluß der ersten Fassung des *"Blumenfestes"* von dem Gedicht seines Freundes Jackson, *das sich an einfacher Schönheit mit dem vollkommensten unserer deutschen Lyrik messen kann.* Leider hat er dieses Gedicht

6 Vgl. das "Vorwort zur französischen Ausgabe" der "Lutetia".

nicht aufgezeichnet. Im *"Blumenfest"* hat Weerth all jene Themen in einem inneren Zusammenhang dargestellt, die sein Denken weitgehend bestimmten und die er vorher schon auf vielerlei Weise behandelt hatte: die Armut der Arbeiter, die die Waren, die sie herstellen, nie für sich selbst erwerben können; den Zorn der Proletarier – ihre kraftvolle, originelle Eigenart, ihren Sinn für die Schönheit der Natur.

Charakteristisch ist die Form, deren er sich bedient – nämlich der Reportage. Er berichtet als einer, der an dem Fest teilgenommen hat – also keine Fiktion, sondern Wirklichkeit.

3

Vom 16. bis 18. September 1847 veranstaltete die "Association Belge pour la Liberté commerciale" einen internationalen Ökonomistenkongreß in Brüssel, auf dem die Frage des Freihandels diskutiert werden sollte. Vertreter von 13 Nationen waren zusammengekommen. Nach Weerths Meinung wurden auf diesem Kongreß die Anhänger der Schutzzölle *total geschlagen* und die Anhänger des Freihandels errangen den *vollständigsten Sieg.* (S. 92)

Weerth hatte sich schon lange mit diesen Fragen beschäftigt. Als Privatsekretär des Kommerzienrats aus'm Weerth in Bonn hatte er für den Schutz der deutschen Industrie agitieren müssen. Rückschauend berichtet er darüber an Engels: *Der alte Weerth kann freilich nur mit Schutzzoll bestehen, denn er hat unter seinen Maschinen noch einige Exemplare, die er gebrauchte, als der Konzern noch mit Ochsen statt Dampf getrieben wurde.* (S. 76) Und kritisch fügt er hinzu: *Damals war ich dumm genug, mich für Schutzzölle zu erhitzen.* In England hatte er dann jene große Bewegung erlebt, die für die Abschaffung der Kornzölle eintrat und 1846 schließlich auch siegte. Damit war in England der Freihandel eingeführt.

Aber Weerth war sich auch darüber klar, daß die Freihandelsfrage für die Arbeiter nicht an erster Stelle stand: *Denke aber nur ja nicht, daß es gut für die armen Leute wäre, – für die ist es ganz einerlei.*[7] Diese Folgerung entspringt Weerths Auffassung vom kapitalistischen Preis-Lohn-Gesetz: *Sobald die Lebensmittel billiger werden, erniedrigt man auch die Arbeitslöhne, und dann kommt alles wieder auf eins heraus. [. . .] Den armen Leuten gibt man stets nur so viel, daß sie gerade nicht vor Hunger sterben, und den armen Leuten wird nicht eher geholfen sein, als bis man solche Menschen wie Herrn Cheetham beim Kragen faßt und sie von Haus und Hof jagt und sich in ihr zusammengestohlenes Gut teilt.*[8] Auch Engels hatte sich zu derselben Zeit in der "Deutschen-Brüsseler-Zeitung" über "Schutzzoll oder Freihandelssystem" geäußert. Er meinte, in Deutschland seien Schutzzölle zur Stärkung der Bourgeoisie notwendig. Für die arbei-

7 SW, Bd. 5, S. 195.
8 SW, Bd. 5, S. 195.

tende Klasse spiele es keine Rolle, welches System gelte. "Der Arbeiter bekommt auf der einen wie auf der anderen Seite netto das, was er braucht, um als Arbeitsmaschine im Gange zu bleiben." [9] Nur habe die Arbeiterklasse ein Interesse daran, daß die Bourgeoisie an die Macht komme.

In dieser Frage vertreten also Weerth und Engels die gleichen Ansichten mit ähnlichen Argumenten. Nur Weerths letzte Forderung in seiner Rede auf dem Brüsseler Kongreß, an etwas anderes zu denken als an den Freihandel, um die Lage der Arbeiter zu verbessern, hätte wohl kaum die Zustimmung von Marx gefunden. Denn dieser sah eine Verbesserung der Situation der Arbeiter durch das Bürgertum als Utopie an. Weerth allerdings sieht auch die Notwendigkeit des bewußten Wollens der Arbeiterschaft.

Es war sein Verdienst, auf diesem Kongreß zum ersten Mal ökonomische Gedanken des Marxismus der Öffentlichkeit vorgestellt zu haben. "Es war das erste Mal, daß die bürgerliche und sozialistische Weltanschauung vor einem internationalen Forum in der Debatte aufeinanderprallten." [10] Durch diese Rede war Weerth ein berühmter Mann geworden. Von nun an druckte die "Kölnische Zeitung" nach seiner Äußerung *alles* von ihm. (S. 98) Um die Jahreswende 1847/48 erscheinen dort noch einige Korrespondenzen – vor allem aus England. Schwerpunkt dieser Berichte ist die Chartistenbewegung, er geht ausführlich auf deren Führer O'Connor ein.

•

Der Abdruck der Kapitel I, II, VI, VII, VIII und X der *"Skizzen aus dem sozialen und politischen Leben der Briten"* und des Fragments "Zollkontrolle" erfolgt nach den Handschriften, der Abdruck von *"Die Armen in der Senne"* und der Rede auf dem Freihandelskongreß nach den Erstdrucken.

9 MEW, Bd. 4, S. 60.
10 Ernst Drahn, Georg Weerth auf dem internationalen Kongreß der Volkswirte in Brüssel 1847. In: Archiv für die Geschichte des Sozialismus und der Arbeiterbewegung 11 (1925), S. 187.

DIE ARMEN IN DER SENNE

Von den Höhen des Teutoburger Waldes sieht man in eine weite Ebene, die Senne genannt, deren ödester Teil sich zwischen Paderborn, Bielefeld und dem Fürstentum Lippe hinzieht. Sie gewährt einen eigentümlichen Anblick, der sich wohl am besten mit der Aussicht vergleichen läßt, die man in der Abenddämmerung, von einem höhern Punkte des Strandes, auf die See hat. Die Täuschung wird noch größer, wenn in den Strahlen der untergehenden Sonne, oder im Mondlicht, die dunklen Wasserflächen einiger Teiche zu leuchten beginnen, die hin und wieder den Sand durchschneiden und gewöhnlich von kleinen Fichtengehölzen umgeben sind. In solchen Augenblicken gewinnt die Gegend keineswegs einen schönen, vielmehr einen höchst unheimlichen und wahrhaft geisterhaften Anstrich. – Die Umrisse einiger Meierhöfe und zerstreuter Baumgruppen verschwinden, und bald gewahrt das Auge nur noch den schwarzblauen Farbenton der Ebne, über welche die Nebel in weißen Wogen hereinbrechen.

Dem Beschauenden scheint dann der geheimnisvolle Geist jener Wüste vorüberzuschweben, – jener Wüste, in welcher schon so vieles auf und nieder ging, – in deren Sand die Waffen der Römer verrosteten, in der Franken und Sachsen im Kampf aneinanderrannten, in welcher der tollste Hexenspuk sein Wesen trieb – und die jetzt wohl die unglücklichsten Bewohner des einst so gewaltigen Westfalens bevölkern. –

Wir wollen von den Bergen hinuntersteigen und uns auf dem eigentlichen Terrain näher umsehen. – Eine Wüste nannten wir jenen Landstrich, und dennoch bevölkert! Leider ist dies nur zu wahr; – denn auch hier, wo die Natur dem Menschen geradezu untersagt zu haben scheint, sich anzubauen, hat der Arme, dem kein besserer Boden zuteil wurde, sein Korn der Erde anvertraut. Hier und dort, wo der Sand fester und feuchter ist, sieht man Buchweizen und Hafer in dünnen Halmen aufschießen; gleich daneben, hinter einem Zaun aus Birken geflochten, weidet eine magre, buntgefleckte Kuh, wohl die einzige Trösterin des Bauers, der nicht weit davon aus Lehm und Baumzweigen seine niedrige Hütte aufgeschlagen hat. Treten wir an die Tür derselben, da schlägt uns ein dichter Rauch entgegen, denn für einen Schornstein hat man nicht gesorgt. Ist im Winter der Herd erloschen, da muß der in der Hütte zurückgebliebene Rauch und Dunst noch wärmen. Gehen wir vorüber, da laufen uns einige zerlumpte Kinder nach; sie halten die Hände gefalten und murmeln eine Sprache, welche niemand versteht. Aber in den kümmerlichen Blicken kann man lesen, was sie wollen, und gebt ihr einem kleinen Mädchen mit hellblonden Haaren eine Silbermünze, da ist es mehr, als sie je besaß, mehr, als sie in mehreren Wochen durch Flachsspinnen verdienen kann. – Es ist so rührend komisch, wenn man mit einem Bauer spricht, welcher eben aus Friesland zurückkommt, wo er einige Monate für Lohn arbeitete. Seine Augen blitzen vor Freude; er bringt Geld mit, Geld in dem kleinen ledernen Beutel; das kleine Feld ist unterdes leidlich gediehen; – die Kuh ist noch am Leben; er dünkt sich reich und glücklich! Da sieht er plötzlich seine Kinder herbeilaufen, und er wird ernst und still; es fällt ihm ein, daß alles vielleicht nicht hinreicht, um die junge Brut durch den Winter zu bringen.

»Aber, beim Teufel, lieber Mann, weshalb hat er auch so viele Kinder!« – »Ja«, sagt der Bauer dann, »die Obrigkeit ist auch gar nicht damit zufrieden. Sehn Sie, wenn unsereins heiraten will, da muß er erst auf dem Amt 150 harte Taler vorzeigen können, und kann er dies nicht, da mag er gehn, – er wird nicht kopuliert. Wenn ich nun unsers Nachbars junge Liese gern leiden mag und kein Geld habe, was tue ich dann? Entweder muß ich bei einem Paderborner Juden das Geld borgen und abscheuliche Prozente bezahlen, oder –«, und dann sieht mancher junge Bauer verschämt zur Erde. –

Am schlimmsten sind die Leute daran, welche sich durch irgendeinen günstigen Ackerfleck verleiten ließen, mitten in die eigentliche Senne zu ziehen, denn dort sind sie, wenn im Winter die ohnehin ungangbaren Wege ganz verschneien, von aller Welt abgeschnitten. Der Vorrat von Kartoffeln geht bald zu Ende; durch die schlechte Witterung, welche die Lehmwände der Hütten naß und feucht macht, brechen Krankheiten ins Haus herein; – mehrere Glieder der Familie liegen schon, die Alten an der Gicht, die Jungen am Nervenfieber darnieder, – da macht der Gesundeste sich auf und eilt zu dem Prediger des nächsten Dorfes. Der soll trösten, helfen, retten. Man sagt ihm, ein Sterbender wünsche die Sakramente. Er kommt an Ort und Stelle, sieht den Jammer und die Not, sieht aber auch ein, daß das Heiligtum hier weniger helfen kann als eine wollene Decke, als ein gutes Brot. Ist es in seiner Macht, so unterstützt er aus eignen Mitteln, bescheinigt aber gewiß den kläglichen Zustand jener Armen, damit sie aus der nächsten Ortschaft ihren Pfennig von der Behörde und die Hilfe eines Arztes bekommen.

Leider sind manchmal die Einkünfte einer Gemeinde aber nicht so groß, um jedem unglücklichen Einlieger helfen zu können, und, was noch schlimmer ist, oft findet sich auch, daß ein Bauer, nachdem er bei dem Gemeindevorstand um Unterstützung angehalten hat, gar nicht zu dieser gehört, also kein Recht darauf hat. – Die Grenzen der Länder, in jener Ebene durch nichts Hervorstechendes markiert, waren ihm nicht bekannt; er weiß nicht, ob er ein Preuße, ein Lipper oder was sonst ist, und ehe er sich von der einen Behörde an die andere wenden konnte, ist der Tod in seine Hütte hereingebrochen und hat mit seinem kalten Kuß allem Leid ein Ende gemacht.

Vor nicht gar langer Zeit fuhren wir von der lippeschen Grenze ins Preußische hinüber und wurden auf dieser Postwagenreise durch den Sand mehr hin- und hergeworfen als in dem lustigsten Sturm auf dem Kanal. Hinter uns lagen die altsassischen Wälder, in denen wir noch am Morgen einen der größten Hirsche ventre à terre vorüberrennen sahen, – vor uns dehnte sich die Ebene mit ihrem rotblühenden Heidekraut, das immer höher aufwuchert, wo ein Teich den Boden feuchter macht. – Einige Kiebitze, die schlanken Bewohner der Heiden, hüpften über das Moor und ergötzten uns durch ihr helles Geschrei, in das bisweilen ein alter Frosch mit verständiger, ernster Stimme einfiel. Nebenbei lenkte ein alter Förster unsre Aufmerksamkeit auf einige Fichten, in deren Umzäunung wir die Trümmer einer Hütte bemerkten, die das Feuer jüngst zerstört zu haben schien. Die Geschichte, welche der alte Mann darauf erzählte, machte bald unsrer heitren Stimmung ein Ende. –

»Im letzten Winter, als abwechselnd durch Schnee und Regen alle Wege durch die Senne ungangbar gemacht waren, hatte in jener Hütte, welche jetzt als Trümmer vor uns lag, die Not ihren Gipfel erreicht. – Ein junger Bauer verlor sein Weib, was ihm sechs kleine Kinder hinterließ. Sie zu ernähren, war das wenige Geld, was er aus Friesland mitbrachte, bald draufgegangen, und eine gänzliche Mißernte machte, daß seine Scheune diesen Winter ohne den gehörigen Vorrat von Früchten blieb. Dazu kam noch das lange Darniederliegen des Leinenhandels, der von England aus mit so großem Erfolg betrieben wird und der den Bauern jener Gegend, welche früher das Garn mit Nutzen zu Markte trugen, jetzt jede Möglichkeit nimmt, ihr Leben dadurch zu fristen. – Alles hätte den jungen Bauer indes noch nicht niederbeugen können, denn noch blieben ihm ja zwei tüchtige Fäuste, die zu jeder Arbeit bereit waren und bei dem Bau des Armindenkmals[1] in jener Zeit gerade die beste Gelegenheit dazu fanden. – Aber, wie durfte er sich tagelang von seiner Hütte entfernen, – sechs Kinder kauerten halb nackt am Feuer, und im Winkel der Stube lag auf hartem Strohlager der alte Vater, krummgezogen von der Gicht, von den fürchterlichsten Schmerzen geplagt, – der weinend seine Knie umfaßte und ihn bat, nicht davonzugehen. – Mehrere Male war schon das größeste der Kinder in das nächste Dorf geschickt zu dem Prediger. Der Vater sei so krank, ließ man ihm sagen, er möge doch mit den Sterbesakramenten kommen.

Der Pastor war jedesmal erschienen, – aber wozu der Trost schöner Worte? – Man ließ ihn rufen, weniger der Gottseligkeit wegen, als daß er noch einmal die Not sähe, noch einmal eine Unterstützung auswirkte oder vielleicht noch einmal in die eigne Tasche griffe; denn der kranke Vater machte noch keine Sterbemiene; – sechzehn Wochen lag er schon am Boden, er war an Schmerzen gewöhnt, er wollte leider noch nicht sterben. – So ging der halbe Winter vorüber, die Gegend war von dichtem Nebel umhüllt; – bald konnte man kein Kind mehr hinausschicken, – es wäre in den sumpfigen Wegen, im Schnee, auf den unsichern Sandschichten unrettbar verloren gewesen; – die Hilfe der Nachbarn wurde durch die vielen Armen immer kleiner, manchmal blieb sie ganz aus, und vom Hunger gestachelt, jammerten dann die Kinder in der Hütte umher. –

Als die Sonne wieder einmal rot hinter den fernen Bergen hinabgesunken war und in der und um die Hütte das tiefste Dunkel lag, schleicht der junge Bauer aus der Tür, geht an die Wand, hinter welcher der kranke Vater lag, er schauert zusammen, zerdrückt noch eine Träne im Auge – und mit kräftigem Stoß reißt er die morsche Lehmwand auseinander. – Der Kranke, gänzlich erschöpft, ist gerade in festen Schlaf versunken, er merkt nicht, daß ihm der kalte Nachtwind über das Gesicht streicht, und als er endlich wach wird, sich nicht von der Stelle bewegen kann und um Hilfe wimmert, – da hört ihn niemand, – man ist an das Jammern gewöhnt; – der Sohn verbirgt sein Gesicht im Stroh, – die Kinder schlafen. – Der Nebel ist indes ver-

1 Hermannsdenkmal bei Detmold, 1840–1875 erbaut.

schwunden, – in der Nacht wird es sternhell, – es wird bitterkalt. – Um Mitternacht ist der Alte schon besinnungslos – als der Morgen kommt, ist er tot. –

Jetzt hat der junge Bauer nur noch für die Kinder zu sorgen. Nach einigen Tagen sieht man die Hütte in Flammen aufgehn. – Der Eigentümer steckte sie selbst in Brand und zieht mit den Kindern auf die nächsten Dörfer, um zu betteln.«

Wir schreiben dies in einer Fabrikstadt Englands, in einem echt chartistischen Loch, in dem Armut und Unheil zu Hause ist; man hat uns manche Sachen erzählt, die das Herz beben machen können, aber Geschichten, wie die erzählte aus der lieben *Heimat*, sind doch auch des Schauderns wert. –

(Erstdruck in: "Deutsches Bürgerbuch für 1845", hrsg. von Hermann Püttmann, Darmstadt: Leske 1845, S. 266–271.)

VON KÖLN NACH LONDON

Lebe wohl, o Köln! mit deinem Dome, mit deinem Gürzenich, mit deinem Bayenturme und mit deinen tausend und aber tausend Kirchweih- und Fastnachtsspäßen!

Dein werd ich immer gedenken. Dran denken werd' ich, daß ich einst in der Sternengasse, gegenüber dem alten, ehrwürdigen Hause wohnte, von dem mir einst ein dienstfertiger Kommissionär erzählte, daß der Herr Peter Paul Rubens darin geboren und daß die Mediceische Venus darin gestorben sei.[1]

Seltsam! Die Maria von Medici mit der Mediceischen Venus zu verwechseln. So etwas kann nur einem guten Kölner passieren. Aber der Mann erzählte mir die Geschichte mit der ernsthaftesten Gebärde; – wahrscheinlich hat er nur aus Instinkt einen kölnischen Witz gerissen. Ach, es sind so viele Leute in Köln auf ihren Witz angewiesen!

Lebe wohl, du alte, wunderliche Stadt! Während ich in deinen Mauern wohnte, habe ich mein Meistes und Bestes zu deinem Ruhme beigetragen.

Habe ich nicht von deinem kühlen Moselwein mehr genossen, als meinem Magen lieb war? Habe ich nicht in deiner »Ewigen Lampe«, in jener Schenke am Dom, mehr als hundertmal über die große Wahrheit des Spruches nachgedacht, daß keine Kirche auf Erden erbaut wird, ohne daß der Teufel seine Kapelle danebensetzt?

Bin ich nicht jeden Sonntag in dein Wallrafsches Museum gewandert, um vor den Bildern deiner unsterblichen Maler, vor jenen lieblichen Engeln und Heiligen mit Schwalbenflügeln und Goldkreuzen; vor jenen erstaunlichen Märtyrern, mit noch erstaunlicheren langen Beinen, als ich sie selbst besitze, meine tiefste Andacht zu verrichten und in das frömmste Gelächter auszubrechen?

Habe ich nicht deinen Karneval verherrlicht, als ich einst auf dem schlechtesten Gaule der Rheinprovinz als Don Quijote durch deine Gassen

1 In dem Haus hat Rubens seine Jugendjahre verbracht und ist Maria von Medici, die Gemahlin Heinrichs IV., 1642 gestorben.

ritt und mit dem Panzer vor der Brust, mit dem Barbierbecken auf dem Kopfe von 9 Uhr abends bis 7 Uhr morgens deine holdseligen Jungfrauen zum Tanze führte?

Wurdest du nicht von mir besungen in altgriechischem Versmaß, in dem heitern Rez-de-chaussée[2] deiner DuMontschen Zeitung, Hochstraße N° 133?[3]

Sieh, ich habe alles für dich getan, was man in seinem einundzwanzigsten Jahre für dich tun kann, in dem Alter, wo man aufgehört hat, seinen werten Namen in jeden Eichenbaum zu schneiden; wo man aber noch nicht aufgehört hat, entre-chien-et-loup eine Laterne einzuwerfen; wo man aufgehört hat: »Morgenrot, o Morgenrot!« zu singen, wo man aber noch nicht die Marseillaise singt; – wo man den letzten schwarzen Sammetrock verschlissen hat, aber noch immer nicht zu einem Frack kam; – wo man an die Gellertschen Fabeln zwar nicht mehr denkt, wo man aber auch noch nicht bis zu den Aventüren des Chevalier Faublas[4] fortgeschritten ist – genug, in dem Alter, wo man den schönsten Teil der Flegeljahre hinter sich hat und gerade im Begriff ist, aus dem verrückten Monat April des Lebens in den Mai des Daseins hinüberzuvoltigieren; wo man wie ein angehender Student kein Pennal, aber auch noch kein Fuchs ist, wo man eben noch zwischen Esel und Roß schwankt, wo man einstweilen nur ein jugendliches, romantisches Maultier ist.

Ach Köln, ich habe viel für dich getan! Ich schwärmte für dich. Von jedem Eckstein deiner Gassen wußte ich etwas Interessantes zu erzählen. Ich kannte jedes Marienbild in deinen Kirchen; jedes Römerglas in deinen Schenken »zum stillen Vergnügen«. Ich wußte deine Sagen, Legenden und Märchen auswendig wie der Dr. Weyden[5]; ich wußte noch viel dümmeres Zeug als das!

Und womit hast du mich belohnt? Glaubtest du dich dadurch hinlänglich revanchiert zu haben, daß du mich durch deinen sterblichen Professor Wahlen als korrespondierendes Ehrenmitglied eines jährlichen Bockessens aufnehmen ließest?

War das dein Dank, daß alle Fenster und Türen verschlossen, daß all deine Gassen wie ausgestorben, daß all deine Plätze wie verwaist waren, als ich endlich in der heiligen Frühe um 6 Uhr wehmütig in den Omnibus stieg, um mich vielleicht auf immer von dir zu trennen?

War das dein Dank, daß du nur hin und wieder einen schlaftrunkenen Pfahlbürger, mit der Schlafmütze auf dem Kopf und mit nicht sehr saubern, umgeklappten Vatermördern, aus den Giebelfenstern gähnen ließest, als ich über den Eigelstein an jenen Häusern vorbeifuhr, wo man die länglichen, sehr mystisch-sagenhaften Brote backt, an deren obern Ende ein Mutter-Gottes-Bild und an deren untern Ende eine Flötenpfeife angebracht ist?

War das dein Dank, daß du den eisernen preußischen Adler auf deinem Tore wie einen gallischen Hahn zornig erröten ließest, als der treue Sohn

2 Eigentlich: Untergeschoß. Hier: "Unter dem Strich" = Feuilleton.
3 Im Verlag DuMont erschien die "Kölnische Zeitung".
4 Vgl. das Gedicht "Erinnerungen".
5 Ernst Weyden, Sekretär des Kölner Kunstvereins und Mitarbeiter der "Kölnischen Zeitung".

eines treuen Vaterlandes endlich die Festungswerke passiert hatte, um froh das Weite zu suchen?

O Köln, du große Freudenstadt, die du in deinem Banner die Farben Rot und Weiß führst, – gewissermaßen als Sinnbild des vielen roten und weißen Weines, der in deinen Mauern getrunken wird, – schöne Stätte, wo jeder Familienvater wie der heilige Petrus seinen Hausschlüssel bei sich führt; wo jeder junge Ehemann den ganzen geschlagenen Abend auf den harten Wirtshausbänken sitzen muß, um den kühlen Krätzer zu trinken, während die lieblichen Ehehälften im weichen Bette liegen dürfen, um sich des warmen Tees zu erfreuen; glorreicher Ort, der du nimmer müde wirst, an deinem kolossalen Dome zu bauen; – ruhmwürdige Gegend, in deren Bereich die Zahl der Dombau-Vereine fast geradeso groß ist wie die Zahl der Taler, welche diese Vereine jährlich zusammenbringen; – Stadt des Humors und des Enthusiasmus, die ich geliebt, verehrt, besungen und verherrlicht – weshalb ließest du mich so still aus deiner Mitte ziehn? – weshalb öffnete sich nicht noch einmal die Türe des »Freischützen« und das blaue Auge seiner schönen Kellnerin? – weshalb wurde er nicht einmal am frühen Morgen wach, der gewaltige Klütsch, welcher der Große Bär unter den Sternbildern deiner lustigen Bürger ist? – weshalb hörte ich ihn nicht noch einmal knarren, den alten Kranen dort oben auf dem Domturm, an dem sich sicher und gewiß noch ein anderer Baumeister erhängen wird wie an einem Galgen, wenn er wiederum an der Vollendung des gewaltigen Werkes verzweifelt?[6]

Alles war still. – Nur da draußen vor den Toren sangen die Lerchen ihr Morgengebet, und die Lokomotive akkompagnierte mit hellem Gepfeif, und Regierungsräte und Kammerfrauen und Polizeidiener und Gemüseweiber und Roßkämme und Orgeldreher und alles, alles drängte sich in die offenen Wagen, nur kein einziges jener Geschöpfe, die ich vor meinem Abschiede noch einmal an die Brust zu drücken wünschte, nur kein einziges jener lieben Kinder mit Rubinlippen, mit nußbraunen Haaren und mit Augen blau wie: »Vergiß-mir-nicht«.

Natürlich fuhren wir zuerst nach Aachen; – ein unbekannter Ort, der kürzlich erst durch Heinrich Heine entdeckt und in dem unvergleichlichen »Wintermärchen« nach Verdienst besungen wurde. Die Schönheiten Aachens sind erst durch Heine recht ans Licht gekommen; – man hatte früher nur eine dunkle Ahnung davon; – man wußte nur, daß Karl der Große, seliger, dort verstorben und vergraben sei, daß die Bauern der Umgegend alle sieben Jahre zu der Ausstellung des heiligen Hemdes und die Bonner Studenten jeden Sonntag zu dem grünen Tische der Redoute wallfahrteten; – die Bauern – um mit reuigem Herzen, mit verzückten Augen und gebeugten Knien vor dem antiken Leinwandfetzen ihre Andacht zu verrichten und von Not und Fegefeuer erlöst zu werden; – die Studenten – um im Schmuck der goldenen Locken lächelnd an den grünen Altar der Croupiers zu treten und – wenn auch nicht den unsterblichen Hekatomben,

6 Der Sage nach hat sich der Baumeister des Kölner Doms, der am Gelingen seines Werkes zweifelte, durch einen Sprung von der Höhe des Domkranen das Leben genommen.

doch ihrem Visavis die Fülle der Zehngroschenstücke opfernd – erst recht in Not und Fegefeuer hineinzugeraten. Das war eigentlich alles, was jedem Kinde der Provinz von Aachen bekannt war. Aber jetzt? Man kennt jeden Leutenant auf der Straße, man kennt den Adler über dem Posthause, man weiß genau, womit sich die Hunde, die armen, langweiligen Hunde, in Aachen beschäftigen und amüsieren.

Kurz, man kennt die winzigsten Kleinigkeiten, und wenn der ehrwürdigen Stadt jemals etwas Menschliches begegnete, wenn sie einmal unterginge durch Pestilenz, Brand, Hunger oder durch ein ähnliches Unglück, da wird man nur Heines »Wintermärchen« aufzuschlagen haben, um den Feuer- oder Lebensversicherungsgesellschaften die beste Anleitung zu geben, in welcher Weise sie das Zerstörte zu ersetzen haben; sei es an Häusern, Menschen oder Vieh.

Aachen ist wirklich eine liebenswürdige Stadt; – alle drei Jahre einen Tag lang ist Aachen das Nonplusultra des Schönen und Interessanten. Da kommt irgendein großer Meister von Berlin, von Wien oder sonst woher und dirigiert das Musikfest; da kommt die schwedische Nachtigall[7] und trilliert und flötet viel schöner als alle die kleinen Brüder und Schwestern im Gebüsch des Louis-Berges; da kommt das Kölner Quartett, da kommen die Liedertäfler, die Gesangvereine, die Barden-Gesellschaften, die Arion-Kränzchen, und da kommen all die lustigen Lerchen, Wachteln, Buchfinken, Kanarien- und Paradiesvögel, welche vereinzelt die Welt mit ihrem Gesange erfreuen, so daß bald in dem alten, grauen Aachen ein Trillern und Musizieren beginnt, als hätte sich, – ähnlich der Sage des Siebengebirges, wo sich auf das Wort des zornigen Priors alle Nachtigallen der Abtei Heisterbach einst aus ihren Nestern erhoben, um jenseits der Berge in einem einzigen, kleinen Wäldchen zusammenzukommen und vereint ihr Konzert zu beginnen – so auch dann in Aachen die ganze musikalische Welt der Heimat wie auf den Befehl eines Zauberers eingestellt. Und ich bin fest davon überzeugt, wenn es nicht gar zu anstößig wäre, die heilige Cäcilie schwebte an einem solchen Tage gern vom Himmel nieder und setzte sich für drei Taler preußisch Kurant in das Parterre des Aachener Komödienhauses. Denn so etwas hört man nicht alle Tage. Ob Aachen außer diesem einen Tage alle drei Jahre, außer diesem Tag der Musik der Nachtigallenkehlen und der Kontrabässe noch viele Reize aufzuweisen hat, konnte ich nie in Erfahrung bringen. Ich erkundigte mich oft danach bei einem alten Brüsseler Gelehrten, natürlich einem deutschen, der zweimal jährlich von Brüssel nach Aachen reist, um sich auf dem Büchel drei lange deutsche Pfeifen zu kaufen. Er wußte mir nie etwas zu erzählen; – er versicherte mir aber stets, die Aachener Pfeifen seien vortrefflich.

Lieber Leser, wenn du einundzwanzig Jahre alt bist, da glaube nur ja nicht, daß es etwas sehr Leichtes ist, zum ersten Male dem Vaterlande Lebewohl zu sagen und den Fuß in ein fremdes Reich zu setzen. Du erkundigst dich bei den Leuten, welche dir in den Eisenbahnwagen gegenübersitzen, schon lange vor der Zeit, ob man schon auf belgischem Boden sei; – schon

7 Jenny Lind (1820–1887).

gleich hinter Aachen schaust du in einem fort rechts und links zu den Fenstern hinaus, um ja nicht den letzten Blick auf deine Heimat zu verfehlen und um auch gleich den ersten ausländischen Tannenbaum zu begrüßen, wie es einem ehrlichen Deutschen zukommt. Seltsame Dinge gehen in deiner Seele vor. Hinter dir liegt nun gleich, so denkst du, das Land deiner Jugend, wo ich als Kind mit goldnen Blumen spielte und wo meine Perlen und Diamanten nur in dem Tau bestanden, den der Morgenwind aus den Rosenknospen schüttelte. Mit Bertha und Adelheid saß ich an langen Winterabenden neben dem knisternden Feuer und lauschte den tollen, wunderlichen Märchen, die uns die Amme mit schauerlicher Stimme vortrug. – Da lernte ich zuerst die Geschichte von den Haimonskindern, von Wieland dem Schmied, von Genoveva und den Heinzelmännern; – ach, wie haben unsere Herzen geklopft, wenn der Popanz die Brüder des kleinen Däumlings fressen wollte, und wie freuten wir uns, wenn der kleine Kerl den großen Riesen doch immer wieder zu überlisten wußte.

Dann ging es in die Schule, auf die harten, glattgerittenen Bänke, wo wir den Herrn Magister mehr als hundertmal zu allen Teufeln wünschten – »Mensa« ist schwer zu deklinieren; wir schnitten dem Rektor Kerbe in seinen Rietstock, ließen Maikäfer unter dem Tische fliegen, banden ihm einen Fuchsschwanz an den hinteren Rockknopf und schnitten den Namen in den Tisch – während der Religionsstunde. –

Draußen aber auf dem Spielplatz, da ging es hoch her; da machten wir Welfen und Gibellinen[8] und Cimbern und Teutonen. Ich war Marius, und du: Teutobock[9]. – Groß war unsre Angst, wenn wir einen ganzen Samstagnachmittag im Walde herumgelaufen waren und endlich spätabends mit zerrissener Hose nach Hause zurückkehrten. Da setzte es manche herzliche Ohrfeige ab, und mit bitteren Tränen wurde der Tag beschlossen.

Und dann die erste Ferienreise an die Weser, in den Harz, an den Rhein – mit dem Ranzen auf dem Nacken, sieben alte Krontaler im Sack und einen Stock in der Hand; – an jedem Wirtshaus wird stillgehalten, man spricht mit den Mädchen, welche die Milch nach der Stadt tragen, man spielt den flotten Reisenden und setzt die Mütze etwas schief auf den Kopf, indem man eine Falkenfeder zwischen Tuch und Lederschirm schiebt.

Wie herrlich lag es sich in der Mitte des Waldes, wenn wir aus Laub und Reisig ein helles Feuer gemacht hatten; – in malerischen Gruppen kauerte die kleine Reisegesellschaft um die knisternde Flamme, und »Ein freies Leben führen wir« klang es weit durch den düsteren Forst, daß die Hirsche und Rehe erstaunt emporsprangen, die Geweihe in den Nacken legten und mit vorgestreckter Brust ventre à terre durch die Zweige der Tannen setzten.–

Und kam der Abend, da suchte man irgendeine romantische Schenke unter Erlen und Lindenbäumen, und frecher wie die Landsknechte unter Georg von Frundsberg gebärdeten wir uns, wenn der Wirt die Unvorsichtigkeit beging, uns schon für Studenten zu halten. Kamen wir aber in eine neue Stadt, da interessierten wir uns namentlich für Malerei und Architektur,

8 Im Mittelalter in Italien die Anhänger des Kaisers beziehungsweise des Papstes.
9 Der siegreiche römische Feldherr im Cimbern- und Teutonenkrieg und der unterlegene König der Teutonen.

machten Notizen in das Reisebuch, was mehr weiße Blätter enthielt, als man zur Beschreibung einer Reise in den Orient nötig gehabt hätte. – Damals war es auch gewiß, daß wir zuerst rauchten; unter Gottes freiem Himmel war die Gefahr nicht so groß; – der rote Tabaksbeutel, der daheim noch hinter Büchern und Papier verborgen wurde, er baumelte jetzt frei an der Seite des Ranzens; – die Pfeife wurde gestopft, man nahm Stahl und Stein und einen Lappen Zunder, mit dem ein friesischer Bauer sein halbes Leben ausgekommen wäre; und keine Minute dauerte es, da genoß man auch schon mit wahrer Todesverachtung den Rauch des beizenden Knasters, indem man keine Gelegenheit vorübergehen ließ, um hin und wieder bei einem kühlen Quell niederzusitzen, damit man durch einen gewaltigen Trunk das Gleichgewicht der fünf Sinne wiederherstellen könne. – Schrecklich war es indes, wenn man nach einigen kostspieligern Genüssen bemerkte, daß die Reisekasse bald ihrem Ende entgegengehe. Da hielt man an der Seite der Landstraße ein ernstes Konsil, zählte die vorrätige Barschaft und suchte bis auf Heller und Pfennig auszurechnen, wieviel man wohl zur Rückkehr in die Heimat nötig habe. Fand es sich, daß man zu kurz kommen werde, da brach der eine in Verwünschungen über die vielen unnötigen Ausgaben aus, zu denen er nicht seine Zustimmung gegeben hatte; da lärmte der andere über die Not der Menschen im allgemeinen, und da erinnerte sich plötzlich ein dritter, daß auf einem Dorfe in der Umgegend irgendein alter Pastor wohne, der die lieben Eltern daheim von Zeit zu Zeit besuche, und im Nu wurde natürlich beschlossen, daß man den würdigen Mann aufsuchen wolle, um sich zuerst häuslich bei ihm niederzulassen und ruhiger das Weitere zu überlegen oder hintereinander eine kleine Staatsanleihe zu kontrahieren.

Hatte man endlich vieler Menschen Städte gesehn und Sitten gelernet, da kehrte man zurück in das Land seiner Väter, freute sich, wenn man zuerst den Rauch aus den heimischen Schornsteinen aufsteigen sah, und fiel seinen Geliebten um den Hals, als hätte man sie in einem halben Menschenleben nicht gesehen.

Den Kopf voll von Wundern der Fremde, setzte man sich dann gleich nieder, um noch vor Anfang des Wintersemesters das Erlebte in Form eines phantastischen Aufsatzes zu Papier zu bringen. »Eine Ferienreise zu sechsen« – »Abenteuer im Harz« – »Über das Reisen im allgemeinen« – »Phantasien und Betrachtungen auf den Fluren der Fremde« – und wie alle die schönen Titel lauteten, welche man seiner Arbeit auf einem schneeweißen Blatte Propatria vorhergehen ließ. –

O herrliche Zeit, wo man zuerst die Märchen »Tausendundeine Nacht« liest, wo man zuerst an seinem Geburtstage ein Nüremberger Ei trägt, wo man zuerst eine Zigarre rauchen kann, ohne eines frühen Todes zu sterben!

Der Cäsar und der Cicero lagen aufgeschlagen auf meinem Tische, und gegenüber schauten die Monatsrosen zum Fenster hinaus, und zwei blitzende Augen blickten durch das Grün des Laubes forschend auf den fleißigen Jungen hinab; und ach, es geschah dann nur gar zu oft, daß das Exerzitium nicht zur rechten Zeit fertig wurde und in der Zwischenzeit, stehenden Fußes, von einem barmherzigen Nachbarn abgeschrieben werden mußte.

»Homers Odüßee, übersetzt von Johann Heinrich Voß, Hamburg, auf Kosten des Verfassers, 1781« hatte ich schon von meinem älteren Bruder geerbt; ich konnte jedoch auch fast den ersten Gesang in der Ursprache auswendig; aber wie schnell wurde alles das vergessen, als ich »Des Knaben Wunderhorn« und den alten Uhland und den »Taugenichts« des lustigen Eichendorff in die Hände bekam.

Die Nächte wurden mir da zum Tage, und ich schrieb mehr Verse als Calderon und verdarb mehr gutes, geduldiges Papier, als ich vielleicht vom zwanzigsten bis zum achtzigsten Jahr zu Fidibus verbrauchen werde, mehr Papier, als alle alten Jungfern seit Erfindung des Papyros in ihre spärlichen Haare gewickelt haben.

O schönes Land meiner Jugend, dich muß ich jetzt verlassen! – Verlassen die Stätte, wo ich zuerst gespielt, gelesen, geraucht, gereist, gelernt, geliebt und gedichtet habe! Lebe wohl! Lebe wohl! – und, lieber Leser, unwillkürlich dringt eine heiße Träne durch deine Wimpern, und deine jugendliche, romantische Maultierseele flutet über von Wehmut und kindlicher Andacht.

Zwischen all den nüchternen Gesellen, welche dir das Schicksal zu Reisegefährten gab, zwischen all den rechnenden Kaufleuten, den spekulierenden Ökonomen, den verständigen Polizeidienern und Grenzjägern, den trostlosen Handlungsreisenden, den alternden Kammerfrauen und gestrengen Regierungsräten sitzest du in deiner Ecke des Eisenbahnwagens »sô lilium undern dornen, sancta Maria«![10]

Da legt ein alter Herr freundlich seine Hand auf deinen Arm und spricht, indem er zurück nach der durchzogenen Gegend winkt: »Sehn Sie, lieber Freund, so sieht Deutschland von hinten aus!« –

Eben hat man die Grenze passiert. Am Horizonte wehen die letzten deutschen Eichen und Linden, die letzte deutsche Lerche steigt mit langweiligem Getriller in die blaue Luft empor, der letzte deutsche Hase flüchtet, erschreckt von der vorübersausenden Lokomotive, in wilden Sätzen über das letzte deutsche Kohlfeld, und, da es nun einmal nicht anders sein kann, so zerdrückst du die letzte Träne in deinen schönen deutschen Augen und blickst dann verwundert in die neue, fremde Welt, welche eben mit all ihren Wundern vor deinen Blicken emporsteigt.

In Verviers merkt man schon, daß man in der süßen Fremde ist. Die Menschen fangen an, Kognak mit Zucker zu trinken und Wasser mit Fleur d'orange. Jeder Gamin will dir das tägliche Brot in Gestalt einer zweiblätterigen Zeitung verkaufen. »L'Émancipation, quinze centimes!« – »L'Observateur, édition du matin!« – »Le Politique est très interessant ce matin!« – »La Constitution – très beau feuilleton!« – Da blasen die Eisenbahnführer ihr liebliches: »Partez donc!«, und im Nu verschwindet der Zug in dem Tunnel des nächsten Berges. Leider verfinsterte sich bei meiner damaligen Reise bald der Himmel, und aus Regen und Nebelwolken tauchten nur bisweilen die Türme der altehrwürdigen Städte Lüttich, Löwen und Mecheln empor, als wollten sie sagen: »Nun – wir sind auch noch da

10 Aus dem "Melker Marienlied" des 12. Jahrhunderts.

und freuen uns unsres Lebens ebensogut wie ein paar hundert Jahre vorher!«

Mecheln, in der Sprache des Landes Malines, gibt dem guten Deutschen schon gleich Gelegenheit, seine französischen Sprachkenntnisse anzuwenden. Statt »Malihn« spricht er den Namen dieses Ortes »Malän« aus und durchstreicht mit dem Bleistift den Ort auf seiner Karte, zum Zeichen, daß er ihn passiert hat, daß er ihn gesehen, daß er nun nicht weiter für ihn existiert. –

War bei dem nebligen Wetter draußen wenig zu sehn, so schweifte das Auge im Innern des rasch fortschnurrenden Wagens desto mehr herum und suchte nach einem erbaulichen Gegenstande, nach einer blühenden Flamländerin etwa, mit Brüsseler Spitzen behangen und lächelnd wie ein heiterer Sonntag im Monat Mai! – Aber leider schienen auch *die* an jenem Tage in stiller Zurückgezogenheit zu leben, denn kein schönes Augenpaar wollte am Horizonte aufsteigen, keine Locke wollte entzückend eine schneeweiße Stirn umflattern; nur Männer rings auf den Bänken, Männer mit Bärten, mit sehr schönen Bärten!

Auf späteren Reisen in Holland und Belgien ist es mir oft aufgefallen, wie sehr in letzterem Lande das »schöne Geschlecht« von der Natur vernachlässigt ist und wie man dagegen unter den Männern die ausdrucksvollsten Gesichter und die kräftigsten und schön geformtesten Gestalten findet. In Holland ist dies gerade umgekehrt, wenigstens in dem eigentlichen Holland, dem klassischen Ort des Kaffee- und Zuckerschachers. Die Männer sind dort entweder infolge eines wüsten Lebens der Hafenstädte zu wahren Skeletten, zu windhundartigen Figuren abgemagert oder in reiferem Alter zu so enormen Wänsten aufgeschwemmt, daß man erst einige Zeit suchen muß, ehe man in jenen Fleischkolossen ein menschliches Wesen findet.

Die holländischen Frauen sind dagegen fast durchgängig hübsch; sie haben blondes Haar, himmelblaue Augen, sehr weißen Teint, nur leider durch den Gebrauch der unterirdischen Kohlenpfannen und Feuerstübchen bisweilen entsetzlich große Füße – aber eine Holländerin kann sehr schön und liebenswürdig sein, und wenn sie mit ihren roten Lippen jene fürchterliche Sprache lispelt, welche in dem Munde der Männer wie das Grunzen und Brummen einer Walkemühle klingt, da bleibt man verwundert stehen und sieht aufs neue, daß von schönen Lippen alles schön klingt, sei es, was es wolle, sogar Holländisch.

Wir kamen nach Antwerpen, einem Orte, von welchem mancher Junggeselle zu erzählen weiß. –

Und die frommen Kirchtürme spielen so flott
Mit den Glockenspielen und preisen
Schier viertelstündlich den lieben Gott
In Walzer- und Polkaweisen.

Ich konnte die ganze Nacht nicht schlafen. Jedesmal, wenn man soweit gekommen ist, um in aller Ruhe sein Nachtgebet zu verrichten, über sein bisheriges Leben ernstlich nachzudenken und die besten Pläne für die Zukunft zu fassen, da fängt auch jenseit der Place Verte der alte Turm der

Kathedrale sein voriges Gejubel an. Es ist entsetzlich, es stört jedes friedliche Verhältnis der Nacht, es ist nicht anders, als wäre man unter Orgeldrehern und Dudelsackpfeifern gebettet. Und der alte Turm spielt nicht einmal schön. Durch die Länge der Zeit sind ihm in seinem liederreichen Munde einige Zähne ausgefallen, so daß nicht selten in den verschiedenen Arien sehr beunruhigende Lücken vorkommen. Sehr beunruhigende Lükken, sage ich. Denn wenn man sich durch die ersten fünf, sechs Töne aus dem kaum begonnenen Schlummer wieder aufschrecken ließ und mit einem gewissen heroischen Gleichmut ebenfalls das »O du lieber Augustin« oder »Liebe, Liebe ist mein Leben« angestimmt hat, da bemerkt man plötzlich zu seinem Schreck, daß die obligate Begleitung der heitern Kathedrale soeben mitten im besten Zuge verstummte. Man richtet sich im Bette empor; man lauscht; – eine höchst peinliche Minute erfolgt, und wie ein Blitz fährt einem der Gedanke durch den Kopf, daß die kaum begonnene Arie vielleicht die letzte sein möchte, welche der fromme Turm in seinem Leben spielen wird; daß er eben vielleicht nur sein Schwanenlied gesungen und, von Kolik, Rheumatismus und Migräne bis zum Tode verwundet, möglicherweise im Begriff sei, noch am späten Abende das Zeitliche zu segnen. Je länger diese unglückselige Pause dauert, desto wahrscheinlicher wird unsere Vermutung, und schon will man mit gleichen Füßen aus dem Bett auf den Teppich springen, um den erhabenen Anblick einer sinkenden Kirche in seiner ganzen tragischen Wirkung der Seele einzudrücken, da hat der alte Musikant sich wieder ermannt, und als wenn nichts vorgefallen wäre, jubelt er das Ende seiner Melodie mit soviel Gleichmut und mit so verzweifelter Akkuratesse, daß einem die Haare vor Ärger zu Berge stehn und daß man mit mürrischer Seele und eiskalten Füßen aufs neue in sein teueres, innig geliebtes Gasthausbett zurücksinkt.

Nein, ich lasse mir vieles gefallen; ich habe mit unverwüstlicher Ruhe dem Gesange meiner sentimentalsten Freunde zuhören können, ich habe das Gebrüll deutscher Universitätskneipen ertragen, ich ertrug das Säuseln eines Barmer Pietisten, wenn er mich an Seele und Ewigkeit erinnerte, aber, daß ich mich von jedem beliebigen Kirchturm ennuyieren lassen soll, daß ich gelassen bleiben soll, wenn man meine teuer erkaufte Nachtruhe durch lückenhafte Arienpfuschereien verhöhnt, wenn man meiner wahrlich großen Höflichkeit jeder ergrauten und verwitterten Kathedrale gegenüber durch die trivialste Bänkelsängerei spottet – nein, das ist zuviel verlangt, das geht über die Berge, das ist beleidigend und verletzend!

Übrigens verweilte ich in Antwerpen wider alles Erwarten mehrere Tage. Waren es Rubens' herrliche Schöpfungen, waren es de Keysers[11] und Wappers'[12] reizende Bilder, war es das bunte Treiben auf den Straßen, an der Schelde, an den Bassins, welches mit seiner ganzen Fremdartigkeit »den Sinn gefangenhielt«, oder was sonst? Ich weiß es nicht – genug: ein Tag verstrich nach dem andern – das prächtige Hotel St. Antoine sah mich jeden Abend in seinen roten Saal zurückkehren, und erst als mir eines Morgens

11 Nicaise de Keyser (1813–1887), belgischer Maler.
12 Gutav Wappers (1803–1874), belgischer Maler.

mit Schrecken einfiel, daß jenseit des Kanals England liege, daß ich dort London und wer weiß was sonst besuchen sollte, daß ein sonniger Tag zur schönsten Seefahrt einlade – da wurde zum Abschied der Hut geschwenkt, ich sprang auf den Dampfer »Wilberforce«, und hinunter ging es die Schelde, hinein in die dicke, blaue Meerflut! –

Der »Wilberforce« war das erste Seeschiff, was ich in meinem Leben bestieg, und ich mußte mich natürlich über das schöne Gebäude freuen, wie man sich über alles freuen kann, was schön und vollendet ist. Seitdem fuhr ich auf belgischen, holländischen und französischen Schiffen, aber ich muß gestehen, daß es mir jedesmal ein zehnmal größerer Genuß ist, wenn ich ein großbritannisches wiedersehe. Das Propere, das Solide, das Einfache und in seinem kolossalen Umfange doch so herrlich Abgerundete und Geschlossene eines englischen Seeschiffes machte einen Eindruck auf mich wie ein schönes Goethesches Gedicht.

Da ist kein Tau auf dem ganzen Schiffe, keine Luke, keine Planke, die nicht eine wohlberechnete Bestimmung hätte; – jede Einrichtung des Inneren und des Verdeckes zeugt von der Energie und dem Verstand der Erbauer; jede kleine Zutat, jeder kleine Luxus, um das Nützliche zu verschönen und das Auge auch bei dem gewöhnlichsten Gegenstande nicht unbefriedigt zu lassen, von dem großartigen Geschmack jenes gewaltigen Volkes. –

Der englische Luxus in der Einrichtung eines Seeschiffes ist nicht eklatant wie der bei französischen Fahrzeugen; aber eine einfache Verzierung ist ja oft auch tausendmal schöner. Wie das Papier, in welchem der Engländer seine Waren versendet, fester, dauerhafter und glänzender ist als dasjenige aller andern handeltreibenden Nationen; wie die Bindfäden, mit dem seine Ballen genäht sind, jene rot und weißen Fäden der Flotte oder jene blau und weißen des Handels, fester und egaler gedreht sind als alle andern Bindfäden der Welt; wie er den wenigen Dessins seiner Kleiderstoffe, jenen immer wiederkehrenden Carrés oder jenen ewig bestehenden Streifen, stets ein gefälligeres und mehr sauberes Ansehen zu geben weiß als alle übrigen Fabrikanten der Erde; – wie er, mit einem Worte, in dem Kleinsten und Gewöhnlichsten, sobald es nur einen Zweck hat, sobald es nur von Nutzen ist, seinen ganzen Verstand, seine meisterhafte Überlegung zu erkennen gibt, ebenso entfaltet er diese seine Tugenden auch in jener großartigen Marine, die ihn herrlich vor allen Völkern machte.

Und welche Matrosen findet man auf seinen Schiffen! Männer aus Stahl und Eisen, aus Knochen und Sehnen, aus Energie und Gewandtheit zusammengesetzt! Wenn das Schiff auf der Reise ist und der eine hier und der andere da beschäftigt ist; einige im unteren Raum des Schiffes, andere im Segelwerk, die übrigen auf dem Verdecke, da hat man freilich Gelegenheit, ihre Tätigkeit, ihre Ausdauer im Detail zu bewundern; aber es fehlt der Totalüberblick, du hast nicht das ganze Personal vor dir, du kannst sie nicht betrachten, herab von dem ergrauten Steuermann bis hinunter zu dem blondhaarigen Schiffsjungen; dein Genuß an diesem verwegenen Volke ist unterbrochen, zersplittert.

Tritt daher an den Rand der Bassins, in dem ein Seeschiff vor Anker liegt, in einem Augenblick, wo die Mannschaft mit ihren Arbeiten fertig ist, wo sie

Overstolzenhaus in der Rheingasse zu Köln um 1845.
Damals Sitz der Handelskammer

Förderturm einer englischen Kohlengrube
um die Mitte des 19. Jahrhunderts

von den Masten herab- und aus den Luken heraufstieg, um auf freiem Verdeck in ganzer Gesellschaft den Moment der Ruhe und der Erholung zu genießen. Das ist die Zeit, wo du begreifen lernst, wie das stolze Britannien die Herrscherin der Meere wurde!

In malerischen Gruppen sah ich sie manchmal liegen, jene riesigen Gesellen, die so wild wie die Möwen der See sind, unerschrocken wie die Panther der Wüste und rauh und barsch wie Bären des Nordens.

Ihr kennt jenes Bild des unglücklichen Robert[13], jene Gruppe italienischer Fischer, jenes Meisterstück eines poetischen, tief melancholischen Malers, das unwillkürlich den Beschauenden zur Wehmut stimmt, was das Herz zusammenschnürt, wenn man in die düstern Augen jener famosen, schwarzumlockten Köpfe blickt. Ist es nur die Stimmung des Malers, die sich in seinem Bilde widerspiegelt und die so frappant aus jeder Miene, aus jedem Blick, aus jedem Mundwinkel hervordämmert, daß du in einer Sekunde davon getroffen und durchdrungen bist? Oder steigt auch noch der Gedanke an ein edles, unglückliches Volk in deiner Seele auf? Sollte der Maler außer seinem eigenen Schmerz auch noch die geheime Trauer einer ganzen Nation hier auf die Leinwand gebannt haben? Wer weiß es!

Genug, wie ich mich bei der wahrhaft großartigen Wehmut, welche über dem ganzen Bilde liegt, nie eines allgemeinern Gedankens erwehren konnte, ebenso glaubte ich auch, in der lebendigen Gruppe jener stolzen englischen Matrosen die ganze riesige Energie, die ganze unermüdliche Tätigkeit des lebendigen Englands wiederzufinden.

Und gerade im Augenblick der Ruhe, der Erholung wehte mich dies immer an, wenn ich die ergrauten Seeleute, die von Wind und Wetter gebräunten Gesichter der jüngeren Matrosen und die blonden Köpfe der Schiffsjungen in jenem Momente überraschte, wo sie in stummer Gelassenheit, aber in dem vollen Bewußtsein ihrer Kraft, ja, wenn sie in wahrer antiker Ruhe im Kreise auf dem glatten Verdeck kauerten oder nachlässig auf den Planken lehnten, um die Scharlachjacken und die bunten Halstücher lose im Winde flattern zu lassen.

Das sind die Leute, mit denen Nelson, der schönste Held Englands, seine Feinde niederboxte, das waren die Heroen, welche ihm seine Schlachten schlugen, – Schlachten, welche er nicht ausführlicher seinem Vaterlande meldete als: »Gott hat uns einen großen Sieg über unsre Feinde gegeben«. –

Ich habe die englischen Matrosen im fürchterlichsten Sturm auf offener See gesehen; – ich sah sie im Hafen, ruhend auf glattem Verdeck; ich schlich ihnen nach, wenn sie am Abend mit einem Boote ans Land ruderten, um sich nach allen Gefahren und Stürmen ihres oft nur zu trostlosen Lebens in den engen Gassen einer Hafenstadt, in düstern Schenken und auf hellerleuchteten Tanzböden für ein paar Stunden der Lust und der Freude in die Arme zu werfen.

Mit lautem Juchhei durchbrachen sie die Reihen müßiger Männer, Weiber und Kinder und stürzten durch die offnen Türen, hinein in den festlichen Saal. – Da erklang die Geige, und im Nu hatte jeder eine Dirne erfaßt, und

13 Léopold Robert (1794–1835), schweizerischer Maler, der durch Selbstmord endete.

die grandiosen Schenkel, umflattert von weiter Hose, und die Füße, in schneeweißen Strümpfen und zierlichen, feinen Schuhen, dieselben Beine, von denen man nie erwartet hatte, daß sie eine andere Bewegung als die für ihren Dienst bestimmte machen könnten – diese Schenkel und Füße drehten sich bald in so keckem, gewandtem Tanze, daß man vor Entzücken laut auflachen mußte. »They are good, simple men!« – »Sie sind gute, simple Leute!« raunte mir einst ein armes Frauenzimmer ins Ohr, als einige Matrosen, durch den Wein und den Tanz erhitzt, zuletzt gar keine Umstände mehr machten und den Lohn vieler Wochen und Monate in einem Haufen Gold und Silber auf den Tisch warfen, damit der ganze Tanzboden sich bei dem diebischen Wirt dafür traktieren lasse.

Ich kann jene Szene nicht vergessen. Das liederlich Großartige, was darin lag, daß diese armen Teufel ihren ganzen Reichtum auf den Tisch warfen, um sich selbst und hundert andern für eine kurze halbe Stunde Genuß und Freude zu bereiten, zeigte, daß sie wilde, natürliche Seelen waren. »Was nutzt uns das lausige Gold? – Unser ist die unendliche See!« Das leuchtete aus ihren verwegenen Blicken, und jene braven Kerle waren in jenem Augenblicke größer als der ganze Haufen ihrer sittsamen, ehrenwerten Herren.

Ach, jene »guten, simplen Leute«! Es geschieht nur zu häufig, daß ihre niederträchtige Umgebung sie in solchen Augenblicken so exploitiert, daß sie am folgenden Morgen höchstens mit Hose und Hemd auf bloßen Füßen in den Raum des Schiffes zurückgelangen, um sich dann aufs neue ein paar tausend Meilen weit fort durch den Schaum der Wogen schleudern zu lassen.

Dieses Unglück auf dem Lande macht aber gewissermaßen das Glück der Matrosen zur See, und wenn man bedenkt, daß erst jetzt in Liverpool eine Anstalt zur Aufnahme heimkehrender Matrosen errichtet wird, so kommt man nur zu leicht auf den Gedanken, daß es bisher sowohl dem Gouvernement als den einzelnen Handelsreedern vielleicht nur recht eigentlich darum zu tun war, ihren Matrosen am Strande freies Spiel zu lassen, um sie durch die üblen Folgen ihrer Unerfahrenheit und eines leicht zu entschuldigenden Ausschreitens desto rascher und williger wieder zurück in die Schiffe zu locken, wo sie, einmal an ihrem Posten, auch gleich wieder die gewohnte Tätigkeit entwickeln. –

Wenn ich den Eindruck, den ein größeres englisches Seeschiff auf mich machte, mit der Wirkung eines Goetheschen Gedichtes zusammenstellte, so hatte ich gewiß nicht ganz unrecht. Es ist das Reinliche, das Harmonische, das Großartige eines Meerkolosses und eines Goetheschen Gedichtes, was zur Bewunderung hinreißt. In derselben eisernen Ordnung, mit der sich bei einem Seeschiffe Planke in Planke fügt, und wie in dem Gewirr unzähliger Taue doch jeder Faden seine Bestimmung und seine vorgeschriebene Wirkung verfolgt, ebenso meisterhaft ordentlich fügt sich bei einem Goetheschen Gedichte Reim in Reim, und ebenso klar steigt aus den Wogen seiner tönenden Worte der alles beseelende Gedanke. –

Die energische Ordnung ist es, welche nach den heutigen Begriffen nicht nur die englische Marine, sondern alles das, womit sich England vor der

Welt rühmen kann, aus den winzigsten Keimen bis zu der vollen Pracht des Kolossalen entwickelt hat; – die eiserne Ordnung in dieser scheinbaren Verwirrung ist es, die dem Engländer Erfolge sicherte, wo nur die Sonne über seinem Werke aufging –

»Grabet euer Feld ins zierlich Reine,
Daß die Sonne gern den Fleiß bescheine;
Wenn ihr Bäume pflanzt, so sei's in Reihen,
Denn sie läßt Geordnetes gedeihen.«[14]

Auf dem Verdeck unseres »Wilberforce« bewegte sich ein munteres Völkchen, nur Engländer, Herren und Damen, und von allen Seiten tönten einem ein »yes«, ein »beautiful«, ein »indeed« und andere häufig vorkommende Worte entgegen. – Was mich aber sehr wunderte, war, daß sämtliche Leute einen ganz andern Anstrich hatten als den, an welchem man in Deutschland gewöhnlich schon auf sechzig Schritt weit einen Engländer erkennt; das waren nicht mehr jene steifen, verschlossenen, mißtrauisch blickenden Gesellen, die stundenlang auf einem Rheindampfschiff hin- und herlaufen, ohne ein Wort zu sprechen, ohne durch irgendein Zeichen Unwillen oder Zufriedenheit, Verdruß oder Entzücken anzudeuten, die höchstens einen Kellner in barschem Tone kommandieren und an allem, was um sie vorgeht, so wenig Anteil nehmen wie möglich; – nein, sie waren lebhaft und zuvorkommend wie Franzosen, und aus der Art, wie sie miteinander sprachen, ging deutlich hervor, daß etwas von deutscher Herzlichkeit hinter dieser lebendigen Annäherung lag. Mein Erstaunen wurde aber noch bedeutend dadurch vermehrt, daß ein älterer Gentleman, als wir eben an einem prächtigen Ostindienfahrer vorbeirauschten, ganz vertraulich die Hand auf meinen Arm legte und mich in gebrochenem Deutsch fragte, ob ich nicht ein Deutscher sei und schon ein so herrliches Schiff gesehen habe, worauf er dann, als ich letzteres verneinte, auf der Stelle begann, mir die einzelnen Teile des Schiffes auseinanderzusetzen, und mich darauf seiner Frau und den beiden Töchtern mit der Bemerkung vorstellte, dieser Herr reiste zum ersten Male nach England, sie sollten mich auf alles aufmerksam machen und, wenn ich es wünschte, über jeden unbekannten Gegenstand belehren! – Mensch, wie kamst du zu dieser Liebenswürdigkeit? – Ich zögerte nicht und setzte mich zu der blaß interessanten jüngsten Tochter, die einen Blumenstrauß in den Händen hielt, der noch in Deutschland gepflückt war und den sie als Andenken mit ins Vaterland hinübernehmen wollte. –

Wurde mir auf diese Weise der Beginn meiner Wasserfahrt schon angenehm gemacht, so hatte ich doch noch mehr Ursache, den Fortgang derselben zu loben; denn als sich gegen drei Uhr die ganze Gesellschaft in der großen Kajüte zum Diner zusammenfand, jede Person das vor ihr stehende Gericht zerlegte und den Nachbarn davon mitteilte, als Sherry und Portwein in den geschliffenen Gläsern schimmerten und meine freundliche Engländerin gar nicht aufhörte, mich zum Versuch dieser und jener mir ungewohnt zubereiteten Speise einzuladen, da mußte ich freilich vergessen, daß ich unter dem kalt und unfreundlich gescholtenen Inselvolke saß, und

14 Goethe, "Vermächtnis altpersischen Glaubens".

gestand mir später gern, daß meine Landsleute sich sehr irren, wenn sie dies meinen, und es wohl nur manchem ungeschlachten Wirt und sonstigen prellenden Subjekten zuzuschreiben haben, wenn die reisenden Briten sich wirklich stolz und mißtrauisch benehmen. – Was ich auf dem Schiffe an wenigen Personen bemerkte, fand ich nachher in London bestätigt; – auf ihrem eignen Grund und Boden sind die Engländer, namentlich die Londoner, eine ganz andere Nation, als sie auf dem Kontinent erscheinen.

Als das Abendlicht durch die Kajütenfenster leuchtete, eilten wir wieder aufs Verdeck. Wir waren schon bis nach Vlissingen gelangt; die Schelde hatte eine enorme Breite, und an den höhern Wellen, welche am Vorderteil des Schiffes aufschäumten, konnte man bemerken, daß wir bei Anbruch der Nacht in See sein würden. – Das Schiff begann auch schon mehr zu schwanken, so daß mein Spaziergang mit dem englischen Kinde unterbrochen werden mußte; denn ohne es zu wollen, geschahen gegenseitig so trauliche Annäherungen und berührten sich unsre Arme und Schultern auf so nachdrückliche Weise, wenn der Dampfer plötzlich von der einen zur andern Seite hinüberneigte, daß die Nachsicht und Liebenswürdigkeit des hinter uns wandelnden oder vielmehr wankenden Vaters gewiß bald ihre Grenzen gefunden hätte. – Etwas ungern führte ich daher die junge Dame in den untern Schiffsraum zurück, wo ein mächtiger Teekessel auf dem Tische den Augenblick verkündete, wo der Engländer in der höchsten Gemütlichkeit zu schwelgen pflegt. –

Aus dem »Landprediger von Wakefield« wußte ich schon, mit welcher Sorgfalt Olivia und Sophia den köstlichen Trank zu bereiten pflegten, und ich hatte bisher auch immer gedacht, daß Uhland ganz recht haben müßte, wenn er in seinem »Teeliede« nur den Frauen die holde Bestimmung zuerkennt, den Tee in mütterlicher Hut zu halten, und daß es den Männern nie gelingen wolle, des Tees tiefe Kraft und seines Zaubers Eigenschaft zu empfinden.

Aber wie hatte ich mich geirrt! Hier nahten Mann und Weib in trauter Gemeinschaft dem übersprudelnden Wasserkessel, und ein jeder zapfte in seinen silbernen Topf, soviel das Herz verlangte. Dann spähten sie mit sorgsamem Auge, ob die dampfende Flüssigkeit sich nicht bald mystisch dunkler färbe, und siehe da, hatte sie den Grad der Vollkommenheit erreicht, mit welchem Entzücken ließen sie den duftenden Schwall auf den Zucker hinabrieseln! Alle Gesichter hatten den Ausdruck unbegrenzter Glückseligkeit, die Unterhaltung wurde sparsamer geführt, jeder schien mit sich selbst zufrieden zu sein und zu fürchten, daß ihn eine Frage, nur ein Laut seines Nachbarn in der stillen Teeschwärmerei stören möchte.

Nachdem eine geraume Zeit auf diese Weise verstrichen war, zogen sich zuerst die Damen und später auch allmählich sämtliche Herren in die Räume zurück, wo jedesmal zwei Betten übereinander die ermüdete Gesellschaft zur Ruhe einluden.

Obgleich die sehr ruhige See alle Furcht vor jener Unpäßlichkeit, welche eine Seereise gewöhnlich mit sich bringt, entfernen mußte, so folgte ich doch dem Rate meiner Freunde und verkroch mich, um alles Unheil zu verhüten, gleichfalls beizeiten in die zwar sehr kleine, aber äußerst saubere Schlafstelle. Von da aus, weil sie zu der obern Reihe gehörte, ließen sich denn freilich manche interessante Beobachtungen anstellen: mit welchen Gefahren z.B. ein ziemlich wohlbeleibter Herr zu kämpfen hatte, ehe er seinen erhabenen Ruheort neben mir eingenommen, wie jener seine Börse vorsichtig unter dem Kopfkissen verbarg und ein anderer in der größesten Verzweiflung zu sein schien, da er seine unerhört langen Beine gar nicht in die rechte Lage zu bringen wußte.

Nach und nach machte sich aber alles, es herrschte ringsum tiefe Stille, und von außen herein tönte nur das Brausen der Wellen, die in fast regelmäßigen Zwischenräumen an die Wände des Schiffes schlugen. Lange lauschte ich diesem seltsamen Geräusche, bis auch mich endlich der Schlaf in seine Arme drückte. –

Mehrere Stunden mochten vorübergegangen sein, da wurde ich plötzlich wach, denn mein dicker Nachbar richtete sich halb in die Höhe und rief mit tiefer Stimme: »Waiter (Kellner), what o'clock is it?« Der Kellner reckte sich gleichfalls aus den Federn, sah nach der Uhr und antwortete: »Twelve o'clock, Sir!« Damit war der Dicke aber keineswegs zufrieden, sondern rief aufs neue: »Waiter, what o'clock is it?« Der Kellner sah nochmals nach und erwiderte: »It is twelve o'clock, Sir!« Mochte mein Freund dies verstanden haben oder nicht – genug, er fragte den Kellner zum dritten Male; und der arme Geselle mußte nochmals wiederholen: »It is exactly twelve o'clock, Sir!« Jetzt hoffte ich die Sache abgemacht, aber mein Schlafgenosse fuhr fort: »Waiter, that's midnight (Mitternacht), is it not?« – »Yes Sir, it is!« antwortete der Kellner, und da legten sich beide wieder auf die Seite, als wenn nichts vorgefallen wäre, der dicke Herr wußte, daß »zwölf Uhr« Mitternacht ist und kümmerte sich wenig darum, daß durch seine vielen lauten Fragen ein Dutzend Menschen aus dem Schlaf aufgestört waren, die sich nun fluchend und schimpfend, daß man durch seine einfältigen Unterredungen so inkommodiert werde, wieder in ihre Bettdecken einwickelten und, teilweise wohl vergebens, einzuschlummern suchten.

Mir war es wenigstens nicht möglich; – ich zog daher meine Kleider an und stieg auf das Verdeck. Da hatte ich denn zum ersten Male das Meer in seiner ganzen Größe vor mir; kein Land mehr zu sehen, nur oben der dunkelblaue Himmel und unten die wogende Flut! Sie erschien mir wie eine unermeßliche grüne Wiese, deren hohe Graswellen sanft vom Nachtwinde gebogen würden, und als der Mond jetzt langsam aus einem fernen Gewölk hervorwandelte und rings sein bleiches Licht ergoß, den duftigen Horizont erhellte und den Schaum der Wellen mit seinen Strahlen schmückte, da kam es mir vor, als blühten plötzlich tausend schöne Blumen am Saume dieser gewaltigen Wiese auf und schlängen sich selbst zu Kränzen für die Geister der alten ewigen Nacht! Ich werde diese stille Stunde, wo ich zuerst das Meer in seiner ganzen Schönheit, in seinem ergreifenden Ernste sah, nicht vergessen und möchte wünschen, daß bei der Leichtigkeit, mit welcher man jetzt zu diesem Genusse gelangt, keiner meiner Landsleute sich ferner abhalten ließe, einmal für acht Tage der Heimat Lebewohl zu sagen und seine unsterbliche Seele einem Seeschiffe anzuvertrauen.

Am Morgen erblickten wir bei aufgehender Sonne zuerst die englische

Küste. Der alte Steuermann reckte sich höher empor, seine Augen blitzten, und mit einem stillfeierlichen Gesang begrüßte er die Heimat. Die Matrosen, welche an den Segeln beschäftigt waren, fielen wohl in die Melodie ein, endeten aber mit jenem eigentümlichen Johlen, womit sie alle anstrengenden Beschäftigungen zu begleiten pflegen. Nach und nach fanden sich sämtliche Passagiere auf dem Verdeck ein, und ich hatte nun wieder Gelegenheit, meiner schönen Reisegefährtin zu nahen, die fröhlich über die Wellen schaute und großes Vergnügen daran zu haben schien, als die Ufer sich bald höher erhoben und ihre waldigen Gipfel zeigten. Die immer größer werdende Anzahl von Schiffen ließ es auch merken, daß wir das Meer im Rücken hatten und bereits die Themse hinauffuhren.

Eine Stunde vor Ankunft des Schiffes entsteht gewöhnlich eine seltsame Bewegung unter den Passagieren. Die Bekanntschaften, welche während der Reise geschlossen wurden, werden mit jedem Augenblicke loser. Der eine kümmert sich nicht soviel mehr um den andern wie bisher. Jeder scheint mit sich selbst beschäftigt zu sein, der eine durchstöbert seinen Reisesack, der zweite seine Hutschachtel, der dritte macht sich entsetzlich viel mit einer Flasche Eau de Cologne zu schaffen, der vierte sucht mit aller Gewalt ein Paket Zigarren in seine Rocktasche zu stopfen, der fünfte verbirgt eine verdächtige Rolle in seiner Manteltasche; der sechste steckt einige Bücher an einen Ort, wo man sonst gewöhnlich nie Bücher mit sich führt – genug, jeder hat etwas Besonderes zu schaffen und zu besorgen; hin und wieder blicken sich zwei Reisegefährten, die noch eben die besten Freunde schienen, mit argwöhnischen Augen an, als hätten sie beide etwas Böses getan, als fürchteten sie beide, daß der eine den andern beobachte. Es ist ein verzweifelter Augenblick; das freundlichste Damengesicht wird seriös; das unbefangenste Auge bekommt momentan einen dubiösen Ausdruck. Man weiß nicht, ob man sich über diese plötzliche Verwandlung ärgern soll oder ob sie mehr des Lachens wert ist.

Soviel ist aber gewiß, daß die erste Freude, die Heimat wiederzusehen, vorüber ist und daß plötzlich die Furcht vor der Douane in den meisten Seelen emporsteigt.

Ach Gott, die Douane! Wo alle die kleinen, allerliebsten Geheimnisse einer Damenschatulle ans Licht kommen, wo mit unerbittlicher Strenge das Verborgene hervorgezerrt wird, wo es keine Gnade und kein Mitleid gibt, wo die treusten Kinder des Vaterlandes wie Diebe behandelt werden und wo es sich gewöhnlich auch herausstellt, daß keiner dem süßen Gelüst des Defraudierens widerstehen konnte!

Nun, die englischen Freetraders sind ja aber im besten Zuge, ihren lieblichen Töchtern in Zukunft manchen kleinen Reisekummer zu ersparen.

Was indes die Furcht vor der Douane schon jetzt reichlich versüßt, ist der Umstand, daß wenigstens in England kein Gendarm am Ufer steht, der sich nach einem Paß erkundigt. – Diese barbarische Sitte gehört in England der Vergangenheit an und wurde nur in Belgien vor kurzem ebenfalls abgeschafft. Die Geheimnisse deines Koffers mußt du erschließen, aber sonst läßt man dich ungeschoren. Sowie du den Fuß auf englischen Boden gesetzt hast, da stehst du unter englischem Gesetz, und das ist die beste Kontrolle.

Ich freute mich wie ein Kind, als ich die Themse hinauffuhr und daran dachte, wie manchem schon das Herz im Leibe gelacht hat, wenn er eben diesen Weg zurücklegte und das Land seiner Sehnsucht vor sich sah.

Denn hat nicht mancher, dem der Schnee Sibiriens, dem die Bergwerke des Ural, dem die Bleidächer des Südens, dem die Kerker, ach, meiner eigenen Heimat zur Wohnung bestimmt waren, den das Vaterland ausstieß wie einen verlorenen Sohn, der wie ein gehetztes Wild von Dorf zu Dorf, von Stadt zu Stadt gejagt wurde, dessen Jugend daheim in wenigen Jahren untergraben, dessen Stolz in wenigen Monaten geknickt, dessen Liebe in Haß, dessen Begeisterung in dumpfes Trauern, dessen Energie in Verzweiflung verwandelt werden sollte – hat er nicht hier, hat er nicht an dem Strande jener kalt und unfreundlich gescholtenen Briten eine neue Stätte gefunden, wo er durch Fleiß, durch Ausdauer, durch Kraft und Verstand fast zu jeder Stellung in der Gesellschaft gelangen kann, die dem in diesem Lande Geborenen *nur* unter gleichen Bedingungen offensteht? Eröffnete England ihm nicht ein Feld, auf dem er alles treiben kann, was die Jugend bewegt, was das Mannes-Alter erntet, was den Greis erfreut? Stand ihm nicht dies ganze kolossale Reich mit all seinen unerschöpflichen Quellen alles dessen offen, was man heute noch Ruhm und Glückseligkeit nennt? Gewiß, mit allen den Voraussetzungen, welche in England und in aller Welt dieselben sind, konnte er hier noch zu allem gelangen, was den Schmerz einer verlorenen Heimat zu lindern imstande ist.

Wer für politische Vergehen der Strenge seines heimatlichen Gesetzes unterlegen hätte – England gab ihm Raum und Freiheit genug, um der Überzeugung seines Herzens zu leben.

Wen der Leichtsinn ins Verderben zu stürzen drohte – England gab ihm die Zeit, um sich zu bessern!

Wer daheim an jedem Orte nur einen Abgrund vor seinen Füßen sah – England gestattete ihm den Einzug in seine Felder und eröffnete ihm eine neue Welt!

Sagt, was ihr wollt – der Brite hat euch exploitiert durch seinen Handel, durch seine Industrie – das ist wahr! – Aber weshalb habt ihr euch exploitieren lassen? Der Brite hatte vollkommenes Recht dazu! – Er droht, eure Städte ineinanderschießen zu wollen, wenn ihr ihn auf undiplomatischem Wege in seinen Unternehmungen stört – das ist wahr! – Aber der Brite hat ein Recht dazu. Denn wir leben in einem Kampf aller gegen alle; wir leben in dem Jahrhundert der freien Konkurrenz, wo jeder sich so gut hilft, wie er kann, wo jeder nach seiner Façon, wo jeder auf die vorteilhafteste Weise selig zu werden sucht und wo nur Titanen einen andern Weg zu bahnen suchen als den, welcher heute für den Weg des Rechtes und der Vernunft gilt. Und wenn es den Engländern nun gelungen ist, vor allen Völkern selig zu werden, da zeigt es sich eben, daß sie unsre Zeit am besten begriffen haben, daß sie eben die Matadore des Jahrhunderts sind, daß sie weniger zu verdammen als zu bewundern, daß sie weniger zu bedauern als zu beneiden sind.

Es ist daher lächerlich, wenn man den Briten nur einen Krämer, einen Egoisten schilt. – Er ist Krämer und Egoist, weil er ein echter Sohn unsres

Jahrhunderts ist, er ist es nicht mehr und nicht weniger wie jeder andere auch, nur bisweilen etwas mehr in großbritannischem Stile als andere Leute. Kann man daher aus diesem Grunde auch nicht den geringsten Stein auf ihn werfen, so muß man doppelt anerkennen, daß er neben seinem eisernen, eingefleischten Egoismus noch human und großartig genug geblieben ist, um allen armen Sündern der Welt seine Arme zu öffnen.

Um Mittag stiegen wir ans Land. Einem guten Deutschen, der an seine schöne Gemütlichkeit und, wenn er nicht gerade in den größern Städten des Landes gebürtig, meistens an eine ziemlich ruhige Straße vor seinem Hause gewöhnt ist, der wunders meint, was es ist, wenn jede Stunde ein Dampfschiff über den Rhein fährt, dem wird es wahrhaftig etwas sonderbar zumute, sieht er plötzlich das Städteungeheuer, London, vor sich liegen, das sich am Ufer des breiten Stromes aus Dampf und Nebel geisterhaft emporhebt, sieht er immer andere Kirchen und Paläste heraufsteigen, die Schiffe immer dichter geschart und namentlich ganze Haufen von Dampfbooten in buntem Gemisch durcheinanderfahren, sieht er am Strand dies Gewühl von Menschen und fährt nun endlich gar auf einer Eisenbahn weit über die Dächer der Häuser hinweg, mitten in das Gebrause dieses unheimlich großen Chaos, in dem beinahe zwei Millionen glückliche und unglückliche Seelen ihr Wesen treiben.

Ich war betäubt genug, um meine Reisegesellschaft bald aus den Augen zu verlieren. Vergebens sah ich mich nach meiner schönen Gefährtin um, verschwunden war sie, verloren! Für mich wenigstens – denn *sie* mochte ruhig daheim sitzen im Kreise ihrer Lieben, mit dem blassen, interessanten Gesichte, mit dem edlen Profil, mit dem kleinen Fuße, der so reizend über das Verdeck tanzte! Ein jüngerer Bruder, der die schöne Schwester so lange nicht gesehen, sprang ihr vielleicht an den Hals und – Gott sei bei mir – küßte sie, und sie lief dann im ganzen Hause herum und nahm ein hohes Kristallglas und setzte die Blumen hinein, die Blumen, die sie auf dem Schiff in der Hand hielt, und sprach: »Lieber Junge, my dear boy, die habe ich gepflückt, wo die Studenten mit langen Pfeifen über die Straße gehen, wo das Siebengebirge am Rhein liegt, in Deutschland, wo die Menschen so schwärmerisch sind und oft so –« dumm, dumm! tönten die Glocken von der St.-Pauls-Kirche herunter, und ein rotnasiger Kerl schob mich in seinen Omnibus, »all right«, rief er, und in wildem Galopp ging es durch die Straßen.

(Erstdruck: "Kölnische Zeitung", Nr. 301–303 vom 28.– 30. Oktober 1843; hier: in der von Weerth für seine als Buch geplanten "Skizzen aus dem sozialen und politischen Leben der Briten" stark erweiterten und überarbeiteten Fassung, Kapitel I.)

LONDON

Wenn ich mich auf den ersten Eindruck besinne, den London auf mich machte, da weiß ich nur noch, daß es mir nicht anders zumute war, als geriete ich plötzlich in eine Stadt, welche an allen vier Ecken am Brennen ist, in eine Festung, welche vom Strome her beschossen, von den nächsten Höhen mit Bomben begrüßt wird, durch deren Tore die Artillerie, die Reiterei, das Fußvolk des Feindes einrückt, wo die Einwohner alles drangeben, wo jeder rennt und flüchtet, wo der Haufen, der sich gegen Westen drängt, von dem, der aus Osten heranflutet, fast zurückgeworfen wird, wo das Gewühl des südlichen Teiles vor dem des nördlichen zurückprallt, wo sich alles überrollt und überpurzelt, wo keiner mehr von dem andern Notiz nimmt, wo jeder nur an sein eigenes Heil denkt, wo das Rasseln der Wagen, das Traben der Reiter, das Rufen und Schreien der Fußgänger sich bald zu einem solchen Getöse steigert, daß zuletzt niemand mehr seinen eignen Spektakel von dem aller andern unterscheiden kann, daß zuletzt jeder nur wie besessen weiterrast und erst dann zum Stillstand kommt, wenn an einer Krümmung der Straße das ganze Treiben wie in ein Knäuel zusammengerät und Mann und Weib und Greis und Kind und Pferde und Hunde und Wagen und Karren im Aneinanderprallen sich gegenseitig zu zerschmettern drohen.

Der erste Anblick dieses Londoner Straßenverkehrs hat etwas Erschreckendes, Betäubendes; man machte sich die größesten Vorstellungen, aber man findet sie übertroffen, man steht wie versteinert, man reißt den Mund auf, man meint, man wäre närrisch geworden, man glaubt nicht anders, als daß jeden Augenblick alle Häuser und Kirchen und Paläste und Säulen und Parks, daß alles und jedes seinen bisherigen Platz verlassen müsse, um sich, von der allgemeinen Flucht fortgerissen, mit hinein in diesen Strudel zu stürzen, mit zu rennen, zu stoßen, zu treten, zu schreien, zu stöhnen, zu zerschmettern, zu zermalmen.

Ist der erste Eindruck vorüber, da bemerkt man indes, wie wiederum in dieser scheinbaren Verwirrung nur die herrlichste Ordnung waltet; wie die Wagen, welche die Straße hinabfahren, sich streng an die eine Seite halten, wie die, welche hinaufeilen, sich fortwährend der andern bemächtigen, wie nie ein Rad über das Trottoir rasselt, wo die Fußgänger ebenfalls in zwei Strömen aneinander vorübersausen, um einem jeden Raum zu lassen, seinem Vordermanne zu folgen, und wo nur der über den Haufen gerannt wird, der sich dem Normalschritt widersetzt, der ein anderes Tempo in seinen Beinen entwickelt und sich dagegen sträubt, daß die Bewegung der ganzen Masse über einen Kamm geschoren wird.

Gegen 9 oder ½ 10 Uhr morgens und um 5 oder 6 Uhr nachmittags, wo das Geschäft in der City beginnt und geschlossen wird, erreicht das Treiben in jenem Stadtteil gewöhnlich seinen Gipfel. Ich habe mir erzählen lassen, daß man in den meisten Handlungshäusern den jungen Arbeitern eine Extravergütung gibt, wenn sie sich morgens zu einer festgesetzten Zeit pünktlich einfinden. Diese Leute wohnen nun meistens ziemlich weit von ihren Comptoiren und Magazinen, und es ist wohl nur diese bevorstehende Gratifikation, welche einem oft vor Beginn des Geschäftes eine Schar spindeldürrer Gesellen so schnell über das Trottoir huschen läßt, daß man nicht anders meint, als daß sie sich die Beine eines Derby-Renners am Leibe befestigt hätten; – denn wie Gespenster kommen und verschwinden sie; man sieht nicht ihre Hände, ihre Gesichter, man sieht nur, wie ihnen die

Hüte auf den Köpfen wackeln, wie ihnen die Haare hinter die Ohren fliegen, wie ihnen die Zipfel des schwarzen Frackrocks, gleich zwei zackigen Schwalbenflügeln, um die winddünnen Lenden flattern.

Der ernste Handelsherr, den Paletot auf dem Arm, den Regenschirm in der Faust, der aus seiner Villa hinüber nach der Stadt eilt und unterwegs alles an seiner Seele vorübergehen läßt, was ihn den Tag über beschäftigen soll – der rotwangige Pächter, dem das Herz vor Freude springen will, daß er nach langer Zeit einmal wieder das Pflaster seiner gefeierten Metropole mit den großen Nägelschuhen schlagen darf – der Soldat, der nach dem Hafen stürzt, um sich in alle Welt zu begeben – der Matrose, der aus dem Schiffe kriecht, um auf bloßen Füßen den Ort aller Wunder zu durchwandern – der Omnibustreiber, der dich durch tausendmaliges Winken mit der Peitsche zum Besteigen seines Wagens einladet – der zerlumpte Kerl, der mit einem Annoncenschild vor der Brust und mit einem auf dem Hintern an dir vorübertanzt, um dich wissen zu lassen, wo du die besten Austern und die billigsten Würste kaufen kannst – der Beamte, der wie besessen aus dem Hause rennt, um zur rechten Zeit auf seinem Bureau erscheinen zu können – der Mohrenjunge, der dir ein gedrucktes Gebet verkaufen will und aufs täuschendste nachzuahmen sucht, wie man vor Kälte zittern kann – der Polizeidiener, der einen armen Sünder mit Stößen und Püffen durch die Gassen schleift – der Totengräber, der seine Leichen im gestreckten Galopp nach dem Kirchhof kutschiert – der Fleicherjunge, der hoch zu Roß mit seinem gefüllten Korbe einhersprengt – der Hausknecht, der eine Schildkröte spazierenführt, auf deren Rücken geschrieben steht, wann und in welchem Gasthause sie nächstens geschlachtet wird; – Weiber und Kinder, die vor Hunger sterben wollen und dich um ein Almosen bitten – ein Mensch, der dir Brillen und Bleistifte anbietet und dir bei der Gelegenheit das Sacktuch aus der Tasche zieht – Straßenjungen, die deinen Hund fangen und ihn schnell wie der Blitz in die nächste Seitenstraße transportieren – der Lord, der in geschlossener Karosse an dir vorüberdonnert – der Postkutscher, der hoch vom Bock seine vier Rosse so zierlich und sicher lenkt und sie so gewandt durch das Labyrinth seiner Umgebung treibt, als führe er allein auf breitem Wege – alles stürzt und rennt und lacht und weint und brummt und flucht und betet und boxt sich in ein und derselben Minute an dir vorüber und reißt dich fort und stößt dich vorwärts, daß du endlich ganz mit im Zuge bist und mitläufst, als hättest du auch die wichtigsten Sachen zu besorgen, als hinge das Heil der Welt von deinem Laufen ab, und nicht früher merkst du, daß du halb verrückt geworden bist, als wenn dir die Beine den Dienst versagen, als wenn du erschöpft an die Wand eines Hauses sinkst, um dir den Angstschweiß von der Stirne zu trocknen. – Noch unheimlicher, noch wunderbarer erscheint indes dieser ganze Spektakel, wenn man ihn auf der Höhe einer Brücke, wenn man ihn namentlich auf der London-Bridge erlebt, wo man nicht nur rechts und links und vor und hinter sich von allem jenem Lärm umtost wird, sondern wo auch noch unter den Füßen, unter den Bögen der Brücke, auf den Wellen der Themse ein Schauspiel vor sich geht, was allein schon hinreichend ist, um deine Aufmerksamkeit für ganze Tage zu fesseln. – Denn in ganzen Scharen brausen Segel- und Dampfboote dort durcheinander; – in dem Augenblick, wo ein Dampfer die Brücke durchfährt, da neigt sich der schwarze Schlot, als würde er am Fuße plötzlich abgehauen, und rasch fährt er wieder empor, sobald das Vorderteil des Bootes an der entgegengesetzten Seite zum Vorschein kommt. Das Musizieren und Schreien der Passagiere dort unten klingt zusammen mit dem Geräusche, was um dich vorgeht, und fast vergißt du, daß du nur die Augen über deine nächste Umgebung hinwegzuheben hast, um dich des großartigsten Anblicks zu erfreuen, den du in ganz London finden kannst, um die riesige Stadt zu sehen, wie sie herauf und hinunter mit ihren Palästen bis in die Fluten des Stromes reicht, wie amphitheatralisch Dächer, Säulen und Kuppeln sich übereinandertürmen, wie die Segel der Schiffe, die Flaggen unzähliger Maste dazwischen durchschimmern und wie sich endlich das ganze grandiose Gemälde im blauen Dufte der Ferne, gleich einer untergehenden Märchenwelt, vor deinen Blicken verliert. –

Aber wie einsam fühlte sich meine Seele in diesem Gewirr!

Als ich am ersten Tage meine Wanderung durch London antrat, als ich mich aufs Geratewohl in das dichteste Gedränge stürzte, als ich, den ersten Heißhunger der Neugierde zu stillen, in einem Stück von der City vorüber an St. Paul durch Temple Bar bis nach der Westminsterabtei rannte, als ich endlich erschöpft, ermüdet an der Bildsäule Cannings niedersank und mich auf den Marmorfuß der Statue setzte, um die Stirn zu reiben, um mich zu fragen, was ich denn eigentlich gesehen und was denn eigentlich dieser ganze Lärm bedeute – und als ich vergebens nach einer Antwort suchte und nur fühlte, daß ich traurig war wie ein alter Jude an den Wassern zu Babylon, da wünschte ich mir Flügel, um rasch wie der Blitz in die entfernteste, stillste Wüste zu fliegen, wo etwa nur eine Palme im Abendwinde wehte und ein großer, schöner Vogel mit prächtigen, ausgebreiteten Schwingen langsam über die Fläche schwebte. –

Denn entweder mußt du einer jener ernsten Handelsherren sein, der sich in einer glücklichen Operation nicht irremachen ließe, und wenn auch ein Weltteil vor seinen Augen zusammenbräche; oder einer jener Börsenhelden, der dir das schwierigste Exempel im Kopfe ausrechnen würde, wenn man ihm selbst hundert Kanonen vor der Nase losschösse, wenn du als Neuling, als Fremdling in der ersten halben Stunde in dem Lärm einer Londoner Gasse deine fünf Sinne beieinanderbehalten willst, wenn du nicht für die erste Zeit durchaus darauf verzichten sollst, dir auch nur über das Gewöhnlichste deiner neuen Umgebung Rechenschaft abzulegen.

Ich weiß nicht, ob es andern auch so ging – genug, ich war verdrießlich, ich war traurig, ich war total niedergeschlagen, als ich meinen ersten Ausflug vollendet hatte, und gern warf ich mich in den ersten Omnibus, der mich nach einer halbstündigen Fahrt zurück in mein Hotel brachte. –

Es war Abend geworden; – der Nebel wogte über die Themse, und unsicher flimmerten die Lichter am andern Ufer des Stromes; noch eine kleine Weile, und es war Nacht. –

Ich wohnte in einem Hotel in Norfolkstreet, einer Seitenstraße am Strand. Das ganze Haus war so still, daß man eine Nadel hätte fallen hören können.

Die großen, schweren Vorhänge bedeckten die Fenster des düstern Gemaches. Nur das lustige Feuer im Kamin und die Kerzen eines gewaltigen silbernen Armleuchters warfen ihr zitterndes Licht auf die Blumen des Teppichs, auf die Ölgemälde der Wände und auf die riesigen Sessel, welche im Kreise um den Kamin standen. Ein englisches Gemach, mit seinem Kamin, mit seinem Teppich, mit seinen soliden, bequemen Möbeln, mit seiner düster einfachen, aber geschmackvollen Einrichtung, hat einen eigentümlichen Reiz.

Ein uralter Kellner, mit schneeweißem Haar, in sauberer Wäsche, in schwarzem Frack, mit seidenen Beinkleidern, trat so leise herein, daß ich ihn kaum bemerkte, und setzte, ohne ein Wort zu sprechen, das Teegeschirr so vorsichtig auf den runden Tisch, als hätte er gefürchtet, auch nur durch das Zusammenstoßen zweier Tassen oder Teller die tiefe Stille des weiten Zimmers zu stören. –

Ich sah mich unwillkürlich nach ihm um; aber der alte Mann schien gar nicht daran zu denken, daß ich im Zimmer war; er trippelte lautlos hin und her über den Teppich; Stückchen für Stückchen brachte er seine Geschichten herbei und stellte die Teekanne, die Zuckerdose, die Tasse, die Teller mit Brot und Eiern und Fleisch und Käse, kurz, alles in so symmetrischer Weise auf den Tisch, daß ich fast laut darüber gelacht hätte. – Ich hatte mir aber vorgenommen, kein Glied zu rühren, ich ließ den Alten ruhig gewähren und dachte schon, er würde mich ebenso still verlassen, wie er schweigend hereintrat: als er plötzlich mit der feierlichsten Bewegung sein silberhaariges Haupt erhob und, jetzt mit der einen Hand die geöffnete Kanne, dann mit der andern die grüne Teebüchse ergreifend, einen Schritt näher trat und mich mit einer höchst ausdrucksvollen Miene zu fragen schien, ob ich *selbst* den Tee machen wolle oder nicht. –

Die unendliche Ruhe, die vollkommene Würde und die hohe Grazie, welche der alte Knabe bei diesem kleinen Aktus zum besten gab, entzückte mich mehr als sein vortrefflicher Tee.

Wir hatten schon am Morgen versucht, einige Worte miteinander zu sprechen. Das gelang aber sehr schlecht. Mein alter Kellner schien daher hintereinander anzunehmen, daß wir uns am besten durch stumme Zeichen verständigen könnten.

Kein Wort kam mehr über seine Lippen, und er behandelte mich hinfort in so komisch väterlicher Manier, als wenn ich ein kleines hilfloses Kind gewesen wäre, und machte auch wirklich bald durch seine unermüdliche Sorge jedes Fragen und Befehlen überflüssig.

Ich habe später die englischen Dienstboten recht häufig beobachtet und mußte mich immer darüber freuen, wie auch bei diesen Leuten, die das Schicksal zu einer der traurigsten Stellungen in der Gesellschaft verurteilt, die am allermeisten der Gefahr ausgesetzt sind, jedes Selbständige zu verlieren, wie auch bei diesen Leuten noch jener Zug großbritannischer Würde vorherrscht, der das ganze Volk bis in die untersten Klassen durchweht und es unwillkürlich freier, bewußter und zu jeder weitern Entwicklung fähiger macht, als man dem ersten Anschein nach denken sollte.

An jenem Abende amüsierte mich einstweilen nur die vollkommene

Harmonie meiner ganzen Umgebung. Die Totenstille des Hauses, das halberleuchtete, feierliche Gemach und der uralte Kellner – es paßte alles so prächtig zueinander; es war ein wohltuender Kontrast nach dem stürmischen Tage, den ich auf der Gasse verlebt hatte; und als das Feuer im Kamin immer lustiger aufflammte und die Ruhe den letzten Schwindel überwunden hatte, da fing »die Vernunft auch wieder an zu sprechen und Hoffnung wieder an zu blühn«, und gern ließ ich jetzt das Erlebte noch einmal an meiner Seele vorübergehn.

Es bedarf wirklich nicht vielen Nachdenkens, um aus dem Betäubenden des Londoner Lebens etwas Belehrendes zu machen.

Eine Welt umschließt diese zweiunddreißig Meilen im Umfange große Stadt, und du hast nur die Augen zu öffnen, um das Leben unsres Jahrhunderts in seiner ganzen Breite, in seiner vollen Entwicklung, in seinen schrecklichsten Kontrasten vor dir zu sehen.

Der Handel, der seine Unternehmungen ausdehnt bis in die fernsten Zonen, bis in das Herz der kolossalsten Kontinente, bis zu den letzten Inseln des Ozeans – hier hat er seine Schätze aufgetürmt! Die Industrie, die mit ihren Riesenarmen in kurzer Zeit tausend neue Verhältnisse geschaffen hat und die in Zukunft noch die ganze Gestalt der Erdoberfläche zu ändern droht – hier hat sie all ihre Wunder zusammengetragen! – Die Schiffahrt, die ihre Fregatten aussendet, um China zu erobern, die ihre Flaggen drohend an den Küsten der argentinischen Republiken flattern läßt und die ihren »Erebus« und ihren »Terror« in das Eis des Poles schickt, um immer aufs neue eine nordwestliche Durchfahrt zu versuchen – hier läßt sie ihre schönsten Flotten rasten! Hier läßt die Politik, sei es in den Räumen des Parlamentgebäudes oder in jener Taverne am Strand, wo der Arbeiter seine Meetings hält, hier läßt das Vaterland seine kühnsten Leute die längsten Reden halten und die größesten Taten tun.

Hier ist der Ort, wo das Talent eines erfinderischen Geistes Raum und Unterstützung findet, um seine Systeme zu verwirklichen, wo ein einfacher Handelsmann so großartig sein kann, daß er ein ganzes Kauffahrteischiff im vollsten Schmuck der Segel und jeder Einrichtung dazu hergibt, damit ein Kapitän Warner der Welt zeigen könne, wie er in Zeit von einer Minute allein imstande ist, das zu zerstören, das in Fetzen und Splitter auseinanderzuschießen, woran Hunderte, ja Tausende von Menschen monatelang arbeiteten. Hier ist es, wo die Liebe zur Wissenschaft in unermeßlichen Bibliotheken alle Schätze des menschlichen Geistes zusammentrug; wo die Liebe zur Kunst in brechend vollen Museen hier die Meisterwerke eines Raffael und Rubens und dort die Porphyrgräber orientalischer Fürsten und die Marmorbilder der Hellenen nebeneinanderstellte, ja, wo man nicht die Angel vergaß eines Fischers im hohen Norden und nicht den Tomahawk des roten Indianers. Hier ist es, wo du vielleicht an demselben Abend den Lablache und die Persiani[1] singen hörst und wo du dich an einem Konzert der feierlichen Bewohner der Inseln des stillen Meeres erfreust; wo du nur

1 Luigi Lablache (1794–1858), italienischer Bassist; Fanny Persiani (1812–1867), italienische Sängerin.

zwei Schritte zu gehen hast, um von den Königen afrikanischer Wüsten, von dem stattlichen Leu und dem gelenkigen Panther, zu der Giraffenherde zu gelangen, die in offenem Garten lustwandelt, oder zu dem zottigen Eisbär, der in der Kühle einer Grotte von seiner sibirischen Heimat träumt – und hier ist es endlich, wo dich die grellsten Kontraste unsrer gesellschaftlichen Zustände angrinsen, wo du zur Mittagszeit im Hydepark alle zehn Schritt auf einen Krösus stößt, während sich vielleicht zu derselben Zeit ein Proletarier in das grüne Gras am Fuße der Statue des Achilles niederlegt, um, vom Hunger tagelang gefoltert, endlich still zu verrecken. –

Und ist es nicht natürlich, daß man an einem solchen Orte, daß man in einem solchen Zentrum alles zivilisierten Lebens und auch in einem Zentrum aller Scheußlichkeiten unsrer Zivilisation – den Kopf verliert, wenn man herüber aus dem stillen, melancholischen Deutschland kommt, wenn man plötzlich in der Mitte dieses Treibens steht und eben in dem Lärm der belebtesten Gassen, in jenem Rennen, Flüchten, Beten, Betteln, Fluchen und Verdammen das treuste Bild von dem Kampf und dem Ringen aller Liebe, alles Hasses, alles Eigennutzes, aller Habsucht, aller Größe und aller Verworfenheit, ja, alles dessen hat, was von Norden nach Süden, von Osten nach Westen durch die Herzen der Nationen zittert?

Aber eine Freude ist es, wenn man in der Stille der Nacht, wenn man, wie ich damals in dem ruhigen Hause in Norfolkstreet, nur in Gesellschaft des knisternden Feuers und des silberhaarigen, schweigsamen Kellners, einen Augenblick findet, wo das Gewaltige jenes riesigen Schauspiels noch in frischen Farben vor der Seele steht, wo man mit Leichtigkeit jede Erscheinung noch einmal an der Seele vorübergehen lassen kann, wo man Zeit und Fassung hat, den düstern Hintergrund dieser Weltbühne zu entrollen, wo man in raschem Fluge durch die Geschichte der Vergangenheit dieser rastlosen Nation stürmt, bis man, in der Gegenwart angekommen, alles das zusammennimmt, was man von Englands Handel, von seiner Industrie, seiner Schiffahrt, seiner Politik, seiner Kunst, seiner Literatur weiß, und dann plötzlich versteht, was dieser Lärm der Gassen, der Plätze, der Häfen, der Parks, der Brücken zu bedeuten hat, wenn man plötzlich allen den Tausenden, die einem tags im Freien begegneten, bis in ihre Häuser, bis in ihre Herzen folgen zu können glaubt und im Genuß dieses kolossalen Gesamteindrucks zum ersten Male fühlt, daß man etwas erlebt hat, weil man sich wiegen konnte in des Jahrhunderts brausenden Wogen. Ähnlich war es mir zumute, als ich drei Jahre nach meiner ersten Londoner Tour mit dem ersten Eisenbahnzug, der von der belgischen Grenze nach der Seine fuhr, zuerst meinen Einzug in Paris hielt, als ich in aller Frühe mit meinem Plan in der Hand allein von der Rue de Richelieu ausging, über die Boulevards des Italiens und Capucines, durch die Rue de la Paix, an der Vendôme-Säule vorbei in den Jardin des Tuileries wanderte, um mich vor der Statue des Spartacus zu verneigen; als ich dann über den Carrousel-Platz, durch den Louvre, am Hôtel de Ville vorüber und über den Pont d'Arcole nach der Notre-Dame und weiter nach dem Panthéon schritt, um durch den Jardin du Luxembourg und durch den Dom der Invaliden, über das Champ de Mars zuletzt, nach der schönsten Wanderung, die ich in meinem Leben machte, gegen Abend unverhofft in die Elyseeischen Felder zu geraten! –

Wie nach meiner ersten Wanderung durch die City und durch Westminster war ich auch damals in Paris todmüde und konnte kaum mehr den Fuß in die Höhe heben; als ich aber auf der Place de la Concorde stand, als die Springbrunnen rings um mich plätscherten, als aus den Vertiefungen der Seiten der Duft von tausend Orangenblüten aufstieg, als die Hieroglyphen des Obelisks von Luxor im Abendgolde brannten und sich der Blick rechts in dem Lindengrün des Tuilerien-Gartens, links in der Weite der Elyseeischen Felder und in dem Duft verlor, der geisterhaft über die Höhe des Arc de Triomphe wogte, und als sich dann der Abendwind aufmachte und das Tönen der Musik in entfernten Gärten mit leis verhallenden Klängen zu mir herübertrug, als ich jene reizenden Franzosen und Französinnen in ihrer ganzen Grazie, mit ihrer ganzen Lebendigkeit in buntem Strome an mir vorüberziehen sah und die sinkende Sonne ihren herrlichsten Purpur, ihre flammendsten Rosenlichter auf die Wipfel der Bäume, auf die Perlen des Springbrunnens, auf das Blau der Wolken und auf die Wangen der lieblichsten Frauen der Welt warf, als die ganze Natur wie im Bewußtsein ihrer Schönheit noch einmal im Rausche der Liebe und der Wollust emporzujauchzen schien – nun, da war die Müdigkeit vorbei, mein Herz klopfte, ich hätte jedem Mädchen, das an mir vorüberging, um den Hals fallen mögen, ich hätte Barrikaden aufwerfen können, ich hätte mich schießen und schlagen mögen, ich hätte mit Freuden mein Blut für eine Revolution hingegeben, ich hätte alles reden und alles tun können – es tat mir leid, daß ich kein Franzose war. –

An zwei Orten mußt du in deinem Leben gewesen sein; du mußt an Cheapside in London und du mußt auf der Place de la Concorde in Paris gestanden haben, sonst hast du noch wenig gesehen, und wärst du auch von den Türken bis zu den Samojeden gereist. Wie dich auf den Gassen in London jener fürchterliche Ernst des Lebens umtost, der den Briten zu jener kolossalen Größe führte, in der er eisenarmig die ganze Erde umfaßt, ebenso weht dich im Herzen der Seine-Stadt jenes Feuer, jene Begeisterung an, die den Franzosen vielleicht noch größer als den Briten macht, die ihn in jenen Tagen leitete, als er siegend die Welt durchzog, und die ihn noch immer dahin bringt, eine große Idee auszusprechen und zu verwirklichen, wenn die Völker der Erde ihrer bedürfen.

Am nächsten Morgen sollte mein erster Gang in die Westminsterabtei sein; – ich wollte an die Gräber meiner alten Bekannten, meiner Shakespearischen Könige treten; lasterhafte und grausame Kerle mitunter und wahrhaftig nicht wert, daß man heute noch an sie denkt.

Aber das erste englische Buch, was ich las, das war der Shakespeare, und das erste, was ich von englischer Geschichte erfuhr, das war aus dem Shakespeare, und der King John und King Richard the Second und King Henry the Fourth und the Fifth, sie sind mir lieb geworden, und ich weiß nicht, es wäre mir fast angenehmer gewesen, wenn ich dem lustigen Prinz Heinz auf der Straße begegnet wäre als meinem erlauchten Landsmanne, dem Prinzen Albertus.

Leider stieg ich aber an jenem Morgen in den verkehrten Wagen und befand mich nach einer Stunde in einem ganz anderen Stadtteile. – Etwas ängstlich, mich gleich von vornherein schon zu verlaufen, blickte ich an den Häusern herum und suchte den Namen der Straße.

»Eastcheap« las ich an der nächsten Ecke und wäre fast vor Freude in die Höhe gesprungen. Du bist auf romantischem Boden! Du stehst an einem Orte, der nicht weniger berühmt ist als das Marmorpflaster der alten Abtei; und die zehn Akte des vierten Heinrich gingen mir plötzlich so klar an der Seele vorüber, daß nicht viel fehlte und ich hätte den ersten besten Gentleman gefragt, wo die Frau Hurtig wohne. – Jeden Augenblick meinte ich auch, gleich müßte mir Bardolph mit seiner flammenden Nase begegnen oder er, der unvergleichliche Sir John Falstaff, an der nächsten Haustür stehn, einen Becher Sekt in der Hand und – alles Täuschung, nichts als Täuschung! Wo das lustige Alt-England seine Späße getrieben hatte, herrschte jetzt der feierlichste Ernst; – mit finstern Gesichtern drängten sich die Kaufherren durch die Straßen, im schwarzen Frack, mit weißen Handschuhen und mit sehr prosaischen Hüten auf den Köpfen; – drüben stand ein prächtiges Haus, das Dach von Säulen getragen, dort mußte ein reicher Lord wohnen, der Künstler und Dichter in seinem Palast um sich sammelte! Neugierig schlich ich an die Türe und blickte hinein: »Auktionen von Kaffee und Lumpenzucker« war angeschlagen und »Hier sind die Comptoire von...«, und dann folgten ein Vierzig Namen von gewiß sehr achtungswerten Handlungshäusern. – So ändert sich alles in der Welt; wo Sodom und Gomorrha stand, da steht jetzt das Tote Meer, und wo sich Dortchen Lakenreißer ihres Lebens freute, da sitzt der Herr Fridolin Bach und spekuliert in Baumwolle und Indigo! –

Die Sündflut geschäftiger Kommis und Makler, die gar kein Mitleid mit meinen stillen Betrachtungen zu haben schienen, riß mich endlich fort und schleuderte mich einige Straßen weiter, bis ich endlich an einem tiefen Graben stillhielt, an dessen anderer Seite ein Wust von kleinen, arm aussehenden Häusern lag, in deren Mitte sich ein schloßähnliches Gebäude erhob.

Es war der Tower. Der Brand im Jahre 1841 hat mehr im Innern gewütet, und was von äußern Gebäuden einstürzte, wurde so gut wieder hergestellt, daß wenig Unterschied zwischen der frühern und der jetzigen Gestalt sein soll. Trotzdem, daß das alte Gemäuer keineswegs jenen ehrwürdigen Anstrich hat, der z.B. unsre rheinischen Altertümer so anziehend macht, und auch die in ihren feuerroten Röcken und hohen Bärenmützen auf den Wällen stehenden Soldaten Ihrer Majestät nur zu deutlich an die jetzige Zeit erinnerten, so ergriff mich doch bei dem Gedanken an die Masse von Begebenheiten, welche ihre blutigen Spuren auf Hof und Zinne zurückließen, eine tiefe Wehmut, ein Gefühl, wie es das Herz beschleicht, wenn man am Grabe eines Unglücklichen steht.

Wie manche Träne, wie mancher Seufzer, welche Leiden umschlossen diese verwitterten Steine! Zu einem riesigen Schafott türmten sie sich übereinander, und wenn der dichte Nebel von der nahen Themse herüberweht und sich wie ein dunkler Flor an die Spitzen der kahlen Türme hängt, wem möchte nicht der Gedanke kommen, die gefühllosen Steine trauerten sogar um den Fall so manches Edlen, so vieler Helden!

Ein gutes Frühstück mit Beefsteak und Eiern, mit altem Porter und schottischem Ale ist das beste Mittel, wenn man aller nichtsnutzigen Trauer um das Vergangene los sein will. Ich sah dies schon in meinen jüngsten Jahren ein und wandte mich den heiteren Schenken der Gegenwart zu.

Wir Deutschen sind aber einmal von Haus aus etwas sentimental; – da wir selbst nichts Großes mehr tun, so suchen wir nur die Orte auf, wo früher etwas Großes oder Schreckliches passiert ist; – wir sind Kinder; wir lieben Ritter- und Gespenstergeschichten und nisten nur gar zu lange mit unsrer jugendlichen Phantasie in dem Staube unsrer vaterländischen Märchen und Legenden. Der Herr Fridolin Bach war viel gescheiter; er spekulierte schon in seinem zwanzigsten Jahre in Baumwolle und Indigo, und deshalb wohnt er auch jetzt in Eastcheap, und seine Unterschrift ist bekannt in der ganzen City. – Glücklicher Fridolin Bach! Wir hatten uns für jenen Morgen in einer nahen Taverne ein Rendezvous gegeben. Der gute Mann pries mich glücklich, als ich ihm meine Brieftasche und die darin enthaltenen Empfehlungsschreiben zeigte. Meine deutschen Freunde hatten mich gewiß mit einem ganzen Dutzend versehen. Fridolin versicherte mir, daß ich nur an gute Häuser empfohlen sei und fest darauf rechnen könne, an jedem Ort eine Einladung zum Mittagessen zu erhalten. Ich sah ihn verwundert an; aber er meinte dies in vollem Ernst: »Der Herr X ist einer der Ersten in Mark-Lane und hat den ältesten Sherry im Keller; – der Herr Y wohnt in Westminster – Sie bekommen ein feines Diner! – Der Herr Z sieht freilich viele Deutsche bei sich – aber – er fühlt sich immer geschmeichelt –.« Fridolin kannte jeden; er schien sich der Reihe nach bei allen durchgefressen zu haben – es wurde mir traurig zumute. –

Ich glaube, diese Empfehlungsbriefe »gut für ein Diner« liegen noch heute unter meinen Papieren, und wenn ich dem Herrn von R.[2] einen Gefallen damit erzeigen kann, so stehen sie ihm gern zu Diensten; – das Datum der einzelnen Briefe ist ja leicht zu verändern. –

Außer den zwölf Empfehlungsbriefen meiner deutschen Freunde führte ich indes auch noch ein ganzes Schock der zierlichsten Episteln mit mir, die ich für eine Schar jugendlicher Töchter Albions aus dem Rheinlande mit herüberschleifte. Die guten Kinder hatten von ihren Lehrern und Vorgesetzten den Auftrag erhalten, sämtliche Briefe offen zu lassen, damit ich an der Grenze nicht in allerlei Verwicklungen geriete; und da man mich als einen höchst verschwiegenen und diskreten Menschen geschildert hatte, so waren die kleinen Frauenzimmer auch alle miteinander in die Falle gegangen. Es wird mir noch immer schwül zumute, wenn ich an all die zierlichen Adressen denke; – da waren Briefe an Vater und Mutter natürlich – und an zahlreiche Freundinnen und an Mr. Charles und an Mr. Henry, und die letztern hatten einen so verzweifelten Duft in den Falten des schneeweißen Papiers, als röche man auf eine blasse Teerose. »Herr, führe mich nicht in Versuchung!« – Ich übergab meine Schätze der Post und behielt nur einen einzigen zurück, um ihn persönlich zu überbringen.

2 Friedrich von Raumer (1781–1873) schrieb ein 3-bändiges Werk über England.

Er war an einen Direktor der Bank adressiert. Ich hatte mich danach gesehnt, einen alten Londoner Geldfuchs einmal mitten in seinem Tun und Treiben zu überraschen, und verfügte mich daher gerade zur rechten Geschäftszeit in ein prächtiges, säulengeschmücktes Lokal, in welchem sich der alte Herr aufhalten sollte. Ich geriet in die Börse, auf die Stock Exchange oder in einen Auktionssaal – ich weiß selbst nicht mehr, was es war – die neue Royal Exchange war damals noch nicht vollendet – genug, ich traf meinen Direktor, als er gerade von wenigstens zweihundert schreienden und kreischenden Menschen umringt war, diesem etwas ins Ohr raunend, jenem einen bedeutsamen Wink zuwerfend, dem dritten wie eine Katze ins Gesicht sprudelnd usw., je nachdem sich das Geschäft drehte und wendete.

Da drängte sich der Portier, dem ich den Brief der freundlichen blondlockigen Tochter zum Überbringen eingehändigt hatte, in die Mitte des Kreises. Er hatte viele Mühe, so weit vorwärts zu dringen, denn einige Beefsteak-Kolosse waren dergestalt mit Armen und Lenden ineinandergekeilt, daß es nur den Riesenfäusten meines Boten gelingen konnte, sich Platz zu machen. Endlich gelang es ihm, den Brief über drei Köpfe hinweg bis an Ort und Stelle zu befördern.

Ich hatte mich auf die Stufen einer Treppe gestellt, um sehen zu können, ob sich der alte Herr in seinem Treiben irremachen lassen würde. Ich muß noch darüber lachen, wenn ich an jenen Augenblick denke. Der kleine eifrige Mann mit grauem Haar und hellen Falkenaugen, der noch eben Blitz und Feuer sprühte, als es sich darum handelte, ein Geschäft zu machen, der noch in diesem Augenblick von einem ganzen Haufen seiner Handelskollegen umringt war, die sich im eigentlichsten Sinne des Wortes um einige Papierfetzen des alten Direktors zu balgen schienen – er wurde plötzlich still wie ein Kind, er lächelte wie ein Engel, als er den Brief seiner Tochter sah; und jetzt wie ein Herkules die Leute rechts und links beiseite werfend, durchdrang er den Kreis, stürzte dem Portier nach und erkundigte sich, wer den Brief überbracht habe.

Ich entschuldigte mich, so gut es ging, wegen der unpassenden Zeit, die ich für meine Mission gewählt hatte – aber der alte Brite verzieh alles; der Eifer des Geschäftes und die Freude an dem Brief seiner Tochter machten ihn gleich zittern; er schien alle seine Aktien und Banknoten vergessen zu haben und nur an sein schönes Kind zu denken, an sein schönes Kind, das ich selbst nie gesprochen hatte, das ich ihm aber als das Muster aller Tugend und Anmut zu schildern wagte. Der Herr Direktor war außer sich vor Wonne; die Papierstreifen waren ihm rechts und links in die Seitentaschen des Rockes geschlüpft, und seine Hände machten bald so herzlich kräftige Bekanntschaft mit den meinigen, daß ich ihm seines besseren Selbst wegen auch bald alle Geschäftsraserei, die sich bei einem alten Manne gar erst traurig genug ausnimmt, vergeben mußte. Seine Einladung zum Mittagessen schlug ich aus; – am Abend brachte er mich aber in eine Versammlung der Free-Trader in Covent Garden. Ich habe später oft auf das verschiedene Geräusch geachtet, welches auf den einzelnen Börsen der Welt vorgeht. In Antwerpen, wenn die Börse sehr besetzt ist, vernimmt man ein Getöse wie das Summen eines recht geschäftigen Bienenschwarms. In Amsterdam glaubt man eine mürrische Bärenhorde brüllen und brummen zu hören. In London kommt es einem vor, als führe der Orkan in einen Eichenwald, als sausten die Wipfel und als stürzten Riesenstämme in wildem Gepolter übereinander. In Paris ist es manchmal nicht anders, als hörte man sechzigtausend Katzen, Hunde, Panther und Hyänen ihr Konzert anstimmen, – man weiß nicht, ist es Schnattern, Brüllen, Heulen, Stöhnen – was da zu den Galerien herauftönt? Erst wenn man hinunterblickt auf die Köpfe jener lärmenden Masse und mit eigenen Augen sieht, daß hier Menschen versammelt sind, die sich wie die wilden Tiere bei ihrem Schacher gebärden, da gibt man den Gedanken auf, daß man wirklich in einer Menagerie ist.

Vor der Londoner Börse steht jetzt die Reiterstatue des Herzogs von Wellington; ein schönes Pferd und ein häßlicher Mann. Wenn man letzterm eine Nachtmütze auf den Kopf setzt, so wird jeder gestehen müssen, daß man einen Porterbrauer vor sich hat, der im Begriff ist, sein Pferd in den Mühlenteich zu reiten.

Aber die armen Künstler, sie können ja auch nichts Gutes mehr schaffen, wenn ihr an jedes Fenster ein paar Hosenträger oder einen neuen baumwollenen Strumpf hängt. –

Die Schiffahrt ist die Poesie des Handels. Wenn du in dem Staub und in dem Gedränge der City unterzugehen glaubst, in der City, diesem lebendigen Herzen des Welthandels, dann eile nach den Docks, setze dich auf den Bugspriet eines Ostindienfahrers, laß die Flaggen über deinem Haupte wehn, die Matrosen um dich singen und aus den Kajüten »fremder Vögel Frühlied schallen«[3], und ein Hauch wird durch deine Seele gehn, frisch wie das Atmen der See. Ich will gar nicht sagen, daß das Leben und Treiben in den Auktionssälen, auf den Comptoiren und Börsen der City durchaus prosaisch sei, – nein, es mag höchst poetisch sein, wenn dir ein Chinese schreibt, daß er geneigt sei, auf die Offerte einer halben Schiffsladung Kalikos einzugehen, oder wenn dir ein unanständiger Bankier in aller Kürze mitteilt: »Da Sie auf mein Letztes nicht geantwortet haben, so sehe ich mich genötigt, den Betrag meiner Forderung mit soundsoviel auf Sie zu entnehmen, was Sie sich gehörig notieren wollen, widrigenfalls ich sehr unangenehme Maßregeln gegen Sie ergreifen werde«; oder wenn du ein Geschäft in Aktien gemacht hast, ohne einen Pfennig disponibel zu besitzen, oder wenn es dir gelingt, einen groben Russen übers Ohr zu hauen oder einen Ungläubigen schlimmer zu prellen, als weiland der edle Sancho von den vier Tuchscherern von Segovia, den drei Nadlern vom Potro zu Cordova und von den zwei Nachbarn vom Markte zu Sevilla auf dem Bettuch der Schenke traktiert wurde.

Die feinen Nuancen des Luges und des Truges müssen der Phantasie die angenehmste Beschäftigung geben, und ich begreife nicht, daß man in unsern Schulen den armen Kindern das Lügen noch immer als eine so schwarze, böse Sünde schildert; das ist eine ganz falsche Erziehung!

Wie sollen die armen Kleinen heute in der Welt fortkommen, wenn man sie nicht von vornherein zu Virtuosen in diesem Laster macht, damit sie sich

3 Freiligrath, "Die Schiffe".

in reiferen Jahren nicht allein wie tapfere Seeräuber mit ihren Konkurrenten herumhauen können, sondern auch, gleich dem ränkevollen, erfindungsreichen Odysseus, siegreich alle Stürme des Lebens zu überstehen wissen?

So hält man noch immer an patriarchalischen Sitten und Gebräuchen fest, an veralteten Lehren und Regeln, welche in dieser Zeit der freien Konkurrenz jeder zeitigen Emanzipation im Wege stehen.

Aber ein alter Schulmeister begreift gar nicht, daß man als ehrlicher Mann vielleicht eines schönen Morgens gezwungen ist, sich an sein großes Schreibpult zu setzen, einen großen Bogen Papier zu nehmen und, die hellen Tränen in den Augen, seinen geehrten und geschätzten Geschäftsfreunden folgende Mitteilung zu machen:

»Mit dem Gefühl des tiefsten Schmerzes, aber mit dem Bewußtsein, daß Sie, geehrte Freunde, meine traurige Lage aufrichtig bedauern werden, mache ich Ihnen hierdurch die Anzeige, daß es mir nicht länger möglich ist, ein Geschäft fortzusetzen, was ich mir schmeicheln darf, seit 25 Jahren mit seltener Umsicht und Ausdauer betrieben zu haben. – Unglücksfälle aller Art haben mich erschüttert, und ich lade Sie daher auf Donnerstag, den 24. dieses, zu einer Versammlung in meinem Geschäftslokale ein, wo ich Ihnen beweisen werde, daß mir zwar die Ehre verbietet, länger in bisheriger Weise tätig zu sein, daß indes die Sachen keineswegs schlecht stehn und daß ich hoffen darf, Sie auf den vollen Betrag Ihrer respektiven Forderungen zu bringen. Genehmigen Sie, meine Herren, die hochachtungsvolle Empfehlung Ihres sehr betrübten, aber in Gott den Allmächtigen höflichst ergebenen Gottfried, Friedrich Jammer sel. Erben Sohn.«

Ein alter Schulmeister begreift nicht, daß der gute Gottfried, Friedrich Jammer sel. Erben Sohn, der in seiner Jugend so oft für eine kleine Lüge geprügelt wurde und unwillkürlich zu einem ehrlichen Manne heranwuchs, jetzt endlich in der Fülle des Mannesalters die schlimmen Früchte seiner allen Fortschritt negierenden Erziehung ernten muß, indem er seine werten Geschäftsfreunde nach jener trüben Versammlung mit dem durchbohrenden Gefühle von 40 Prozent in der Masse wieder nach Hause schickt.

Gebt euern Kindern den Münchhausen zu lesen, statt Zerrenners »Kinderfreund«[4]; und Bosco, den Taschenspieler, statt Dinters filtrierter Bibel[5], – laßt sie addieren und multiplizieren, statt beten lernen, da wird euer Kapital einst Zinsen tun, da werden eure Pfunde reichliche Groschen bringen, und aus euern Kindern wird selten ein Gottfried, Friedrich Jammer sel. Erben Sohn.

In den London-Docks, umringt von Ballen und Fässern und Masten und Matrosen und himmlisch hohen Warenhäusern mit Korn und Holz und Rum und funkelndem Portwein, wird es einem ganz ausländisch, spanisch, portugiesisch, amerikanisch zumute. – Fünfhundert der gewaltigsten Schiffe kann dieses zwanzig Morgen große Bassin fassen. Ein Handlungshaus, versicherte mir mein Führer, habe in den vorigen Wochen vier Schiffe verloren, expediere aber gerade wieder zehn andere nach China und Brasilien.

4 K.C. Zerrenner (1780–1852) veröffentlichte viele Schulbücher, darunter "Der neue deutsche Kinderfreund".

5 G.F. Dinter (1760–1831), preußischer Schulrat, gab eine Schulfibel heraus.

Bei so märchenhaftem Reichtum glaubt man zuletzt nicht anders, als daß man ebenfalls ein Krösus sei, und läßt sich die Pfund Sperlinge aus der Tasche schlüpfen, als wären es wirklich nur so viele Zeisige und Spatzen.

Es ist aber komisch, wie hier in den Docks alles volliegt von dem, was das Herz erfreuen, den Magen stärken, die Füße wärmen und die Seele erbauen kann, und wie zehn Minuten weiter die Geschöpfe Gottes auf dem Straßenpflaster verhungern und den Wandrer wie Wölfe und Katzen anfallen, um sich durch das Geschenk eines Pennys wieder für einige Stunden das Leben fristen zu lassen. – Das kommt aber, weil Gott alles weise und gut geordnet hat und die Erde voll seiner Güte ist. –

Mein Weg führte mich dann durch den Tunnel unter der Themse her an das andere Ufer des Stromes. Es sah recht freundlich in dem sonderbaren Gange aus, da alles mit Gas erleuchtet war und Harfenmädchen und Geigen eine helltönende Musik machten, auch alte Frauen eine Menge Honigkuchen feilboten und nicht leicht einen Fremden vorübergehen ließen, ohne daß er ein Bild des Baumeister Brunel[6] erstanden hätte. Man ahnte nicht, daß zwölf Fuß über dem Gewölbe des Tunnels die größesten Seeschiffe fuhren.

Seit Freiligrath kennt man alle wilden Bestien so genau, daß es eigentlich sehr überflüssig ist, noch einen zoologischen Garten zu besuchen.

Aus dem »Löwenritt« wissen wir, wie sich der gnädige Herr König der Tierwelt auf seiner Giraffe lustig macht; aus dem »Mohrenfürst«, wie die Elefanten das Laub durchrauschen; aus dem »Wecker in der Wüste«, wie sich die Mumien in den Pyramiden emporrichten, wenn der Leu seine Bravour-Arien singt; aus dem Liede »Unter den Palmen«, wie sich Tiger und Leoparden um einen »Blanken« balgen usw., es ist nichts vergessen. – Ach, als Freiligrath noch der Hofpoet[7] des Königs Löwe war, da ging alles gut; aber jetzt ist er liberal geworden, und wie Heine versichert hat, ist unser Poet sogar nach London ausgewandert, weil »der Mohrenfürst« keine Konstitution geben wollte – traurig, traurig! Aber ich glaube nicht, daß es wahr ist. –

In dem Londoner Zoologischen Garten erblickt man aber die Bestien des Jahrhunderts in wohlverschlossenen Käfigen. Unruhig laufen die Tiger und Leoparden auf und ab, und in ihren Blicken kann man deutlich lesen, daß sie mit sich selbst zerfallen und mit Gott und aller Welt unzufrieden sind. Den größten Teil des Tages verbringen sie in dumpfem Trauern; es ist so einem eingeschlossenen Tiger zumute wie einem alten Student, der auf dem Karzer sitzen muß, während schon alle Genossen hinaus in die Ferien gezogen sind. Trübsinnig lehnt er oft an dem Gitter, was ihn von der schönen Außenwelt trennt, und blickt über die Stadtmauer hinweg auf die sonnige Landstraße, wo die guten Bürger so einträchtiglich mit ihren lieben Familien spazierengehen. Mit gleichgültigen Augen folgt er ihren Schritten; wenn sie aber ganz in seine Nähe kommen und das helle Gelächter der guten Leute zu ihm hinaufdringt, da knirscht er doch bisweilen unwillig mit den Zähnen, und »Ihr verdammten Philister!« raunt er in den Bart; er zieht sich von der Öffnung

6 Marc Isambard Brunel (1769–1849), Erbauer des 1843 vollendeten Themse-Tunnels.
7 Anspielung auf die Jahrgelder, die Freiligrath vorübergehend von König Friedrich Wilhelm IV. bezogen hatte, auf die er aber 1844 aus politischen Gründen verzichtete.

seines Cachots zurück und wandelt in dem Bewußtsein, daß er doch ein ganz anderer Kerl ist als alle die gewöhnlichen Alltagsmenschen dort unten, stolz und vornehm in seinem Gemache auf und ab. Neben dem Tiger sitzt in einem zweiten Käfige der hochgeborene Leu. Er ist wie der schöne König Enzio in seinem Kerker zu Bologna; – träumerisch griff der edle Hohenstaufe bisweilen in die Saiten der Harfe, und hinab auf die Schultern floß das lange gold'ne Haar. »O Leid, daß ich ein König war!« seufzte er, wenn die Betteljungen singend vorüberzogen – und träumerisch faßt auch der Löwe des Zoologischen Gartens zuweilen in die Eisenstäbe seines Käfigs und schüttelt die gelben Mähnen und gedenkt der Tage der Jugend. Ganz in der Nähe hat man einer wilden Katze vier Fuß Raum zur Erheiterung angewiesen. Das arme Tier war früher eine wilde, ausgelassene Schönheit, vor der manch zärtlicher Kater anbetend niederfiel. Auf nächtlichen Bällen erlebte sie viel des Abenteuerlichen, sie lebte mit den Männern des Jahrhunderts, sie warf mit Bonmots um sich und wandelte lange Zeit ein sehr heiteres, aber fleckenloses Geschöpf. Mit den Katern des Jahrhunderts ist indes nicht zu spaßen; unser Kätzchen ging zuletzt dennoch in die Falle, und aus war es mit aller Reputation! – Die Welt ist hart und unerbittlich. In dem einsamen Boudoir sitzt nun unsre alternde Schöne und ärgert sich darüber, wenn manch junge, unschuldige Miss errötend an ihren Gardinen vorübereilt.

Nicht weit von den Zwingern der Katzen erhebt das Kamel sein Haupt, geradeso dumm, wie es einst über Eliesers Schultern sah. Armes Tier, weshalb schloß man dich ein? Ist es demagogischer Umtriebe wegen – oh, so hätte man dich ruhig in deine Heimat entlassen sollen, du würdest ja doch stets ein Kamel geblieben sein.

Am traurigsten nehmen sich in den Menagerien stets die Adler aus, die armen Tiere, welche geboren wurden, um auf rauschenden Flügeln der Sonne entgegenzufliegen, und die jetzt an den Boden gefesselt sind, um in Gesellschaft von dummen Straußen, wilden Gänsen und langweiligen Störchen ihre Tage hinzubringen. –

Oh, schrecklich wird es sein, wenn die Tiere einst aus ihrem Schlummer erwachen, wenn sie ihres Elends einst bewußt werden und in einer finstern, stürmischen Nacht plötzlich ihre Gitter durchbrechen, um gemeinsame Sache gegen die Menschen zu machen. Da wird der Zoologische Garten mit einem Male von wildem Geheul und Geschrei widertönen, da werden sich die Gassen und Plätze der Metropole mit Wölfen und Tigern füllen, da werden die Ecken und Winkel der Stadt von einem Getöse widerklingen, als nahte der Jüngste Tag. –

Da wird der Leu mit seiner Tatze vor die Türe der Paläste schlagen; da wird die Türe aus ihren Angeln fliegen, und der zornige Leu wird eine goldne Krone nehmen und wird sie auf sein zottiges Haupt setzen und wird brüllen: »Jetzt will ich regieren!«

Und die Tiger werden herfallen über die stolzen, unbarmherzigen Lords und werden sie aus ihren Betten zerren und mit scharfen Krallen zerreißen, und Haut und Fetzen werden sie durch die Gassen schleifen, und sie werden brüllen: »Jetzt wollen wir regieren!«

Und die Wölfe werden in die Häuser der Bankiers dringen und werden ihnen die eigenen Geldsäcke an die Köpfe werfen, bis sie ersticken in ihrem eignen Golde, und die Wölfe werden heulen: »Jetzt wollen wir regieren!«

Und die Hyänen werden in die Kirchen und Kapellen dringen und werden die betenden Pfaffen mit ihren Zähnen ergreifen und werden sie vor den Altären schlachten wie feiste Opfer, daß sie eines elendigen Todes sterben, und die Hyänen werden jauchzen: »Jetzt regieren wir!«

Und die geschändeten und geschmähten Katzen werden über die fashionablen Kater herfallen und werden ihnen eine Katzenmusik bringen, daß ihnen alle Katerlust vergehen soll. Und die Katzen werden miauen: »Jetzt regieren wir!«

Und die dummen Kamele und die friedlichen Giraffen und die langen Störche und die wilden Gänse, sie werden in starker Gemeinschaft über die heilige Hermandad des Landes herfallen, und wie Streu vor dem Sturm wird die heilige Hermandad zerstieben, und die Kamele und die Giraffen und die Störche und Gänse, sie werden singen: »Ein freies Leben führen wir!« –

Zu derselben Stunde emanzipieren sich aber auch alle zahmen Haustiere des Landes. Da werden die englischen Renner ihre Stränge zerschlagen, da werden die Ochsen aus ihren Ställen brechen, da werden die Ratten und Mäuse aus den Kellern hervorkriechen, da werden Flöhe und Wanzen sich nicht scheuen, einer schönen Sache ihre schwache, aber nicht zu verachtende Kraft zu leihen.

Und alles wird drunter und drüber gehen; und hat man das Land in Beschlag genommen, da wird man sich der Schiffe und aller Flotten bemächtigen und die Freiheit in alle Welt tragen, und der Adler, der arme, lang geknechtete Adler, er wird dem Zuge voranschweben, er wird die Flügel schlagen und hinauf in die Sonne fliegen und den Himmeln erzählen die fröhliche Botschaft der befreiten Erde.

(Weitgehende Neufassung der 1844 ursprünglich in der "Kölnischen Zeitung" erschienenen England-Berichte; hier: Kapitel II der "Skizzen aus dem sozialen und politischen Leben der Briten".)

DIE ENGLISCHE MITTELKLASSE

Eine Eisenbahntour durch Yorkshire und Lancashire gehört zu den interessantesten Reisen, die man in England machen kann. Von Leeds nach Manchester, den bedeutendsten Orten der einen und der andern Grafschaft, läuft der Weg fortwährend durch die reizendste Gegend. Waldige Hügel, prächtige Kornfelder, lieblich-grüne Wiesen und schattige Flußtäler wechseln in bunter Reihe miteinander ab. Man hat indes kaum Zeit, sich dieser Naturschönheiten zu erfreuen, denn das Werk der Menschen spielt rechts und links, in den Tälern, auf den Höhen, eine so große Rolle, daß man unwillkürlich das Auge nach dem letztern hinüberschweifen läßt.

Eine Stadt, eine Ortschaft folgt der anderen; überall blicken uns von den Gipfeln der Berge Hütten und Landhäuser an, überall dampfen und rauschen in den Tälern die größesten Fabriken, die es vielleicht auf der Welt gibt.

Wie der Weg vom Ausfluß der Themse bis hinauf in die London-Bridge den Reisenden alle Wunder des Handels und der Schiffahrt sehen läßt, so läßt ihn seine Tour von Leeds nach Manchester das Großartigste der industriellen Tätigkeit Englands beschauen.

Wir brauchen nur an die Orte Wakefield, Normanton, Halifax, Stockport, Bolton, die er im Fluge berührt, zu erinnern, um eine Idee von der Mannigfaltigkeit des Eindrucks zu geben, den diese auf der Eisenbahn in 4 Stunden vollendete Reise mit sich bringt. –

Hat man diese Strecke durchfahren und rechts und links noch die Orte besucht, welche durch Zweigbahnen mit der Hauptstraße verbunden sind, hat man Bradford, Huddersfield, Ashton, Stalybridge usw. besucht, da begreift man, daß England imstande ist, die ganze Welt mit seinen Fabrikaten zu versorgen, daß es bei diesen enormen Produktionskräften gewissermaßen gezwungen ist, immer neue Märkte aufzusuchen, daß es noch ganz Asien über den Haufen werfen muß, wenn nicht schon bald das auf fortwährender Ausdehnung begründete System seiner Industrie ins Stocken geraten soll.

Der unendliche Reichtum Großbritanniens an den Hauptbedingnissen jeder industriellen Entwicklung, seine unerschöpflichen Eisen- und Kohlenbergwerke; der erfinderische Geist und die Energie seiner Bewohner und die für den Verkehr so günstige Lage des Landes haben England zu dem gemacht, was es jetzt ist.

Außer den produktivsten Zinnbergwerken, die es in ganz Europa gibt, außer den schönsten Blei- und Kupferminen und außer einer Salzmenge, mit der man die ganze Welt auf undenkliche Zeiten versorgen könnte, besitzt Großbritannien namentlich in den westlichen und nördlichen Teilen Englands und im südlichen und mittleren Teile Schottlands die kolossalsten Schätze an Kohlen und Eisen, die man sich denken kann. Die ungeheure Entwicklung der Industrie war nur durch die reichen Kohlenlager möglich. Glasgow, Manchester, Birmingham, Leeds, Sheffield wuchsen dadurch im Norden des Landes zu so großen Plätzen heran, während im Süden, wo die Menschen ebenso industriell und intelligent sind, wo aber die Kohlen seltener und deswegen teurer sind, Städte wie Canterbury, Winchester, Salisbury ihre alte Bedeutung verloren und mehr oder weniger in Verfall gerieten. Mit Recht nannten daher die Bewohner des Nordens ihre Kohlenbergwerke das Schwarze Indien (Black Indies), denn es sind ihnen wahrlich genug Schätze aus diesen düstern Schächten heraufgeblüht.

Nach McCulloch war im Jahre 1837 der Totalkonsumo von Kohlen in Großbritannien jährlich 21350000 Tons (1 Ton = 2200 Pfund); die Ausfuhr von Kohlen nach Irland, nach den Kolonien und nach fremden Plätzen jährlich 1350000 Tons; zusammen also: 22700000 Tons jährliche Produktion. Die Kohlenbergwerke von Durham und Northumberland allein würden nach einer Abschätzung Taylors diese Masse noch für die nächsten 1700 Jahre liefern können. Südwales könnte dasselbe Quantum noch 2000 Jahre lang liefern. Die Totalproduktion von Eisen in Großbritannien war nach Porter im Jahre 1840: 1500000 Tons. Daß ein so enormer Bodenreichtum jede industrielle Unternehmung begünstigen mußte, läßt sich leicht denken. Wir wollen an der Baumwollen- und an der Wollenindustrie zeigen, mit welchen Riesenschritten diese Entwicklungen vor sich gingen.

Manchester, »die Metropole der Arbeit«, ist der Hauptsitz der Baumwollenmanufaktur. Schon im Jahre 1641 zeichnete sich dieser Ort durch seine industrielle Tätigkeit aus; daß diese indes nach den heutigen Begriffen für ein ganzes Jahrhundert lang noch sehr beschränkt blieb, geht daraus hervor, daß im Jahre 1766 in ganz England nur für 600000 Pfund Sterling Baumwollenwaren fabriziert wurden, wobei noch zu berücksichtigen ist, daß man in jener Zeit viel Leinengarn bei der Weberei mit untermischte. Da erfand James Hargreaves um 1767 die Spinning-Jenny, eine Maschine, mit der man hinfort 8 Fäden Baumwolle spinnen konnte, wo man früher nur einen spann; nach und nach vervollkommnete man indes diese Maschine so, daß zuletzt ein kleines Mädchen nicht weniger als 80 bis 120 Spindeln zu besorgen imstande war.

Die Jenny war nur geeignet, Baumwolle zu Einschlag zu verspinnen, da sie dem Garn nicht die Festigkeit gab, welche zu Kettengarn nötig ist. Diesem wurde durch die Erfindung Richard Arkwrights abgeholfen, der im Jahre 1769 ein Patent auf seine Spinning-Frame nahm. Arkwrights Patent hörte im Jahre 1785 auf, und seitdem ging es in allen Branchen der Industrie rasch vorwärts. Die Verbesserungen, welche durch James Watt an der Dampfmaschine gemacht wurden, trugen dazu bei, um den neuen Erfindungen Hargreaves' und Arkwrights den rechten Schwung zu geben, indem jetzt der Dampf den häufigen Mangel an andern Triebkräften aufhob.

Die Mule-Jenny, so genannt von einer Vereinigung der Jenny und der Spinning-Frame, wurde von Samuel Crompton in Bolton im Jahre 1775 erfunden, kam aber erst nach Ablauf des Arkwrightschen Patents in rechten Gebrauch.

Das Garn, was durch die Spinning-Frame produziert wurde, obgleich für Kettengarn passend, war doch oft zu hart und zu fest gedreht, um für Einschlag benutzt werden zu können, und meistens spann man dies nach durch Hargreaves' Jenny.

Die Erfindung der Mule-Jenny überflügelte diese aber ganz. Alle Sorten Einschlag, von den niedrigsten bis zu den höchsten Nummern, werden jetzt auf dieser Maschine gesponnen, und man ist zu einer solchen Vollkommenheit damit gelangt, daß man in Manchester 350 Hanks Garn, welche einen fortlaufenden Faden von 167 engl. Meilen Länge bilden, aus einem Pfunde Baumwolle spinnt.

Anfangs führte die Mule nur 144 Spindeln; nach vielen Verbesserungen innerhalb einer Zeit von 12 Jahren führte sie 300 bis 400 Spindeln. In Manchester sind indes manche Mules in Bewegung, welche die außerordentliche Zahl von 700 bis 800 Spindeln führen; einige wenige sogar 1100 Spindeln. Verschiedene Versuche wurden gemacht, um die Mule bloß durch Maschinerie zu treiben, ohne Hilfe menschlicher Hände; alle schlugen indes fehl, bis zuletzt die Maschinenbauer Sharp, Roberts & Co. in Manchester die Selfacting-Mule erfanden, eine Maschine, bei der die Hände der Menschen so sehr überflüssig sind, daß man nur einiger Kinder bedarf, um die abgebrochenen Fäden wieder anzuknüpfen.

Ebenso gewaltige Verbesserungen, wie durch Hargreaves, Arkwright und Crompton in der Spinnerei gemacht wurden, geschahen durch einen Geistlichen aus Kent, Dr. Cartwright, in der Weberei, indem er die Power-Loom, den mechanischen Webstuhl, erfand. Im Jahre 1787 nahm er ein Patent für seine Erfindung der Looms, deren sämtliche Bewegungen durch Maschinen hervorgebracht wurden.

Thomas Johnson machte die Anwendung der Power-Looms dadurch noch wirksamer, daß er eine Maschine erfand, welche das zur Kette bestimmte Garn vorbereitete, so daß bald ein Kind von 12 bis 14 Jahren mit Leichtigkeit 2 Power-Looms besorgen konnte, die in derselben Zeit gerade viermal soviel Zeug weben können wie der beste Handweber.

Die Spinning-Frame und die Power-Looms wurden zuerst bei der Baumwollenmanufaktur benutzt, dann aber auch bei der von Wolle und Seide.

Wenn man alle Erfindungen, die in der Spinnerei gemacht wurden, zusammennimmt, so findet man nach ihrer Anwendung folgende Resultate. Eine Dampfmaschine von 100 Pferdekräften, welche die Stärke von 880 Menschen hat, setzt 50000 Spindeln einer Baumwollspinnerei in Bewegung. Jede Spindel spinnt einen separaten Faden, und die ganze Spindelzahl arbeitet zusammen in ein und demselben Gebäude. 750 Menschen sind hinreichend, um alle Operationen einer solchen Baumwollspinnerei zu besorgen, und mit Hilfe der Dampfmaschine können sie so viel Garn spinnen wie 200000 Menschen ohne Maschinen. Jede Spindel in einer Spinnerei kann zwischen 2½ und 3 Hanks oder 840 Yards täglich produzieren, was mehr als 1¼ engl. Meile Garn in 12 Stunden ist. Die 50000 Spindeln einer Spinnerei können daher in 12 Stunden einen Faden spinnen, der lang genug ist, um 2½mal um die ganze Erde zu gehen.

Vor dem Jahre 1795 wurde die rohe Baumwolle namentlich von Westindien, Südamerika, Indien und aus der Levante bezogen. Die Vereinigten Staaten von Nordamerika kamen damals nur mit sehr kleinen Quantitäten in den Markt. Da erfand aber der Amerikaner Eli Whitney eine Maschine, mit der die Baumwolle sehr rasch und leicht von ihren Hülsen getrennt und gereinigt werden konnte. Diese Erfindung änderte augenblicklich die ganze Sache; – die Vereinigten Staaten wurden sofort die Hauptbezugsquelle der englischen Industriellen, und so sehr hat sich die Produktion von Baumwolle gesteigert, daß Nordamerika jetzt nicht allein mehr Baumwolle produziert als die ganze übrige Welt zusammengenommen, sondern daß z. B. von den 326 Millionen Pfund Baumwolle, welche im Jahre 1834 nach England importiert wurden, 269 Millionen Pfund aus den Vereinigten Staaten kamen.

Wunderbar ist es, wie die verschiedenen Erfindungen in der Spinnerei, in der Weberei, in der Dampfmaschine und in dem Reinigen der Baumwolle ineinandergreifen, und mit Recht bemerkt McCulloch, daß gewissermaßen die eine Entdeckung die andere bedingt.

Ohne die Erfindung Whitneys würde die Entdeckung Arkwrights von weniger Bedeutung gewesen sein, da ihm ja bald bei den verbesserten Maschinen die nötige Baumwolle gefehlt haben würde; ohne Arkwright würde auf der andern Seite Whitneys Erfindung von weniger Bedeutung gewesen sein, da ihm ja der Absatz der leichter produzierten Baumwolle gefehlt hätte; und ohne Watts Verbesserungen der Dampfmaschine hätten weder Arkwright noch Whitney viel mit ihren Erfindungen ausrichten können.

Das Zusammentreffen aller dieser Erfindungen, der unendliche Bodenreichtum Englands an Kohlen, an Eisen, der es möglich machte, daß diese Erfindungen angewandt und ausgedehnt werden konnten; die Energie und die Tätigkeit einer Bevölkerung, die zu ahnen schien, welche Größe ihr bevorstand, und endlich ein Krieg, der dem Briten die Herrschaft auf allen Meeren sicherte und ihm die Märkte der alten Welt eröffnete – alles dies machte, daß in Zeit von wenigen Jahren die Industrie einen Aufschwung nahm, der alles hinter sich läßt, was in dieser Weise jemals Wunderbares geschehen.

Die Angabe der Ausfuhr von Baumwollenwaren in den verschiedenen Jahren zeigt am besten, wie es sich mit der Entwicklung dieser Industrie verhält. Im Jahre 1800 hatte sie einen Wert von 5406501 Pfund Sterling. In 1834 34000000 Pfund Sterling. Die Einfuhr von roher Baumwolle in Großbritannien stieg von 11482083 Pfund im Jahre 1784 auf 326875425 Pfund im Jahre 1834. Nach einer mäßigen Berechnung waren in 1836 ein und eine halbe Million Menschen im ganzen Königreich mit dem Baumwollhandel beschäftigt. Von 1 070 Baumwollspinnereien mit 182 082 Menschen, welche im Jahre 1834 arbeiteten, waren 683 Spinnereien mit 122 415 Individuen in Lancashire, 122 Spinnereien allein in Manchester. Die Bevölkerung von Manchester und Salford stieg von 98573 Menschen in 1811 auf 262 636 in 1841.

Gerade wie Lancashire der Hauptsitz der Baumwollenmanufaktur ist und in Manchester gewissermaßen sein Zentrum hat, so ist die West Riding der Grafschaft Yorkshire das Herz der Wollenindustrie, wo sich namentlich Bradford durch seine Worsted-Spinnereien und Leeds durch seine Tuchfabriken auszeichnen.

Lange Zeit war England in der Fabrikation von Wollenzeugen hinter andern Ländern zurück, und wenn auch immer die gröbern Sachen zu Hause gemacht wurden, so brachte man doch bis zum 16. Jahrhundert große Quantitäten englischer Wolle nach Flandern, von wo man die feinern Sorten Tuch sowie die meisten für den englischen Konsumo erforderlichen fremden Produkte mit zurückbrachte. Erst um das Jahr 1668, als sich viele flandrische Emigranten in England niederließen, wurde die Wollenindustrie mit jedem Jahre bedeutender.

Die Erfindungen Hargreaves' und Arkwrights in der Spinnerei der Baumwolle änderten natürlich auch das System der Wollen- und Worsted-Manufaktur. Die Totaleinfuhr von Wolle stieg von 8 609368 Pfund in 1800 auf 22 558 222 Pfund in 1824 und im Jahre 1839 auf:

aus Deutschland	Pf. 27 472 800
Spanien und Kanarische Inseln	2 932 500
Australien, Neuholland	10 949 680
Rußland, Schweden, Norwegen, Portugal, Westindien, Südamerika	17 190 200
	Pf. 58 545 180

Die Bevölkerung von Leeds stieg von 53 000 Menschen in 1801 auf 123 000 in 1831. – Die von Bradford von 29 000 in 1801 auf 77 000 in 1831 und 132164 in 1841. –

Diese wenigen Angaben werden meinen Lesern am besten zeigen, von welcher Bedeutung die Strecke ist, welche sie auf der Eisenbahn von Leeds nach Manchester durchfahren können.

Ich führe meine Leser heute nur bis zu einer Eisenbahnstation, welche ungefähr in der Mitte der Bahn von Leeds nach Manchester liegt, zu dem kleinen Orte Brighouse. Dort verlassen wir den Zug und besteigen einen Omnibus, der mit vier hübschen Pferden bespannt bereits unserer wartet. In Zeit von zehn Minuten sind wir auf dem Wege in das Innere des Landes.

Rechts und links sehen wir wieder die schönsten Gärten, voller Blumen und Stauden, die aus der Mitte ihrer Blüten gewöhnlich ein hübsches Landhaus blicken lassen; dann Wiesen, so saftig grün wie Alpenmatten, auf denen die stärksten Rosse wandeln, auf denen sich Herden des schönsten Hornviehs ergehen. Erlenbüsche und kleine Buchenwaldungen folgen dann und ziehen sich in malerischen Gruppen einen Hügel hinan, von dessen Gipfel wir in mehrere Täler blicken, aus denen uns prächtige Weizenfelder entgegenwogen. Die Vögel singen überall in den Zweigen; wir wähnen uns in einer Gegend, wo vielleicht meilenweit in die Runde außer ihrem Gesange nur das Lied der Ackerleute schallt und ein Erntefest das einzige Ereignis ist, was jährlich einmal Abwechslung und Leben in diese stillen Täler bringt – da hat unser Wagen den letzten Abhang umfahren, und plötzlich können wir auch in ein letztes, uns bisher verdecktes Tal hinunterschauen.

Wir hofften, neue Wiesen und ebenso schöne Gärten wie vorher zu sehen; es ist unmöglich, daß es jenseits der Berge anders aussieht als auf der Strecke, die wir bereits durchfuhren. Alles, was wir bisher erblickten, hatte so sehr den Charakter eines ackerbautreibenden Landes, daß es uns durchaus unwahrscheinlich ist, die ganze Szenerie könne sich plötzlich ändern – und dennoch ist es so! Der weiße Staub des Weges verwandelt sich mit einem Male in ein schwarzes, hin und wieder blitzendes Pulver; rechts und links liegen Eisen- und Kohlenschlacken auf den Feldern; noch ein paar Schritte weiter, da sehen wir aus vielen hundert Öffnungen des Bodens Rauch und Funken dringen; jetzt schlagen die Flammen hoch empor, und als ob sie von dieser plötzlichen Änderung der Gegend erschräken, jagen unsre Pferde in wildem Galopp den Berg hinunter. Wir sehen, daß wir uns in allen Erwartungen getäuscht haben; aus einer Landschaft voller Wiesen und Gärten sind wir wieder mitten in das Geräusch der Industrie geraten. Hier stehen Dampfmaschinen über der Öffnung von Eisen- und Kohlengruben und arbeiten wie toll, um die Schätze des Bodens herauf ans Licht zu bringen; dort schauen wir in die Gluten einer Schmelze, die von riesigen Gesellen umringt ist; einige Schritte weiter, da zittert der Boden vom Schlage der Eisenhämmer, und im Fluge schauen wir hinab in Wohnungen der Arbeiter, die sich zu Tausenden um die Sitze der Industrie angesiedelt haben.

Während wir uns erstaunt nach allen Seiten umsehen, rollt unser Wagen unaufhaltsam dem Tale zu. Je weiter wir kommen, desto dichter scharen sich die Häuser an den Seiten der Straße, desto schwärzer und unheimlicher dringt uns der Dampf der Kamine entgegen. Manchmal glauben wir, in der Ferne die Umrisse einiger Türme zu sehen; es ist, als läge eine große Stadt vor uns; bisweilen unterscheiden wir schon größere Häusermassen von den zersplitterten und versengten Tannenwipfeln, welche am Horizonte wehen; richten wir uns aber empor, um genauer hinauszuspähen, da brechen neue Rauchwolken aus den Gründen, und fort ist wieder die ganze Aussicht. Ringsum scheinen alle Täler und Schluchten in vollen Flammen zu stehen; wir hören es zischen und kochen und rasseln, wenn wir an den Fenstern der Fabriken vorüberrauschen, die Sonne verfinstert sich wie beim Hereinbrechen eines dichten Höhrauchs; es wird plötzlich Abend am hellen Tage – da schlagen unsre Rosse zuerst mit den Hufen auf das Pflaster einer Straße, und erreicht haben wir den Fuß des Berges; wir halten in den finstern Gassen einer schmutzigen, übelriechenden Stadt; wir sind in Bradford.

Ach, ich erinnere mich noch sehr wohl des ersten Eindrucks, den diese schrecklich-wunderbare Stadt auf mich machte; es war mir nicht anders zumute, als führe ich geradewegs zur Hölle. Jede andere Fabrikstadt Englands ist ein Paradies gegen dieses Nest; die Luft in Manchester liegt einem wie Blei auf dem Kopfe; in Birmingham ist es nicht anders, als säße man mit der Nase in einer Ofenröhre; in Leeds muß man vor Staub und Gestank husten, als hätte man mit einem Male ein Pfund Cayennepfeffer verschluckt – aber alles das läßt sich noch ertragen! In Bradford glaubt man aber nirgendsonstwo als beim leibhaftigen Teufel eingekehrt zu sein.

Ich habe früher nie an den Spleen glauben wollen; ich dachte mir immer, diese Krankheit sei nur etwas Scherzhaftes, eine bloße Einbildung, eine Posse, mit der sich hin und wieder ein langweiliger Brite herumschlüge. Aber ach, ich habe den Stachel dieser Pest fühlen müssen! Wenn jemand fühlen will, wie ein armer Sünder vielleicht im Fegefeuer gepeinigt wird, so reise er nach Bradford und schaffe sich einen Spleen an. Man kommt sich vor wie Nebukadnezar, als er Gras fraß; es sticht einen mit tausend Nadeln, und man weiß nicht wo, es foltert einen mit hundert Schrauben, und man weiß doch nicht wie. Man nimmt ein Buch in die Hand, um zu lesen, und bemerkt erst nach einer Stunde, daß es verkehrt liegt; man verschriebe gern seine Seele für vier gute Groschen, man schnitte sich gern den Hals ab, wenn man wüßte, daß dies das Herz in etwa erfreuen und erheitern könnte. Man ist dumm wie ein Ochs, ungeschickt wie ein Esel und mürrisch wie ein alter Kater – ach, der Spleen ist etwas Schreckliches! Wenn ich bisweilen acht volle Tage daran laboriert hatte, da konnte ich zuletzt nichts Besseres tun, als mich auf den Teppich legen und den Hintern mit Fäusten schlagen.

Der Spleen ist eine reine Gemütskrankheit, eine gelinde Verrücktheit, ein Wahnsinn in Taschenformat. Körperlich kann man dabei blühen wie ein roter Mandelbaum. Daß man in Bradford häufiger vom Spleen heimgesucht werden kann als in jedem andern Orte Englands, wird meinen Lesern im Laufe der Erzählung nur gar zu deutlich werden.

Bradford liegt, wie ich bereits bemerkte, in einem der schönsten Teile der Grafschaft Yorkshire, umringt von Hügeln, kleinen Wäldern, prächtigen Wiesen, in einem engen Tale, das sich nach drei Seiten hin in den Bergen verliert. Bis in die neuste Zeit hin hatte der Ort fast gar keine Bedeutung; nur als Vieh- und Fruchtmarkt war er der nächsten Umgebung bekannt. Da stieg im Jahre 1798 der erste Fabrikschornstein aus dem Boden empor, und die Zukunft dieses früher so stillen Tales war entschieden. Die englische Wollenindustrie, welche bisher in Norwich und York ihren Sitz gehabt hatte, zog sich nach der West Riding von Yorkshire. Wir sahen bereits, wie enorm die Bevölkerung Bradfords stieg – eine Fabrik wurde nach der andern angelegt, von allen Seiten mußte man Arbeiter heranziehen. Die vorhandenen Wohnungen waren schnell gefüllt; neue Häuser entstanden, bald dehnte sich eine Straße neben der andern; das Tal wurde zu enge, man baute die Hügel hinan, über die Hügel hinaus und so fort bis weit in die Felder hinein.

Die ganze Gegend, über der früher eine romantische Stille gelegen, tönte bald von dem Rasseln der Spinnereien, von dem Brausen der Dampfkessel wider. Statt der herrlichen Luft, welche sonst durch das Tal wehte, wälzte sich jetzt der Rauch in dichten Massen über die Berge; statt den Duft der Wiesen verspürte man nur die Miasmen des Kanals, der, das Land von Hull nach Liverpool durchschneidend, die Schiffe an dem neuentstandenen Sitz der Industrie vorüberführte.

In wenigen Jahren hatte sich die ganze Landschaft von Grund aus geändert.

Noch jetzt kann man die Spuren dieser Entwicklungen genau verfolgen; in der Tiefe des Tales findet man noch mehrere Wohnungen, die ursprünglich weder für den Handel noch für die Industrie eingerichtet waren und doch später zu solchen Zwecken umgeschaffen wurden. Man sieht, die ersten Bewohner dieser Häuser, wahrscheinlich simple Privatleute, die eben kein Geschäft trieben, ließen sich allmählich von der Industrie, die sich mit all ihrem Geräusch und Gestank neben ihnen niederließ, aus ihren Wohnungen verdrängen; die guten Leute flüchteten ein paar Tausend Schritte weiter und bauten sich an den Abhängen der nächsten Hügel an, wo sie dem Dunstkreis der Fabriken enthoben zu sein glaubten.

Die Fabrikherren selbst taten ein Gleiches; denn wenn man sich auch den Tag über des lieben Verdienstes wegen viele Unannehmlichkeiten gefallen läßt, so will man doch wenigstens am Abend wieder freie Luft schöpfen. An der Hälfte der Hügelhöhe findet man daher eine zweite Häuserreihe, welche ursprünglich ebenfalls nur zu Privatwohnungen eingerichtet war. Aber auch da war man bald seines Lebens nicht mehr sicher; in wenigen Jahren hatte die Industrie das ganze Tal in Beschlag genommen und rückte den Fliehenden nach, gleichfalls die Hügel hinauf. Es mußte also eine abermalige Retirade vor sich gehen, wenn man nicht in Kohlendampf ersticken wollte; man gab wiederum seine Wohnungen auf und flüchtete auf die Gipfel der Hügel und hinein in die nächsten Felder. Augenblicklich nisten hier noch die »bessern Klassen der Gesellschaft«; es ist aber kein Zweifel, daß ihre Gegend schon in kurzem wieder durchaus unfashionabel wird, denn schon zieht sich die Industrie an den Hügeln hinauf und wird vielleicht in einigen Jahren ebenfalls die Gipfel erreicht haben. Die ganze Stadt ist fortwährend am Wachsen; manchmal erschien sie mir wie ein riesiger

Krater, der fortwährend am Arbeiten und Kochen ist und jährlich einmal seine Seitenwände durchbricht, um einen Teil seines Innern in die nächsten Felder zu ergießen. Fabriken, Magazine und Arbeiterwohnungen bilden jetzt fast ausschließlich den untern Stadtteil. Wenn man dies Wachsen einer englischen Fabrikstadt nicht selbst mit angesehen hat, so kann man sich kaum einen Begriff davon machen. Oft, wenn ich mich lange Zeit an dem östlichen Teile der Stadt aufgehalten hatte und vielleicht nach einem halben Jahre einmal wieder den Westen besuchte, da passierte es mir nur gar zu häufig, daß ich mich total verirrte. Ein ganz neuer Stadtteil war aus dem Boden herausgewachsen. Häuser, Kirchen, Fabriken lagen vor mir, die ich früher nie gesehen hatte; ich mußte mich bei den Bewohnern der neuen Kolonie erkundigen, wo der Weg nach Bradford zurückführe, und war doch gar nicht aus Bradford herausgekommen.

Ebenso schauderhaft, wie die Wohnungen des Tales sind, ebenso hübsch und reinlich sind die neuangelegten Stadtviertel. Man baut die Häuser stets in ein Square, in ein Viereck; vier Häuserreihen, durch welche vier Straßen gehen, lassen in der Mitte einen freien rechtwinkligen Platz offen, dessen grüne Fläche gewöhnlich den Kindern zum Spielplatz dient und auf dem verschiedene Pumpen und Waschapparate angebracht sind, die den umherwohnenden Familien zur beliebigen Benutzung offenstehen.

Eine solche Anlage hat etwas gar Liebliches. Außer dem grünen Platz innerhalb der Häuserreihen, welcher die Einförmigkeit einer Stadt auf die hübscheste Weise unterbricht, hat auch noch jede Familie einen kleinen Garten vor der Tür, in dem man Rosen, Tulpen und Goldlack bis zu den Fenstern hinaufblühen läßt. Die Häuser selbst sind sämtlich aus weißgelbem Sandstein gebaut, den man in reicher Menge auf demselben Ort bricht, wo man die Häuser baut.

Die Bewohner scheinen ungemein viel auf ein sauberes Äußeres ihrer Häuser zu halten; wöchentlich einmal waschen sie die ganzen Fronten, und täglich werden mit gelber oder weißer Wasserfarbe die Schwellen der Türen und die etwaigen Treppen angemalt.

Der auf dem linken Ufer der Mersey erbaute Ort Birkenhead besteht fast ganz aus solchen Squares, und da er außerdem in dem Arrangement seiner Straßen und Wohnungen alle Verbesserungen enthält, welche man bei der Errichtung neuer Städte anbringen kann, so ist er gewissermaßen ein Musterort für jeden, der die praktischen Erfahrungen der Engländer in diesem Punkte benutzen will. Ich möchte daher jedem Deutschen, der einmal nach Liverpool kommt, raten, eben über den Fluß zu setzen und sich das junge Birkenhead anzusehen.

Die neuen Bradforder Squares sind wie fast alle ähnlichen Anlagen in England von Kapitalisten erbaut und werden von der Mittelklasse und von den vom Schicksal etwas begünstigten Arbeitern bewohnt. Fabrikaufseher, Krämer, die ihren Laden in der Stadt haben, kleine Beamte und Comptoiristen, das sind die Leute, welche die Bradforder Squares innehaben. Die gewöhnlichen Arbeiter behielten die Tiefe des Tales zu ihren Schlupfwinkeln. An der Seite des stinkenden Kanals, in den aller Schmutz der Gassen und Fabriken hinabgeschwemmt wird, ziehen sich ihre niedrigen Wohnungen hin, von Kohlendampf geschwärzt, oft niedriger liegend als das schlechte Pflaster der Straße, mit stinkenden Pfützen vor der Türe, die es nach einigen Regentagen den Bewohnern unmöglich machen, ohne eine Brücke oder einen Damm von Kohlenasche auf die Höhe der Straße zu gelangen.

Dazu sind dicht neben diesen niedrigen Hütten sechs Stockwerk hohe Fabriken oder Magazine aufgeführt, die den unten wohnenden Leuten so sehr alles Licht nehmen, daß in ihren Stuben eine ewige Dämmerung herrscht. Jahraus, jahrein haben diese Unglücklichen mit Schmutz, Nässe und Gestank zu kämpfen; sie mögen aber anfangen, was sie wollen, ihr Schicksal bleibt immer dasselbe. Stets fließt der Kanal an ihren Türen vorüber, fortwährend stürzt ihnen der Schlamm und das Wasser der obern Straßen entgegen, sechs Tage lang in der Woche fallen Rauch und Staub der Fabriken auf sie hinab, und solange, wie ihre Hütten stehen, schien vielleicht weder Sonne noch Mond hinein.

Fast der ganze ältere Teil der Stadt besteht aus solchen niederträchtigen Wohnungen; erst wo die Hügel beginnen, bemerkt man, daß die Sache etwas anders wird; aber auch da meint man, eher Viehställe als Wohnungen für Menschen zu sehen, und nur wo sich die Straßen bis auf die Gipfel der Anhöhen hinaufziehen und den größesten Teil des Rauches und des Schmutzes unter sich haben, da wagt man aufzuatmen und freut sich erst wieder seines Lebens, wenn man eben in die neuangelegten Squares kommt, wo aber freilich nur die Leute leben können, die imstande sind, eine doppelt hohe Miete zu erschwingen.

Es ist daher, wie ich im Anfang dieser Schilderung bereits bemerkte, durchaus nicht anders, als ob man aus dem Paradiese in die Hölle purzelte, wenn man aus der wirklich reizenden Umgegend Bradfords in die Tiefe der Stadt gelangt. Übrigens fängt diese bisher noch so schöne Umgebung ebenfalls bereits an, all ihren Zauber zu verlieren; die Fabriken vermehren sich mit so rasender Schnelligkeit, daß jede Wohnung, welche man in die Felder hineinbaute, schon in kurzem wieder von ihnen eingeholt sein wird. Der Rauch, der aus der Stadt emporqualmt, scheint auch mit einer solchen Hartnäckigkeit an dem Orte seiner Geburt festzuhangen, daß man überall davon überrascht wird, und hat er endlich in der Tiefe des Tales keinen Raum mehr und wird von einem Windstoß emporgeschleudert, da verteilt er sich liebend über die ganze Gegend, so daß man oft, drei Meilen vor der Stadt, in der Mitte des schönsten Parks plötzlich wie in einem Rauchfange steht.

Im Monat Juni, wo ich mir einmal die Zeit nahm, Bradford von allen Seiten zu beschauen, machte ich die Bemerkung, daß man zu gewissen Stunden des Tages, wo die Fabriken bereits einige Zeit gedampft hatten, zehn Minuten von den letzten Häusern entfernt auch nicht ein einziges Dach dieser hundertzweiunddreißigtausend Menschen umfassenden Stadt zu Gesichte bekommen konnte.

Es war nicht anders, als wenn der ganze Ort soeben mit Haut und Haaren untergegangen wäre.

Im Monat November und Dezember, wo sich gewöhnlich auch mehr Menschen als sonst die Hälse abschneiden, liegt meistens ewiges Dunkel über der Stadt; man lebt wie am Nordpol in wochenlanger Finsternis; in dicken Röcken, Mund und Nase mit Tüchern zugebunden, schleichen die Menschen wie Gespenster durch den Nebel und den Rauch, deren düstere Massen sich in holder Vereinigung auf den Gassen festgesetzt haben.

Jene Tage sind denn auch fruchtbar an der niederträchtigsten aller Krankheiten, an dem Spleen, wo man stets das Tintenfaß statt des Sandfasses über dem Papiere umdreht, wo man abends unter das Bett schaut, um zu sehen, ob auch keine Mörder darunter liegen, wo man sich steif und fest einbildet, man habe Arsenik verschluckt, wenn man die schönste Tasse Gunpowder[1] getrunken.

Bei meinem letzten Bradforder Aufenthalt war ich so fest davon überzeugt, daß ich an der galoppierenden Schwindsucht litte, daß ich schon mit dem Gedanken umging, mein Testament zu machen, und in dem Glauben, bald sterben zu müssen, meinen Koffer packte, nach Brüssel reiste, dort aber zu meinem nicht geringen Erstaunen als der heiterste Mensch von der Welt anlangte.

Die Einwohner Bradfords gefielen mir stets viel besser als ihre Stadt; im gewöhnlichen Leben zeigen sie sich immer als höchst offene und treuherzige Leute; im Handel sollen sie dagegen den Yankees weder an Verschlagenheit noch an Schärfe etwas nachgeben.

Die Fabrikherren und die Fabrikaufseher zeichnen sich als ein durchgängig kräftiger Menschenschlag aus, was ganz natürlich ist, da sie gewöhnlich außerhalb der Stadt in gesunden Häusern leben und es an gutem Beef und Porter nie fehlen lassen.

Unter den Arbeitern in Bradford, namentlich unter denen, welche die Tiefe des Tales bewohnen, findet man dagegen mehr bleiche und verkrüppelte Gestalten als in irgendeinem andern Orte Englands.

Wie alle Yorkshire-Männer haben auch die Bradforder eine seltene Energie, eine fürchterliche Ausdauer. Diese Menschen arbeiten wie die Pferde, vom Morgen bis zum Abend, unverdrossen, ohne sich je einen Augenblick der Ruhe und der Erholung zu gönnen. Es gibt deswegen auch, eben weil vielleicht niemand davon Gebrauch machen würde, in der ganzen Stadt fast keinen einzigen Ort des Vergnügens oder der Erheiterung. –

Der einzige Spaß der meisten Menschen besteht darin, daß sie nach Beendigung der Geschäfte in eine finstere Kneipe kriechen, um bei einem Glase Gin oder Brandy über Politik zu sprechen.

Von Zeit zu Zeit läßt man freilich einige Künstler von London kommen; Ernst[2], Vieuxtemps[3] und Thalberg[4] spielten auf der Bradforder Börse, und jeder Fabrikant hielt es für seine Pflicht, 10 Schilling Sterling für ein Billett auszugeben, um den Wunderleuten zuzuhören; man fand aber stets, daß sie sich stellenweise sehr gelangweilt hatten; nur wenn die Trommeln und Bässe des Orchesters geradeso rumorten wie die Dampfkessel der Fabriken, da kannte das Entzücken der guten Menschen gar keine Grenzen mehr.

Dieser ungehobelte, barbarische Geschmack der englischen Bourgeoisie

1 Eine bestimmte Qualität des grünen chinesischen Tees.
2 Heinrich Wilhelm Ernst (1814-1865), Violinist.
3 Henri Vieuxtemps (1820-1881), belgischer Komponist und Violinist.
4 Sigismund Thalberg (1812-1871), Pianist.

verrät sich in allem, was sie beginnt. So läßt man z. B. bei einem Souper, welches übrigens sehr vortrefflich sein kann, unmittelbar nach dem Champagner – Schnaps folgen, Brandy oder Gin, der mit etwas Wasser vermischt hinuntergeschluckt wird, und zwar von den meisten Leuten mit unendlichem Wohlbehaben.

Nichts ist ergötzlicher als ein Ball, der von einem Fabrikanten gegeben wird. Das Bestreben der meisten Leute, bei einer solchen Gelegenheit in Worten und Bewegungen den höchsten Anstand, die wundervollste Feier zu entwickeln, kann so verzweifelt lächerlich werden, daß man aus der Haut zu fahren meint. Man sieht ihnen an, daß ihnen nichts lieber wäre, als wenn sie sich auch schon in diesen Punkten mit der alten Aristokratie des Landes messen könnten. Die Yorkshire-Schönen haben auch mehr Frische auf den Wangen als Grazie in den Beinen.

Bei einem solchen Leben, das nur alle halben Jahre einmal durch ein Konzert, durch ein Souper oder durch einen Ball unterbrochen wird und sich sonst durchaus darauf beschränkt, ein gutes Worsted-Garn zu spinnen, läßt es sich denn freilich leicht denken, daß man in kommerzieller Weise stets reüssiert.

Diese Bradforder Fabrikanten, welche jahraus, jahrein in dem Dunstkreis ihrer Fabriken am Arbeiten bleiben, können es wohl zu etwas bringen, und wenn man gesehen hat, wie sie leben, da wundert man sich auch nicht mehr darüber, daß ihre Stadt sich mit jedem Tage vergrößert, daß ihr Handel mit jedem Jahre einen neuen Aufschwung nimmt.

Was mir immer auffiel, war, daß diese englischen Industriellen bei ihrem einförmigen Worsted-Garn-Leben dennoch nie so verdumpfen und versauern, wie man wohl denken könnte. Aber sie scheinen an diese Lebensart so sehr gewöhnt zu sein, daß sie nicht im geringsten dadurch gehindert werden, stets an allen Weltbewegungen teilzunehmen. Wie wir sahen, scheitern sie durchaus in ihrem Bestreben, sich die feinern Genüsse des Lebens anzueignen; so ein englischer Fabrikant ist durchaus zu einem Sybariten verdorben; wo es aber auf praktische, hausbackene Sachen ankommt, da ist er bei der Hand, und jeder Versuch, sich darin hervorzutun, gelingt ihm vollkommen. So sind z. B. die Bradforder Fabrikanten die kühnsten und unternehmendsten Spekulanten bei allen Eisenbahnunternehmungen; bei politischen Agitationen sind sie vortrefflich; ihre Pferdekonstitutionen machen es ihnen möglich, die furchtbarsten Anstrengungen dabei auszuhalten; auf offener Straße können sie mehrere Stunden nacheinander vor einer großen Versammlung sprechen, ohne müde zu werden. –

Außerdem zeigt sich ihre Energie und ihre große Umsicht in allem, was sie zum allgemeinen Besten der Stadt unternehmen; so haben sie z. B. eine Wasserleitung angelegt, welche über drei Hügel hinweg aus einer Entfernung von sieben Meilen das schönste Trinkwasser in die Stadt führt. Das Bradforder Hospital ist eins der schönsten Gebäude Englands.

Natürlich lassen sie sich auf derartige Unternehmungen nicht aus philanthropischen Rücksichten ein; das kann aber auch niemand verlangen, da sie ja eben englische Fabrikanten sind; Leute, welche nichts unternehmen, wenn nicht ein »Geschäft dabei zu machen ist«. Die Hauptsache ist aber, daß Dinge wie Wasserleitungen und Hospitäler, wenn sie nötig sind, überhaupt entstehen, und die englische Bourgeoisie geht rascher und gewandter dabei zu Werke, als man nach der Masse ihrer sonstigen Beschäftigungen denken sollte.

Ebenso wohl, wie sich die Engländer bei dem schrecklichen Klima ihrer Stadt befinden, ebenso nachteilig wirkt der Aufenthalt in diesem ewigen Rauch und Nebel auf die meisten Ausländer.

Es halten sich namentlich Deutsche in Bradford auf, und man hat mir immer versichert, daß sie vortreffliche Kaufleute seien. Als vor einem Jahre ein unbedeutendes deutsches Handlungshaus in Bradford fallierte, da wußten sich die Engländer gar nicht vor Erstaunen zu lassen. Das war etwas Unerhörtes, daß ein Deutscher fallierte.

Die unglücklichen jungen Westfalen und Rheinländer, welche ich in Bradford kennenlernte, haben mir oft sehr leid getan. Das einförmige Leben ihrer Umgebung, in der ihnen die Poesie der Politik und der Industrie gar nicht klar werden wollte, hatte sie allmählich so reduziert, daß sie entweder zu reinen Maschinen herabsanken oder sich voller Verzweiflung über ihr erbärmliches Leben der horrendesten Lasterhaftigkeit in die Arme warfen.

Ich muß noch darüber lachen, wenn ich an einige dieser verknöcherten Gesellen denke. Einen kannte ich, der mit der größesten Gewissenhaftigkeit von 9 Uhr morgens bis 8 Uhr abends auf seinem Comptoir arbeitete, dann nach Hause schlich, Tee trank, einen Stuhl vor den Kamin rückte, die Füße auf das Gesims legte und zwischen den Beinen durch ins Feuer spuckte. So lag er rauchend, ins Feuer spuckend und stierend etwa vier volle Stunden lang, um dann nach Bett zu gehen, indem er am nächsten Morgen sein Dasein ganz in bisheriger Weise fortsetzte. Er trieb dies schon mehrere Jahre lang.

Ein anderer arbeitete nicht weniger treu in seinem Geschäft; gewöhnlich von 10 Uhr morgens bis 10 Uhr abends. Vom Comptoir stieg er dann direkt ins Bett, so daß er eigentlich in sechs Wochentagen von Himmel und Erde nichts zu sehen bekam. Kam aber der *Samstag* heran, da sah man ihn auch regelmäßig nach Manchester fahren; er trank dort Portwein bis um 7 Uhr *Sonntag* morgens, besuchte dann eine gute Freundin und schlief in einem Stück bis 7 Uhr *Montag* morgens, wo man ihn sehr pünktlich wieder auf der Rückreise antreffen konnte. Zur rechten Zeit war er dann wieder auf seinem Posten und begann eine neue Woche. Er trieb dies Leben auch schon mehrere Jahre lang.

Man wundere sich nicht darüber. Ich könnte Dutzende solcher Beispiele anführen; alle würden aber nur dasselbe beweisen, daß nämlich ursprünglich sehr gutmütige und liebenswürdige Ausländer in dem heutigen Fabrik- und Handelsleben Englands auf die Dauer geistig total zugrunde gehen müssen, wenn sie nicht entweder ihr Brotgeschäft hin und wieder so interessant zu machen wissen, daß es ihnen einige Abwechslung und Erheiterung verschafft, oder wenn sie sich nicht in einer solchen Weise der politischen und industriellen Entwicklungen Englands hingeben, daß ihnen dadurch einige Lust an allgemeinerm Leben möglich wird. Leider gelingt dies aber den meisten christlich-germanischen Jünglingen durchaus nicht; sie kommen mit einer solchen Dosis Harmlosigkeit vom Kontinent herüber, daß sie das ernst-barbarische Leben Englands hintereinander vor den Kopf stößt; sie ziehen sich dann in sich selbst zurück, fangen an zu vegetieren und werden entweder trocken wie Pflanzen eines Herbariums oder sehr liederliche Pflanzen.

Nur die deutschen Juden fallen nie und deswegen auch nicht in England aus ihrer Rolle; sie sind gescheit genug, um stets das Beste aus ihrer Umgebung zu machen; und da der Brite nicht mehr so albern ist, jemandem den Weg zu versperren, wenn er übrigens intelligent und aktiv ist, so ist es selbst den ärmsten Israeliten bereits gelungen, eine belohnende Stellung in der Gesellschaft zu erringen, was den deutschen Juden wie den Engländern gleiche Ehre macht.

Den Tag über ist es auf den Gassen der englischen Fabrikstädte sehr öde und still; fast die ganze Bevölkerung ist in den Manufakturen oder auf den Comptoiren; nur wenn auf irgendeinem freien Platz zu einer festgesetzten Stunde ein Meeting stattfinden soll, da sieht man nach und nach die Leute aus ihren Häusern hervorkommen, und wenn es einer populären Sache gilt, da kann man auch jedesmal auf eine ansehnliche Versammlung rechnen.

Die Anti-Corn-Law-Bewegung und die enormen Eisenbahnspekulationen gaben in den letzten zwei Jahren genug Gelegenheit zu derartigen Zusammenkünften. Bei solchen Veranlassungen muß man die Engländer sehen; die steifsten und hölzernsten Kerle werden gewandt und gelenkig, sobald sie auf der Rednerbühne stehen.

In Bradford waren vor einem Jahre die Eisenbahnmeetings an der Tagesordnung; es handelte sich um eine Bahn, die nach Halifax angelegt werden sollte. Zwei Parteien machten sich die Ehre dieser Unternehmung streitig; die eine wollte eine Straße gerade durch die Berge brechen, um auf dem kürzesten Wege an Ort und Stelle zu gelangen; die andere beabsichtigte einen Umweg durch die Täler zu nehmen. Wie es immer in solchen Fällen geschieht, forderten beide Parteien das Publikum auf, sich an einem bestimmten Tage in einem der größesten öffentlichen Säle zu versammeln, damit jeder seine Gründe auseinandersetzen könne und die Zuhörer nach beendigter Debatte imstande wären, sich für das eine oder andere Projekt auszusprechen, was insofern wichtig ist, als die öffentliche Meinung bei Erteilung der Erlaubnis des Parlaments mehr oder weniger influiert. Bei den letzten Eisenbahnunternehmungen hatte diese Volksentscheidung indes dadurch noch eine doppelte Wichtigkeit, daß man gewöhnlich schon Spekulationen in den Aktien der projektierten Bahnen gemacht hatte, ehe sie noch öffentlich zur Sprache gebracht wurden, so daß nicht selten die eine oder die andere Partei auf der Stelle durch das Sinken ihrer Aktien die größesten Verluste erlitt, wenn sich die Stimme des Volkes gegen sie erklärte.

Bei der von Bradford nach Halifax beabsichtigten Bahn verhielt es sich so, daß die Börsen beider Parteien schon bedeutend dabei im Spiele waren, als die Sache öffentlich zur Sprache kam. Man konnte daher auf eine heftige Debatte von beiden Seiten rechnen, und jeder, der sich für einige Stunden von seinem Geschäfte losreißen konnte, verfehlte nicht, sich zur rechten Zeit in dem Lokal der Versammlung einzufinden, um die Redner anzuhören.

Schon lange vor dem Beginn der Sitzung war der Saal gedrängt voll; als aber gar der Präsident die Debatte für eröffnet erklärte, da erhob sich unter den Zuhörern ein solcher Kampf um die günstigsten Plätze, daß man nach vielem Hin- und Herschreien darüber einig wurde, der Saal sei viel zu klein für eine so ehrenwerte Versammlung, und einstimmig den Entschluß faßte, das ganze Meeting in den offenen Hofraum des Rathauses zu verlegen. Für manchen mochte diese Resolution eben nicht erwünscht sein, denn draußen wehte die schärfste Dezemberluft, und der Rathaushof lag voller Schnee. Willig verfügte sich indes die Versammlung ins Freie; die Redner stellten sich auf die Rathaustreppe, die Zuhörer unten in den Schnee, und die Sache nahm ihren Anfang. Es war 2 Uhr nachmittags. Mutig wie Panther griff man die Gegner an, kühn wie Tiger schlug man die Attacke zurück; es handelte sich auf beiden Seiten um vieles Geld; Himmel und Hölle wurden in Bewegung gesetzt, um die feindliche Partei niederzuschmettern; die metallenen Stimmen der eifrigen Redner drangen durch das Geräusch der vorüberfahrenden Wagen bis in die benachbarten Straßen hinein; aus allen Fenstern schauten Horchende nieder, man merkte sich jedes Wort, jede Silbe.

Der Nachmittag verstrich; es wurde Abend; gegen 8 Uhr war man noch nicht weiter als um 2; die Zuhörer wurden allmählich ungeduldig; keine Partei hatte noch Gründe vorbringen können, die nicht von den Gegnern durchaus widerlegt wurden; der Teufel schien in dieser Debatte zu stecken, und als es 9 Uhr von dem nächsten Kirchturm schlug und der Nachtwind immer wilder um die Ohren sauste, da konnte man deutlich sehen, daß nicht allein die Zuhörer, sondern auch die meisten Redner der linken Seite auf dem Punkt waren, die Geduld zu verlieren. Dies war natürlich für die auf der rechten der Moment des Triumphes. Die Zuhörer drangen darauf, über die Sache abzustimmen, die Redner der linken waren ermüdet; man brauchte sich nur mit einiger Gewandtheit des Vorteils des letzten Wortes zu bemächtigen, und der Sieg war errungen.

Eben sollte dies geschehen; ein Redner der rechten trat in den Vordergrund und wiederholte in der Kürze alles, was von seiner Partei vorgebracht war, da forderte auch noch ein Sprecher der linken das Wort.

Zufälligerweise verweigerte man dies nicht, obgleich die ganze Versammlung darüber einig zu sein schien, daß nichts Neues mehr vorgebracht werden könne; die meisten Zuhörer gaben auch nicht mehr acht und schickten sich schon an, den Hof zu verlassen – da trat der Held des Abends mit raschem Tritt aus seinen Reihen hervor.

Es war ein junger Fabrikant, der schon am Nachmittage einmal gesprochen hatte; mit einer Donnerstimme, die in allen Ecken und Winkeln des Hofes und der Gassen widertönte, beschwor er die Versammlung, noch eine Minute lang auszuhalten. Man stutzte und gehorchte.

Wie ein Gewitter brauste und rasselte jetzt die Rede dieses Mannes. Er habe vernommen, erklärte er, daß die rechte Seite das Meeting durch allerlei Spitzfindigkeiten in die Nacht hineinziehen wolle, um die Redner der linken zu ermüden und auf diese Weise zu siegen; aber sie irre sich, wenn sie durch solche Mittel zum Ziel zu gelangen denke; er glaube, daß jeder gern die Kälte der Nacht ertragen würde, wenn er einer heiligen Sache dadurch nützen könne, und was ihn selbst beträfe, da sei er gern bereit, sich als einen Mann zu zeigen, der unverdrossen auf dem Kampfplatz weiterfechte.

Hier hielt er inne, und ehe man sich's versah, warf er Uhr und Weste und Hut und Rock in den Hof hinein und stand nun in Hose und Hemd da und begann aufs neue seine Rede, und ringsum jauchzte die ganze Versammlung, und fort fuhr er und schmetterte jeden Grund und jeden Beweis der Gegner mit andern Argumenten nieder, und die Uhr schlug 10, und ob der Dezemberwind wehte und die Schneeflocken in ganzen Schauern niedersanken, niemand wich von der Stelle, und als die Uhr 11 schlug, da war der Sieg der linken auch so gewiß, daß sich keine Seele der Gegenpartei länger zu regen noch zu rühren wagte. –

Die Sache handelte sich um vieles Geld!

Die englischen Eisenbahnspekulationen gehören zu den merkwürdigsten Ereignissen neuerer Zeit. Man kann sich eine Idee von diesen wahnsinnigen Unternehmungen machen, wenn man bedenkt, daß 600 Millionen Pfund Sterling nötig gewesen wären, wenn man alle die Bahnen hätte ausführen wollen, welche man projektierte und in denen man spekulierte. Die Sache ist um so auffallender, da das ganze Eisenbahnwesen überhaupt erst seit dem Jahre 1830 begonnen hat. Sechzehn Jahre sind verflossen, und schon wagt man solche Unternehmungen! Man sieht, wir leben in einer Zeit, wo sich alles rascher entwickelt als sonst.

Trotz seines ungeheuern Reichtums, trotz seiner Fortschritte im Handel und in der Industrie und trotz seiner langjährigen Force im Seewesen hat England erst sehr spät angefangen, die Kommunikationsmittel im Innern des Landes zu verbessern. Es sah in diesem Punkte in Großbritannien vor nicht gar zu langer Zeit ebenso schlimm aus wie in den unkultiviertesten Ländern Europas. Bis Mitte vorigen Jahrhunderts wurden die Waren in Schottland noch auf Packpferden transportiert. Im Jahre 1763 gab es nur *eine* Kutsche zwischen London und Edinburgh, welche nur einmal monatlich von jedem Orte abfuhr und zu ihrer Reise gewöhnlich vierzehn Tage gebrauchte.

Mit dem Transport der Güter ging es natürlich noch viel langsamer wie mit dem der Personen. Dazu waren die Frachten enorm hoch; von London nach Leeds kostete die Ton (2200 Pfund) 13 Pfund Sterling; von Liverpool nach Manchester 40 Schilling, was man jetzt reichlich viermal so billig hat. Die schönsten Kohlenbergwerke im Innern des Landes konnten der hohen Transportkosten wegen gar nicht benutzt werden.

Umstände dieser Art machten es zuletzt durchaus nötig, irgendeine Reform einzuführen, und man warf sich auf Kanäle, von denen jedoch der große Bridgewater-Kanal erst im Jahre 1767 begonnen wurde. Der günstige Erfolg dieses großartigen Unternehmens regte die Kapitalisten verschiedener Orte zu ähnlichen Spekulationen an; es bildeten sich Kanalkompagnien, und in kurzer Zeit erstreckte sich durch das ganze Land jenes weit verzweigte System inländischer Schiffahrt, welches dem englischen Handel so lange gedient hat. Auf diese Weise war nun zwar fürs erste den meisten Übelständen abgeholfen; da indes die Eigentümer der Kanäle durch die schlechten Straßen des Landes gar keine Konkurrenz in ihrem Gewerbe zu fürchten hatten und das Transportgeschäft durchaus monopolisierten, so entwickelten sich ebenso rasch wieder neue Übel, von denen die enorm hohen Frachtsätze und die schlechte Besorgung der Waren die hervorragendsten waren. –

Die Industriellen des Landes ließen sich dies lange Zeit gefallen; sie ertrugen es bis zum Jahre 1825. Da riß ihnen die Geduld, und sie setzten eine Petition an das Parlament auf, in welcher nachgewiesen wurde, daß die Baumwolle, welche von New York nach Liverpool zu ihrer 3000 Meilen weiten Reise durch den Atlantischen Ozean nur 20 Tage gebrauchte, volle 6 Wochen nötig hatte, um von Liverpool bis in die Spinnereien von Manchester zu gelangen.

Das war zu stark, und man beschloß die Anlage einer Eisenbahn von Liverpool nach Manchester.

Die Kanalmonopolisten, aus ihrem Schlafe aufgerüttelt, machten sich jetzt daran, die Sache wieder zu vermitteln, indem sie schleunige Besserung versprachen und auch wirklich ihre Frachten etwas heruntersetzten. Das kam aber zu spät; alle Versuche scheiterten an der Hartnäckigkeit der Industriellen, und es blieb ihnen zuletzt nichts anderes übrig, als alle Verteidiger der Inland-Schiffahrt im Parlamente zu sammeln, um auf diese Weise gegen das hereinbrechende Unglück einer Eisenbahnanlage aufzutreten.

Zwei volle Jahre gelang es ihnen, jeder Neuerung zu widerstehen; da war ihre Kraft erschöpft, und im Jahre 1828 erteilte das Parlament die Erlaubnis zu jener ersten Eisenbahn von Manchester nach Liverpool.

Der ursprünglich angegebene Zweck dieser Bahn war der Warentransport zwischen jenen beiden Städten, der dadurch, daß Manchester alle seine Rohartikel über Liverpool bezieht und auch die meisten fertigen Waren wieder durch jenen Hafen exportiert, von sehr großem Belang ist; man versprach sich daher auch eine gute Revenue von dieser Anlage.

Die Art, in welcher man die neue Straße exploitieren wollte, beschränkte sich darauf, sämtliche Wagen durch Pferde ziehen zu lassen, indem man unterwegs, wie auf gewöhnlichen Chausseen, von den Vorüberfahrenden Zoll zu erheben beabsichtigte.

Während indes die Bahn ihrer Vollendung entgegenschritt, erklärte der darauf beschäftigte Ingenieur George Stephenson, daß man die Pferde zehnmal vorteilhafter durch den Dampf ersetzen könne und daß es zwei Wege gäbe, um eine solche Einrichtung zu treffen. Erstens durch Stationary-Engines, durch Dampfmaschinen, welche an einer und derselben Stelle stehenbleiben und die Wagen der Eisenbahn vermittelst langer um Walzen laufender Seile in Bewegung setzen würden, – oder zweitens durch Locomotive-Engines, durch Dampfmaschinen, welche dem Wagenzug voranrollten.

Dieser Vorschlag Stephensons leuchtete den Unternehmern der Bahn so sehr ein, daß man sogleich ein Komitee ernannte, was darüber beraten sollte, und es dauerte auch nicht lange, da verwarf man durchaus den Gebrauch der Pferde und erklärte sich entschieden für das System der Locomotive-Engines.

Der hübsche Fortgang, den die Sache nahm, machte die Unternehmer unwillkürlich mutiger, so daß man endlich auch noch die Frage aufwarf, ob es nicht auch wohl möglich sei, sogar Personen auf der neuen Bahn fortzuschaffen, wozu Stephenson schon längst die beste Aussicht gemacht hatte, da er mit seiner Lokomotive 10 bis 12 englische Meilen in der Stunde zu fahren hoffte.

Als dies im Lande bekannt wurde, da brachen alle Autoritäten in helles Lachen aus; die einen erklärten sämtliche Unternehmer für Schwindler; die andern den George Stephenson für einen Tölpel.

Da wurde die Bahn eröffnet, und mehrere Monate nachher legte bereits die Maschine »The Rocket« 29 Meilen in der Stunde zurück.

Dies übertraf alle Erwartungen. Die ganze Unternehmung gewann jetzt einen andern Anstrich. Der Personentransport mußte hinfort den Hauptgewinn der Bahn bilden; der Versand von Waren nahm die zweite Stelle ein.

Im Jahre 1830 wurde dem Publikum die Bahn eröffnet, und von 30 Kutschen, welche bisher zwischen Manchester und Liverpool fuhren, stellten 29 sofort ihren Dienst ein. Früher reisten täglich 500 Personen zwischen beiden Städten, jetzt stieg diese Zahl sogleich auf das Dreifache, und schon in den ersten Tagen expedierte man 1600 Passagiere täglich.

Die Kanalkompagnien waren durch den Erfolg der Bahn dem Anschein nach total aufs Haupt geschlagen; da sie aber ihre Frachtsätze mit denen der Bahneigentümer gleichstellten, viele Verbesserungen anbrachten, den Versand beschleunigten und namentlich dadurch vor den Unternehmern der Eisenbahn einen großen Vorteil hatten, daß sie mit ihren Schiffen nach einer von vornherein getroffenen Einrichtung stets bis an die Türen der Magazine fuhren, so konnten sie noch so lange Zeit trefflich konkurrieren, bis auch dieser letzte Punkt durch ein billiges Spedieren der Waren zwischen Eisenbahnstationen und Magazinen aufgehoben war. –

Jedenfalls machte indes der Personentransport von Anfang an den Hauptgewinn der neuen Bahn aus. Schon bald zeigte man eine Dividende von 10 Prozent an, und die Aktien stiegen auf 120 Prozent Prämie.

Somit war die Sache im Gange. Das gegebene Beispiel verfehlte seine Wirkung nicht. Zwischen allen größern Orten des Landes entwarf man Eisenbahnen, und vom Jahre 1832 bis 1836 vollendete man 450 Meilen; 350 Meilen waren im Bau. Die Hast, mit der man sich diesen neuen Unternehmungen hingab, machte es indes, daß manche Bahn nicht so vollkommen wurde, wie man wünschte, und daß noch lange Zeit die zuerst angelegte Manchester-Liverpooler das Muster für alle übrigen blieb.

Diese Manchester-Liverpooler Bahn, dem Publikum eröffnet im Jahre 1830, hat eine Länge von 30 Meilen.

Im Jahre 1840 waren 1300 Meilen Eisenbahnen in voller Operation in England; man beförderte in jenem Jahre darauf 12 Millionen Personen; in 1841: 1550 Meilen vollendet und 20 Millionen Personen transportiert; in 1843: 1800 Meilen vollendet und beinah 27 Millionen Menschen befördert; in 1844: 1900 Meilen in Betrieb und über 30 Millionen Menschen befördert. Das Kapital, welches man in 10 Jahren auf die Unternehmung verwandte, beträgt 60 Millionen Pfund Sterling. Viele Hauptlinien ließen einen guten Profit; die Dividenden waren manchmal 10 Prozent; die Aktien standen bisweilen auf 100 Prozent Prämie.

In 1845 eröffnete man 300 Meilen neue Bahnen, und die Parlaments-Akte jenes Jahres erlaubte eine weitere Ausdehnung von 1800 Meilen, so daß man per Ende Dezember 1845 ein Total von 5300 Meilen vollendet und projektiert annehmen kann.

In der Parlamentssession von 1846 gab man aufs neue der Wut der Spekulanten nach und bewilligte abermals eine Ausdehnung von 4000 Meilen, so daß die ganze Summe für Oktober 1846 auf 9300 Meilen anzuschlagen ist.

Die Ausführung aller projektierten Bahnen wird eine Summe von 200 Millionen Pfund Sterling erfordern, so daß also, wenn, wie man verspricht, sämtliche Bahnen in höchstens 5 Jahren vollendet sind, jährlich 40 Millionen Pfund Sterling aus dem Handel genommen werden müssen. Wenn man das Kapital aller bis zum Jahre 1845 in England vollendeten Bahnen zusammennimmt, so kostet die Meile durchschnittlich 35000 Pfund Sterling. Dagegen war die durchschnittliche Einnahme in 1845 in runder Summe 3000 Pfund p. Meile Brutto, von denen 63 Prozent durch Personen- und 37 Prozent durch Gütertransport aufgebracht wurden. Von den 3000 Pfund p. Meile Bruttoeinnahme gehen 42 Prozent für laufende Ausgaben ab, so daß also 58 Prozent Nettogewinn bleibt, was auf die 35000 Pfund Sterling p. Meile Kosten nur 5 Prozent jährliche Zinsen ausmacht. Wie wir bereits bemerkten, warfen manche Bahnen 10 Prozent ab, andere dagegen gar nichts. Alles zusammengenommen beläuft sich der ganze Gewinn auf 5 Prozent. –

Höchst interessant ist es nachzuforschen, wie viele Pferde denselben Dienst tun konnten, den die Lokomotiven in einem Jahre taten. In dem Jahre, welches am 30. Juni 1845 endete, reisten auf den Eisenbahnen in Großbritannien 500 Millionen Menschen eine Meile. Wenn man nun annimmt, daß 100 Pferde im Wagen ziehend 25 Personen in einem Tage 100 Meilen weit fortschaffen, so macht dies, die Personen mit den Tagen multipliziert, in einem Jahre in runder Summe: 10000 – was soviel ist wie eine Million Menschen eine Meile weit gefahren. Jene 100 Kutschenpferde würden also 500 Jahre nötig haben, um so viele Passagiere zu befördern, wie die Eisenbahnen in dem am 30. Juni 1845 endenden Jahre fortschafften. Die Lokomotiven taten also in jenem Jahre das Werk von 50000 Kutschenpferden.

Diese schönen Berechnungen, welche man jetzt in England anstellt, sind gewiß sehr interessant und erheiternd; wenn man aber bedenkt, daß die englischen Bahnen jetzt nur 5 Prozent durchschnittlich in einem Jahre abwerfen und daß aufs neue 4000 Meilen projektiert sind, welche in 5 Jahren vollendet sein sollen, also dann auch mit den bereits bestehenden Bahnen mehr oder weniger in Konkurrenz treten, so ist es wohl mit einiger Gewißheit anzunehmen, daß die Inhaber von Eisenbahnaktien die Berechnung der Kutschenpferde allmählich drangeben, um ihren Scharfsinn mehr darauf zu beschränken, wie man künftig noch 5 Prozent Zinsen herausbringen will.

Und sollte ihnen das wohl gelingen? Wird sich der Güter- und Personentransport in einer solchen Weise ausdehnen können, wie es die erweiterten Bahnen vor allen Dingen wünschen lassen?

Aber das macht ja auch gar nichts; man projektiert ja auch manche Bahn nur, um sie nie zu bauen, nur um Gelegenheit zu einem Spekulatiönchen zu haben.

Was indes bis heute von industriellen Unternehmungen, sei es nun in Spinnereien, in Webereien oder in Eisenbahnen, vollendet wurde, ist schon großartig genug, um alle Wunder vergangener Jahrhunderte vergessen zu machen. Was sind die hängenden Gärten der Semiramis, die Pyramiden Ägyptens und die kolossalsten Bauten der Römer gegen die industriellen Erfolge eines einzigen Inselvolkes? Wahrlich, die Engländer haben alle Ursache, etwas stolz zu sein!

(Zu Weerths Lebzeiten ungedruckt; hier: Kapitel VI der "Skizzen aus dem sozialen und politischen Leben der Briten".)

DIE ENGLISCHEN ARBEITER

Wir sind es bei den Buchhändlern der ganzen Welt gewohnt, daß sie die Rückseiten neu erschienener Werke mit den Annoncen ihrer übrigen Verlagsartikel behängen. So muß z.B. ein nagelneues Gebetbuch die Titel und die Preise von einem Dutzend ähnlicher Erbauungsschriften durch die Welt schleifen; die Rückseite eines Kochbuches macht uns mit den neusten Abhandlungen über Heringsfang und Käsebereitung bekannt. Eine neue Ausgabe selig verstorbener Klassiker hat einen förmlichen Kometenschweif von noch lebenden unglückseligen Autoren hinter sich. Der »Don Quijote« hat stets den »Gil Blas« und den »Chevalier Faublas« auf dem Nacken; der Shakespeare trägt fast immer den Byron und den Milton huckepack. Der Walther von der Vogelweide hat die »Gudrun« und den »Wieland den Schmied« und den »König Orendel« und »Parzival« und »Titurel« im Schlepptau usw., und das ist ganz recht. Es ist ganz in der Ordnung, daß man ein Kochbuch mit einer Käseschrift anzeigt, daß man das Wort Gottes mit den Worten eines evangelischen Kandidaten ausposaunt, daß man die meisten unsrer jüngeren Poeten stets an der Nabelschnur ihrer guten poetischen Großmutter herumlaufen läßt. Unverzeihlich ist es indes, wenn es den industriellen buchhändlerischen Käuzen auch mitunter einfällt, die Gebetbücher unter die Käserubrik zu bringen, die Poesie unter den Heringsfang oder die evangelischen Kandidaten unter den »Chevalier Faublas«. In Deutschland geschieht dies freilich seltener; in England ist es aber an der Tagesordnung; so ein englischer Buchhändler ist nun einmal determiniert, seine Anzeigen an den Mann zu bringen; er druckt nicht allein sämtliche ältern Verlagssachen auf die Rückblätter seiner neuern Bücher, sondern er fertigt sich auch separat einige tausend Annoncenbogen an, und du magst bei ihm kaufen, was du willst, er dreht dir einen solchen Bogen um dein erstandenes Werk. Ein englischer Buchhändler gehört immer einer gewissen Farbe, einer bestimmten Partei an; er ist entweder ein Tory oder ein Whig; ein Free-Trader oder ein Chartist; ein Anglikaner oder ein Dissenter[1]; nicht daß er deswegen nur Tory-Bücher verkaufte, wenn er ein Tory wäre, oder nur ausschließlich chartistische, wenn er zu der Partei der Chartisten ge-

1 Ein nicht zur anglikanischen Kirche Gehöriger.

hörte – nein, keineswegs! Ein englischer Buchhändler ist ebensogut ein Mensch wie jeder andere auch; vor allen Dingen ist er ein Kaufmann, und wie jener Birminghamer Fabrikant sich für Missionsgesellschaften verwandte, zu gleicher Zeit aber doch Götzenbilder fabrizieren konnte, so kann ein englischer Buchhändler ein entsetzlicher Tory sein, ohne es gerade zu verschmähen, unter der Hand auch einige Schillinge an einem chartistischen Buche zu verdienen.

Jedenfalls bleibt er indes stets seiner Partei getreu; er wird dir das bestellte chartistische Buch schicken, er dreht aber einen Bogen aristokratischer Bücher-Annoncen darum; bestelltest du bei einem Teetotaler[2] einen Band Trinklieder, so wird er die Trinklieder in den Prospektus einer Mäßigkeitsgesellschaft binden; forderst du bei einem frommen Buchhändler ein gottloses Buch, so wird er dir zwar das gottlose Buch nicht vorenthalten, er wird dich aber jedesmal auf eine ganze Liste heiliger und erbaulicher Schriften aufmerksam machen, und wirst du umgekehrt bei einem atheistischen Krämer ein gottesfürchtiges Traktätchen erhandeln, so wird er nicht unterlassen, dir das Gift seines Verlags in Gestalt einer zierlich gedruckten Annonce beizufügen. Wenn ich manchmal im Laufe der Woche verschiedene Bücher aus allerlei Läden zusammengetragen hatte, da entdeckte ich plötzlich auf meinem Tische die unheiligsten Spottgedichte, die schlechtesten Liebeslieder und die rührendsten Missionsberichte, – Sachen, welche doch alle gar nicht in mein Fach schlagen, – die wie durch ein Wunder in mein Zimmer geflogen zu sein schienen. Mit der Zeit kam ich erst hinter die Geschichte und habe mich später oft über einen sehr eifrigen Shopkeeper gefreut, der sieben Jahre lang um jeden Bleistift und um jedes Stück Siegellack, was er verkaufte, eine Abhandlung über die Notwendigkeit der Abschaffung der Korngesetze wickelte. Eine solche Manier, Propaganda zu machen, ist wirklich gar zu herrlich, und ich bin fest davon überzeugt, daß jener Shopkeeper auch seiner Zeit von der Anti-Corn-Law-League reichlich für seinen Patriotismus belohnt worden ist.

Am gewandtesten und eifrigsten sind die kleineren Buch- und Zeitungshändler in dieser Art des Annoncierens; sie haben größtenteils die arbeitende Klasse zu ihrer Kundschaft, und sie verfehlen nicht, jedem armen Teufel, der sich am Samstagabend eine Zeitung kauft, irgendeinen Vers, einen Spruch, ein Bild oder einen Aufruf mit in den Kauf zu geben. Während einer politischen Agitation kann dies Verfahren von unendlichem Nutzen für gewisse Parteien sein. Manchmal enthält der Umschlag einer Zeitung mehr als die ganze Zeitung selbst. Ich habe oft bemerkt, daß ein Holzschnitt, der die Gesichter bekannter Personen getreu wiedergab und auf Dinge Bezug hatte, welche die Arbeiterwelt im höchsten Grade interessierte, mit einem Schlage einen solchen Enthusiasmus unter den Leuten hervorrief, daß sie vor Freude laut aufjauchzten. Durch ein einziges Bildchen, durch wenige Striche, durch die winzigste Zeichnung eines einigermaßen geschickten Künstlers wurde oft eine größere Wirkung hervorgebracht als durch das längste Zeitungsräsonnement.

2 Mitglied einer Gesellschaft, die für völlige Enthaltsamkeit im Alkoholgenuß eintrat.

Von den vielen derartigen Bildern will ich nur eins erwähnen, welches mir ein Bradforder Zeitungshändler mehr wie zehnmal um meine Blätter wickelte. Es frappierte mich seinerzeit um so mehr, weil es gerade in einem Augenblick verteilt wurde, wo die Verkehrheiten unsrer heutigen gesellschaftlichen Einrichtungen wieder einmal in ihrer ganzen Scheußlichkeit ans Licht kamen; wo in Bradford, in jenem Orte des blühendsten Handels und der ausgedehntesten Industrie, mit einem Male Tausende von Menschen auf den Straßen standen, welche weder Arbeit noch Brot hatten, welche nach einem Leben voller Not und Mühe nur eine Zukunft voll Verderben und Verzweiflung vor Augen sahen.

Ach, wüßte ich es zu zeichnen, dies kleine unbedeutende Bildchen! Es wäre das beste Gegenstück zu dem Gemälde der industriellen Prosperität Englands, zu jenen kolossalen Summen, zu jenen enormen Zahlen, mit denen ich vorher die Glückseligkeit der unternehmenden Briten zu schildern suchte. –

Man sah einen Baum, eine prächtige Eiche, deren Äste sich nach allen Seiten hin ausbreiteten; deren Krone hinauf in die Wolken reichte. Die Wurzeln des gewaltigen Stammes schlugen tief hinab in den Boden. Unwillkürlich blickte man zuerst hinauf nach dem Gipfel; da sproßte das junge Laub aus den saftigen Reisern, und ein Kranz von grünen Büschen umgab eine schlanke Frauengestalt, die sich leicht auf den Zweigen zu schaukeln schien. Sie trug eine Krone auf ihren Locken und ein Szepter in der Hand, und jede ihrer Mienen schien zu sagen: Ich bin Victoria Regina. Neben ihr blitzten Herzogskronen, Bischofsmützen und Hermelinmäntel durch das Grün des Laubes; die Schafsnase des alten Wellington nickte einem vertraulich, innig entgegen, und die karierten Hosen des Lord Brougham schimmerten deutlich hinter dem Gewirr der Zweige. Rechts hingen wie Äpfel an einem Christbaume die Minister der Königin, der eine in Akten vergraben, der andere wie in einer Rede begriffen; alle in verschiedenen Stellungen, und auf den ersten Blick erkannte man den wohlbeleibten Sir Robert Peel und den verschmitzten Sir James Graham. Links bemerkte man die Leiter der Opposition, an ihrer Spitze den kleinen Lord John Russell und den alten Dandy Palmerston; alle mehr oder weniger beschäftigt, aber wohlgenährt und lächelnd wie Leute, die ihres Glückes gewiß sind. Unter ihnen trieb sich rechts und links eine Schar Edelleute; der eine auf dem flüchtigen Renner dahersprengend; der andere mit vielen Hunden auf der Jagd; der dritte bei einem Diner, das Champagnerglas in der Hand; der vierte in den Armen eines lieblichen Mädchens. Diese Gesellschaft nahm die Krone des Baumes ein. In dem mittleren Teile bemerkte man vornan einen feisten, wohlgenährten Mann, wahrscheinlich einen Bankier, umgeben von Geldsäcken und Schuldverschreibungen; neben und um ihn stattliche Handelsherren auf Ballen gelehnt, Seeleute auf das Anker gestützt und hin und wieder auch einen runden Pächter mit rosenroten Wangen. Doktoren, Advokaten und Pastöre, hübsch gekleidet, aber mit unzufriedenen Gesichtern, schwärmten in großer Menge um die in der Mitte Versammelten und schienen mit gierigen Blicken nach den Geldsäcken der Handelsleute hinüberzublicken. Dann folgten Ackerknechte hinter dem Pfluge, Weber hinter dem Webstuhl, Spinner an der Spinnmaschine und Männer in Bergmannstracht, die eben ihren Schachten entstiegen zu sein schienen. Dann Handwerker mit ihren Gerätschaften in der Hand, der fleißige Schneider, der geschickte Tischler; Holzhacker dann und Mistschieber und Nähterinnen und Lastträger, und je weiter man an den Ästen des Baumes hinuntersah, desto mehr beschäftigte, rastlos arbeitende Menschen fand man. Wo aber der Stamm anfing, da schlang sich ein solches Gewirr von sonderbaren Gestalten durcheinander, daß man nur mit einiger Aufmerksamkeit das eine von dem andern unterscheiden konnte. Hunderte von Menschen; Männer, Weiber und Kinder, die meisten in Lumpen und Fetzen gehüllt, schienen sich mit Fäusten und Bettelstöcken um die letzten Brocken des Verdienstes zu prügeln. Der eine überstürzte den andern, jeder wollte nach oben streben, und unerbittlich trat man die Schädel mit den forteilenden Füßen. Rechts und links sanken die Schwächsten und Unglücklichsten aus den Reihen ihrer Genossen, der eine die Hände faltend, der andere das Haar zerraufend, der dritte die Brust mit Fäusten schlagend, und wie Leichen nach dem Kugelregen einer Schlacht sammelten sich die Kadaver der Gefallenen zu grauenhaften, entsetzlichen Gruppen am Fuße des gewaltigen Baumes. Bleiche, fahle Gesichter, stiere Augen, krampfhaft geballte Fäuste und magre, entfleischte Beine lagen in tollem Gewirr durcheinander, und wie gierige Blutegel und Nattern schlangen sich die Wurzeln des Baumes um die halbverwesten Leiber, ja sie drangen hinab bis in die Herzen dieser Unglücklichen, als ob dort die rechte Nahrung zu saugen sei für den ganzen Baum und für alles, was in seinen Ästen und Zweigen lebe, von dem fleißigen Spinner und Weber an bis zu dem frohen Handelsherrn, bis zu dem faulenzenden Edelmann, ja hinauf bis zu den glückseligen Lords und bis zu der lächelnden Königin.

Das war der Baum der englischen Glückseligkeit; und wenn ein Arbeiter nach sechs Leidenstagen vielleicht am Samstagabend zu jenem Buchhändler in den Laden trat, um sich für seine letzten Pfennige eine Zeitung zu kaufen, damit er sehen könne, ob sich denn niemand in der ganzen Welt seiner Leiden annehme, ob niemand den Mut habe, für ihn und seine Kinder aufzutreten, ach, da mochte er auf dem kleinen Bilde, was man um seine Zeitung drehte, da mochte er in jenen zerschmetterten Kadavern nur gar zu bald die Gestalten seiner früheren Freunde wiederfinden, da mochte es ihm mit Schrecken einfallen, daß ihm wahrscheinlich nur eine ähnliche Zukunft bevorstehe, weil die lustigen Handelsherrn und die seligen Lords noch so unbekümmert und so zufrieden lächelnd dort oben auf den Zweigen des schönen Baumes sitzen konnten, jenes schönes Baumes, dem das Herzblut, dem der Schweiß eines untergehenden Geschlechtes als Dünger diente.

Es ist ein leichtes Ding, sich des Großen und Schönen in der Welt zu erfreuen, aber man frage nicht nach den Seufzern und Tränen, mit denen es geschaffen wurde!

Bei meinem Aufenthalt in Bradford hatte ich die beste Gelegenheit, die Opfer aufzuzählen, mit denen der reiche Brite seine industrielle Größe erkauft. Manches hatte ich gelesen, was mir eine Idee hierüber geben konnte; aber ich wollte alles mit eignen Augen sehn, ich wollte noch mehr sehen, als das man auf einem flüchtigen Gange durch die schlechtesten Gassen einer Fabrikstadt zu bemerken pflegt.

Ich schloß mich daher einem schottischen Doktor an, der vom Morgen bis zum Abend in allen Arbeiterhütten herumkriechen mußte. Das war das beste Mittel, um hinter die Kulissen jenes grandiosen Schauspieles zu kommen, dessen kolossale Fülle an Pracht und Reichtum uns nur gar zu oft vergessen läßt, welche Not und welche Verzweiflung den Hintergrund der Bühne ausfüllen.

Eines Abends hatten wir länger als gewöhnlich in einem Wirtshause des untern Stadtteils gesessen, da trat der Wirt zu uns herein und meldete dem Doktor, daß im »Weißen Hause« eine junge Frau eben im Begriff stehe, die Welt mit einem überflüssigen Menschen zu bereichern; daß der Doktor also aufbrechen und helfen müsse. Ich begleitete Mac. Die Straßen waren schon leer; nur die Nachtwächter irrten an den Häusern vorüber und untersuchten, ob Türen und Fensterläden auch verschlossen seien. »Allright!« riefen sie und eilten weiter. Am Ende der Gasse blieben sie aber aufmerksam stehen; – wir ebenfalls, denn in einer Schnapskneipe schien heftiger Streit unter den Trinkern ausgebrochen zu sein. Flüche, Prügel und Gepolter folgten rasch nacheinander, und ehe wir uns versahen, stürzten ein halbes Dutzend Kerle aus der Haustür. Fünf Mann kehrten laut lachend zurück, – der sechste lag vor uns auf dem Straßenpflaster und rührte kein Glied. Mit Hilfe der Nachtwächter brachten wir den Unglücklichen in das Haus des Doktors, welches gegenüber lag. Der arme Zerschlagene kam bald wieder zur Besinnung und versicherte uns, daß er ganz verteufelte Hiebe davongetragen habe. Dies bezeugte auch eine große Quantität irländisches Blut, – unser Patient war nämlich Irländer –, welches aus drei Löchern vom Kopf herunter auf die zerrissenen Kleider floß.

Während ihm der Doktor die Haare abschnitt, bemerkte Paddy mit wehmütiger Stimme, daß er eigentlich gar nicht wisse, weshalb er so rechtschaffen durchgeprügelt sei.

»Das hat seine guten Gründe, daß Ihr das nicht wißt!« erwiderte ihmMac. »Ihr habt heute abend eine gute Portion Whisky aus der Welt geschafft.«

»Und das hat seine guten Gründe, daß ich dies tat!« antwortete der Irländer.

»Und welche?« fuhr der Doktor fort.

»Gar keine Gründe hat es«, seufzte Paddy, »und gar keine Gründe sind ebensogut wie die allerbesten. Aber Tom Holmes sagte, ich wäre ein liederlicher Strick; ich machte 20 Schillinge die Woche und hätte doch nie einen Penny; und meine Frau säße in Leeds, und ich kümmerte mich gar nicht um meine Frau; und das tue ich auch nicht; denn meine Frau verkauft alte Flaschen, und ich kämme Wolle; und wenn sie alte Flaschen verkaufen will, very well – jeder hat seine Liebhaberei, jeder hat sein eigenes Geschäft; jeder tue, was er will, ich kämme Wolle! Nun ist zwar die Frau der größeste Komfort für den Mann, und der Mann ist der größeste Komfort für die Frau; da es aber von hier bis nach Leeds sieben dicke Meilen sind, so wären sie, Frau, und ich, Mann, eigentlich nicht sehr komfortabel zusammen, wenigstens nur komfortabel in der Entfernung von sieben Meilen; aber wenn sich meine Frau komfortabel fühlt, indem sie alte Flaschen verkauft, und ich mich komfortabel im Wollkämmen fühle, sind wir dann nicht beide komfortabel? Very well, Doktor, das sagte ich auch zu Tom Holmes. ›Tom‹, sagte ich, ›laß meine Frau aus dem Spiele, und was noch viel schlimmer ist, laß das Geld beiseite. Geld sparen kann ich nicht, denn ich habe alle Taschen voll – nämlich voll Löcher; und wer wert ist, Geld zu verdienen, der ist auch wert, Geld auszugeben, und sieh, Tom, ich bin der Meinung, daß das Ausgeben viel erfreulicher ist als das Verdienen, und ich habe mich die ganze Woche mit dem Verdienen geplagt, da stärke ich mich eine Stunde lang mit dem Ausgeben.‹ « – »O dear me!« schrie der Irländer da plötzlich, denn eben legte ihm der Doktor einige Pflaster auf die Wunden, die dem redseligen Paddy, der mit der Zeit nüchtern wurde, plötzlich sehr weh zu tun schienen.

»Aber Tom«, fuhr er bald fort, »wollte mich gar nicht begreifen; er sagte, wir Irländer wären alle vom gemeinsten Gesindel, wir kämen nur nach England, um wie die Schurken zu leben. Why, Doktor! als wenn das anders möglich wäre. Da komme ich von Tipperary hierher nach England und habe unterwegs zehnmal das Betteln gelernt und finde, daß es mit dem Betteln gar nicht so übel ist; denn geben euch die Leute etwas, da ist es gut; geben sie euch nichts, da lacht ihr sie aus. Spaß auf beiden Seiten, Doktor! Aber ein Mensch kann auch stolz sein, und deshalb kämme ich Wolle. Entweder muß gebettelt werden oder Wolle gekämmt. Wenn ich aber wie ein Schurke lebte, als ich bettelte, lebe ich nicht ebensogut wie ein Schurke, seit ich arbeite? Gewiß! Es ist nur der Unterschied darin, daß ich als Bettler ein Schurke gegen andere bin und als Arbeiter ein Schurke gegen mich selbst. Wenn ich bettle, so ziehe ich durch Faulenzen den Leuten das Geld aus der Tasche, und das ist nicht recht; ich bleibe aber gesund und lustig dabei, und das ist recht. Wenn ich aber arbeite, da verdiene ich mein Brot durch Arbeit, und das ist recht, – werde aber ein Krüppel dabei, und das ist nicht recht.

Denn sie lassen einen armen Teufel heutzutage arbeiten, daß ihm Hören und Sehen vergeht; und kommt der Samstag heran, da zahlen sie den Lohn; aber man wird nie glücklich davon – weiß nicht, wie es kommt – und ist man alt – aber man wird nicht mehr alt.«

Da schwieg der Irländer und sah uns mit seinen schwarzen Augen recht ernst und feierlich an.

»Aber halt!« rief er dann plötzlich, »Tom sagte, wir Irländer kämen nur nach England, um wie die Schurken zu leben. Never mind it, Tom! – laß sehen.« Da griff Paddy in seine Tasche und dann auf den Kopf: »Löcher, nichts als Löcher!« – »Aber der Doktor braucht etwas für die Pflaster!« bemerkte einer der Nachtwächter.

»Doktor«, fuhr der Irländer fort, »Tom sagte, alle Irländer in England wären Schurken, und das konnte ich nicht vertragen; – und da nahm ich alles Geld, was ich hatte; ›Tom‹, sagte ich, ›stolz bin ich, stolz bin ich dreimal auf Tipperary, und hier sind 4 Schillinge und 6 Pence, und das wollen wir vertrinken, Tom, und ich bin kein Schurke!‹ Seht, Doktor, und nun habe ich nichts für die Pflaster, – ich wollte, ich hätte mehr!«

Da packten die beiden Nachtwächter den Verwundeten auf und brachten ihn in die Schenke zurück. –

Mac machte sich auf den Weg nach dem »Weißen Hause«.

Seit jenem Abend traf ich manchen Irländer, dem der Kopf entzweigeschlagen wurde, ohne daß er wußte weshalb. Paddy ist der sorgloseste Mann von der Welt. Mit Weib und Kind kommt er oft herüber nach England, – in Bradford arbeiten z.B. in den Fabriken mehrere Tausend Irländer –, er denkt, in England Brot und Glück zu finden, und täuscht sich oft nur zu sehr. Ist er unverheiratet, da geht die Sache schon; hat er Familie, da gerät er fast immer, wenigstens im Anfang, in die größeste Not. Denn leider weiß ein Irländer nie Haus zu halten, er lebt nur dem Augenblick, und ein folgender Tag ist ihm durchaus gleichgültig. Er tut, was das Herz ihm eingibt. In einer Zeit von zehn Minuten kann er rasen wie ein Löwe und fromm sein wie ein Lamm. Hat er kein Geld, da ist er der zufriedenste Mann bei Kartoffeln und Brot und tröstet sich über sein Schicksal mit den köstlichsten Witzen; – ist sein Beutel voll, da wirft er fort, was er hat, und ist nicht lustiger und übermütiger als zur Zeit der schrecklichsten Not. Genial ist er unter allen Verhältnissen. Dunkel scheint ihm vorzuschweben, daß das Mißgeschick des Individuums in dem großen Elende seines Volkes aufgehen müsse. Deshalb keine Klage mehr! Der Humor reißt seine Seele hinweg, er lacht, er weint und weiß nicht weshalb; er stirbt und weiß nicht warum.

Die große Sorglosigkeit des Irländers in England macht ihn natürlich doppelt arm. Die englischen Arbeiter sorgen wenigstens insoweit für die Zukunft, als sie in guten Handelszeiten Kleider und Möbel anschaffen. Aber auch das ist dem Irländer einerlei; er ist damit zufrieden, daß er heute gelebt hat. In Lumpen geht er einher, schmutzig, unheimlich; nur seine Augen strahlen in ewiger Schönheit, und unwillkürlich schrickt man zusammen, wenn sie bald wehmütig ernst, bald froh und verliebt in die Welt hinausschweifen.

Das »Weiße Haus«, welches ich mit dem Doktor besuchte, liegt in dem ältern Stadtteil, in der Nähe des Kanals, der das Land von Hull nach Liverpool durchschneidet. Es dient allen Unglücklichen als Zufluchtsort, da man für 2 Pence dort sechs Stunden schlafen kann. Es verhält sich damit so: Um 12 Uhr nachts werden aus der Bar, dem zum Rauchen und Trinken eingerichteten Zimmer, alle Stühle und Bänke entfernt. Im Kamin macht man ein tüchtiges Feuer an, fegt die steinerne Flur und legt rings an den Wänden herum Decken und Strohsäcke. Die Gäste, welche nur gekommen sind, um zu trinken und zu rauchen, müssen aufbrechen, und die sich nach Schlaf sehnen, haben für 2 Pence das Recht, sich niederzulegen. Dies geschieht sans cérémonie. Männer, Weiber und Kinder ziehen ihre Kleider aus, hängen diese über die Bretterwand der Bar und geben sich gewöhnlich alle Mühe, um die verhängnisvollen sechs Stunden so gut wie möglich zu benutzen. Der Wirt ist nämlich sehr exakt in der Zeit und versäumt nicht, gegen Morgen ein allgemeines Poltern zu veranstalten. Jeder, der nicht gutwillig das Lager verläßt oder noch für weitere drei Stunden einen Penny mehr bezahlt, wird dann mit Gewalt beseitigt. – Gewöhnlich stellen sich gegen Morgen neue Gäste, namentlich Betrunkene, die sonstwo übriggeblieben sind, zum Schlafen ein und nehmen das noch warme Lager der eben Erstandenen in Beschlag.

In jener Nacht war die Bar fast ganz besetzt. – Bei dem Schein des hellen Feuers konnte ich 18 Personen zählen; auch mußten noch einige kleine Kinder unter den Decken verborgen sein, denn bisweilen hörte man ein leises Weinen und Wimmern von feinen, zarten Stimmen. Die meisten Gesichter konnte man deutlich unterscheiden; hin und wieder tauchte auch nur ein Kopf voller Haare aus den Decken. – Viel Kummer und Not lag da begraben.

Gleich vornan bemerkte ich zwei Mulatten, mit denen ich schon am Tage vorher Bekanntschaft gemacht hatte. Kräftige Kerle. Sie verkauften Gebete und Bilder, wie viele Hunderte ihresgleichen, die jährlich als Matrosen oder Schiffsjungen nach England herübersegeln, einige Zeit bettelnd das Land durchirren und dann wieder verschwinden. Neben ihnen lag ein langes, hageres Gesicht, auf dem in tiefen Furchen eine lange Leidensgeschichte geschrieben stand. Es gehörte einem Manne, der ungefähr 50 Jahre alt war, vielleicht auch erst 30. Wer weiß es? Jedenfalls schien er ein Greis an Not und ein Kind an Glückseligkeit zu sein. Sein Arm lag unter dem Nacken eines Weibes, das mit weit offnen Augen unverwandt ins Feuer blickte. Ein kleines Mädchen kauerte zu den Füßen der Mutter in tiefem Schlafe.

Weiter dem Kamine zu hatte sich eine trotzige Gestalt gebettet. Der arme Teufel schien keine Lust zu haben, sich des einzigen, was ihm im Leben treu geblieben, zu entäußern. Im vollen Schmuck seiner Lumpen lag er nämlich auf dem Strohsack, die Hände über dem Kopf gefaltet; in den Mundwinkeln Spott und Hohn, an seiner Seite einen riesigen Stock.

Einige gesunde Köpfe, in denen Gin und Ale fortglühten, lagen auf den Säcken der andern Seite; auch eine kolossale Schönheit, schwarze Haare über einem roten Gesicht. Sie sang noch halb im Schlafe den Refrain eines Gassenhauers; der Bettler am Kamin lachte, – der Wirt fluchte – alles war wieder still.

Während ich die Schlafenden besah, hatte sich der Doktor in ein Nebenzimmer verfügt, um einem armen Geschöpfe in der höchsten Not beizustehen. Der Wirt war untröstlich, daß die Geschichte in seinem Hause vorging. Die Frau hatte sich aber standhaft geweigert, das Zimmer zu verlassen, da sie die gräßlichste Angst vor dem Armen- oder Krankenhause hatte. Ich näherte mich der Tür, da kam mir Mac schon lachend entgegen und versicherte, es sei längst alles glücklich vorüber.

Die junge Frau war mit ihrem Manne, einem Fabrikarbeiter, sechs Wochen lang umhergewandert, ohne Arbeit finden zu können. Da kamen sie nach Yorkshire, um sich weiter nach Manchester durchzuschlagen. Das Geld war ihnen schon früh ausgegangen, und nachts suchten sie gewöhnlich in einer Scheuer oder, wenn sie etwas zusammengebettelt hatten, in einer Schenke letzten Ranges Schutz. Eine Nacht, wie mir der Mann versicherte, brachten sie sogar unter der Brücke einer Eisenbahn zu. Beide hatten diese Lebensweise aber dem Aufenthalt im Arbeitshause vorgezogen, vor dem sie sich so sehr fürchteten, daß sie schon der Gedanke daran mit Abscheu erfüllte. Wir werden später sehen weshalb.

Die Leute, welche in Schenken wie in der zum »Weißen Hause« vegetieren, betteln entweder oder beschäftigen sich mit dem Verkauf kleiner Artikel, die sie von Haus zu Haus tragen. Sie waren genötigt, ihre Wohnungen aufzugeben; bei Tage stehen sie in den Straßen und lauern auf einen Pfennigverdienst; Frau und Kinder suchen sich selbst etwas, und abends sammelt sich die Familie an einem Orte, der zur Schlafstelle vorher auserkoren ist. – Die Bettler sind am besten dran. Die Bettelei wird bald ihr Geschäft, sie kennen dann ihre Häuser, ihre Menschen. Die Schotten verstehen sich am besten auf Bettelei, da sie verschlagen und ökonomisch sind; sehr viele von ihnen sollen nach einem mehrjährigen Aufenthalt in England mit einem kleinen Vermögen ins Vaterland zurückkehren und es dort gewöhnlich sehr gut anwenden. –

Die Irländer vertrinken, was sie in die Hände bekommen; arm, wie sie kamen, gehen sie zurück. Man hat daher auch in Liverpool die Einrichtung getroffen, daß jeder Sohn der Emerald Isle[3] frei zurück in seine Heimat spediert wird.

Die Schotten betteln mit untertäniger Miene; die Irländer mit lachendem Gesicht; die Engländer mit einem Ernst, der durch Mark und Bein geht.

Die Hausierer sind größtenteils Schotten; mit einem Sack auf dem Rücken ziehen sie von Ort zu Ort. Engländer tun dies selten. Irländer fast gar nicht.

Paddy ist ein schlechter Krämer; höchstens läßt er seine schwarzäugigen Töchter mit Orangen handeln, und die Augen sind meistens schöner als die Orangen. Einmal kam mir auch der Fall vor, daß ein irländischer Junge, etwa acht Jahre alt, zu mir hereintrat und den Vorschlag machte, ich sollte ihm 6 Pence geben, sein Vater sei sehr krank; er wolle mir auch drei schöne Geschichten erzählen. Die Geschichtenerzähler scheinen sich also nicht allein im Orient aufzuhalten. Der Irländer verstand sich prächtig darauf.

Der zurückgekommene Arbeiter befindet sich stets in der allerschlimmsten Lage. Er ist zu stolz, um zu betteln; zu rechtschaffen, um zu stehlen. In vielen Fällen erlaubt es seine Ehre nicht, sich in ein Arbeitshaus *einschließen* zu lassen; er verkauft, was er hat; hier und da leiht ihm ein Freund eine Kleinigkeit – das hilft nicht mehr –; da verläßt er seine Hütte; Frau und Kinder suchen so gut zu leben, wie sie können; er selbst wandert durch die Gassen und wartet, ob ihm der Zufall nicht etwas in die Hände spielt, und am Abend finden wir ihn auf dem Strohsack einer Schenke, zwischen Kranken und Trunkenen, zwischen Dieben und Dirnen schlafend, sechs Stunden lang für 2 Pence, bis ihn der Wirt aus dem Hause jagt. Und alles das, weil etwa der Handel schlecht geht.

Ich hatte immer gewünscht, die Arbeiter einmal in ihren Wohnungen beobachten zu können. Das wollte aber lange Zeit nicht gelingen. Die Leute sind zu argwöhnisch, namentlich gegen Fremde, und nichts scheuen sie mehr, als wenn man sich um ihre häuslichen Angelegenheiten kümmert. Ein Glas Ale und eine Pfeife tun indes Wunderdinge, und wenn man beides mit ihnen genossen hat, so werden sie sehr zutraulich. – Der Doktor Mac mußte damals wieder behilflich sein; er brachte mir eine sehr feierliche Miene bei und brauchte mich bei einer Runde durch wenigstens dreißig Arbeiterwohnungen als Gehilfe.

3 Smaragdgrüne Insel: Irland.

Ich muß indes bemerken, daß die Zeit, in der wir diese Besuche machten, eine sehr günstige war. Die Arbeiter der Worsted-Manufakturen waren zwei Jahre lang vollauf beschäftigt gewesen und erfreuten sich eines hohen Lohnes.

Da wir an einem Sonntagmorgen ausgingen, so fanden wir fast alle Familien zu Hause. Männer, Weiber und Kinder. Einige noch in den Betten, andere beim Frühstück, viele mit der Zubereitung des Mittagessens beschäftigt, die letzten endlich am Schmause. Die meisten Familien haben eine besondere Wohnung; – ein Hausvater, der 18 Schilling die Woche verdient, wohnt nicht leicht mit andern Familien zusammen. An der Einrichtung der Wohnung kann man fast immer sehen, wieviel Lohn der Arbeiter wöchentlich erhält. Bei 15 Schillingen, was ein sehr mäßiger Lohn ist, bedeckt selten ein Teppich den steinernen Fußboden – nur vor dem Kamine liegt gewöhnlich ein schmaler Lappen –, die Wände sind schmucklos, das ganze Möblement besteht nur aus Tisch, Stuhl und Bett. Bei 20 Schillingen sieht es schon besser aus; auf den Stühlen liegen Kissen; der Teppich – eine in England des Klimas wegen durchaus nötige Sache – ist größer; auf dem Schrank stehen Gläser und Tassen, und an der Stubendecke hängt vielleicht ein Schinken oder eine Speckseite. Bei Leuten, die 30 Schillinge einnehmen, gewahrt man schon einen geregelten Komfort, der sich bis auf kleine Figuren, Tassen und Gläser erstreckt, die das Gesims des Kamines zieren.

Hat ein Vater bereits Kinder, die ebenfalls in Fabriken arbeiten und noch bei ihm wohnen, so ist die Summe des wöchentlichen Lohnes natürlich größer; für Essen und Trinken wird dann besser gesorgt und namentlich am Sonntagmittag etwas Besonderes auf den Tisch gebracht. Bei meinem Besuche fand ich fast überall schönes Weizenbrot zum Frühstück aufgetragen; für den Mittag Beef, Mutton[4] oder Kalbfleisch und einen Krug Ale. Die Kleider der in den Worsted Mills beschäftigten Mädchen waren damals bei weitem besser als die der deutschen Fabrikarbeiterinnen.

Aber ach, all diese kleine Herrlichkeit dauert ja nur, solange der Handel gut geht. Ist es damit zu Ende oder brechen gar Krankheiten oder sonst Unglücksfälle über den Arbeiter herein, da verschwindet bald der Teppich von dem Boden, das Kissen vom Stuhl, der Stuhl selbst und das Bett, und auf dem Tische sucht man vergebens nach Fleisch und Ale. – Tausende wandern ins Armenhaus, und die, welche zu stolz sind, sich einschließen zu lassen, und Weib und Kinder nicht aufgeben wollen, stehen in Lumpen an den Straßenecken, damit – der Reiche über sie spotte.

Jawohl, über sie spotte! Denn mehr wie hundertmal hörte ich die sogenannten »respektablen Herren« erklären, die Arbeiter verdienten, geprügelt zu werden, daß es ihnen während einer Handels-Krisis nicht besser ginge. Die meisten englischen Fabrikanten, welche nach derbem Profit alle schlechten Zeiten glücklich überstehen, verlangen nämlich auch von ihren Arbeitern, daß sie von 20 oder 30 Schillingen ein Erkleckliches zurücklegen, um damit den geringen Lohn einer bösen Handelskonjunktur weniger fühlbar zu machen. Der Arbeiter soll nie Fleisch, Brot oder Ale genießen; – er soll wie ein Hund leben, um Handelskonjunkturen zu bestehen!

4 Hammelfleisch.

Aber so sind die meisten englischen Handelsaristokraten. Von offenbarer Schinderei kann natürlich nicht die Rede sein; aber die gesetzlich sanktionierte Scheußlichkeit, jeden Arbeiter als Maschine gebrauchen zu dürfen, ist an der Tagesordnung. Der Durst nach Geld läßt keine menschliche Regung mehr aufkommen; man sucht die Fäuste des Arbeiters so billig als möglich zu kaufen, und jagt den Kerl zum Tempel hinaus, wenn er nicht länger konveniert.

»Wir haben ja keine Verpflichtungen gegen ihn!« – so lautet die ewige Entschuldigung.

Übrigens sind es nicht allein die schlechten Geschäftszeiten, welche den Arbeiter ruinieren, nein, er leidet ebensosehr durch die Willkür seiner Herren und durch die Konkurrenz innerhalb seiner eignen Klasse sowie namentlich durch jede neue Erfindung, die man macht, um die Hände des Arbeiters durch Maschinen zu ersetzen.

Schlechte Geschäftszeiten bleiben natürlich stets die Hauptursache seines Elends, denn sobald der Warenabsatz stockt und es üble Aussichten für die Zukunft unmöglich machen, eine vielleicht schon zu große Produktion noch weiter auszudehnen, fängt man an, täglich einige Stunden weniger zu arbeiten, was eine Verringerung des Lohnes mit sich bringt, und hört endlich ganz zu arbeiten auf, was dann eben keine andere Folge hat, als daß aller und jeder Lohn aufhört und der Arbeiter geradezu auf die Straße geworfen wird, wo man es seinem Scharfsinn überläßt, sich bis zu Beginn einer günstigern Zeit durchzuschlagen.

Durch reine Willkür leidet der Arbeiter insofern, als es dem Fabrikherrn ja nicht freisteht, in seinem Etablissement die lästigsten und infamsten Reglements zu erlassen oder die Löhne selbst in den flottesten Handelszeiten herabzudrücken, sobald er weiß, daß seine Leute aus Mangel an anderweitiger Beschäftigung sich auch unter den billigsten Bedingungen verdingen müssen.

Die Konkurrenz unter den Arbeitern selbst ist der dritte Grund ihres ewigen Unglücks. Es ist schrecklich, wenn man bedenkt, daß Menschen, welche schon von allen Seiten her gedrückt werden, endlich, durch die Not gezwungen, auch noch übereinander herfallen müssen, um sich die letzten Brocken aus den Fäusten zu winden. Man hat von dieser Konkurrenz unter den Arbeitern selbst keinen Begriff, wenn man sie nicht mit eignen Augen sah. Ich erinnere mich noch sehr wohl, daß einst ein Leinengarnspinner seine Preise plötzlich heruntersetzte und dadurch größere Geschäfte zuwegebrachte als alle seine Kollegen. Ich konnte nicht begreifen, wie es diesem Menschen möglich war, sein Garn billiger zu verkaufen als jeder andere. Aus Geldnot tat er es nicht, da er ein sehr reicher Mann war. Da ging ich gegen Abend hinaus in die Felder, und siehe da, es begegneten mir mehrere hundert Irländer mit Sensen und Hacken auf den Schultern, um nach beendigter Ernte in den Agrikulturdistrikten jetzt in die Fabrikgegenden zu laufen, wo sie sich zu billigern Löhnen als die bisherigen Arbeiter anboten und natürlich akzeptiert wurden, wenn die alten Arbeiter nicht zu demselben Preise tätig sein wollten.

Es war nur zu deutlich, daß jener Leinengarnspinner den ersten Strom dieser unbeschäftigten Leute erhalten hatte, die Löhne verringern, dadurch billiger fabrizieren und mehr verkaufen konnte als jeder andre.

Welchen Einfluß die Erfindung einer neuen Maschine auf die Arbeiterwelt hat, kann man sich daraus begreiflich machen, daß z.B. in der West Riding von Yorkshire 30 000 Menschen allein damit beschäftigt sind, mit der Hand Wolle zu kämmen, die also durch Erfindung einer Maschine, welche diesen Dienst versehen könnte, auf der Stelle außer Brot kommen müssen. Ich führe gerade dies Beispiel an, weil man eben damit umgeht, ein in Sachsen erfundenes System, Wolle durch Maschinen zu kämmen, durch Engländer vervollkommnen zu lassen, so daß fast kein Zweifel mehr ist, daß jene 30 000 Menschen schon in kurzem dasselbe Schicksal haben werden, was seinerzeit den Arbeitern in Manchester durch die Erfindung der selfacters über den Hals kam.

Die Arbeiter mögen sich daher drehen und wenden, wie sie wollen – nach einer kurzen Zeit der Prosperität geraten sie stets wieder in ihr Elend hinein, in ein Elend, welches, wie es nach jeder Handelskrisis z.B. der Fall ist, durch häufigere und gefährlichere Krankheiten Tausende in der Blüte des Lebens hinwegrafft.

Dieses Leiden der englischen Arbeiter ist so fortdauernd, daß man in jeder Zeitung, die sich überhaupt um solche Sachen kümmert, fast jeden Tag auf ein Drama stößt, was sich in dieser oder jener Grafschaft zugetragen hat. Wenn man nämlich eben glaubt, alles Elend müsse sich durch eine allgemeine Besserung des Wollengeschäftes z.B. verlieren, da geht plötzlich in den Baumwolldistrikten, die vielleicht bisher florierten, derselbe Tanz wieder los, der eben in den Wollbezirken endete, und so umgekehrt; und so geht es in allen Branchen, und so geht es von Jahr zu Jahr, und Geschlechter auf Geschlechter gehen zugrunde, um die Wurzeln jenes gewaltigen Baumes zu nähren, auf denen jetzt die Glückseligkeit, vielleicht aber einst auch das Verderben der Reichen wächst.

Es ist rührend, wenn man sieht, wie jene den Arbeiterinteressen gewidmeten Zeitungen nie müde werden, die Leiden jeder Stadt, jedes Dorfes ans Licht zu bringen, wie sie nicht verschmähen, die kleinsten Details jener Ereignisse aufzunehmen, welche doch endlich den Arbeiter zum Bewußtsein und den Besitzenden zur Verzweiflung bringen müssen.

»Sunderland, 14. Septbr.

Gestern vergiftete sich hier der Schmied James Pemberton, 32 Jahre alt. Er hatte eine Frau und vier Kinder und konnte seit verflossenem Januar keine Beschäftigung finden. Um während dieser langen Zeit mit seiner Familie leben zu können, verkaufte er zuerst seine Mobilien, dann seine Kleider; so daß bald nichts mehr übrigblieb, woraus ein Pfennig Geld gelöst werden konnte. Seit mehreren Tagen hatten die Leute nichts mehr zu essen, als was sie von den Nachbarn erhielten, die selbst arme Leute waren und nicht viel geben konnten.

Der Hunger brachte Pemberton zur Verzweiflung; er ging und verschaffte sich Gift, um seinem Dasein ein Ende zu machen. Nachdem er eine große Quantität Laudanum zu sich genommen, erzählte er seinem Weibe, was er getan, und versicherte, nur das Elend habe ihn dazu gezwungen. Die Frau lief zugleich zu den Nachbarn, die einen Arzt und die Behörde herbeiriefen. Mr. Taylor, Relieving-Officer[5] für den Sunderland-Distrikt, fand die Familie Pemberton im schrecklichsten Zustande. Der Mann lag im Todeskampfe auf dem Strohlager in der Ecke des Zimmers ohne irgendeine Bedeckung. Ein alter Stuhl und ein Tisch waren das ganze Möblement. Seine Frau saß neben ihm, halbtot vor Schreck und Hunger. Die Kinder waren am frühen Morgen davongelaufen. Die ärztliche Hilfe kam zu spät. Pemberton starb im Beisein des Relieving-Officer.« (Northern Star)

Im Januar v.J. wurde Thomas Stew, 20 Jahre alt, des Mordes überwiesen und in Liverpool hingerichtet. Dem Kaplan machte er folgendes Geständnis:

»Ich liebte Alice Nolan seit ungefähr vier Monaten. Sie war ein sehr liebenswürdiges Mädchen, und ich dachte, wir würden einst glücklich miteinander leben. Einen Monat vor ihrem Tode versprach ich ihr, sie in Zeit von fünf Wochen zu heiraten; ich konnte aber mein Versprechen nicht halten, da ich in schlechte Gesellschaft geriet und all mein Geld ausgab (6 Schillinge).

Da wir also auf Erden nicht leben konnten, so dachte ich, wir würden im Himmel glücklich miteinander sein. Ich lieh ein Messer, um ihr und mir das Leben zu nehmen. Mit diesem Messer in der Tasche ging ich ihr entgegen, wie ich stets zu tun pflegte, wenn Alice von der Arbeit nach Hause zurückkehrte. Als ich sie angetroffen, setzten wir uns auf eine Bank und sprachen miteinander wie manchen Abend vorher. Sie fragte unter anderm: ›Sollen wir uns am Montag bei Sallys treffen?‹ – Ich drückte sie fester an mich. ›Nein!‹ sagte ich, ›zunächst werden wir uns im Himmel wiedersehen‹, und durchfuhr mit dem Messer ihren Hals. – ›O mein geliebter Tom!‹ rief sie und stürzte zusammen. Ich ging meines Weges. Vor dem Hause meines Bruders kniete ich nieder und sagte: ›Ich hoffe, daß sie jetzt im Himmel sein wird und daß wir uns dort treffen.‹ Da durchschnitt ich mit dem Messer meinen eignen Hals. Ich fiel mit dem Kopf gegen die Tür. Die Tür öffnete sich; ich fiel auf die Hausflur. Dort hob mich jemand empor; ich weiß nicht wer. Ich verlor die Sinne. Als ich im Spital erwachte, standen meine beiden Brüder neben mir.« (Manchester Guardian)

Thomas weinte bitterlich, als man ihn aufs Schafott brachte, denn es hatte ihm jemand versichert, er würde seine Alice sehr wahrscheinlich nicht im Himmel wiedersehen. –

Im April 1845 wurde in London eine Frau, Mary Furley, des Kindesmordes angeklagt. Sie erzählte vor Gericht:

»Als ich in das Bethnal-Green-Arbeitshaus ging, litt mein ältestes Kind an einer bösen Kopfkrankheit. Es wurde ins Spital gebracht und mir nach einiger Zeit zurückgegeben. Da sich das Übel aber aufs neue zeigte, so befahl man, dem Kinde die Haare abzuscheren. Der Barbier, der diese Operation vornahm, war betrunken und schnitt ganze Fetzen Fleisch vom Kopfe des Kindes. Die Wunden wurden sehr schlimm und blieben so für einige Zeit; – als sie endlich geheilt waren, bekam das Kind triefende Augen. Auch be-

5 Armenaufseher.

deckte seinen Leib bald von oben bis unten ein häßlicher Ausschlag, welcher gewiß nur dadurch entstand, daß man dem Kinde im Arbeitshause nur hartes Rindfleisch zu essen gab. Ich bat, man solle ihm Hammelfleisch geben, was aber verweigert wurde. Da entschloß ich mich, das Haus zu verlassen, und nachdem ich von den Wächtern ein Darlehen von 6 Schillingen erlangt hatte, ging ich bei meinen Bekannten umher und sammelte noch einige Schillinge dazu. Ich fand dann Beschäftigung bei einem Hemdenfabrikant; da man aber nur 1 3/4 Pence für die Anfertigung eines Hemdes bezahlte und ich bei angestrengtem Fleiße nur drei Stück an einem Tage fertigbrachte, so war ich bald gezwungen, diese Arbeit dranzugeben und mich nach etwas Besserem umzusehen. Ich beschloß daher, für mein weniges Geld Bänder zu kaufen, hieraus Mützen zu nähen, sie wieder zu verkaufen und dadurch einigen Unterhalt für mein Kind zu erwerben. Ich ging aus, um dies zu tun. Als ich aber in einen Kaufladen kam, fand ich, daß mein Geld fort war. Ich habe es entweder verloren, oder es ist mir aus der Tasche gestohlen worden. Dies versetzte mich natürlich in die schrecklichste Betrübnis, denn ich hatte jetzt keinen Freund in der Welt mehr, und es blieb mir nichts anderes übrig, als wieder in das Arbeitshaus zurückzukehren. Vor dem Arbeitshause hatte ich aber einen solchen Abscheu, daß ich es vorzog, mich lieber samt meinem Kinde ums Leben zu bringen.« Die Gefangene hielt inne bei diesen Worten und sprach so leise, daß man nur noch die Worte hörte: »und ich fiel von den Planken der Werft hinab.« –

(The Times)

Das arme Weib stürzte sich nämlich mit ihrem Kinde in eine mit Schlamm und Wasser gefüllte Kloake. Das Kind ertrank, die Mutter wurde gerettet, zum Tode verurteilt, begnadigt und nach Van-Diemens-Land[6] transportiert.

Fälle wie die angeführten, wo es ein Mensch vorzieht, durch Gift statt durch den Hunger zu sterben, wo sich ein junger Mann samt seiner Geliebten umbringt, weil ihm 6 Schillinge (2 Taler) zur Hochzeit fehlen, wo sich eine Mutter mit ihrem Kinde in eine Kloake stürzt, um nicht der »öffentlichen Mildtätigkeit« in die Hände zu fallen, – solche Sachen passieren so häufig, daß etwa nur die den Volksinteressen gewidmeten Zeitungen, wie der »Northern Star« z. B., aus wirklichem Anteil davon Notiz nehmen oder Blätter wie der »Manchester Guardian« oder die »Times« nur dann darauf zurückkommen, wenn es ihnen entweder darum zu tun ist, irgendeine leere Spalte ihres großen Formats mit einer Mordgeschichte auszufüllen, oder der Vorfall gerade der Art ist, daß er wie die Geschichte der Mary Furley als Argument gegen das neue Armengesetz gebraucht werden kann.

Bei einer Handelskrisis wäre es indes auch unmöglich, alle Unglücksfälle zur Sprache zu bringen; die Berichterstatter der verschiedenen Grafschaften beschränken sich dann darauf, nur die Totalsumme der Menschen aufzuführen, die infolge des größeren Elendes über die durchschnittliche Totenzahl hinaus in diesem oder jenem Monat umgekommen sind.

Dieses Hinsterben und Verschwinden vieler Menschen infolge einer Geschäftsstockung hat etwas Entsetzliches, etwas Grauenhaftes. Ich erinnere

6 Verbannungsstätte in Australien.

mich noch eines Vorfalls, der in Bradford vor meinen eignen Augen passierte und den ich deswegen jedenfalls erwähnen will, weil er zeigt, wie der Ruin der Kinder in solchen Zeiten am häufigsten vorkommen muß und gewiß am allerwenigsten bemerkt wird.

Ein junger Arbeiter war infolge des Stillsetzens einer Spinnerei außer Brot gekommen. Fünf Monate lang suchte er vergebens nach Beschäftigung. Alle Mobilien mußten verkauft werden, und zuletzt blieben ihm nur zwei sehr schöne Kinder; zwei Knaben, der eine von zwei, der andere von vier Jahren, und eine Frau, die alles Geld, was sie hin und wieder durch Waschen verdiente, in Schnaps versoff und, wie sich der Mann selbst darüber aussprach, »glücklicherweise« auch endlich gar nicht mehr nach Hause kam. Der Vater saß daher gewöhnlich mit seinen zwei Söhnen allein am kalten Herde. Endlich findet er Arbeit; aber leider drei Meilen von der Stadt entfernt. Er konnte seine Wohnung nicht gleich dorthin verlegen, weil er mit der Miete des bisherigen Hauses noch im Rückstand war. Am Morgen um 5 Uhr verließ er daher gewöhnlich seine Kinder und kehrte erst gegen Abend zurück. Die beiden Knaben spielten dann den Tag über auf der Straße vor dem Hause. Eine Woche lang ging dies recht gut. Da erkrankten beide Kinder, und wie mir der Doktor versicherte, infolge der vielen Entbehrungen der letzten Zeit. Es fragte sich nun, ob der junge Mann die kaum erhaltene Arbeit wieder aufgeben sollte, um zu Hause zu bleiben und seine Kinder zu pflegen, oder ob er wie bisher am Morgen hinausgehen sollte, um die beiden Kranken volle vierzehn Stunden ihrem Schicksal zu überlassen. Da doch jedenfalls etwas verdient werden mußte, so zog er das letztere vor, indem er sich auf einige Nachbarn verließ, welche versprochen hatten, sich von Zeit zu Zeit nach den Kindern umzusehen. Dieser Zustand dauerte acht oder zehn Tage lang; die Kinder wurden mit jeder Stunde kränker. Da ging ich mit Mac eines Abends in diese Gegend hinaus; er erzählte mir unterwegs von der Geschichte. Seit dem Beginn der Krankheit, sagte er mir, sei er zweimal täglich hinausgegangen, um den armen Würmern Medizin einzugeben. Das Haus sei immer offen, aber niemand warte den Kindern auf; die Nachbarn schienen sich wenig darum zu kümmern, und alles Kurieren könne nichts helfen; bei dieser Vernachlässigung müßten beide sterben, und es solle ihn sehr wundern, wenn wir das jüngste Kind nicht bereits tot anträfen. Da waren wir an Ort und Stelle. Durch die halboffne Haustür treten wir gleich ins Zimmer. Es war kalt und unfreundlich im Innern. Mac zog seine Schwefelhölzchen hervor und zündete ein Licht an; wir schritten in die Ecke des Raumes, Mac schlug die Bettdecke zurück, und wie er erwartet hatte, war das jüngste der beiden Kinder bereits kalt; das ältere eben im Begriff, seinem Brüderchen in den Tod nachzufolgen.

Mac versicherte mir später, daß solche Ereignisse in seiner Praxis zu den allergewöhnlichsten gehörten. Man kann sich solche Sachen aber sehr gut erklären, wenn man bedenkt, daß in den Fabrikstädten Englands der Wert der Menschen im eigentlichsten Sinne des Wortes mit dem Werte der Kalikos in gleichem Maße steigt und fällt. Stehen die Waren aus Mangel an Vorräten hoch im Preise, da zieht man die Arbeiter heran, um mehr zu produzieren; die Arbeiter bekommen also einen Wert, sie steigen im Preise wie jeder Artikel, den man sucht und nötig hat. Gehen dagegen die Warenpreise niedriger, weil genug Vorräte da sind, da schränkt man die Produktion ein, man entläßt die Arbeiter, – die Arbeiter hören auf, ein wertvoller Artikel zu sein, sie fallen ebenfalls im Preise; und hält dies Wertlossein der Arbeiter längere Zeit an, sind sie, mit andern Worten, durch das Aufhören der Löhne längere Zeit, als dies ein Mensch aushalten kann, auf das Hungern angewiesen, da fangen sie eben samt ihren Kindern an zu kränkeln, und wenn sie dann auch gerade nicht Hungers sterben, so verrecken sie doch wenigstens an den Folgen dieser langen Entbehrungen, was im Grunde ein und dasselbe ist. Daß es weiter gar keine Sensation macht, wenn die Kinder eines Arbeiters sterben wie die Fliegen, das brauche ich wohl nicht zu versichern. Auf der einen Seite sind die Eltern manchmal nur gar zu sehr mit dem Tode ihrer Kinder zufrieden, weil sie dieselben in üblen Zeiten doch nicht zu ernähren wissen, und auf der andern Seite beruhigen sich die Behörden gern genug bei diesen Sterbefällen, weil ja, um mit dem gelehrten, angebeteten Malthus zu sprechen, die überflüssige Bevölkerung dadurch auf gute Manier aus dem Wege geräumt wird. Übrigens gilt meine Bemerkung, daß die Arbeiter ihre Kinder manchmal gar nicht sehr beweinen, nur für den Fall, daß die Kinder eben noch sehr klein sind. Haben sie schon ein solches Alter erreicht, um in den Spinnereien gebraucht werden zu können, da ist die Sache bei weitem anders.

Sie werden dann ein wahrer Segen der Eltern, indem sie zur Erhaltung der letztern beizutragen gezwungen sind. Diese verkehrte Welt, daß die Kinder arbeiten müssen, während die Eltern zu Hause sitzen, ist eine natürliche Folge der allmählich verbesserten Maschinen, die besser durch die gelenken Finger der Jugend als durch die schon steiferen Fäuste des Alters besorgt werden können. Es kommt daher nur gar zu häufig vor, daß man den Hausvater die kleinen Kinder verwahren sieht, während die Mutter mit den schon etwas herangewachsenen Söhnen und Töchtern in der nächsten Spinnerei den Unterhalt der ganzen Familie erwirbt.

Das Verhältnis eines Fabrikanten zu seinem Arbeiter ist in den meisten Fällen so barbarisch, daß es von dem Verhältnis eines Bauers zu seinem Ochsen wenig verschieden ist. In der Tat, die letztern stehen eigentlich in einem innigern Verhältnis wie die erstern. Außer dem Interesse, was der Besitzer eines Ochsen an der augenblicklichen Arbeit dieses Tieres nimmt, muß ihm auch noch an dem körperlichen Wohlsein seines Zugtieres gelegen sein; er muß ihn konservieren, um ihn desto länger ins Joch spannen zu können. Der Fabrikant sieht dagegen in seinem Arbeiter nur eine Maschine, an deren augenblicklicher Benutzung ihm nur gelegen ist und deren Verschleiß ihm deswegen durchaus gleichgültig sein kann, da sie ja jeden Tag anderweitig, und zwar ohne weitere Kosten, zu ersetzen ist. Wenn der Fabrikant von seinen Arbeitern spricht, da redet er auch niemals von Menschen; er tituliert seine Arbeiter schlechtweg »hands«, Hände.

Die Art und Weise, wie mir einst ein Fabrikant von seiner Reise nach Schottland erzählte, wo er sich ein paar Dutzend starke Menschen geholt hatte, war gar nicht von einem Bericht verschieden, den etwa ein Viehhändler von einer gelungenen Expedition nach Friesland geben würde.

Daß die Fabrikanten bisweilen auch noch ganz mittelalterlich in ihrer Umgebung verfahren, mag daraus hervorgehen, daß z. B. ein Worsted-Spinner der Grafschaft Yorkshire fast sein ganzes, sehr bedeutendes Etablissement mit eigenen Kindern treiben soll. Der würdige Mann ist Junggeselle und feierte vergangenes Jahr seinen siebenzigsten Geburtstag. Ich kann indes diese Geschichte nicht verbürgen; da aber jeder delikate Handel im schlimmsten Falle durch eine wöchentliche Rente von 2 Schilling und 6 Pence an die Mutter eines unehelichen Kindes auf gerichtlichem Wege zu schlichten ist, so ist der Moralität eines reichen, unverheirateten Fabrikanten eben keine sehr strenge Grenze gezogen. –

Es gehen in England wirklich oft so schauderhafte Geschichten vor, daß man nicht anders meint, als in der Türkei oder in China zu sein. Das Schrecklichste, was mir indes zu Ohren kam, fiel im November 1845 in Bradford vor. Ich will dies Ereignis erzählen, weil es mehr als alles andere die Schattenseiten englischer Zustände charakterisiert und weil ich die geringsten Details dieser Affäre als wahr verbürgen kann.

In einem Arbeiterviertel in Bradford starb ein sechs Wochen altes Kind und wurde auf dem Kirchhofe innerhalb der Stadt begraben. Die Mutter dieses Kindes war sehr arm, sie begrub ihr Kind, wie es gewöhnlich die armen Leute in England zu tun pflegen. Sie kaufte nämlich für weniges Geld eine kleine Kiste, legte die Leiche hinein und erkundigte sich bei dem Totengräber, ob nicht sonst jemand in der Stadt gestorben sei, der in den nächsten Tagen begraben werde. Da dies der Fall war, so stellte sie sich mit ihrem kleinen Sarge zur bestimmten Zeit ein, und während man die Leiche eines Erwachsenen hinabsenkte, steckte der Totengräber den Sarg mit dem Kinde zu gleicher Zeit in dieselbe Grube. Dies ist eine alte Sitte in England, von der gewöhnlich die ärmsten Leute Gebrauch machen. Ein eigenes Begräbnis kostet nämlich wenigstens 5 Pfund Sterling; die meisten Leute haben dies natürlich nicht aufzuwenden, und die Leichen der Kinder werden dann bei Gelegenheit mitverscharrt, wofür der Totengräber nur 2 Schillinge in Anspruch nimmt. Das Kind jener armen Frau wurde auf dieselbe Weise zu Grabe gebracht. Eine Woche verfloß, und niemand dachte vielleicht daran, daß von dem begrabenen Kinde je wieder die Rede sein würde. Da verbreitet sich plötzlich das Gerücht, man habe das kleine Geschöpf vergiftet; man erzählt noch allerlei sonderbare Nebenumstände; die Geschichte wird in einigen Tagen das allgemeine Gespräch des ganzen Arbeiterviertels, und die Behörde sieht sich zuletzt veranlaßt, die Sache näher zu untersuchen.

Mein Freund Mac erhielt den Auftrag, das Kind wieder ausgraben zu lassen und es zu öffnen.

Dies geschieht. Während er damit beschäftigt ist, erklärt eine alte Frau, die neben der Mutter des toten Kindes wohnte, der Doktor, der das Kind behandelt habe, sei an seinem Tode schuld. Er habe ihm ein solches Brechmittel eingegeben, daß das Kind im eigentlichsten Sinne des Wortes seine ganze inside von sich gegeben habe und augenblicklich darauf gestorben sei. Man erkundigt sich, wer dieser Doktor ist, und läßt ihn kommen. Er erscheint, und es findet sich, daß er nicht ein privilegierter Doktor, sondern ein – Schreiner ist. Nach einem kurzen Verhör ergibt sich, daß er gewöhnlich

Särge macht und nebenbei die Leute seiner Nachbarschaft als Arzt behandelt. – Der Richter bemerkt ihm, daß dies sehr verdächtig sei; – das Kurieren vertrage sich nicht gut mit dem Särgemachen.

Der gute Mann fühlt sich sehr beleidigt; er versichert, diese beiden Handwerke schon seit 15 Jahren mit großem Erfolge betrieben zu haben. – Man gibt ihm recht, daß es sehr einträglich sein müsse, zuerst die Leute gegen eine hübsche Gratifikation tot zu kurieren und ihnen dann noch die Särge zu machen. Der Schreiner-Doktor wehrt sich mit Händen und Füßen gegen jeden Verdacht. Da ist Mac mit seiner Untersuchung fertig. Es stellt sich heraus, daß man das Kind zwar nicht vergiftet hat, daß die Quantität des auf einmal eingegebenen Brechpulvers aber so groß gewesen ist, um fast einen erwachsenen Menschen in Gefahr zu bringen, geschweige ein krankes, sechs Wochen altes Kind am Leben zu halten. Ein ungebrauchtes, noch im Originalpapier befindliches sehr starkes Pulver macht dies noch gewisser.

Man wirft also die Frage auf, in welcher Weise gegen diesen Schreiner auf gerichtlichem Wege zu verfahren sei; – wie in allen Fällen hatte er auch in diesem, nach Anwendung seiner Brechmittel, den Sarg fabriziert. Der Verdacht eines absichtlichen Verbrechens lag also nur zu nahe.

Man debattiert lange Zeit und wird zuletzt darüber einig, daß nicht genug Beweise vorhanden seien, um die Sache zu einer Kriminaluntersuchung bringen zu können. Das einzige, was man tun könne, sei eine Verfolgung des Schreiners, weil er ohne Erlaubnis die Funktionen eines Arztes versehen habe; da aber ein solcher Prozeß wenigstens 300 Pfund Sterling kosten werde und niemand gegenwärtig sei, der die Rolle eines Verfolgers übernehmen wolle, so sei auch kein Angeklagter da, und man müsse sich darauf beschränken, dem questionierten Schreiner streng ins Gewissen zu reden und ihn vor weiterer Ausübung ähnlicher Kuren unter Androhung der härtesten Strafen zu warnen. Dies geschieht, und die Sache ist beendigt. Der Instruktionsrichter entfernt sich, der Schreiner geht ebenfalls nach Hause, und Mac packt die Leiche wieder in den Sarg ein.

Ich frage meine Leser, ob man bei einer solchen Geschichte nicht glauben muß, eher in der Türkei als in England zu sein? Aber ich bin noch lange nicht fertig. Bei seiner Untersuchung findet Mac, daß das Kind so sehr an der Syphilis gelitten hat, daß es dennoch schon in kurzem hätte sterben müssen, wenn es auch nie mit den Brechmitteln des Schreiners in Berührung gekommen wäre. Er untersucht deswegen auch die Mutter des Kindes und findet, daß sie schon seit zwei Jahren an derselben Krankheit leidet. Er erkundigt sich nach ihrem Manne – sie ist unverheiratet, hat aber längere Zeit mit einem Eisenbahnarbeiter gelebt – dieser Eisenbahnarbeiter wird aufgesucht – er ist vor kurzem an demselben Übel, das er Mutter und Kind mitgeteilt, im Spitale gestorben. –

Was soll man zu einem Lande sagen, wo solche Dinge möglich sind, wo sie an der Tagesordnung sind? Jawohl, an der Tagesordnung! Denn in England wundert sich niemand mehr darüber.

Daß Mac mir das ganze Ereignis mit der größesten Gleichgültigkeit erzählte, als ich ihn unmittelbar nach Beendigung seiner Aventüre beim Händewaschen auf seinem Zimmer antraf, – das verstand sich von selbst.

Mac ist ein Doktor. Aber daß die Presse diesen Vorfall kaum mit fünf oder sechs Zeilen erwähnte, das beweist, daß auch noch andere Leute als Doktoren mehr oder weniger zu Barbaren herabgesunken sind. Übrigens lasse ich meinem schottischen Freunde gern Gerechtigkeit widerfahren; ich glaube nicht, daß ich je wieder einen Menschen antreffen werde, der sich mit einem solchen Heroismus und mit einer solchen Ruhe wie Mac unter dem unglücklichsten und verworfensten Volke der Welt herumschlagen wird. Als ich einst mit ihm in das Bradforder Krankenhaus trat, da richteten sich alle alten Weiber in den Betten empor, um ihren Freund zu begrüßen.

Die Mysterien Bradfords kamen wohl nie besser ans Licht als infolge einer Arbeiterversammlung, in der man den Gesundheitszustand der Bewohner zur Sprache brachte. – Man wählte einen Ausschuß, der genaue Nachforschungen über diesen Gegenstand anstellen, die gesammelten Tatsachen dem Publikum im allgemeinen, namentlich aber den einflußreichsten Fabrikbesitzern und Kaufleuten mitteilen und endlich Vorschläge machen sollte, wie man einem Übel abhelfen könne, das inmitten einer der lebendigsten und am meisten prosperierenden Industriestädte des Königreichs zu einem solchen Umfang angewachsen ist, daß die gelindeste Schilderung fast übertrieben erscheint.

Der Ausschuß jener Versammlung ging sofort ans Werk. – Man teilte die Stadt in gewisse Distrikte und ließ die Einwohner derselben von einer Deputation von jedesmal drei oder vier Personen besuchen, damit man sich genau davon überzeuge, einen wie großen Teil an Annehmlichkeiten des Lebens die heutige hochzivilisierte Welt dem Arbeiter zuerkennt. Wir finden, daß der Ausschuß seinen Auftrag gut vollzogen hat. Er gab einen Bericht über das Resultat seiner Untersuchungen, aus dem wir einige wenige Fälle anführen, um dem Kontinent eine Idee zu geben, wie es mit den Bradforder Arbeitern bestellt ist.

Der Bericht beginnt mit einer »Adresse der Gesundheitskommission, gewählt in einer zahlreichen Versammlung von Wollkämmern, am Montag, 5. Mai 1845«, in der man zuerst seine Freude darüber ausdrückt, daß das Gouvernement beabsichtige, den beklagenswerten Zustand großer Städte vor das Publikum zu bringen, und daß die Arbeiter in Bradford sich verpflichtet hielten, das Ihrige zu diesem Zwecke beizutragen.

Es heißt dann wörtlich weiter: »Wir haben hier in der Stadt und in der nächsten Umgebung über 10000 Wollkämmer, die größtenteils gezwungen sind, Werkstatt und Schlafzimmer an einem und demselben Orte zu haben. Die Art ihrer Beschäftigung nötigt sie, über einem Kohlenfeuer zu arbeiten, welches bei Tage fortwährend in ihrem Zimmer brennt und das man auch häufig die Nacht fortglimmen läßt, um die Arbeit am folgenden Morgen desto mehr zu beschleunigen. Die gefährlichsten und tödlichsten Dämpfe verbreiten sich dadurch in dem geschlossenen, schlecht ventilierten Zimmer und werden fortwährend von den Bewohnern eingeatmet, welche unglücklicherweise kein anderes Eigentum haben als ihre Gesundheit und kein Mittel, um ihre Familie zu unterhalten, wenn die Kraft ihres Körpers bald und rasch schwindet und sie endlich den verheerendsten Krankheiten unterliegen. Ein hinreichender Beweis dieser Tatsachen zeigt sich in dem ausgemergelten Aussehn aller Opfer dieser traurigen Zustände – die stets einen frühzeitigen Tod herbeiführen. Sehr groß ist die Zahl der Witwen und Waisen, die von hier in die Welt hinausgestoßen werden.«

Es folgt dann im allgemeinen eine Schilderung der Plätze und Straßen, in denen die Wohnungen der Arbeiter liegen, sowie ein Aufruf an Prediger, Ärzte und andere einflußreiche Leute, dem Bericht einige Aufmerksamkeit zu widmen und die später zu machenden Vorschläge der Arbeiter zu unterstützen.

In der Aufstellung der Details finden wir Straße und Hausnummer eines jeden berichteten Falles verzeichnet; – ferner die Zahl der Familienglieder, die Zahl der Zimmer jeder Wohnung, die Zahl der beschäftigten Personen, die Zahl der Frauen und Mädchen sowie die Dimensionen jedes Zimmers und die Art der Stoffe, welche bei der Arbeit benutzt werden.

Aufs Geratewohl nehmen wir das Folgende aus dem Bericht:

Fall Nr. 6. Kanonenstraße. Familie von 11 Personen. 5 weiblichen Geschlechts. 7 arbeiten im Hause, das aus 3 Zimmern besteht. 6 Personen arbeiten im Schlafzimmer. Schlechte Ventilation. Kein Wasserabfluß. Schweinestall: Schmutz.

Fall Nr. 7. Handelsstraße. Außerordentlich ungesund. Unerträgliche Hitze. 3 Männer und 1 Frau arbeiten in einem Schlafzimmer. 2 Personen, Vater und Sohn, wurden vor einiger Zeit infolge des fortglimmenden Kohlenfeuers am Morgen tot gefunden.

Fall Nr. 13. Daselbst. Dies ist ein Keller mit zwei Abteilungen, 3 Fuß niedriger als das Straßenpflaster. Kein Wasserabfluß. Fortwährender Gestank. Asche und Schmutz vor der Türe aufgehäuft. Ein erwachsener Mann erstickte vor kurzem in diesem Keller.

Fall Nr. 15. Daselbst. Eine Frau liegt todkrank im Bett; – in demselben Zimmer arbeiten 4 Personen. Das Zimmer ist 3 Fuß unter der Erde.

Fall Nr. 1–5. Mill-Bank, liegt im untern Teile der Stadt, neben einer Kloake, die sich durch das schmutzige Wasser und den Kot, der aus den nahen Fabriken dorthin geschwemmt wird, allmählich bildete. In der ganzen Gegend herrscht durch dies stehende Wasser der fürchterlichste Gestank, die verdorbenste Luft. Hier wird in allen Wohnungen über Kohlenfeuern gearbeitet, und die Menschen sind so zusammengedrängt, daß es für 33 Personen nur 7 Betten gibt.

Fall Nr. 16–18. Die Straße wird hier sehr eng, und außer den gefährlichen Dünsten, die aus der Kloake aufsteigen, leiden die Bewohner auch noch dadurch, daß ihre Häuser von beiden Seiten durch sehr hohe Magazine und Fabriken überragt werden, die fast alles Licht fortnehmen. Fast alle Menschen sind hier krank. In diesen 12 Wohnungen halten sich 95 Personen auf. Sie besitzen 23 Zimmer und 24 Betten. 4 Personen also für jedes Bett. In Nr. 6 arbeiteten und schliefen Bruder und Schwester, nur ein Zimmer und ein Bett. Die Schwester ist aber neulich ausgezogen; – sie ist schwanger.

Fall Nr. 21–25. Dieselben Übelstände wie vorher. 55 Personen in 5 Wohnungen. 9 Betten; also nicht weniger als 6 Personen für ein Bett.

Fall Nr. 28. Ein Kohlenloch. 4 Personen einschließlich einer Frau schlafen dort. Dieses Loch, genau gemessen, ist 3 Fuß breit; – liegt 5 Fuß unter der Erde. – Dieses Kohlenloch gehört eigentlich noch zur Victoria-Straße.

Fall Nr. 40. White-Abbey. Ein Zimmer, 4 Fuß unter der Erde. In diesem Loch schlafen in einem Bett, das aus Abfall gemacht ist, 1 Mann, 1 Frau und 4 Kinder – alle krank.

Fall Nr. 83. Daselbst. Ein Zimmer, 5 Fuß unter der Erde. Eine Masse Dreck. Ein Mann mit seiner Mutter, seiner Frau und 4 Kindern schlafen in diesem erbärmlichen Loch in einem Bett.

Fall Nr. 109. Wir fanden 4 Personen in einem Zimmer an der Arbeit. Eine kranke Frau lag im Bett – und ein totes Kind. Alles in einem Zimmer.

Fall Nr. 119. Westgate. Dies ist eine schauderhafte Wohnung. 13 Personen liegen zusammen auf zwei Bündeln Stroh, auf einer feuchten Steinflur. 4 unter diesen 13 Personen sind Frauen. Der Schmutz, das Elend und die Unsittlichkeit an diesem Orte sind fürchterlich.

Fall Nr. 121 und 122 gelten für die ungesundesten Wohnungen in Bradford. In ihnen wohnen die ärmsten und verlassensten Arbeiter. Man gibt eine fürchterliche Beschreibung dieses Ortes. Die Unsittlichkeit ist hier an der Tagesordnung. Männer, Frauen, Knaben und Mädchen liegen halbnackt durcheinander.

Diese wenigen Beispiele aus den hunderten, durchaus ähnlichen, welche der Bericht des Ausschusses mitteilt, mögen zeigen, wie es einesteils mit den häuslichen Verhältnissen der Arbeiter aussieht, und zweitens, in welcher Weise, in welcher Form sich der Gesundheitsausschuß seines Auftrages entledigte. Zu besserem Verständnis des Obigen ist nur noch zu bemerken, daß das Wort »Zimmer« nicht durchgängig einen wohnlichen Raum bedeutet, sondern daß man auch Keller und ähnliche mit Steinen gepflasterte Löcher darunter versteht. Ebenso versteht man unter Betten sehr häufig auch einen alten Teppich, der von einer Wand zur andern gespannt ist und gleich einer Hängematte zum Lager dient, ferner Strohsäcke mit einer Decke darüber usw. Wenn man die Zahl aller in dem Bericht angegebenen Personen und Betten zusammenfaßt, so kommt im Durchschnitt stets auf 4½ Personen ein Bett.

Der Bericht der Wollkämmer machte einige Sensation, namentlich da die einzelnen Personen des Ausschusses als wahrheitsliebende Männer bekannt waren und außerdem die Angabe der Häuser usw. jeden in den Stand setzte, sich von der Richtigkeit der ganzen Darstellung zu überzeugen.

Nachträgliche Forschungen wurden auch vorgenommen und bestätigten nur zu sehr die Richtigkeit des Berichtes.

Gleich nach Veröffentlichung desselben luden die Arbeiter das Publikum Bradfords zu einer Versammlung auf dem Börsensaale ein, um dort in Gemeinschaft mit den Herren Fabrikanten usw. Beschlüsse zu fassen, wie dem vorhandenen Elend abzuhelfen sei. Es hatten sich etwa 70 bis 80 Personen eingefunden. Die Hälfte derselben bestand aus Arbeitern, namentlich aus Wollkämmern, die den Zustand der Wohnungen untersucht hatten. Sie nahmen die eine Seite des Saales ein. Auf der andern bemerkte man Fabrikanten, Händler, Prediger, Doktoren usw.

Zum Präsidenten erwählte man den Dr. Divinitatis[7] Scoresby, zum Sekre-

7 Dr. theolog.

tär den Chartisten George White. Eine sonderbare Zusammenstellung! – Von dem vornehmen Geistlichen, dem Herrn Scoresby, ist wenig in der Welt bekannt. Von dem Wollkämmer George White weiß man, daß er schon seit zwanzig Jahren ein unermüdlicher Agitator ist. Er hat die Stimme eines Löwen; sein linker Arm ist steif, mit dem rechten gestikuliert er desto besser. Dr. Scoresby berührte in seiner Rede noch einmal den Inhalt des mehrerwähnten Berichts und erklärte sich damit einverstanden, daß es unangenehm sei, den ganzen Tag über einem Kohlenfeuer arbeiten zu müssen, das die vordere Seite des Körpers in hohem Grade erhitzt, während die durch das geöffnete Fenster hereindringende Luft, namentlich zu rauher Jahreszeit, den Rücken des Arbeiters eiskalt erhält.

Er fand es ferner schrecklich, daß der Arbeiter auch meistens die Nacht im Kohlendampfe liegen muß, und hielt es für wünschenswert, daß seine schlechten engen Wohnungen besser und geräumiger gemacht würden, und da es ihn, den Doktor Divinitatis, sehr unangenehm berührt hatte, daß die Sterblichkeit in Bradford seit einiger Zeit um 5 Prozent größer war als sonst im ganzen Königreich, so wünschte er auch schließlich den Arbeitern für alle ihre Unternehmungen viel Glück und Segen, nahm dann die Zipfel des Frackrocks in die Hände, setzte sich und lächelte.

Die Arbeiter schwiegen; – die andere Seite rief ihrem feinen, frohen Geistlichen den lautesten Beifall zu. Es erhob sich dann ein anderer Gentleman, der nach verschiedenen zarten Redensarten, in denen er sich mit den Ansichten des hochwürdigen Dr. Scoresby einverstanden erklärte, sich dahin aussprach, daß es doch wünschenswert sei zu erfahren, aus welchem Grunde die Arbeiter sich mit der fraglichen Gesundheitsangelegenheit befaßt hätten.

Keiner der Anwesenden verstand augenblicklich, was der Herr meinte, und man ersuchte ihn von mehreren Seiten, sich etwas deutlicher auszudrücken. Der Redner wiederholte daher nochmals, daß er zu wissen wünsche, wie man auf den Gedanken gekommen sei, sich für eigne und fremde Leiden so sehr zu interessieren, daß man Berichte abfasse, Versammlungen anberaume usw. Da der Redner als ein sehr geistreicher und gelehrter Mann bekannt war, so mußte sich den Arbeitern und einigen andern Leuten bei dieser zweimaligen Schamlosigkeit doch der Gedanke aufdrängen, daß der Wunsch des Redners eben nur aus vollendeter Schamlosigkeit entsprungen sei; daß er zu den Gesellen gehörte, die es gar nicht begreifen können, wie ein Arbeiter so frech sein kann, seine Leiden aufzudecken, sich zu beschweren, ja zu murren!

Es verbreitete sich daher über der Stirn mancher Anwesenden eine kleine Wolke der Verlegenheit, die bald dadurch verscheucht wurde, daß der ehrliche George White seinen wachsenden Zorn unterdrückte und den vornehmen Pinsel in einigen kräftigen, aber höflichen Worten zurechtsetzte. Die Niederträchtigkeit dieses Menschen war indes doch zu eklatant. An der linken Seite des Saales saßen 40 Arbeiter, – zur Hälfte bleich und ausgemergelt, Gram in den Zügen, die Verzweiflung in den Augen, die vielleicht noch die letzte Nacht auf faulem Stroh geschlafen – in dem Kohlenloch der Victoria-Straße – und dieser Pinsel, der ihnen vor der Nase stand, der in jeder Fratze ein Buch Hiob aufgeschlagen sah, konnte noch fragen, wie man auf den Gedanken gekommen sei, die Not von 10, 40, 50 Tausend Menschen in einer Stadt ans Licht heraufzuziehen!

Einige junge Leute wollten sich daher mit den Auseinandersetzungen des Sekretärs auch nicht zufriedengeben, und einer wagte es sogar zu behaupten, daß man hier nichts anderes zu tun habe, als Mittel zur Abhilfe des Elends vorzuschlagen, und da jedenfalls alle zu erwartenden Beisteuern der besitzenden Klasse wie alle Erleichterungen des Gouvernements nicht hinreichen würden, die Kloaken auszutrocknen, den Kohlendampf abzuschaffen, die Wohnungen der Arbeiter umzubauen und diese auf Rosen statt auf faules Stroh zu betten, so schlage er vor, den untern, von den arbeitenden Klassen bewohnten Stadtbettel in Brand zu stecken – – –

Man hat mir später erzählt, daß ich selbst diesen Vorschlag machte. – Die Lage der Wollkämmer in Bradford ist noch immer dieselbe.

(Teilweise unter dem Titel "Proletarier in England" in "Rheinische Jahrbücher", Bd. 1, Darmstadt: Leske 1845, S. 309–326 veröffentlicht. Andere Teile zum erstenmal im "Gesellschaftsspiegel", Bd. 1, Elberfeld: Bädeker 1845, S. 163–167 gedruckt; hier: Kapitel VII der "Skizzen aus dem sozialen und politischen Leben der Briten".)

DAS BLUMENFEST DER ENGLISCHEN ARBEITER

Die alte Turmglocke rief eben mit vernehmlicher Stimme, daß es 8 Uhr sei, und die sinkende Sonne setzte hinzu: »8 Uhr abends« – da klopfte es recht tüchtig an meine Tür, und herein trat Freund Jackson.

Ein stattlicher Mann, etwa vierzig oder fünfundvierzig Jahre alt. Er trug ungeheuer große Schuhe, mit Nägeln beschlagen, die Sohle einen Zoll dick. Ferner weiße baumwollene Strümpfe, die bis ans Knie reichten und sich dort in einer braunen Manchesterhose verliefen.

Die grüne Weste stand ihm vortrefflich, noch besser aber der schon etwas abgetragene schwarze Frack, mit einer roten Tulpe im Knopfloch. Jackson behielt den Hut auf dem Kopf und die Hände in den Hosentaschen.

»Trinkt Ihr gerne Punsch?« fragte er mich; und »liebt Ihr die Blumen?« und »wollt Ihr mit in die ›Alte Hammelsschulter‹ gehen?« – Die »Alte Hammelsschulter« ist aber eine Schenke am Abhange des nächsten Hügels.

Zu allem war ich bereit, und rasch eilten wir die Gassen hinunter. Um 8 Uhr abends auf den Gassen – in einer Fabrikstadt!

Da kann man vielerlei sehen.

Rechts und links öffnen sich die großen Türen der Magazine, der Werkstätten, der Fabriken, und in einem Augenblick sind die sonst so stillen Straßen voll von heimkehrenden Arbeitern. Man denke sich aber keine lustige Menge, die nach geschehener Arbeit jubelnd ins Freie stürzt, gleich einer Bande ausgelassener Jungen, die, der Schule und dem Stock des Magisters entlaufen, hurtig der Freude den Zügel schießen läßt – nein, die

Knaben und Mädchen der Fabriken schleichen stumm und traurig ihrer Freiheit entgegen, denn ein Tag der angestrengtesten Arbeit hat ihre Füße gelähmt, ihre Arme zerschlagen, ihren Sinn verwirrt, und wie ein Alp reitet die Müdigkeit auf ihren armen Seelen. – Und nun die Männer und Frauen! Tiefer Ernst liegt auf ihren Gesichtern; und die Gesichter sind dunkel, schmutzig; nur hin und wieder hat ein voller, schwerer Schweißtropfen, der über Stirn und Wange rieselte, eine weiße Straße in das staubige Antlitz gefurcht. Die Männer sprechen miteinander, – keiner sieht den andern dabei an –, die Köpfe sind gesenkt, und die Augen starren auf das Pflaster der Gassen.

So wandern sie vorwärts. Vielleicht werfen sie einen Blick auf die Pracht der Kaufläden, in denen eben beim Glanz von tausend Lichtern alle Wunder der Industrie zu schimmern anfangen. O die prächtigen Tücher! Die feinen Spitzen, die schweren Atlasstoffe! Wie das flimmert und blitzt! Und dort die goldenen Uhren, die silbernen Schüsseln und die weichen Sessel, und drei Schritte weiter: wie es dort dampft und duftet! Da nicken die gebratenen Tauben zum Fenster hinaus, und rechts und links freundliche Rinderkeulen und Enten und ander verstorbenes Federvieh bescheiden im Hintergrund, in reizenden Gruppen. O schmackhafte Welt! O du zerlumpter, hungriger Arbeiter! – Rasch schreitest du vorüber. Die seidenen Tücher wehen – nur nicht für dich. Die Schüsseln blitzen – nur nicht für dich! Und Tücher und Schüsseln hast du doch selbst geschaffen – und einer gebratenen Ente ist es einerlei, ob sie im Magen eines Schurken oder eines ehrlichen Mannes begraben wird.

Dort an der Straßenecke stockt plötzlich der Zug der Vorübergehenden. Die Vordern bleiben stehen; die Folgenden müssen ebenfalls halten, und bald stehen Männer, Weiber und Kinder in einem dichten Haufen zusammen.

Aller Augen richten sich nach einem Anschlagzettel, der von der Wand des nächsten Gebäudes herunterhängt.

Es wird sehr still in dem ganzen Kreise. Da, mit einem Male entsteht ein Murmeln. Der größte Teil der Arbeiter kann nicht lesen – die Gelehrteren teilen ihren Kameraden daher den Inhalt des Plakats mit. Das Murmeln wird immer lauter; Männer und Kinder sprechen durcheinander, die Weiber flüstern und machen bedenkliche Gesichter. Manche der Lauschenden setzen ihre Töpfe oder Körbe, in denen sie das Mittagessen, den Tee oder Kaffee mit sich führten, zur Erde; und hin und wieder ballt sich eine kräftige Hand zur drohenden Faust; – auch die Augen werden lebendiger – sie blitzen, sie leuchten –, man sieht, die Leidenschaft zieht plötzlich in jede Brust ein, – spät am Abend setzt sie die Geister jener Müden noch einmal in Flammen. –

Wehe, wenn diese Geister erst zu vollem Bewußtsein erwachen! Es rollt ein düsterer Fluch von Mund zu Mund, – dann ein Lachen – Zorn und Spott zuckt durch die bleichsten, die ältesten Gesichter – der Haufe stiebt auseinander. Wovon sprach wohl jener Anschlagzettel? –

Jackson machte ganz gewaltige Schritte. In Zeit von zehn Minuten hatten wir schon die dumpfige Stadt hinter uns. Die dumpfige Stadt! Ewig eingehüllt in den dichtesten Kohlendampf, so daß man eine halbe Meile vor den ersten Häusern auch kein Dach bemerkt.

Nur am Sonntag wird es plötzlich hell, oben über der Stadt; aber nicht in den hunderttausend Köpfen da unten! –

An jenem Abend aber, der kein Sonntagabend war, spien ein paar hundert schlanke Fabrikschornsteine ihren letzten Rauch gen Himmel. Wir konnten daher schon von der Hälfte des Hügels aus fast kein Haus unten im Tale unterscheiden. Unten totale Finsternis, oben auf den Hügeln aber der herrlichste Abend!

Das Grün der Felder leuchtete in den letzten Strahlen der Sonne, in den Büschen wurden die Vögel noch einmal lebendig; – dazu stürzten sich die Bäche rauschend in die Tiefe hinab und blitzten und funkelten, daß meinem Freund Jackson vor lauter Lust und Vergnügen die Augen schier übergingen – ach, und der große Yorkshireman fing an zu singen, plötzlich, und brüllte – O Jackson! Da standen wir vor der Schenke »Zur alten Hammelsschulter«. In dieser Schenke hielten die Arbeiter eines gewissen Bezirkes der Grafschaft York ihr erstes diesjähriges Blumenfest.

Mit diesen Blumenfesten verhält es sich aber folgendermaßen.

Jeder Arbeiter, der aus dem Schmutz der Städte, aus dem Rauch der Fabriken, aus dem Dunst der Branntweinstuben – aber auch aus den Wogen einer Volksversammlung, aus der Wut einer Emeute den zarten Sinn, die Liebe zu einer Blume rettete, sucht entweder neben seiner Wohnung oder in dem Garten irgendeines Freundes einen kleinen Platz, den er sorgfältig mit Hacke und Spaten bearbeitet, den er noch sorgfältiger düngt, den er mit Latten und Stöcken gegen alles Ungemach zu schützen sucht und dem er seinen teuer erkauften Blumensamen, seine Tulpen- oder Hyazinthenzwiebel anvertraut.

Kommt dann der Frühling heran, so verständigen sich diese blumenliebenden Arbeiter über einen Tag, an dem sie sich gegenseitig mit dem Resultat ihrer Gartenkunst bekannt machen wollen. Für die erste Zusammenkunft wird gewöhnlich die Tulpe bestimmt, für die zweite die Ranunkel, für die dritte und letzte die Aster und Georgine. Außerdem zahlt jeder einen Schilling in eine gemeinschaftliche Kasse, aus der die vorkommenden Kosten wie Miete des Saales, worin die Blumen ausgestellt werden, Honorar für die Blumenrichter und andere Sachen bestritten werden. Den Rest des Geldes verwendet man zum Ankauf eines Geschenkes für denjenigen, der die schönste Blume aufzuweisen hat. Diese Blumenausstellungen oder Blumenfeste werden in vielen Teilen Englands, namentlich aber in den nördlichen Provinzen jährlich dreimal von den Arbeitern gehalten. Sie stehen unter keiner höhern Protektion. Diese Blumenliebhaberei hat sich rein aus dem Volke entwickelt. Die Bourgeoisie weiß wie von so vielen andern Dingen nichts, so auch nichts von dieser poetischen Leidenschaft der Arbeiter. Wie könnte es auch einem respektablen Mann einfallen, sich in die »Alte Hammelsschulter« zu verirren!

In dieser Schenke hatte man einen Saal oben im Hause für den Tag gemietet. Das Zimmer war voller Menschen. Aber welche Menschen! Prächtige Kerle, in Schmutz, Staub und Lumpen gewickelt, und dann ein gewaschenes Gesicht – und jetzt ein neuer Hut auf einem unternehmenden Kopfe und weiter ein paar Lenden und ein paar Fäuste und eine Brust, ein Schädel – ein Bursche, der dreißig Mann hintereinander niederboxen würde; aber auch recht verkommene Gesellen reckten sich in die Höhe; Leute, an denen die Not schon lange Zeit still genagt hatte, die vielleicht eben erst gesenkten Hauptes aus den Fabriken schlichen, wo sie zwölf Stunden gearbeitet, wo ihnen zwölf Stunden lang eine rasselnde Maschine das Jubellied der Industrie gesungen, und den eignen Grabgesang.

Mochte der Staub ihrer Kleider, mochte die Furche auf mancher Stirn verraten, daß die ganze Gesellschaft dieser Blumengenossen eben nur Sklaven, arme Teufel, Gassenbuben und Lumpen waren, – in dem Benehmen eines jeden, in der Art, wie sie miteinander sprachen, wie sie mir, dem Fremden, entgegentraten und mich bald freundlich, bald keck und herausfordernd anschauten, lag doch der Ausdruck jenes Bewußtseins, das einen Mann inmitten des gräßlichsten, aber unverschuldeten Elends, inmitten der tiefsten Verworfenheit trotz Staub und Fetzen zu einem Helden stempelt, jenes Bewußtsein der guten Fäuste, des guten Rechts und des unerschütterlichen Willens! – Und sind das nicht Helden, die vierzig, fünfzig, sechzig Jahre leben wie englische Arbeiter! Oh, wer beschreibt die Langmut des Volkes!

Unsre Blumengenossen lagen aber wie die lieben Heiden auf den Bänken herum; wer einen Rock besaß, hatte ihn ausgezogen und an die Wand gehängt, jeder hielt eine irdene Pfeife im Munde und trug das Seinige dazu bei, den erschrecklichsten Kellergestank, der durch den Saal wogte, noch mehr zu befördern und zu verdichten. In der Mitte des Zimmers stand ein großer Tisch, auf dem in vielen kleinen Gläsern die herrlichsten Tulpen prangten, denn die Tulpe war es, welche man an jenem Tage in die Schranken führte. Es waren schöne Blumen, die in den Gläsern standen. Zuerst die einfarbigen, dann die gesprenkelten, hierauf die gestreiften und endlich einige Exemplare, die von der Natur mit ausnahmsweise sonderbaren Reizen ausgestattet waren. Ich hatte mich kaum mit all diesen Herrlichkeiten bekannt gemacht, als sich sämtliche Zuschauer von dem Tische entfernten und ebenfalls ihren Platz auf den Bänken im Hintergrunde des Zimmers einnahmen. Der größere Teil der Gesellschaft schien dort den weitern Verlauf des Festes schon seit längerer Zeit ängstlich abzuwarten. – –

Der Augenblick der Entscheidung rückte heran; dann, als alles niedersaß und bald um den Tisch herum ein freier Raum war, öffnete man rechts und links die Türen des Saales, und herein spazierten würdig und freundlich die zwei höchsten Blumenautoritäten, die zwei berühmtesten Blumenkenner und -richter der Grafschaft York.

Ein Scharren, Murmeln, ein »Oh« und ein »Ah« der Gesellschaft, kurz, ein Getöse, das, zu dem sonderbarlichsten Wohllaut anschwellend, sich nur langsam in melodischen Kadenzen wieder verlor, zeigte hinreichend, wie sehr man die Gegenwart jener zwei ausgezeichneten Männer zu würdigen wisse. – Die Blumenrichter näherten sich dem Tulpentische. Ich meine, ich sähe die beiden Herren noch jetzt vor mir stehen. Der eine erfreute sich einer unendlich langen, dünnen Figur; ein kompletter Spazierstock, oben mit einem dicken Kopf darauf! – Seine rote Nase leuchtete im Abendlichte, das durch die Fenster schaute; seine Hände saßen wie festgewachsen in den Hosentaschen, und die Beine schlenkerten durch den Saal, als ob sie die größeste Lust verspürten, sich jeden Augenblick von ihrem Eigentümer zu entfernen. Er stolperte den Tulpen entgegen, die alle seine Aufmerksamkeit in Anspruch zu nehmen schienen, denn kein Gruß klang von seinen Lippen, als er ins Zimmer trat; er schien die ganze Versammlung gar nicht einmal zu bemerken; auch hielt er die Augen fest geschlossen, und nur ein lustiges Blinzeln und Blitzen, das durch die buschigen Wimpern brach, zeigte deutlich, daß ein enthusiastischer Kerl herantaumelte.

Soll ich nun die Kleidung des Mannes schildern, so muß ich gestehen, daß sein Rock erschrecklich zerrissen war, daß seine Hose in früheren Jahren einmal ganz, seine Schuhe einmal erträglich gewesen, jetzt aber den Weg alles Irdischen zu wandern schienen; daß ferner das liebe Tageslicht sich in aller Glorie durch die Löcher des Hutrandes drängte, daß aber das Hemd des großen Blumenrichters blendend weiß war und aus den Brustfalten einen frischen Blumenstrauß hervorschauen ließ.

Die ganze Erscheinung hatte etwas Lumpig-Geniales, etwas Rührend-Lächerliches, was den Griffel eines Hogarth, eines Cruikshank, eines Hasenclever[1] sofort in Bewegung gesetzt haben würde. »Seht Ihr«, sagte Jackson und klopfte auf meine Schulter, »das ist so ein Erzblumennarr. Ich habe freilich auch einen kleinen Hieb von dieser Liebhaberei und hänge im Frühjahr, wenn das Gras wieder aus dem Boden schaut, gewöhnlich mein eigentliches Geschäft an den Nagel, um Botanik zu treiben, das heißt: ich höre auf, Wolle zu kämmen, und werde ein Gärtner, – aber so weit wie dieser Herr Richter habe ich es nie gebracht.

Meine Blumenliebhaberei bringt mir auch noch Geld ein; denn verdiene ich auch nicht soviel damit wie mit dem Wollkämmen, so habe ich doch wenigstens meinen Tagelohn, und der Aufenthalt im Grünen und die große Freude, welche mir die kleinste Pflanze macht, entschädigen mich so reichlich, daß ich gern mit allem zufrieden bin. Dieser Herr Richter, das versichere ich Euch, treibt aber den Blumenspektakel aus den uneigennützigsten Absichten.

Diesem Manne ist es nicht um Geld zu tun, nein, es ist reine Liebe zu den kleinen, lieblichen Dingern, die man Blumen nennt; es ist das Entzücken über die erste junge Blüte, was ihm mit unwiderstehlicher Gewalt das Werkzeug aus den Händen zieht und ihn hinaustreibt in die Felder, wo er oft tagelang umherirrt, bis ihn der Hunger wieder nach Hause zwingt. Oft verläßt er schon im Anfang April seine Wohnung und läuft auf die nächsten Dörfer. Gott weiß, wie er sich durchschlägt, denn Geld hat er nie bei sich. Aber die Bauern kennen ihn und lassen ihn die Nacht in irgendeiner Ecke schlafen; manchmal können sie auch seine Blumenkenntnisse benutzen und geben ihm dann zu essen und zu trinken.

So taumelt er weiter von Feld zu Feld, von Garten zu Garten. Einer von

1 William Hogarth (1697–1764), englischer Maler und Gesellschaftskritiker; Johann Peter Hasenclever (1810–1853), Düsseldorfer Maler; George Cruikshank (1792–1878), englischer Karikaturist.

unsern Leuten fand ihn vorgestern bei Halifax hinter einer Hecke und brachte ihn natürlich hierher; denn auf sein Urteil kann man sich verlassen; er ist ein weiser, angesehener Mann, und wir geben ihm viel zu essen und 18 Pence per Tag extra.« –

Dann machte mich Jackson auf den zweiten Blumenrichter aufmerksam. Er war von dem ersten, länglichen sehr verschieden; denn er war ein Grobschmied, groß und breit, wie fast alle Leute seines Zeichens. Auch in seiner Kleidung übertraf er den Herrn Kollegen bei weitem, denn er war von oben bis unten fein schwarz wie ein Pastor angezogen, er trug sehr reine Wäsche und weiße baumwollene Handschuhe, dazu war sein Gesicht sorgfältig von Staub und Ruß gesäubert, und auf dem glattgestrichenen stahlgrauen Haar saß in schiefer Richtung ein kleiner Hut mit sehr schmalem Rande. Wenn man den Mann zuerst sah und hörte, daß er ein Grobschmied sei, so mußte man unwillkürlich voraussetzen, daß er sich in seinem feinen Gewande nicht wohlfühlen könne und daß namentlich die riesigen Arme und die großen Hände wohl besser mit Hammer und Amboß umzugehen wüßten als mit zarten Tulpen, Rosen und Aurikeln. Wie erstaunte ich aber, als die gewaltige Figur des sinnigen Grobschmieds plötzlich in die lebendigste und artigste Bewegung geriet, als er in den gewähltesten Ausdrücken und mit einer bald lispelnden, bald volltönenden Stimme der Versammlung erklärte, daß jene rote Tulpe »Diana« sich dieses Jahr ausnehmend schön entwickelt habe, – daß die gesprenkelte »Amsterdam« beinah die gestreifte Schwester »Antwerpen« an Lieblichkeit übertreffe und die blaßgelbe »Desdemona« mit der rotpunktierten »Hochland Mary« dieses Jahr kühn in die Schranken treten könne.

Dazu gestikulierte er mit einer Anmut und bewegte das feiste Unterkinn, indem er es bald tief in das Halstuch zurückzog, bald graziös darüber hin agierte, mit so vielem Ausdruck, daß Freund Jackson mir ein über das andere Mal versicherte, dieser Grobschmied sei ein ganz verdammt netter Kerl. –

Beide Blumenrichter waren indes damit beschäftigt, sämtliche Tulpen noch einmal zu überschauen. Schon am Nachmittage hatten sie einzeln die Ausstellung prüfen müssen, und es kam jetzt nur noch darauf an, daß sie sich über die schönste Tulpe miteinander verständigten. Dies mußte in Gegenwart der ganzen Gesellschaft geschehen. Nachdem die beiden Richter sich daher voreinander verneigt und sich feierlich begrüßt hatten, nahm der erste, längliche das Wort.

Gerne führte ich jene wunderbare Blumenrede hier wörtlich an; aber wie soll ich damit zustande kommen? Wie soll ich jenen breiten, höchst komischen Yorkshire-Dialekt im Deutschen wiedergeben, und wie könnte es mir vor allen Dingen einfallen, jenen Zauber nachahmen zu wollen, der wie ein rätselhafter Blütenstaub auf jedem Worte des phantastischsten aller Blumennarren lag? Genug, der große Richter, steif dastehend, mit geschlossenen Augen und nur bisweilen verstohlen blinzelnd, sprach eine Viertelstunde lang, sprach von dem Herannahen des Frühlings, von rauschenden Linden, von duftenden Rosen, bis man zuletzt nicht anders meinte, als mitten in einer prächtigen Laube zu sitzen, auf dem Gipfel der lustigsten Terrassen, die von Wein und Efeu umrankt hoch über lachenden Gärten schwebten; als raunten einem sämtliche Büsche und Bäume ganz verzweifelt komische Geschichten ins Ohr und als müßte man zuletzt laut aufjauchzen vor lauter Spaß und – laut jauchzte auch die ganze Gesellschaft auf, als der Richter endlich mit einigen mystisch gemurmelten Worten seine Rede schloß und die blaßgelbe »Desdemona« für die schönste Tulpe des Jahrhunderts erklärte.

Überwältigt von dem Glanz seiner eignen Rede sank der dünne Blumenrichter erschöpft auf die nächste Bank, die Arme schlüpften wieder in die Hosentaschen, – die kleinen blitzenden Augen schauten aber unverwandt nach der blaßgelben »Desdemona«, der schönsten Tulpe des Jahrhunderts.

Jetzt trat auch der zweite Richter, der Grobschmied, in den Vordergrund des Saales. Er räusperte sich dreimal, zog das feiste Unterkinn dreimal hinter das Halstuch und machte dann noch drei Bewegungen mit dem gewaltigen Haupte, als folge er dem Takt einer in der Ferne verklingenden Melodie.

Als dies geschehen, zog er das Antlitz in sehr ernste Falten und sprach im Baß: »Well!« – »Wohl!«

»Geliebte Freunde! Schmerzlich berührt es mich, daß mein teurer Herr Kollege, dessen meisterhafte Rede uns noch soeben mit dem höchsten Entzücken erfüllte, mit seiner Wahl auf die zwar sehr vollkommene, aber doch nicht untadelige blaßgelbe ›Desdemona‹ gefallen ist. – Ich beuge mich vor den großen Kenntnissen meines Gegners, vor seiner tiefen Einsicht in das stille, wunderbare Leben der Pflanzenwelt und muß gestehen, daß es wohl niemand in ganz Alt-England gibt, der mit einer gleich innigen Liebe die holdesten Töchter der Natur umfaßt und besser mit all ihren Reizen vertraut ist als mein geehrter Herr Kollege. – (Allgemeine Sensation und »hört! hört!«) – Ich kann es daher auch nur seiner stürmischen Begeisterung, die ihn hingerissen und ihn, den sonst so Urteilsfesten, aus dem Sattel geworfen hat – ich kann es nur seiner zu großen Liebe zuschreiben, daß er gleich einem Blinden an dem wahrhaft wahrhaftigen ersten und einzigen Tulpenjuwel vorübergegangen ist, ohne erschrocken stehenzubleiben und auszurufen: O ›Trafalgar‹, Sieg und aber Sieg! ›Trafalgar‹, du bist die erhabenste unter den Tulpen! – (Allgemeine Aufregung, »hört! hört!«) – Freunde, meine Freunde!« – und da griff der Grobschmied in die Mitte des Tulpentisches und zog eine braune, sehr stattliche Tulpe mit roten Flammen hervor – »Seht hier, ›Trafalgar‹! Die lieblichste Blume, so je die Sonne Englands *gezeitigt*!«

Der Grobschmied hob sein Tulpenjuwel hoch empor. Die ganze Gesellschaft sprang von ihren Sitzen, und alles drängte sich herzu, um das Wunder zu beschauen. – Sonderbarerweise schien die Wahl des Richters aber gar keinen Anklang zu finden. Eine braune Tulpe mit roten Flammen, das war ja etwas sehr Gewöhnliches. Viele Gesichter der Umherstehenden wurden lang und länger und mürrisch, und man murrte wirklich, und einige lachten, und andere spotteten, und das Antlitz des ersten, dünnen Richters, der die »Desdemona« auf den Schild erhoben, bekam plötzlich einen sehr todesverächtlichen, grinsenden Ausdruck, auf dem man deutlich lesen konnte, daß es dem Herrn Richter vielleicht nicht unangenehm sein würde, wenn der Grobschmied plötzlich eine sehr entschiedene Niederlage in der öffentlichen Meinung erlitte.

Der Grobschmied, seines Sieges gewiß, ließ sich aber von alledem nicht irremachen, sondern fuhr fort: »Das Schöne blüht manchmal im Verborgenen. Töricht wäre es, sich stets an die äußere Erscheinung der Dinge zu halten. Man forsche nach, – da werden sich erst die rechten Wunder den Sinnen erschließen! Und so, mein geehrter Herr Kollege« – da wandte sich der Grobschmied an den langen Richter –, »werdet Ihr freilich äußerlich nichts Vortreffliches an dieser Tulpe entdecken; habt aber jetzt einmal die Güte, Eure ehrenwerte Nase mit meiner ›Trafalgar‹ in Berührung zu bringen und mir aufrichtig zu gestehen, ob nicht ein gewisses Etwas Euch sofort die süßeste Empfindung verursacht. Tretet näher!«

Der lange Blumenrichter folgte der Einladung des Grobschmieds. Ein ungläubiger Thomas, schwankte er aber nur sehr langsam heran, und erst, als man ihn noch mehrere Male ersucht hatte, bog er den langen Oberkörper weit vornüber, so daß seine Figur einen vollkommenen rechten Winkel bildete und endlich seine rote Nase mit der rotgeflammten Tulpe Bekanntschaft machte. Die umherstehenden Blumenfreunde, welche recht gut wußten, daß die Tulpe zwar ein Schmaus für das Auge, keineswegs aber für die Nase ist, konnten den ganzen Vorfall nicht recht begreifen; sie stellten sich in einen dichten Kreis um die zwei Blumenrichter und warteten ängstlich auf den Ausgang der Geschichte. Einige Sekunden lang herrschte rings im Saale die tiefste Stille. Da hob sich der lange Blumenrichter endlich feierlich empor, drehte sich rings im Kreise herum – eine Träne rollte durch die halbgeschlossenen Augenwimpern –, und mit zitternder Stimme lispelte er: »Veilchenduft!«

Jawohl, Veilchenduft. – Die Tulpe »Trafalgar«, unscheinbar von außen, beherbergte den süßen Duft eines Veilchens in ihrem Kelche. Dieses Ereignis, dieser Zufall setzte die Blumengesellschaft in nicht geringes Erstaunen. »Veilchenduft! Veilchenduft!« tönte es von allen Seiten, und in demselben Augenblicke war man darüber einig, daß der Tulpe »Trafalgar« der Preis gebühre. Alle Anwesenden, welche sich während der letzten halben Stunde sehr ruhig verhalten hatten, ließen nun ihrer Lustigkeit freien Lauf.

Der Grobschmied freute sich, daß er die duftende Tulpe aus einer so großen Menge herausgefunden hatte; die Blumenfreunde waren sehr damit zufrieden, daß endlich die Debatten vorüber und daß man sich jetzt dem mehr substantiellen Teil des Festes näherte; der lange Blumenrichter aber geriet über das seltsame Tulpenereignis in eine solche Gemütsstimmung, daß er wie von Taranteln gestochen im Zimmer umhertanzte. Der Glücklichste von allen blieb indes mein Freund Jackson, da er der Aussteller der Tulpe »Trafalgar« war und somit den diesjährigen Preis für die schönste Blume erhielt. – Dieser Preis war aber ein großer kupferner Kessel!

Die Sonne hatte sich inzwischen davongemacht; ein zartblauer Nebel flutete über die Berge. Da kam die Nacht, und im Saale der Blumenfreunde mußte man die Kerzen auf zwei alten Kronleuchtern anzünden. Als dann die Tulpen an die Frauen und Töchter der Anwesenden verschenkt und die

Tische näher zusammengerückt waren, eröffnete der Kassaführer der Gesellschaft, daß nach Abzug aller gehabten Kosten noch soundso viel Münze vorrätig sei, die nach seiner bescheidenen Meinung nicht besser verwandt werden könne, als wenn man dafür einen kleinen Punsch bereiten lasse und diesen in dem neuen Kessel des allgemeinen Freundes und Siegers Jackson auf den Tisch bringe.

Diese Proposition wurde natürlich mit großer Stimmenmehrheit angenommen.

Man setzte sechs Gläser auf den Tisch, die stets aufs neue mit dem dampfenden Getränk gefüllt wurden und gleich der Reihe nach ausgetrunken werden mußten. Als die Reihe etwa zum zehntenmal an mich kam, flüsterte mir Jackson ins Ohr, es sei jetzt wohl Zeit, daß er mich an die frische Luft setze; und da ich nichts dagegen hatte, so war ich bald auf dem Heimweg.

In der Schenke »Zur alten Hammelsschulter« öffnete man aber die Fenster, denn die Nacht war gar zu köstlich. Die Sterne funkelten so lustig, als freuten sie sich über die armen, kleinen Menschen da unten auf der Erde, über die Arbeiter in Yorkshire, die trotz aller Tyrannei dennoch so herrliche poetische Feste feiern.

Jawohl, poetische Feste! – Denn ist ein Blumenfest englischer Arbeiter auch nicht der Feier ähnlich, die jährlich die französische Jugend zum Andenken an Clémence Isaure[2] veranstaltet, wo es silberne Lorbeerkränze, Becher und andere Kostbarkeiten regnet und wo mancher Poet seine klingendsten Sonette singt, so ist das viel einfachere Blumenfest doch von um so viel größerer Bedeutung, weil es ohne allen äußern Anlaß aus dem Volke entsprungen ist. Darin liegt denn auch ein Beweis, daß der Arbeiter neben seiner politischen Entwicklung noch einen Schatz von warmer Liebe für die Natur in seinem Herzen bewahrt hat, eine Liebe, welche die Quelle aller Poesie ist und die ihn einst in den Stand setzen wird, eine frische Literatur, eine neue gewaltige Kunst durch die Welt zu führen. –[3]

(Erstdruck: "Gesellschaftsspiegel", Bd. 1, Elberfeld: Bädeker 1845, S. 180–187; hier: Kapitel VIII der "Skizzen aus dem sozialen und politischen Leben der Briten".)

2 Isaure veranstaltete im 16. Jahrhundert erstmals die Blumenspiele von Toulouse.
3 Im "Gesellschaftsspiegel" noch folgender Schlußabsatz:
Die ersten Anfänge dieser poetisch-künstlerischen Entwicklung der englischen Arbeiter sind bereits gemacht. So hatte mein Freund Jackson, der Wollkämmer, in großen Schuhen, mit der braunen Manchesterhose und der roten Tulpe im Knopfloch des schwarzen Fracks, der im Jahre 1839 als Chartist von der Rednertribüne herunterdonnerte und sich später durch seine Streitschrift gegen O'Connor auszeichnete, auch das diesjährige Blumenfest der Arbeiter in einem Gedicht verherrlicht, das sich an einfacher Schönheit mit dem vollkommensten unsrer deutschen Lyrik messen kann.

GESCHICHTE DER CHARTISTEN VON 1832 BIS 1848

FEARGUS O'CONNOR

Im vorigen Kapitel[1] erzählte uns der alte Jackson die Bewegung der britischen Volkspartei von dem Ende des vorigen Jahrhunderts an bis zum Passieren der Reform Bill[2].

Der Name, welcher diesen Abschnitt schmückt, wird meinen Lesern sofort zeigen, daß ich in ihm die aus der Bewegung der alten Radical Reformers hervorgegangene Partei der Chartisten zu schildern gedenke.

Wenn ich dem Irländer Feargus O'Connor dieses Kapitel widme, so geschieht es nicht, weil ich mit allen seinen Ansichten einverstanden bin, sondern nur deswegen, weil ich in ihm einen Mann verehre, der sich durch seine Rechtlichkeit, durch seine Unerschrockenheit und durch seinen eisernen Fleiß verdienter um die Sache des Volkes als tausend andere gemacht hat. Rechtlichkeit, Unerschrockenheit und Fleiß, das ist, was ihn zum Abgott des englischen Volkes erhob, was ihm seine Stellung als Parteichef sicherte und ihm vielleicht noch lange erhalten wird. Manche seiner Kollegen überragen ihn an Verstand, an Witz, an glänzender Beredsamkeit – keiner kommt ihm gleich an jenen schönsten und wichtigsten Eigenschaften eines Agitators.

Man kann ihn angreifen, man kann ihn treten, man kann ihn mißhandeln, man kann es klar und deutlich machen, daß er manchmal ein Dummkopf war, daß er tausend und aber tausend Trivialitäten und Lächerlichkeiten beging, daß er oft mehr schadete als nutzte, daß es zu Zeiten besser gewesen wäre, wenn ihn der Teufel geholt hätte mit Haut und Haar, man könnte, wenn man alles dieses nachwiese, wirklich für einen Augenblick seinen Ruf untergraben, ihn in der Liebe des Volkes zum Wanken bringen und seinen Sturz fast bis zur Gewißheit machen – aber auch nur für einen Moment, nur scheinbar würde dies gelingen, denn gleich darauf würde er auch wieder siegreich erstehen, gleich darauf wieder lustiger als je auf die Beine springen, das Banner der Partei über den Köpfen seiner Feinde entrollend, aufs neue reich an Einfluß, an Gewalt und bewundert von Millionen.

Leicht ist es, das Rätsel der Existenz dieses Mannes zu lösen, wenn man ihn gesehen, wenn man ihn gehört hat, wenn man nur ein einziges Jahr lang seinen Schritten und Tritten folgte. Unwiderstehlich drängt sich dann die Überzeugung auf, daß er nicht nur durch seine Rechtlichkeit, durch seine Unerschrockenheit und durch seinen Fleiß emporkommen und imponieren konnte, sondern daß er auch gerade durch seine weniger guten Eigenschaften, durch seine häufige Borniertheit, durch seinen blinden Enthusiasmus, durch seinen heinebüchenen und nur zu oft trivial werdenden Humor, trotz aller Anfechtungen einen dauernden Platz in den Herzen des Volkes erobern mußte.

1 Kapitel IX der "Skizzen aus dem sozialen und politischen Leben der Briten".
2 Parlamentsreform (1832), durch die insbesondere die Zahl der Wähler erhöht wurde.

Denn sind es nicht eben diese weniger guten Eigenschaften, welche auch die Masse, welche auch das Volk, dieser gewaltige, ungeschliffene Riese, besitzt? Gewiß! In seinem O'Connor sieht das englische Volk sich selbst. O'Connor ist das Volk in einer Person, ausgestattet mit all seinen Tugenden und behaftet mit all seinen Lastern.

Abwechselnd himmlisch weise und niederträchtig dumm; tragisch ernst und bis zum Entzücken ergötzlich; naiv und sentimental in einem Atem; manchmal fein und gewandt wie ein Franzose und plötzlich wieder grob und plump gleich einem Shakespeareschen Stallknecht; zutraulich schmeichelnd wie ein kleines Mädchen und wiederum stolz und despotisch wie ein römischer Imperator; von Liebe lispelnd wie Heine und Hafis und in barbarischen Zoten sich ergehend trotz Meister Franz Rabelais!

Großmütig wie ein Leu, aber auch grausam wie ein Tiger. Ebenso aufopfernd für seine Freunde als mißtrauisch gegen seine Feinde; ebenso enthusiastisch für das einmal Begriffene als widerspenstig gegen das Unverstandene; launig-poetisch und leichtsinnig in der Liebe und dem Wein wie der rechte Irländer; ökonomisch und wirtschaftlich besorgt gleich dem filzigsten Schotten; stolz, energisch und adlerkühn wie ein Engländer – alles das ist O'Connor!

Ein tolles Gemisch aller Volksleidenschaften, mit einem Charakter, in dem sich die Grundzüge des Volkes der Rose, der Distel wie des Klees widerspiegeln, ein Mensch, von dem man nicht weiß, ob man ihn mehr bewundern als achten soll, den man aber voll und feierlich anerkennen muß, da er alle Flammen seiner Seele, durch Rechtlichkeit, Unerschrockenheit und Fleiß geregelt, doch am Ende nur zum Wohle des Volkes zu benutzen strebt.

Doch noch andere Umstände sind es, welche die Aufmerksamkeit des Volkes an diesen außerordentlichen Mann heften. Außer dem Renommee, das er sich selbst schuf, liegt noch ein eigentümlicher Reiz über O'Connors Namen. Denn seinen Stammbaum leitet er zurück bis zu den fernsten, halbverschollenen Königen des grünen Erin, verwachsen ist der Name seines Hauses mit allen blutigen Ereignissen jener unglücklichen Insel, durch das Tosen einer jeden Revolte klingt der Ruf eines O'Connor; Vergangenheit und Gegenwart berühren sich in diesem Menschen; er ist ein vom Throne gestürzter König, der als kecker Proletarier wieder auferstand; ohne Leid um das Geschehene, mit allen Fasern seines Lebens wurzelnd in der Gegenwart und mit der Riesenfaust donnernd vor die Pforte der Zukunft, daß sie weit dem Volk sich erschließe, dem Volke und nur dem Volke.

Einem starken, wilden Geiste baute die Natur eine imposante und robuste Wohnung. O'Connor ist ein stattlicher Mann. Auf wohlgebildeten und gewandten Schenkeln und Lenden erhebt sich ein breitschultriger, brustgewölbter Oberkörper, der einen mehr interessanten als schönen Kopf von breiter, nach vorn stehender Stirn trägt. O'Connors Haare sind rot, seine Augen liegen tief, seine Nase ist aufgestülpt. In O'Connors Auftreten liegt Würde und Festigkeit; seine Gestikulation ist lebendig und bezeichnend, der Ton seiner Stimme kräftig, metallen. Man sieht sofort, daß er nicht in die Reihe der Gewöhnlichen gehört, man ahnt, daß etwas Wildes, Unbändiges in diesem Manne steckt, man ist davon überzeugt, daß man eine außerordentliche Rede hören wird, wenn er freudestrahlenden Auges auf die Tribüne steigt – dort ist er recht an seinem Platze!

Ich werde nie den Augenblick vergessen, als ich ihm zuerst bei einem Meeting begegnete. Die Versammlung hatte lange gewartet, der Saal war gedrängt voll. Viele der Anwesenden hatten sich schon in die Fensternischen geflüchtet, um nicht erdrückt zu werden; Frauen und Mädchen wurden auf die Stufen der Tribüne gebracht. Über dem Ganzen lag eine schwere, dumpfige Atmosphäre. Die Lichter der Ampeln warfen einen trüben Schein auf die Gesichter von etwa anderthalbtausend Arbeitern. Rings herrschte eine unheimliche Stille. Wie einem Gewitter sah man dem Erscheinen O'Connors ernst und bang entgegen.

Da entstand plötzlich vor der Tür ein wildes Spektakel; im Vordergrunde des Saales wogte es toll durcheinander; die Leute drehten sich rechts und links, man bekam Rippenstöße in Menge, und unwillkürlich wurde man nach der Richtung fortgezogen, von der der Lärm ausging. O'Connor hatte die Schwelle des Saales betreten.

Von mehreren Freunden begleitet, brach er sich Bahn durch die Menge, vielen die Hände schüttelnd, manche bei Namen rufend, alle herzlich grüßend, wie ein heimkehrender Vater seine Kinder bewillkommt, und lachend und scherzend immer vorwärtsdringend bis zum Fuß der Tribüne. »There he is, there he is!« (Da ist er, da ist er!) klang es von allen Lippen, und wie im Triumphe hoben ihn die Arme seiner Getreuen auf die Höhe der Plattform. Mit einer Stimme, die im Laufe der Rede mehr oder weniger ihren ersten Ton behielt und durch ihre Einförmigkeit gewissermaßen jedes Wort in das Gedächtnis der Zuhörer graben zu wollen schien, begann O'Connor seine Rede. Ich weiß nicht recht mehr alle Details derselben; ich war damals kaum des Englischen mächtig. Nur so viel ist mir erinnerlich, daß einem halbstündigen, aufmerksamen Zuhören allmählich eine sichtbare Bewegung der ganzen Masse folgte. O'Connor hatte über dieses und jenes Bericht abgestattet, und dann folgte seine Argumentation, jetzt rückte er in das Herz seines Gegenstandes vor. – Schon mehrere Male hatte er hörbarer das Brett der Tribüne mit der Rechten geschlagen, schon mehrere Male zorniger mit dem Fuße gestampft und wilder das Haupt geschüttelt. Er schickte sich an, den Angriff auf seine Feinde zu machen – die Versammlung merkte dies und ermunterte ihn durch lauteren Beifall – es war, als hätte man einen Stier mit rotem Tuche gehetzt. Da hatte der Riese sein Opfer gepackt! Die Stimme bekam einen volleren Klang, die Sätze wurden kürzer, stoßweise drangen sie aus der kochenden Brust, die Faust trommelte wilder auf den Rand der Tribüne; das Gesicht des Redners wurde blaß, seine Glieder zitterten, der Katarakt seines Zornes hatte das letzte Wehr überflutet, und hin donnerte nun die Woge der Beredsamkeit, alles vor sich niederwerfend, alles zerkrachend, zersplitternd – und ich glaube, der Mann hätte sich totgesprochen, wenn er nicht durch einen Applaus unterbrochen worden wäre, der das ganze Haus für eine Minute lang wie in eine schwingende Bewegung setzte.

Dem stürmischen Niederwerfen seines Feindes folgte das Gemetzel der Bataille. Durch einen umfassenden Bericht des früher Geschehenen hatte der Redner den Kampfplatz vorbereitet. Durch seine Argumentation organisierte er den Angriff. Die Phalanx der Beredsamkeit rannte ihren großen Sturm – jetzt lag das Opfer, und nun sollte ihm noch jedes Glied abgerissen und jedes Gelenk abgedreht werden, damit auch nicht die Spur seiner frühern Gestalt übrigbleibe.

Der Witz, der Humor, die Satire des Redners übernahmen diese Arbeit. Es war, als wenn man einen Kadaver zerrieben und zermalmt hätte. Schlag auf Schlag folgte eine Wendung, welche den sterbenden Gegner noch bis in die tiefste Seele hinein verwunden mußte; Schlag auf Schlag eine Sentenz, die ihn mit Hohn und Verdammnis bis in den Tod begleitete. Der Kopf des Redners hatte sich zwischen die Schultern zurückgezogen, seine Hände faßten krampfhaft den Rand der Tribüne, regungslos stand er so da, und nur seine Augen blitzten, nur seine Zunge zischte Gift und Galle – da war das Opfer verblutet.

Der Sieger erhob sich in seiner ganzen Größe; das Lied des Triumphes anstimmend, voll jubilierenden Hohnes. Der Argumentation, dem Feuer der Beredsamkeit und dem vernichtenden Teile des Vortrags folgte der Pomp und das Pathos der Rhetorik. Wie unter klingendem Spiele hielt dann der Redner seinen Einzug in die Herzen des Volkes, indem er, den Alten gleich, die ihre überwundenen Feinde beim Triumphzuge mit durch die Straßen der Städte schleiften, noch einmal alle beseitigten Schwierigkeiten seiner Rede samt der eignen Überlegenheit an dem Gedächtnis der Zuhörer vorüberführte, sie des fernern Gelingens ihrer Anstrengungen versichernd und der Lust einer glorreichen Zukunft.

O'Connor sprach etwa drei Stunden lang an jenem Abend. Sein Eindruck auf die Versammlung war unbeschreiblich. Mehr als einmal trockneten die Weiber, welche den Redner auf der Tribüne umringten, ihre heißen Tränen von den Wangen; mehr als einmal brachen sie in den unendlichsten Jubel aus. Auf den Gesichtern der Männer las man, was in ihren Herzen vorging, – die Stimmung des Redners spiegelte sich in ihnen wider.

Die Irländer, welche bei dem Meeting zugegen waren, kannten für ihren Enthusiasmus, wie gewöhnlich, keine Grenzen. Sie drängten sich mehrere Male durch die dichtesten Haufen, sprangen an der Tribüne hinauf und drückten O'Connors Hände. Einen Menschen, den man für einen Spion oder für einen Unruhstifter hielt, ergriff man und warf ihn über die Köpfe der Versammlung von einer Hand zur andern durch die ganze Länge des Saales, absichtliche Stöße den unwillkürlichen hinzufügend und an der Tür des Saales durch einige Fußtritte seine schnelle Abreise höchst befördernd.

Das Amt eines Agitators gehört indes nicht zu den erfreulichsten und leichtesten. Man muß eine Konstitution wie O'Connor haben, um nicht allein drei volle Stunden in einem dumpfigen Raume mit gleicher Kraft zu sprechen, sondern um auch solche Meetings wochenlang hintereinander fortsetzen zu können. O'Connor tut das eine wie das andere mit derselben Leichtigkeit. Von London aus, wo er seinen Sitz hat, unternimmt er bisweilen Streifzüge in die Fabrikdistrikte Englands und Schottlands. Die Nacht verstreicht dann nicht selten auf der Eisenbahn oder im Wagen. Am frühen Morgen hat er den Ort seiner Tätigkeit erreicht; er besucht seine Anhänger, läßt sich alles Wichtige und Unwichtige von ihnen erzählen, setzt sich dann hin und schreibt Artikel darüber für sein Journal, den »Northern Star[3]« – der Nachmittag kommt, er wird zu Ausflügen in die Umgegend verwandt; endlich wird es Abend, die Stunde des Meetings hat geschlagen; von allen Seiten nahen Zuhörer, und bald steht O'Connor auf der Tribüne. Er spricht drei oder vier Stunden lang, die Sitzung zieht sich bis tief in die Nacht hinein und wird nicht selten nach geschlossenen Debatten bei einem kleinen Mahle noch bis 3 oder 4 Uhr morgens fortgesetzt. Da springt der Unermüdliche auf; er geht zu Bett oder wirft sich wohl noch gar in einen Wagen, fährt nach dem nächsten Orte und beginnt bei Sonnenaufgang seinen neuen Tag, gerade wie er den kaum vergangenen schloß. Und so treibt er es oft vierzehn Tage lang.

In der Nummer des »Northern Star« vom 6. November 1847 gibt O'Connor die Beschreibung einer solchen Reise. Es heißt darin wörtlich: »Vor allem, meine Kinder«, so redet er häufig die Chartisten an, »laßt euch erzählen, was ich in der letzten Woche tat, damit ihr euch davon überzeugt, daß euer Vater seine Energie noch nicht verloren hat. Am Montag war ich bei dem Meeting in der ›Kran- und Ankertaverne‹ in London; die Nacht verstrich, und ich saß mit unserm Freunde Roberts auf bis um 3 Uhr morgens. Am Dienstag reiste ich nach Manchester und verteidigte mich in einem Ofen und nahm Gelder in Empfang zwischen Tür und Fenster im Zuge – genug, um jeden andern zu töten. Es dauerte bis ½2 Uhr morgens, und um 4 war ich erst im Bette. Am Mittwoch fuhr ich nach Nottingham, verteidigte mich in einem warmen Bade, nahm Gelder in Empfang bis ½12 nachts und ging erst zu Bette um ½3 Uhr morgens. Am Donnerstag ging ich wieder nach London und legte dem Direktor unsrer Bank Rechnung über alle empfangenen Gelder ab, ordnete auch alles unserm Finanzsekretär und schrieb meinen Brief an euch in der letzten Nummer des ›Star‹. Am Freitag eilte ich nach Herringsgate und verteilte die Prämien an unsre Leute und inspizierte ihre Ländereien, fuhr auch noch am Abend zurück nach London und ging am Samstag nach Minster, um unsern dortigen Freunden 25 Säcke Weizen zur Aussaat zu bringen – ein nettes Geschäft für ein englisches Parlamentsmitglied. Dies ist nun auch vorüber, und jetzt will ich euch allerlei Wichtiges mitteilen.« – So schließt er, und dann folgt ein Artikel von neun eng gedruckten Spalten, in dem er sich gegen die Angriffe der Whigs verteidigt, mit einer solchen Gewandtheit und Genauigkeit, als hätte er vier Wochen Zeit gehabt, um sich vorzubereiten. – Ich frage meine Leser, ob ein Mensch auf der weiten Welt tätiger sein kann als dieser Feargus O'Connor?

Ergötzlich ist es, die Titel zu lesen, unter denen O'Connor seine Adressen an das Volk erläßt. Da heißt es: »Meine teuern Freunde«; oder: »An meine Kinder und teuern Freunde in England«; oder: »An die alte Garde«; oder: »An die, welche in Faulheit ohne Arbeit leben, und an die, welche gern arbeiten möchten, aber hungern müssen«; oder: »An die alte Garde, die Barchent-Jacken, die schwieligen Hände und die ungeschorenen Kinnladen« (To the old Guards, the Fustian Jackets, the blistered hands, and unshorn chins).

3 Hauptorgan der Chartisten (1838 – 1852).

Die Zärtlichkeit der Chartisten gegen ihren Chef ist aber nicht weniger groß. Mehr als einmal geschah es schon, daß man den Namen desselben vollständig bei der Taufe benutzte und einen Knaben William Feargus O'Connor Thompson oder Richard Feargus O'Connor Jackson nannte, zum großen Ärger freilich der Geistlichkeit, die lieber jeden Namen des Kalenders als den des wilden Irländers gebraucht hätte.

Wie schon bemerkt, stammt O'Connor aus einer der ältesten irischen Familien. Seine Besitzungen waren nicht unbedeutend und würden ihn wie so manchen andern sorgenfrei haben leben lassen, wenn nicht die mit der höchsten Uneigennützigkeit geführte Volksagitation manche Kosten mit sich gebracht hätte, welche den Betrag seiner Revenue überstiegen. Die Güter, welche O'Connor in Irland besaß, mußten daher teilweise verkauft werden. Die Besitzungen, welche ihm blieben, verschuldeten sehr. Als Barrister-Advokat[4] hätte er natürlich das Fehlende ersetzen können, denn er verstand sich nur zu gut auf das verwickelte englische Rechtswesen, – alle übrige Beschäftigung absorbierte aber bald die den Volksinteressen gewidmete Tätigkeit, so daß endlich die Anlage eines Journals das einzige Mittel schien, um den unermüdlichen Agitator vor dem Ruin zu schützen. Dieses Volksorgan, wie man es im eigentlichsten Sinne des Wortes nennen kann, entstand im Jahre 1837 unter dem Namen »The Northern Star« und erfüllte einen doppelten Zweck, indem es nicht allein den Redakteur und den Chef der Chartistenpartei durch seine große Verbreitung pekuniär sicherstellte, sondern auch alle Angelegenheiten des Volkes in geeigneter Darstellung zusammenfaßte.

Das Verschulden der Güter O'Connors und eine Existenz, die auf täglicher Arbeit begründet waren, trugen außer der unermüdlichen Agitation dieses Mannes nicht wenig dazu bei, um ihm dauernden Einfluß bei dem Volke zu sichern; denn wenn man es auch in England gewohnt ist, daß jeder sich für jeden Dienst in barem Gelde bezahlen läßt, so gibt es doch nur zu oft zu allerlei Mißtrauen Veranlassung, wenn ein Agitator, des lieben Lebens wegen, manchmal aus seiner politischen Stellung eine Domäne machen muß. Glücklicherweise hat sich O'Connor vor dieser schiefen Position zu bewahren gewußt.

Neben seinem Fleiße und seiner hohen Rechtlichkeit brachte der Irländer indes noch eine dritte Eigenschaft mit nach England herüber. Es war dies die Unerschrockenheit eines Löwen. Wenn er durch das eine seiner Stellung die eigentliche Grundlage gab, durch das andere Freunden und Feinden Achtung einflößte, so imponierte er durch diesen dritten Hauptzug seines Charakters und machte dadurch die Fülle seiner Erscheinung vollständig.

Ein breitschultriger Riese, der die Keule ebensogut schwang, als er behend mit dem Dolche spielte, fiel er seine Feinde an; jede Rücksicht beiseiteschiebend und nur sein Ziel vor Augen; mit der Feder die tausend und aber tausend Angriffe der Presse erwidernd und mit der Kraft seiner Lunge jeden Feind niederdonnernd, der ihm auf offnem Markte oder in den Räumen des Parlaments begegnete, – ebenso unumwunden in der Wahl

4 Rechtsanwalt.

der Menschen, die er für die Sache des Volkes benutzen wollte, als rücksichtslos in der Weise, wie er sie desavouierte, sobald sie ihren Bestimmungen nicht ferner entsprachen; den ersten Lord der Pairskammer und den reichsten Fabrikanten Manchesters nicht mehr schonend als den letzten Arbeiter, der seinen Plänen zu widerstehen wagte – allen Spionen des Gouvernements, allen Bestechungsversuchen seiner Feinde und allen Verlockungen seiner falschen Freunde mit gleicher Kälte trotzend; seiner Sache getreu in dem einen Jahre wie in dem andern, auf dem Dreifuß des Redaktionsbüros, auf der Höhe der Tribüne, vor den Schranken des Gerichts oder in der Nacht des Gefängnisses. Wie Börne von Goethe, so kann man noch viel mehr von O'Connor sagen: »Wie eine Mauer stand dieser Mensch im Leben da.«

Gehen wir indes nach dieser Schilderung unsres Helden auf den Verlauf der politischen Ereignisse zurück. Im vorigen Kapitel berührten wir die Volksbewegung bis zum Passieren der Reform Bill.

Wie wir sahen, nahm diese große Maßregel alle Geister in Anspruch. Reformers und Radical Reformers, die sich seit dem Manchester Massacre[5] mehr wie je als zwei geschiedene Klassen herausstellten, hatten sich für einen Augenblick wieder bei dieser Gelegenheit die Hände gereicht; die Reformers sahen in der Reform Bill das Ziel ihrer Wünsche, die Radical Reformers betrachteten sie wenigstens als einen Fortschritt. Den vereinten Anstrengungen hatte natürlich denn auch das erwartete Resultat folgen müssen – die Reform Bill wurde Gesetz des Landes; sie war die Niederlage der Aristokratie, ein vollkommener Sieg der Bourgeoisie und ein Fortschritt in der Bewegung der Volksmasse.

Aus diesem Grunde, weil sie nämlich *nur* ein Fortschritt für die Volkspartei war, löste sich daher auch die Vereinigung der beiden Reformparteien in demselben Augenblick wieder, wo der einstweilige Zweck ihrer Allianz erfüllt war. Die Reformers wurden konservativ in der Reform des Parlamentes, – die Radical Reformers blieben revolutionär.

Sie hatten sich gegenseitig benutzt; zwei ehrliche, offene Feinde, drehten sie sich wieder den Rücken. Aufs neue begann die alte, eingewurzelte Antipathie. Beschäftigen wir uns mit den daraus entstehenden Konflikten.

Es ist ein gewagter Stoff, den wir uns geben. Zu kolossal, als daß er auf so beschränktem Raume von unserer Feder auch nur flüchtig berührt, geschweige erschöpft werden könnte. Machte nicht schon der leider zu früh geschiedene Buret in seinem trefflichen Werke darauf aufmerksam, daß man die gigantischen Anstrengungen des englischen Volkes, namentlich was die letzten zehn oder fünfzehn Jahre angeht, einzeln schildern müsse, um nur eine entfernte Idee davon zu geben? Er hatte recht. Eine Menschenmasse vieler Millionen hat man vor sich, die zwar alle ihre Tätigkeit zu einem einzigen Zweck vereinigen, die sich aber zugleich in so vielen partiellen Kämpfen und Bewegungen Luft machen, daß das eine unwillkürlich mit dem andern zusammenfließt und die Aufstände der Kohlenarbeiter, die Revolten der

5 Eine Demonstration auf dem St.-Peters-Feld in Manchester endete 1817 mit dem Eingreifen des Militärs (11 Tote, 400 Verwundete), in Anspielung auf die Schlacht von "Waterloo" das "Massaker von Peterloo" genannt.

Bevölkerung Lancashires und Yorkshires oder die Vorfälle in Birmingham und Sheffield einzeln geschildert werden müßten, wenn man ein richtiges Bild der großen politischen Gesamtbewegung entwerfen wollte. –

Die alten Helden der Reformbewegung waren allmählich vom Schauplatz verschwunden. Cartwright, Cobbett[6] und Hunt[7], sie sanken hinab, ohne das Ziel ihrer Wünsche erreicht zu haben. Eine Nation energischer Männer feierte aber ihr Angedenken, und an die Stelle der Geschiedenen traten jüngere und nicht weniger rastlose Kämpfer »der alten guten Sache«.

Robert Owen und Feargus O'Connor. Ehe wir den Anstrengungen des letztern bis in die jüngste Zeit folgen, wollen wir die Laufbahn des erstern mit einigen Worten berühren. Das Auftreten Owens brachte seit der Reform Bill eine gewisse Spaltung unter der Volkspartei hervor, die sich erst vor etwa zwei Jahren wieder ausgeglichen hat. Owen sammelte nämlich die Leute um sich, welche alle ferneren Reformen nur durch moralische Gewalt durchsetzen wollten, anders wie O'Connor, der auch der physischen Gewalt das Wort redete.

Robert Owen wurde im Mai 1771 geboren und wanderte aus seiner Vaterstadt Newtown in Montgomeryshire früh nach London, wo er als Gehilfe eines Handlungshauses Beschäftigung fand. Wenig schien ihm diese Tätigkeit indes zu behagen, denn schon im sechzehnten Jahre wandte er sich nach Manchester und begann dort für eigne Rechnung ein kleines Spinngeschäft. Merkwürdig ist es, daß er zu dieser Zeit den ersten Ballen Baumwolle verarbeitete, der je von Nordamerika nach England verschifft wurde. Im zwanzigsten Jahre übernahm er die Leitung einer neuerrichteten, sehr bedeutenden Spinnerei für feine Garne, der ersten, die in der Welt erbaut wurde, und prosperierte dadurch so sehr, daß er sich schon nach mehreren Jahren bei einem andern nicht weniger großen Etablissement als Associé beteiligen konnte. Während der junge, intelligente Mann auf diese Weise industriell tätig war, hatte er indes nicht versäumt, auch andere Sachen durchzustudieren. Naturwissenschaften, Theologie und Philosophie zogen ihn wechselweise an; seine Kenntnisse vermehrten sich, und seine Urteile geschahen von einem höhern Standpunkte aus. Es konnte daher nicht fehlen, daß er sehr bald des Widerspruches inne wurde, der in seiner praktischen Lebensstellung und in der innern Stimme seines besseren Selbst lag. Als praktischer Mann begriff er natürlich alle Vorteile und Segnungen, welche aus einer fernern Entwicklung der Industrie für alle Welt entstehen mußten; der Geist der Humanität, der ihn durch das Studium der Wissenschaft anwehte, machte ihn aber auch darauf aufmerksam, wie nur dann diese Segnungen dauernd sein könnten, wenn Vernunft und Menschlichkeit jene kolossale Entfaltung materieller Verhältnisse zu leiten begännen. Es drängte daher den jungen eifrigen Mann, diese Widersprüche sofort zu versöhnen, indem er die zwei großen Klassen der Gesellschaft, die Besitzenden und die Nichtbesitzenden, über ihre Stellung klar machte und ihnen zu zeigen suchte, wie nicht durch die bisherige barbarische Exploitation der beiden

6 William Cobbett (1762 – 1835), republikanischer Journalist und Politiker.
7 Henry Hunt (1773 – 1845), radikaler Demokrat.

Klassen, sondern nur durch gegenseitige Liebe und Hilfeleistung der eigentliche Nutzen, das wahre Glück aus jenen großen industriellen Erfindungen gezogen werden könne, welche das Schicksal nicht zugunsten einzelner, sondern zum Besten aller verliehen habe.

Die Umrisse des »neuen Systems der Gesellschaft«, mit dem sich Owen herumtrug, glaubte er ihrer Richtigkeit nach dadurch am besten erproben zu können, daß er sie selbst praktisch in Anwendung brachte. Sie gründeten sich vor allem auf einer andern als der bisherigen Volkserziehung, und er kam deswegen mit seinen Geschäfts-Associés dahin überein, daß man die großen Spinnereien und Fabriken von New Lanark, welche ungefähr 2500 Menschen beschäftigten, an sich brachte. Mit diesen nebeneinander wohnenden, nützlich beschäftigten Leuten wollte Owen seinen Versuch beginnen, indem er sich bestrebte, dieselben zu glücklichen Menschen zu erziehen.

Es ist nicht zu leugnen, daß dieser edle Vorsatz von vielem Erfolge gekrönt wurde. Treffliche Schulen für das heranwachsende Geschlecht, Sorge für reinliche, wohlgebaute Wohnungen, Herbeischaffung von gesunden, wohlfeilen Nahrungsmitteln, Unterhaltung und Belehrung für Erwachsene – alles dies machte die Arbeiter von New Lanark zu den glücklichsten und zufriedensten, die es vielleicht je in England gab. Owen hatte einen Teil seines Zweckes erreicht; er hatte Segen über eine ganze Landschaft verbreitet, und sein Name war weit und breit gefeiert.

Damit hatten aber auch alle Erfolge ein Ende, – vor allen Dingen regten sie zu wenig Nachahmung an, denn leider zeigte es sich, daß Owen, nachdem er vom Jahre 1799 bis 1829 dem Etablissement von New Lanark vorgestanden, nicht nur wenig für sich verdient hatte, sondern daß auch sein früheres Vermögen durch die so herrlich gelungenen philanthropischen Experimente verlorengegangen war. Manche industriellen Kollegen des Herrn Owen mögen laut aufgelacht haben, als sie dies erfuhren. Es zeigte sich, daß man durch persönliches Aufopfern zwar andere Menschen glücklich machen kann, daß aber solche edlen Beispiele selten andere Leute veranlassen, aus der Starrheit der noch zur Stunde bestehenden Eigentumsverhältnisse ebenso liebreich und philanthropisch herauszutreten.

Es ist nicht zu ermessen, inwieweit Owen über die Natur seiner Bestrebungen in New Lanark mit sich im reinen war – genug, er setzte die Agitation für seine Ideen ruhig fort, abwechselnd England, Frankreich, Deutschland, die Vereinigten Staaten und Mexiko durchreisend und alle Gouvernements mit Vorschlägen besserer gesellschaftlicher Einrichtungen bombardierend.

In seinem Werke »The Book of the New Moral World«, London 1842[8], in dem der Verfasser seine sämtlichen Ideen niederzulegen suchte, finden wir als Basis des »Rational System of Society« folgende fünf »Fundamental Facts« hingestellt.

1. Daß der Mensch ein zusammengesetztes Wesen ist (a compound being), dessen Charakter aus seiner Konstitution oder Organisation bei der

8 Dieses Hauptwerk Owens erschien 1820 zum erstenmal.

Geburt und aus den von der Geburt bis zum Tode darauf einwirkenden äußern Umständen gebildet wird, indem die ursprüngliche Organisation und die äußern Einflüsse fortwährend das eine auf das andere wirken und zurückwirken –

2. daß der Mensch durch seine ursprüngliche Konstitution gezwungen wird, seine Gefühle und Überzeugungen unabhängig von seinem Willen zu empfangen –

3. daß seine Gefühle und Überzeugungen den Willen hervorbringen, der ihn zum Handeln treibt und sein Handeln entscheidet –

4. daß die Organisation von zwei menschlichen Wesen niemals ganz dieselbe ist, noch von der Kindheit bis zum Erwachsensein zwei Individuen auf künstliche Weise ganz gleich geformt werden können –

5. daß nichtsdestoweniger die Konstitution eines jeden Kindes, ausgenommen bei organischen Fehlern, fähig ist, zu einer viel schlechtern oder einer viel bessern gebildet zu werden, je nachdem die Natur der äußern Umstände auf diese Konstitution von der Geburt an einwirkt.

In den Meetings der Anhänger Owens, der sogenannten englischen Sozialisten, werden diese fünf »Fundamental Facts« jedesmal vor dem Beginn der Verhandlungen wie ein Abschnitt aus dem Katechismus vorgelesen, so daß man also großen Wert darauf zu legen scheint. Ich muß es meinen Lesern überlassen, in dem Buch von der neuen moralischen Welt nachzulesen, wie Owen auf diesen »Fundamental Facts« sein ganzes System erbaut. Mit wahrhaft bewunderungswürdiger Weitschweifigkeit hat er darin nachgewiesen, wie die Menschen nicht sind und wie sie wohl sein könnten und wie erst dann etwas mit ihnen anzufangen sei, wenn sie ganz und gar umerzogen wären.

Wir gehören nicht zu den Bewunderern solcher Systeme und halten es jedenfalls für das beste, die Menschen einstweilen so zu nehmen, wie sie sind. Owen scheint es selbst für geraten gehalten zu haben, hierauf überzugehen, indem er, nach einem von den Herzögen von Kent und Sussex geleiteten, aber schon im Entstehen gescheiterten Versuche, aufs neue mit seinen Anhängern in England ein auf Aktien basiertes Unternehmen begann. Dies war die unter dem Namen »Harmony Hall« im Süden von England errichtete Anstalt, welche, von teilweise sehr fruchtbaren Feldern umgeben, ihren Bewohnern neben einer Beschäftigung als Handwerker sogleich eine landwirtschaftliche Tätigkeit verstattete. Das ganze Etablissement war unter Owens eignen Augen nach seinem eignen Plane errichtet; die Ökonomie des Zusammenwohnens, Essens und Trinkens, ohne für die einzelnen Individuen unangenehm und beengend zu sein, sollte den Bewohnern einen höhern Grad der Lebensgenüsse erlauben, indem die Produktionskosten ihrer Arbeiten dennoch ein Konkurrieren mit der übrigen Gesellschaft möglich machten. Während die erwachsenen Personen auf diese Weise, ähnlich den Arbeitern von New Lanark, einer bessern materiellen Lage sich erfreuen und durch geselligen, musikalisch, theatralisch und wissenschaftlich verschönerten Umgang noch jene Bildung erhalten würden, welche ihrer Jugend fehlte, wollte man in dem neuen Etablissement zugleich eine Knaben- und Mädchenschule auf großartigem Fuße errichten, um nicht nur die Kinder von Harmony Hall, sondern auch die von den Aktionären und sonstigen Freunden des Owenschen Systems zur Pflege übergebenen Zöglinge von vornherein zu jener Mustergeneration heranzubilden, von der Owen das vollkommene Gelingen seines Systems abhängig machte.

Ein durch Aktien unter der Arbeiterwelt und der kleinen Mittelklasse Großbritanniens aufgebrachter Fonds von fast 40000 Pfund Sterling (etwa ¼ Million Taler) machte die Ausführung aller dieser Pläne möglich. Die Werkstätten füllten sich mit Handwerkern, die Felder mit Ackerbauern und die Schulen mit Kindern, und im Jahre 1838 war die Anstalt im besten Zuge.

Als ich einige Jahre später nach England kam und in dem von den Schülern Owens in Harmony Hall selbst herausgegebenen Journal »The New Moral World« die genauesten Berichte über diese Anstalt las und auch sonst von meinen Freunden viel Lobenswertes darüber hörte, fühlte ich das Bedürfnis, mich mit eignen Augen von dem Gelingen des Unternehmens zu überzeugen, und machte mich deswegen von London nach Harmony Hall auf den Weg. Nach zwei Tagen war ich an Ort und Stelle und wurde aufs freundlichste von den Bewohnern empfangen. Wider Erwarten fand ich alles ausnehmend schön. Die Bauart der großen Halle sowie die der sämtlichen Nebengebäude war höchst elegant. Breite, bequeme Treppen führten zu den verschiedenen Etagen, und in den Zimmern herrschte überall Ordnung und Reinlichkeit, ja manche schienen mir zu gut und zu luxuriös für die Beschäftigung der Bewohner eingerichtet zu sein. Fast alle Leute der Anstalt sahen sehr wohl und munter aus; mit vielem Anstand ließen sie sich zu ihrem Diner nieder, und ich muß gestehen, daß ich oft in meinem Leben schlechter als in Harmony Hall gegessen habe. Die Kinder waren nicht weniger vergnügt als ihre Eltern und Freunde; nach beendigtem Unterricht tummelten sie sich lustig auf dem großen Hofraum umher, der von blühenden Gärten und lachenden Feldern eingefaßt war.

Die ganze Bevölkerung von Harmony Hall kam mir wie eine große, glückliche Familie vor, bei der sich Wohlstand und gute Sitte bis in die kleinsten Details hinunter zeigte. Mit den besten Wünschen für ihr ferneres Wohlergehen verließ ich meine Wirte und würde mich gern der reinsten Freude über so frohe, zufriedene Menschen hingegeben haben, wenn sich mir nicht noch immer der Gedanke aufgedrängt hätte, daß all diese Glückseligkeit doch am Ende nur auf dem Ruin der armen Aktionäre begründet sein könne. Leider verwirklichten sich diese Befürchtungen nur gar zu bald. Einigen vorläufigen Bemerkungen folgte ein dringendes Mahnen um fernere Geldbeiträge von seiten der Gesellschaft. Es zeigte sich, daß man mit dem ursprünglichen Kapital nicht ferner mehr auskam; die Aktionäre wurden unruhig, man verlangte eine genaue Rechnungsablage und erschrak nicht wenig, als man nach den Tabellen des Sozialistenorgans, der »New Moral World«, schließlich fand, daß der eingeschossene Fonds schon zur Hälfte aufgezehrt war. Die Geschichte kam nun ins Stocken, einige unwillige Gläubiger meldeten sich, und man mußte liquidieren; die Gesellschaft löste sich auf.

So endete der zweite, ziemlich großartige Versuch, das System Owens praktisch zu verwirklichen. Bei dem ersten in New Lanark hatte Owen selbst die Kosten bezahlt, bei dem zweiten in Harmony Hall zahlten die Aktionäre die Zeche. Wiederum hatte es sich gezeigt, daß trotz aller Ökonomie in der Einrichtung großer, gemeinschaftlicher Gebäude dennoch ein Konkurrieren mit der übrigen Gesellschaft, deren Prosperität auf dem Elende der Arbeiter begründet ist, unmöglich wird, wenn die Arbeiter der gemeinschaftlichen Anlagen viel besser leben wollen als ihre Kollegen da draußen.

Sehr wahrscheinlich werden ähnliche Unternehmungen, falls man daran noch wagen sollte, nur zu ähnlichen Resultaten führen.

Abgeschnitten und unberührt vom ganzen übrigen Weltverkehr mögen sie im fernen Westen von Amerika oder sonst in einem Winkel der Welt wohl gelingen – solange sich aber eine Gemeinschaft noch den ökonomischen Gesetzen unterwirft, welche die übrige Welt rings um sie herum regieren, so lange wird sie auch die Konsequenzen dieser Gesetze tragen müssen. Der Zukunft und einer noch gewaltigern Entwicklung des Proletariats wird es überlassen bleiben, etwas dauernd Großes und Umfassendes an die Stelle unsrer heutigen Verhältnisse zu setzen. Die Philanthropie eines Owen ist nichts im Vergleich zu den Ereignissen, welche die eherne Notwendigkeit mit sich bringen wird.

Kurz nach dem Scheitern der Unternehmung von Harmony Hall wurde ich mit dem alten Owen bekannt gemacht. Ich sah einen alten, ehrwürdigen Mann vor mir, auf dessen Gesicht ein feierlich friedlicher Ernst lag. Seine kleinen, klugen Augen schimmerten freundlich durch die ergrauten Wimpern. Er sprach wenig und spielte mit zwei Kindern, die er auf den Knien wiegte. Als er hörte, daß ich ein Deutscher sei, erzählte er von seinen Reisen in meiner Heimat, erwähnte seine Unterredungen mit Humboldt und Raumer und schien sich namentlich über die Gunstbezeugungen des frühern Königs von Preußen und Ludwigs von Bayern nachträglich zu freuen. Ich vermied es, auf die philanthropischen Bestrebungen und auf das System des alten Mannes einzugehen. Einer der Anwesenden begann aber aufs neue über den Fall von Harmony Hall zu jammern, und mit dem ruhigsten Tone bemerkte da der Greis, daß er dies vorhergesehen habe, daß aber die Zukunft seines Systems gedenken werde. Am folgenden Morgen begleiteten wir den alten Herrn nach der Eisenbahnstation. Er begab sich nach Liverpool, um von da seine siebte Reise nach den Vereinigten Staaten zu machen. Bei seinem frühern Aufenthalt in Amerika war er schon entschlossen gewesen, nicht mehr nach England zurückzukehren; als aber Harmony Hall am Wanken war, kam er noch einmal herüber, um bei dem englischen Gouvernement eine Summe von 6000 Pfund Sterling zu reklamieren, die er einst der Gemahlin Georgs IV. vorgeschossen hatte und die jetzt seinen Schülern aus der Klemme helfen sollte. Vergebens hatte er sich um dieses Geld bemüht, – es war nicht zu erhalten, und Harmony Hall mußte fallen.

Jetzt nahm der gute Mann auf ewig von seinen Jüngern in England Abschied. Ich fürchte mich vor rührenden Szenen – ich machte mich aus dem Staube, als wir in die Station traten. Einige Minuten nachher kehrten die weinenden Schüler stumm und traurig zu mir zurück. Der Alte war fort.

Wie ich höre, soll er jetzt abwechselnd den Mississippi und den Ohio befahren, auf den Dampfschiffen während der Reise Vorträge haltend, und dann wieder zu seinem Sohn Robert Dale Owen nach New Harmony in Indiana zurückreisen, wo das System des großen Philanthropen wirksamer als in England ausgeführt zu sein scheint.

Einen eigentümlichen Reiz hatte es, diesen merkwürdigen Mann gerade in dem Augenblicke zu sehen, wo er auf immer von seinem Lande Abschied nahm, dessen großartige industrielle Entwicklung er mehr als viele andere in ihren ersten Keimen beobachtet hatte; eine Entwicklung, die ihn selbst einst mit Reichtum überschüttete, die ihn aber auch nicht die Schattenseiten übersehen ließ, welche sie an sich hatte, und ihn zu jenen Forschungen gesellschaftlicher Zustände führte, denen wir viel Wahrheit und Belehrung entnehmen können.

Das Gold, das ihm die Industrie gegeben, er gab es wieder hin, um die Leiden zu heilen, welche die Industrie mit sich brachte.

Daß seine philanthropischen Versuche im größern Maße an der Barbarei unsrer heutigen Zustände scheitern mußten, es war natürlich. Aber ein Vorläufer jener großen Reformer wird er bleiben, die uns die Welt in ihrer Entwicklung bringen muß. Als solchen wird man ihn immer nennen und verehren. Der Dank vieler Tausende, die er glücklich machte und die noch heute leben, er fehlt ihm nicht.

(Zu Weerths Lebzeiten ungedruckt; hier: Auszug aus Kapitel X der "Skizzen aus dem sozialen und politischen Leben der Briten".)

REDE AUF DEM FREIHANDELSKONGRESS IN BRÜSSEL

»Meine Herren, es ist in diesen beiden Tagen von beiden Seiten sehr viel Teilnahme für das Wohl der arbeitenden Klassen an den Tag gelegt worden, und der Einfluß, den die Einführung des Freihandels auf ihr Los haben wird, soll sogar heute den ausschließlichen Gegenstand der Besprechung bilden. Es kommt mir aber etwas wundersam vor, daß ich in diesem Saale bisher einen Vertreter der Arbeiter nicht gesehen habe; nur die Bourgeoisie (die höhere, bemittelte Bürgerklasse) hat ihre Abgeordneten hierher geschickt. Frankreichs Bourgeoisie hat einen Pair, Englands Bourgeoisie hat mehr als ein Parlamentsglied, Belgien sogar einen ehemaligen Minister hierher gesandt; selbst Deutschlands Bourgeoisie ist in einer ihrer Stellung unter den industriellen Völkern Europas ganz angemessenen Weise vertreten; aber wo sind die *Sprecher der Arbeiter*? Erlauben Sie mir daher, meine Herren, *im Namen der Arbeiter* das Wort zu nehmen.« (Beifall.) »Ich fordere es im Namen der Arbeiter und besonders der 3 Millionen englischen Arbeiter, in deren Mitte ich mehrere der fruchtreichsten Jahre meines Lebens verbracht und deren Erinnerung stets eine der teuersten meines Herzens sein wird.« (Rauschender Applaus.)

»Ich habe die arbeiterfreundlichen Gesinnungen dieser Versammlung mit vielem Vergnügen wahrgenommen. Und wahrlich, die Arbeiter haben großen Anspruch auf etwas mehr Großmut, als ihnen bisher zuteil geworden. Man hat sie bisher in der ökonomischen Wissenschaft so wie in der industriellen Praxis behandelt: nicht wie lebende, fühlende Menschen, ja nicht einmal so gut wie Lasttiere, sondern lediglich wie einen Ballen irgendeiner Ware. Man hat ihr Los abhängen lassen nicht von ihren menschlichen Bedürfnissen, sondern von einem starren Gesetze, von den unbarmherzigen Zufällen der Nachfrage und Zufuhr. Ja, in England hat sich diese Anschauungsweise in der Bourgeoisie so entschieden eingewurzelt, daß die dortigen Fabrikanten nicht sagen: Ich beschäftige 100 Leute, sondern 200 Hände (hands). Daher hat auch die Bourgeoisie nie Anstand genommen, Arbeiter ihren früheren Geschäftskreisen zu entziehen und in einer neuen Fabrikation zu verwenden, wenn es im Interesse der Herren Kapitalisten lag, und sie hat sich ebensowenig je gescheut, ihre Arbeiter auf die Straße und außer Brot zu setzen, wenn die Arbeit derselben dem Kaptial nicht mehr Zinsen genug abzuwerfen schien. So ist es denn auch dahin gekommen, daß die Lage dieser Parias der industriellen Gesellschaften überall gleich scheußlich und entsetzlich ist. Wohin Sie immer Ihren Blick wenden mögen, meine Herren, sei es an der Rhone blühenden Gestaden oder nach den schmutzigen und stinkigen Gäßchen von Manchester, Leeds und Birmingham, sei es nach Schlesiens und Sachsens Gebirgen oder Westfalens Ebenen, sei es auch nur hinab in die Straßen dieser Hauptstadt – überall, überall werden Sie jammerstieren, hungerbleichen Arbeitergesichtern begegnen, überall werden Sie dasselbe Elend des Proletariats finden, das vergeblich nach seinem Platz und seinem Rechte in der Gesellschaft späht.« (Großes Aufsehen.)

»Ich weiß nicht, ob diese fürchterliche Lage so vieler Millionen eine Schuld des Systems der *Schutzzölle* ist; aber was ich weiß, ist, daß dieses System kein Heilmittel für dieses grausame Übel besitzt. Soweit reicht seine Macht nicht. Jedenfalls aber ist die Lage des Arbeiters so tief gesunken, daß ein Schlimmerwerden nicht möglich ist, und darum heißt er und heiße ich mit ihm jede Änderung willkommen, sei sie auch nur ein Umdrehen des vom Liegen wunden Kranken auf eine andere Seite. – Darum verwerfe ich die Schutzzölle.« (Beifall.) »Ich bin entschieden für den Freihandel, ich will ihn; aus welchem Standpunkte man ihn immer verteidige: ich gebe keinen Heller für einen Schutzzöllner. Aber ich bin weit entfernt, die Illusionen der Freihandelsmänner zu teilen und mit ihnen zu glauben, daß der Freihandel auf bleibende Weise das Los der Arbeiter verbessern wird.

Der *Freihandel* wird dem Prinzip der freien Konkurrenz seine volle Entfaltung geben, ich erkenne es gern an und will hier nicht untersuchen, ob dies Prinzip wirklich zur Grundlage einer Gesellschaft sich eigne. Ich will bereitwillig zugestehen, daß die größere Konkurrenz eine Erniedrigung der Preise aller Waren herbeiführen, daß aus dieser Erniedrigung ein größerer Verbrauch, aus diesem wieder eine vermehrte Produktion, also die Beschäftigung einer größeren Anzahl von Arbeitern folgen wird, und daß somit eine Zeitlang die Arbeiter den Doppelvorteil hoher Löhne und billiger Warenpreise genießen werden. Aber wie lange wird diese Herrlichkeit dauern? Ach, nur geringe Zeit! Neben ihren *guten* Folgen wird die freie Konkurrenz bald auch ihre ebenso unausbleiblichen schlimmen entfalten. Die freie Konkurrenz der nicht mehr auf ein Land beschränkten Kapitalien wird in noch höherem Maßstabe als jetzt eintreten. Sie führt notwendig zu Versuchen noch größerer und wohlfeilerer Produktion durch Erfindung neuer Maschinen usw. Die Maschinenkraft wird, wie immer, Arbeiter unnütz machen; diese, die leben müssen, werden immer wieder die Rolle spielen, die heute die Irländer gegenüber den englischen Arbeitern haben; sie werden ihre Arbeit zu geringeren Preisen anbieten; der Fabrikant, der stets auf Verringerung seiner Produktionskosten sinnen muß, wenn er nicht der Konkurrenz erliegen will, wird nicht unterlassen, von dieser Konkurrenz der Arbeiter Nutzen zu ziehen, und so wird sehr bald der Tagelohn wieder auf den jetzigen Satz herabgedrückt sein, d. h. auf die Kleinigkeit, die eben unerläßlich ist, damit der Arbeiter irgendwie lebe. Nach wie vor wird der Arbeiter das Opfer der Konkurrenz der Kaptialien sein. Denn, meine Herren, nach wie vor auch werden wir Überproduktion, Überfüllung der Märkte und Handelskrisen haben; ja sie werden noch umfassender, noch heftiger sein als jetzt. Und Sie, meine Herren Freihandelsmänner, täuschen sich durchaus, der freie Handel werde den Krisen ein Ende machen – nein, sie müssen wiederkehren, denn sie sind eben auch nur eine Folge der durch nichts geregelten freien Konkurrenz der Kapitalien, die sich nur von der Rücksicht ihrer Profite leiten lassen, wenn sie sich einem Industriezweig zuwenden und ohne alle Voraussicht des Bedarfs und des Verhältnisses desselben zur Produktion sind, von deren Umfang ja auch die Einzelnen kaum sich einen richtigen Begriff machen können.« (Anhaltende gespannte Aufmerksamkeit im Saale.)

»Sie sehen also, meine Herren, der Freihandel wird *nur für den Augenblick* das Los des Arbeiters verbessert haben, und derselbe wird bald wieder in jenes Elend zurücksinken, was heutzutage sein gewöhnliches Los ist.

Meine Herren, es sind nicht meine individuellen Ansichten, die ich hier ausspreche; es sind die der einsichtsvollsten und aufgeklärtesten unter den englischen Arbeitern. Einige Tatsachen werden es Ihnen beweisen. *Sechs* volle Jahre hatte die *League* in England schon ihre Freihandelsagitation betrieben, und noch hatte sie die Chartisten nicht zum Beitritt bewegen können. Dieselben wußten zu gut, daß die Freihandelsmänner ihre natürlichsten Feinde seien und daß ein Bündnis mit ihnen nicht der Mühe lohne; sie gedachten der Vorgänge von 1842 in Manchester und des hartnäckigen Widerstandes der Bourgeoisie gegen die Zehnstunden-Bill, welche die Arbeiter wollten. Erst im *siebenten* Jahre traten die *Chartisten* der League bei, um den gemeinsamen Feind, den die Bourgeoisie allein nicht bezwingen konnte, die *Bodenaristokratie,* zu besiegen. Aber nie haben die englischen Arbeiter auch nur ein Wort der trügerischen Verheißungen der Herren *Cobden, Bright* und Kollegen geglaubt; nie hofften sie die Erfüllung von *cheap bread, plenty to do and high wages* (billig Brot, Arbeit in Fülle und hohe Löhne) von den Bourgeois. Nein, sie suchten ihr Heil stets in ihren eigenen Bemühungen und scharten sich nur um so enger um das Banner der Volkscharte und ihrer Führer, des unermüdlichen Freiheitskämpfers *Duncombe* und des trotz aller Verleumdungen der Bourgeoisiepresse nun doch zu Ihrem Kollegen, meine Herren englischen Parlamentsmitglieder, erwählten irischen Agitators *Feargus O'Connor.*« (Beifall.)

»Im Namen dieser Millionen nun, die mit mir nicht glauben, daß der Freihandel eine Panazee für ihre Leiden ist, fordere ich Sie auf, auch noch an andere Mittel als den Freihandel zu denken, wenn Sie die Lage der arbeitenden Klassen wirklich verbessern wollen. Denken Sie daran auch in Ihrem eigenen Interesse, meine Herren. Denn nicht mehr feindliche Einfälle der Kosaken haben Sie zu fürchten, aber den Krieg Ihrer Arbeiter gegen Sie, den Krieg der Armen gegen die Reichen, den Krieg der weißen Sklaven gegen ihre Unterdrücker. Die Arbeiter sind satt der Versprechungen ohne Erfüllung; sie wollen nichts mehr wissen von den nimmer bezahlten Anweisungen auf den Himmel.

Sie verlangen eine materiellere Genugtuung. Sie verlangen Taten von Ihnen; Ihren Worten trauen sie nicht mehr. Und wundern Sie sich dessen nicht; die Arbeiter, die in London die Reform-Bill-Agitation unterstützt, die sich in den Gassen von Paris und Brüssel 1830 für Sie geschlagen, erinnern sich sehr gut, daß sie damals von Ihnen geliebkost und fetiert wurden, daß sie aber – als sie später Brot forderten, Arbeit verlangten, um zu leben –, daß sie da in Paris und in Lyon und in Manchester statt des Brotes Flintenkugeln erhielten. Und Sie, meine Herren aus Deutschland, denken Sie an das Riesengebirge und seine *Weber*; die Weber haben nichts vergessen und viel gelernt. Darum nochmals sage ich es Ihnen, meine Herren: *Wollen Sie den Arbeitern wirklich helfen, so denken Sie auf etwas mehr als auf den Freihandel!*«

(Erstdruck: "Die Ameise". Vaterländische Blätter für Haus und Leben. Grimma, 15. Oktober 1847[1]*. Das Original-Manuskript der französisch gehaltenen Rede befindet sich im Weerth-Nachlaß im "Internationaal Instituut voor Sociale Geschiedenis", Amsterdam.)*

1 Dort noch die folgenden einleitenden Worte: Im Monat September fand zu Brüssel eine Versammlung von Nationalökonomen statt, an welcher außer den Belgiern auch Engländer, Franzosen und Deutsche teilnahmen. Da die Mehrzahl der Anwesenden sich zu dem Systeme des Freihandels bekannte, so fielen auch die Beschlüsse in diesem Sinne aus. Es würde zu nichts führen, auf die Verhandlungen des Kongresses näher einzugehen, da das Für und Gegen, welches über die beiden feindlichen Fragen des Freihandels und der Schutzzölle vorgebracht werden kann, längst bekannt ist. Nur eine Rede wollen wir mitteilen. Sie wurde in der dritten Sitzung von dem Rheinländer Weerth gehalten. Derselbe beurteilte die vorliegende Streitfrage vom Standpunkte der Arbeiter aus, und wir brauchen kaum zu bemerken, daß seine Worte den tiefsten Eindruck machten.

ZOLLKONTROLLE

Der Dampfer hielt. Wir waren in Antwerpen. Am Ufer empfing mich der Frühling, der schöne Junggeselle, und schüttelte alle seine Blütenbäume vor Freude, daß er mich wiedersah. Schon wollte ich ihm jubelnd um den Hals fallen, da ergriff mich der Zollkontrolleur beim Arme und bat um Erschließung der Koffer und Reisesäcke.

»Lieber Mann, es soll Ihnen alles erschlossen werden!« Und ich gab mich auf der Stelle daran, dem treuen Staatsdiener die ganzen Geheimnisse meiner Bagage auseinanderzulegen. »Sehen Sie hier, elf Hemden. Nummer zwölf, den Ischariot, trage ich auf dem Rücken!«

»Beides zollfrei!« erwiderte der Kontrolleur.

»Ferner drei Hosen, vier Röcke, sechs Westen, zwanzig Paar Strümpfe, vierzig Sacktücher, achtzig Schlafmützen – sind Sie zufrieden?«

»Keineswegs!« erwiderte der Kontrolleur. »Sie haben auch Bücher – !«

»Gewiß habe ich Bücher! Und welche! Sehen Sie hier den Shakespeare – den werden Sie auswendig wissen, weil Sie ein gebildeter Mann sind. Ferner den Rabelais, in dem Sie jeden Abend vor dem Schlafengehen lesen müssen, weil Ihnen dann niemals Ihre Sünden einfallen werden. Ferner den Chevalier Faublas, den Sie noch aus der Mädchenschule kennen und gewiß behalten haben. Hierauf der Heine, der Heinrich Heine, sämtliche Werke – den liebe ich – der einzige lebende Poet, vor dem ich Achtung habe, der einzige Poet, den ich beneide, der einzige, dem ich den Tod wünsche, weil er mein größester Konkurrent ist. Ich versichere Ihnen, ich hasse den Heine – ach nein! Ich liebe ihn nur zu sehr. – Ferner die Bibel – von der Sie gehört haben werden. Der Hieronimus Jobs in Goldschnitt – der Menzel halbfranz – der Freiligrath voll Staub – der Simrock broschiert – der Gutzkow unaufgeschnitten – und mehrere Exemplare deutscher Poeten – nicht der Rede wert.«

»Aber lieber Herr, wie kann man eine solche Bibliothek mit sich führen?« fragte der Kontrolleur.

»Nicht wahr? Ist es nicht schrecklich? Aber das ist noch gar nichts! Da sollten Sie erst einmal meine eignen, unsterblichen Werke sehen! Siebenzig Bände und darüber, ungedruckt und ungelogen – dort in jener Kiste – was ich in stillen Mitternächten schuf – lauter kritische Arbeiten. Gegen die Philosophie. Gegen die Theologie. Gegen die Medizin. Gegen das Recht. Gegen die Familie. Gegen das Eigentum. Gegen die Liebe. Gegen den Teufel. Gegen die Hühneraugen. Gegen – –«

»Stille! Stille! Stille!« murmelte der Kontrolleur...

(Handschriftlich erhalten gebliebenes Fragment, zu Weerths Lebzeiten ungedruckt. Überschrift von Bruno Kaiser, SW, Bd. 2, S. 145.)

Wolfram Fischer

Die deutschen Unternehmer des Vormärz

Der deutsche Vormärz – ob man ihn auf die Jahre beschränkt, die der Revolution unmittelbar vorangingen, oder schon in den dreißiger Jahren beginnen läßt, oder ob man mit ihm die gesamte Periode vom Sturz Napoleons bis zur 1848er Revolution bezeichnet – ist eine Epoche mit mehreren Gesichtern. Man kann ihn als Ausklang des Ançien Régime ansehen, währenddessen die althergebrachten Lebensformen, die sozialen und politischen Mächte der Vergangenheit nach den Turbulenzen der napoleonischen Zeit noch einmal ihre Kraft zurückerlangen und zu einer späten Blüte kommen; man kann in ihm den Aufbruch neuer Kräfte erkennen, das Zeitalter der Maschine, des Bürgertums, der sich formierenden Interessengruppen und Parteien. Man kann ihn auch dadurch gekennzeichnet sehen, daß in ihm der sich reformierende deutsche Obrigkeitsstaat mit Hilfe einer aufgeklärten Beamtenschaft die in Bewegung geratene bürgerliche und unterbürgerliche Gesellschaft in einer nur leicht modifizierten Staatsform, der konstitutionellen Monarchie, zu bändigen suchte.[1] Je nachdem, ob man mehr die traditionellen "Mächte des Beharrens" oder die vorwärtsdrängenden "Mächte der Bewegung" (W. H. Riehl) ins Auge faßt, wird man im Vormärz eine Epoche sehen, die die tausendjährige, agrarisch bestimmte Welt Alteuropas (Otto Brunner) abschließt, oder mit der die Moderne Welt der industriellen Gesellschaft beginnt.

Die Unternehmer bildeten in dieser gesellschaftlichen und politischen Konstellation sicherlich eine "Macht der Bewegung"[2]. Aber bildeten sie auch eine soziale Schicht oder Klasse? Gewöhnlich betrachtet man sie als Teil des Bürgertums, als entscheidenden Bestandteil, ja Kern des "Besitzbürgertums", das sich vom "Bildungsbürgertum" der Akademiker und Beamten unterschied.[3] Eine solche soziologische Einordnung – obwohl nicht ganz falsch – ist jedoch zu eng und erfaßt wesentliche Teile des Unternehmertums nicht. Moderne Unternehmerforscher bestehen darauf, daß "der Unternehmer" viel eher als "Typ" denn als "Klasse" zu begreifen ist[4], vor allem – wie Schumpeter betont hat – als ein Verhaltenstyp[5].

1 Vgl. W. Conze (Hg.), Staat und Gesellschaft im deutschen Vormärz 1815–1848. Sieben Beiträge von Theodor Schieder, Otto Brunner, Reinhart Koselleck, Wolfgang Zorn, Wolfram Fischer, Erich Angermann, Werner Conze, Stuttgart: Klett 1962, ²1970.
R. Koselleck, Preußen zwischen Reform und Revolution. Allgemeines Landrecht, Verwaltung und soziale Bewegung von 1791 bis 1848. Stuttgart: Klett 1967.

2 Unter die "Mächte der Bewegung" rechnete W. H. Riehl das Bürgertum und den Vierten Stand, unter die "Mächte des Beharrens" die Bauern und die Aristokratie. S.: W. H. Riehl, Die bürgerliche Gesellschaft. Stuttgart und Berlin: Cotta, ¹⁰1907.

3 S.: L. Beutin, Das Bürgertum als Gesellschaftsstand im 19. Jahrhundert. (Ein Entwurf). In: L. Beutin, Gesammelte Schriften zur Wirtschafts- und Sozialgeschichte, hrsg. von H. Kellenbenz, Köln/Graz: Böhlau 1963, S. 284–319.

4 P. Mathias, Die Unternehmer. In: R. Braun, W. Fischer, H. Großkreutz, H. Volkmann (Hg.): Industrielle Revolution. Wirtschaftliche Aspekte. Köln/Berlin: Kiepenheuer & Witsch 1972, S. 86.

5 Einen Überblick über die Versuche, den "Typus" Unternehmer zu definieren von J. B. Say bis F. Redlich gibt W. Zorn, Typen und Entwicklungskräfte deutschen Unternehmertums. Vierteljahrsschrift für Sozial- und Wirtschaftsgeschichte 44 (1957), S. 56–77. Wieder abgedruckt in K. E. Born (Hg.), Moderne deutsche Wirtschaftsgeschichte. Köln/Berlin: Kiepenheuer & Witsch 1966, S. 25–41, bes. S. 25–29.

Am besten läßt er sich durch seine wirtschaftliche Funktion kennzeichnen. Wie immer man ihn definiert – als den, der neue Kombinationen durchsetzt und wirtschaftliche Innovationen einführt, oder nur als verantwortlichen Leiter von wirtschaftlichen Unternehmenseinheiten[6], wesentlich ist: Er entscheidet in seinem Verantwortungsbereich über den Einsatz von Produktionsfaktoren und bestimmt damit über die Verteilung von ökonomischen Ressourcen. Dabei ist es nebensächlich, ob er dies aus eigener Machtvollkommenheit, als Grund- oder Kapitaleigentümer tut, oder im Auftrag, sei es anderer privater Eigentümer oder der öffentlichen Hand (des Monarchen, der Regierung, einer Gemeindeverwaltung etc.). Die wirtschaftliche Funktion des beauftragten (angestellten oder beamteten) Unternehmers oder Managers ist im wesentlichen die gleiche wie die des Eigentümer-Unternehmers.[7]

Schon in der vorindustriellen Zeit sind unternehmerische Funktionen von Angehörigen sehr unterschiedlicher sozialer Schichten ausgeübt worden. Gewiß kann als Prototyp des Unternehmers in der frühen Neuzeit der Fernhandelskaufmann gelten, der in den großen Handels- und Hafenstädten Europas das Handelsgeschäft oft mit dem Bank- oder Speditionsgeschäft, der Reederei oder dem Verlag verband und in vielfältiger Weise 'in Geschäften' tätig war. Aber neben ihm finden wir Fürsten und Äbte, Generäle und Landadelige, Beamte, Ingenieure, Handwerker, Bauern, Fischer und in Rußland auch Leibeigene in solchen Funktionen.[8] Es kann geradezu als Charakteristikum der Unternehmerfunktion gelten, daß sie nicht auf einen Stand beschränkt blieb. Dadurch entfaltete sie ihre soziale Dynamik.

Auf der anderen Seite übte der weitaus größte Teil des wirtschaftenden, besitzenden Bürgertums kaum unternehmerische Funktionen aus. Wie der typische Handwerksmeister der vor- und frühindustriellen Zeit als Alleinmeister oder höchstens mit einem Gehilfen, Lehrling oder Familienangehörigen seine Werkstatt betrieb, so wirtschafteten die meisten Kaufleute routinemäßig als Krämer und Detaillisten allein oder mit wenigen Hilfskräften, ohne je echte unternehmerische Entscheidungen über den Einsatz von Produktionsmitteln treffen zu können oder zu müssen. Ähnlich wie bei den meisten Handwerkern

6 F. Redlich, Der Unternehmer. Wirtschafts- und Sozialgeschichtliche Studien (mit einem Nachwort von Edgar Salin). Göttingen: Vandenhoeck & Ruprecht 1964; bezeichnet den ersten als "entrepreneur" oder "schöpferischen Unternehmer", den zweiten als "enterpriser" oder einfach als "Unternehmer".

7 Diese Unterscheidung wird auch von J. Kocka gebraucht. S. sein: Unternehmensverwaltung und Angestelltenschaft am Beispiel Siemens 1847–1914. Zum Verhältnis von Kapitalismus und Bürokratie in der deutschen Industrialisierung. Stuttgart: Klett 1969 und ds, Entrepreneurship und Management in the German Industrialization. In: Cambridge Economic History of Europe, vol. 7 (in Vorbereitung).

8 Aus der umfangreichen Literatur sei hier nur hingewiesen auf die in Anm. 6 genannte Aufsatzsammlung F. Redlichs, sowie desselben, Steeped in Two Cultures. A. Selection of Essays Written by Fritz Redlich. New York: Harper & Row 1971 sowie F. Redlich, The German Military Enterpriser and his Work Force. 2 Bde. Wiesbaden: Steiner 1965. H. Kellenbenz, Die unternehmerische Betätigung der verschiedenen Stände während des Übergangs zur Neuzeit. In: Vierteljahresschrift für Sozial- und Wirtschaftsgeschichte 44 (1957), S. 7 ff.

reichte ihr wirtschaftlicher Horizont kaum über die Stadt und ihre nähere Umgebung hinaus. Sie waren Kleingewerbetreibende mit Haus- und Grundbesitz und einem geringen, meist in Waren festgelegten umlaufenden Kapital. Zwischen ihnen und den großen Fernhandelskaufleuten bestand eine tiefe Kluft, nicht nur was die wirtschaftliche Leistungsfähigkeit anbetrifft, sondern auch in bezug auf den sozialen Status und die politischen Mitwirkungsrechte in ihrer Gemeinde.

Unternehmerische Betätigung war jedoch geeignet, solche Kluft, wenn nicht zu schließen, so doch zu verkleinern. Kleingewerbetreibende, Spediteure, Gastwirte, Beamten- und Bauernsöhne, Manufakturisten und Verleger, in der Stadt wie auf dem Land, konnten als Unternehmer zu Wohlstand kommen und an sozialem Ansehen gewinnen. Soziale und religiöse Minderheiten – Juden, Hugenotten, Mennoniten oder Quäker oder auch bloß Ortsfremde – gelangten auf diese Weise in größere Nähe zu den politisch, sozial und ökonomisch führenden Schichten. Mancherorts bildeten sie Gruppen mit einem Sonderstatus, so vor allem die religiösen Flüchtlinge; vielfach blieben sie aber als Familien oder Individuen zwischen den etablierten Schichten, ohne daß man ihren Status genau definieren könnte. Rechtlich wurden sie meist als "Schutzverwandte" bezeichnet, die gegen Zahlung von Abgaben bestimmte Rechte erhielten, in denen sie die Obrigkeit zu schützen versprach. Im Laufe von Generationen gelang es einigen Gruppen, am ehesten einzelnen besonders erfolgreichen Familien, in die Führungsschichten integriert zu werden oder gar selbst eine Elite zu bilden.[9] Unternehmerische Betätigung lockerte so starre Standesgrenzen auf, schuf Zwischenschichten und steigerte die soziale wie auch örtliche Mobilität. Sie wirkte als Ferment bei der allmählichen Auflösung der Gesellschaft des Ançien Régime.

In der ersten Hälfte des 19. Jahrhunderts hatten auch in Deutschland die alten Standesschranken rechtlich kaum noch Gültigkeit, Ausnahmen bildeten die weiter bestehenden Privilegien der regierenden Häuser und der Standesherren, das heißt derjenigen früher regierenden Häuser, die durch Napoleon "mediatisiert" worden waren.[10] Auch wirtschaftlich war die ohnehin längst durchbrochene ständische Trennung weitgehend aufgelöst, wenngleich überkommene Vorstellungen von dem, was sich für jeden Stand schicke, noch lange nachwirkten. Und in den meisten nicht-preußischen Gebieten, so in allen süddeutschen Staaten, blieben sogar bis in die sechziger

9 Beispiele sind die portugiesischen Juden im protestantischen Nordwesteuropa oder die Tessiner Glaubensflüchtlinge in der deutschen Schweiz oder die Hugenotten in Holland und Preußen. S.: H. Kellenbenz, Sephardim an der unteren Elbe. Ihre wirtschaftliche und politische Bedeutung vom Ende des 16. bis zum Beginn des 18. Jahrhunderts. Wiesbaden: Steiner 1958.
L. Weisz, Die wirtschaftliche Bedeutung der Tessiner Glaubensflüchtlinge für die deutsche Schweiz. Zürich: Berichtshaus 1958.

10 H. Gollwitzer, Die Standesherren. Die politische und gesellschaftliche Stellung der Mediatisierten 1815–1918. Ein Beitrag zur deutschen Sozialgeschichte. Stuttgart: Vorwerk 1957. 2. Aufl.

Jahre rechtliche Schranken bestehen, die es zum Beispiel zünftigen Handwerksmeistern erschwerten, ihren Handwerksbetrieb zu industriellen Fabrikationsstätten zu erweitern oder im Bereich ihrer Zunft unzünftige Betriebe zu eröffnen. Insgesamt jedoch war die unternehmerische Betätigung freier als zuvor, und es wandten sich ihr Angehörige von Gesellschaftsschichten zu, denen im Ançien Régime nur ausgewählte Unternehmertätigkeiten – etwa in Land- und Forstwirtschaft oder im Bergbau – standesgemäß erschienen waren. Adelige und bäuerliche Unternehmer konnten sich, ohne auf Hindernisse zu stoßen, landwirtschaftliche Nebenbetriebe zur Weiterverarbeitung ihrer Bodenschätze und Produkte angliedern. Mühlen aller Art, Bergwerke und Eisenhütten, Zuckerrübenfabriken, Schnapsbrennereien, Sägewerke, Ziegeleien, Kies- und Torfgruben, wurden in großer Zahl eröffnet. Ländliche Zwischenschichten, Verleger und Unterverleger, im Schwarzwald 'Fergger' genannt, stiegen in verschiedenen Textilregionen zu selbständigen 'Textilherren' auf.[11]

Im großen und ganzen aber blieb die unternehmerische Betätigung die Domäne des städtischen gewerblichen Mittelstandes, auch in vielen ländlichen Industriegebieten, deren Textilfabriken meist von städtischen Kaufleuten gegründet und geleitet wurden. Unternehmerische Familientradition, Fach- und Branchenkenntnis und familiärer Kapitalbesitz waren offenbar eine erhebliche Starthilfe beim Einstieg in die industrielle Unternehmertätigkeit. So stammten rund drei Viertel aller quellenmäßig erfaßbaren Berliner Unternehmer der Frühindustrialisierung aus Unternehmerfamilien, nur 12 Prozent aus freien Berufen, 8 Prozent aus dem Handwerk und 2 Prozent aus der Landwirtschaft.[12] Zwar erbten nur rund ein Drittel die Betriebe der Väter, aber das unternehmerische Milieu förderte ihre Unternehmertätigkeit, auch wenn die Söhne ihre Kenntnisse in anderen Branchen oder an anderen Orten erwarben. Auch im Rheinland und an der Saar entstammen die meisten der bekannten frühindustriellen Unternehmer wie Krupp, Hoesch, Schoeller, Poensgen, de Wendel und Stumm aus alten gewerblich tätigen Familien, die häufig miteinander verwandt waren und eine Heiratspolitik betrieben, die der der adeligen Dynastie ähnelte. Fritz Redlich, einer der besten Kenner der Unternehmergeschichte, vermutet sogar, daß die Schlüsselstellungen beim Beginn der modernen Industrialisierung in Deutschland ebenso wie in England oder Frankreich in den Händen von ein paar hundert Familien gelegen habe.[13]

Die meisten dieser Familien kann man als Kaufmannsfamilien

11 R. Braun, Zur Entstehung eines ländlichen "Fabrikherren"-Standes. In: R. Braun u. a., Industrielle Revolution. Wirtschaftliche Aspekte. Köln/Berlin: Kiepenheuer & Witsch 1972, S. 94–107.

12 H. Kaelble, Berliner Unternehmer während der frühen Industrialisierung. Herkunft, sozialer Status und politischer Einfluß. Berlin/New York: de Gruyter 1972, bes. S. 37 und S. 99.

13 J. Kocka, Entrepreneurship and Management in the German Industrialization. In Cambridge Economic History, vol 7 (in Vorbereitung).

bezeichnen, obwohl darunter auch Hüttenmänner, Reidemeister und Manufakturisten sind, also eher technisch orientierte Unternehmer. Handwerker ragen nur in einem Industriezweig besonders hervor, dem Maschinenbau, wo sie in der ersten Hälfte des 19. Jahrhunderts fast die Hälfte aller Unternehmer stellten. Rechnet man noch die zirka 20 Prozent hinzu, die als Berufsbezeichnung bereits "Maschinenbauer" angeben, so kann man sagen, daß im Maschinenbau fast zwei Drittel der Unternehmer der Gründergeneration mehr technisch als kaufmännisch orientiert waren.[14] In den meisten anderen Branchen dominiert eher der Kaufmann, wenngleich er vielfach gezwungen ist, sich einen technisch versierten Associé zu suchen, der die praktische Leitung des Betriebes in die Hand nimmt, während dem Kaufmann, der meist auch den größeren oder alleinigen Kapitalanteil hält, die kaufmännische Leitung einschließlich der unternehmerischen Entscheidungen obliegt. Die Mehrzahl der kleineren Industriebetriebe sind in dieser Weise oft über Jahrzehnte geführt worden.

Daneben stehen jedoch auch schon in der ersten Hälfte des 19. Jahrhunderts Gründungen größeren Stils, in denen sich zahlreiche "Kapitalisten" aus verschiedenen Ständen zu einem gemeinsamen Unternehmen zusammenfinden. Bezeichnenderweise geht jedoch auch hier der Impuls meist von einigen wenigen Unternehmernaturen aus, die sich weitere Kapitalgeber suchen. Hier finden wir dann oft den Bankier als Mittelsmann, der seine Verbindungen und die Kreditmöglichkeiten seiner Bank zur Verfügung stellt und im Verwaltungsrat die entscheidende Stimme besitzt. Die Unternehmerfunktion ist dann dreigeteilt: Neben dem kaufmännischen und dem technischen Direktor, die meist Mitunternehmer sind, steht der Verwaltungsratspräsident, oft als Hauptaktionär oder Vertreter einer Aktionärsgruppe.[15] Von ihm hängen vor allem die Investitionsentscheidungen ab. Er stellt die Verbindungen zwischen Unternehmern und "Kapitalisten" her, sofern sie nicht durch Familien- oder Geschäftsbeziehungen bereits bestehen. Das erwies sich als nötig, weil Unternehmer und "Kapitalisten" auch im frühen 19. Jahrhundert durchaus nicht immer identisch waren. Vor allem industriellen Unternehmern fehlte oft ausreichendes Kapital, wenngleich sie selten ganz ohne eigene Mittel anfingen. Als "Kapitalisten" bezeichnete man hingegen durchweg Geldkapitalbesitzer, die eine gewinnbringende, aber auch sichere Anlage ihres Vermögens suchten, selbst aber nicht oder nicht mehr unternehmerisch tätig waren. Der typische "Kapitalist" des frühen 19. Jahrhunderts ist ein Rentier, – sehr oft auch die Witwe eines vermögenden Mannes, eines Adeligen, Generals, Grundbesitzers,

14 A. Schröter/W. Becker, Die deutsche Maschinenbauindustrie in der industriellen Revolution. Berlin: Akademie 1962, S. 64f.

15 Für Beispiele solcher Aktiengesellschaftsgründungen s. W. Fischer, Ansätze zur Industrialisierung in Baden 1770–1870. In: Vierteljahrsschrift für Sozial- und Wirtschaftsgeschichte 47 (1960), S. 186–231. W. Zorn, Handels- und Industriegeschichte Bayerisch-Schwabens 1648–1870. Augsburg: Schwäbische Forschungsgemeinschaft 1961, bes. S. 153–175.

Kaufmanns oder Beamten. Da die Sicherheit und die Stetigkeit des Zinsflusses bei Staatsanleihen und Hypotheken eher gegeben erschien, hatte der industrielle Unternehmer Schwierigkeiten, das vorhandene Kapital für sich zu erschließen. Bankiers konnten ihm dabei helfen. Erst die Eisenbahnaktiengesellschaften mit ihren die Phantasie beflügelnden Zukunftsaussichten und ihren meist staatlich garantierten Mindestzinssätzen vermochten genügend Kapital aus den traditionellen Anlagebereichen in die der Modernisierung und Industrialisierung dienenden zu ziehen.[16]

Vielen Unternehmen des frühen 19. Jahrhunderts erschienen die "Kapitalisten" eher als bremsendes Element, weil sie in ihrer Übervorsicht, in ihrem Mangel an Unternehmungsgeist und Risikobereitschaft die Entfaltung der industriellen Unternehmen und damit die wirtschaftliche Entwicklung hemmten. So verließen sich die Gründer lieber auf Verwandte und Freunde und schließlich auf den selbsterwirtschafteten Gewinn, den sie unermüdlich ins Geschäft zurückfließen ließen.

Dieser Zwang zur Selbstfinanzierung, dem viele der frühen industriellen Unternehmer unterlagen und den sie möglicherweise aus dem Streben nach finanzieller Unabhängigkeit noch stärker kultivierten als unbedingt nötig gewesen wäre, prägte ihren Lebensstil entscheidend. "Solidität, Fleiß, Sparsamkeit und andere kaufmännisch-bürgerliche Tugenden", die Friedrich Zunkel als charakteristisch für die Unternehmer des Vormärz im Rheinland ansieht, waren für die meisten eine unerläßliche Vorbedingung für dauerhaften Erfolg und können daher nicht nur aus religiösen oder ethischen Grundsätzen, sondern einfacher aus der praktischen Notwendigkeit und der Lebenserfahrung mehrerer Generationen erklärt werden. Denn, wie Zunkel richtig beobachtet, "die Lebensführung des Unternehmers war wesentlich bestimmt durch sein 'Geschäft'. Es stand im Mittelpunkt seines Lebens. Ihm gehörten sein ganzer Einsatz und alle seine Energien. An das Gedeihen seiner Unternehmung, an den geschäftlichen Erfolg knüpfte sich ja nicht nur die Sorge für Familie und Haus wie für eine Reihe von Arbeitern. An ihn band sich auch Selbstbewußtsein, Stolz auf eigene Leistung und in einer Zeit, in der die bürgerliche Ethik den Erfolgreichen über den weniger Glücklichen stellte, sein persönliches Prestige unter den Berufsgenossen und innerhalb der ganzen bürgerlichen Klasse. Den frommen Reformierten unter den Unternehmern endlich gab die erfolgreiche Arbeit die Gewißheit, von Gott erwählt zu sein."[17]

16 Zu dem ganzen Komplex s. K. Borchardt, Zur Frage des Kapitalmangels in der ersten Hälfte des 19. Jahrhunderts in Deutschland. In: Jahrbuch für Nationalökonomie und Statistik 173 (1961), S. 401–421. Wieder abgedruckt in R. Braun u. a. (Hg.), Industrielle Revolution. Wirtschaftliche Aspekte. Köln/Berlin: Kiepenheuer & Witsch 1972, S. 216–236.

17 F. Zunkel, Der Rheinisch-westfälische Unternehmer 1834–1879. Ein Beitrag zur Geschichte des deutschen Bürgertums im 19. Jahrhundert. Köln/Opladen: Westdeutscher Verlag 1962, S. 66f, 82 und passim.

Diese Identifikation des einzelnen Unternehmers mit seinem Geschäft stammt aus einer Zeit, in der Familie, Beruf, Wohn- und Arbeitsgebäude, kurz das gesamte Leben eines gewerblichen Unternehmers noch ebenso in einem Hause vereint war wie das von Handwerkern und Bauern und tatsächlich von der persönlichen Arbeitsleistung des Prinzipals und seiner Söhne abhing. Auch im Vormärz war dies noch eine weitverbreitete soziale Realität, wenngleich die größeren Unternehmer schon hunderte und manchmal auch tausende von Arbeitern beschäftigten. Da die meisten auch der größeren Unternehmungen jedoch aus sehr kleinen Anfängen entstanden waren, blieben ihre Gründer und manchmal auch noch deren Söhne so eng mit dem "Werk" verbunden, in dessen möglichster Nähe sie wohnten, wie sie das von früher her gewöhnt waren. Manche, zum Beispiel Krupp, versuchten es noch zu einer Zeit durch persönliche Allgegenwart zu leiten, als das infolge schierer Größe längst unmöglich geworden war.

Diese Diskrepanz zwischen dem subjektiv Angestrebten und dem objektiv Möglichen zeigte sich auch im Verhältnis zu den Arbeitern und Angestellten. Der Prinzipal eines Handelshauses erwartete von seinen Söhnen, seinem Kommis, seinem Buchhalter oder Kopisten, daß er sein Leben genauso dem Geschäft widme wie er selbst. Solange er in demselben Kontor mit ihnen stand, war das eine Selbstverständlichkeit. Die größere Arbeitsteilung, die häufigere Abwesenheit vom Geschäft infolge von Reisen oder der Zwang, mehrere Betriebe zu beaufsichtigen, veränderten notwendig Arbeitsstil und Arbeitsethos und entfernten den Mann an der Spitze von dem Gros seiner Angestellten. Die Delegation von unternehmerischen Leitungsfunktionen an einzelne von ihnen etablierte eine Hierarchie, in der sich immer stärker einige wenige Angestellte mit Leitungsfunktionen von der großen Mehrzahl der bloß Ausführenden unterschied.[18]

Solche modernen Tendenzen und Notwendigkeiten setzten sich deutlich sichtbar zwar erst in der zweiten Jahrhunderthälfte durch, die größeren Unternehmungen in den frühindustrialisierten Gegenden, zum Beispiel im Rheinland, lassen sie jedoch schon im Vormärz erkennen. Mechanische Spinnereien und -Webereien, Zuckerfabriken, Eisenhütten- und Walzwerke waren um 1840 über die Verhältnisse eines kaufmännischen Kontors, wie sie Georg Weerth in seinen *"Humoristischen Skizzen aus dem deutschen Handelsleben"* karikiert, weit hinausgewachsen. Auch der Fernhandelskaufmann und Bankier des frühen 19. Jahrhunderts befaßte sich mit anderen Größenordnungen, hatte einen weiteren Horizont und einen großzügigeren Lebensstil als Weerths Kaufmann Preiss.[19] Es sind also gerade

18 Vorzüglich beschrieben und analysiert bei J. Kocka, Unternehmensverwaltung und Angestelltenschaft, bes. S. 76ff. (S. Anm. 7.)

19 Vgl. u. a. P. E. Schramm, Neun Generationen. Dreihundert Jahre deutscher "Kulturgeschichte" im Lichte der einer Hamburger Bürgerfamilie (1648–1949). Göttingen: Van-

nicht die neuen, vorwärtsdrängenden Unternehmerkräfte, die er ins Visier faßt, sondern eher die traditionellen kleineren Kaufleute, die auch im frühindustriellen Wuppertal, in dem er seine Kaufmannslehre absolvierte, und in dem Handelszentrum Köln, indem er danach arbeitete, noch die Mehrzahl der Handelsleute ausmachte.[20] Krämer –, nicht Unternehmergeist tritt dem Leser aus diesen *"Skizzen"* entgegen: Sie stellen so eher eine Satire auf die Welt des Biedermeier als auf das die industrielle Welt prägende Unternehmertum dar.

In seinem Aufsatz über *"Die englische Mittelklasse"* erweist sich Weerth hingegen als ein informierter und scharfer Beobachter der englischen Industriellen Revolution. Die Veränderungen der Landschaft durch die Kohlen- und Erzgruben, die Schmelz- und Hammerwerke werden anschaulich geschildert. Mit einem Stich ins Satirische charakterisiert er die Menschen in dem Industriedorf Bradford, der *Hölle* von Yorkshire, mit ihrer, wie es scheint, unbändigen Arbeitswut, dem Hang zum Spekulieren und Politisieren und ihrer kulturellen Bedürfnislosigkeit.

Weerth kann sich so wenig wie andere – sei es der Schweizer Frühindustrielle Escher oder der Elberfelder Kaufmann Engels – der Faszination dieses englischen *Industriefleißes* und seiner Ergebnisse entziehen. Er sieht die Schattenseiten, spürt unangenehm den Qualm und Rauch und Schmutz, der den Duft der Waldwiesen so unerwartet ablöst und verdrängt; aber wie bei fast allen Beobachtern der Industriellen Revolution Englands überwiegt die Bewunderung dessen, was Menschenhände und Menschengeist zu schaffen vermögen: *Wahrlich, die Engländer haben alle Ursache, etwas stolz zu sein!* (S. 244)

denhoeck & Ruprecht 1963. R. Engelsing, Bremisches Unternehmertum. In: Jahrbuch der Wittheit zu Bremen. II. Bremen-Hannover: Dorn 1958, S. 7–112.

20 Vgl. W. Köllmann, Sozialgeschichte der Stadt Barmen im 19. Jahrhundert. Tübingen: Mohr 1960, bes. S. 108–123. Ds., Wirtschaft, Weltanschauung und Gesellschaft in der Geschichte des Wuppertals. Wuppertal: Abendland 1955. P. Ayçoberry, Probleme der Sozialschichtung in Köln im Zeitalter der Frühindustrialisierung. In: W. Fischer (Hg.), Wirtschafts- und Sozialgeschichtliche Probleme der frühen Industrialisierung. Berlin: Colloquium 1968, S. 512–528.

Georg Weerth ·
Humoristische Skizzen
aus dem deutschen
Handelsleben

Seit 1843 arbeitete Georg Weerth an einem umfassenden Gesellschaftsroman. Es scheint, als habe er bald die Schwierigkeit eines solchen Unternehmens erkannt.

Kommerzienrat aus'm Weerth, bei dem er von 1842 bis 1843 Kommis gewesen war, hatte er zu einer Figur seines Romans mit dem Namen Preiss (Weerth = Wert, Preiss = Preis) machen wollen. Der Roman blieb Fragment (vgl. dazu Band II). Der Kommerzienrat wurde nun zur Hauptfigur einer Reihe *"Humoristische Skizzen aus dem deutschen Handelsleben"*. Einige Kapitel, die ursprünglich für den großen Roman gedacht waren, bildeten den Ausgangspunkt. Das geht aus einer Übersicht zum Romanprojekt hervor.[1] Als Ziel steckte er sich die kritische Analyse des kapitalistischen Bürgertums: *Dies praktische und reelle Einwirken auf den tiers état kann uns einzig und allein weiterbringen.* (S. 85)

Schon in einem Brief vom 20. Oktober 1845 schrieb Weerth an Karl Marx: *Über den Herrn Preiss habe ich mich ferner lustig gemacht und werde Euch das Ms. in Gesellschaft des Marcus und des Ricardo dieser Tage zur Erquickung einsenden.* (S. 79) Zwei Monate später heißt es in einem nur fragmentarisch erhalten gebliebenen Brief, daß er *ein Ms. 'Preiss'* für ihre Zeitschrift abschicken werde. Marx plante zu jener Zeit die Herausgabe einer neuen Zeitung, denn seit dem Verbot des in Paris gedruckten "Vorwärts!" am 1. Januar 1845 waren Marx und Engels ohne Publikumsorgan. Weerth war gebeten worden, Beiträge, vor allem wohl literarische Feuilletons, zu liefern.

Wie Weerth seine *"Skizzen"* selbst beurteilte, geht aus einem Brief an Marx hervor: *Es ist ein gutes Stück; ich glaube, daß es Euch Freude machen wird – lustig ist es wenigstens; der alte Weerth wird sich sicher aus dem Herrn Preiss herausfinden und mir den Hals umdrehen, wenn er mich zu fassen kriegt.*[2] Im Mai 1846 bat er Marx, die *Bruchstücke aus dem Leben des Herrn Preiss* nicht unter seinem Namen erscheinen zu lassen; er habe *eine zu hohe Achtung vor dem Herrn Preiss* und fürchte, daß er ihn zu sehr kränke, wenn jedermann aus seinem Namen leicht auf den *frommen Kommerzienrat* schließen könne: *Ohne meinen berühmten Namen wird der Aufsatz auch schon seine Wirkung tun.*[3]

Vermutlich handelt es sich bei den hier genannten Teilen der *"Skizzen"* um die Kapitel 1 bis 4. Sie wurden jedoch erst am 14. 11., 2. 12., 14. 12. 1847 und am 2. 2. 1848 in der "Kölnischen Zeitung" veröffentlicht, da die von Marx geplante Zeitung nicht zustande gekommen war. Nach der Märzrevolution 1848 hielt Weerth eine weitere Mitarbeit an der großbürgerlichen "Kölnischen Zeitung" wohl

1 Auf der Rückseite eines Manuskriptblattes des Romanfragments findet sich folgende Kapitelaufstellung: *I Preiss + die Armen, II Die Korrespondenz, III Der neue Lehrling, IV Der alte Guldenberg* (das ist in den *"Skizzen"* wohl Sassafraß), *V Schutzzoll-Agitation, VI Ankunft des Reisenden, VII Baron + Bertha* [usw.] Die Kapitel II, III, IV, VI sind dann in die *"Skizzen"* übernommen worden.

2 SW, Bd. 5, S. 188.

3 SW, Bd. 5, S. 210 f.

nicht mehr für opportun: 5 Kapitel, die er noch geschrieben hatte, blieben ungedruckt. Allerdings sind sie auch später nicht mehr in der "Neuen Rheinischen Zeitung" erschienen, deren Feuilletonchef Weerth wurde. Für die "Neue Rheinische Zeitung" schrieb er die Kapitel 10 bis 14. In ihnen verarbeitete er schon die Ereignisse der Revolution. Gedruckt wurden sie zwischen dem 1. Juni und 6. Juli 1848. So ergibt sich eindeutig, daß die *"Skizzen"* in den Jahren 1845 bis 1848 entstanden sind. Aus der Existenz von 4 verschiedenen Fragmenten geht auch hervor, daß Weerth die Reihe fortsetzen wollte.

Schauplatz der *"Skizzen"* ist das Kontor des Handelshauses Preiss. Nur das 10. Kapitel spielt teilweise in Preiss' Schlafzimmer. Nähere Ortsangaben werden nicht gemacht. Dem Handlungsinhalt nach lassen sich zwei Gruppen unterscheiden. Die vor der Revolution geschriebenen Kapitel beschäftigen sich mit den kaufmännischen Eigenschaften und Praktiken des Kapitalisten Preiss und mit den Handlungen und Aufgaben der Personen in seiner Umgebung. Die nach der Revolution verfaßten Kapitel befassen sich mit der politischen Stellung des kapitalistischen Bourgeois.

Die einzelnen *"Skizzen"* sind in sich gerundet, stehen aber alle in einem Zusammenhang – wie es der lockere Serienabdruck in einer Zeitung verlangt. Weerth hat ganz natürlich diese offene Form gewählt. Unruhige, in großer Umwälzung begriffene Zeiten lassen den politisch engagierten Schriftsteller nur selten große geschlossene Kunstwerke schaffen. Was Weerth über die Satiren im Londoner "Punch" gesagt hat, läßt sich auch auf seine *"Skizzen"* beziehen: *Diese hastige Zeit hat oft nicht mehr Lust, lange Räsonnements zu lesen; da muß der Pinsel und der Griffel herhalten und ein Bild schaffen, was mit einem Schlage den Gegenstand vor die Augen und dadurch in den Kopf bringt.* (S. 69) Da jede Skizze in sich geschlossen ist, fehlen in der Reihe Angaben über die erzählte Zeit. Dafür prägen – vor allem in den Kapiteln 10 bis 14 – historische Ereignisse die Struktur.

Im Gegensatz zum Romanfragment wird Preiss nun die Hauptfigur. Er wird auch nicht mehr als Fabrikant wie im ungedruckt gebliebenen Romanfragment, sondern als Kaufmann dargestellt. Zumindest wird nur der kaufmännische Aspekt des Preiss'schen Unternehmens sichtbar. Allerdings deutet die Erwähnung von Arbeitern und die Fabrikation von Schrapnells darauf hin, daß Preiss mehrere Etablissements unterhält. Die soziale Frage im engeren Sinn wird in den *"Skizzen"* nicht angeschnitten. Preiss ist zwar Hauptfigur, aber kein Held im Sinne des klassischen Bildungsromans. Auf die *"Skizzen"* trifft eher der Untertitel von Thackerays "Jahrmarkt der Eitelkeiten" (den *"Skizzen"* in manchen Zügen verwandt) zu: "Roman ohne Held".

Preiss' Gespräche mit seinem Personal machen den 1. Teil aus. Er redet mit dem Lehrling, mit dem Korrespondenten August, mit dem alten Handlungsgehilfen Sassafraß, mit dem Makler Emsig, mit dem

Reisenden Sommer, vor allem aber mit dem Buchhalter Lenz. Alle Linien der *"Skizzen"* laufen auf Preiss hin oder gehen von ihm aus. Er agiert, reagiert, regiert. Im 2. Teil tritt nur noch der Buchhalter Lenz als Partner auf. Lenz ist auch die einzige Figur – außer Preiss –, die Weerth aus dem Romanfragment übernommen hat. Dort heißt er allerdings Weber.

Wenn Weerth die Einblicke in die Geschäftspraxis von Preiss auch nur *Bruchstücke aus dem Leben des Herrn Preiss* genannt hat, sind die Situationen und Gespräche doch typisch und exemplarisch für kapitalistisches Handeln und bürgerliche Ideologie an sich.

•

Der Text folgt für die Kapitel 1 bis 9 der Handschrift. Die in der "Kölnischen Zeitung" gedruckten Kapitel 1 bis 4 weichen nur geringfügig vom Original ab. Für die Kapitel 10 bis 14 sind die handschriftlichen Vorlagen nicht erhalten, es muß daher auf den Erstdruck in der "Neuen Rheinischen Zeitung" zurückgegriffen werden.[4]

4 Vgl. auch: Georg Weerth, Humoristische Skizzen aus dem deutschen Handelsleben, hrsg. von Jürgen-Wolfgang Goette. Stuttgart: Reclam 1971 (= RUB 7948/49). Der Verlag Philipp Reclam jun., Stuttgart, stellte den Text für diese Ausgabe freundlicherweise zur Verfügung.

I

DER LEHRLING

Wir stehen im Comptoir des Herrn Preiss.

Rötlich strahlt der Morgen durch zwei große halbverstaubte Fenster auf die Tintenkleckse des Schreibpultes. Sandbüchsen, Federmesser, Gänsekiele und ähnliche friedfertige Instrumente schlummern in holder Gemeinschaft neben Postpapier und Propatria[1]. Hohe, ledergepolsterte Dreifüße umringen das Pult; und das Pult hat Schubladen mit Schlössern und Riegeln daran von echtem Eisen. An den Wänden, die in ihrer Jugend unschuldig weiß waren, hängen Landkarten, die mit der Zeit alt geworden sind. Außer ihnen bemerkt man ein Portrait Napoleons, den jeder kennt, ein Portrait Rothschilds[2], den viele kennen, und ein Portrait Gottfried Friedrich Jammers seliger Erben Sohn, den nur der Herr Preiss kennt, weil er einst auf *einen* Schlag 700 Reichsgulden an ihm verdiente, im Zwanzig-Gulden-Fuße[3].

Ein Bücherschrank schmückt den Hintergrund des Zimmers. Darin bemerkt man das Hauptbuch, gebunden in Schweinsleder, mit rotem Titel und messingenen Klammern. Das Kassabuch, gebunden in grüne Leinewand, mit Ecken von Eisenblech. Die Prima Nota[4], gebunden in schwarzen Maroquin mit Goldschnörkeln. Das Kopierbuch, dick und schwer wie eine Chronika. Das Erkundigungsbuch, enthaltend günstige und ungünstige Zeugnisse über Moralität, d.h. Zahlungsfähigkeit der Mitglieder ehrenwerter Kaufmannschaft. Das Kalkulationsbuch, darin Profit und Schaden auskalkuliert bis auf Heller und Pfennig; und endlich die Kladde, so schon viele Jahre lang gedient und reichlich besudelt worden mit roter und schwarzer Tinte, mit Türkenköpfen, Gänsefüßen und ähnlichen fratzenhaften Verzierungen längst verschollener Handelsgehülfen. Nur das Geheimbuch fehlt in dieser trefflichen Bibliothek, denn dieses bewahrt man vor den Augen der Menge, weil die Aktiva und die Passiva des Herrn Preiss darin stehen, welche niemand schauen soll, damit nicht, wie Nante[5] sagt, jemand den Schleier reiße von des Herrn Preiss etwaigen schamhaften Verhältnissen –

Über dem Ganzen ruht eine siegellackduftende Atmosphäre, und schaust du um dich, da mußt du unwillkürlich ausrufen: *Hier wird Geld verdient!*

Die Uhr schlägt acht, und knarrend dreht sich die Tür in den Angeln. Ein tritt der Herr Preiss.

Herr Preiss ist ein kleiner, aber stattlicher Mann, handfest und rund, ernsthaften Antlitzes, doch freundlichsten Bäuchleins. Unter den ergrauten Wimpern schimmern zwei flinke, unternehmende Falkenaugen. Seine Nase

1 Gutes Schreibpapier, das als Wasserzeichen dieses Wort führte.
2 Meyer Amschel Rothschild (1743–1812), Begründer eines großen europäischen Bankhauses.
3 Gemeint ist der Münzfuß von 1753, nach dem die Kölnische Mark Feinsilber zu 20 Gulden = 13½ Reichstalern ausgeprägt wurde.
4 Bezeichnung für das Grundbuch in der Buchhaltung.
5 Abkürzung für Ferdinand, Figur des Berliner Witzes.

ist etwas gebogen, die Lippen sind fein geschnitten, das Kinn steht ein wenig nach vorn. Der Herr Preiss ist ein schöner alter Kaufmann. Er trägt graue Hosen, einen langen, grünen Rock, Halstuch und Weste sind weiß, und den fast kahlen Schädel bedeckt die Mütze mit großem Lederschirm. Der Herr Preiss nimmt die Brille aus dem Futteral und beginnt seine Morgenandacht: er liest den Amsterdamer Handels- und Börsenbericht. Lassen wir ihn lesen.

Wir wollen zurück nach der Türe sehen. Sie öffnet sich zum zweiten Male, und herein tritt der Buchhalter des Geschäftes, ein Vierzigjähriger; an der Hand führt er einen Knaben, kaum fünfzehn zählend.

Der Buchhalter ist lang und dürr; er besitzt eine rote Nase, und in dem feierlichen Ernste seines Antlitzes ist deutlich zu lesen, daß er 600 Taler verdient, jährlich, mit Mühe und Arbeit. Der Kopf des Knaben ist weniger ausdrucksvoll, er ist eher nichtssagend schön und gleicht einem gesunden Borsdorfer Apfel, an dem die Wespen des Jahrhunderts noch nicht genagt haben.

»Hier ist unser neuer Lehrling!« beginnt der Buchhalter, nachdem er den im Lesen vertieften Herrn einige Male spähend umwandelt hat.

»Ha, das fehlt auch noch!« erwidert der Herr Preiss. »Jetzt soll man sich wieder mit einem dummen Jungen abgeben!« Dann auf den zarten Handelsbeflissenen losschreitend, fährt er fort: »Aber kommen Sie nur näher, mein lieber Sohn; ich habe mit Ihrem Vater den Kontrakt schon geschlossen. Sie stehen nun auf der Schwelle eines neuen Lebens, und wenn Sie sich nur gut halten, so wird es Ihnen auch schon gut gehen – aber das findet sich alles erst später.«

»Später, später!« wiederholt der Buchhalter bedeutsam. Das fromme, merkantilische Schlachtopfer errötet und verneigt sich ehrfurchtsvoll.

»Vor allen Dingen will ich Sie gleich mit Ihren Arbeiten näher bekannt machen. Arbeit ist unser Los, Arbeit ist unsre Bestimmung; mit der Arbeit verdienen wir unsern Käse und unser Brot, unsern roten und weißen Wein; die Arbeit bringt uns Lilien und Rosen.

Am besten tun Sie, wenn Sie am Morgen in aller Frühe aufstehen. Sie verrichten Ihr Gebet und gehen dann auf die Post, indem Sie den Offizianten[6] erklären, Sie wären der neue Lehrling des Herrn Preiss und wünschten die Briefe zu erhalten. Das erste Mal soll jemand mit Ihnen gehen, damit Sie von vornherein gehörig legitimiert sind.

Die Briefe, diese viereckigen, weißen Geheimnisse, ergreifen Sie sorgfältig und machen sich in entsetzlicher Hast damit aus dem Staube. Blitzschnell müssen Sie mir die Briefe überbringen, keine Minute lang auf der Straße verweilen, nichts darf Sie aufhalten; und wäre auch die Welt am Untergehen, so müssen Sie doch erst hierherlaufen und mir die Briefe einhändigen. Oh, es wäre schrecklich, wenn Sie je einmal in diesem Punkte nachlässig wären; denn sehen Sie, von den Briefen hängt alles ab – also merken Sie sich das!

Haben Sie die Briefe überbracht, so verfügen Sie sich zu dem Herrn Buchhalter und fragen ihn, ob er Wechsel einzukassieren hat. Die Wechsel des

6 Unterbeamte, Angestellte.

Lebens sind vielfältig; Solawechsel[7], Tratten und protestierte; manchmal sind sie betrübend, manchmal erfreulich. Die protestierten gehören zu den betrübenden, und die besten sind die, welche man nicht zu bezahlen hat. Glücklich der, welcher in gemäßigtem Wechselverhältnis mit der Gesellschaft steht: ihn werden nicht Rost, nicht Motten und nicht die Zinsen der Bankiers fressen; Ruhe wird seinen Schritt umsäuseln, und der Pfeffer eines Mahnbriefes wird nie den Mohn seines Schlafes stören.

Mit den Wechseln, die Ihnen der Buchhalter gibt, treten Sie in die Häuser, wo sie fällig sind; das heißt, wo die Wechsel fällig sind – Gott bewahre uns vor fallenden Häusern! Das Wechseleinkassieren ist ein wichtiges, ernstes Geschäft, wie denn überhaupt alles wichtig ist, wobei Geld im Spiele ist. Merken Sie sich das. Mit Geld ist nicht zu spaßen; mit dem Gelde muß man vorsichtig sein wie mit seiner Seele; Geld ist das A und O des Daseins, Geld ist alles – vergessen Sie das nie!

Ich will annehmen, Sie hätten einen Wechsel auf die Herren Müller & Comp. – Da gehen Sie auf das Comptoir des Herrn Müller und sagen laut und deutlich: ›Herr Müller! Hier habe ich einen Wechsel von Herrn Preiss und bitte um den Betrag.‹ Der Herr Müller wird den Wisch von oben bis unten besehen, er wird auch Sie einmal vom Wirbel bis zur Zehe mustern und wird, wenn die Sache übrigens in Ordnung ist, in seine Geldkiste greifen, um Ihnen die fragliche Summe vorzuzählen.

Dies ist ein Augenblick, von welchem vieles abhängt.

Ich muß Ihnen nämlich bemerken, daß es in der Handelswelt gar nicht auffällt, wenn sich der eine gegen den andern so gut wehrt, wie er kann. Im Handel hört alle Freundschaft auf, im Handel sind alle Menschen die bittersten Feinde. Ich will Ihnen das jetzt näher auseinandersetzen. Sie stehen vor Herrn Müller, um das Geld in Empfang zu nehmen. Er sah Sie an, er beschaut Sie nochmals, er denkt: ›Das scheint ein junger, unerfahrener Mensch zu sein‹, und zu gleicher Zeit fällt ihm ein, daß er einige schlechte Münzsorten in seiner Kasse hat, daß es die höchste Zeit ist, dieselben wieder einmal in die Welt zu bringen, und daß Sie vielleicht der Mann sein würden, der ihn hierbei unterstützen könnte – und immer weiter denkt der Herr Müller, spricht aber kein Wort, sondern greift in seine Geldkiste und hat kein Mitleid mit Ihrer Jugend, mit Ihrer Anmut und Ihrem Unverstande, und, das versichere ich Ihnen, wenn Sie nicht gehörig aufpassen, da mischt Ihnen der Herr Müller ein paar beschnittene Dukaten, ein paar hannöversche Fünfgroschenstücke oder einige Blafferts[8] unter Ihr Geld, so sicher wie zwei mal zwei vier ist – sehen Sie – und dann ist der Teufel los!

Es versteht sich von selbst, daß ich den Herrn Müller nur als ein unschuldiges Beispiel anführe. Der Herr Müller ist ein ehrenwerter Mann. Aber was geht Sie das an? Da doch jedenfalls die Möglichkeit vorhanden ist, daß selbst dem ehrenwerten Herrn Müller einmal etwas Menschliches passiert, so sind Sie unter allen Verhältnissen des Lebens verpflichtet, den

7 Solawechsel: Eigenwechsel; Tratten: gezogene Wechsel; protestierte: nicht angenommene beziehungsweise gezahlte Wechsel.
8 Silbermünzen in Groschenform (seit 1425).

Herrn Müller für einen – ich will grade nicht sagen: Schuft – jedenfalls aber für das zu halten, was einem Schufte zwischen Hell und Dunkel aufs frappanteste ähnlich sehen könnte. Sie müssen sich steif und fest einbilden, der Herr Müller wolle Sie übertölpeln, und deswegen müssen Sie ihm auf die Finger passen, und dann werden Sie auch nie einen König Hieronymus, einen Coburger Dreier oder einen Dänischen Fuchs[9] mit nach Hause bringen. Verstehen Sie mich?«

Dem jugendlichen Lehrling fiel es wie Schuppen von den Augen. Die Worte des Herrn Preiss durchdrangen ihn mit ihrer ganzen unermeßlichen Wahrheit.

»Haben Sie für Ihren Wechsel das richtige Geld zu den richtigen Kursen in Empfang genommen, so stecken Sie alles in Ihren Sack, binden den Sack mit einem Bindfaden zu und fassen den Sack mit der Hand so fest an, als es Ihre Kräfte erlauben.

Wie Sie es mit *einem* Wechsel machen, so machen Sie es mit allen, und sind Sie fertig, so kehren Sie unverzüglich nach Hause zurück. Unverzüglich, sage ich Ihnen! Das Geld in den Händen, schauen Sie weder rechts noch links, bis Sie wieder auf unserm Comptoir stehen, wo Sie der Herr Buchhalter mit offnen Armen empfangen wird, wenn Sie keinen Bock geschossen haben.

Oh, schießen Sie keine Böcke! Hüten Sie sich vor den Böcken, nichts ist entsetzlicher als ein Bock.

Aus der Stadt zurückgekommen, beginnen Sie die Comptoirarbeiten. Sehen Sie, hier ist das Kopierbuch. Das gehört Ihnen, das sollen Sie nun in Zukunft führen. Sie werden viel dadurch lernen, und die Beschäftigung ist interessant. Fast das ganze Geschäft läuft durch dieses Buch. Jeder Brief, den wir schreiben, muß hier kopiert werden. Obenhin schreiben Sie den Namen des Menschen, an den die Epistel gerichtet ist, und dann schlankweg alles, was folgt, bis zu den Empfehlungen, Grüßen und freundschaftlichen Versicherungen. Dergleichen Sachen brauchen Sie nie zu kopieren, denn es versteht sich von selbst, daß wir ›achtungsvoll‹ unterzeichnen, wenn jemand eine gute Bestellung gab, daß wir ihn mit unendlicher Wärme und Liebe umfassen, wenn er bestellte und zugleich bezahlte, und daß wir ihm unsre grenzenlose Verachtung zu erkennen geben und bloß ›höflich‹ grüßen, wenn er auf zwei Mahnbriefe nichts erwiderte.

Machen Sie die Buchstaben so schön wie möglich, und vor allen Dingen nehmen Sie sich mit den Zahlen in acht. Das ist eine ernsthafte Geschichte. Wenn eine Zahl nicht richtig ist, da fährt gleich die Konfusion hinein von allen Ecken. Am Buchstaben ist mir nicht soviel gelegen, aber an der Zahl – hören Sie mal, guter Freund, kopieren Sie mir die Zahlen richtig, sonst sind wir geschiedene Leute. Zahlen regieren die Welt.

Ich brauche Ihnen wohl nicht zu sagen, daß es mit dem Abschreiben der Briefe nicht allein getan ist; es versteht sich von selbst, daß Sie sich auch den tiefen Sinn dessen, was Sie kopieren, einzuprägen haben. Das Kulante des Stils, die Eleganz der Wendungen, das Treffende in den Ausdrücken und Benennungen, die Höflichkeit inmitten der größten Grobheit und das Ein-

9 Volkstümliche Bezeichnung für schlechte Münzen.

schmeichelnde bei der heftigsten Erbitterung – alles, alles haben Sie sich zu bemerken, alles Ihrem Gedächtnis einzuprägen, damit Sie einst selbst Korrespondent werden können, damit ich Sie einst zur Höhe meines Geschäftes avancieren lassen kann.

Auch der einzelnen Manipulationen, welche die Korrespondenz berührt, müssen Sie sich stets zu erinnern wissen, und die Namen unsrer Kunden bemerken Sie sich und die Art, wie wir sie entweder über den Löffel barbierten, wie wir sie auf den Händen trugen oder wie wir sie im Gedränge untergehen ließen; denn daraus können Sie stets abnehmen, wes Geistes Kinder sie sind und welchen Kredit sie verdienen.

Sie sehen, ich übertrage Ihnen eine herrliche Arbeit. Das Kopierbuch ist das Evangelium des Comptoirs – und nun schreiben Sie es auch recht hübsch, damit ich Freude an Ihnen erlebe.

Groß ist der Handel und weltumfassend! Glücklich der, welcher unter seinen Fittichen ruht, denn ihm wird wohl sein wie einem Maienkäfer unter den Linden.

Sind die Comptoirarbeiten vorüber, da bricht ein neues Leben für Sie an. Sie beschäftigen sich nämlich dann auf dem Warenlager, in den Magazinen. Man wird Sie Muster anfertigen, Pakete machen und Ballen versenden lassen, wodurch Sie sich um unschätzbare Kenntnisse bereichern werden. Qualitäten und Preise der verschiedenen Waren erlernen Sie spielend, indem Sie dem Abschlusse manches Kaufes beiwohnen. Sie sehen, welche Sorte für diese Gegend zieht und welche für eine andre paßt, Sie lernen die Sitten und Gewohnheiten der verschiedenen Völker kennen, ihre Fehler und ihre Tugenden, ihre Zahlungsfähigkeit und, ach! – auch ihre Insolvenz!

Menschen lernen Sie kennen, indem Sie mit Käufern und Verkäufern umgehen; studieren Sie ja die Schwächen eines jeden, denn das wird nie zu Ihrem Schaden sein. Merken Sie sich jedes Lächeln Ihres Gegenmannes, das geringste Zucken seiner Mundwinkel, die leiseste Bewegung seiner Augen, denn das Äußere des Menschen spiegelt oft genug das Innerste seiner Seele wider. Die Seele aber steht in genauem Zusammenhang mit dem Geldbeutel, und die Börse Ihres Gegners ist stets von speziellem Interesse für Sie.

Dunkel nur deute ich Ihnen die vielen Genüsse an, welche die Lust Ihrer Jugend und die Seligkeit Ihres Alters sein werden.

Gibt es etwas Schöneres als den Handel und Wandel? Gibt es ein vollkommeneres Wesen auf Erden als einen vollkommenen Kaufmann?

Ein vollkommenes Wesen soll vor allen Dingen seine Zeit begreifen und sein Jahrhundert; ein guter Kaufmann verstand von jeher beides, denn er verstand sich auf sein eignes Interesse!

Ruhig, im Bewußtsein seiner Würde steht er da, und alle Künste und Wissenschaften der Welt drängen sich zu ihm heran, um ihm zu huldigen, um ihm zu dienen. Philosophie, Mathematik, Geographie, Ökonomie, die ganze Rechtswissenschaft samt der Medizin und allen übrigen Herrlichkeiten von einem Pole bis zum andern, was wären sie, wenn sie der Kaufmann nicht in preußisch Kurant[10] verwandelte!

10 Gängige Münze, deren Wert dem Material entsprach, aus dem sie geprägt wurde.

Glücklich preise ich Sie, daß ein gutes Schicksal Sie in den Port des Kommerzes führte. Arbeiten Sie treulich von 7 Uhr morgens bis 9 Uhr abends, und gehen Sie endlich nach Hause und legen Sie sich zu Bette, da lassen Sie alles, was Sie am Tage sahen und hörten, noch einmal an Ihrer Seele vorübergehen, Briefe und Wechsel, Dukaten und Krontaler, Geldsäcke und Kopierbücher, Kurse und Warenproben, Konkurrenten und Geschäftsfreunde, und stärken Sie sich hierauf zu neuer Tätigkeit durch einen kurzen, aber erquickenden Schlaf.

Verstehen Sie mich? Ich hoffe, Sie haben mich verstanden. Aber jetzt noch eins! Nämlich –«, hier machte der Herr Preiss eine lange Pause, er legte die Hand auf die Schulter des Lehrlings und sah ihn mit einem durchbohrenden Blicke an, »– nämlich, hören Sie, junger Mann! Ich habe Vertrauen in Sie; Sie sind von rechtschaffener Familie, und ich bin bereit, Sie in mein Geschäft durchaus einzuweisen; ich will Ihnen Gelegenheit geben, in dieser Welt fortzukommen; ich kann Ihnen versichern, wer in meiner Schule gewesen ist, der kommt fort – hören Sie! Vier Jahre lang werden Sie einstweilen bei mir bleiben, denn so lautet der Kontrakt, den ich mit Ihrem Vater geschlossen habe; diese vier Jahre werden Ihnen herumgehen wie ein Tag; denn keine Stunde sollen Sie müßig sein, und ich will Ihnen genug zu tun geben – hören Sie aufmerksam zu – eins befehle ich Ihnen vor allem, und ich will, daß Sie dieses eine halten sollen vor allem andern – nämlich, was Sie auch hören und was Sie auch sehen werden auf meinem Comptoir oder auf meinem Lager, kurz, was Ihnen auch begegnet im ganzen Umkreise meines Geschäftes, erwähnen Sie davon nicht das geringste, sobald Sie die Schwelle meines Hauses verlassen haben! Verstehen Sie mich? – Stumm wie ein Fisch!«

»Stumm wie das Grab!« flüsterte der erschrockene Lehrling; er atmete tief auf, und seine unschuldigen Augen neigten sich vor den Flammenblicken des gewaltigen Prinzipals.

Während der Konversation des Herrn Preiss und des Lehrlings waren die übrigen Arbeiter ins Comptoir getreten und hatten sich lautlos an ihre Plätze gesetzt. Eine Totenstille entstand in dem mystischen Raume, und man hörte bald nur noch das Kritzeln der Federn, die in geschäftiger Eile über das Papier tanzten.

II

DER KORRESPONDENT

Der Herr August ist ein schöner junger Mann von fünfundzwanzig Jahren. Was kann ein Mensch mehr verlangen!

Sein Haar ist blond, seine Augen sind blau, seine Wangen sind frisch, sein Kinn ist spitz. August hat weiße Hände, er ist schlank gewachsen und hübsch gekleidet. Die Mutter Natur und der Schneider haben sich angestrengt, ein angenehmes, gesellschaftliches Wesen aus ihm zu machen.

Zierlich und anständig schreitet August durch die Gassen. Den Hut trägt er etwas vorn auf der Stirn; er wedelt mit den Handschuhen und liebäugelt mit den freundlichen Kindern, die etwa am Fenster sitzen, zwischen Myrten und Geranien, das Herz voll knospender Sehnsucht und in den Lilienfingern den Strickstrumpf.

August verfügt sich auf das Comptoir, denn er ist Korrespondent in dem Hause Preiss. Sechs Wochentage lang muß er dort Briefe schreiben an alle geehrten Geschäftsfreunde gen Osten und gen Westen, und nur am siebenten ruht er, da bleibt er daheim, und selig ist ihm die Morgenstunde des Sonntags, wo der Tabak dampft und der Mokka duftet und wo er deine Romane liest, o göttlicher Clauren![11]

Beobachten wir unsern Freund, wie er sich eben an das große Schreibpult setzt, um sein Tagewerk zu beginnen. Vergessen ist jetzt die süße Außenwelt, vergessen das Lockenköpfchen, das ihn eben gegrüßt, vergessen die ergreifendste Stelle aus Claurens Schriften, vergessen die Karoline des Billards, die er noch am Abend vorher so trefflich geschnitten, und vergessen der Dukaten, den er verloren im Landsknecht! Finsterer Geschäftsernst starrt ihm entgegen aus dem Comptoir des Herrn Preiss.

»Was hat die Post gebracht?« fragt der würdige Prinzipal. »Es sind viele Briefe gekommen; schreiten wir zur Beantwortung!«

Da langt August nach den Geschäftsepisteln des Tages und beginnt: »Die Herren Rand & Lieblich übermachen uns 700 Gulden auf Frankfurt und bestellen 100 Ballen Kaffee von der zuletzt erhaltenen Sorte. Die Ware soll gleich versandt werden, und sie verlassen sich in betreff des Preises auf unsre vielerprobte Rechtlichkeit.«

»Antworten Sie den Leuten«, erwiderte Herr Preiss, »daß ich sie achte und liebe. Für die 700 Gulden wollen wir sie nach unbezweifeltem Eingang mit dem wärmsten Danke erkennen. Die 100 Ballen Kaffee erfolgen mit dem nächsten Schiffe, und zwar aus besondern freundschaftlichen Rücksichten einen halben Taler billiger. Versichern Sie die Menschen meiner unwandelbaren Ergebenheit, und empfehlen Sie mich ihnen mit ausgezeichneter Hochachtung.«

»Die Herren Fuchtel & Peitsche«, fuhr August fort, »schreiben uns einen bösen Brief; sie sagen, sie hätten unsre letzte Sendung Kaffee erhalten, aber die Qualität sei nicht nach Probe; sie wünschen daher eine namhafte Vergütung, oder sonst soll die ganze Geschichte zu unsrer Verfügung bleiben.«

»Antworten Sie diesen Leuten, daß ich ein Ehrenmann sei und daß solche Dinge nie bei mir vorfallen könnten. Sie sollen sich eine Brille anschaffen und die Sache noch einmal untersuchen. Sagen Sie, daß die Preise des Artikels einen merklichen Aufschwung zu nehmen schienen, und machen Sie den beiden Herren sehr bange, dann werden sie sich wohl beruhigen. Ich weiß sehr gut, daß die Sendung nicht ganz nach Probe ist, aber wir sind alle schwache und sterbliche Menschen, und jeder hilft sich, so gut er kann. Grüßen Sie Herren Fuchtel & Peitsche achtungsvoll. Weiter im Text!«

»Der Herr Parzival junior drückt uns sein Bedauern aus, daß er unsre

11 Heinrich Clauren eigentlich Carl Heun (1771–1854), Verfasser zahlreicher sentimental-frivoler Unterhaltungsromane.

letzte Rechnung noch nicht habe bezahlen können. Die Zeiten seien schlecht, er sei aber ein ehrlicher Mann. Außerdem wünscht er noch ein Faß Öl zu erhalten.«

»Dieser Mensch gefällt mir gar nicht. Schreiben Sie ihm, daß ich seinen Rimessen[12] nichtsdestoweniger mit großer Ungeduld entgegensähe, und was das Faß Öl betreffe, so würde ich dasselbe lieber bis auf den Grund austrinken, ehe ich es ohne vorher erfolgte Bezahlung absendete; und dann grüßen Sie Herrn Parzival bloß höflich.«

»Die Geschwister Fischer schreiben, daß die zuletzt erhaltene und schon bezahlte blaue Farbe gar nicht zu verkaufen, da sie unecht sei. Wir möchten die Sendung doch durch eine andre ersetzen.«

»O Zeus! Schon bezahlt und nun noch Reklamationen! Verfertigen Sie diesen unschuldigen Geschwistern Fischer doch einen recht lustigen Brief. Schreiben Sie, daß es seine volle Richtigkeit mit der schlechten Qualität der Ware habe, aber zu den billigen Preisen, die ich den Geschwistern ansetze, könne man auch nichts Gutes liefern. Sie sollen die Geschichte in Gottes Namen behalten; schreiben Sie das recht versöhnlich, denn die Geschwister sind brave Leute, und bieten Sie ihnen eine neue Quantität recht niedrig an. Grüßen Sie die Geschwister auch recht freundschaftlich, dann werden sie sich schon zufriedengeben. Und nun?«

»François père et fils in Avignon bitten um Abrechnung über die seinerzeit konsignierten 7 Fässer Krapp[13]. Wenn die Ware noch nicht verkauft ist, so sollen wir zum bestmöglichen Preise losschlagen.«

»Diese Franzosen wollen wir schneiden. Nichts ist vorteilhafter als ein Konsignationsgeschäft. Es ist eigens vom Schicksale dazu gemacht, daß ein ehrlicher Mann etwas daran verdiene. Die Fässer Krapp sind längst verkauft. Schreiben Sie daher den Leuten, daß ich sie bis zur Stunde auf dem Lager gehabt hätte. Es sei unmöglich gewesen, so schlechtes Zeug loszuwerden. Nach ihrem Wunsche hätte ich sie aber jetzt mit Gewalt fortgeschafft, leider sei deswegen aber auch der Preis ziemlich niedrig. Machen Sie dann eine Verkaufsrechnung 30 bis 50 Prozent zu unsern Gunsten; ermuntern Sie die Herren zu fernern Konsignationen, und versichern Sie dieselben meiner ganzen Sorgfalt für ihr Interesse und Wohlergehen. Sie können auch noch bemerken, daß ich ihnen aus reiner Gutmütigkeit keine Lagerspesen berechnen wolle, denn ich bedauere selbst, daß dieser erste Versuch nicht besser ausgefallen sei. Führen Sie den Brief recht hübsch aus, und schreiben Sie französisch, damit uns die Leute besser verstehen. Was gibt es sonst?«

»Ein Brief des Herrn Julius Lavendel. Er gibt einen Auftrag auf 10 Kisten Indigo, will aber auf die frühere Sendung etwas vergütet haben.«

»Das ist gar nicht dumm von ihm. Antworten Sie diesem Manne, daß er die 10 Kisten Indigo haben soll, mit Vergnügen; die Vergütung brauchen Sie aber gar nicht zu berühren; wir müssen tun, als hätten wir das gar nicht ge-

12 Gezogene Wechsel.
13 Färbemittel.

lesen, und wenn er noch einmal darauf zurückkommt, so wollen wir sie bewilligen und ihn auf eine andre Weise dafür zu packen suchen. – Sela!«

»Jetzt kommt ein Schreiben der Herren Ehrlich & Wunderlich. Sie wollen Offerte in Zucker haben und können eine bedeutende Partie gebrauchen.«

»Nun, das ist mir ja bedeutend lieb. Schreiben Sie diesen Biedermännern einen höchst poetischen Liebesbrief, notieren Sie ihnen die jetzigen Preise und grüßen Sie dieselben freundschaftlichst und mit achtungsvoller Ergebenheit. Wenn Sie damit fertig sind, so erkundigen Sie sich aber noch einmal bei unserm Bankier, ob die Kerle auch solide sind; es gibt in dieser insolventen Jahreszeit so viel schlechtes Volk, daß man wahrhaftig etwas vorsichtig sein muß.«

»Der Advokat in Offenbach erwidert auf unsre neuliche Anfrage, daß unser Prozeß gegen den Juden Lilienstern noch immer nicht zu Ende sei. Bei der großen Sorgfalt, mit der er unser Interesse vertrete, hoffe er indes über Jahr und Tag damit fertig zu werden. Leider seien die dasigen Gerichtsverhältnisse äußerst verwickelt.«

»Sehen Sie, so geht es einem ehrlichen Kaufmann, wenn er unter die Wölfe gerät! Die Advokaten sind die prächtigsten Leute von der Welt beim Kartenspiel oder bei einer vorzüglichen Flasche Wein – aber wehe, wenn sie, losgelassen, das Interesse ihrer Freunde vor Gericht vertreten! Die Haare fangen eher auf einem alten Koffer an zu wachsen, die Mücken verwandeln sich eher in Dromedare, als daß man durch einen Advokaten zu seinem rechtlichen Eigentume kommt. Legen Sie den Brief dieses Offenbachers beiseite, damit ich ihn nie wieder zu Gesicht bekomme, damit ich nicht an dem Adel der menschlichen Seele zu zweifeln beginne, damit sich die Sanftmut meiner Brust nicht in Wut, damit sich die Milch meines Herzens nicht in Wermut verkehrt. Das Advokatenhandwerk muß ein einträgliches Geschäft sein; – ich will doch einen meiner Söhne Advokat werden lassen.«

»Ein Herr Tarantel teilt uns mit, daß er eine Erfindung gemacht habe, um das Farböl vorteilhafter tournant zu machen, und ladet uns ein, einige Fonds vorzuschießen, damit diese Erfindung exploitiert werden könne.«

»Erwidern Sie diesem Exploiteur, daß Erfindungen nicht in meine Branche schlagen. Es sei sehr gut möglich, daß er ein zweiter James Watt, ein Arkwright oder ein Liebig[14] sei; ich befasse mich indes nur mit Zucker, Kaffee und Heringen; weiter reiche mein Horizont nicht. Im übrigen wünsche ich ihm des Himmels reichen Segen; ich sei ein armer Mann und grüße ihn ergebenst.«

»Der Herr Pfarrer von Flachsenfingen bittet um einige Beiträge zu einer milden Stiftung.«

»Melden Sie ihm in blumenreichen Ausdrücken, daß dergleichen gegen meine Geschäftsprinzipien sei – aber halten Sie! Der Bruder dieses Pfarrers ist ja einer unsrer besten Kunden; nein, schicken Sie ihm 10 Taler, sagen Sie, ich sei ein großer Philanthrop, und mit ganzem Herzen überreiche ich ihm

14 James Watt (1736–1819), Erfinder der Dampfmaschine. – Richard Arkwright (1732–92), Textilfabrikant, Erfinder von Spinnmaschinen. – Justus von Liebig (1803–73), Chemiker.

diese Kleinigkeit. Sie müssen recht viele Worte machen, damit der Glanz der Phrasen die Geringfügigkeit meiner Gabe in etwa verdeckt; und empfehlen Sie mich Sr. Hochwürden dann mit christlicher Liebe und Ergebenheit. Aber es ist doch entsetzlich, daß man nur Briefe von Advokaten, Erfindern und Geistlichen erhält, gerade von den Leuten, die mich am wenigsten interessieren. Gibt es denn gar nichts Erfreuliches mehr?«

»Der Herr Salamander in der Pfalz bestellt 20 Tönnchen Heringe umgehend.»

»Dieser Mann ist mein Freund. Aber das ist viel; 20 Tönnchen auf einmal; es muß wenig Durst mehr, ja es muß viel Katzenjammer in der Pfalz geben. Ist unser Salamander auch wohl solide? Schreiben Sie ihm, die Heringe sollten baldigst den Rhein hinaufschwimmen; Rimessen auf Köln wären aber angenehm, denn das Geld sei rar. Empfehlen Sie mich dem Salamander mit bewußter und bekannter Freundschaft.«

»Zum Schlusse haben wir noch zwei Briefe von Bankiers aus Paris und Amsterdam.«

»Und was wollen die von mir?«

»Die Herren Brummfliege Eidam & Co. beklagen sich bitter darüber, daß wir schon seit mehreren Jahren einen großen Posten in unserm Kredit stehen hätten, von dem sie uns die höchsten Zinsen vergüten müßten, und daß wir so gut wie gar keine Geschäfte mit ihnen machten. Dies könne nicht länger so fortgehen; wir müßten so gefällig sein und ihre Dienste etwas in Anspruch nehmen. Sie verdienten ja gar nichts an uns usw. Dies schreiben die Amsterdamer. Zur selben Zeit ersuchen uns die Herren Scorpion frères in Paris, über jeden Betrag bei ihnen zu verfügen; ihre Dienste wären uns unter allen Verhältnissen gewidmet, und sie würden sich glücklich schätzen, wenn wir ihre Kapitalien bald und bedeutend in Anspruch nähmen.«

»Schreiben Sie den Leuten, daß ich ihnen für ihr schmeichelhaftes Anerbieten sehr verbunden wäre; leider hätte ich aber schon selbst so viel Geld und litte gerade in diesem Augenblicke so entsetzlich an überflüssigen Fonds, daß ich bei bestem Willen von fremden Kapitalien keinen Gebrauch machen könne und es einstweilen der Zukunft überlassen müsse, ob ich einmal zu einem Geschäfte die Hand bieten dürfe. Sollte dieser Fall eintreten, so würde ich mich gern ihrer Offerte erinnern und bliebe indes achtungsvoll usw. der Ihrige.«

»Da sind wir fertig!« rief August und seufzte tief auf. Er hatte wirklich einige Mühe gehabt, mit dem Gedankengange des würdigen Prinzipals gleichen Schritt zu halten. Da er sich aber den Umriß sämtlicher Briefantworten auf einem Stückchen Papier bemerkte, so wurde es ihm dennoch möglich, die Ideen seines erfindungsreichen Meisters schnell in jenen zierlichen Wendungen wiederzugeben, welche schon längst die Wonne und die Bewunderung aller Geschäftsfreunde des Herrn Preiss waren. Ungesäumt gab er sich ans Werk, und wiederum lag eine tiefe Sabbatstille über dem ganzen Comptoir; denn auch die jüngern Leute, welche den Reden ihres Herrn aufmerksam gelauscht und sich bei mancher Stelle bedeutungsvoll zugenickt oder voll süßen Einverständnisses angelächelt hatten, versanken jetzt wieder in ihre Arbeit, während der dürre Buchhalter den Namen mancher respektablen Firma auf die Seiten seines großen Hauptbuches malte.

Der Herr Preiss aber zog den Lyoner Foulard[15] aus der Tasche des großen Rockes und trocknete den Schweiß von der hohen, olympischen Stirn, welche so kühn allen Gefahren trotzte und so reich an vorteilhaften Erfindungen war. Die Hände auf den Rücken legend, schritt er gesenkten Hauptes auf und ab durch den düstern Hintergrund des Comptoires, tief in der Seele erwägend, ob er recht getan und richtig gehandelt, und es war ihm zumute wie dem Helden Homers, dem ränkevollen Odysseus, nachdem er betrogen Polyphem, den groben Cyklopen.

III

DER BUCHHALTER

Der Buchhalter Lenz besaß eine rote Nase. Dies ist sehr wichtig. Er besaß nicht die Nase Bardolphs[16], jenes flammende Meteor, bei dessen Strahl der gute Falstaff stets an das Feuer eines schlimmen Jenseits denken mußte – er besaß auch nicht die Nase Wahls[17], welche drei Tage lang zur Welt kam, während der junge Herr Wahl selbst erst am vierten erschien – und er besaß auch nicht die Nase Lord Henrys[18], jene berühmte rötliche Kartoffel, welche nach der Versicherung eines frivolen Franzosen einzig und allein von der großen Erdäpfelseuche des Jahres 1845 verschont geblieben sein soll – nein, der Buchhalter Lenz besaß seine *eigene* Nase, er konnte sich bei seiner *eigenen* Nase ziehen.

Die rote Nase, welche Herr Lenz von Gottes und Rechts wegen mitten im Gesichte trug, war das kostspieligste Kleinod seines Leibes. Sie war das Resultat eines langjährigen, ernstlichen Trinkens, das Produkt eines sorgfältig gelöschten Durstes, die Konsequenz einer nie ruhenden Niersteiner und Piesporter vertilgenden Leidenschaft; – sie hatte weder den erschrekkenden Karfunkelglanz der Bardolphschen noch den erheiternden Strahl der Wahlschen, noch die mystische Couleur der Nase Sr. großbritannischen Lordschaft – nein, mit einem stillen, wehmütigen Abendrot beschien sie das feierliche Antlitz des dürr aufgeschossenen Besitzers; man sah, der Herr Lenz hatte aus Wehmut getrunken, der Trunk war ihm eine Sache des Trostes gewesen.

Aber weshalb bedurfte der Herr Lenz des Trostes? War er nicht Buchhalter im Hause Preiss? Verdiente er nicht 600 Taler jährlich mit Mühe und Arbeit? Besaß er nicht das ganze Zutrauen seines Prinzipals? Durfte er nicht sogar auf dem Comptoir rauchen? War der Herr Lenz nicht in Arkadien geboren? – Ach ja, das war alles wohl schön und gut; aber der Herr Lenz hatte

15 Leichtes Seidengewebe.
16 Figuren aus Shakespeares "Lustigen Weibern von Windsor" und "Heinrich IV.".
17 Von Friedrich Haug erschien 1841 erneut das 1822 zuerst gedruckte Buch "Zweihundert Hyperbeln auf Herrn Wahls ungeheure Nase", mit Zeichnungen von Sonderland.
18 Die Nase des Lord Henry Brougham wurde oft in der Londoner satirischen Zeitschrift "Punch" karikiert.

einst in seiner Jugend einen großen ökonomischen Fehler begangen, und das paralysierte wieder alle seine Glückseligkeit; der Herr Lenz hatte, es ist bedauerlich zu erzählen, er hatte einst in seinem zweiundzwanzigsten Jahre – oh, wie unvorsichtig! Ja, es ist entsetzlich zu melden – er hatte geheiratet. Armer Lenz –! Er hatte nie etwas von der malthusianischen Bevölkerungstheorie[19] gehört; er wußte nicht, daß sich die Population gewöhnlich in einer geometrischen Proportion – wie 1, 2, 4, 8, 16, 32 – zu vergrößern strebt und daß die Subsistenzmittel nur in einer arithmetischen – wie 1, 2, 3, 4, 5, 6 – zuzunehmen pflegen; er hatte nie daran gedacht, daß die Summe seiner Nachkommenschaft einst den Betrag seines Saläres überwiegen könnte, und er begriff deswegen nicht den Widerspruch seines Daseins, welcher sich dadurch immer schärfer und bedenklicher ausgeprägt hatte, daß sich die Zahl seiner Kinder allmählich verachtfachte und daß sich die Summe seines Gehaltes in derselben Zeit nur verdoppelte.

War es daher ein Wunder, daß der gute Herr Lenz oft eine halbe Nacht in die harmonische Öffnung eines grünen Römers hinabstierte, eifrig bemüht, das große ökonomische Rätsel seines Lebens zu erforschen und zu erraten? War es ein Wunder, daß sich das Morgenrot auf den Wangen seiner armen Kinder immer mehr verlor, während das Abendrot seiner eignen Nase immer flammender emporstieg? Und war es ein Wunder, daß der trostlose Lenz, so hin- und hergewürfelt zwischen den Kontrasten des Schicksals, zwischen der Scylla des Familienjammers und der Charybdis der Wirtshausschulden, endlich auf dem Comptoir des Herrn Preiss den einzigen Ort fand, wo er an seinem rechten Flecke war, wo er die Leiden der Vergangenheit und die Sorgen der Zukunft vergaß bei der Arbeit der Gegenwart?

Der Buchhalter Lenz war ein trefflicher Arbeiter. In seiner engen Hose, welche für die langen Beine eigentlich etwas kurz ist und die großen Stiefel in ihrer ganzen Ausdehnung sehen läßt; in seinem schwarzen, abgetragenen Frack, dessen äußerst spitze Zipfel dürftig über den Ort aller Sitzsamkeit hinabfallen; in seiner hohen Krawatte, die den Hals in einer wahrhaft beunruhigenden Weise umschnürt – sehen wir ihn im Hintergrund des Comptoirs stehen.

»Was für Geld zählen Sie da?« beginnt der gewaltige Prinzipal, der Herr Preiss, indem er auf seinen Buchhalter und Kassierer losschreitet. –

»Gestern abend mit der Post gekommen, schlechte Sorten!« erwidert der Buchhalter, indem er ein Dutzend Geldstücke aus der rechten in die linke Hand schießen läßt.

»Mit der Post gekommen? Schlechte Sorten? Was für Sorten sind das?«

»Krontaler und Dukaten, alle zu leicht.«

»Alle zu leicht? Und von wem sind sie?«

»Von dem Manne aus Nassau; alle zu leicht.«

»Alle zu leicht? Das ist ja um des Teufels zu werden!«

»Alle ein paar As[20] zu leicht; wir werden viel daran verlieren –«

»Wie, verlieren? Ei, das ist ja ganz verkehrt! Heutzutage noch am Gelde

19 Thomas Robert Malthus (1766–1834), Ökonom. Sein Hauptwerk "An Essay on the Principle of Population" erschien 1798.

20 Gewichts- und Münzeinheit.

verlieren? Das fehlt noch! Gott sei bei mir! Am Gelde verlieren – schreiben Sie doch dem Nassauer, daß ich kein Schuft, sondern ein ehrlicher Mann sei; schreiben Sie ihm, er habe gute Ware von mir bekommen, und ich wolle gutes Geld haben!«

»Schon zehnmal geschrieben«, erwiderte der Buchhalter, indem er jeden Krontaler auf die Waage und dann kopfschüttelnd auf den Tisch springen ließ.

»So schreiben Sie es denn zum eilften Male – oder, halt! Schreiben Sie lieber gar nichts. Wir verdienen genug an der Ware und müssen uns in diesen Geldverlust fügen; das heißt, sehen Sie nur zu, daß Sie die leichten Stücke bei den Arbeitern, den Schiffern, den Fuhrleuten, bei Kollekten usw. unterbringen; auf diese Weise kommen wir glücklich davon; verstehen Sie mich?«

»Verstanden!« murmelte der Buchhalter und trat dann an sein Schreibpult, indem er die großen Seiten des gewichtigen Hauptbuches sorgfältig feierlich auseinanderschlug.

»Was machen unsre ausstehenden Gelder?« fuhr der Herr Preiss fort.

»Sie machen mir viel Sorge«, erwiderte der bedächtige Herr Lenz.

»Haben wir viel zu fordern?«

»Genug zu fordern, aber wahrscheinlich wenig zu empfangen.«

»Vor allen Dingen müssen wir mahnen!«

»Das versteht sich von selbst! Und die Herren Hero & Leander zuerst, denn diese haben trotz aller Anfragen nichts von sich hören lassen.«

»Schreiben Sie ihnen also, daß es mich sehr in Erstaunen setze, daß sie auf mein Jüngstes nichts erwidert hätten; ich müsse daher mit Gegenwärtigem nochmals um schleunige Abmachung der letzten Posten bitten und würde im schlimmsten Falle höchst unangenehme Maßregeln gegen sie ergreifen.«

»Dann kommen die Herren Romulus & Remus; sie schulden zwei Fakturen, längst verfallen.«

»Das sind ja wahre Heiden! Teilen Sie ihnen freundschaftlichst mit, daß der Diskont unanständig hoch sei und daß ich lächerlich schlecht bei Kasse wäre; ich würde mir daher erlauben, den Betrag meiner Forderung in drei Abschnitten auf sie zu entnehmen, um deren freundliche Aufnahme bei Verfall ich zwar sehr artig, aber dennoch dringend gebeten haben wolle.«

»Ferner haben wir die Herren Castor & Pollux – schulden bedeutend, sehr im Rückstand.«

»Wie, auch diese alte, ehrwürdige Firma? Das ist ja entsetzlich! Man sieht, wie alles Große in der Welt herunterkommt! Schreiben Sie den Leuten einen zarten Mahnbrief – treten Sie sie mit Anstand – sagen Sie, ich würde mich glücklich schätzen, bald mal etwas von ihnen zu hören, und empfehlen Sie mich diesen bankerotten Menschen mit großer Konsideration; wir müssen uns langsam von ihnen loswickeln –«

Da trat der Herr Preiss einen Schritt rückwärts und überließ den Buchhalter seiner Arbeit; der Herr Lenz hatte sich den Inhalt der Mahnbriefe bemerkt und fuhr fort, die Konti seines Hauptbuches in Ordnung zu bringen.

Im Hause Preiss führte man die doppelte oder italienische Buchhaltung.

»Doppelt« nennt man diese Buchhaltung, weil sie doppelt so langweilig ist wie die einfache, und »italienisch«, weil sie mit den Pomeranzen und Apfelsinen aus einem und demselben Lande kommt. Sollte diese Erklärung indes noch nicht genügen, so fügen wir noch hinzu, daß die doppelte Buchhaltung eine viel größere Sicherheit in den Rechnungskolonnen gewährt als die einfache, weil gewissermaßen jede Rechnung doppelt geführt wird, so daß dann die eine Kolonne die andre kontrolliert.

Höchst wunderbar und geheimnisvoll ist dieser ganze Prozeß. Unsre Leser müssen sich einbilden, sie hätten hundert harte Taler in ihrer rechten Hosentasche und wollten damit einen steilen Berg hinanlaufen. Da doch nun die Möglichkeit vorhanden wäre, daß man bei dem vielen Hin- und Herspringen einen Taler aus der Tasche verlöre und durch ein Vergessen der ursprünglichen Summe vielleicht zuletzt gar nicht einmal mehr wüßte, ob dies der Fall gewesen sei oder nicht, so steckten unsre Leser auch hundert Kieselsteine in die linke Hosentasche und trügen sie ebenfalls bis auf die Höhe des Berges. Wenn man dort angekommen wäre und untersuchen wollte, ob es mit den Talern noch seine Richtigkeit habe, so würde man nur die Summe des Geldes mit der Summe der Kieselsteine zu vergleichen haben und in dem Übereinstimmen der beiden Summen die beste Garantie einer ohne Verlust geschehenen Reise finden können. Stellte es sich dagegen heraus, daß der Betrag der Taler nicht der Summe der Steine gleichkäme, so würden unsre Leser natürlich die Gefälligkeit haben, den Berg wieder hinabzulaufen und das Verlorene so lange zu suchen, bis es gefunden wäre. Ebenso mit der doppelten Buchhaltung. Wenn der gute Herr Lenz das ganze Jahr hindurch über jeden Rechnungsposten eine doppelte Buchung gemacht hatte, da war es ihm natürlich am 31. Dezember viel leichter zu sehen, ob irgendein Bock geschossen sei oder nicht. Stimmten die beiden Kolonnen, so war der Herr Lenz sehr froh gestimmt. Stimmten sie nicht, so war er mißgestimmt, und wie unsre Leser den Berg hinablaufen mußten, so mußte der arme Herr Lenz dann alle Rechnungen des Jahres so lange wieder nachaddieren, nachsubtrahieren, nachdividieren und nachmultiplizieren, bis der viel verfluchte und oft vermaledeite Fehler entdeckt war.

Die Moral der ganzen Geschichte wird unsern Lesern längst einleuchtend sein: Fürchte dich nicht vor der doppelten Buchhaltung; sie ist zwar mit viel mehr Fluchen, Schweißen und Schimpfen verbunden als die einfache, aber sie behütet dich auch vor der Todsünde einer falschen Bilanz. So auch dachte der Herr Lenz, als er die besten Jahre seines Lebens daransetzte, jene mystischen Konti zu schreiben: »Nero & Tiberius *Sollen* an Kaffee-, Zucker- und Korinthen-Konto« oder »Hering-, Stockfisch- und Sardellen-Konto *Soll* an Haus August Fliegenfänger« oder »Ahr-, Rhein-, Lahn- und Mosel-wein-Konto *Hat* an das Gasthaus ›Zu den Drei Lilien‹ « soundso viel oder »Tacitus Florian Müllers Söhne *Haben* an Öl-, Krapp-, Seifen- und Lichter-Konto« so viel. –

Der Buchhalter Lenz betrieb seine Arbeit mit Liebe. Feierlich ernst war ihm dabei zumute. Der alte Möbius[21] hat seine Kommentare zum Cicero

21 Weerths alter Lateinlehrer.

und zum Cäsar nicht aufmerksamer geschrieben als der gute Lenz die Köpfe seiner Handels-Konti. Mit einem gewissen Stolze, mit einer wahren Verachtung schaute Lenz in seiner doppelten Buchhaltungswürde auf die Kollegen andrer Geschäfte hinab, in denen man nur die einfache Prozedur des Soll und Haben benutzte. »Wir haben die doppelte, italienische Methode auf unserm Comptoir«, beliebte der Herr Lenz zu sagen, wenn ihn jemand nach diesem Punkte fragte, und ein vornehmes Lächeln zuckte dann um die geistreichen Lippen des hagern Mannes.

Während der gute Lenz seinem buchhälterischen Talente freien Lauf ließ, hatte sich der Herr Preiss der Türe zugewandt, um einen hereintretenden Makler zu bewillkommnen.

»Wie sieht es mit Indigo aus?« fragte er den Zwischenhändler.

»Er scheint im Preise weichen zu wollen«, erwiderte der Gefragte.

»O Herr, wir haben das ganze Lager voll! Aber was macht Krapp?«

»Krapp ist bedeutend angenehmer.«

»Gut, daß ich keinen brauche; und Heringe?«

»Äußerst flau und scheinen ferner herunterzugehen –«

»Das ist mir lieb; und Getreide?«

»Befindet sich schlecht –«

»Da müssen wir spekulieren!«

»Für Öl ist die Meinung freundlicher.«

»Nun, da kann sich mancher von den Flecken erholen, die es bei der letzten Kampagne abgesetzt hat. – Spiritus?«

»Fehlt allgemein –«

»Gut, daß wir welchen auf Lager haben.«

»Lederpreise verlassen ihre bisherige Lethargie.«

»Wahrscheinlich infolge des größern Knutenbedarfes.«

»Kaffee, Tabak und Reis sind beständig. In den Viehhandel ist aber ein allgemeiner Schrecken gefahren –«

»Woran sicher die Überproduktion schuld ist.«

»Hopfen ist sinkender Tendenz.«

»Interessiert mich gar nicht.«

»Rauchwaren gestalten sich vorteilhafter.«

»Nun, das freut mich für unsre polnischen Freunde; wie steht es mit Füchsen?«

»Füchse sind sehr gesucht. Bären weniger gefragt, Zobel eher vernachlässigt. Strumpfwaren äußerst anziehend –«

»Und was haben Sie sonst Neues?«

»Schlimme Gerüchte verbreiten sich aufs neue in betreff der Kartoffeln.«

»Nun, da rate ich Ihnen, nicht in die Kirche zu gehen, denn es wird gewiß kollektiert. Aber hören Sie auf! Ich weiß genug. Wie kann man jetzt etwas unternehmen, wo die Zeiten so schlecht sind? Guten Morgen – Haben Sie unsre drei Schuldner gemahnt, Herr Lenz?« –

Der Herr Preiss hatte den Makler eiligst verlassen und sich noch rascher dem Pulte seines Buchhalters zugewandt.

Der gute Lenz war mehrere Stunden lang sehr fleißig gewesen. Zum fünften oder sechsten Male hatte er schon sein »Nero & Tiberius *Sollen* an

Kaffee-, Zucker- und Korinthen-Konto« auf die Seiten des großen Buches geschrieben, da wandelte ihn plötzlich ein gewisses Etwas an, das mit einer leisen Sehnsucht nach einem kühlen, erfrischenden Trunke entfernte Ähnlichkeit hatte. Er sah sich nach den jüngern Comptoirarbeitern um – sie waren in ihre Beschäftigung vertieft. Er schaute hinüber nach dem Herrn Preiss – der unterhielt sich gerade mit dem Makler. Der Augenblick war günstig. Sei mir gegrüßt, du einzige Phiole[22], die ich mit Andacht aus der Tasche hole! Und da steckte Herr Lenz den langen Arm mit den noch längern Fingern in den Schlitz seiner dürftigen Frackzipfel, den Kopf zwischen die Schultern zurückziehend, den Rücken zu einem Katzenbuckel krümmend und die langen, dürren Beine, schlotternd vor Angst, zu einem blitzähnlichen Zickzack zusammenbiegend. Da war's geschehen. Sie schaute ihn an, die liebliche Flasche mit dem schimmernden Getränk, mit dem flüssigen Feuer – er hätte jetzt nicht mehr widerstehen können, und wäre auch die Welt darüber zugrunde gegangen – es blitzte, es funkelte – ein Ruck, und der Pfropfen war gelöst – wie ein Sechzehnender legte der Buchhalter Lenz sein Haupt in den Nacken, und Mann und Flasche schwelgten auch in demselben Momente in der Wollust eines glühenden, unendlichen Kusses. –

»Haben Sie unsre drei Schuldner gemahnt?« klang es da plötzlich von der andern Seite des Zimmers herüber. Zornfunkelnden Blickes stand Herr Preiss vor seinem Buchhalter – es war ein entsetzlicher Augenblick.

Die Nase des armen Lenz entfärbte sich – die Phiole entsank seiner Hand – in Stücke brach sie, in tausend Stücke, und durch das Comptoir des Herrn Preiss wogte ambrosischen Duftes der Geist des vergossenen Wacholders.

IV

EIN VERSCHLISSENER KOMMIS

Der Herr Preiss legte plötzlich die Feder auf den Rand des Schreibpultes; er sah nach der Uhr, er erhob sich vom Stuhle und entfernte sich.

O frohes Ereignis! Tief seufzte das Comptoirpersonal auf; der Buchhalter Lenz nahm drei große Prisen; der Korrespondent öffnete seinen holden Mund und gähnte entsetzlich; der Lehrling reckte Arme und Beine in wollüstiger Entzückung; und ihrer aller Gedanken begegneten sich in dem Jubelrufe: ›O Heil, daß er fort ist!‹

Zu derselben Zeit trat aber eine schlanke Magd in violettem Kleide und mit blendend weißer Schürze in das Zimmer und setzte einen großen Präsentierteller auf den nächsten Tisch. »Da ist der Tee!« frohlockte der Buchhalter. So war es. Der Herr Preiss hatte nämlich die lobenswerte Gewohnheit, seine Leute stets gegen Abend etwas zu bewirten, da er nach einer genauen Kalkulation in Erfahrung gebracht hatte, daß dies den Eifer seiner

22 Vgl. Goethe, "Faust" I, V. 690 f.: "Ich grüße dich, du einzige Phiole,/Die ich mit Andacht nun herunterhole!"

Comptoiristen wenigstens um zehn Prozent vergrößerte. »Da ist der Tee!« rief der Buchhalter. Wie ein Lauffeuer hatte sich diese frohe Kunde nicht allein durch das Comptoir, sondern auch durch Lager und Magazine verbreitet, und von allen Seiten nahten jetzt die holden Söhne Merkurs, um sich selig lächelnd bei den blaugeblümten Tassen des Services niederzusetzen. Unter den Herankommenden war auch ein alter Mann, morsch wie ein verwitterter Kirchturm, der Nestor des Personals; er hieß Sassafraß. Silbernes Haar umwogte seinen großen Schädel, aber ein mildes Lächeln umschwebte die feinen Lippen. Der alte Sassafraß war, ach, ein verschlissener Kommis.

»Wie lange arbeiten Sie nun eigentlich schon hier auf dem Comptoir, Herr Sassafraß?« begann der Korrespondent. – Der Alte besann sich. »Um Mariä Himmelfahrt fünfunddreißig Jahre; jawohl, fünfunddreißig Jahre um Mariä Himmelfahrt.«

»So? Und nun sagen Sie mir doch, was haben Sie eigentlich von Ihrem Leben gehabt?«

»Ich? Gehabt? Ich habe 400 Taler gehabt, mein ganzes Leben lang, das heißt seit zwanzig Jahren; denn früher war der Herr Preiss gar nicht zu bewegen, mir mehr als 300 zu geben. Wenn ich ihm damals von Zulage sprach, so wollte er jedesmal auf den Rücken fallen vor lauter Schreck und Verzweiflung.«

»Herr Sassafraß, da müssen Sie Reichtümer aufgespeichert haben! 400 Taler brauchen Sie im Jahre nicht. Sie haben ja gar keine Gelegenheit, Geld auszugeben. Sie arbeiten den halben Sonntag und die ganze Woche von 8 Uhr morgens bis 8 Uhr abends, ach, sagen Sie uns doch, was machen Sie eigentlich am Abend?«

Der Herr Sassafraß schenkte sich eine zweite Tasse Tee ein, faltete dann die Hände, machte ein sehr ernstes Gesicht und erwiderte: »Das will ich Ihnen verraten. Punkt 8 Uhr verlasse ich das Comptoir, wie Sie wissen; und da die Nacht keines Menschen Freund ist, so eile ich schnell nach Hause, um nicht auf der Straße von ihr überrascht zu werden. Zu Hause angekommen, bemächtige ich mich einer irdischen Pfeife; ich bemächtige mich einer Portion Tabaks AB Reuter und bemächtige mich zweier Groschen. Mit der Pfeife, mit dem Tabak und mit den zwei Groschen verfüge ich mich zu meinem langjährigen Freunde, dem Wirte in den ›Drei goldenen Reichskronen‹. In den ›Reichskronen‹ setze ich mich hinter den Ofen, rauche vier Pfeifen und trinke für meine zwei Groschen zwei Schnäpse Rum, und wenn die letzte Pfeife geraucht und der letzte Tropfen Rum getrunken ist, da – schlafe ich ein und schlafe so lange, bis mein langjähriger Freund, der Wirt in den ›Drei goldenen Reichskronen‹, auf meine Schulter klopft und mir verkündet, daß die Geisterstunde geschlagen hat. Dann raffe ich mich auf; in Zeit von einer Minute bin ich in meiner Wohnung; bald schlafe ich aufs neue ein, und am andern Morgen stehe ich hier auf dem Comptoir – schön wie immer – und so habe ich es bereits fünfunddreißig Jahre lang getrieben.«

»Würdiger Mann!« unterbrach ihn der Korrespondent; »aber da müssen Sie ja schon sehr alt sein. Wann sind Sie eigentlich jung gewesen?«

Ob dieser Frage wäre der Herr Sassafraß fast ärgerlich geworden. »Ich, jung? Meinen Sie, ich wäre niemals jung gewesen?! Allerdings war ich jung! Jung war ich Anno 1802, um die heilige Osterzeit, als mich die Herren Sigismund Ritter sel. Söhne und Konsorten zuerst mit auf die Frankfurter Messe nahmen – der wichtigste Moment meines Lebens! Ach, damals« – die Augen des alten Sassafraß wurden feucht, denn die Erinnerungen seiner Jugend dämmerten plötzlich am Horizont seines schwachen Gedächtnisses empor und erfüllten ihn mit dem höchsten Entzücken –, »damals! Das war eine Zeit. Es war der Monat Mai meines Lebens. Wie ein General mit gezogenem Schwerte auf der Walstatt, so stand ich mit meiner Elle auf der Frankfurter Messe, und – aber das sollen Sie niemandem wiedererzählen, darüber müssen Sie schweigen, meine Herren, denn es soll niemand weiter darüber sprechen, verstehen Sie mich – damals verliebte ich mich auch zuerst – jawohl, ich verliebte mich in Esther, die Tochter unsres Hauswirts, und als ich abends bei ihr war, im Dunkeln, ach Gott, im Dunkeln ganz allein bei ihr war – so etwas haben Sie nun noch nicht erfahren –, da geschah auf einmal vor der Tür ein erschreckliches Gepolter. Ich drückte Esther heftiger an meine Brust, wir hielten den Atem an, wir horchten. ›Esther!‹ seufzt da jemand aus den Grundtiefen seines Herzens, ›Esther! Geliebtes Wesen!‹ Und kaum hat Esther dies gehört, da erwidert sie: ›Ritter, o geliebter Ritter!‹ und hält mir die Hand vor den Mund und bittet mich, ich möchte um des Himmels willen ruhig sein, sonst wären wir alle beide verloren. Und ich hätte mich auch dabei beruhigt, aber das ›Ritter, o geliebter Ritter!‹ ließ plötzlich einen fürchterlichen Gedanken in mir aufsteigen, und ich reiße mich von Esther los und stürze – ich Unbesonnener! – auf die Tür zu, um zu sehen, wer der geliebte Ritter ist.

Jener Augenblick war schrecklich in seiner Art. Ich liebte Esther. Sie hatte ein holdes, orientalisches Profil, und ich war blond damals, blond wie ein Engel, und wenn ich in der ›Traube‹ zu Frankfurt Wein getrunken hatte, nur ein Glas voll, da stieg mir der Wein in den Kopf, und ich bekam purpurrote Lippen und rosenrote Wangen, und das blonde Haar dazu – ach! Und Esther war so nächtlich und schwarz. Sie war zwar getauft und hieß eigentlich Magdalena, aber sie war doch noch schön und ausländisch, levantisch, und ich nannte sie immer Esther. Ich liebte sie schon seit drei Wochen und hatte ihretwegen schon drei Ballen Mousseline de laine an die verkehrte Adresse gesandt und schon genug Vorwürfe deswegen in Empfang nehmen müssen – aber ich liebte Esther nur desto heißer. Denken Sie sich also meine Gemütsstimmung, als ich plötzlich zu bemerken glaube, daß noch ein zweiter um Esthers Liebe wimmert und daß Esther ihn ›Ritter, o geliebter Ritter!‹ nennt. Ach, und auf riß ich die Stubentür – da fällt mir jemand mit aller menschlichen Gewalt in die Arme und umschlingt mich und küßt mich, und weil es dunkel war, so küßt er mich gerade mitten auf die Nase. Ich aber taumle zurück. Da fällt der Mond mit zitterndem Licht durch die Lindenbäume ins Zimmer herein, und zitternd erkannte ich – wen erkannte ich? Ich erkannte den Herrn Sigismund Ritter sel. Söhne und Konsorten. – Diese Erkenntnis war schuld daran, daß ich schon nach vierzehn Tagen tiefsinnig über den Taunus wanderte. In Mainz gründete ich mir später eine neue Existenz – in einer Weinhandlung.«

»Und Esther?« fragte der Korrespondent.

»Sie weilt längst im Reiche der Geister.«

»Und die Herren Sigismund Ritter sel. Söhne und Konsorten?«

»Sind längst erloschen, falliert. Passiva 30000 Gulden. Ich aber saß in Mainz und blickte hinab in den grünen Rhein; wenn aber der Donnerstag und der Freitag in der Woche erschien, da mußte ich in den Keller hinabsteigen und die Aufsicht über das Abzapfen der Fässer führen. Ein traurig Geschäft! Umringt von Weinfässern und rohen Küfern, die meinen Schmerz nicht verstanden, verbrachte ich elende Tage; meine Seele war weich damals, der Wein würde mich nicht erquickt haben, der Gesang der Küfer konnte mich nicht erfreuen. Lange dauerte es, ehe ich meinen Gram überwand; lange, ehe ich Esther vergaß. Das Haus, in dem ich arbeitete, hieß Hannes & Flint. Der Herr Flint war stets auf Reisen; der Herr Hannes blieb aber zu Hause und schenkte mir seine Zuneigung. Er sagte mir einst in einer vertraulichen Stunde, ich sei der erste von allen seinen jungen Leuten, der sich nicht nach kurzer Zeit schon der Völlerei ergeben hätte – und sehen Sie, so etwas freute mich, und ich mochte den Herrn Hannes wiederum gern leiden. Hätte er freilich meine geheime Geschichte gewußt, so würde ihm alles begreiflich gewesen sein. Das Weingeschäft ist aber ein verruchtes Geschäft, es verdirbt auf die Dauer den Allerbesten. Die Verführung ist zu groß, der Wein ist zu stark für uns arme Menschen. Wer könnte sich auf die Dauer gegen den Wein verteidigen? Und so kam es, daß ich nach Jahr und Tag doch zuletzt das Glas in die Hand nahm, Anfangs mit Widerwillen, dann mehr lüstern und zuletzt mit Wollust. In jener Zeit geschah es aber, daß einst der Pfälzer ganz vortrefflich geriet; wir nahmen die Bauern auf ganz eklatante Weise mit und machten ein enormes Geschäft. Eine ungeheuere Quantität legten wir zu den billigsten Preisen ein und verkauften wie nie zuvor. Es verstand sich also von selbst, daß ich die Hand mit anlegte, eine Schürze vorband und mich vor den Kranen setzte. Dies war gefährlich, und wie mir in Frankfurt die Liebe nur zum Unglück erblüht war, so floß mir in Mainz der Wein nur als ein Wein des Verderbens. Ja, er floß mir! Denn in jener Zeit, wo ich vor den Fässern der Pfalz saß, schwand auf einmal meine frühere Tugend, schwand der Gedanke an meine frühere Esther, schwand alles, und nichts stellte sich dafür ein als – erschrecklicher Durst.

Ich löschte ihn und löschte ihn vom Morgen bis zum Abend und löschte ihn bis zur Nacht, bis ich einschlief, jawohl, einschlief vor einem Pfalzfasse. Mein Kopf war hintenüber gesunken; meine Beine starrten gegen Osten und Westen; in der einen Hand soll ich die Flasche gehalten haben; in der andern hat man nichts bemerkt. So lag ich und schlief, und geträumt habe ich gewiß, denn man hat ein zärtliches Lächeln auf meinem Gesichte bemerkt. Ich weiß aber von allem dem nichts; ich weiß nur, daß an jenem Abende, oder in jener Nacht, plötzlich der ganze Keller erdröhnte, daß jemand plötzlich mit dem Hammer auf ein leeres Faß schlug und ebenso plötzlich mit einer wahren Donnerstimme ›Sassafraß, o Sassafraß!‹ in meine armen Ohren brüllte. Das war der Herr Hannes. Ja, der Herr Hannes, und neben ihm stand der Herr Flint, der eben von der Reise zurückgekommen war und mit seinem Kompagnon noch zu so später Zeit den herrlichen Pfälzer in Augenschein und Genuß nehmen wollte. Niemand hatte vermutet, daß ich noch unter der Erde vorhanden sei. Da treten die beiden Herren zu der Fässerreihe und finden mich, wie ich schlafe, den Kopf hintenüber gesunken, die Beine gen Osten und Westen starrend, lächelnden Gesichtes; in der einen Hand die Flasche, in der andern nichts, und wie ich den Kranen offengelassen habe, und daß aller Pfalzwein davongelaufen ist, und daß der ganze Keller nach Lilien und Rosen duftet, von dem verfluchten Pfälzer, und daß ich einen Schaden angerichtet habe von wenigstens 200 Gulden.

Herr Hannes war ein Ehrenmann; er würde mir das verziehen haben, denn er liebte mich. Aber trunken, wie ich war, rollte ich ihm das leere Faß zwischen die Beine, daß er klagend auf den nassen Boden stürzte, ach! Und nach Herrn Flint stach ich mit dem Heber wie mit einer Lanze. Ich erhielt meinen Abschied. Nach vierzehn Tagen fuhr ich auf einem Gemüseschiffe tiefsinnig den Rhein hinab.«

Die jungen Kollegen des Herrn Sassafraß betrachteten ihren Nestor mit wehmütigen Augen, denn schrecklich erschien es ihren unerfahrenen Seelen, zwei ehrwürdige Prinzipäle auf solche Weise zu beleidigen. ›Wie, wenn dir dies mit Herrn Preiss begegnete?‹ dachte ein jeder. Man schauderte.

»Aber wo landeten Sie nach Ihrer Rheinfahrt?« fragte der Korrespondent.

»Hier in der Stadt«, erwiderte der Alte, »und ich brauche Ihnen wohl nicht zu versichern, daß ich gern in die Dienste des Herrn Preiss trat. Es sind jetzt fünfunddreißig Jahre. Die Kontinentalsperre[23] existierte damals. Die Franzosen standen am Rhein, und wir trieben Schmuggelei. Mit Erfolg! Das versichere ich Ihnen. Der Herr Preiss war damals in der Knospe seines Lebens, voller Tätigkeit, voller Ausdauer und voller Kühnheit in seinen Entwürfen. Ach, indem ich begeistert für ihn arbeitete, habe ich mich selbst vergessen, das ist wahr, aber ich bereue es nicht. Ich hatte auch kaum die Zeit, um an mich zu denken, denn beschäftigt waren wir vom Morgen bis zum Abend. Während sich in aller Welt die Menschen auf die Köpfe schlugen, während Reiche stürzten und neu entstanden, während die Heere kamen und gingen und oft den Strom hinauf und hinunter die Kanonen donnerten, daß einem Hören und Sehen verging, blieben wir nett an Ort und Stelle und suchten alles zu unserm eignen Besten zu lenken. ›Was geht uns die Weltgeschichte an!‹ sagte mir Herr Preiss oft. ›Mögen sich die Kerle einander totschlagen – wenn wir nur leben!‹ Und trefflich tummelten wir uns herum und machten manch gute Bilanz, und als endlich der Friede heranhinkte mit seinen zerschossenen Helden und seinen enttäuschten Phantasten, da standen wir auch groß und herrlich in der Handelswelt da. Und bis auf den heutigen Tag, welcher Name klingt ehrenfester und solider als der des Herrn Preiss? Wer beugt sich nicht vor ihm, dem Gewaltigen?« – Die Stimme des alten Sassafraß zitterte; er stockte. Die Liebe zu seinem rüstigen Prinzipale hatte seine Zunge gelöst. Es fiel ihm plötzlich ein, daß er vielleicht zuviel erzählt, daß er vielleicht zu offen geschwatzt – entsetzt sprang er vom Stuhle empor.

23 Maßnahmen Napoleons zur wirtschaftlichen Abschließung des Kontinents gegen England (1806–1815).

Das ganze Comptoirpersonal folgte seinem Beispiele; es war auch die höchste Zeit, daß man die Sitzung aufhob und an die Arbeit zurückkehrte, denn die Tür wurde geöffnet, und herein trat der Herr Preiss.

Das Erscheinen des gestrengen Herrn wirkte sehr entschieden auf die gehorsamen Diener. Alles war sogleich in voller Tätigkeit; auch der alte Sassafraß wollte sich an sein Pult setzen, da winkte man ihm nach einer andern Richtung. Eine Minute darauf stand er mit dem Prinzipale in dem Privatstübchen, in dem Geheimzimmer des Geschäftes.

»Ich habe Ihnen etwas mitzuteilen«, begann der Herr Preiss. »Ich muß das jetzt endlich zur Sprache bringen; sehen Sie mal, Herr Sassafraß, verstehen Sie mich recht. Ich bemerke nämlich seit einiger Zeit, daß Sie gar nicht ordentlich mehr arbeiten können. Sie können nicht dafür. Sie sind ein wenig zu früh alt geworden. Aber das darf mich nicht in meinem Geschäfte hindern; und es hindert mich wirklich. *Selbst* tun Sie nichts Gescheites mehr, und andern Leuten stehen Sie nur im Wege. Der Handel ist sehr schwierig geworden, nur mit jungen Kräften kann man vorwärts – ich bin daher zu dem Entschlusse gekommen, daß Sie mein Haus verlassen sollen. Ich bedauere dies, denn wir sind lange Zeit gute Freunde gewesen. Es geht aber nicht länger – so kommen Sie denn morgen lieber nicht mehr wieder; bleiben Sie zu Hause und pflegen Sie sich. Ich will nach Kräften zu Ihrem Unterhalte beisteuern – das ganze Gehalt kann ich Ihnen freilich nicht mehr bezahlen, aber verlassen will ich Sie auch nicht. So schlimm ist es nicht gemeint – verhungern sollen Sie nicht. Kost und Logis bezahle ich Ihnen; Sie haben sich ja auch etwas erspart; da leben Sie nun künftig herrlich und in Freuden, Sie alter Junggeselle.«

Der Herr Sassafraß stand wie vom Donner gerührt.

»Lassen Sie sich dies nicht zu sehr zu Herzen gehen; anderen Leuten geht es bald ebenso wie Ihnen. Ich selbst werde ebenfalls alt und muß mich wahrscheinlich in kurzem in meine Einsamkeit zurückziehen. Na, leben Sie wohl! Besuchen Sie uns zuweilen einmal. Ich meine es gut mit Ihnen.« –

Der Herr Preiss verließ das Zimmer.

V

DER REISENDE, WIE ER SEIN SOLL

Der Herr Preiss sah so bedenklich aus, als sollte er mit Drillingen niederkommen. Er sprach kein Wort.

Die Arme auf den Rücken legend, marschierte er mit gesenktem Haupte hin und her. Plötzlich blieb er steif vor seinem Pulte stehen.

Während die linke Hand an den großen Lederschirm der grünen Mütze faßte und den gewaltigen Schädel von seiner Bedeckung befreite, verlor sich die rechte Hand in der tiefen Brusttasche des Oberrockes und zog daraus hervor eine große Brille.

Die Brille, mit der der würdige Handelsherr in wichtigen Augenblicken seine Adlernase zu bewaffnen pflegte, war ein höchst antikes Kabinettstück der Familie Preiss, das sich aus den dunkelsten Zeiten, von Geschlecht zu Geschlecht, bis auf unsern Freund fortgeerbt hatte. Mit Gläsern, groß wie Wagenräder, eingefaßt von schweren, silbernen Rahmen und in einem dicken, mit Perlmutter ausgelegten Futterale, erinnerte diese Brille nur zu sehr an jene frommen Pfahlbürger[24], die weiland alles für die Ewigkeit bauen zu müssen glaubten: ihre muffigen Häuser, ihre plumpen Karossen, ihre plüschenen Hosen und ihre dicken Nägelschuhe, ja, die nicht ruhig sterben konnten, wenn sie ihren Kindern und Enkeln nicht eine ganze Rumpelkammer voll alter Tabaksbeutel und Schnupftabaksdosen hinterließen, ein halbes Dutzend Meerschaumpfeifenköpfe und wenigstens drei bis vier doppeltumkapselte Uhren mit allem, was daran baumeln muß von Gold und von Silber, von Achat und von Tombak[25].

Die Brille des Herrn Preiss war der Rest eines derartigen Nachlasses. Wie er von dem antiken Vater auf den modernen Sohn und von dem modernen Sohn auf den frivolen Enkel überging, hatte er sich durch leichtsinniges Verschenken und durch noch verwerflicheres Vertrödeln immer mehr verringert. Solange Herr Preiss selbst noch zu der frivolen Jugend gehörte, war ihm das allmähliche Verschwinden der teuern Hauskleinodien kaum aufgefallen. Als er aber nach und nach zu denselben Jahren kam, in denen seine Vorfahren einst mit ihrem Leben abschlossen und das testamentarische Verzeichnis ihrer Schätze, oder besser ihrer Tugenden und Sünden, d.h. ihrer Aktiva und ihrer Passiva, entworfen hatten: da wurden die Liebhabereien der Väter auch wieder bei ihm lebendig, und er konnte die große Familienbrille nicht aufsetzen, ohne mit Rührung daran zu denken, daß sein Großvater selig schon die Heilige Schrift durch sie gelesen und die Urgroßmutter ihre Waschzettel dadurch studiert hatte, vor fast einem runden Jahrhundert.

Zu bemerken ist noch, daß die Brille des Herrn Preiss eine sogenannte Knipp- oder Kneifbrille war, die nicht mit Silber- oder Stahlstäben hinter den Ohren befestigt wurde, sondern die frei auf dem Nasenbein ritt wie ein Reiter auf dem Sattel.

Ein leiser Puff begleitete das Öffnen des Futterals, aus dem ein eigentümlicher Duft emporstieg, ein sonderbares Gemisch verrotteter Familiengerüche.

Als aber das alte Instrument seinem Gehäuse glücklich entschlüpft war, hauchte Herr Preiss auf die trüben Gläser und nahm dann einen Zipfel des saubern Sacktuches und rieb und reinigte sie von aller Unsauberkeit. Vorsichtig hob er sie dann empor und hielt sie gegen das Licht, und als er sah, daß die gewaltigen Gläser noch geradeso hell funkelten wie zur Zeit des bibellesenden Großvaters und der waschzettelstudierenden Urgroßmutter, setzte er das teure Kleinod behutsam auf die Spitze der werten Nase, den Kopf in den Nacken legend, damit die Augen nicht hinübersähen über den silbernen Rand der soliden Fassung.

Jetzt drückte er auch den Steiß in den knarrenden Comptoirstuhl, und

24 Im Mittelalter Landbewohner in den Außenbezirken einer Stadt.
25 Kupfer-Zink-Legierung.

weit hinauslangend, griff er mit der linken Hand nach einem Bogen Postpapier, während die rechte den Kiel einer Schwanenfeder faßte, um ihn tief hinabzutauchen in den mystischen Schlund eines riesigen Tintenfasses. –

Schüchtern von ihrer Arbeit aufsehend, waren die Comptoiristen allen Manövern ihres Herrn mit den Blicken gefolgt. Es existierte kein Zweifel mehr: der würdige Prinzipal ging mit dem Gedanken um, eigenhändig einen Brief zu schreiben. Es war dies zwar kein unerhörtes Ereignis, nichtsdestoweniger aber ein Akt von einiger Bedeutung, denn nur zu seiner Unterschrift pflegte sonst der alte Handelsherr die Feder anzusetzen, und es mußten wichtige Dinge im Spiele sein, daß er sich zu eigenhändiger Abfassung einer Epistel herabließ.

Tiefe Stille herrschte in dem weiten Comptoir. Da fuhr die Feder des Herrn Preiss kratzend über das weiße Papier, und hurtig entfloß ihr der folgende Brief:

»Verehrtester Freund!

Erlauben Sie, daß ich Ihre teure Aufmerksamkeit für einige wohlfeile Minuten in Anspruch nehme.

Ich habe einen zweiten Weinreisenden zu engagieren – Sie werden meine ganze Unruhe begreifen!

Ein Handlungsreisender überhaupt soll schon ein Mensch sein, der alle wünschenswerten Eigenschaften in sich vereinigt. Unter einem Weinreisenden, namentlich unter einem Rheinweinreisenden, verstehe ich aber vollends ein Individuum, das einem Engel an Anmut und Liebenswürdigkeit und, mit Respekt zu melden, dem Teufel selbst gleich sein soll an Ränken und an Kniffen.

Ein Weinreisender soll ein Mensch sein in der Blüte des Lebens; nicht zu groß und nicht zu klein; nicht zu dick und nicht zu dünn. Er soll gelebt haben, ohne abgelebt zu sein; er soll gerieben sein, ohne aufgerieben zu sein. Unbeugsam sei sein Wille, aber biegsam sein Rücken.

Flink müssen seine Augen sein; flink Zunge und Lippen; flink die Beine. Schöne, phantastisch gekräuselte Haare würden ihm nicht übel stehen; ein romantischer Schnurrbart dürfte ihn ausnehmend zieren. Seine Hände wird er reinzuhalten haben bis in [die] Fingerspitzen, und wenn er lächelt, da soll er zwei Reihen Zähne zeigen, schimmernd wie zwei Schnüre von Perlen. Lebendig gestikuliere er mit beiden Armen, angenehm kokettiere er mit dem malerischen Kopfe. Mienen und Sprache verändere er nach den Umständen. Um Aufträge bitte er in weichen, wohltönenden Akkorden; um Zahlung trete er in frechen, impertinenten Dissonanzen [auf]. Höflich sei er gegen Leute, die grob sind; grob gegen Menschen, die höflich sind, denn wo Grobheit ist, da ist Geld, aber wo Höflichkeit herrscht, da ist Heulen und Zähneklappen.

Geschmack besitze ein Weinreisender in der Wahl seiner Kleider. Er erlaube sich die grellsten Farben; nur versöhne er das eine mit dem andern, und nie trage er einen grünen Rock zu einer blauen Hose, nie zu einer dito Weste eine ähnliche Krawatte. Die Krawatte binde er in eine unaussprechliche Schleife, mit den Zipfeln gen Morgen und gen Abend starrend wie die Arme an einem Meilenzeiger, wie die Flügel an einer Windmühle.

Vor allen Dingen befleißige er sich stets der saubersten Wäsche. Sein Hemd sei weiß wie Lilien, rein wie die Unschuld – an seinem reinen Gewissen ist mir nichts gelegen.

Besondere Kenntnisse verlange ich von meinem Reisenden nicht; ich bin damit zufrieden, wenn er so tun kann, als ob er etwas wüßte. Ein oberflächliches Bekanntsein mit den vornehmsten Tagesfragen dürfte übrigens nicht schaden, damit er z. B. die Emanzipation der Juden nicht mit der der Neger oder der Nachtigallen verwechselt oder von der Pomare von Otaheiti[26] so spricht wie von der Pomare des Jardin Mabille[27] und etwa auf Ehre versichert, daß er mit Ihrer Königl. Hoheit eine der seligsten Nächte zugebracht habe, deren sich ein deutscher Weinreisender bei seinen beschränkten Spesen schmeicheln könne.

Eine eigene politische Ansicht oder Meinung erlaube ich meinem Reisenden durchaus nicht. Er hänge den Mantel nach dem Winde. Da wird er am besten segeln.

Ohne gerade unhöflich zu werden, führe der Rheinweinreisende an der Table d'hôte immer das große Wort. Er warte mit Neuigkeiten auf; mit Neuigkeiten, die bei einigermaßen gutem Vortrag so alt sein dürfen wie Methusalem. Er mache lustige Späße, die sämtliche Gäste dergestalt zum Lachen bringen, daß ihnen die Brocken im Halse steckenbleiben und daß sie ein über das andere Mal die Gläser zu Munde führen müssen, um nicht sofort zu ersticken. Auch Anekdötchen krame er aus; nach den Anekdötchen auch – Zötchen. Hat er aber auch darin ein Erkleckliches geleistet und sind nach Tisch nur noch die auserlesensten Gäste versammelt und vereinigt eine gemeinsame gute Flasche die würdigsten Häupter, da schreitet er von den Anekdötchen allmählich fort zur Anekdote, von den Zötchen zur – Zote.

Oh, Wunderdinge habe ich Reisende durch dergleichen kleine Mittel verrichten sehen; stundenlang saß man zusammen, ein Wort gab das andere, Bekanntschaften knüpften sich im Nu, und Geschäfte machten sich spielend.

Der Rheinweinreisende trinke – aber er trinke nie zuviel. Das letztere überlasse er seiner Umgebung, um sie desto besser in einem schwachen Augenblicke zu überraschen. Neben sein Kuvert pflanze er stets eine vorzügliche Flasche, und wie aus Zufall fülle er daraus die Gläser seiner Nachbarn. Es ist fast immer der Fall, daß sich irgendein törichter Gast dadurch veranlaßt sieht, Gleiches mit Gleichem zu vergelten, und ehe eine Viertelstunde herum ist, wird eine große Schlemmerei an der Tagesordnung sein, die der Wirt natürlich willkommen heißt und mit trefflichen Bestellungen bei dem kundigen Reisenden belohnt.

Frechheit und Ausdauer seien übrigens die Haupttugenden eines Reisenden. Er setze seinen Stolz darin, gerade da Geschäfte zu machen, wo seine Konkurrenten dies am wenigsten für möglich halten. In seinen Unternehmungen lasse er sich durch nichts abschrecken. Wirft man ihn zur Tür hin-

26 Eingeborene Königin von Tahiti.
27 Von Heine im "Romanzero" besungene Tänzerin eines Pariser Vergnügungslokals.

aus, so springe er zum Fenster wieder herein. Immer sei er höflich unter solchen Umständen, immer verbindlich, immer wiederhole er, daß er die Ehre habe, seine Offerte in Rheinweinen zu machen, und wie im Himmel mehr Freude über einen einzigen Sünder ist, der Buße getan hat, als über neunhundertneunundneunzig, die der Buße nicht bedürfen, so wird der wahre Weinreisende über den Verkauf eines einzigen Ankers[28] an eine bisher total unfruchtbare Bekanntschaft eine weit höhere Satisfaktion empfinden als über das Placement eines ganzen Stückfasses an einen langjährigen, treuen Kunden.

Doch was nutzt es, verehrter Freund, daß ich Ihnen dies alles so haarklein auseinandersetze? Sie verstehen mich längst, Sie begreifen, was ich wünsche. Sie wissen, daß die Zeiten schlecht sind und daß man nur durch die außerordentlichsten Mittel der steigenden Konkurrenz die Stirn bieten kann. Schauen Sie daher um sich in dem weiten Kreise Ihrer Bekanntschaften, und haben Sie jenes Individuum, jenes ›Menschenjuwel‹, jene Perle von einem Rheinweinreisenden, deren ich bedarf, gefunden: so erinnern Sie sich, verehrtester, langjähriger Freund, Ihres ebenso aufrichtigen als hochachtungsvoll ergebenen Preiss«

Der würdige Handelsherr hatte seine Epistel beendigt. Das ganze Comptoirpersonal hörte dies an dem Geräusche, das das Schreiben des Namens »Preiss« verursachte. Der Herr Preiss kannte die Wichtigkeit einer Unterschrift. Ehe er sich dazu entschloß, seinen werten Namen dem Papiere einzugravieren, machte er gewöhnlich einen Augenblick halt, die geschwungene Feder in der Schwebe haltend, das Haupt sinnend hin- und herwiegend. Es war, als ob er plötzlich mit dem Geschriebenen nicht mehr einverstanden sei, als unterschriebe er ein Todesurteil, ja, es war ihm, als ob es: *Geld kosten* könne – dies war das schlimmste, und er zitterte, und die Augenbrauen zuckten zusammen, und die Brille bewegte sich auf der Nase.

Natürlich dauerte diese peinliche Unentschlossenheit nur eine Sekunde lang, denn während die Linke noch erschrocken emporfuhr, senkte schon die folgsame Rechte wieder die tintegefüllte Feder auf das weiße Papier, jetzt fünf bis sechs mystische Kreise beschreibend, ohne das Papier zu treffen, und dann mit Geprassel hinabfahrend, um mit Blitzesschnelle die sechs Buchstaben des teuern Namens zu vollenden und einen Schwung hinzuzufügen, der einer Seeschlange gleich in grandiosen Windungen das Ganze fabelhaft umringte.

Mit einiger Selbstzufriedenheit blickte der alte Handelsherr auf seinen schönen Brief und auf seine treffliche Unterschrift – auf die Unterschrift, die schon so glorreich geprangt hatte auf manch großem Wechsel und die so vorteilhaft bekannt war auf allen vaterländischen Börsen. Eine gewisse Rührung wandelte den ehrenwerten Herrn an; er betrachtete sich in seiner Unterschrift wie in einem Spiegel, und er mußte gestehen, daß er ein solides Haus sei, über alle Zweifel gut – und feierlich erhob er sich von seinem Sitze.

Das Futteral der Brille hatte sich indes wieder geöffnet, mit leisem Puff, entsendend den Duft verrotteter Familiengerüche. Hinein schlüpfte die

28 Hohlmaß (½ Eimer).

Brille, und Futteral und Brille schlüpften in die Seitentasche des großen Rockes. Herr Preiss bedeckte dann sein gewaltiges Haupt, die Arme über den Rücken kreuzend und wiederum auf und ab durch das Comptoir schreitend mit festem Schritt.

VI

DER REISENDE, WIE ER IST

Während der Herr Preiss seinem Freunde über den Reisenden schrieb, »wie er sein soll«, näherte sich bereits der Tür »der Reisende, wie er ist«. Es hatte dem Alten in der Tat beim Schreiben des Briefes nur das Bild dieses ausgezeichneten Mannes vorgeschwebt, in dem er längst jenes »Menschenjuwel« besaß, das er eben in einer zweiten Person so sehnlich herbeiwünschte. Ja, der Herr Fridolin Sommer, der erste Weinreisende des Hauses Preiss, trat ins Zimmer, leuchtend und lustig wie ein frischgeschlagener Friedrichsdor. Ein Mann in der Blüte des Lebens; ein Mann, nicht zu dick und nicht zu dünn; ein Mann, nicht zu alt und nicht zu jung; ein Mann, der gelebt hatte, ohne abgelebt zu sein; ein Mann, der gerieben war, ohne aufgerieben zu sein; ein Mann, dem die phantastisch gekräuselten Haare nicht übel standen, den der romantische Schnurrbart ausnehmend zierte; ein Mann, dessen Zähne schimmerten wie Perlen, dessen Hände weiß waren bis in die Fingerspitzen und dessen Hemd reiner war als die Unschuld, vor allen Dingen reiner als sein Gewissen; ein Mann, der Geschmack zeigte in der Wahl seiner Kleider, dessen Frack, dessen Hose und dessen Weste vortrefflich harmonierten; ja, ein Mann, dessen Krawatte in eine unaussprechliche Schleife gebunden war, mit den Zipfeln gen Morgen und gen Abend starrend wie die Arme an einem Meilenzeiger, wie die Flügel an einer Windmühle.

Fast zu gleicher Zeit den Kutscher bezahlend, einige Befehle in betreff seines Gepäcks erteilend und das Comptoirpersonal flüchtig grüßend, war Herr Sommer bis in die Mitte des Zimmers vorgedrungen, wo der würdige Prinzipal plötzlich in seiner Wanderung innehielt und, das Haupt emporhebend, jetzt mit dargebotenen Händen dem vortrefflichen Diener bewillkommend entgegeneilte.

Herr Sommer verneigte sich ehrfurchtsvoll. – Den Hut vom Kopfe reißend und den Kopf verbindlich lächelnd auf die Brust senkend, riskierte er mit herabhängenden Armen und mit anmutig verschränkten Beinen dasselbe Kompliment, welches schon so viele Leute entzückt hatte, wenn er ihnen in melodischem Tone die frohe Botschaft verkündete, daß er der Herr Fridolin Sommer sei, der das Vergnügen habe, das Haus Preiss zu repräsentieren, und sich die Ehre gebe, ihnen seine Offerte in Rheinweinen zu machen, beste Qualität und ausnehmend billig.

Erst nach zweimaligem Wiederholen dieser wundersamen Verbeugung wagte er die Hände des Prinzipals mit den seinigen zu berühren und unter herzlichem Druck und Schütteln auf den Ruf: »Ach, da sind Sie ja!« die geistreiche Antwort: »Ja, da bin ich!« folgen zu lassen, »und ich hoffe, daß Sie sich wohlbefinden, Herr Preiss, und daß Sie nicht an der Zukunft verzweifeln in diesen schlimmen Zeiten, wo die Konkurrenz immer größer wird – doch wie befindet sich Ihre werte Familie?«

Da war der erste Sturm des Begrüßens vorüber. Die Rückkehr des Herrn Sommer war ein Ereignis. Der Buchhalter Lenz hatte unwillkürlich drei große Prisen genommen; August, der Korrespondent, legte die Feder auf den Rand des Tintenfasses, und der Lehrling hörte auf im Kopieren der Briefe, andachtsvoll den großen Mann betrachtend, der so glücklich war, mit dem gestrengen Prinzipale händeschüttelnd die freundlichsten Grüße wechseln zu dürfen.

Weder dem Buchhalter noch dem Korrespondenten, noch dem Lehrling war es indes erlaubt, schon jetzt ihren Gefühlen weiter Luft zu machen, denn der Prinzipal bugsierte seinen Reisenden sofort in das Geheimkabinett des Geschäftes, wo er ihn mit den Worten: »Nun, was haben Sie denn auf Ihrer Tour ausgerichtet?« in die eine Sofaecke drückte, während er selbst aufmerksam horchend in der andern Platz nahm.

»Die Zeiten sind schlecht geworden –«, begann Herr Sommer und sah plötzlich so trostlos aus wie ein protestierter Wechsel. –

Wir müssen bei dieser Gelegenheit ausdrücklich bemerken, daß es unter Kaufleuten Sitte ist, stets über schlechte Zeiten zu klagen. Und wären die Zeiten so brillant, wie sie sich ein einigermaßen ehrlicher Mann nur denken kann, ja, wälzte sich die halbe Kaufmannschaft im Golde herum: die ehrenwerten Ritter von der Bank und der Börse, wenn man sie nach ihrem Verdienste fragte, würden dennoch die Hände ringen und wie Nilpferde, die am Zahnweh leiden, jammernd erwidern, daß die Welt sich mit jedem Tage verschlechtere, daß man kaum das Salz verdiene, geschweige das liebe tägliche Brot, und daß sie alle gesonnen seien, nächstens den ganzen Kommerz an den Nagel zu hängen, um in der Stille und Zurückgezogenheit auf irgendeinem billigen Dorfe von jenem wenigen Fette fortzuexistieren, das ihnen des Schicksals Unerbittlichkeit aus frühern, bessern Zeiten übriggelassen.

Dies ewige Klagen über schlimme Tage, über schlechten Verdienst ist nicht nur jetzt an der Tagesordnung, nein, die hübschesten Anekdoten aus den neunziger Jahren beweisen uns, daß sich damals die Handelswelt nicht weniger darin gefiel, stets die Ohren hängen zu lassen, um hinter möglichst sauern Gesichtern die heimliche Freude zu verbergen, daß der schlaue Gott des Gewinstes ihre Unternehmungen so trefflich unterstützt hatte. So wird uns von einem alten märkischen Fabrikanten erzählt, daß er einem jüngern Verwandten auf die Frage, ob es wohl noch der Mühe wert sei, diese oder jene Fabrik anzulegen, mit schmerzlicher Stimme zur Antwort gegeben habe: er möge sich derlei tolle Pläne aus dem Kopfe schlagen, die Zeiten seien gar zu schlecht geworden, man verdiene kaum 90 Prozent mehr. Selbst auf die Schriftsteller der Handelswelt ist die Sitte des Lamentierens übergegangen, denn fast alle englischen Nationalökonomen schließen ihre Räsonnements mit jenem großen Stoßseufzer über den Verfall des Handels, decline of commerce – die armen Engländer, die armen Kaufleute!

»Verehrter Herr Preiss, die Zeiten sind schlecht geworden«, begann der

Reisende Sommer, als er mit seinem Prinzipale allein war. »Die Konkurrenz erdrückt uns. Man arbeitet wie bei einer halb verlorenen Schlacht, wie in den Schrecken eines Schiffbruches – ja, wahrlich, das Geschäft bietet wenig Freude mehr.«

»Trösten Sie sich«, unterbrach hier der würdige Prinzipal, dessen feine Nase nur zu gut roch, daß der erfindungsreiche Sommer mit dem Gedanken umging, durch die einleitende Jeremiade das glückliche Resultat seiner Bemühungen doppelt belohnenswert erscheinen zu lassen, »trösten Sie sich, liebster Herr Sommer, wir sind hier unter uns, ersparen Sie sich alle überflüssigen Phrasen. Es ist zwar richtig, daß sich die Welt mit jedem Tage verschlechtert, aber wir Menschen werden auch mit jedem Tage gescheiter, und so korrigieren wir leicht das grause Verhängnis, so daß am Ende des Jahres, wenn wir Bilanz machen, stets das alte gute Gleichgewicht wiederhergestellt ist. Sagen Sie mir daher frei heraus, was Sie auf Ihrer Reise durchgesetzt haben. Geben Sie mir einen vollständigen Reisebericht.«

Da räusperte sich Herr Sommer und erwiderte mit Anmut: »Zuerst ging ich zu unsern Landsleuten und Nachbarn, die wie alle Rheinländer noch dieselben empfänglichen Gemüter haben. Sie interessieren sich für alles, schwatzen womöglich über noch mehr, und ihre Konversation kommt zugleich mit ihrem Durste erst dann plötzlich ins Stocken, wenn ihnen nachts im Wirtshause einfällt, daß sie den Hausschlüssel vergessen haben und daß die zärtliche Ehehälfte das schrecklichste Donnerwetter verhängen wird, wenn die Sitzung nicht sofort bis zum nächsten Abend verschoben wird. Oh, solange der Hausschlüssel des Rheinländers einzige Waffe ist, solange wird der Absatz der verwerflichsten Weinsorten nie eine Unterbrechung erleiden. Ich habe mich aufs neue hiervon überzeugt, indem ich sogar unsern sauern Moselwein bis auf den letzten Tropfen verkaufte.«

»Unsern sauern Moselwein? Ei, das ist mir ja *sehr* lieb!« – Der besondere Nachdruck, den Herr Preiss auf das Wort *sehr* legte, bewies, daß der fragliche Moselwein *sehr, sehr* sauer sein mußte.

»Aber *wen* haben Sie mit dieser hoffnungsvollen Partie beglückt?«

»Unsern speziellen Freund, den Wirt ›Zu den Drei Lilien‹.«

»Arme Lilien! Offenherzig gestanden, Herr Sommer, ich bin der festen Meinung, daß dies das letzte Geschäft ist, was wir mit diesem Manne gemacht haben. Und glauben Sie nicht, daß wir die entsetzlichsten Schikanen bei diesem Verkauf erleben werden? Fürchten Sie nicht, daß der Mann die ganze Partie zu unsrer Verfügung lassen wird, sobald er sie nur von ferne berochen hat?«

»Bei einem Wirte ist freilich alles möglich. Aber bis dahin mache ich ja in den ›Drei Lilien‹ wieder meine persönliche heitere Aufwartung. Persönlich macht sich alles besser. Mein ehrliches Gesicht, meine Überredungsgabe, mein liebenswürdiges Betragen, das Feuerwerk meiner schlechten Witze, die Sündflut meiner schönen Anekdoten – alles dies ist zu berücksichtigen, alles dies wird dazu beitragen, um das Rückgängigwerden des Geschäftes zu verhindern. Und sollte unser alter Freund dennoch in einige Skrupel verfallen, da sinke ich gerührt an seine Brust, küsse seiner Frau die Hand und schwöre seiner häßlichen Tochter Julie –«

»Hören Sie auf, Herr Sommer! Ihre Herzensangelegenheiten sind mir gleichgültig; Ihre Verkäufe werden mir stets willkommen sein.«

»Aus den Rheinlanden pilgerte ich ins Wuppertal. Die Leute jener Gegend zerfallen in zwei Klassen: in sogenannte ›Wilde‹, d.h. vernünftige Menschen, die leben und leben lassen und ihre Weine da kaufen, wo sie am besten und billigsten sind, und in sogenannte ›Feine‹, d.h. Pietisten oder horntolle Kerle, mit denen man nur dann ins Geschäft kommt, wenn man sich wie sie auf den Kopf stellt und den Steiß mit Fäusten schlägt nach der Melodie: ›O weh mir armen Sündenbock‹.

Die Luft im Wuppertale ist frisch, und beide Parteien trinken bedeutend; da aber die erstere der ganzen Konkurrenz offensteht, so ist mit der zweiten bei weitem mehr anzufangen, falls man sich ihren Hokuspokus und ihren christlichen Jargon richtig anzueignen weiß. Dies zu unternehmen hielt ich für eine mir würdige Aufgabe. Ich zog daher meine rheinische Karnevalsjacke aus und erschien im schwarzen Frack, mit umgeklappten Vatermördern wie ein Seminarist, mit Haaren, die auf der Stirn gescheitelt wie bei einem Bonner Professor; mit stieren, blöden Augen wie eine alte Eule bei Sonnenaufgang, den Kopf auf der linken Schulter und in den Mundwinkeln ein wehmütiges Lächeln.

Ich will mich hängen lassen, wenn ich nicht wie der größte Jammerkerl aussah, den je ein vernünftiger Mensch vor die Tür geworfen hat. In dieser Maske ging ich sonntags in die Kirche, schlug die Hände über dem Kopf zusammen wie ein Telegraf, entfaltete mein großes Gesangbuch und brüllte wie ein frommer Wüstenleu. Meine Nachbarn raunten sich sofort in die Ohren, daß ich ein fremder Kandidat sein müsse, der wahrscheinlich nächstens zur Probe predigen werde, der etwa auf die bevorstehende Synode pilgre oder sonst in kirchlichen Zwecken eine Reise an den heiligen Strand der Wupper unternommen, und der Gesang war auch kaum vorüber, als schon ein Mensch, der wie ein Laubfrosch bei schlechtem Wetter aussah, sich verschämt zu mir herüberbog, mich ›Bruder‹ nannte und mir eine Prise offerierte.

Von dieser Prise datiere ich eine der besten Geschäftsreisen, die ich je gemacht habe; denn wenn man nach dem Schlusse der Predigt auch erfuhr, daß ich zwar kein Kandidat sei, so überzeugte man sich doch davon, daß ich große Lust verspürte, einst ins Himmelreich zu kommen, und die Folge davon war, daß ich mit meinem neuen Bekannten schon am selben Abend in einem christlichen Bruderkränzchen so treulich zusammensaß, als hätte ich seit zehn Jahren nichts wie Gebetbücher gefressen.«

»Sie müssen sich schön in dieser Gesellschaft ausgenommen haben«, unterbrach Herr Preiss.

»Vortrefflich!«

»Aber die Geschäfte –?«

»Sie haben recht, ich will Sie nicht länger warten lassen. Die Sache machte sich vorzüglich. Nachdem nämlich ein frommer Wechselmakler das Einmaleins nach der Melodie ›Wer nur den lieben Gott läßt walten‹ gesungen, ferner ein frommer Bankier seinen Kurszettel in ein Gebet übersetzt und andächtig gesprochen, hierauf ein frommer Häuserspekulant seine uneigennützigen Absichten in betreff eines neu zu errichtenden Gotteshauses dargetan und schließlich ein frommer Rentner den Segen gesprochen und darauf hingewiesen hatte, wie es fürnehmlich des Christen Pflicht sei, sich Schätze zu erwerben, so da nicht Motten und Rost fressen: trat vor dem Auseinandergehen der frommen Bruderschaft noch ein Mann auf –«

»Welcher Mann?«

»Ein Mann, Herr Preiss –«

»Schießen Sie los!«

»Ich selbst trat auf!«

»Hören Sie mal, Herr Sommer, das war frech.«

»Sehr frech, aber ich fühlte mich vom Heiligen Geiste inspiriert, und ich trat auf und machte den Vorschlag –«

»Welchen Vorschlag?«

»Daß sich alle Frommen des Wuppertales dazu vereinigen möchten –«

»Um Ihnen 10 Stückfaß Neununddreißiger zu bestellen?«

»Nein, um einen Mäßigkeitsverein zu stiften –«

»Sind Sie des Teufels?«

»Ja, um einen Mäßigkeitsverein zu stiften, der allen Wein, allen Schnaps und alles Bier ausschließe und die Bevölkerung des Wuppertales zu dem Genuß einer der größesten Gottesgaben, zu dem Genuß des kalten Wassers zurückführe.«

»Aber ich verstehe Sie nicht, Herr Sommer.«

»Dasselbe war der Fall mit fast der ganzen Versammlung, der Skandal wurde allgemein. Ich ließ mich aber nicht irre machen und berief mich auf das 23. Kapitel der Sprüche Salomonis, Vers 29 bis 32, wo der Trunk entsetzlich blamiert wird.«

»Ich hätte Ihnen diese Bibelkenntnis nicht zugetraut.«

»Dieser Spruch machte die frommen Brüder stutzen. Der Handschuh war hingeworfen. Die Debatte begann.«

»Verschonen Sie mich!«

»Alte und junge Leute, rote und blasse Nasen, runde und keine Bäuche suchten mich zu widerlegen. Man machte mich darauf aufmerksam, daß die angeführte Stelle mit andern Versen ganz im Widerspruch stehe. Salomo selbst spreche im Hohenliede in den blumenreichsten Ausdrücken von Trauben, Weinstöcken und Weinkellern. Außerdem habe Christus eigenhändig das Wasser in Wein verwandelt und endlich sei mein Zitat aus dem Alten Testamente, könne also im Wuppertale, wo man sich mehr an die vier Evangelien halte, von gar keiner Bedeutung sein – genug, ich fiel mit meinem Vorschlage glänzend durch.«

»Gott sei Dank!«

»Wehmütig gestand ich meine Niederlage ein, indem ich hinzusetzte, daß ich denn jetzt, wo eine so gelehrte Gesellschaft meine Skrupel überwunden habe, allerdings fortfahren werde, für das Haus Preiss in Rheinweinen zu arbeiten, obgleich mir diese Beschäftigung seit einiger Zeit so gottlos erschienen sei, daß ich eben im Begriff gewesen wäre, mich von dieser vermeintlichen Sünde durch jenen Mäßigkeitsvorschlag auf immer loszusagen.«

»Herr Sommer, Sie sind ein großer Heuchler!«

»Und alles in Ihrem Interesse, Herr Preiss. Sie können sich gar nicht vorstellen, welchen Effekt dieser Schluß machte. Man umringte mich; man wünschte mich näher kennenzulernen; man lud mich für alle Tage der Woche zu Gaste; die so ganz gegen mein Interesse unverhohlen ausgesprochenen Regungen meiner schönen Seele machten die Runde von Mund zu Mund.«

»Und der Erfolg war?«

»Daß ich in den nächsten Tagen Aufträge von allen Ecken und Enden erhielt. Der fromme Wechselmakler, der das Einmaleins sang, bestellte einen Anker Laubenheimer zu 36.«

»Und der Bankier, der den Kurszettel betete?«

»Bestellte ein Ohm[29] Scharlachberger zu 70.«

»Und der fromme Gotteshausspekulant?«

»Erbittet sich zwei Ohm Traminer zu 90.«

»Und der fromme Kapitalist, den nicht Motten und nicht Rost fressen?«

»Wünscht umgehend ein Stückfaß Steinberger Kabinett zu 120. Alles comptant. Doch erlauben Sie, dem Manne, der mich ›Bruder‹ nannte und der mir eine Prise offerierte –«

»Ja, diesem?«

»Ja, diesem gab ich einen Anker Piesporter gratis.«

Vater Preiss konnte nicht umhin, wohlgefällig zu lachen.

»Aus dem Wuppertal zog ich nach Westfalen, in unser geliebtes Münsterland, in das Land der preußischen Regierungsräte und der geistlichen Herren. Ich brauche Ihnen nicht zu versichern, daß sich unsre alten Freunde noch sehr wohl befinden. Nur der Kanonikus Schmits ist gestorben; er wollte grade unsern Probe-Anker Erbacher zu 70 einer gewissenhaften Prüfung unterwerfen, als er plötzlich in ein besseres Jenseits abberufen wurde.«

»Schade, der Mann zahlte bar.«

»Das Münsterland liebe ich vor allen deutschen Gauen. Ein solcher Durst und so hartnäckige Trinker sind mir noch nie vorgekommen. Und die Leute trinken etwas Gutes. So fand ich z.B. den alten Domherrn Valentin, der gerade in seinem Studierzimmer damit beschäftigt war, eine Abhandlung über die unbefleckte Jungfrau zu schreiben, hinter einer wahren Batterie von teils leeren, teils halb ausgetrunkenen Flaschen Rüdesheimer, Markobrunner usw. Als er mich hereintreten sah, jauchzte er, als ob ihm der Heiland in Person erschienen, fiel mir um den Hals und ruhte nicht eher, als bis ich seinen ganzen Keller durchgetrunken und – Ave Maria purissima! – solche Kreise im Zimmer beschrieb, daß das Manuskript über die unbefleckte Jungfrau samt Tintenfaß und Sandbüchse, samt Flaschen und Folianten dem allgemeinen Umsturze verfiel. Der alte Valentin hielt sich die Seiten vor Lachen, und gemeinschaftlich setzten wir uns dann auf die Trümmer seines Studierzimmers und sangen das Lied von der Ratt' im

29 Flüssigkeitsmaß (zirka 150 l).

Kellernest[30]. Einige Stunden später sang er die erste Messe. Bestellt ein Ohm Steeger zu 60.«

»Und der alte Herr von Säuerig?«

»Ist noch immer derselbe alte Gimpel wie früher. Jetzt hat er wieder eine neue Marotte; er ist nämlich vor kurzem in Berlin gewesen und bildet sich nun ein, daß er bei Hofe gern gesehen sei. Außerdem hält er sich für einen großen Politiker. Der alberne Kerl teilte mir ›die höchsten Staatsgeheimnisse‹ mit, und erst am Abend, als wir in seinem Gemüsegarten durch die Brennesseln spazierten, blieb er plötzlich stehen und sagte mir, indem er auf eine alte hölzerne Statue zeigte: ›Herr Sommer, lassen wir den Staat einstweilen ruhen; es mögen viele Dinge im Staate vorgehen, welche uns gerechte Ursache zur Besorgnis geben, aber, Herr Sommer, ich versichere Ihnen hier an diesem schönen Orte, hier zu den Füßen dieses Olympiers, daß die zwei Ohm Assmannshäuser, die Sie mir im verflossenen Herbst gesandt haben, von der niederträchtigsten Qualität sind.‹ – ›Herr von Säuerig‹, erwiderte ich ihm, ›Sie sind ein zu großer Staatsmann, um eine solche Kleinigkeit erwähnen zu dürfen. Lassen Sie die zwei Ohm von Ihren Dienstboten austrinken, und ich will Ihnen zwei neue Fässer senden, die Ihrer würdig sind.‹ Natürlich war Herr von Säuerig ein viel zu großer Staatsmann, um so etwas refüsieren zu wollen.«

»Und was macht unser Freund Söffig?«

»Ja, der alte Söffig ist sehr aufgebracht. Er ist der Meinung, daß wir ihn stets herzlich schlecht bedient haben.«

»Kann wohl sein –«

»Um den Mann zu besänftigen, bot ich ihm unsern Vorrat Brauneberger zu einem sehr billigen Preise an. Aber vergebens. Und ich würde vielleicht ohne Auftrag von dannen gegangen sein, wenn mir nicht noch zur rechten Zeit eingefallen wäre, daß der alte Söffig in der Liebe zu seiner Frau und zu seinen Kindern die schwächste Seite hat. Ich stellte mich daher in Position und sprach mit Pathos: ›Teuerster Herr Söffig, ich gestehe, daß Sie ein hübsches Detailgeschäft haben und vor der Not des Lebens gesichert sind. Aber bedenken Sie, was Sie tun. Eine der billigsten Partien Brauneberger entgeht Ihnen. Denken Sie an Ihre Frau und an Ihre Kinder, und wenn Sie einen Rest von Liebe für sie im Herzen tragen, so vernachlässigen Sie nicht so rücksichtslos die Interessen Ihrer armen Familie. Ja, besinnen Sie sich, ehe es zu spät ist. Weisen Sie meine Offerte nicht von sich! Akzeptieren Sie diese Partie Brauneberger 5 Taler unter Kostpreis!‹«

»Und er tat es?«

»Das versteht sich von selbst. Sein gutes westfälisches Herz konnte nicht widerstehen.«

»Es ist mir lieb, daß wir den Brauneberger los sind!«

So fuhr der Reisende Sommer fort, seinem Prinzipal zu erzählen, wie er die Provinzen des Reiches mit guten und schlechten Gewächsen überschwemmt hatte, hier durch seine Überredungsgabe siegend, dort durch

30 Goethe, Faust I, V. 2126 ff.

schlaue Verstellung, und der Gott der Kaufleute und der Diebe blickte lächelnd hinab auf die treusten seiner Jünger.

Der Buchhalter Lenz, der Korrespondent und der Lehrling saßen indes auf ihren Comptoirstühlen und ärgerten sich nicht wenig, daß ihnen der Reisebericht des gewandten Geschäftskollegen entging. »Sollte es nicht möglich sein, die Türe leise zu öffnen?« fragte endlich verschämt der Lehrling. »Das würde ein zu großes Vergehn sein!« erwiderte der Korrespondent. »Ein zu großes Verbrechen!« meinte der Buchhalter.

»Meinen Sie nicht, daß wir den Schlüssel leise aus dem Schlosse ziehen könnten?« fuhr der Lehrling fort. »Vielleicht ließe sich wenigstens etwas hören.«

»Lauschen ist ein Vergehen!« erwiderte der Korrespondent. »Ein Verbrechen!« meinte der Buchhalter.

»So lassen Sie uns die andern Türen und ein Fenster öffnen, vielleicht daß dann die Tür des Geheimzimmers von selbst aufspringt –«

Dieser Vorschlag schien selbst dem Buchhalter durchaus unschuldig zu sein, und im Nu flogen Fenster und Türen offen, und das Schloß des Geheimzimmers, durch den Luftzug erschüttert, knarrte in seinen Riegeln und sprang zurück.

Leider hatte der Reisende Sommer in diesem Augenblick seinen Bericht schon so gut wie beendigt. Oberflächlich erkundigte sich Herr Preiss nur noch nach einigen Kunden, die der Reisende nicht genannt hatte.

»Was macht der Herr Bengel?«

»Hat sich in Spekulationen aufgelöst.«

»Wie befindet sich Madame Meyer, die Wirtin in der ›Ente‹?«

»Danke für gütige Nachfrage, will erst bestellen, wenn der Frühling kommt –«

»Und die Veilchen blühn – aber bestellte Ihnen Herr Freundlich nichts?«

»Nein, dieser Mann war sehr unfreundlich. Er drohte, mich wie ein falsches Stück Geld auf den Tisch nageln zu wollen, wenn ich mich je wieder bei ihm sehen ließe.«

»Da nehmen Sie sich doch lieber in acht. Aber was treibt unser alter Freund Sebastian Johannes?«

Herr Sommer, der alle Fragen seines Prinzipals bisher so rasch und lustig beantwortet hatte, zog bei dem Namen Sebastian Johannes plötzlich sein Gesicht in die verhängnisvollsten Falten.

»Nun, wie steht es mit dem Johannes?« Der Alte blickte seinen Reisenden forschend an.

»Herr Preiss«, fuhr dieser endlich fort, und seine Stimme zitterte, »Herr Preiss, ich hatte es gut mit Ihnen vor; ich wollte Ihnen den heutigen Tag nicht verderben; Herr Preiss – ach, Herr Preiss, der Sebastian Johannes –«

»Nun, rücken Sie mit der Sprache heraus!«

»Der Sebastian Johannes –«

»Nun, was ist mit ihm?«

»Der Johannes ist –«

»Heiliger Gott, er ist doch wohl nicht –«

»Fassen Sie sich, Herr Preiss!«

»Ist er –?«

»Kaputt ist er –«

»Kaputt!« seufzte der Alte.

»40 Prozent in der Masse.«

Tiefe Stille entstand. Aus dem Comptoir herüber klang aber bald darauf vernehmlich die Stimme des Buchhalters: »Folio 213. Sebastian Johannes: 522 Taler, 10 Silbergroschen, 6 Pfennig im Debet.«

VII

DER MAKLER

Jeder, der einmal in einer größern Handelsstadt war, in Liverpool, in Amsterdam, in Hamburg usw., wird bemerkt haben, daß es unter den tausend und abertausend Menschen, die sich auf den Straßen aneinander vorübertreiben, immer einige Nasen, einige verzwickte Augen, einige krumme Rücken oder schlenkernde Arme gibt, welche einem bei jeder Gelegenheit, zu jeder Tageszeit in den geräuschvollsten Stadtvierteln von neuem begegnen.

Man meint zuletzt, man habe die Leute früher schon gekannt, und da man sich davon überzeugt, daß sie alle Menschen kennen und fast alle grüßen und auch von den meisten wiedererkannt und wiedergegrüßt werden, so wechselt man eines Morgens vielleicht ebenfalls einen Gruß mit ihnen, aus Zerstreuung, aus Zufall, um nachher unwillkürlich darüber zu lachen, wie man zu einer solchen Intimität mit einer total fremden Nase kommen konnte.

Diese ewigen Pflastertreter und Grüßer der Handelsstädte unterscheiden sich von den geputzten Flaneurs der Bäder und Residenzen durch ihr einfaches, ja sogar schäbiges Äußere. Abgelaufene Stiefel, staubige Hosen, fatale Röcke und antike Hüte bilden nur zu oft das Kostüm dieser Allbekannten und Allkennenden. Man sieht, es sind Leute, die nicht der Parade und des Pläsiers wegen umherlaufen. Ihr Gang ist zu rasch für die süße Beschäftigung des Nichtstuns. Die Bewegung ihrer Arme ist zu lebendig für ein Dasein der stillen Betrachtung, und ihre Nasen und Augen sind zu ausdrucksvoll, als daß man vermuten dürfte, sie würden je nach etwas anderm umspüren als nach sehr praktischen und einträglichen Dingen. Folgt man einem solchen Menschen mit den Blicken, so wird man ihn nach hundert Grüßen und Komplimenten endlich seitwärts springen und in den heiligen Hallen eines Geschäftslokales verschwinden sehen. Zwei Drittel dieser Leute, die überall und nirgends sind, die Gott und alle Welt kennen, gehören in den Handelsstädten zu der ehrsamen, wohlbekannten Gilde der Makler, zu jenen emsigen, höchst nützlichen Individuen, welche die Geschäfte zwischen Käufer und Verkäufer vermitteln und gewissermaßen im Handel die Rolle übernehmen, welche die Kuppler in der Liebe spielen.

Der Herr Emsig, der eben in das Comptoir des Herrn Preiss tritt, ist einer der vollkommensten Leute seines Zeichens. Sparsam, tätig, ausdauernd, gefällig, immer auf dem Sprunge, immer in Transpiration, läuft er vom Morgen bis zum Abend von Haus zu Haus, von Tür zu Tür, hier Neuigkeiten hörend, dort Neuigkeiten erzählend; hier Aufträge empfangend, dort Aufträge verrichtend; hier dem Verkäufer auf Ehre und Seligkeit versichernd, daß er nur $^3/_8$ geben könne, wenn er streng genommen $^1/_2$ in der Tasche hat; und dort dem Käufer auseinandersetzend, daß er 99 geben müsse, wenn auch Aussicht vorhanden ist, daß man zu 98 kaufen kann. Und dabei immer die Ehrlichkeit und Offenherzigkeit selbst, ohne Geheimnis, voller Leutseligkeit und schlechter Witze. Ein Mann, zu allem zu gebrauchen; ein Mann, dem man nur das erste Wort zu sagen braucht, weil er das zweite von selbst weiß; ein Mann, der sich selten irrt, der in jedes Herz und in jede Tasche zu sehen versteht, der in den kältesten und unbeweglichsten Gesichtern so richtig buchstabiert wie in einem grobgedruckten Buche; ein wahrer Sohn Merkurs, des listigen Gottes, als dessen schalkhafter Geist er lügend hin- und herüberschwebt vom Käufer zum Verkäufer und vom Verkäufer zum Käufer.

Durch das ewige Rennen und Stürzen ist Herr Emsig fast den ganzen Tag außer Atem. Er spricht daher nur in kurzen Sätzen.

»Schönen, guten Morgen, Herr Preiss – Wie befindet sich Ihre werte Gesundheit? – Wünsche wohl geruht zu haben – Was gibt es Neues?«

»Neuigkeiten erwarte ich von Ihnen«, erwiderte Herr Preiss, indem er, ohne den Makler anzusehen, in seiner Arbeit fortfuhr.

»Der Kaiser von China hat im Tode gelegen, die Königin von England hat schon wieder ein Kind gekriegt, in Polen ist ein Froschregen vorgekommen, was sagen Sie *dazu*?«

»Ich glaube, daß es wahr ist.«

»Ich nicht; der Kaiser von Rußland ist nach Warschau abgereist; der König von Preußen hat einen Gichtanfall gehabt; in Wien herrschen die Blattern; Ruhe in Frankreich. Was sagen Sie *dazu*?«

»Sonst nichts Neues?«

»Sonst gar nichts Neues. In München sind Bierrevolten vorgefallen. König Ludwig[31] soll sich sichtbar verjüngen; es verbreiten sich wunderliche Gerüchte – Lola Montez soll schwanger sein. Was sagen Sie *dazu*?«

»Daran sind *Sie* gewiß schuld!«

»Bedauere, daß ich nicht mehr die Ehre habe – die Dreiprozentigen sind gestiegen; sehr schönes Wetter heute; viel Animo[32] im Geschäft; kann ein Pöstchen Frankfurter gebrauchen. Was sagen Sie *dazu*?«

»Kann nicht damit aufwarten.«

»Werde es sonstwo bekommen. Überall Spekulationslust. Geld ist billig. Leute haben recht. Wollen Sie nichts unternehmen? Können reich werden. Was sagen Sie *dazu*?«

»Bin schon reich.«

»Sollten sich an der neuen östreichischen Anleihe beteiligen; sollten

31 König Ludwig I. von Bayern (1786–1868), der 1848 wegen seiner Mesalliance mit der Tänzerin Lola Montez (1818–61) abdanken mußte.
32 Schwung, Lust.

Effekten kaufen. Gibt nicht besseres als den Effektenhandel. Was meinen Sie *dazu*?«

»Der Effektenhandel ist ein unmoralisches Geschäft!«

»Unmoralisch! Was ist unmoralisch? Geld verlieren ist unmoralisch! Aber billige Preise – eine Steigerung vor der Tür – Aussicht auf Gewinn: das ist Humor, das ist Moral! Sie sind der moral[isch]ste Mensch, wenn Sie in Effekten spekulieren. Unmoralisch! – Jetzt sage ich nichts mehr.«

»Um so besser!«

»Ach, Herr Preiss, ich kenne Sie gar nicht mehr. Sie haben sich sehr verändert. Sind die schönen Zeiten vorüber? Haben Sie aufgehört, sanguin zu sein? Wollen Sie schon jetzt auf Ihren Lorbeern ruhen? Wollen Sie schon jetzt mit Salomo sprechen, daß alles eitel ist? – Oh, Herr Preiss, ich bedauere Sie; ich weine. Ich bin betrübt, daß Sie nicht begreifen können diese hohe Poesie des Effektenhandels; jenen erhabenen Gedanken, durch ein Geschäftchen in Staatspapieren sich zu beteiligen an der Weltgeschichte unsres Jahrhunderts, einzugreifen in den Gang der Begebenheiten und eine Rolle zu spielen unter den größten Männern, den Finanziers der Jetztzeit, in deren Händen die Geschicke liegen, des Orients und des Okzidents –« Herr Emsig schnappte nach Luft; er konnte nicht mehr. »Was sagen Sie *dazu*?«

»Gar nichts!«

»Gar nichts? Nichts sagen Sie dazu? Habe ich je so etwas gehört? Was sagen Sie denn zu östreichischen Metalliques?[33] Was denken Sie *davon*?«

»Ich denke an den Spielberg[34], an den Korporalstock. Ich meine, ich würde geprügelt.«

»Oder wollen Sie spanische? Was fällt Ihnen *dabei* ein?«

»Die Inquisition, Ketten und Schafott.«

»Oder russische? Wie heißt?«

»Sibirien und die Knute.«

»Jesus, Maria, Joseph! Habe ich doch seit meiner Taufe, seit ich meinen ehrlichen Namen Joel Knoblauch verwandelt habe in Eduard Emsig, nicht mehr gehört eine solche Profanation!«

»Sind Sie bald fertig?«

»Ja, ich bin fertig; ganz fertig. Ich habe genug; genug bis an den Jüngsten Tag. Aber geben Sie mir Ihre Gründe für diese Abneigung, Gründe, Herr Preiss! Ohne Gründe gehe ich nicht aus Ihrem Comptoir.«

»Sind Stockprügel keine Gründe?«

»Nein, es sind Stockprügel.«

»Sind Inquisition und Ketten keine Gründe?«

»Nein, es sind bloß die Komparative der Stockprügel.«

»Sind Sibirien und die Knute keine Gründe?«

»Nein, es sind bloß Superlative.«

»Hören Sie mal, Sie Superlativ von einem Fondsmakler, lassen Sie mich jetzt in Ruhe. *Ich* soll den Regierungen Geld leihen? *Ich* soll verrottete Staaten in ihrer schlechten Politik unterstützen? *Ich* soll korrumpierten

33 Staatspapiere, die auf Metallgeld lauten.
34 Berüchtigtes Gefängnis bei Brünn.

Höfen Gelegenheit geben, sich in allen Greueln der Ausschweifung herumzuwälzen? Für stehende Heere beitragen, die uns Krieg und Pestilenz über den Hals bringen? Ich? Hören Sie mal, Herr Emsig –«

»Habe alles gehört, Herr Preiss; schaudre, ja, ich schaudre und weine. Es ist wahr, es ist kein Zweifel mehr, der Herr Preiss sind Demokrat geworden; der Herr Preiss ein Demokrat! Verrottete Staaten – korrumpierte Höfe – Greuel der Ausschweifung – Wie heißt? So sprechen die Demokraten; Leute unter Null; Menschen, zehn Prozent unter Pari; Kerle mit vierzig Prozent Rabatt; arme Schlucker, bei denen der Schöpfer ausrief: Fort mit Schaden! Ja, so sprechen die Demokraten. Der Herr Preiss ein Demokrat! Seit Moses ist kein größeres Wunder geschehen. Schönen, guten Morgen, Herr Preiss!«

Herr Emsig schritt der Türe zu. –

Nach diesen heitern Präliminarien, die sich in ein oder andrer Weise bei jedem Besuche des Herrn Emsig erneuerten, hielt es endlich Vater Preiss für geraten, von seiner Arbeit aufzuschauen und den Comptoirstuhl so herumzudrehen, daß der Rücken an das Pult lehnte und die volle Front dem Makler zugewandt war. Herr Emsig kannte die Manöver seines Gönners aus langer Erfahrung. Er hatte nur auf diesen Moment gewartet. Während Herr Preiss den Umschwung seines Comptoirstuhles vollendete, sprang Herr Emsig schon wieder von der Tür zurück, und gleich zwei Kampfhähnen, die nach kurzer Pause nur um so wütender entbrennen, maßen sich jetzt die beiden Alten mit forschenden Blicken.

Herr Preiss war es, der diesmal die Konversation zuerst wieder aufnahm. Ein etwas spöttisches Lächeln zuckte um seine Lippen, und in langgezogenem Tone begann er:

»Sieh da, Herr Emsig! Wo kommen *Sie* her? Ich hatte Sie gar nicht bemerkt. Was haben Sie mir zu sagen?«

»Nehmen Sie mir das nicht übel, Herr Preiss, das ist stark, sehr stark. Seit vollen zehn Minuten schütte ich Ihnen mein Herz aus –«

»Seit wann haben Sie ein Herz?«

»Seit einer vollen Viertelstunde unterhalte ich Sie über die tiefsten Geheimnisse meiner Seele –«

»Haben Sie wirklich eine Seele?«

»Und Sie antworten mir auf alles, was ich vorbringe, und tun, als ob Sie ganz Ohr wären, und jetzt kennen Sie mich kaum, wissen kaum, daß ich hier bin – Herr Preiss, das ist beleidigend, verletzend. Die Zeit ist kostbar.«

»Spottwohlfeil ist die Zeit, wenn es flau im Geschäfte ist. Also, was wollen Sie eigentlich von mir?«

»Ihnen nochmals wiederholen, daß es nichts Köstlicheres gibt als die Zeit, für einen Menschen wie mich, dessen Minuten nicht wie bei Ihnen nach Talern und Dukaten –«

»Beschnittenen?«

»Sondern nach lumpigen Groschen gezählt werden – was sagen Sie *dazu*?«

»Wie stehen russische?«

»Niedrig, Herr Preiss, niedrig!«

»Und spanische?«

»Kosten fast gar nichts.«

»Und östreichische?«

»Kriegen Sie umsonst zu.«

»Hören Sie mal, Herr Emsig, ich bin nicht abgeneigt, etwas zu kaufen, wenn ich es umsonst habe. Für Rußland interessiere ich mich nicht; für Spanien noch weniger, aber für Östreich habe ich etwas übrig, wenn es nichts kostet. Was meinen *Sie,* Lenz?«

Der Buchhalter Lenz schrak wie gewöhnlich zusammen, als sein Name genannt wurde. Er steckte die Nase über die linke Schulter, fragte, was der Herr Preiss zu befehlen habe, und stolperte dann prisend zwischen Herr und Makler.

»Sehn Sie mal, Lenz, der Herr Emsig will uns zu einer Spekulation in östreichischen Metalliques verleiten. Was ist Ihre Ansicht?«

»Das Haus Habsburg«, begann Herr Lenz, »ist ein ehrwürdiges, altes Haus, über dessen Solidität, wie bei allen alten Häusern, eigentlich nichts Positives bekannt ist, welches aber schon so viele Stürme glücklich überstanden hat, daß man fast erwarten sollte, es werde auch in Zukunft seine Akzepte[35] zu honorieren imstande sein.« – Hier nahm Herr Lenz wieder eine Prise. »Außerdem ist das Geschäft der Habsburger, wenn ich mich so ausdrücken darf, nicht nur ein sehr bedeutendes, sondern auch bei einigermaßen richtiger Leitung ein möglicherweise sehr ersprießliches, denn das Kaiserreich, so prekär es auch in seiner Zusammensetzung aus den widerstrebendsten Branchen auf den ersten Anblick erscheinen mag, besteht nichtsdestoweniger aus sehr soliden Brocken, aus Provinzen, die immerhin einen guten Puff Taxen vertragen können. Es kommt daher eben nur auf die Leitung an, und ich muß gestehen, daß ich den alten Herrn von Metternich[36], wenn auch gerade nicht für einen sehr ökonomischen Geschäftsmann, so doch für einen Chef von großer Courage halte, dem es auch nach allenfallsigen schlechten Spekulationen stets wieder gelingen dürfte, eine befriedigende Bilanz abzuschließen. Treten daher nicht ganz unvorhergesehene Ereignisse ein, fallen keine allgemeineuropäischen Konflikte vor, bricht, mit einem Worte, gerade keine Revolution aus –«

Bei dem Worte »Revolution« mußte Herr Lenz unwillkürlich niesen. Der Makler Emsig bekreuzte sich; Herr Preiss trat drei Schritte rückwärts.

»Ich sage, bricht grade keine Revolution aus, so muß ich offen bekennen, daß ich nicht die geringste Gefahr dabei sehe, wenn man sich mit dem ehrenwerten Hause der Habsburger bis über Hals und Kragen in ein Geschäft eingelassen hätte.«

»Sie sind sanguin, Lenz!« nahm hier Vater Preiss das Wort; »sehr sanguin! Haben Sie schon je in des alten Metternich Tasche gesehn? Haben Sie je schon in die Herzen der habsburgischen Völker geblickt? Wer bürgt mir dafür, daß nicht einst ein sehr bedauerlicher Zank zwischen der Staatstasche und den Völkerherzen ausbricht?«

35 Wechsel (mit Annahmeerklärung des Bezogenen).

36 Clemens Fürst von Metternich (1773–1859), österreichischer Außenminister und Staatskanzler (1821–48).

»Die Liebe!« versetzte der Makler Emsig mit Rührung und schnitt ein Gesicht, hold wie die Stockrose. »Die Liebe des Volkes zu seinem angestammten Herrscherhause bürgt Ihnen dafür, daß die Kaiserstaaten nie von jenen Ausbrüchen der Unzufriedenheit heimgesucht werden, wie wir sie erlebt haben in verschollenen Zeiten in jenem Lande, dessen Dreiprozentige unter dem Schutze eines großen Bürgerkönigs[37] heute nicht minder unterworfen sind der allgemeinen Steigerung und gerade den besten Beweis liefern, wie ruhig man sich einlassen darf –«

»Werden Sie nicht pathetisch, Herr Emsig!«

»Pathetisch! Wie heißt? Habe ich nicht das Recht, pathetisch zu werden, wenn mich ergreift das Glück der Völker? Bin ich nicht gerührt des Morgens beim Kaffee, wenn ich die auswärtigen Kurse in der Zeitung finde und aus jedem Achtelchen, aus jedem Viertelchen, welche Konsols oder Dreiprozentige in die Höhe gegangen sind, die allgemeine Zufriedenheit, das allgemeine Weltvertrauen lese? Andere Leute lesen zuerst die Nachrichten; *ich* lese zuerst die Kurse, in denen die Weltgeschichte ausgedrückt wird in runden Zahlen und Brüchen, deutlich und verständlich für alle, die da Augen haben zu lesen und Gefühle zu begreifen! Was sagen Sie *dazu*?«

Da der Buchhalter Lenz an dem Bart der Feder kaute und nachdenkend zu Boden sah und Herr Preiss kopfrechnend gen Himmel blickte, so wartete der Makler nicht auf eine Antwort, sondern fuhr fort:

»Sie sagen, daß ich recht habe. Ja, ich habe recht. Hat mich noch gestern gefragt meine jüngste Tochter: ›Vater, wie heißt, daß Du zuerst immer siehst nach die Kurse?‹ – ›Liebes Kind‹, habe ich geantwortet, ›das kommt von die schöne Einrichtung. Sie mal hier: gestern standen die Konsols 84; und heute stehen sie auch 84; nun weiß ich, daß in England nichts passiert ist. Gestern kosteten die Dreiprozentigen..., heute stehen sie...; der Herr Guizot[38] muß also einen großen Triumpf in die Kammer gemacht haben; gestern hielten sich östreichische auf...; heute stehen sie auf...; der Kaiser hat also gewiß gut geschlafen. Und was ich geraten hatte mit meinem Verstande, das hatte sich zugetragen in der Wirklichkeit, das stand gedruckt schwarz auf weiß.‹ Und sehn Sie, Herr Preiss, so etwas kann einen rühren, wenn man sieht dies allgemeine Vertrauen, diese Liebe zur guten Sache, diese friedliche Weltentwicklung, und mit inniger Überzeugung ruft man aus: ›Ja, es gibt noch Gemüt in der Welt; alles ist Avance, alles Gewinn!‹«

»Na, dann kaufen Sie mir für 20000 Taler Metalliques!« rief Herr Preiss, indem er plötzlich aus seinem Rechenexempel wie aus einem Traume erwachte.

»Abgemacht!« erwiderte Herr Emsig und griff nach Hut und Stock, um sofort das Weite zu suchen.

»Aber kaufen Sie billig, nicht über...!«

Der Makler drehte sich in der Tür um, legte den Kopf auf die Schulter, kreuzte die Arme vor der Brust und verdrehte Augen und Mundwinkel zu einem wehmütigen Lächeln.

37 Louis Philippe (1773–1850), König der Franzosen von 1830 bis 1848.

38 François Pierre Guillaume Guizot (1787–1874), Außenminister (1840–48) und Ministerpräsident (1847/48) Frankreichs.

»Herr Preiss, sehen Sie mich an; sehe ich aus, als ob ich teuer kaufen würde? Sehe ich unbillig aus? Ach, Sie wissen's, der Eduard Emsig weiß zu schätzen das Vertrauen seiner ehrenwerten Geschäftsfreunde! Ließe ich mir doch eher ein Stück schneiden von meine Extremitäten, ehe ich ein Viertel gäbe, wo ich mit ein Achtelchen siegen kann!«

Keuchend und transpirierend vor maßloser Geschäftslust purzelte Herr Eduard Emsig, weiland Joel Knoblauch, die Treppe hinab in die Straße, ein wahrer Sohn Merkurs, des listigen Gottes, als dessen schalkhafter Geist er mogelnd und mauschelnd hin- und herüberschwebte vom Käufer zum Verkäufer und vom Verkäufer zum Käufer.

VIII

DIE SPEKULATION

Wie unsre Leser bereits wissen, umfaßte das Geschäft des Herrn Preiss verschiedene Branchen. Herr Preiss liebte es, in vielen Gegenständen zu »machen«. Er behauptete, daß man sich an den Schafen erholen müsse, wenn man an den Ochsen verloren habe, und daß die Heringe wieder einbringen würden, was an den Korinthen flötengegangen sei. »Der gute Durchschnitt ist die Hauptsache!« rief er aus. »Und wenn ich am Ende des Jahres meine zehn- oder fünfzehntausend ehrlich ›herum‹-gebracht habe, da ist es mir einerlei, ob ich sie am Wein verdiente oder am Essig, am Weizen oder am Hühnerdreck.«

Der Herr Preiss war in diesem Räsonnement urdeutsch, aus dem einfachen Grunde, weil er ein Deutscher war und kein Engländer. Wäre der Herr Preiss ein Brite gewesen und hätte er z.B. in Mark Lane[39] gewohnt, so würde er natürlich nur in Korn »gemacht« haben; hätte er in Bermondsey gehaust, so würde er ausschließlich in Leder beschäftigt gewesen sein, und wäre seines Bleibens in Lower Thames Street gewesen, so würde er sich lieber den Hals abgeschnitten haben, als in etwas anderm zu handeln als in den Diamanten der »Schwarzen Indien«, in den Steinkohlen von Wales und Northumberland.

Aber Herr Preiss interessierte sich nur für den Durchschnitt, eben weil er sich für alles interessierte. Weltumfassend war sein Gemüt. Sein Geist schwang sich hinauf bis zum Höchsten und ließ sich herab bis zum Niedrigsten, und wenn seine Spekulationslust plötzlich ihre Grenzen fand, so war es gewöhnlich da, wo der Gott des Gewinstes aufhörte, das Gebet seines treusten Jüngers zu erhören, und der Teufel des Verlustes anfing, jene greulichen Gesichter zu schneiden, die da gleichen den Königsfratzen auf beschnittenen Dukaten oder den Grimassen derjenigen, die solche Dukaten annehmen müssen zum vollen Kurse.

»Na, sehn Se, Lenz«, sprach der Herr Preiss zu seinem Buchhalter, »da ist schon wieder ein Brief von einem Bankier, der sich beklagt, daß wir keine

39 Sitz der Londoner Kornbörse.

Geschäfte mit ihm machen; neulich haben uns noch die Herren Brummfliege Eidam & Co. und die Scorpion frères aus Amsterdam und Paris geschrieben, heute kommt dieser Hamburger – es ist großartig! Die Bankiers reißen sich förmlich um mich, die ganze Welt will mich mit Geld überschütten. Aber ich kann keinen Gebrauch davon machen; ich habe schon an meinen eignen Fonds zuviel – es gibt doch nichts Langweiligeres, als wenn man nicht mehr weiß, was man mit seinem Gelde anfangen soll! Was meinen Sie, Lenz?«

»Ich meine, daß ein reicher Kaufmann, der an seinem Plus leidet, eigentlich mit einem armen Teufel, der sich mit seinem Minus herumschlägt, auf derselben Stufe der Gemütsstimmung steht. Verlegenheit hier und Verlegenheit dort. Verzweiflung bei einem Millionär und Verzweiflung bei einem Bettler. Himmlischer Vater, deine Ratschlüsse sind unerforschlich, aber nimm mir das nicht übel, deine Menschen sind die kuriosesten Geschöpfe, die mir in meiner Praxis vorgekommen sind!«

»Philosophieren Sie nicht, Lenz! Der Gedanke, daß mein Kapital schlechte oder vielleicht gar keine Zinsen einbringt, kurz, der Gedanke, daß kein Geld verdient wird, ist ebenso schrecklich für mich als der Gedanke, daß Geld verlorengeht. Raten Sie mir daher, was ich mit meinem überflüssigen Gelde tun soll!«

Lenz hätte in diesem Augenblick die geistreiche Bemerkung machen können, daß der kürzeste Weg zum Ziele eine gewissenhafte Teilung aller Reichtümer zwischen Herr und Diener sei; aber Lenz war ein zu vollkommener Buchhalter, um eine solche moderne Scheußlichkeit nur zu denken, geschweige auszusprechen, und mit dem ernsthaftesten Gesichte von der Welt erwiderte er:

»Ja, Herr Preiss, das ist eine fatale Geschichte. Ich habe schon oft darüber nachgedacht, aber ich muß gestehen daß ich bis jetzt noch keinen unbedingt glücklichen Ausweg zu finden wußte.« –

Der arme Lenz! Er, der nur 600 Taler jährlich verdiente, mit Mühe und Arbeit; er, der mit allen Münzsorten, großen und kleinen, auf dem freundschaftlichsten Fuße stand, dem sie alle willkommen waren, den sie aber leider grade am allerseltensten besuchten – er, der arme Lenz, wußte keinen Ausweg für überflüssige Gelder – seltsames Geständnis einer schönen Buchhalterseele!

»Ich bin doch nicht ängstlich in meinen Unternehmungen«, fuhr Herr Preiss fort, »ich mache Geschäfte in allen nur möglichen Artikeln, aber trotzdem sammeln sich bei allen meinen Bankiers Kapitalien an, für die ich keine Verwendung weiß. Ja, man sollte sich fast darüber freuen, wenn man mitunter eine Fallite[40] erlebt – oh, der verfluchte Sebastian Johannes! Ja, wir reichen Leute sind übel dran. Das Geld wird immer billiger. Wir werden erdrückt von unserm Kapital. Retten Sie mich, Lenz!«

»Wenn ich kann, mit Vergnügen!«

»Und schlagen Sie mir alles vor, was Ihnen Ihr gesunder Menschenverstand eingibt.«

40 Bankrott.

Lenz nahm eine große Prise und sprach:

»Ich habe wohl einmal daran gedacht, daß es gut wäre, wenn Sie Land kauften. Land ist ein sicherer Artikel. Das Land geht nicht kaputt, das Land läuft nicht davon. Land ist etwas Solides. Ja, es hat etwas für sich, Land zu besitzen, ein Stück von diesem Erdball, einen Brocken von dieser sichtbaren Welt. Kaufen Sie Land!«

»Land, Land! Liebster Lenz, ich bin kein Bauer; ich verstehe ja nichts vom Lande; was soll ich mit Land tun? Soll ich morgens hinausgehen und die Lerchen singen hören? Das hab ich schon jetzt umsonst. Soll ich die Sonne hinter den Kornfeldern aufgehen sehen? Kostet mir schon jetzt nichts! Dazu brauche ich kein Land zu kaufen. Was soll ich mit Land tun?«

»Wenn Sie Ihr Land nicht selbst bebauen wollen, so können Sie es verpachten.«

»Verpachten! Land verpachten! Lenz, das ist mir ein Greuel. Da müßten wir ja Pachtkontrakte machen, müßten etwas Schriftliches geben, müßten uns binden für lange Zeit – Lenz! Und wir bekämen mit Advokaten und Notaren zu tun – es graut mir! Machen wir um Gottes willen keine Geschäfte, wozu ein Rechtsgelehrter nötig ist.«

»So verkaufen Sie Ihr Land wieder. Spekulieren Sie in Land, wie Sie in Kaffee und Zucker spekulieren.«

»Kaffee und Zucker kenne ich, aber ich kenne kein Land. Es geht mir mit dem Lande wie Jannchen von Amsterdam mit dem Wasser: Jannchen war sieben Jahre zur See gewesen und hatte noch kein Wasser gesehn; ich laufe schon seit fast siebzig Jahren auf dieser Erde herum und habe noch kein Land gesehen. Was soll ich mit Land tun? Ich kenne kein Land. Wenn ich mich zu einer Landspekulation einschiffte, so würde ich ohne Steuer und Kompaß fahren und an dem ersten groben Bauer so sicher scheitern, wie ich im Kaffee- und Zuckerhandel noch immer wohlbehalten im Hafen angekommen bin.«

»Wenn Sie keine Ländereien kaufen wollen, so spekulieren Sie wenigstens in Grundstücken innerhalb der Stadt, in Bauplätzen –«

»Nicht wahr, und ich soll auch noch die Häuser darauf bauen lassen?«

»Allerdings! Das wäre noch besser!«

»Lenz! Zu welchen Extravaganzen wollen Sie mich verleiten! Wenn ich nicht aus jahrelanger Erfahrung wüßte, daß Sie mein treuer Diener wären, daß Sie mein Interesse zu dem Ihrigen machten, so würde ich denken, daß Sie im Solde irgendeines Schwindlers ständen, mit dem Sie ein Komplott geschlossen hätten, um mich unglücklich zu machen. Ich soll Land kaufen; dann Hausplätze, und jetzt soll ich sogar Häuser bauen lassen! Haben Sie denn ganz vergessen, was uns vor einigen Jahren passiert ist? Gewiß, Sie haben's vergessen! Ich will Sie daran erinnern. Die Mordgeschichte steht mir vor dem Gedächtnis, als ob sie erst gestern geschehen wäre. – Ökonomisch, wie ich bin, und ich habe alle Ursache, ökonomisch zu sein, faßte ich dennoch einst den traurigen Entschluß, mir das ausschweifende Vergnügen eines neuen Pferdestalles zu bereiten. Unglückselige Idee einer schwachen Stunde! Aber ich hatte gerade viel Geld verdient; es war mein Geburtstag, und ich hatte meinen Kindern verboten, mir irgend etwas zum Geschenk zu machen. Geschenke meiner Kinder! Als wenn ich so etwas nicht aus meiner eignen Tasche bezahlen müßte! ›Kinder‹, sprach ich daher, ›auf euer Geschenk habe ich verzichtet, aber ich ehre euern guten Willen, und da ich weit davon entfernt bin, euch die Freude, mir Freude zu machen, zu verderben, so erlaube ich euch, mir die Erlaubnis zum Bau eines neuen Pferdestalles zu geben.‹ – ›Ein Pferdestall! Ein Pferdestall!‹ hieß es da, daß mir die Ohren gellten, und mein ältester Sohn lief sofort zu dem Architekten – Gott verzeih' ihm! Ich schäme mich, seinen Namen auszusprechen; und ehe drei Tage herum waren, legte man mir einen Riß vor, von dem ich soviel verstand wie die Kuh vom Sonntage. –

›Kinder, die Geschichte wird zu kostspielig!‹ rief ich. Aber das half nichts. ›Wie wird sich der Schimmel freuen, wenn er in den neuen Stall kommt!‹ meinte meine jüngste Tochter. ›Was wird der Fuchs sagen, wenn er an der neuen Krippe steht!‹ versetzte die zweite. ›Der Stall ist wirklich vortrefflich projektiert!‹ versicherte mein ältester Sohn. ›Und er kostet fast gar nichts‹, fügte mein jüngster hinzu. Genug, ich unglücklicher Mann ließ mich beschwatzen. Architekt, Maurermeister, Zimmermann, Arbeiter, eine ganze Bande von Schwindlern stürzte uns ins Gehege hinein, und ehe ich mich recht besinnen konnte, lag der ganze Hof voll von Steinen, Ziegeln, Mörtel, Brettern usw., daß man Hals und Bein zu brechen meinte.

Es läuft mir noch kalt über den Rücken, wenn ich an das Abenteuer denke. Es war in der Tat abenteuerlich. Vom Morgen bis zum Abend ein ewiges Hämmern, Sägen, Singen, Schreien, Saufen – zwei Fässer Rum sind uns in jener Zeit wie durch ein Wunder ausgelaufen; sechs Tönnchen Heringe fehlten – aber was das Schlimmste war: das Geschäft wäre beinah darunter zugrunde gegangen. Die Jungen auf dem Comptoir verloren in allem Spektakel Sinn und Verstand; kein Mensch konnte mehr richtig addieren; keine Seele wußte mehr einen Brief zu schreiben; immer mit der Nase bei dem neuen Bau; alles mit Augen und Gedanken bei dem neuen Pferdestall!

Endlich stieg dieses Ungeheuer aus der Erde empor; ich hatte keine Zeit, mich danach umzusehen. Da tritt der Moses Hersch ins Comptoir und fragt mich: ›Herr Preiss, was lasse Se denn baue?‹ – ›Einen Pferdestall, Moses!‹ erwiderte ich ihm. ›Abraham und Isaak!‹ schreit da der Jude, ›Herr Preiss, nemme Se mir das nicht übel, aber ich hab wraftig meint, Se wolle unserm Volk e neue Synagoge baue!‹ Ich biß mir die Lippen. – Am nächsten Tage besucht mich der Geheime Regierungsrat von Plunder: ›Aber was lassen Sie denn bauen, werter Freund?‹ – ›Einen Pferdestall, Herr Regierungsrat!‹ – ›Verzeihen Sie, ich glaubte in der Tat, Sie ließen der Venus einen Tempel setzen.‹ – Ich wurde fast ärgerlich. Aber es sollte noch schlimmer kommen, denn nicht lange nachher kommt auch unser gutmütiger, dummer Nachbar Ziegenbein, der Schneider, und erkundigt sich mit spöttischem Lächeln, ob ich mir ein Familienbegräbnis errichten ließe. Da riß mir die Geduld; ich konnte es nicht länger aushalten. Ich stürze vor die Tür und beschaue mir meinen Stall einmal von oben bis unten – die Leute hatten recht. Die Geschichte sah fürwahr einer Judenschule, einem Venustempel oder einem Grabmale ähnlicher als einem Pferdestall, und voller Wut springe ich auf den Architekten los, um ihn an die Gurgel zu fassen. Daß ich mich nicht wirklich an ihm vergriffen habe, ist ein Wunder. Aber der Mann, oder besser gesagt dieser abscheuliche Schwindler, machte ein sehr ernsthaftes Gesicht und erklärte mir alle Vorteile und Schönheiten seines Meisterwerks mit so unendlicher Ruhe und Gelassenheit, daß ich unwillkürlich stutzte und nicht mehr wußte, was ich sagen sollte.

›Ja, ich glaube, mir ein Monument durch diesen Stall gesetzt zu haben!‹ rief er zum Schlusse, indem er den Kopf stolz in den Nacken warf. Sprach's und verschwand, und wie sich von selbst verstand, mußte ich sein Monument bezahlen, mit, Gott verzeih' mir, 1800 Talern Preußisch Kurant und einigen Silbergroschen.«

»Ich weiß«, seufzte der Buchhalter.

»Aber hiermit war der Skandal noch nicht zu Ende. Denn als endlich der liebe Schimmel in seinem neuen Stalle steht und der liebe Fuchs an die schöne Krippe gebunden wird und der Hengst seinen Platz einnehmen soll: da findet es sich plötzlich, daß das Monument so liederlich enge gebaut ist, daß auch die geduldigste Schindmähre keine zehn Minuten darin stehen kann, ohne rasend zu werden. Der Schimmel beschädigt sich schon in den ersten vierzehn Tagen dergestalt am linken Vorderfuße, daß ich ihn 15 Louisdor unter Kostpreis verkaufen muß. Der Fuchs hält es länger aus, da aber die Wände mit schneeweißen, glänzenden Fliesen ausgelegt sind und die Sonne durch das Glasdach schräg darauf hinunterprallt, so wird das arme Tier durch das ewige Flimmern und Blitzen in Zeit von einem halben Jahre so stockblind, daß ich schließlich froh bin, es für ein Glas Bier und ein Butterbrot an den ersten besten Droschkenkutscher loszuwerden. Und was den Hengst angeht – nun, das werden Sie nicht vergessen haben! Er wurde derart von allen Mängeln seines Stalles tollgemacht, daß er sich aufs Beißen und Schlagen legte und unserm Johann zwei Rippen zertrümmerte. Da hatte ich das Monument satt. Es wurde verändert und wieder verändert; aber umsonst! Zuletzt brachten wir die Gäule wieder in den alten Stall zurück. Das Monument stieg zur Bestimmung einer Waschküche. Später wurde es ein Magazin, es war alle Aussicht vorhanden, daß es endlich zu einer Synagoge, zu einem Venustempel oder zu einem Grabmal avancieren würde. – Da ich aber weder Jude noch Heide bin und vor allen Dingen keine Lust habe, mich schon begraben zu lassen, so kamen wir endlich im Familienrat darin überein, daß das Monument eines genialen Künstlers zu einem –«

»Aber Herr Preiss, ereifern Sie sich nicht!«

»Ja, daß dieses Denkmal moderner Baukunst zu einem Abtritt eingerichtet werden solle.«

»Ach, Herr Preiss –!«

»Und jetzt sprechen Sie mir nicht mehr von Häuserbauten.«

»Aber was soll ich Ihnen sonst vorschlagen?«

»Was Sie wollen. Nur kein Land, nur keine Hausplätze, nur keine Häuser. Himmlischer Vater! Häuser soll ich bauen, Straßen sogar, ganze Straßen voll Synagogen, Venustempel und Grabmäler. Es schwindelt mir, ich werde verrückt. Schlagen Sie mir alles vor, nur nicht das!«

»Wenn Sie kein Land kaufen, keine Bauplätze akkaparieren und keine

Häuser bauen lassen wollen, so interessieren Sie sich einmal bei einem Bergwerk, bei einer Eisen-, Blei-, Zink-, Kupfer-, Silber- oder Goldmine.«

»Da haben wir's! Ein neuer Schwindel! Ich hätte nie gedacht, daß Sie so fruchtbar an ruinösen Projekten wären. Aber ich versichere Ihnen, daß Sie mich nie zu solchen Tollheiten überreden werden. Bergwerksunternehmungen sind in der Tat nur Bauunternehmungen in umgekehrter Richtung. Bei einem Hause verbaue ich mein Geld nach oben, bei einem Bergwerke nach unten. Ja, ein Bergwerk ist unter hundert in neunundneunzig Fällen das sicherste Grab für jedes ehrlichen Mannes Hab und Gut. Bergwerke bauen! Das fehlte noch! Daß einen die Regenwürmer und die Kobolde auslachen bis in den Mittelpunkt der Erde – Ich begreife Sie nicht, Lenz; denken Sie denn gar nicht mehr an den mexikanischen Bergwerksverein, von dem ich noch heute unter Glas und Rahmen eine Aktie aufbewahre, die meinem alten Ohm Peter, Gott habe ihn selig, tausend Bergische Taler kostete und die ich bei der Erbschaftsteilung, bloß um meine nächsten Verwandten besonders zu verpflichten, für vier gute Groschen übernahm?» –

»Nun, so will ich Ihnen etwas Besseres vorschlagen.«

»Los damit!«

»Wir leben in einem großen Jahrhundert – «

»Meinen Sie?«

»Das meine ich nicht bloß, es ist so.«

»Habe noch wenig davon gesehen; zwei mal zwei ist noch immer nicht mehr wie vier.«

»Mit gerechtem Stolz, ja, mit einem gewissen mitleidigen Lächeln können wir bei dem Werk unsrer Tage zurückblicken auf die größesten Momente –«

»Von Anno Tobak.«[41]

»Auf die größesten Taten aller Zeiten und Völker.«

»Na, mäßigen Sie sich, Lenz; es wird einem angst und bange bei Ihrem Enthusiasmus.«

»Ja, angst und bange wird es einem bei jenem gewaltigen Umschwung, den alle Verhältnisse genommen haben, seit uns der Geist der Gegenwart lehrte, statt der Hand des Menschen, statt der Kraft des Rosses, statt der Gewalt des Sturmes jenes große Mittel der Bewegung zu benutzen, welches über die Häupter unsrer Vorfahren als Rauch des heimischen Herdes, als lieblicher Duft bei festlichen Gelagen oder als leichtes Opfergewölk unbegriffen dahinzog.«

»Fassen Sie sich kurz, Lenz. Wovon sprechen Sie?«

»Von jener großen Erfindung –«

»Des Pulvers? Dagegen protestiere ich. Renommieren Sie mir nicht mit dem Pulver. *Sie* haben es nicht erfunden!«

»Von jener großen Erfindung –«

»Der Luftpumpe, der Elektrisiermaschine, der Guillotine, der Klistierspritze – ?«

»Nein, von der Erfindung der Dampfmaschine!«

41 Von alters her; nach "Anno Domini", im Jahr des Herrn.

»Aha, das ist etwas andres! Sie wollen also, daß ich in Eisenbahnaktien spekuliere?«

»Allerdings!«

»Lenz, Sie sind ein gefährlicher Mensch. Ist es mir doch nie eingefallen, daß Sie durstiger Dezimalbruch von einem sterblichen Buchhalter solche hochfahrende Dinge in Ihrem Haupte beherbergten! Also in Eisenbahnen soll ich spekulieren? In Aktien schwindeln und meine teuern Prozente einbezahlen, damit die liebe weite Welt billig auf Reisen gehen kann? Oh, ich kenne das! Heute kauft man zwölf Stück Aktien, und morgen hat man 12 Prozent gewonnen. Freude ist in Trojas Hallen; man denkt, das werde alle Tage so fortgehen, und man kauft noch zwölf andre Aktien hinzu, und man gewinnt von neuem, und man gewinnt zum dritten Male, und der Teufel, dem man den kleinen Finger gab, nimmt bald die ganze Hand. Kein Halten, keine Rettung! Wie ein Spieler sitzt man am grünen Tisch; die Stirne brennt, die Augen glühen. Schreien hundert Mäuler: ›Der Schwindel ist aus!‹, so schreien tausend Zungen: ›Der Schwindel geht erst an!‹ Und immer tollkühner stürzt man sich in den Strudel hinein, jeder hofft, daß er noch vor Toresschluß sein Schäfchen scheren werde; niemand glaubt, die Zeche bezahlen zu müssen: Da wendet sich plötzlich das Blatt, der Gipfel der Schwindelei ist erreicht, und mit leerem Beutel und mit langer Nase purzelt man fluchend und verwünschend aus dem Himmel der Glückseligkeit in die Arme des ersten besten Gerichtsdieners, auf die Streu des Schuldturms – Und ein solches Schicksal wollen Sie *mir* bereiten, Lenz, *mir*, Ihrem gütigen Prinzipal, der Vertrauen in Sie setzt, der Ihnen gern sein Inneres erschließt – Lenz! Bedenken Sie –«

»Ich muß gestehen, Herr Preiss, daß ich sonst keine Vorschläge mehr zu machen habe«, fuhr Lenz fort, ohne sich im geringsten an die Aufregung seines Herrn zu kehren. »*Sie* haben mich gefragt, und *ich* habe Ihnen geantwortet. Meine Pläne gefallen Ihnen nicht – gut. Es tut mir leid, daß ich nichts Besseres weiß.«

»Ja, das sei Gott geklagt!«

»Allenfalls können Sie auch Feuerversicherungsaktien kaufen –«

»Nicht wahr, damit ich keine Nacht mehr ruhig schlafen kann, damit ich bei dem Schrei jeder Eule glauben soll, der Nachtwächter rufe Feuer, damit ich das Morgenrot für den Schein von hundert brennenden Dörfern halte, damit mich überall ein brennlicher Geruch verfolgt wie ein Gestank der Hölle, aus ewiger Angst um meine lumpigen Aktien –?«

»Oder Seeversicherungsaktien können Sie kaufen!«

»Nicht wahr, damit mich statt des Feuers das Wasser verfolgt. Damit ich bei jedem Windstoß zusammenschaudre und ausrufe: da ist ein Schiff gescheitert. Damit ich nachts von Klippen und Untiefen träume, von Haifischen und Korsaren. Damit mein ganzes Vermögen von Wind und Wetter abhängt und meine Gemütsstimmung mit dem Barometer steigt und fällt – Hören Sie auf, Lenz!«

»Ich höre auf.«

Eine lange Pause entstand.

Vater Preiss war so sehr in Eifer geraten, daß sein Gesicht hochrot glühte.

Er lief mit hastigen Schritten durchs Zimmer, den Foulard aus der Tasche reißend, um den Schweiß von der gewaltigen Stirn zu trocknen. Einem aufmerksamen Beobachter würde es indes nicht entgangen sein, daß der schlaue Alte hinter seiner scheinbaren Opposition gegen alles, was der Buchhalter vorbrachte, nur die brennende Lust zu den meisten Spekulationen zu verbergen suchte. In der Tat, unser Freund befleißigte sich stets, das Gegenteil von dem zu sagen, was er dachte, und wenn er selbst seinem Buchhalter gegenüber in dieser Weise auftrat, so geschah es nur, um die Gedanken des guten Lenz desto sicherer zu ergründen. – Blieb Lenz trotz allen Widerspruches bei seinem ursprünglichen Plane, so war dies ein Grund mehr, um die Sache reiflicher zu überlegen, im Kleinen zu versuchen und endlich im Großen auszuführen.

Nur wenige Tage verflossen daher nach dieser stürmischen Konversation: da wandte sich Vater Preiss schon mit der ganz beiläufigen Frage an den Buchhalter:

»Sie meinten also, daß ich Land kaufen sollte?«

»Allerdings, Herr Preiss; ich halte dies für ein sehr sicheres Geschäft.«

»Nun, ich bin davon überzeugt, daß ich Geld daran verlieren werde; aber ich will es riskieren, bloß um Ihnen durch den Erfolg zu zeigen, daß ich recht habe – Die Altenburgische Herrschaft soll verkauft werden – eine Herrschaft! Es wird mir ganz mittelaltrig zumute. Einerlei. Schreiben Sie dem Notar, daß ich auf die Parzelle 6 hunderttausend Taler biete.«

Der Buchhalter gehorchte, und die Parzelle Nr. 6 wurde Eigentum des Herrn Preiss.

Einige Tage später bemerkte der Alte, als ob es ganz zufällig wäre:

»Nicht wahr, Lenz, Sie rieten mir, Bauplätze zu kaufen?«

»Allerdings, Herr Preiss!«

»Ein schlechter Rat! Aber wir wollen es wagen. Bieten Sie dem Gärtner am Rattentor bis zu 50000 Taler für seine Grundstücke.«

Der Buchhalter gehorchte, und die Grundstücke des Gärtners wurden Eigentum des Herrn Preiss.

»Wollten Sie mich nicht auch zu einer Schwindelei in Eisenbahnaktien verleiten?« fragte der Alte, als wiederum eine Woche verstrichen war.

»Ich riet Ihnen bei bestem Gewissen, den günstigen Moment für diese Transaktion nicht vorübergehen zu lassen.«

»Es ist unsittlich, Lenz, zu schwindeln; und ich werde mich ins Unglück stürzen, ich weiß es. Aber mein Geld liegt untätig; was soll ich machen? Schreiben Sie dem Direktor der Dülken-Buxtehude-Nordbahn, daß ich die offerierten 90 Stück Aktien akzeptiere.«

Der Buchhalter gehorchte, und die halbe Dülken-Buxtehude-Nordbahn wurde Eigentum des Herrn Preiss.

»Sonst nichts Neues?« fragte der Buchhalter.

»Auch bei der neuen Feuerversicherungsgesellschaft wollen wir uns für ein Pöstchen beteiligen, aber schreiben Sie auf einen halben Briefbogen; das Papier ist teuer.«

»Und die Bergwerksaktien?«

»Na, auf Ihre Verantwortlichkeit will ich sie nehmen. Schicken Sie den

Betrag in bar. Aber die leeren Geldsäcke will ich zurück haben; heiliger Gott, die Säcke kosten Geld!«

»Nichts mehr zu befehlen –?«

»Mensch, Buchhalter, Lenz! Versuchen Sie die Götter nicht!

›Meine Ruh' ist hin,
Mein Herz ist schwer;
Ich finde sie nimmer
Und nimmermehr.‹«[42]

IX

SASSAFRASS

In einem früheren Abschnitte überlieferten wir der allgemeinen Aufmerksamkeit einen Mann mit Namen Sassafraß...

Man wird sich erinnern, daß dieser alte Junggesell nach fünfunddreißigjähriger Dienstzeit seinen Abschied erhielt: »weil er zu früh alt geworden« – »weil er selbst nichts Gescheites mehr tue und nur andern Leuten im Wege stehe« – »weil man bei der steigenden Konkurrenz nur mit jüngern Kräften fortkommen könne« – usw. Genug, es wird dem Leser erinnerlich sein, daß der alte Sassafraß wie ein ausrangiertes Pferd auf halbes Futter gesetzt und als Kommis a. D. mit der angenehmen Aussicht davongeschickt wurde, den Rest seiner Tage darüber nachdenken zu können, inwieweit es ratsam sei, fünfunddreißig Jahre lang für einen ausgezeichneten Prinzipal Kopf und Herz auf den Markt zu tragen zum Preise von 400 Talern jährlich. Die Seelenstimmung des exilierten Kommis war eben nicht die erfreulichste – Als charakteristisches Merkmal der Konsternation des unglücklichen Mannes heben wir hervor, daß er nach der erwähnten Katastrophe während voller drei Tage nicht hinübereilte zu seinem langjährigen Freunde, dem Wirt in den »Drei goldenen Reichskronen«; daß er während runder zwei Wochen nicht die gewohnten zwei Gläser Rum trank, zu zwei Silbergroschen preußisch; und daß er, was das Schlimmste war, während eines ganzen Monats keinen Zug AB Reuter tat aus der irdischen, überirdisch geliebten Pfeife.

»Was fehlt Ihnen?« fragte der langjährige Freund, der Wirt in den »Drei goldenen Reichskronen«, als er seinen Gast ohne Rum und ohne Pfeife zuerst wieder auf der Ofenbank sitzen sah.

»Oh!« erwiderte Sassafraß und seufzte tief auf. »Es ist mir ein großes Unheil widerfahren, ein Malheur, das mich erschüttert und gebeugt hat, denn: den ich liebte, den ich pflegte, mein bester Kanarienvogel, er ist –«

»Oh, was Sie sagen!«

»Ja, er ist den Weg alles Irdischen geflogen, er ist gestorben – tot.«

»Ach, das tut mir doch *sehr* leid; der arme Vogel! Gott habe ihn selig.« –

42 Goethe, Faust I, V. 3374 ff.

Und der Wirt fragte nicht zum zweiten Male, denn er war ein viel zu verständiger Mann, als daß er nicht begriffen hätte, wie es eines alten Junggesellen größester Kummer sein muß, wenn sein bester Kanarienvogel zu einem unbekannten Jenseits hinüberdämmert.

»Wie kommt es, daß Sie so still sind, Herr Sassafraß?« fragte die langjährige Freundin, die Wirtin in den »Drei goldenen Reichskronen«, als der Alte ihr holdes Grüßen nicht mehr erwiderte.

»Oh!« stöhnte Sassafraß und schlug die Augen gen Himmel. »Liebste Frau, ich habe vielen häuslichen Kummer gehabt; die Hand des Schicksals hat mich hart getroffen, denn die Gespielen meiner alten Tage, meine Goldfische, meine unvergeßlichen Goldfische – sie sind –«

»Jesus, Maria, Josef, Sie sind doch wohl nicht –?«

»Ja, sie sind alle krepiert, an der Lungenseuche – tot.«

»Ach, die armen Bestien! Schenke ihnen Gott die ewige Ruhe – ihnen wird wohl sein; so geht es den Guten – früh dahin!«

Und die Wirtin störte den Alten nicht zum zweiten Male, denn sie war eine viel zu zart besaitete Seele, sie besaß ein viel zu weibliches Herz, als daß sie das schreckliche Unglück eines alten Junggesellen, der seine Goldfische verliert, nicht im vollsten Maße mitgefühlt und mitbetrauert hätte.

Erst als der pfiffige Schneider, der dünne Ziegenbein, ein langjähriger Gesellschafter des Wirtshauses zu den »Drei goldenen Reichskronen«, immer naseweiser nach dem wirklichen Grunde der Sassafräßlichen Betrübnis zu forschen begann: da lieh der Alte seinem Unmut den Ausdruck der tiefsten Entrüstung und stieß einen schrecklichen Fluch aus, nach dem alle Kanarienvögel in den Lüften und alle Goldfische in den Wellen elendiglich umkommen sollten am Schnupfen, an Rheumatismus, an der Lungenseuche und an Altersschwäche.

Endlich war der wildeste Schmerz überwunden. Sassafraß fand sich wieder regelmäßig in den »Reichskronen« ein; Sassafraß trank wieder Rum; Sassafraß rauchte wieder AB Reuter. – »Der Kanarienvogel ist vergessen!« meinte der Wirt. »Er hat sich getröstet wegen der Goldfische!« dachte die Wirtin. »Sassafraß ist wieder ein Mensch, mit dem man umgehen kann!« versicherte der Schneider, und alles war wieder wie sonst.

Doch nur auf der Ofenbank des Wirtshauses fand der Greis sein früheres Glück wieder; denn schrecklich war ihm an jedem neuen Morgen das Erwachen in der eigenen Wohnung, wenn er den langen lieben Tag sich dehnen sah, an dem er nicht zu der gewohnten Beschäftigung auf das Comptoir des Herrn Preiss eilen konnte: die Briefe zu lesen, so die Frühpost gebracht, die Rechnungsposten nachzusehen, welche am Tage vorher durch die Bücher gegangen, Empfangsanzeigen zu schreiben an geehrte Geschäftsfreunde oder Mahnbriefe auszufertigen an höchst verwerfliche Kunden.

Jammernd rang er in solchen Augenblicken die Hände und rief: »Oh, Herr Preiss! Warum haben Sie mir das getan! Warum haben Sie mich verstoßen aus Ihrer Nähe, mich, Ihren treusten Diener! Habe ich gefehlt, so will ich mich bessern. Habe ich gesündigt, so will ich Buße tun. Irrte ich in der Addition, so will ich es wieder gutmachen durch Wunder in der Multiplikation; schoß ich einen Bock beim Subtrahieren, so soll mich aus aller

Schmach erretten die korrekteste Divsion! Oh, Herr Preiss, Sie haben nicht wohlgetan, mich zu entlassen! Ich war Ihnen unentbehrlich; ich war der Hort und das Heil des ganzen Comptoires; ich war der gute Geist Ihres Geschäftes! Wer bürgt Ihnen jetzt dafür, daß alles pünktlich nachgerechnet wird? Wer garantiert Ihnen, daß jeder schlechte Schuldner überwacht wird mit Argusaugen? Wer wird Zucht und Sitte aufrechterhalten unter dem jüngern Personal? Wer wird dem Buchhalter Lenz, diesem unseligen Manne, jene schauderhafte Phiole entwinden, wenn er sich nicht schämt, in dem Heiligtume des Geschäftes, vor dem Pulte, auf dem das Hauptbuch liegt, ja, vor diesem Hochaltare des Comptoires jener entsetzlichen Leidenschaft des Wacholdertrinkens den Zügel schießen zu lassen, die ihn und das ganze Geschäft zugrunde richten und Öde und schauerliche Stille zurücklassen wird, wo unter meiner Leitung Kapitalien auf Kapitalien emporgeblüht sind wie goldne Wunderblumen! – Oh, ich meine, ich sähe ihn, diesen zügellosen Menschen, diesen Buchhalter Lenz, in der engen Hose, in dem schäbigen Frack, mit der grünen Brille und der roten Nase, wie er aus Freude über meinen Abschied täglich einen Zentner Tabak schnupft – ich meine, ich sähe ihn, der an allem schuld ist, der mich verleumdet und gestürzt hat, wie er mit faulen Ohrenbläsereien das Herz des besten Menschen, meines unvergeßlichen Prinzipals, zu vergiften strebt, wie er ihn in schnödem Wacholderdusel zu den tollsten Unternehmungen verleitet, zu Spekulationen in Aktien, zu Schwindeleien in Fonds, die bald seinen ehrlichen Namen mit Schande an die große Glocke bringen und endlich den Fall eines Hauses herbeiführen werden, an dessen Größe ich fünfunddreißig Jahre rastlos gearbeitet!« –

In solche und ähnliche Jeremiaden verfiel der alte Sassafraß an jedem neuen Morgen, so daß er sie zuletzt mechanisch herleierte und dann in ein dumpfes Brüten und Sinnen verfiel, aus dem er erst abends in den »Reichskronen« wieder erwachte. Ja, dieser Zustand artete momentan in vollständige Geistesabwesenheit aus, in der er den eigentlichen Grund seines Kummers ganz vergaß und dann unwillkürlich zu Hut und Stock griff, um den gewohnten Weg, direkt nach dem Comptoire des Hauses Preiss, einzuschlagen.

Mehrere Male war er schon bis vor die Tür seines alten Herrn gedrungen und erst da entsetzt zurückgewichen. Eines Morgens, als er ungewöhnlich fieberte, überschritt [er] aber auch die Schwelle und trat bis in das Comptoir.

Der Buchhalter, der Korrespondent und der Lehrling waren nicht wenig erstaunt, als sie den alten Kollegen so ohne weiteres an sein großes Pult eilen sahen. Lenz steckte die Feder hinter das Ohr und nahm eine bedeutungsvolle Prise. August, der Korrespondent, erhob sich von seinem Stuhle und folgte dem tiefsinnigen Alten mit Blicken, in denen Neugier und Mitleid miteinander wechselten. Der Lehrling schlich auf den Zehen näher und umspähte ihn, wie man einen Nachtwandler belauscht, von dem man fürchtet, daß er erwachend stolpern und fallen wird, um sich ein Leid anzutun. Niemand wagte aber, den Eintretenden zu stören.

Sassafraß rückte indes mit der sorglosesten Unbefangenheit den Dreifuß näher an das Pult, setzte sich, tauchte die Feder in das Tintenfaß und begann in jenen ungeheuern Schriftzügen, welche einer alten Kaufmannshand eigentümlich sind, den folgenden Brief zu schreiben:

»Herrn Buchhalter Lenz. Dahier.

(privatim)

Wohlgeborener Herr!

Das Gefühl der unaussprechlichsten Wehmut beschleicht mein Herz, wenn ich bedenke, daß ich vom Schicksal dazu ausersehen bin, eine Sache zur Sprache zu bringen, welche in den Annalen des bürgerlichen Lebens nicht ihresgleichen hat.

Mein Herr! Von einem Manne, ja noch mehr: von einem Familienvater, mit dem ich so viele Jahre lang in dem nächsten und angenehmsten Verkehr gestanden, hätte ich nie erwartet, daß er mit so bedauerlicher Hintenansetzung aller freundschaftlichen Rücksichten, aller Konvenienzen[43] und aller merkantilischen Pflichten ein Vertrauen erwidern würde, das ich zwar noch keinem Ehrenmanne versagte, das ich aber Ihnen vor allen andern in so umfangreichem Maße bewiesen.

Die Freundschaft, mit der ich Ihnen in den dunkelsten Zeiten Ihres Lebens entgegenkam, die Achtung, die ich Ihnen sogar in den delikatesten Epochen Ihrer Karriere nicht versagte, und der Kredit, mit dem ich Sie selbst dann noch auszeichnete, als die Gefühle der Wertschätzung mehr und mehr in mir erkalteten – mein Herr! Diese wohlwollenden Gesinnungen meinerseits, ja, diese Grundpfeiler unsrer frühern Verbindung, sie sind durch Ihr rücksichtsloses Benehmen, durch Ihre unverzeihliche Leichtfertigkeit bis in ihre tiefsten Tiefen erschüttert!

Mein Herr! Sie schulden mir siebenundzwanzig Silbergroschen. –

Das Schreckliche ist gesagt. Der Alp ist gerollt von meiner Brust. Ich bewege mich freier.

Was sind siebenundzwanzig Silbergroschen!?

Eine kleine Summe allerdings. Ein Tropfen in jenem ungeheuern Meere des Kredits, das belebend hin- und herüberrollt von Kontinent zu Kontinente. Ein Sandkorn in jenem kolossalen Gebirge von Kapital, das die menschliche Tätigkeit, Chimborasso[44] gleich, aufgetürmt hat zu einer Grundlage für alle fernere Entwicklung. Vielleicht die kleinste Ziffer in der großen Betriebsamkeitssumme aller Völker des Erdballs. Ja, eine kleine Summe scheint in der Tat: die Summe von *siebenundzwanzig Silbergroschen.*

Aber wie der Lenker der Sterne dort oben in dem Blau der Unendlichkeit dem Großen seine Bahn gezeigt und dem Kleinen seine Stelle gegründet; und wie der Weise das Große als Großes zu begreifen und das Kleine als Kleines zu würdigen versteht, ja, wie jedes Ding aufhört, klein zu sein, sobald es betrachtet wird nach seiner Eigentümlichkeit, so hört auch auf, eine unbedeutende Summe zu sein, nach ihrer wahren Natur betrachtet: die Summe von *siebenundzwanzig Silbergroschen.*

Welches ist die wahre Natur dieser Summe? Ich will es Ihnen sagen, mein Herr! Jene siebenundzwanzig Silbergroschen bilden ein Darlehn meinerseits

43 Schicklichkeit.
44 Berg in Südamerika (6310 m).

und eine Schuld Ihrerseits; sie sind ein Denkmal des Höchsten, was es auf Erden gibt: des Umgangs des Menschen mit dem Menschen; sie legen Zeugnis ab von einem zugestandenen Vertrauen, von einer übernommenen Verbindlichkeit; sie sind das Resultat eines gesellschaftlichen Prozesses, der stündlich, an allen Orten, verschieden nach Form und Umfang sich erneuend, das Leben der Völker schafft, der Wüsteneien in wogende Felder verwandelt, der Städte aus dem Boden zaubert und die Meere belebt mit Schiffen, ja, in ihrer sozialen Bedeutung ist eine heilig große Summe: die Summe von *siebenundzwanzig Silbergroschen*.

Sie schulden diese Summe! Sie sind verantwortlich für diesen Betrag! Sie werden also erlauben, mein Herr, daß ich Sie in nahe Verbindung mit dieser Summe bringe. Sie werden mir gestatten, daß ich Ihnen dieselbe vorhalte wie einen Spiegel, damit Ihre Zahlungsfähigkeit sich darin beschaut. Sie werden mir zugestehen müssen, daß ich, hervorgegangen aus einer Zeit, welche alles auf Zahlen reduziert: den Verstand, den Witz, das Talent, den Glauben, die Liebe..., daß ich, wurzelnd in der Moral eines Jahrhunderts, welche den Preis der menschlichen Tätigkeit zu dem Werte des Menschen gemacht hat, daß ich durch alles dieses berechtigt bin, Sie nicht nur als Mitglied der Gesellschaft, als Staatsbürger, als Kaufmann, sondern auch als Mensch zu messen: nach dem Maßstabe von *siebenundzwanzig Silbergroschen*!

Es ist entsetzlich; ich schaudre; ich verhülle mein Antlitz – denn selbst diesem Maßstabe haben Sie nicht genügt! Wollten Sie nicht? Konnten Sie nicht? Es ist dasselbe! Sie haben nicht bezahlt – das ist die Hauptsache. – Sind Sie denn wirklich keine siebenundzwanzig Silbergroschen wert? Sie werden mir antworten, daß Sie mehr wert sind; daß in dem Preiskurant der Gesellschaft, in dem die Tätigkeit eines Bankiers mit einer Million, die Tätigkeit eines Philosophen mit 3 Louisdor per Druckbogen, die Tätigkeit eines Bettlers mit einem Almosen von 3 Pfennigen verzeichnet ist: Ihre Tätigkeit aufgeführt steht mit 600 Talern jährlich, für Mühe und Arbeit, daß aber die Gesellschaft, wie in so vielen andern Fällen, auch *Ihren* wirklichen Wert nicht hoch genug in ihrem Preise ausdrückte, kurz, daß Sie eine verkannte Größe sind, daß Sie benachteiligt wurden eben um jenes verhängnisvolle Bruchteil und daß Sie, zwar anerkannt mit 600 Talern, dennoch zugrunde gehen müssen wegen jener schrecklichen Differenz von *siebenundzwanzig Silbergroschen*!

In dem, was Sie sagen, steckt ein Körnchen Wahrheit. Ich gestehe es, in der Differenz zwischen Wert und Preis liegt die halbe Not unsres Jahrhunderts. Aber habe ich dies nicht stets anerkannt? Allerdings! Als Sie im Beginn unsrer Bekanntschaft jenen großen ökonomischen Fehler begingen, der Stimme der Liebe zu gehorchen, und ein edles Weib heirateten, da zerriß ich alle ihre Schuldscheine, denn ich erinnerte mich dunkel, daß auch ich geliebt hatte und daß die Liebe keine Ökonomie kennt und keine Schuldscheine. Als Sie einige Jahre später vergebens versuchten, der Stimme der Vernunft zu gehorchen, und auf eine überschwengliche Weise zur Bevölkerung des Erdballs beitrugen, da machte ich zum zweiten Male einen Strich durch unsre Rechnung, denn ich dachte: ›Wer weiß, wozu es gut ist, daß ich diesen Kindern Strümpfe und Schuhe kaufe, auf daß sie wandern durch alle Jahrhunderte.‹ Und als Sie endlich zum dritten Male, zwar nicht ein Opfer der Liebe und der Überbevölkerung, sondern die Beute jener entsetzlichen Leidenschaft wurden, welche, ach, so viele große Geister mit den gemeinsten Schlingeln geteilt haben, da machte ich abermals tabula rasa mit Ihren Schulden, denn ich sagte mir: ›Wer weiß, ob der Trunk dieses Mannes nicht vorgesehen in der göttlichen Weltordnung und schmählich vergessen worden ist in dem Preiskurant der Gesellschaft.‹ – Aber soll ich deswegen auch verzichten auf diese *siebenundzwanzig Silbergroschen*?

Nimmermehr! Es hieße dem Schicksale auf die frevelhafteste Weise in den Arm fallen. Ich würde Sie abhalten, in jener Differenz zwischen Wert und Preis endlich einen Sporn zu finden für rastlose Arbeit; einen Sporn, jenen großen Männern nachzustreben, die, gezwungen von der Not des Lebens, Berge geebnet und Felsen emporgetürmt. Drum, wie das Licht von der Sonne, den Regen von der Wolke, die Stille von der Nacht und die Frucht vom Baume, so fordre ich von Ihnen Zahlung Ihrer Schuld und mahne Sie feierlichst um *siebenundzwanzig Silbergroschen*!

Wie können Sie zögern, abzuschütteln diese furchtbare Schuld! Wenn Sie den Fischer sehen, wie er immer wieder das Netz auswirft; wenn Sie den Jäger sehen, wie er rastlos dem Wilde nacheilt; wenn Sie den Matrosen sehen, wie er sich mutiger stets in Sturm und Gefahr begibt, und den Krieger, wie er entschlossener die Stirn dem Feinde entgegenträgt – wenn Sie alles dieses sehen, gelüstet es Sie dann nicht, ebenso unverdrossen zu fischen, zu jagen, zu segeln und zu raufen, und wäre es auch nur um *siebenundzwanzig Silbergroschen*!?

Ja, wie können Sie es wagen, der Welt ein Antlitz zu zeigen, auf dem in flammender Frakturschrift geschrieben steht: *Keine siebenundzwanzig Silbergroschen*!

Hätten Sie einen Rest von Scham in sich, wollten Sie einen Augenblick innehalten auf der Bahn des Schwindels und des Leichtsinns, sie müßten ausrufen: ›Berge, bedecket mich, Ströme, rauschet über mich, denn ein Ebenbild Gottes, ein Herr der Schöpfung gebietet nicht einmal über *siebenundzwanzig Silbergroschen*!‹

Das Gefühl unaussprechlicher Wehmut beschleicht mein Herz. Möge der Geist dieses Mahnbriefes Sie wachend und träumend umsäuseln. –

Von Herzen wünscht dies höflichst

Ihr

Sassafraß«

Während der alte Sassafraß, um seiner Melancholie über die Dinge im allgemeinen und seinem Groll über den Buchhalter Lenz im besondern Luft zu machen, in diesen Variationen über siebenundzwanzig Silbergroschen seine langgeübte Kunst des Mahnbriefschreibens zu einer so enormen Höhe steigerte: war Lenz allmählich näher getreten und hatte die für ihn bestimmte Epistel über die Schulter des Schreibenden hinweg ungestört von Anfang bis zu Ende gelesen.

Zur Ehre seines Herzens und zum Beweise, daß alle bessern Gefühle noch nicht in ihm erstorben, müssen wir ausdrücklich bemerken, daß, nach der Aussage des Korrespondenten und des Lehrlings, die Lektüre des Briefes ein höchst wunderbares Wechselspiel von Regenbogenfarben in dem Antlitze des Buchhalters hervorzauberte, so daß sein Kopf bald einem flammenden Nordlicht, bald einem verfinsterten Monde, bald einem bleiernen Regenhimmel glich.

Glücklicherweise trug Lenz keinen Dolch unterm Gewande...; er trug nur eine Schnupftabaksdose in der Tasche, und zum zweiten Male rettete vielleicht eine Schnupftabaksdose die Welt vor dem Verderben.

Denn ist es nicht eine historische Tatsache, daß Napoleon, die Erobrung Englands beabsichtigend, von Calais in einem leichten Nachen hinausfuhr auf die hohe See und daß er, stets zurückgeschleudert von den schäumenden Wellen, plötzlich voll Zorn in die Tasche griff und, eine Brillantdose daraus hervorziehend, sie der ersten wiederkehrenden Woge fluchend ins Gesicht warf?!

Wie damals der große Korse statt einer Flotte nur eine Dose aus der Tasche zog und darauf verzichten mußte, den britischen Löwen zu bändigen, und wie er bald darauf durch den Neid der Götter stufenweise hinabsank und endlich ein »stiller Mann« wurde – so taumelte auch der Buchhalter Lenz hinab von dem Gipfel seines Zornes, als er statt des Dolches nur die Dose von Tombak fand, und verzichtete auf den schrecklichen Racheplan, durch einen mörderischen Stoß vom Leben zum Tode zu befördern: den alten Sassafraß!

Ja, es war in der Tat der wichtigste Moment in dem Leben des Herrn Lenz: dieser Moment, wo er die Dose statt des Dolches fand, wo er zum ersten und zum letzten Male dem größten Manne unsrer Zeit, dem großen Napoleon, so ähnlich sah!

Sage man nicht, daß wir leichtsinnig spotten und übertreiben! Denn welche Wendung würden die Dinge genommen haben, wenn Napoleon wirklich eine Flotte und wenn Lenz wirklich einen Dolch statt der Dose aus der Tasche gezogen hätte? Es ist gar nicht abzusehen. Wie Napoleon in einem solchen Falle die Briten vernichtet und zu doppelter Macht emporgewachsen, den letzten Winkel der Erde mit Krieg überzogen und unterjocht haben würde, so würde auch der rasende Lenz mit dem Dolche in der Hand nicht eher geruht haben, als bis Sassafraß den eignen Mahnbrief besiegelt mit dem roten Herzblut. Im Kampfe der Männer wäre das Hauptbuch vom Pulte hinabgestürzt; die Tintenfässer würden umgestoßen worden sein; das Comptoir hätte bis in seine Grundtiefen gezittert... Das Haus Preiss, durch Mord und Totschlag verwüstet, wäre um allen Kredit gekommen und hätte fallend andre Häuser mit sich zu Boden gerissen, so daß immer neue Schäge für den Handel und die Industrie daraus entstanden wären und schließlich eine große Geld- und Handelskrise die Welt bis in ihre letzten Dörfer erschüttert und namenloses Unglück verbreitet hätte über Millionen redlicher Menschen.

Aber Lenz fand statt des Dolches seine Dose – und wie Napoleon mit kaiserlicher Nonchalance dem Ozean jene historische Prise offerierte, so reichte auch Lenz, mit jener unbeschreiblichen Würde, die einem Schnupfer von Profession und Prinzip eigentümlich ist, eine Prise dem großen Antagonisten, dem alten Sassafraß – und gelöst war das grause Dilemma.

Sassafraß erwachte plötzlich aus seinem Trübsinn; er fand sich, im Widerspruch mit dem Befehl seines gewaltigen Prinzipals, vor dem alten Pulte des Comptoires; er sah den Buchhalter Lenz, noch die Stirne umlodert von Gewittern, wie er zu holder Versöhnung die Prise bot; er sah den Mahnbrief, den er geschrieben in einem Augenblick trauriger Geistesabwesenheit; er erinnerte sich der alten Freundschaft mit Lenz und der vielen seligen Stunden, die er verlebt in den Räumen dieses Comptoires; die Jugend wurde bei ihm lebendig und flutete, ein alles mit sich fortreißender Strom, in sein Alter hinein – Sassafraß wurde weich, er zitterte, und mit zitternden Händen zerriß er den schrecklichen Mahnbrief und sank weinend in die ausgebreiteten Arme des Buchhalters. –

Von diesem Augenblicke an gelang es dem alten Sassafraß, seine Verbannung von dem Comptoire des Herrn Preiss bis zu einem gewissen Grade mit Gleichmut zu ertragen und, im Hinblick auf so manchen großen Unglücklichen des Altertums, sich in jenen klassischen Mantel der Ruhe und der Weltverachtung zu hüllen, der das Gemüt endlich mit einer gewissen Heiterkeit zurückblicken läßt auf die Wechselfälle des Lebens.

X

DER HERR PREISS IN NÖTEN

Wiederum stehen wir im Comptoire des Herrn Preiss. Rötlich strahlt der Morgen durch zwei große, halbverstaubte Fenster auf die Tintenkleckse des Schreibpultes. Sandbüchsen, Federmesser, Gänsekiele und ähnliche friedfertige Instrumente schlummern in holder Gemeinschaft neben Postpapier und Propatria. Hohe, ledergepolsterte Dreifüße umringen das Pult; und das Pult hat Schubladen mit Schlössern und Riegeln daran von echtem Eisen.

Totenstille.

»Das Jahrhundert ist sehr schlecht geworden«, seufzt endlich der Herr Preiss.

»Sehr schlecht!« erwidert der dürre Buchhalter mit außerordentlichem Nachdruck.

Armer Herr Preiss... Er war ordentlich mager geworden, unheimlich mager, der sonst so stattlich runde, der handfeste Mann. Die flinken, unternehmenden Falkenaugen hatten allen Glanz verloren; schärfer als früher war die Biegung der Nase, und das sonst so keck nach vorn stehende Kinn, es hing hinab, ja verdächtig hinab auf die Spitzen des Halstuches. An den Kleidern des ehrenwerten Handelsherrn, die, nicht zu vergessen, noch vor dem 24. Februar[45] aus der Bude des kunstfertigsten aller Schneider gingen, sah man indes erst recht, welche Veränderungen sich zugetragen. Die Hose

45 22.–24. 2. 1848: Februarrevolution in Frankreich; Sturz der Regierung Guizot; Abdankung des Bürgerkönigs; Bildung einer republikanischen "Provisorischen Regierung".

"Ansturm der Aktionäre". Französische Karikatur auf den Verkauf von Eisenbahnaktien. Holzschnitt von Granville, 1846

Auflösung der französischen Deputiertenkammer durch Aufständische am 24. Februar 1848. Lithographie von V. Adam und J. Arnout

Friedliche Demonstration der Bürger von Paris für die Provisorische Regierung, Februar 1848. Lithographie von A. Collette

war voller Falten... Wahrheitsliebende Nachbarn behaupteten, der Herr Preiss habe vier geographische Meilen verloren, im Durchmesser.

»Aber mögen die Zeiten auch noch so schlecht sein, die Energie ist mir geblieben!« fuhr der Herr Preiss zu dem Buchhalter fort. Bitterkeit lag im Ton seiner Stimme.

»So Gott will!« seufzte dieser. »Aber die österreichischen Metallique-Coupons fallen mit jedem Tage.«

Wie dem Hexameter der Pentameter folgt, so folgte die Antwort des Buchhalters dem Ausrufe des Prinzipals.

Der Buchhalter Lenz litt mit seinem Herrn; wenigstens scheinbar; denn trotz der schlechten Zeiten erhielt er nach wie vor seine 600 Taler jährlich; das Neujahrsgeschenk extra. Der Herr Lenz hatte noch immer eine rote Nase – das Morgenrot einer bessern Zukunft. Auch im Prisen war bei ihm keine Reaktion eingetreten – braun und duftig tropfte es hinab auf die verblichene Weste. Man sah ihm an der Nase an, daß er noch der alte Buchhalter war, aber dennoch litt er. Seit dem 24. Februar war er dreimal zur Kirche gewesen; stündlich seufzte er sechsmal; zwölf alte Federn fraß er per Tag.

»Ich kann Ihnen versichern«, sprach der Herr Preiss weiter, »nichts auf der Welt konnte mir ungelegener kommen als diese Revolution.«

»Die verfl... Revolution!« hätte der Herr Lenz beinah gesagt.

»Wahnsinn ist es, nichts als Wahnsinn! Froh und glücklich lebten wir dahin. Ein lauterer Bach war unser Leben, kaum getrübt von einer Fallite. Ruhig schlafend bei Nacht, gestärkt erwachend am Morgen, taten wir, was Gott gebot und unser eigenes Interesse. Taten wir Böses, so lag es in der Natur der Sache, denn schwache Menschen sind wir, schwach und vergänglich. Zur Arbeit erhoben wir die Hände; steckten wir sie in die Tasche, so geschah es aus Gründen – um zu halten, was wir hatten. Segen folgte unserm Beginnen wie das Ende dem Anfang. Manchmal waren's 20 Prozent; manchmal darüber. Kam uns die Post, da gab's was. Ein Brief von den Ufern der Lahn, von der Mosel, von den Höhen des Schwarzwaldes: 10 Fässer Heringe, eine Ordre auf Rosinen, und jedesmal war verdient. Ruhig gaben wir Kredit, wie uns selbst kreditiert wurde von Bankier zu Bankier. Gab es Gefahr, da mahnten wir stark, aber immer mit Anstand. Vertrauen genossen wir, Vertrauen gaben wir. Wir zahlten stets so spät als möglich, aber immer in Zeiten. Wir waren immer gefällig, nur nicht zu unserm Nachteil. Sorgend für uns, schadeten wir niemand – uns am wenigsten. Wir ließen leben und lebten. Das letztere war die Hauptsache. Zufrieden waren wir mit Gott und aller Welt, weil wir zufrieden waren mit uns. Trotzend der Konkurrenz, überwanden wir vieles. Leuchtend lag die Zukunft vor uns – da schlägt die verfluchte Revolution hinein!«

»Und unsre Bons auf die Insel Sandwich fallen auf Null«, unterbrach der Buchhalter mit Schwermut.

»Ja, da schlägt die Revolution hinein, wie der Hagel in ein Kartoffelfeld, wie der Blitz in den Spinat! Verschwunden ist unser Hoffen, und unser Glück ist aus. In düstern Träumen wälzt man sich nachts auf seinem Lager, noch gestern träumte ich, eine Guillotine und ein Bettelsack tanzten einen schauerlichen Walzer. Schweißtriefend erwacht man am Morgen, und sieht man in den Spiegel, da glaubt man einen vom Galgen Gefallenen zu sehen. Ruhe suchend im Gebet, gelingt dieses doch selten, denn unheilschwanger steht einem der Tag bevor, und aus den frommsten Erhebungen zu Gott taumelt man unwillkürlich mit den Gedanken zurück in die entsetzliche Wirklichkeit. Voll Angst beginnt man seine Arbeit, und zitternd eröffnet man jeden Brief, denn es ist nur zu wahrscheinlich, daß irgendeiner ›Mit traurigem Herzen‹ oder ›Ich sehe mich in die traurige Notwendigkeit‹ oder ›Bei dem Drang der Verhältnisse bedaure ich‹ oder mit irgendeiner andern bankrotten Phrase beginnen wird. Falliten folgen Falliten, und der Kredit ist erschüttert bis in seine Urtiefen. Throne wackeln, und es wackelt der letzte Seifensieder. Bankiers fallen wie die Fliegen im Winter, und die, welche auf den Beinen bleiben, sind so hartleibig, als hätten sie nur Wasser gesoffen und gekochte Eier dazu gegessen seit sieben Monaten. Wegen jedes Lauseposten wird man gemahnt, als schuldete man eine Million zwei Jahre über Verfalltag. Die gleichgültigsten Freunde und weitläufigsten Anverwandten pumpen einen an wie der Student seinen Stiefelfuchs. Aufträge bleiben aus; die, welche eintreffen: Ziel 14 Monate. Keiner traut seinem Nachbarn; man betrachtet sich wie ein Robert Macaire[46] den andern. Auf der Straße geht man einher wie ein Leichenbitter, verhöhnt von rohen Proletariern, gierig angegafft vom nimmersatten Volk. Auf der Börse ist es still wie mitten in einem Kornfelde. Man hört die Mäuse an den Wänden krabbeln, und Tränen rinnen um die angeschlagenen niedrigen Kurse. Oh, Herr Lenz, wir sind heimgesucht worden von einer schweren, sehr schweren Landplage. Wie ein trauernder Jude[47] an den Wassern zu Babylon, also sitze ich klagend auf meinem Comptoirstuhl.«

Eine Pause entstand. Herr Preiss bedeckte die gewaltige Stirn mit beiden Händen, indes der Buchhalter Lenz eine Prise nahm, von den allergrößten.

»Wir müssen uns einschränken!« fuhr der Herr Preiss endlich fort. Der Buchhalter spitzte die langen Ohren und hielt unwillkürlich in der zweiten Prise inne.

»Wir müssen uns einschränken, Lenz. Die Ökonomie ist das einzige, was uns retten kann.«

Der Buchhalter wurde immer aufmerksamer.

»Man muß sich durchlavieren wie ein guter Seeräuber. Wir verdienen nichts mehr; die Geschichte kann nicht länger so fortgehen.«

Dem Buchhalter wurde es schwül zumute.

»Vor kurzem habe ich noch unsern alten Kommis Sassafraß verabschiedet.« –

Dem Buchhalter ging ein Zittern durch beide Waden.

»Wir müssen in diesem System fortfahren –«

›Heiliger Gott!‹ dachte der Buchhalter.

»Mein Entschluß steht felsenfest! Ökonomie! Ökonomie! Dies sei die Losung.«

46 Damals bekannter Typ eines gewissenlosen Halunken.
47 Vgl. Psalm 137.

Des Buchhalters rote Nase erblaßte.

»So merken Sie sich denn –«

Abermals hielt Herr Preiss inne, und eine Pause fürchterlicher Angst raubte dem Buchhalter schier die Besinnung.

»So merken Sie sich denn, Herr Lenz – merken Sie sich.« Hier schlug der erschütterte Prinzipal mit der Faust auf das Schreibpult, daß alle Tintenfässer und Federn und Bleistifte das lustigste Menuett begannen.

»Merken Sie sich, Herr Lenz, wir müssen unsre – Wagenpferde abschaffen.«

Tief seufzte der Buchhalter auf. »Der Wille Gottes geschehe!« murmelte er, und seine Augen blickten gerührt gen Himmel.

»Aber damit sind wir noch lange nicht fertig, Lenz. Dem alten Sassafraß und den beiden Wagenpferden muß ein weiteres folgen.« –

›Es geht aufs neue los!‹ dachte der entsetzte Buchhalter.

»Daß ich den Wagen verkaufe, wenn ich keine Pferde mehr habe, das versteht sich von selbst –«

»Allerdings!« versetzte der Buchhalter, »das ist logisch.«

»Aber auch logisch ist es«, fuhr der Herr Preiss fort, »daß nicht nur in Stall und Remise[48] Modifikationen eintreten –«

»Sondern auch in Küche und Keller«, warf der Buchhalter ein.

»Sowie namentlich im Getriebe meines Geschäftes«, vollendete der Prinzipal.

»Wir sind auf derselben Stelle«, seufzte der Buchhalter, und der Angstschweiß brach ihm aus allen Poren.

»Merken Sie sich deswegen ferner, Lenz –«

»Ich merke mir.«

»Und notieren Sie sich –«

»Ich notiere mir.«

»Die Produktionskosten und die Betriebsspesen müssen bis auf ein Minimum reduziert werden.« –

»Bis auf ein wahres Minimum«, stotterte der Buchhalter.

»Zu diesen Reduktionen gehört erstens –«

»Erstens –«

»Daß in unserm Geschäftspersonal –«

»Verehrter Herr Preiss«, unterbrach der Buchhalter.

»Es geht nicht anders, Lenz! In unserm Geschäftspersonal –«

»Stoßen Sie nicht Ihre treuesten Diener von sich!«

»In unserm Geschäftspersonal –«

»Kann man mit den Arbeitern im Magazine anfangen –«

»Allerdings, Lenz! Und dann müssen wir ans Comptoir gehen –«

»Und den einen Lehrling abschaffen –«

»Und den jüngsten Kommis – Lenz!« –

»Allerdings.«

»Sowie ferner – es tut mir leid – nein, der jüngste Kommis kann bleiben – es tut mir sehr leid – was *Sie* betrifft – Lenz.«

48 Geräte- und Wagenschuppen.

Hier hatte die Geduld des Buchhalters ein Ende. In großen Tropfen rann der Schweiß auf seine erblichene Nase. Die grüne Brille entglitt ihr, und wie eine Blume im Sturm brach er zusammen, der unglückselige Mann, und die Arme eines Comptoirstuhles nahmen ihn auf und hielten ihn fest umschlossen.

Der Herr Preiss hatte indes nicht vollendet. Der Schluß seiner Phrase war ihm auf der Zunge geblieben, denn eben trat der Postbote ins Zimmer und überbrachte die Zeitung. Seit den Februarereignissen in Paris und seit den eingetroffenen Wiener Nachrichten[49] hätte sich der Herr Preiss nicht durch vierundzwanzig Pferde von sofortigem Lesen der Zeitung abziehen lassen. Die Unterredung mit dem Buchhalter wurde daher im Nu unterbrochen, und die grüne Mütze tief ins Gesicht drückend, die Beine fest ineinanderkneifend und das Zeitungsblatt mit beiden Händen ergreifend, schickte sich der würdige Herr auf der Stelle an, die Bühne der Welt rasch lesend zu durcheilen.

Armer Preiss! Du wußtest nicht, was du tatest. Seht ihn sitzen, den gewaltigen Mann. Er schaut in das verhängnisvolle Blatt, er liest nur einen Augenblick – da ergreift ein Zittern all seine Glieder, seine Knie schlottern, die Mütze fällt vom Haupte: »Revolution in Berlin!«[50] ruft er mit erstickter Stimme, und wie der Buchhalter Lenz gegen Westen gefallen, so sinkt der würdige Prinzipal gen Osten in die Arme des Lehnstuhls. »Hallo! Jetzt ist der Teufel erst recht los –«, das sind die letzten Worte, die er zu sprechen vermag, die Zunge versagt ihm den Dienst, seine Augenlider sinken, und wiederum herrscht auf dem weiten Comptoir Todesstille.

Rötlich aber strahlt der Morgen durch die zwei großen, halbverstaubten Fenster auf die Tintenkleckse des Schreibpults.

Nach jener welterschütternden Nachricht der Berliner Revolution hatte der Herr Preiss einen kläglichen Tag verlebt. Da kam die schwarze Nacht, und seine Angst stieg um 20 Prozent. ›Die Nacht ist keines Menschen Freund‹, dachte der Herr Preiss und suchte in seinem Pult nach zwei alten türkischen Pistolen, die ihm einst sein Großonkel mütterlicher Seite von einer Entdeckungsreise in den Orient mitgebracht hatte. Er schickte in die Apotheke und ließ sieben Lot Pulver fordern, prima Qualität. Kugeln fehlten ihm – er nahm zwei Achatkugeln aus seinem Petschaft.

Nach dem Abendessen, welches lautlos und in ängstlicher Erwartung der Dinge, die da kommen sollten, verzehrt wurde, verriegelte Herr Preiss eigenhändig alle Türen des Hauses. Eine Dogge, halbe Rasse, wurde in der Küche hinter dem Fensterladen angebunden; ein Nachtlicht brannte auf dem Hausflur. Gegen 11 Uhr schlich der würdige Mann mit todesverächtlicher Miene die Treppe hinauf in sein Schlafgemach. Tiefe Stille. Es war sehr unheimlich – ›Jedenfalls siehst du einmal unter dein Bett!‹ dachte Herr Preiss – die eine türkische Pistole in der Hand, bückte er sich mühsam, und voll schauerlicher Freude überzeugte er sich davon, daß alles in Ordnung, daß

49 Revolution in Wien (13.–15. 3. 1848); Flucht Metternichs.
50 Märzrevolution in Berlin (18. 3. 1848); Friedrich Wilhelm IV. macht Zugeständnisse.

kein Schinderhannes[51] zugegen und daß nur der weiße, unschuldige Nachttopf ruhig und gelassen dastand in der Fülle seiner harmonischen Formen. Wie es jeder Fromme zu tun pflegt, zog der Herr Preiss auch diesmal vor dem Nachtgebet seine Uhr auf, eine Genfer Repetieruhr, laufend in sechs falschen Diamanten. Dann eine baumwollene Mütze mit großem Quast aus der Kommode ziehend, krönte er sein müdes Haupt bis tief über die Ohren.

»Die Unterhose kannst du anbehalten«, murmelte er. »Man kann nicht wissen, wofür es gut ist; auch die Strümpfe werde ich nimmer ausziehen; man weiß nicht, was passiert...« Da setzte er den Fuß auf die Lehne des Bettes.

Also dastehend in weißer Unterhose, in baumwollener Nachtmütze und das eine Bein auf dem Rande des Lagers, empfahl Herr Preiss sich dem allmächtigen Schöpfer Himmels und der Erde, und noch einmal hinaushorchend, ob sich auch gar nichts rege da draußen in der revolutionären Außenwelt, taumelte er dann mit einem kühnen Salto mortale in die sanften vaterländischen Kissen. Auf dem Nachttisch aber lagen die zwei türkischen Pistolen, ein Federmesser und drei Dutzend Schwefelhölzer.

Mehrere Stunden mochte der Schlafende ruhig geschnarcht haben, da neigte sich der Träume lieblicher Gott über die baumwollene Nachtmütze des würdigen Handelsherrn und ließ ihn träumen folgenden Traum. Der Herr Preiss träumte, alle Zahlen seines großen Hauptbuches hätten ein Komplott, eine Konspiration gegen sämtliche Nullen desselben gebildet.

Die Nullen, weil ihrer zwei hinter Eins: Hundert und weil ihrer fünf hinter Eins: Hunderttausend ausmachen, hatten nämlich seit undenklicher Zeit behauptet, daß sie allein Wert und Wichtigkeit in der Welt hätten und daß alle übrigen Zahlen nur existierten, um ihnen wohlgefällig zu sein. Bei öffentlichen Gelegenheiten in Adressen und Proklamationen vergaßen sie nie, diese Ansicht geltend zu machen, und wenn die guten, geduldigen Zahlen Einwendungen zu machen suchten, so wurden sie höchstens ausgelacht und mit einem Rüffel von wegen ihres beschränkten Untertanenverstandes wieder entlassen.

»Wir, von Gottes Gnaden, Null«, hatte manche dicke Null in dergleichen Fällen gesagt, »tun hiermit kund und geben zu wissen, daß ihr dummen, aber zudringlichen Zahlen euch jeglicher Einmischung in unsre Kraft und Herrlichkeit enthalten sollt, widrigenfalls wir euch laut einem funkelnagelneuen Strafgesetzentwurf mit Knütteln, Bajonetten, Kartätschen und Schrapnells allerhöchst vom Leben zum Tode befördern werden.«

In solchem Stile, umwunden von einigen bürokratischen Verblümungen, beliebten die Nullen ihre Weisheit den Zahlen gegenüber an den Tag zu legen; und wie ein ehrlicher Mann vieles glaubt, wenn es ihm nur mit dem gehörigen Nachdruck gesagt wird, so glaubten auch die Zahlen bald an das, was ihnen die Nullen vortrugen, und es konnte nicht fehlen, daß sich mit der Zeit zwischen beiden Parteien das allerschönste Untertanenverhältnis ent-

51 Anführer einer großen Räuberbande am Rhein in der Zeit der Französischen Revolution von 1789.

wickelte und schnell eine ganze Hetze von königlichen, kaiserlichen, fürstlichen, landgräflichen und ähnlichen Nullen gleich einem Heuschrekkenschwarme das Land bedeckte.

Die Zahlen, als schlichte, biedere Staatsbürger, die sich lieber mit ihren Gewerben, mit Künsten und Wissenschaften als mit groben Nullen abgaben, hatten kaum gemerkt, daß die letztern sich mit jedem Tage fester und feister fraßen. Sie fuhren mit Vieren, sie schossen alle Hasen, sie fraßen Eis en vanille und rochen wohlriechend. Dazu liebten sie ihrer Untergebenen Schweiß und Blut; beides zapften sie ab und tranken es zum Wohle ihrer Staaten. Bei dieser guten Lebensart wurden sie, je länger, je lieber, immer aufgeblasener und hochmütiger. Sie stifteten Zerwürfnisse durch ihre Strafentwürfnisse, sie preßten durch ihre Preßgesetze; sie verboten das Singen und das Reden, ja beinahe das Husten und das Pissen.

Da brach den Untertanen die Geduld; sie kamen zusammen in kleinen Waschzetteln und Wirtshausrechnungen; sie überlegten, was zu tun sei, und entwarfen folgende Adresse an die zunächst residierende Herrschaft:

»Allerdurchlauchtigste Majestät, allergnädigster König und Null! Ew. null und nichtigen Hoheit erlauben wir uns hierdurch die friedliche Bemerkung zu machen, daß wir zwar gern Dero Wichtigkeit insoweit anerkennen, als die Null überhaupt im Dezimal- und sonstigen Rechnungssystem Bedeutung hat, daß wir aber sehr bezweifeln, ob Ew. königl. Null noch dann irgendeinen Wert hätte, wenn Ihr nicht stets eine bürgerliche Zahl vorherginge. Indem wir daher Ew. null und nichtigen Hoheit dringend anempfehlen, gütigst sofort die Souveränität der Zahlen eintreten lassen zu wollen, verharren und ersterben wir freundschaftlichst und ergebenst Ew. königl. Null betreffende Zahlen: Eins, Zwei, Drei, Vier, Fünf, Sechs, Sieben, Acht und Neun.«

Die zwar höfliche, aber nichtsdestoweniger höchst energische, im sogenannten jakobinischen Stile[52] abgefaßte Adresse der Zahlen an Se. Majestät, die königliche Null, zeigte nur zu deutlich, daß sich die Unterzeichneten bemühten, das Verhältnis zwischen Fürst und Untertan von dem weltbekannten, historischen Rechtsboden auf die breiteste demokratische Grundlage hinunterzuziehen. Ihre null und nichtige Hoheit gerieten deswegen in die außerordentlichste Mißstimmung. Minister wurden entlassen, Gesandte wurden abberufen, Kammerjäger bekamen Fußtritte, und die Orden verringerten sich bedenklich. Am entsetzlichsten machte sich indes der Unwille Ihrer Majestät in dero allerhöchsten Handschreiben an sämtliche null und nichtigen Vettern und lieben Getreuen des weiten Landes Luft. Der freche, unehrerbietige Tadel altehrwürdigen Herkommens, den sich die Volksversammlung der Zahlen in den Augen Ihrer Majestät zuschulden kommen ließ, wurde in den schwärzesten Couleuren geschildert. Man sprach geradezu von einer weitverzweigten Konspiration, welche den Umsturz alles Bestehenden zum Zweck habe und nach vielfachen anarchischen Volksbelustigungen mit einer blau-weiß-rötlichen Republik endigen solle.

52 Die Jakobiner waren die radikalste Partei in der Französischen Revolution von 1789.

Zahlreiche Spione mit blonden Schnurrbärten und tiefliegenden, schmutzig-blauen Augen, Leute von Gesinnung und Charakter, die sich zu des respektiven Landesfürsten wohldressiertesten Dienern rechneten, waren aufs eifrigste bemüht, der um sich greifenden Verderbnis der niederen Volksklasse nachzuspüren, und es bedarf wohl nicht der Versicherung, daß diese gefälligen, achtungswerten Männer zu Nutz und Frommen ihrer null und nichtigen Herrn aus der Mücke der Wahrheit jedesmal den Elefanten der Lüge zu bereiten wußten und so die unselige Kluft zwischen Null und Zahl nur noch immer weiter und tiefer machten. – Es würde zu weitläufig sein, diese zu einer unheilvollen Katastrophe sich entwickelnde Spaltung in allen ihren Details verfolgen zu wollen. Der Herr Preiss träumte sie auch nur abgerissen und fragmentarisch, und wir sind zu gewissenhaft, um irgend etwas schildern zu wollen, was nicht wirklich faktisch und historisch in der unsterblichen Seele des Schlafenden zur Welt kam.

Jedenfalls wurden die Sachen sehr schlimm. Der berühmten Petition der Zahlen war von seiten der Nullen die tiefste offizielle Stille, von seiten der Zahlen die Qual der peinlichsten Erwartung gefolgt. Die guten untertänigen Zahlen wollten eine Antwort auf ihre Eingabe, ehe sie dem Throne wieder frohlockend nahten; die hochgeborenen Nullen wünschten dagegen nicht früher etwas zu erwidern, als bis die gehörige Anzahl Schrapnells angefertigt worden sei und die außerordentlich kurzen diplomatischen Verhandlungen unter den verschiedenen Höfen ein anständiges Ende erreicht hätten.

Endlich waren diese durchaus nötigen Präliminarien erledigt, und da sich gerade ein sonderbares volkstümliches Gemurmel in den Grundschichten des bürgerlichen Lebens kundtat, so beeilte sich die eine namentlich angegangene Null um so mehr, ihren königlichen Gesinnungen in folgender höchster Proklamation den so sehr gewünschten Ausdruck zu verleihen.

Diese durch den »Staats-Charivari«[53] veröffentlichte Proklamation hieß folgendermaßen:

»Irregeleitete Zahlen, sehr freche Landeskinder! Wurzelnd in dem Rechtsboden meiner glorreichen Ahnen und gehüllt in den Fabelmantel meiner absoluten Herrlichkeit, fühle ich das größeste Bedürfnis, ein unsägliches Mitleid mit euch zu haben. Die Forderung, euch die Souveränität zu bewilligen, beweist wohl am besten, daß ihr hiezu noch nicht reif seid. Der Untertan ist nicht ein fortdauernd nehmendes, sondern ein duldend empfangendes Wesen. Wehe euch, daß ihr herausgetreten aus eurer naturwüchsigen Entwickelung. Solange eine Null noch Wert und Wichtigkeit hat, wird euch nimmer gewillfahrt werden; denn es ist meine Pflicht, über euch zu wachen und zu herrschen wie eine wahrhaft landesväterliche, königliche Null.«

Ähnliche, von fast allen kaiserlichen wie land- und reichsgräflichen Nullen erlassene Proklamationen waren die Signale zu einem wahrhaft thronerschütternden Volksunwillen.

53 Charivari: Wirrwarr, Katzenmusik. "Le Charivari" ist der Titel der 1832 von Philipon in Paris gegründeten und durch Daumiers Zeichnungen berühmt gewordenen satirischen Zeitung. Der "Punch" erschien erstmals 1840 und führte den Nebentitel "The London Charivari".

Man raunte sich überall in die Backenbärte: entweder müsse man eine Revolution veranstalten oder man blamiere sich vor der ganzen Tierwelt. In einer massenhaft besuchten Volksversammlung drang diese Ansicht noch mehr durch. Die Eins, ein gerade gewachsener, tüchtiger Mann, setzte sie ohne viele Gestikulationen in einer trefflichen Rede sehr verständlich auseinander. Die Zwei, wie ein listiges Fragezeichen aussehend, machte sie zwar durch einige Einwürfe für den Augenblick wankend; als dann aber die Drei, ein recht knorriger Mann aus dem Volke, auftrat, da war die Sache schnell wieder im Zuge, und es bedurfte schließlich nur der kantigen Vier, um für die betreffende Angelegenheit den schallendsten Applaus zu erregen.

Mit dem glänzendsten Pathos entwickelte dann die bombastische Fünf die Segnungen, welche einem Umsturz des Bestehenden folgen würden. Die Sechs, ein entschiedenes, energisches Wesen, drang da auf Abstimmung; man gab aber noch der Sieben das Wort, die nach ihrem galgenähnlichen Äußern einen außerordentlichen Redeerguß verhieß!

Die Acht zeigte sich ebenfalls noch auf der Tribüne; da sie aber durch ihre aus zwei Nullen bestehende Gestalt nur zu sehr an eine außereheliche Abkunft höhern Orts erinnerte, so entstand ein wahrer Orkan von Völkergeschrei, und schnell mußte sie der keulenähnlichen Neun den Platz überlassen, die ohne weitere Umstände die Motion machte, daß man die Sitzung sofort auf die Straße verlege, um ihr einen desto praktischern Anstrich zu verleihen.

Soweit hatte der Herr Preiss geträumt, da seufzte er tief auf, und der Quast der baumwollenen Nachtmütze bewegte sich über seinem Haupte. »Das Volk steht auf, der Sturm bricht los.«[54] – Mit Schrecken gewahrte er, wie die Zahlen und die Nullen die weiße, ebene Fläche seines großen Hauptbuches dazu ausersahen, das Schlachtfeld ihres Souveränitätskampfes zu werden.

Deutlich sah er, wie die Nullen des Kapitalkontos in geordneten Linien von der einen Seite heranrückten und wie sich von der andern die Zahlen aus allen kleinen Rechnungsposten in zwar ungeregelten, aber desto wildern Massen in den Kampf drängten. Einige Kolonnen roter Zinszahlen, welche mit der republikanischen Infanterie des Auslandes die frappanteste Ähnlichkeit hatten, ließen ihre Fronten noch schauerlicher erscheinen und trugen nicht wenig dazu bei, das königliche Blut der Nullen vor Schreck erstarren zu machen. Nur der kommandierende Prinz[55], eine Null vom reinsten Wasser, der Abgott der legitimen Soldateska, hatte sein schreckliches Herz auf der rechten Stelle; er hatte zwei große historische Rittersporen an die Absätze seiner allerhöchsten Stiefel geschnallt; in der königlichen Faust trug er ein schartiges, sehr antikes Schwert aus der Blütezeit des Absolutismus. Manchmal reitend auf einem englischen konstitutionellen Renner, bestieg er doch heute einen vaterländischen urkräftigen Klepper. Den Schnurrbart streichend, kommandierte er in jenem berüchtigten fürstlichen Akzent das »Vorwärts«; die Garde blies auf ihren Schalmeien das entsetz-

54 Erste Zeile aus Theodor Körners Gedicht "Männer und Buben" (1813).
55 Gemeint ist Prinz Wilhelm von Preußen (1797–1888), der spätere Kaiser Wilhelm I.

liche Lied: »Liebe, Liebe ist mein Leben, Liebe ist mich nötig«, und unaufhaltsam wogte die Schar der Nullen ihren Feinden entgegen. Diese, mit bürgerlichen Mistgabeln, mit modernen Basaltblöcken und höchst beunruhigenden Eisenstangen, stellten sich ebenfalls in Reihe und Glied. Zarte Frauen schickten sich an, von den Dächern hinab die königlichen Nullen zum zweiten Male mit zwar erhitztem, aber dennoch ambrosischem Rüböle zu salben, während die Kinder nicht etwa Rosen und Aurikeln, sondern Scherben echten Kristalls dem heranziehenden Feinde entgegenstreuten. Selbst des Volkes verachtetste Hunde und des Märzes verliebteste Katzen schienen heute ihre Bravour außer alle Frage stellen zu wollen und erhoben als Antwort auf die Janitscharenmusik der königlichen Garde jenes herzerhebende nationale Geheul und Gezisch, das Steine erweichen, Menschen rasend machen kann. Während die beiden Parteien, kaum noch getrennt durch die Entfernung eines unwillkürlichen, gegenseitigen Respektes und durch einige in rein gotischem Stile aufgeführte Barrikaden, einander auf den Leib zu rücken suchten, rollten von der Stirn des Träumenden heiße, schwere Tropfen in den Brustlatz seines unschuldreinen Hemdes.

Der Herr Preiss erkannte nämlich gar nicht die welthistorische Bedeutung seines Traumes. In der Empörung der Zahlen gegen die Nullen seines Kapitalkontos sah er einzig und allein eine Gefährdung seiner kommerziellen Interessen. Gern hätte er deswegen das verhängnisvolle Hauptbuch hintereinander zugeschlagen, um auf diese Weise beide Parteien in der Geburt ihres Streites zu ersticken. Je näher der Ausbruch der Feindseligkeiten bevorstand, desto reaktionärere Gelüste erfaßten ihn. ›Am Ende sollst du mit deinem guten Gelde die Kosten dieser zwar sehr interessanten, aber dennoch verwerflichen Umwälzung bezahlen‹, dachte er, und ich frage jeden Unparteiischen, ob der würdige Handelsherr nicht das größte Recht hatte, in einen sehr wohltätigen Schweiß auszubrechen.

Das Röcheln seiner träumerischen Angst sollte indes noch größer werden, als nun endlich die erste königliche Kartätsche mit einer unbegreiflichen Unverschämtheit den kühnen revolutinären Zahlen auf die Köpfe fiel und sofort von einem solchen Meteorsteinregen erwidert wurde, daß zwei königliche Nullen klagend das Zeitliche segneten. Der Kampf war nun eröffnet, und mit Entsetzen bemerkte der Träumende, wie dem Angriff der Nullen nur eine immer wilder emporflammende Raserei der Zahlen folgte. Die Säbel der Insurgenten, die Kugeln ihrer Jagdgewehre und die von allen Dächern tropfenden Pflastersteine vernichteten ganze Kolonnen seines Kapitalkontos. Dazu klang das Läuten der Sturmglocken so schauerlich wie das Klappern von falschen Dukaten; es war ihm nicht anders mehr zumute, als hätte er sieben unversicherte Schiffsladungen Kaffee auf der See in einem Äquinoktialsturme; sein edles kaufmännisches Herz schlug wie der Wecker an einer Schwarzwälder Uhr, und mit jeder Null, die hinunter zum Styx fuhr, rollte ein neuer Angstschweißtropfen über seine olympische Stirn.

Alles dies ertrug indes noch die Seele des Gepeinigten; mit wahrem Heroismus sah der herrliche Dulder die Tausende durch das Fallen zweier oder dreier Nullen zu Zehnern oder zu Einern werden; als aber endlich den Kieselsteinen, den Büchsenkugeln, den Ölphiolen und den Bierglasscherben gar noch der Feuerbrand folgte, als man das ganze Hauptbuch mit sämtlichen kaiserlichen, königlichen, gräflichen und ähnlichen Nullen in Brand zu stecken suchte: da fuhr er empor mit dem Schrei der Verzweiflung, die baumwollene Nachtmütze entsank seinem Schädel, und die Decken zur Seite schiebend und mit beiden beunterhosten Beinen zu gleicher Zeit dem Bette entfahrend, griff er wie rasend nach einer der türkischen Pistolen des Nachttisches; rechts und links stürzten Leuchter und Schwefelhölzer, Pantoffeln und Nachttopf – losknallte das Pistol, und das Schlafgemach krachte bis in sein letztes Mauseloch.

Der Buchhalter Lenz, der eben seinen Herrn zu wecken gedachte und voll haarsträubender Angst, daß er sich frevelnd ein Leides angetan, ins Zimmer stürzte, fand den würdigen Prinzipal selig lächelnd am Fenster stehen. Der Herr Preiss sah, daß er geträumt hatte, und neugierig blickte er hinüber nach dem nächsten Kirchturme, von dessen Spitze die schwarzrotgoldene Fahne lustig im Morgenwinde flatterte.

XI

DER BUCHHALTER LENZ ALS BÜRGERGARDIST

Die Revolution des März war geschehen. Der Herr Preiss glich einem nassen Pudel, der seine Schnauze zwischen die beiden Vorderbeine steckt und über die Nichtigkeit alles Irdischen eine lange, melancholische Betrachtung anstellt. Die Februarereignisse berührten ihn wie eine Ohrfeige; die Märzrevolution traf ihn wie der Donner Zeus', des unsterblichen.

»Von heute an will ich alle Betteljungen in österreichischen Metallique-Coupons bezahlen!« rief der schmerzlich bewegte Mann aus, »da bin ich sicher, daß ich nicht zuviel gebe. Meine Bons auf die Insel Sandwich sind nur zu Fidibus gut; meine Eisenbahn- und Bergwerksaktien – hol' sie der Teufel. Sela!«

Dutzende ähnlicher Stoßseufzer entwanden sich der Brust des ehrenwertesten aller Handelsherren. »Aber mein Entschluß ist gefaßt«, fuhr er fort, »verlassen will ich dieses Land der Schrecken, verlassen diese Atmosphäre der Anarchie; verkaufen will ich mein Haus, meinen Hof, meinen Garten; verkaufen meinen Wagen, meine Pferde, meine Hunde; entlassen meine Knechte, meine Mägde, meinen Buchhalter Lenz und hinüberziehen nach einer einsamen, wüsten Insel, fern, fern in den Wogen des unendlichen Meeres.« – Der Herr Preiss versank in ein dreiviertelstündiges Stillschweigen. Wer weiß, wie lange er dem Fluge seiner Phantasie gefolgt wäre, wenn nicht plötzlich draußen auf dem Gange des Hauses ein höchst beunruhigender Lärm entstanden wäre. Ein sonderbarer, ganz ungewohnter Skandal. Er kam näher. Es war das Getöse von Waffen; es war, als wenn klipp, klapp ein Säbel auf die Waden eines Mannes fiele – und entsetzt hob sich der Sinnende empor von dem Kissen des Lehnstuhls. Da knarrte die Tür in ihren Angeln, und gerüstet vom Kopf bis zur Zehe trat der Buchhalter Lenz vor seinen erschrockenen Herrn.

»Lenz!« seufzte der Herr Preiss.

»Mein verehrter Herr!« erwiderte der Buchhalter.

»Lenz! Aber seid Ihr des Teufels, Lenz?«

»Verzeihen Sie, ich bin ein bewaffneter Staatsbürger!« – und Prinzipal und Buchhalter maßen sich mit den erstaunten Augen.

Lenz nahm sich vortrefflich aus. An seiner Seite trug er einen Säbel, den sechs Mann nicht aus der Scheide zu ziehen vermocht hätten. Auf seiner Schulter lag ein Gewehr, ein Kuhbein, lang wie es Lederstrumpf getragen, der Coopersche Nordamerikaner[56]. Auf seinem Haupte schwankte eine Mütze mit der schwarzrotgoldenen Kokarde, groß wie ein Wagenrad. Dazu die großen Füße, die enge, kurze Hose, die fast über den Rand des Stiefels reichte; die weiße, altertümliche Weste in Falten geschnürt durch den Riemen des Säbelgehänges, der schwarze Frack mit den dolchspitzen Zipfeln, die Brille endlich und die rote Nase nicht zu vergessen – alles das machte ein Ensemble, was den Griffel eines Hogarth[57] oder den Pinsel eines Hasenclever[58] auf der Stelle in die geschäftigste Bewegung gesetzt haben würde. Der Herr Lenz glich einem Soldaten aus der Armee Sir John Falstaffs, einem Warze, einem Schimmelig[59]. Rechtes Kanonenfutter war der Kerl vom Schädel bis zur Sohle. Die Kindermädchen versteckten sich hinter den Haustüren, wenn er über die Straße ging, die Hunde bellten, die Hühner ließen vor Schreck ein Ei fallen.

Der Buchhalter hatte seine Muskete[60] in die Ecke des Comptoirs gestellt; die Patrontasche aber noch auf dem Hintern und den Flamberg[61] an der Seite, setzte er sich ohne weiteres auf seinen Stuhl, um nach Genuß einer großen Prise wie gewöhnlich sein Tagewerk zu beginnen.

Herr Preiss wurde es schwül zumute; er blickte bald auf die Muskete, bald auf seinen Buchhalter. »Die Zeiten sind nicht bloß schlimm, nein, sie werden auch gefährlich!« murmelte er leise. »Man kann sich vor seinem eignen Buchhalter in acht nehmen, wenn er also schrecklich gerüstet einherschreitet.« Der Buchhalter schien das Gemurmel seines Herrn zu verstehen; er nahm zwei Prisen hintereinander, und ein freudiges Lächeln spielte um die Flügel seiner purpurnen Nase.

»Wir sprachen gestern von den Ökonomien, welche anzubringen wären«, begann der Buchhalter.

»Allerdings, Lenz!« erwiderte der Herr Preiss. »Die Ankunft der Berliner Post unterbrach uns.«

»Ganz recht, verehrter Herr Preiss, aber sollen wir dies Kapitel nicht wieder aufnehmen?«

»Wie Sie wollen, lieber Herr Lenz! Aber –«

»Fürs erste wollten Sie die Wagenpferde abschaffen.«

»Sehr richtig, Lenz – indes –«

56 James Fenimore Cooper (1789–1863), amerikanischer Romanschriftsteller. Der Hauptheld seiner Indianer-Erzählungen ist Lederstrumpf.
57 William Hogarth (1697–1764), englischer Maler und Gesellschaftskritiker.
58 Johann Peter Hasenclever (1810–53), Düsseldorfer Maler.
59 Figuren aus Dramen Shakespeares.
60 Gewehr mit Luntenschloß.
61 Zweihänderschwert.

»Und dann würden Sie den Wagen verkaufen, das war logisch.«

»Allerdings, Lenz, im höchsten Grade logisch, aber –«

»Den Modifikationen in Stall und Remise sollten weitere in Küche und Keller folgen.«

»Gut behalten Lenz; im Grunde –«

»Verzeihen Sie, vor allen Dingen sollten aber Veränderungen im Getriebe Ihres Geschäftes vor sich gehen –«, der Buchhalter schaute hinüber nach seiner Muskete. Dem ehrenwerten Herrn Preiss wurde es immer unheimlicher zu Sinne.

»Sehr bedeutende Änderungen im Getriebe Ihres Geschäftes!« wiederholte der Buchhalter mit Nachdruck.

»Allerdings, lieber Lenz, übrigens –«

»Die Produktionskosten sollten auf ein wahres Minimum reduziert werden.«

»Sie haben sich alles gut gemerkt, Lenz. Indes –«

»Mit Ihrem Geschäftspersonal wollten Sie anfangen.«

»Aber mein lieber Herr Lenz –«

»Die Arbeiter des Magazins sollten zuerst entlassen werden.«

»Ich weiß nicht, ob ich so sagte; jedenfalls –«

»Jedenfalls sollte aber auch das Comptoir dran.«

»Sie irren sich, lieber Herr Lenz!«

»Keineswegs! Der jüngste Kommis sollte jedenfalls geopfert werden.«

»Sie haben ein ungemein gutes Gedächtnis.«

»Und wie Sie neulich den alten Sassafraß entlassen haben, so wollten Sie auch –«

»Ich wollte nichts mehr, Lenz!«

»So wollten Sie, was *mich* beträfe –«

Hier entstand eine große Pause. Der Buchhalter hatte seinen Herrn mit einem durchbohrenden Blicke angeschaut. Sacht ließ er sich hinabgleiten von seinem Comptoirstuhl, und einen Schritt seitwärts nach der Muskete tuend, schien er von der Antwort des Prinzipals die entsetzlichste aller Maßregeln abhängig machen zu wollen. Dem armen gefolterten Herrn Preiss war der Angstschweiß aus allen Poren gebrochen. Kaum seiner peinigenden Gedanken über die Dinge im allgemeinen los und ledig, wehte ihn schon wieder aus der Konversation mit dem Buchhalter der Geist der Anarchie und der Revolution an. Wie? Der sonst so sanfte Buchhalter, er wagte im Glanze der Waffen in das Comptoir zu treten und, mit der Patrontasche auf dem Rücken, mit dem Säbel an der Seite, eine Sache zur Sprache zu bringen, welche das Verhältnis zwischen Herr und Diener auf so empfindliche Weise berührte – es war unerhört, es war zum Verzweifeln!

Als der Herr Lenz daher die Worte sprach: »Was *mich* beträfe –«, da versagte dem ehrenwerten Handelsherrn fast die Stimme, und nur mit bebenden Lippen konnte er die Worte hinzufügen: »Sein Sie unbesorgt, Herr Lenz, ich will Ihnen eine Zulage geben von 100 Talern jährlich – preußisch Kurant.«

Der Buchhalter nahm drei große Prisen. »Sie sind ein Ehrenmann, Herr Preiss!« rief er, und die Muskete ergreifend, schulterte er so flott wie der beste Korporal. »Da ich indes die Wache beziehen muß, so werde ich unmöglich heute irgend etwas arbeiten können – Guten Morgen, Herr Preiss!«

Staunend schaute der Herr seinem Diener nach. Die Kokarde der Gardistenmütze blitzte in den Strahlen der Morgensonne.

XII

WIE SICH DER HERR PREISS NACH DEN ZEITVERHÄLTNISSEN RICHTET

»Ich bin heute mit dem rechten Bein aus dem Bett gestiegen«, begann der Herr Preiss zu seinem Buchhalter. »Ich habe mehr Mut als gewöhnlich, ich bin beinahe guter Dinge, der Hafer sticht mich fast –«

»Hafer ist im Preise gewichen –«, erwiderte der Buchhalter Lenz, indem er im Lesen eines Preiskurantes fortfuhr.

»Sie verstehn mich nicht, Lenz, ich meine, daß ich wieder mehr Unternehmungsgeist habe, als es vielleicht in diesen schlechten Zeiten wünschenswert ist; ich sehne mich nach Tätigkeit; vielleicht ist der Sommer –«

»Sommersaat steht noch sehr niedrig und ist beinahe gar nicht gefragt –«, unterbrach der Buchhalter.

»Nein, Lenz, ich meine, daß der Sommer wohl nur schuld daran ist; daß mich das schöne Sommerwetter wohl nur so heiter und kühn stimmt; bei lichter, klarer Witterung ist der Mensch mehr zu Spekulationen aufgelegt, als er es vernünftigerweise sein sollte. Ich fühle mich zu einer Torheit um 20 Prozent mehr aufgelegt als seit langer Zeit.«

»Zwanzigprozentiger Spiritus ist in Stettin augenblicklich nicht vorrätig«, erwiderte der Buchhalter, indem er ruhig das Studium seines Handelsberichtes fortsetzte.

Der Herr Preiss wäre fast ärgerlich geworden. »Aber hören Sie doch zu, Lenz! Ich spreche weder von Hafer, von Sommersaat noch von Spiritus. Ich habe ganz andre Dinge vor; hole der Henker die gewöhnlichen Artikel! Ich sehne mich nach etwas Besserm; die Zeitverhältnisse –«

»Die Zeitverhältnisse wirken noch immer sehr störend auf das Geschäft ein, schreibt man von Amsterdam.«

Der Herr Preiss hätte beinahe geflucht. »Geben Sie das Lesen Ihres Berichtes dran, lieber Lenz, die Zeitverhältnisse lassen mich weder an Stettin noch an Amsterdam denken. Man muß sein Augenmerk auf die Dinge im allgemeinen richten, der Handel muß von einem höhern Standpunkt aus begriffen werden. Wie sich die Zeiten ändern, so müssen wir uns selbst ändern. Ein gescheiter Mann hängt den Mantel nach dem Winde –«

»Der dauernde Ostwind hält die Einfuhr in manchen englischen Häfen auf sehr bedauerliche Weise zurück, meldet man von Liverpool –«

»Donner und Doria, Lenz! Hören Sie, was ich sage. Wenn ich von meiner Gemütsstimmung rede, da sprechen Sie von Hafer; erkläre ich Ihnen die Einflüsse der Jahreszeit, da sind Sie beim Spiritus und bei der Sommersaat; will ich Sie von der Lage Europas unterhalten, da geraten Sie nach allen

Ecken der Welt, nur nicht in die, welche uns am meisten interessieren muß.«

Erstaunt sah der Buchhalter von seinem Berichte auf, und der Herr Preiss fuhr fort:

»Sie wissen, Lenz, mit den Artikeln, die wir bisher führten, ist es nichts mehr –«

»Gar nichts!«

»In Korinthen ist es flau. In Heringen entschieden ruhig. Grütze wenig gefragt. Schnaps vernachlässigt.«

»Es ist, als ob niemand mehr Durst hätte.«

»Richtig bemerkt, Lenz! Wir müssen uns deswegen auf andre Gegenstände werfen, welche mehr den sozialen und politischen Zuständen der Gegenwart angemessen sind.«

»Man muß mit den Wölfen heulen.«

»Allerdings, Lenz! Und ich habe daher den festen Entschluß gefaßt, daß wir eine Spekulation in – raten Sie mal! –«

»Verehrter Herr Preiss, ich will Ihrer hohen Meinung nicht vorgreifen.«

»Daß wir eine Spekulation in – nun, strengen Sie sich etwas an, Lenz!«

»Entschuldigen Sie mich, Herr Preiss, ich bin zu konservativ, um alle Neuerungen auf der Stelle begreifen zu können.«

»Wohlan! Wir wollen eine Unternehmung in schwarzrotgoldnen Kokarden machen!«

»Das ist patriotisch!«

»Patriotisch oder nicht patriotisch, es ist einträglich!«

Der Herr Preiss warf sich in die Brust, und die Arme übereinanderschlagend, sah er den Buchhalter mit triumphierendem Blicke an. Lenz nahm eine große Prise.

»Patriotisch und einträglich! Herr Preiss, ich bin ganz mit Ihnen einverstanden.«

»Nicht wahr, Lenz? Bei einer solchen Geschichte könnten wir reich werden.«

»Und wir machen uns verdient um das Vaterland!«

»Das ist dummes Zeug, Lenz. Aber ich glaube sicher, daß die Sache ziehen wird.«

»Vielleicht! Aber es fällt mir da plötzlich etwas ein –«

»Und was, Lenz?«

»Glauben Sie, daß der schwarzrotgoldne Spektakel lange halten wird?«

»Wieso?«

»Denken Sie sich, daß uns die Russen oder die Franzosen über den Hals kämen oder daß wir gar Republikaner würden mit einer neuen Couleure – wie dann? Was machten wir dann mit unsern Kokarden?«

»Sie meinen also, Lenz, daß wir die russischen und französischen Kokarden zu gleicher Zeit mit den deutschen fabrizieren lassen sollten?«

»Das wäre schon besser – aber es bliebe gefährlich!«

»Sehr gefährlich, Lenz! Sie haben recht –« Herr Preiss besann sich. Der Buchhalter schnupfte bedeutend.

»Nein, es geht nicht, Lenz. Es ist nichts mit dieser Geschichte, wir würden zu sehr von den Weltereignissen abhängen. Aber was sagen Sie zu Waffen?«

»Zu Säbeln und Dolchen?«

»Und zu Musketen und Kanonen?«

»Herr Preiss, wir haben große Konkurrenz in diesem Artikel; ich kann kaum dazu raten. Da der Konsumo von Waffen außerordentlich groß ist, so werden auch sicher bald wieder Verbesserungen angebracht, und wehe uns dann mit einem allmächtigen Vorrat! Wenn wir Waffen im Hause haben, da stürmen uns auch die Proletarier bei der nächsten Gelegenheit das Lager –«

Den Herrn Preiss überlief ein kalter Schauder. »Sie haben recht, Lenz. Waffen ist ein diffiziler Artikel – aber es ist doch entsetzlich, daß man beim besten Willen nichts unternehmen kann! Alles ist verdorben, das ganze Geschäft ist ruiniert; es bleibt wirklich nichts anderes mehr übrig, als den ganzen Kommerz an den Nagel zu hängen –«

Eine Pause entstand. Zufällig blickte der ehrenwerte Handelsherr in die zuletzt erschienene Zeitung. Er stutzte; er bog sich hinab; ein seliges Lächeln umflog seine Lippen – »Hier ist's! Ich hab's!« rief er, und die Arme auf den Rücken legend, trat er keck vor den erschrockenen Buchhalter.

»Wissen Sie was, Lenz?«

»Nun, Herr Preiss?«

»Wissen Sie, was der Lieblingsartikel der Gegenwart ist?«

»Welcher denn?«

»Wissen Sie, worin wir spekulieren müssen?«

»Worin denn?«

»Ich will es Ihnen sagen, Lenz! Merken Sie sich –«, die Stimme des Herrn Preiss bekam einen mystischen, feierlichen Ton, »spekulieren in – *Schrapnells*!«[62]

»– Schrapnells –«, wiederholte der Buchhalter Lenz langsam und deutlich.

Er erinnerte sich nicht, diesen Artikel schon früher einmal in einem Preiskurant verzeichnet gesehen zu haben.

XIII

DER HERR PREISS ÜBER DIE DINGE IM ALLGEMEINEN

Auf dem Comptoire des Herrn Preiss lag wieder einmal die schauerlichste Geschäftsstille.

Der Herr Preiss sah aus wie ein Totengräber, in dessen Kundschaft während ganzer vierzehn Tage auch nicht ein einziger Mensch gestorben ist.

In der Tat, seit vierzehn Tagen hatte der Herr Preiss keinen Käufer bei sich gesehen.

Der Buchhalter Lenz schrieb die Köpfe seiner Handelskonti für ein halbes Jahr im voraus, aus reiner Langerweile. Die schönen Handelskonti! »Romulus & Remus *Sollen* an Kaffee-, Zucker- und Korinthen-Konto« oder »Rhein-, Ahr-, Lahn- und Moselwein-Konto *Hat* an Kastor &

62 Sprenggeschosse, um 1800 von dem englischen General Shrapnel erfunden.

Pollux.« Der Buchhalter Lenz nahm zwischen jeder Silbe eine Prise. – August, der blonde Korrespondent, schnitt sich vierzehn Dutzend Federn, ebenfalls aus Langerweile; der Lehrling liniierte ein halbes Ries Propatria.

»Es ist mir unbegreiflich«, begann der Herr Preiss, »wie man jetzt mit dem Geschicke der Welt so leichtsinnig umgehen kann!«

»Sehr leichtsinnig!« erwiderte der Buchhalter.

»In Deutschland geht man indes noch weniger schlimm in diesem Punkte zu Werke als in manchen andern Ländern.«

»Bei weitem weniger!« erwiderte der Buchhalter scharfsinnig.

»Da setzt man z.B. in Frankreich an die Spitze des Staates einen Poeten!«[63]

»Es ist unerhört!«

»Allerdings, Lenz. Es ist rein zum Tollwerden. Einen Poeten – einen Poeten, der Verse macht – einen Poeten – ich bitte Sie, Lenz, gibt es etwas Närrischeres auf der Welt als einen Poeten?«

»Nicht leicht – nur ein Mensch, der Verse *liest*, kann möglicherweise noch närrischer sein als ein Mensch, der Verse *macht*.«

»Da sind wir ganz miteinander einverstanden, Lenz. Poesie ist Wahnsinn. Die Poesie ist die verrückt gewordene Prosa, und ein Poet gehört nach Siegburg[64], aber nicht an die Spitze der französischen Republik.«

»Dies mein ich nicht, Herr Preiss.«

»Wieso, Lenz?«

»Wenn die Poesie die verrückt gewordene Prosa ist, so kann man die Republik die verrückt gewordene Monarchie nennen; und steht ein Poet an der Spitze der Republik, so paßt das nur ganz herrlich; der eine Wahnsinn geht mit dem andern Hand in Hand.«

»Sie sind einsichtsvoller, als ich dachte, Lenz!«

»Wehe dem Lande, dessen Minister ein Poet ist!«

»Ein Mensch, der von Jugend auf nur für Rosen und Lilien, für grüne Wälder und goldne Saaten, für Lerchen und Nachtigallen und für ähnliche Lappalien schwärmte, der soll nun plötzlich eine Nation von fast sechsunddreißig Millionen essenden, trinkenden, tanzenden, räsonierenden und revolutionierenden französischen Menschenkindern im Zaume halten – hören Sie mal, Lenz, das kann nimmer gut gehn!«

»Nimmer, Herr Preiss; die Kurse müssen noch mehr fallen.«

»Das glaub ich auch, Lenz. Hole der Henker den französischen Poeten!«

»Erstens spricht er durch die Nase.«

»Und zweitens will er die Menschen glücklich machen.«

»Und drittens ist er ein Poet!«

»Er hat die drei gefährlichsten Mängel, welche ein Sterblicher haben kann.« –

Eine Windstille entstand in der Konversation. Der Buchhalter beschaute seine Handelskonti; der Herr Preiss fuhr im Lesen der Zeitung fort.

63 Gemeint ist Alphonse de Lamartine (1790–1869), Lyriker, Historiker, 1848 Außenminister.

64 Damals bekannte Irrenanstalt bei Köln.

»Außer den Poeten«, begann er endlich aufs neue, »sind indes auch die Astronomen[65] an die Reihe gekommen. Da haben wir so einen gelehrten Mann, der sein ganzes Leben lang hinauf in den Himmel geschaut hat und der nun auf einmal die Erde regieren soll.«

»Es ist lächerlich, aber traurig.«

»Allerdings, Lenz, man hätte diesen Menschen provisorisch unter die Sterne versetzen sollen – aber unter irdische Minister – Lenz, es kann gewiß nicht gut gehn! Am meisten ängstigt es mich indes, daß man sogar Literaten und Zeitungsschreiber[66] in das Gouvernement gebracht hat.«

»Was Sie sagen, Herr Preiss!«

»Ja, bei Gott, Lenz, Zeitungsschreiber sollen jetzt das Schicksal der Nationen entscheiden.«

»Es ist kaum glaublich.«

»Aber es ist eine entsetzliche, sehr herbe Wahrheit, Lenz, und ich muß gestehen, daß sich meine Haare sträuben, wenn ich an diese Gesellen denke.«

»Ein Zeitungsschreiber: Minister! Es ist fatal. Zeitungsschreiber gehören zu den gefährlichsten Mitgliedern der menschlichen Gesellschaft.«

»Da haben Sie wohl recht, Lenz. Ich kenne diese Leute mit ihren großen Schnurrbärten und mit ihrem gottvergessenen, frivolen Lachen!«

»Sie sehen entsetzlich aus!«

»Und doch sah ich sie manchmal gern.«

»Nun ja, wie man bisweilen in Menagerien gern einen Tiger oder einen Panther sieht.«

»Allerdings! Die Kerle haben etwas Eigentümliches an sich; auch bei uns sehen sie aus wie lustige Verbrecher – namentlich seit der Abschaffung der Zensur –«

»Ja, das war unser Unglück!«

»Tür und Tor ist jetzt ihrem Treiben geöffnet; alles verunglimpfen sie mit ihren Lästerzungen, und gern machten sie jede Woche wenigstens eine Revolution –«

»Bloß um eine Extrabeilage zu ihrer Zeitung machen zu können.«

»Sehr richtig, Lenz, und ich wollte, daß sie alle miteinander der Teufel holte; es ist eine verderbte Rasse.«

»Schade, daß sie manchmal gescheiter sind als andere Leute –«

»Frecher sind sie jedenfalls!«

»Niemanden können sie in Ruhe lassen –«

»Alles machen sie herunter.«

»Sie schreiben nicht für das Publikum –«

»Sie schreiben nur für sich selbst.«

»Man sollte eigentlich gar keine Zeitung mehr halten; bloß um diese Menschen zu ärgern –«

65 Gemeint ist Dominique François Arago (1786–1853), Physiker, Astronom, 1848 Kriegs- und Marineminister.

66 Gemeint sind Armand Marrast (1801–52), Publizist ("Le National"); Alexandre Auguste Ledru-Rollin (1808–74), Publizist ("Le Reform"), 1848 Innenminister; Jean Joseph Louis Blanc (1811–82), Journalist, Historiker, 1848 Arbeitsminister.

»Man muß sie wenigstens so schlecht wie möglich in ihrem Beginnen unterstützen –«

»Am Ende steht man sich noch besser unter der russischen Knute als unter dem Hohn eines Zeitungsschreibers.«

»Ja, wahrhaftig, Lenz, der Geist eines guten Bürgers spricht aus Ihnen.« – Abermals versank der Herr Preiss in seine Zeitung und der Buchhalter in seine Handelskonti.

»Zu den Poeten, den Astronomen und Zeitungsschreibern kommt indes noch eine vierte Menschenklasse, welche anfängt, beunruhigend zu werden«, sprach der Herr Preiss.

»Die Scharfrichter meinen Sie?« –

»Gott bewahre, Lenz. Die Advokaten –«[67]

»Ganz recht, die Advokaten.«

»Die Advokaten habe ich nie leiden können.«

»Sie sind hinterlistig und voller Ränke.«

»Sie hören die Flöhe husten, und sie sehen das Gras wachsen.«

»Sie führen Prozesse und machen uns den Prozeß.«

»Und ein ehrlicher Mann ist noch niemals sicher vor ihnen gewesen.«

»Und Ihren Abscheu vor diesen Leuten teile ich durchaus, Herr Preiss.«

»Ja, lieber Lenz, diese Advokaten haben nicht weniger angefangen, unser Jahrhundert zu dominieren; glattzüngigen Schlangen ähnlich winden sie sich aus ihren zerrütteten Vermögensverhältnissen empor zu dem Rand der Tribünen, wo sie so lange lästernd und verführend ihr entsetzliches Wesen treiben, bis sie aus dem Dunst einer Volksversammlung zu der Herrlichkeit eines einträglichen Staatsamtes eingehen können. So in Frankreich.«

»Und in Deutschland?«

»Lieber Lenz, man muß sich hüten, das Kind beim rechten Namen zu nennen. Oh, unsere Tage werden schlimm. Gleich blutigen Kometen stehen diese Poeten, diese Astronomen, diese Zeitungsschreiber und diese Advokaten unheilverkündend am Horizonte unseres bürgerlichen Himmels, doch was das schlimmste ist – Lenz –«

»Herr Preiss –«

»Was mich bis in die Seele hinein ärgert –«

»Herr Preiss –«

»Was meinen Zorn bis zu jauchzender Wut steigert –«

»Herr Preiss –«

»Das ist, daß gar ein ›Ouvrier‹[68] einen Platz in dieser provisorischen Rotte Korah hat.«[69]

»Heiliger Gott!« seufzte der Buchhalter.

»Beschütze uns vor der blutroten Fahne –«, setzte der Herr Preiss hinzu, und wiederum lag auf dem weiten Comptoire die schauerlichste Stille.

67 Gemeint ist neben anderen Adolphe Crémieux (1796–1880), 1848 Justizminister.
68 Frz., Arbeiter, gemeint ist der Arbeiter Albert=Alexandre Martin (1815–95).
69 Vgl. 4. Moses 16. Bedeutet hier "wüster Haufen".

XIV

DAS DASEIN DES HERRN PREISS GEWINNT EINE WELTHISTORISCHE BEDEUTUNG

Hastigen Schrittes betrat der Herr Preiss das Comptoir. Er trug eine weiße Halsbinde; die breiten, weißen Vatermörder reichten bis unter das Ohrläppchen. Hemdkrause, Weste und Frack standen ihm vortrefflich. Die Stiefel des Herrn Preiss waren außerordentlich blank.

»Der Herr Preiss geht gewiß auf eine Kindtaufe«, murmelte der Korrespondent.

»Zum allerwenigsten auf ein Leichenbegängnis«, erwiderte der Lehrling. Da hatte der geschäftige Handelsherr das Comptoir durchschritten. Ein bedeutungsvoller Wink jagte den Buchhalter Lenz von seiner Arbeit auf, und Herr und Diener standen bald im Nebenzimmer des Comptoirs, in dem Geheimkabinett des Geschäftes.

Ehe die Konversation begann, hatte der Buchhalter Gelegenheit, seinen Herrn noch einmal von Kopf bis zu Fuß zu beschauen. Der Herr Preiss war in sichtlicher Aufregung. Das Blut war ihm in die Wangen gestiegen, er zitterte. Vergebens suchte er den Sturm seiner Seele unter der feierlichsten Gelassenheit zu verbergen.

»Setzen Sie sich, Lenz«, sprach der Herr Preiss, »ich versichere Ihnen, wir leben in einer sonderbaren Zeit, die Ereignisse überpurzeln sich, die Weltgeschichte jagt mit vierundzwanzig Pferden.« –

»Mit vierundzwanzig Postpferden«, setzte der Buchhalter hinzu. Da saßen Herr und Diener einander gegenüber. Lenz nahm eine Prise. Der Herr Preiss stemmte die Fäuste in die Seite und legte den Kopf zwischen die Vatermörder.

»Hören Sie aufmerksam zu, Lenz!«

»Ich bin ganz zu Ihrem Wohlgefallen, Herr Preiss.«

»Ich habe ein höchst wichtiges Schreiben bekommen. Ein Schreiben, welches Epoche in meinem Leben macht. Denken Sie sich, Lenz –«

»Ich denke, Herr Preiss.« –

»Denken Sie sich, daß unser Projekt –«

»In Hopfen zu spekulieren –?«

»Halten Sie das Maul, Lenz! Verschonen Sie mich mit diesen trivialen Einwürfen; ich bin wahrhaftig in keiner Hopfenstimmung, die Zeiten sind zu gewitterschwanger, die Weltgeschichte rollt – denken Sie sich, Lenz –«

»Ich denke, Herr Preiss –«

»Denken Sie sich, daß unser Plan –«

»Eine Ölmühle zu bauen –?«

»Heiliger Schöpfer Himmels und der Erden, fallen Sie mir nicht ins Wort, Lenz. Es ist entsetzlich, Sie machen mich krank mit Ihren wohlgemeinten Bemerkungen. Wenn Sie die Wichtigkeit dieses Augenblicks nicht von vornherein einsehen können, so warten Sie wenigstens, bis ich fertig bin, bis Ihnen eine Laterne im Schädel aufgeht. – Denken Sie sich, Lenz –«

»Ich denke, Herr Preiss –«

»Denken Sie sich, daß unsere Absicht, Schrapnells zu fabrizieren, allerhöchsten Ortes die günstigste Aufnahme gefunden hat.«

»Was Sie sagen, Herr Preiss!«

»Der General Schwefel von Höllenstein, der Kommandant des tausendvierzigsten Armeekorps, ist entzückt darüber.«

»Der edle von Höllenstein!«

»Der General Schwerenot von Donnerwetter, Kommandant der berittenen Kamel-Artillerie, ist voll meines Lobes.«

»Der würdige von Donnerwetter!«

»Der Admiral Freiherr von der Brandrakete, der sich am meisten in betreff des Preises, der Qualität und der Lieferzeit unsrer Schrapnells beschäftigt zu haben scheint, hat indes dem Entzücken und dem Lobe auch die praktische Berücksichtigung unsrer Eingabe folgen lassen, indem er Sr. Heiterkeit bei dem letzten Reichsfrühstück einen sorgfältig ausgearbeiteten Vortrag darüber gehalten hat.«

»Gott segne den Herrn von der Brandrakete!«

»Ja, ich hatte mich nicht geirrt, die Schrapnellfabrikation mußte ziehen. Namentlich hat es Anklang gefunden, daß wir diese mörderischen Dinger ›Pillen gegen das souveräne Volk‹ nennen.«

»Und daß wir sie in Rosapapier verpacken?«

»Allerdings, Lenz!«

»Aber da werden wir wohl gleich eine gute Bestellung bekommen haben?«

Hier entstand eine Pause. Die Lippen des Herrn Preiss umspielte ein mitleidiges Lächeln.

»Aber haben Sie denn wirklich gar keine Ahnung von dem, was ich Ihnen eigentlich erzählen will?« Der Buchhalter wurde sehr aufmerksam.

»Können Sie nicht begreifen, daß es sich weniger um die Schrapnells selbst als um die loyale Bereitwilligkeit handelt, mit der ich den Staat unterstützen wollte?« Lenz öffnete den Mund vor Erstaunen.

»Oh, die Zeiten haben sich geändert! Wir stehen an der Schwelle einer schönen Zukunft.«

Der Buchhalter verlor fast den Verstand. Er war so sehr daran gewöhnt, seinen Herrn über die Not des Jahrhunderts klagen zu hören, daß ihm die plötzliche Verheißung einer schönen Zukunft wie das blauste Rätsel erscheinen mußte.

»Ja, das Morgenrot der Freiheit ist über uns aufgegangen. Das Vaterland erwacht aus seiner Erstarrung. Die Macht der Tyrannen ist gebrochen, und Männer des Volkes sind berufen, die Segnungen einer glorreichen Revolution zum Segen einer ganzen Nation zu machen.«

»Segnungen einer glorreichen Revolution?« fragte sich der Buchhalter. Es wurde ihm gelb und grün vor den Augen. Die Ansichten des Herrn Preiss schienen sich über Nacht bedeutend geändert zu haben.

»Zitternd auf ihren Thronen, schauen die Fürsten hinunter in die Reihen ihrer schlichtesten Bürger. Dort stehen die Männer, welche das Wrack des Staates retten, welche es mit kräftiger Faust durch den Schaum des Orkans zurück in den sicher schaukelnden Hafen geleiten können.« Dem Buchhalter Lenz brach der Angstschweiß aus; noch nie hatte ihn der würdige Herr mit so blumenreichen Redensarten überschüttet.

»Ist es daher ein Wunder, Lenz, daß man auch auf mich sein Auge geworfen?« – Der Buchhalter wollte eine Prise nehmen, aber die Glieder versagten ihm den Dienst.

»Ist es ein Wunder, daß man auch *mich* aus dem Dunkel des Geschäftslebens herausreißt, um meinen Fähigkeiten den Platz anzuweisen, der ihnen im Buche des Schicksals bestimmt war?«

»Sie sind ein großer Mann!« murmelte der Buchhalter. »Schon durch Ihre Ölspekulationen haben Sie sich weit und breit bekannt gemacht.«

Unangenehm berührte es den Herrn Preiss, in seinen feierlichsten Momenten immer wieder an Öl und dergleichen erinnert zu werden. Der Buchhalter schien dies aber gar nicht zu merken – »auch durch Ihre Unternehmungen in Korn machten Sie sich sehr verdient um die Gesellschaft« – wiederum war es Herrn Preiss, als schüttete jemand einen Eimer kaltes Wasser über seinen Kopf – »wüßten die Leute aber erst, was Sie in Quadratfüßen –« Hier verlor der Herr Preiss die Geduld –

»Genug, die Schrapnells haben den Ausschlag gegeben«, rief er; »aus sicherer Quelle weiß ich, daß man mich in der Residenz zur Bildung eines neuen Ministeriums erwartet.«

Der Buchhalter Lenz hätte vor Schrecken fast ein Kind gekriegt.

»Exzellenz!« stotterte er, seine Nase erblaßte.

Auf das ganz unbegründete Gerücht hin, daß der Herr Preiss Ministerpräsident werde, warfen ihm rohe Proletarier aber noch selbigen Abends die Fenster ein.

VIER FRAGMENTE[1]

I

DIE CHRONIK DES HAUSES PREISS

»Sintemalen«, heißt es in der Familienchronik des Hauses Preiss, »sintemalen es Geschlechtern, die da nachfolgen werden, zu sonderlichem Nutz und Frommen gereichen muß, Wissenschaft zu erlangen von guten und großen Menschen, die vordem gelebet, so sehen Wir, Peter Paul Preiss, geboren um Johanni im Jahre des Herrn 1690, uns veranlaßt, zusammenzufassen in einer kurzen, aber getreuen Darstellung: sämbtliche Nachrichten und Aufschlüsse, so uns durch Gott's, des Allmächtigen Wille und des Zufalls Spiel überkommen sind von der Geschichte und Handlung unsrer Vorfahren, derer Preiss aus dem Binger Loch.

1 Fragment I bricht im Satz unvermittelt ab und endet in der Handschrift mitten auf einer Seite; der Text ist wohl von Weerth nie abgeschlossen worden. – Die Fragmente II und III brechen ebenfalls mitten im Satz ab, doch hört der Text in der Handschrift jeweils am Ende einer Seite auf; eine Fortsetzung ist wahrscheinlich verlorengegangen. – Gleichfalls nicht abgeschlossen wurde offenbar Fragment IV, weil es wie Fragment I in der Handschrift mitten auf einer Seite endet.

Dunkel wie die Vorzeit aller großen Völker des Altertumbs, ist auch dunkel und verworren die Historie aller großen altertümblichen Familien, und wenn es erlaubt ist, jenen ›bescheidenen Zweifel‹ anzulegen, der, wie geschrieben steht: ›des Weisen Leuchtturm ist und die Sonde der Wahrheit‹, so möchten wir weder ohne weiteres schwören auf die Mythologie der Griechen und auf die Geschichte der ersten Tage Roms, noch hartnäckig bestreiten, daß hie und da die Fabel mitgespielt haben mag in der Entstehungshistorie derer Preiss aus dem Binger Loch.

Sei dem, wie ihm wolle, nach tausend Zweifeln müssen wir dennoch festhalten an der Möglichkeit des Überlieferten; und wie wir als wahr annehmen, daß es des Meeres grause Überschwemmungen waren, welche die Cimbern und Teutonen zwangen, ihre alten Wohnsitze hoch im Norden zu verlassen und gen Süden zu ziehn, und daß es der Druck einer zunehmenden Bevölkerung, der Wunsch nach bessern Landflächen und die Lust an Krieg und Wanderung war, welche die Goten veranlaßte, hervorzubrechen aus dem fernen Osten und zu überschwemmen Gallien, Italien und Hispanien: so wollen wir auch nicht die Vermutung verwerfen, daß es, ähnlich den Wanderungsgründen jener Völker: die Überschwemmungen des Rheinstroms, die zu eng gewordenen Wohnstätten des Binger Lochs und die Wünsche nach ausgedehnterem Handel und Wandel waren, welche die Väter des Hauses Preiss bewogen, zu Zeiten Caroli Magni ihre seit den Tagen des Augustus und Tiberius innegehabten vier Pfähle aufzugeben, um mit der Weiterverbreitung des Christentums nordöstlich zu ziehn und in den von dem großen Karl und seinen Nachfolgern durch kaiserliche Landgüter, Stifte und Klöster kultivierten Gegenden Sachsens Handel zu treiben nach den benachbarten slavischen Provinzen der Ostsee und so schon gegen das 10. Jahrhundert einen Verkehr zu gründen, der sich bald immer lebendiger nach Dänemark ausdehnte, nach Skandinavien und den nördlichen Gestaden Rußlands.

Wunderbar! Aus der Wiege teutschen Lebens, aus den Gauen des Rheins, aus dem Binger Loch hervorgegangen, knüpfen die Väter des Hauses Preiss ihre Zukunft an das Glück der christlichen Waffen, das Unsichere dem Sichern vorziehend, die Chancen des Zufalls dem ruhigen Genießen, die Sorge großer Unternehmungen dem Wohlgefallen an mäßiger Existenz – echte Kaufleute! Über sich das siegende Kreuz, um sich die geharnischten Streiter des Glaubens, mildern und heilen sie die Verwüstungen des Krieges durch Herstellung eines Verkehrs, welcher den Austausch der Produkte zivilisierter und barbarischer Völker vermittelt und durch materielles Interesse das große Werk der Bekehrung befestigt – echte Kaufleute!

Nicht den Heiligenschein eifernder Bischöfe, nicht die Todesseligkeit kämpfender Ritter, nicht den unsterblichen Ruhm weltbeherrschender Fürsten beanspruchen sie für ihre Mühe, nein, sie sind zufrieden mit dem Nutzen ihres Handels, mit dem Profit ehrlicher Leute – echte Kaufleute!

Jene unternehmenden Negozianten[2], die gegen Norden zogen, bildeten indes nur einen Teil der Familie Preiss, indem andre Mitglieder dieses

2 Kaufleute.

wahrhaft großen Hauses den Rhein hinaufzogen und, gen Sonnenaufgang vordringend, niederländische, rheinische und österreichische Produkte, als da sind Waffen, Metallwaren, Leinen- und wollene Zeuge und künstliche Holzarbeiten: gegen griechische und indische Waren eintauschten in Konstantinopel, der Hauptstadt des griechischen Kaiserreiches. Als dieser Handel im 13. Jahrhundert infolge der Kreuzzüge mehr in die Hände der Italiener kommt, setzen sie sich in den oberdeutschen Städten, namentlich in Augsburg, Regensburg und Nürnberg fest und stellen über die Alpen eine regelmäßige Verbindung her mit den lombardischen und andern Städten Italiens.

Obgleich nach dem 196. Kapitel des Schwabenspiegels[3]: ›Allzeit sollen Fried haben Priester und all geistlich Leut, Maynt und Wittieben und all Waisen, *Kaufleut* und *Juden*.

II

DER STADTRAT

Der Stadtrat Klüngel ist ein Vierundvierziger; also ein Mann in den besten Jahren. Er steht gerade in dem Alter, wo er schon viel Böses getan haben und wo er noch viel Gutes unterlassen kann. Schon seit längerer Zeit mit einem guten Embonpoint[4] und mit einem noch hübscheren Vermögen aus dem eigentlichen Handel ausgeschieden, lebt er seinem bessern Selbst, d.h. seinen Renten, indem er nur bisweilen, mehr aus Langerweile als aus Bedürfnis, einen guten Freund im Pferdehandel betrügt, einem armen Bekannten gegen 25 Prozent Zinsen aus einer kleinen Verlegenheit hilft oder ein stilles Geschäftchen in Aktien macht, von dem wenig an die große Glocke, aber viel in die Tasche des Herrn Stadtrat kommt.

Der Umstand, daß der Herr Klüngel Stadtrat ist, beweist zur Genüge, daß Herr Klüngel ein höchst achtungswerter Mann ist. Ja, es ist kein Zweifel, daß der Herr Klüngel einst den alten Bürgermeister ersetzen wird, den guten, ehrlichen Mann, dessen rechte Hand er schon jetzt ist. Denn der Herr Klüngel weiß alles, kann alles und tut alles. Vor allem kennt er seine Feinde und seinen Vorteil. Hat er dies nicht auf eine eklatante Weise vor seiner Stadtratswahl bewiesen? »Der Herr Klüngel wird nimmer Stadtrat!« raunte man sich einander in die Ohren, als der große Tag der Wahl heranrückte. »Er hat gar zu viele Feinde!« Herr Klüngel lächelte. Und sieh, als die Urne sich mit Zetteln füllte, verschwunden waren die bösen Geister, die einen eingeschüchtert, die andern durch süße Schmeicheleien beruhigt und die übrigen abgefunden mit blanken Talern, und der frisch gebackene Herr Stadtrat thronte so sicher auf dem roten Sammetsessel des Rathauses, als ob er ihn eingenommen seit der Gründung der Stadt.

3 Süddeutsches Rechtsbuch des 13. Jahrhunderts.
4 Körperfülle.

So ging es mit den Feinden des Herrn Klüngel – aber sein Vorteil? Wie steht es mit seinem Vorteil? Was kann ein Mensch dabei profitieren, wenn er Stadtrat ist? Viele Schreiberei, die nicht bezahlt wird; tagelange Lauferei, für die ihm niemand einen Pfennig vergütet; stundenlange Debatten auf dem Rathause, die nicht einmal den Lohn der Veröffentlichung bieten; tausenderlei Mühe und Arbeit bei Besichtigungen, bei Arrangements zu Festlichkeiten, bei dem Empfang hoher Gäste, bei Reisen nach der Residenz usw. Alles dies sind doch gewiß keine Vorteile, und allem unterzieht sich doch Herr Klüngel mit einer wahrhaft staunenswerten Gefälligkeit, mit einer wirklich unverwüstlichen Ausdauer. Die einen sagen: er tut es aus Langerweile; die andern: aus Ambition; die dritten: weil er ein Narr ist; die vierten – sagen nichts, denn der Herr Stadtrat ist ein – achtungswerter Mann.

Unter der Zahl der letzteren befindet sich auch unser Freund, der Herr Preiss. Angetan in schwarzem Frack, in weißer Wäsche, den glattgebürsteten Hut vorn auf der Stirn, und die Hände – um mit einem Irländer zu sprechen – von gelbem Leder überspannt, sehen wir ihn morgens zwischen zehn und elf Uhr in das Hotel des Stadtrats treten, der natürlich bereit ist, seinen Freund sofort zu empfangen und mit jenem bland smile willkommen heißt, welches wohlbehäbigen Leuten eigentümlich ist.

»Ich sehe, mein bester Herr Stadtrat, daß Sie wieder ganz in Ihren Berufsgeschäften vertieft sind. Welch ein uneigennütziger Mann! Bei Gott, unsre gute Stadt kann sich gratulieren, daß Sie ihr Vertreter sind!«

»Keine Komplimente, liebster Herr Preiss! *Einer* muß die Arbeit tun, und *ich* tue sie gern, da mir die Anerkennung meiner Mitbürger die beste, die höchste Belohnung ist.«

»Nun, das Schicksal hat Sie aber auch günstig genug gestellt. Ein reicher Mann wie Sie, Herr Klüngel, kann schon ein übriges tun. Da sehen Sie mich an! Bin ich nicht ein armer Schlucker, daß ich mich noch immer um mein tägliches Brot plagen muß? Ja, so ist es! Man kommt nicht vorwärts; die Zeiten werden immer schlechter für einen Geschäftsmann; ich versichere Ihnen auf Ehre, daß im Warenhandel kein Pfennig mehr verdient wird.«

»Da wagen Sie mal eine andre Unternehmung!«

»Das ist, was ich vorhabe, und der Zweck meines Besuches ist grade, Sie deswegen zu konsultieren, denn auf Ihre Ansichten und auf Ihren guten Rat lege ich das größte Gewicht.«

»Sie sind sehr artig. Ich stehe ganz zu Ihren Diensten. Ganz der Ihrige.«

»Sehn Sie mal, bester Herr Stadtrat, ich bin vielleicht gerade kein Lumpazius; d. h., ich habe vielleicht so viel Vermögen, daß ich anständig davon leben kann; vielleicht auch etwas mehr – das ist einerlei! Genug, ich bin zuweilen in dem Falle, daß ich an überflüssigen Geldern leide, daß ich hier und da ein Kapital besitze, welches mir nur die erbärmlichsten Zinsen einbringt und das ich gern anderweitig mit besserm Nutzen verwenden möchte. Da bin ich denn auf die närrische Idee geraten, Land anzukaufen –«

»Eine vortreffliche Idee! Es ist das Beste, was Sie tun können.«

»Davon bin ich eben noch nicht ganz überzeugt. Es würde mir freilich Vergnügen machen, nach des Tages Last und Hitze auf irgendeinem kleinen romantischen Landgute unter wehenden Bäumen und duftenden Blumen ausruhen zu können, auf der andern Seite ärgert es mich aber wieder, wenn ich bedenke, daß ich mir schon in meinen besten Jahren einen Klotz Land ans Bein binden soll, an dem ich dann vielleicht mein ganzes Leben lang zu schleppen habe. Ein kulanter Kaufmann, der sein Geld in den unbeweglichen Boden steckt, gleicht in der Tat einem flotten Junggesellen, der im einundzwanzigsten Jahre ein altes Weib heiratet.«

»Wenn das alte Weib eine halbe Million mitbringt, so wird sich der Junggesell immerhin trösten können, und wenn Sie bei Ihrem Ländereikauf ein gutes Geschäft machen, so werden Sie gewiß keine Reue darüber empfinden.«

»Aber ich glaube nicht mehr an gute Geschäfte. Die Welt hat sich zu sehr verschlechtert. Namentlich zweifle ich daran, daß der jetzige Wert des Grundeigentums auch in Zukunft noch derselbe bleiben wird. Ein la nger Frieden hat die Preise unnatürlich gesteigert. Der erste allgemeine Konflikt, der erste Krieg wird unfehlbar ein Sinken derselben zur Folge haben.«

»Verzeihen Sie, ein Krieg würde den Wert des Landes nur steigern, denn alle Kapitalisten würden sich beeilen, ihre Fonds in dem sichersten Besitze, in dem Landbesitz anzulegen. Land würde der gesuchteste Artikel sein.«

»Möglich, möglich! Vor allen Dingen glaube ich, daß die Renten nicht mehr dieselben bleiben werden. Denn das Ausland wird infolge der verbesserten Kommunikationsmittel in kurzer Zeit so stark mit seinen billiger produzierten Artikeln in den Markt treten, daß unsre Bauern der Konkurrenz erliegen müssen.«

»Sie vergessen, daß der steigenden Zufuhr durch eine steigende Population begegnet wird.«

»Nun, das ist alles recht schön und gut; vertiefen wir uns nicht zu sehr in diese ökonomische Unterredung; die Hauptsache ist, daß ich trotz alledem eine Idee für das Ländereigeschäft habe –«

»Und daß ich Ihnen vielleicht zu einem sehr billigen Kauf verhelfen kann.«

›Da haben wir's!‹ dachte Freund Preiss. ›Mit Speck fängt man Mäuse.‹ Er gab sich Mühe, ein möglichst gutmütiges Gesicht zu schneiden. Der Stadtrat fuhr fort, möglichst unbefangen zu lächeln.

»Ich zweifle nicht daran, Herr Klüngel, daß Sie mir etwas Vorteilhaftes von Ihren eignen Ländereien anzubieten haben. Aber ich habe mein Auge bereits auf einen Gegenstand geworfen, der mir der Spekulation würdig schien. Seit Sie sich so vertrauensvoll über die Dinge im allgemeinen aussprechen, fühle ich mich nur um so mehr in meiner Neigung befestigt und bedauere es nicht, daß ich schon die umfangreichsten Arrangements getroffen habe, um das betreffende Gut selbst zu dem höchsten Preise an mich zu bringen.«

Hier wurde der Stadtrat sehr aufmerksam und milderte das unbefangene Lächeln allmählich zu einem schlau spürenden Ernste.

»In Betracht meiner hinlänglichen Mittel«, fuhr Herr Preiss fort, »und getrieben von dem Wunsche, meinen Kindern ein solides Erbe zu hinterlassen, habe ich nämlich den Entschluß gefaßt, zu jedem Preise, gehe es, wie es wolle, die in diesen Tagen zur öffentlichen Versteigerung kommende, aus

Garten-, Feld- und Wiesenland zusammengesetzte und als eine der prächtigsten Besitzungen weit umher bekannte Altenburgische Herrschaft –«

Hier hörte der Stadtrat gänzlich auf zu lächeln.

»Ja, die Altenburgische Herrschaft anzukaufen.«

Vater Preiss stockte und veränderte die bisher so unendlich gutmütigen Gesichtszüge in den Ausdruck der größten Energie und Entschiedenheit. Der Stadtrat zuckte die Achseln.

»Sie überraschen mich. Ich wußte nicht, daß Ihre Absichten so weit gingen. Wenn ich Ihnen eben riet, Ländereien zu kaufen, so dachte ich nur an mäßige Besitzungen – die Altenburgische Herrschaft ist sehr groß! Ich muß gestehen, daß mir ein *solcher* Kauf etwas zu riskant wäre.«

»Aber Sie hielten ja meine Idee an und für sich für eine vortreffliche!«

»Allerdings! Aber alles hat seine Grenzen.«

»Auch die Vortrefflichkeit?«

»Nicht die Vortrefflichkeit; aber die Ausführbarkeit des Vortrefflichen.«

»Meine Mittel sind unbegrenzt. Und Sie geben ja zu, daß ich meine Fonds nicht sichrer plazieren kann, als wenn ich sie in den sichern Grund und Boden stecke?«

»Sehr richtig; aber es können Verhältnisse eintreten, wo ein aktiver Kaufmann bereuen muß, ein zu großes Kapital seinem regulären Geschäfte entzogen zu haben.«

»Aber Sie meinten ja, daß man selbst mit einundzwanzig Jahren ein altes Weib heiraten könne, wenn man ein Geschäft dabei mache?«

»Ohne Zweifel; aber die Zukunft ist verschleiert.«

»Sie meinten vorhin, daß sie im höchsten Grade klar sei und daß trotz Krieg und Konkurrenz der Landbesitzer stets auf einen grünen Zweig kommen werde?«

»Schon recht; aber ich wage die Chancen der Zukunft lieber mit einem mäßigen Kapitale als mit einem sehr großen –«

Statt

III

(SEITE AUS EINEM VERLORENGEGANGENEN KAPITEL)

»Ich habe Ihnen immer gesagt, Lenz, wenn das Glück einmal kommt, so kommt es im Galopp, mit vierundzwanzig Postpferden, mit Dampf, hastenich-gesehn! Oh, es ist fabelhaft. Wir verdienen Geld wie Heu; man legt sich abends ins Bett und steht morgens um ein paar tausend Taler reicher wieder auf. Es ist gar kein Verdienst mehr, Geld zu verdienen. Die Sache ist zu leicht; kein Witz dabei, kein Jokus –«

»Hokus Pokus«, erwiderte Lenz und erwachte aus seiner Arbeit, indem er fast zu gleicher Zeit eine Fliege fing, eine Prise nahm, dreimal hustete und sich schließlich steif wie ein bebrillter Meilenzeiger vor seinen Herrn stellte.

»Hokus Pokus sagen Sie? Sind Sie verrückt geworden? Wollen Sie schlechte Witze reißen?«

»Um Vergebung; ich hatte nicht recht gehört, was Sie sagten; es war bloß des Reimes wegen; nicht wahr, Sie meinten, daß wir viel Geld verloren hätten?«

»Verloren?«

»Allerdings! Sie haben mir noch nie gesagt, daß wir etwas gewannen.«

»Gut, daß Sie mich daran erinnern. Man soll das Glück nicht besprechen. Sie haben recht, Lenz. Aber leidliche Geschäfte machen wir nichtsdestoweniger. Unsre Eisenbahnaktien sind 15 Prozent gestiegen; unsre Bauplätze kann ich mit 10000 Talern Avance losschlagen; um meine Bergwerksanteile reißt sich die ganze Börse. Und geträumt habe ich –«

»Ei, was Sie sagen!«

»Ja, geträumt habe ich, Lenz

IV

SASSAFRASS ÜBER DEN HANDEL

Die Gemütsruhe des alten Sassafraß befestigte sich in der Tat so sehr, daß er nach einigen Wochen von der Erlaubnis des Herrn Preiss, das Comptoir bisweilen besuchen zu dürfen, Gebrauch machte und eines Tages nicht in zorniger Zerstreutheit, sondern im Besitz seiner vollen fünf Sinne den alten Schauplatz seiner Leiden und Freuden wieder aufsuchte. Glücklicherweise war der gestrenge Prinzipal nicht gegenwärtig, so daß der Alte sich ohne alle Umstände niedersetzen und mit Lenz, mit dem Korrespondenten und dem Lehrling abwechselnd aufs traulichste reden konnte. Diese Konversationen wurden allgemein, als zur bestimmten Stunde der Tee erschien, jenes duftige Getränk, das Herr Preiss, wie wir schon früher erwähnten, seinen Leuten regelmäßig zu spenden pflegte, wenn der Tag sich dem Abend entgegenneigte. Es verstand sich von selbst, daß Lenz seinen alten Kollegen sofort einlud, an der Rekreation teilzunehmen. Er wußte nur zu gut, wie sehr Sassafraß auf das dampfende Labsal erpicht war. Hatte der Alte doch seit mehr als zwanzig Jahren bei dieser kleinen Teegesellschaft präsidiert. Wie gesagt, es verstand sich von selbst, daß Sassafraß seinen frühern Sitz erhielt und daß man sofort eine Tasse holte und sie mit Zucker bis an den Rand füllte.

Nicht ohne langes Zureden gelang es indes, den Alten zur Annahme dieser Freundlichkeit zu bewegen, denn es widerstrebte seinem strengen Rechtsgefühle, eine Tasse Tee zu trinken, wenn er nicht volle zwölf Stunden dafür gearbeitet hatte. Als Sassafraß aber die blaugeblümte Tasse sah und die Masse Zucker und als nun der Kessel musizierte und endlich der Duft des göttlichen Tees in seine Nase stieg, da konnte er nicht widerstehen, er setzte sich und schüttete den größern Teil des Zuckers auf den Tisch, indem er den Rest in erhobener Tasse dem köstlichen Gusse darbot.

Der Umstand, daß man den Zucker in die verschiedenen Tassen verteilte, beruhte auf einem alten Herkommen, zu dem Sassafraß selbst Veranlassung gegeben hatte. Er liebte nämlich den Zucker über alles, scheute sich aber, mehr davon zu nehmen als seine Kollegen, da er es für eine Sünde angesehen haben würde, irgend jemand in diesem Punkte zu übervorteilen. Auf der andern Seite konnte er es mit seinem Zartgefühl nicht in Einklang bringen, die Zuckerdose zu seinen Gunsten zu leeren, wenn alle fertig waren, denn auf diese Weise fürchtete er eine Unredlichkeit an dem großmütigen Prinzipal zu begehen, der den Zucker à discrétion zum besten gab. Um daher die Scylla wie die Charybdis zu vermeiden, verteilte Sassafraß den Zucker zu gleichen Teilen an alle Mitglieder der Gesellschaft und ließ sich von diesen die Reste ihres Anteils *schenken*! Das war die einzige Manier, wie er nach scharfer Überlegung die Versuchungen des Bösen zu umgehen wußte; sein strenges Rechtsgefühl war befriedigt, und stundenlang aß er noch an seinen Zuckergeschenken, wenn das Teegeschirr längst wieder verschwunden.

Daß man ihm heute von vornherein den Löwenanteil des Zuckers überwies, war für den Alten keine kleine Genugtuung. Außer den sechs Stücken, die er in seinen Tee warf, konnte er sechs andre Stücke verspeisen und gewiß ebenso viele in der Tasche davontragen, um abends das Glas Grog damit zu versüßen in den »Drei goldenen Reichskronen«.

Sein Antlitz strahlte vor Zufriedenheit und Frohsinn.

»Nicht wahr, Sie führen ein himmlisches Leben?« meinte der Korrespondent.

»Ein Leben, wie der Olympier es führt«, erwiderte Sassafraß.

»Ja, der Herr Preiss hat recht gehabt, daß er Ihnen nicht mehr erlaubte, sich den ganzen Tag zu plagen.«

»Schweigen wir davon still. Plagen werde ich mich nach wie vor. Arbeiten muß ich; ich kann nicht anders. Ich arbeite den ganzen Tag.«

»Sie arbeiten?«

»Allerdings! Seit ich den Handel nicht mehr praktisch treiben kann, treibe ich ihn theoretisch. Ich beschäftige mich mit Nationalökonomie, mit Statistik, mit der Geschichte des Handels; ich habe sogar angefangen, meine eignen Ideen darüber zu Papier zu bringen!«

»Was Sie sagen! Wie machen Sie das? Erzählen Sie uns!«

»Ja, das ist schwer zu sagen! Womit soll ich anfangen?«

»Wo Sie wollen. Fangen Sie vorn an. Wann wurde zuerst Handel getrieben, welche Menschen waren die ersten Kaufleute?«

Da leerte Sassafraß seine erste Tasse Tee, räusperte sich und begann:

»Der Handel ist so alt wie die Welt. Die ersten Menschen waren die ersten Kaufleute.

Jost Hermand

Zur Literatur des Vormärz

Wer über den Partei'n sich wähnt mit stolzen Mienen,
Der steht zumeist vielmehr beträchtlich unter ihnen.
(Gottfried Keller)[1]

Wie so vielen liberalen oder gar revolutionären Bewegungen hat man dem sogenannten 'Vormärz' in Deutschland nur selten die nötige Aufmerksamkeit geschenkt.[2] Die Achtundvierziger galten in diesem Lande lange Zeit als eine Rotte hochverräterischer Radikaler, deren Hauptanliegen darin bestanden habe, den artfremden Gedanken einer Volksdemokratie in das 'unpolitische' (sprich reaktionäre) heilige römische Reich Metternichscher Observanz einzuschleppen. Doch solche Reaktionen sind nicht weiter verwunderlich. Schließlich verstieß diese Richtung mit ihren national-liberalen, radikal-demokratischen oder sozialistischen Idealen gegen alle Grundfesten einer bis 1848 als spezifisch 'deutsch' empfundenen Gesittung: gegen das Gefühl der sklavischen Treue, der bewährten Beständigkeit, der schlechthinnigen Abhängigkeit von Gott, der angestammten Verbundenheit mit dem jeweiligen Herrscherhaus, der mittelständischen Respektabilität und Familienpusselei – kurz gegen jene fatale 'Biedermeierlichkeit', in der sich die deutsche Rückständigkeit gegenüber avancierteren Gesellschaftsordnungen wie denen der Engländer oder Franzosen manifestiert. Wo hatte man bis dahin in Deutschland von sozialistischen, ja kommunistischen Gedanken gehört? Stand damit nicht das Gespenst der 'Pöbelherrschaft' vor der Tür? Mußte das den deutschen Michel, zu dessen Lieblingsrequisiten das Kanapee und der Blümchenkaffee gehörten, nicht bis zur Weißglut reizen?

Die deutschen Historiker und Literaturwissenschaftler der zweiten Jahrhunderthälfte taten daher alles, um das Andenken an den Vormärz und die Achtundvierziger Revolution wieder aus dem öffentlichen Bewußtsein zu verdrängen. Wenn man überhaupt noch auf diese "Flegeljahre des deutschen Liberalismus" zu sprechen kam, dann nur, um auf das Unausgegorene, ja Infantile dieser Bewegung hinzuweisen. Vor allem nach 1871, als der Eiserne Kanzler am Ruder war, schwor man bloß noch auf den Gedanken der nationalen Einigkeit. Und so geriet die Revolution von 1848 im bürgerlichen Selbstverständnis immer stärker in die Ahnenreihe: Befreiungskriege, Burschenschaftler, Zollverein, Norddeutscher Bund, kleindeutsche Lösung, Königgrätz, preußische Prärogative und schließlich Versailles, als habe die gesamte deutsche Geschichte des 19. Jahrhunderts nur einen Zweck gehabt, nämlich das von Bismarck dominierte Kaiserreich von 1871 zu ermöglichen. Falls man in der Folgezeit überhaupt noch vom Vormärz sprach, dann nur, um auf das

1 Gottfried Keller, Parteileben. In: Sämtliche Werke. Bern: Benteli 1937, Bd. 2, S. 30.
2 Vgl. meinen Forschungsbericht "Allgemeine Epochenprobleme". In: Zur Literatur der Restaurationsepoche. 1815–1848. Hrsg. von Jost Hermand und Manfred Windfuhr. Stuttgart: Metzlersche Verlagsbuchhandlung 1970, S. 27 ff.

mächtige Anschwellen nationaler Gefühle zwischen 1840 und 1848 hinzuweisen. Vom halbwegs 'liberalen' Zwischenspiel der Weimarer Republik einmal abgesehen, hat man an dieser Perspektive bis zum Ende des 'Dritten Reiches' festgehalten. Ja, gerade die Nazis haben am Vormärz – fast noch stärker als die Historiker der Wilhelminischen Ära – lediglich den nationalistischen Aspekt hervorgehoben. Eine Änderung in dieser Hinsicht trat erst nach 1945 ein, als man in der DDR und dann auch in der BRD neben den nationalen auch die liberalen, radikal-demokratischen, sozialistischen und kommunistischen Tendenzen der Achtundvierziger ins Auge zu fassen begann, ja sogar anfing, sich für einen total verschollenen Autor wie Georg Weerth, den Engels als den "ersten und bedeutendsten Dichter des deutschen Proletariats" bezeichnet hatte, zu interessieren. Während bis dahin die konservativen Biedermeier und die ebenso konservativen Nationalliberalen im Vordergrund der Literaturgeschichtsschreibung gestanden hatten, waren es plötzlich die sozialengagierten Dichter, auf die sich das Hauptaugenmerk der progressiven Germanistik richtete.

Und zwar stritt man sich dabei von Anfang an, wie weit man den Radius des Vormärz eigentlich ziehen solle. Die DDR-Forschung und neuerdings auch einige BRD-Germanisten neigen dazu, den gesamten Zeitraum von 1830, das heißt, von der Pariser Julirevolution, bis zum Jahr 1848 als 'Vormärz' zu bezeichnen und damit die Rolle der Jungdeutschen der dreißiger Jahre weitgehend zu bagatellisieren.[3] Andere, nicht minder engagierte Literaturwissenschaftler heben dagegen die Vormärzler deutlich von den voraufgegangenen Jungdeutschen ab, indem sie auf die einschneidende Rolle des Jahres 1840 hinweisen. Zugegeben: Die Jungdeutschen und die Vormärzler sind Teil eines sich allmählich radikalisierenden bürgerlichen Bewußtseins, aber doch mit ganz anderer Gesinnung und literarischer Ausdrucksweise. Daß man sich dabei immer wieder auf das Jahr 1840 beruft, hat schon seine Gründe. Erstens wegen der durch die 'Rheinkrise' ausgelösten nationalen Begeisterungswelle. Zweitens wegen der liberalen Hoffnungen, die mit der Thronbesteigung Friedrich Wilhelms IV. von Preußen verknüpft waren. Drittens wegen des sensationellen Auftretens der Jung- oder Linkshegelianer um 1840, deren Radikalismus die jungdeutschen Bestrebungen der dreißiger Jahre plötzlich als rein belletristisch, ja geradezu unverbindlich erscheinen ließ.[4] Die einzigen Jungdeutschen, die diesen Kurswechsel mitmachten, waren Heine und Glaßbrenner. Die anderen (Gutzkow, Laube, Kühne, Mundt, Scherr, Wienbarg, Ungern-Sternberg) spielten

3 Vgl. "Aspekte der Vormärzrezeption". In: Der literarische Vormärz. 1830 bis 1848. Hrsg. von Wolfgang W. Behrens, Gerhard Bott, Hans-Wolf Jäger, Ulrich Schmid, Johannes Weber und Peter Werbick. München: List 1973, S. 161 ff.

4 Über den grundsätzlichen Unterschied zwischen dem Jungen Deutschland und dem Vormärz vgl. die Nachworte meiner Anthologien: Das Junge Deutschland. Texte und Dokumente. Stuttgart: Reclam 1966 (= RUB 8703–07) und Der deutsche Vormärz. Texte und Dokumente. Stuttgart: Reclam 1967 (= RUB 8794–98).

dagegen in den folgenden Auseinandersetzungen nur noch eine marginale Rolle – oder schwenkten schamlos ins konservative Lager über.

In den Schriften der jungen Vormärzler (Beck, Becker, Dingelstedt, Freiligrath, Gottschall, Herwegh, Hoffmann von Fallersleben, Keller, Pfau, Prutz, Rollet, Ruge, Sallet, Seeger, Weerth) herrscht dagegen eine ganz andere Schärfe als in den liberalen Äußerungen der dreißiger Jahre. Während man dort – bei aller Progressivität – ein mehr oder minder amüsantes Versteckspiel mit der Zensur gespielt hatte, stößt man jetzt zu wesentlich eindeutigeren Positionen vor. In den Augen der Vormärzler sinken deshalb die Jungdeutschen schnell zu einer skandallüsternen Koterie subjektivistischer Schöngeister herab, die sich in ihrem illusionären Liberalismus nie über den ideologischen Dunstkreis des Indifferentismus, Egoismus und Ästhetizismus erhoben hätten. Statt ins Politische vorzustoßen, sei es ihnen lediglich um einen extravaganten, raffinierten 'Stil' zu tun gewesen. Den Jungdeutschen wird daher alles angelastet, was man unverbindlichen Liberalen nur vorwerfen kann: Prinzipienlosigkeit, Ideenmischmasch, Arroganz, Weltschmerz, Libertinismus, moralische Verkommenheit – das heißt ein bürgerlich-parasitärer Subjektivismus, der in der eigenen Nasenspitze den einzigen Gradmesser des ideologischen Fortschritts erblickt. Wohl am einschneidendsten drückte sich Friedrich Engels in dieser Hinsicht aus, der 1842 kategorisch erklärte: "Das junge Deutschland ist vorübergegangen, die junghegelsche Schule ist gekommen, Strauß, Feuerbach, die 'Jahrbücher' haben die allgemeine Aufmerksamkeit auf sich gelenkt, der Kampf der Prinzipien ist in der schönsten Blüte, es handelt sich um Leben und Tod."[5]

Auf den geistreichen Causeur der jungdeutschen Ära folgt daher im Vormärz als neues Leitbild der revolutionäre Bekenner, der vom Geist der Geschichte gerechtfertigte Tendenzpoet. Nicht ihr eigenes 'Ich' ist den jungen Vormärzlern das Entscheidende, sondern die Politik, der Staat, die übergeordnete Idee. Statt sich nur frei auszuleben, was den Jungdeutschen und Saint-Simonisten als oberstes Gebot gegolten hatte, hält man jetzt eine echte Selbstverwirklichung des einzelnen nur noch im Rahmen eines größeren Ganzen, eines gerechten Staates für möglich – vollzieht also den logischen Schritt von Hegels "Phänomenologie" zu dessen "Rechtsphilosophie". An die Stelle des "Laissez aller" der Frühliberalisten tritt somit die Parole "Freiheit durch Gleichheit", die sowohl von den Radikaldemokraten als auch den Sozialisten aufgegriffen wurde.

Die poetischen Produkte der meisten Vormärzler sind deshalb weitgehend Glaubensbekenntnisse, Manifeste, Programme, Satiren, Pamphlete oder Aufrufe, die auf einem klar herausgearbeiteten Standpunkt beruhen. Im Gegensatz zu den Jungdeutschen, denen es manchmal mehr um die ästhetische Pointe als um den ideellen Zu-

5 Friedrich Engels: Alexander Jung. Vorlesungen über die moderne Literatur der Deutschen. In: Deutsche Jahrbücher (1842), S. 641.

sammenhang gegangen war, sehen sie ihre Hauptaufgabe darin, in allen Fragen der Öffentlichkeit stets konsequent 'Partei zu ergreifen'. Und zwar verstehen sie darunter eine Förderung jener Tendenzen, in denen sich die Interessen der breiten Masse der Bevölkerung manifestieren. Die meisten Vormärzler verzichten daher ganz bewußt auf eine 'persönliche Note' und schreiben so eingängig, so schlagwortartig wie nur möglich. Sie wollen nicht stilistisch brillieren, das heißt, lediglich die Gebildeten ansprechen, sondern in erster Linie unmittelbar ins Leben eingreifen.

Wohl den wichtigsten Anstoß zu diesem neuen Standpunktbewußtsein gab Herwegh mit seinem Gedicht "Die Partei" (1841), das sich in aller Schärfe gegen die kurz zuvor von Freiligrath verkündete Maxime wendet: "Der Dichter steht auf einer höhern Warte / Als auf den Zinnen der Partei". Demgegenüber stellt Herwegh das entschiedene Engagement in allen Fragen, welche die 'Menschheit' betreffen, als das oberste Ziel aller verantwortungsbewußten Tätigkeit hin. Daß eine so konsequente Wendung zur Parteilichkeit einen großen Einfluß auf die verschiedenen literarischen Ausdrucksmöglichkeiten haben würde, ist nicht weiter verwunderlich. Seit 1840 tritt daher an die Stelle der subjektiven Impression, des Reiseberichts, des plaudernden Feuilletons, wie überhaupt der jungdeutschen Intimität, eine Literatur in den Vordergrund, die sich eindeutig der öffentlichen Agitation verschreibt.

Aus diesem Grund beschränken sich viele Vormärz-Dichter nahezu ausschließlich auf den Essay und das politische Gedicht, das heißt, die Idee und den Schrei. Fast in allen Publikationen dieser Bewegung begegnet man spontanen Tendenzpoeten neben junghegelianischen Theoretikern, die sich derjenigen Formen bedienen, von denen sie sich die größte Massenwirksamkeit versprechen. Von einem Drama des Vormärz zu sprechen, ist daher fast ein Widerspruch in sich. Nicht nur die Zensur, die das Theater mit einem besonders kritischen Auge überwachte, sondern auch der lyrisch-pathetische Charakter der meisten Vormärz-Poeten stand der Ausbildung eines solchen Genres hemmend im Wege. Wirklich vormärzlich wirken nur einige Revolutionskomödien (Hopf, Dulk, Feldmann, Solger), die sich 1848 die kurze Spanne der Zensurfreiheit zunutze machten.[6] Das gleiche gilt für den Roman, der damals – schon aufgrund seines hohen Anschaffungspreises – noch immer ein Lesegenre des gehobenen Bürgertums war. Wer auf dem Weg über die Prosa wirken wollte, mußte sich schon der kurzen Skizze, der Kalendergeschichte, der Satire oder des Pamphlets bedienen (Glaßbrenner, Dronke, Weerth).

Stellen wir daher erst einmal die Lyrik in den Mittelpunkt. Fast alles, was die Vormärzler auf diesem Gebiet geschrieben haben, sind ausgesprochene Agitationsgedichte, die sich direkt an die breiten Massen wenden. Die meisten ihrer Gedichte wirken daher wie zei-

6 Vgl. die instruktive Dokumentation: Der deutsche Michel. Revolutionskomödien der Achtundvierziger. Hrsg. von Horst Denkler. Stuttgart: Reclam 1971 (= RUB 9300–05).

tungshafte Glaubensbekenntnisse, die etwas Plakatives und Lautstarkes haben. Statt von Liebesschmerzen, Mondesglanz und Waldeinsamkeit zu girren und zu flöten, bevorzugt man jetzt gereimte Leitartikel mit kräftigen Schlagzeilen, eingängigen Refrains und einer bewußt populären Sangbarkeit. Man mag dagegen von formalästhetischer Seite einwenden, was man will. Doch eins werden selbst die finsternsten Reaktionäre zugeben müssen, nämlich, daß es gerade diese Elemente waren, die der vormärzlichen Lyrik zu ihrer enormen Wirksamkeit verhalfen. Viele dieser Gedichte – wie etwa Beckers "Rheinlied", das "Lied der Deutschen" von Hoffmann von Fallersleben oder auch manche Strophen von Herwegh und Freiligrath – gingen so schnell von Mund zu Mund, daß man sie schließlich als anonymes Volksgut empfand. Diese Dichter fühlten sich nicht mehr als 'Belletristen', sondern als Grenadiere der Menschheit, als republikanische Trommler, als Zukunftsartilleristen. Die Produkte einer solchen Kanonierphantasie lassen sich selbstverständlich nur mit rhetorischen oder didaktischen Kriterien messen. Vieles wirkt hier wesentlich direkter und massiver als bei den Jungdeutschen, da man immer wieder dazu neigt, die jeweilige 'Tendenz' so dick wie nur möglich aufzutragen. So gesehen, ist man einem Heine, ja selbst einem Laube oder Gutzkow im sprachlichen Ausdruck oft unterlegen. Doch dafür besitzen die Vormärzler eine entschiedenere Ideologie. Dichter, die sich wie Georg Weerth vorwiegend mit rein konkreten Situationen beschäftigen, wirken wesentlich überzeugender als jene, die sich lediglich als des Vaterlands Posaune empfinden, die stets schmettern, blasen, tröten, donnern – und dabei ihre Gedichte "so allgemein wie möglich" halten.

Ähnliches trifft auf die Essays der vormärzlichen Journale zu. Was man in den Gedichten als die 'neue Parteilichkeit' feiert, wird in den Essays als die 'neue Philosophie der Tat' ausgegeben, was in beiden Fällen auf den gleichen Aktivismus hinausläuft. Auch hier verzichtet man bewußt auf jene literarische Überhöhung. Selbst das Denken hat plötzlich nur noch einen Sinn: auf Veränderung zu drängen. Anstatt sich vornehm aus dem Getümmel der Meinungen herauszuhalten, wie es den Idealen der bisherigen Schulphilosophie entsprochen hatte, wird man auch in diesen Bereichen wieder aktiv, ergreift Partei oder stellt Programme auf, um nicht ewig ein Zaungast des aktuellen Geschehens zu bleiben. An die Stelle der relativ zahmen Freiheitsparolen der jungdeutschen Bewegung tritt so ein wesentlich aggressiverer und polemischerer Ton. Man will nicht mehr sein eigenes Denken, sondern das Denken einer ganzen Bewegung repräsentieren. Die Schlagworte der vormärzlich-junghegelianischen Philosophie sind daher fast die gleichen, wie man sie auch in der politischen Lyrik dieser Jahre findet: Bei Feuerbach ist es der weltzugewandte Humanismus, bei Ruge ein radikal-demokratischer Aktivismus, bei Weitling, Grün und Hess der 'wahre' Sozialismus, bei Marx und Engels ein allmählich immer radikaler werdender Kommunismus.

Und zwar ist das Verbindende auch hier die prononcierte Parteilichkeit. Kraß will man sein, nicht bloß andeutend oder ironisch-maliziös. Von den Bütteln der Reaktion von einem Ort zum anderen gehetzt, hat man weder Zeit, große Gedankengebäude aufzustellen, noch allzu großen Wert auf die persönliche Note, den Stil zu legen. Die wirklich radikalen Geister dieser Richtung waren meist gezwungen, ihre Gedankenblitze in kurzen Einleitungen, Kritiken, Vorworten, Programmen oder Manifesten unterzubringen, und zwar oft sehr überstürzt, wie sich die Chance gerade ergab. Es sind daher gerade diese Bruchstücke wie etwa Marx' berühmte "Feuerbach-Thesen", in denen sich die revolutionäre Gesinnung dieser Jahre am deutlichsten ausspricht.

Was man dabei – in Lied und Essay – als besonders verdammenswürdig herausstellt, sind die herrschende Kleinstaaterei und all ihre archaischen Begleiterscheinungen. Statt die Buntscheckigkeit der deutschen Landkarte weiterhin als etwas Gottgewolltes zu akzeptieren, weist man im Rahmen dieser Kreise auf die mittelalterliche Unhaltbarkeit solcher Verhältnisse hin. Wohl die beliebteste Witzfigur wird so der kleine Duodeztyrann, der Winkeldespot, der lächerliche Serenissimus. Doch auch Ludwig I. von Bayern und Friedrich Wilhelm IV. von Preußen werden von den Vormärzlern gnadenlos verhöhnt – der eine wegen seiner Mätressen, der andere wegen seiner Impotenz. Ebenso verächtlich äußert man sich über ihren adligen und bürokratischen Troß, das heißt jene Geheimräte, Oberhoftruchsessen, grauen Eminenzen und Polizeipräsidenten, die seit altersher in die Kategorie der Hofschranzen fallen. Wer sich einem solchen 'System' unterwirft, ja sogar vorgibt, sich darin wohlzufühlen, wird mit derselben Schärfe als kleinbürgerlicher Karrieremacher, eingelullte Michelseele, romantischer Finsterling, Aufklärungsverächter, Krähwinkelianer, Kannegießer, Kriechling, Vereinsfritze, Sonntagsspazierer, Nachtwächter, Verdrängler, das heißt, als jener 'Biedermeier' hingestellt, wie ihn später Kußmaul und Eichrodt in den "Fliegenden Blättern" karikiert haben. Anstatt die Metternichsche Restaurationsepoche als ein 'entschwundenes Paradies', als die 'gute, alte Zeit' zu preisen, in der der "Großvater die Großmutter nahm", wie es unter den Reaktionären des 20. Jahrhunderts üblich wurde, wird in den Schriften der Vormärzler diese Ära noch eindeutig als eine Zeit angeprangert, die weitgehend im Zeichen von Unterdrückung, Denunziation, Polizeibespitzelung, Zensur, Verfolgung, Ausweisung oder Einkerkerung stand – jedenfalls für all jene, die sich nicht feige hinter dem Ofen verkrümelten oder von vornherein ins Exil gingen.

So weit die Kritik. Doch worin bestehen nun die Ideale der vormärzlichen Bewegung? Wohl die früheste und spontanste Reaktion gegen die bedrückende Enge der deutschen Kleinstaaterei war das in diesen Jahren mächtig umsichgreifende nationale Einheitsverlangen, dessen erste Regungen man nach 1815 konsequent abgewürgt hatte, da es gegen die dynastische Selbstsucht der einzelnen Fürsten verstieß. Innerhalb der jungdeutschen Bewegung hatte man sich weitgehend zu einem liberalen Kosmopolitismus bekannt, der an die Weltbürgertumsvorstellungen der Aufklärung gemahnt. Wirklich 'national' wurde man erst wieder 1840, dem Jahr der berühmten Rheinlieder (Schneckenburger, Becker, Arndt u. a.), die bei vielen die verdrängten Erinnerungen an die Befreiungskriege wachriefen. Ein ähnlicher Geist kommt in den Liedern zur Schleswig-Holstein-Frage zum Ausdruck, die ebenfalls recht nationalistisch klingen. Doch eindeutig chauvinistisch wurden all diese Lieder erst nach 1871 und dann im Ersten Weltkrieg aufgefaßt. Das gilt selbst für das in aller Welt bekannte "Lied der Deutschen", das Hoffmann von Fallersleben 1841 im Helgoländer Exil verfaßte. In die gleiche Richtung gehören jene Gesänge, die durch die Wiederaufnahme des Kölner Dombaus (1840) und die Tausendjahrfeier des Deutschen Reiches (1843) ausgelöst wurden. Immer wieder meldet sich ein durchaus gerechtfertigtes Einheitsverlangen, das jedoch – aus innerer Frustrierung – nur allzu leicht ins Absolute, ja Größenwahnsinnige umkippt. Es waren daher diese Lieder, die später gern als Ansatzpunkte zur nationalistischen Verfälschung der gesamten Achtundvierziger Bewegung herangezogen wurden.

Im Vergleich zu dieser ambivalenten Haltung dem Nationalen gegenüber ist die Einstellung der Vormärzler in allen religiösen Fragen relativ eindeutig. Die Jungdeutschen hatten sich auf diesem Sektor meist zu einer saint-simonistischen Geistreligion bekannt, die zwar alle spiritualistisch-asketischen Auswüchse des Christentums schärfstens verdammt, aber nicht den jahrhundertealten Humanisierungsprozeß des Christentums als solchen in Frage stellt. Die Vormärzler verwerfen dagegen alle privaten Ersatzreligionen und gehen in radikaler Entschiedenheit dazu über, den Nutzen der Religion überhaupt in Frage zu stellen. Man denke an die vielen antikatholischen Äußerungen, die sich gegen das Treiben der Jesuiten oder die Ausstellung des Heiligen Rocks in Trier (1844) richten. Doch auch die protestantische Kirche wird in keiner Weise geschont. So bezeichneten Ruge und seine Mitstreiter in den "Hallischen Jahrbüchern" die christliche Staatsidee als prinzipiell unvereinbar mit der Vernunft. Ähnliches findet sich bei fast allen Linkshegelianern, die sich auf Bücher wie "Das Leben Jesu" (1835) von David Friedrich Strauß oder "Das Wesen des Christentums" (1841) von Ludwig Feuerbach berufen und für eine 'Vermenschlichung des Menschen' eintreten, der ein positiver, weltzugewandter Atheismus zugrunde liegt. Feuerbach sah in allen Religionen lediglich Hypostasen unterdrückter Wunschvorstellungen, die den Menschen von seinem eigentlichen Wesen entfremden. Er forderte daher Materialismus statt Idealismus, Diesseitigkeit statt Jenseitigkeit, Atheismus statt Theismus, Menschenliebe statt Gottesliebe, freudige Weltbejahung statt asketischer Weltverneinung.

Was bei Feuerbach noch relativ abstrakt formuliert wird, nimmt dann bei den Frühsozialisten und Kommunisten einen ausgesprochen revolutionären Charakter an. Autoren wie Hess, Grün, Engels, Marx begnügen sich nicht mehr damit, lediglich von der Selbstverwirklichung des Menschen im Diesseits zu sprechen, sondern stellen die Religion ganz eindeutig als jenen 'Dämon Unwissenheit' hin, den man in allen Klassengesellschaften zur Unterdrückung der ausgebeuteten Schichten herangezogen habe. Besonders Marx ist in diesem Punkte wesentlich konkreter als Feuerbach und bezeichnet das herkömmliche Kirchenwesen als "Opium des Volks", um auf den rein illusorischen Charakter dieser transzendentalen Befriedungsmethode hinzuweisen. Die jeweiligen Religionen sind für ihn weniger Hypostasen der leidenden Menschheit als Hypostasen der leidenden Klassen. Zu ihrer Aufhebung ist daher nach seiner Meinung erst einmal eine Aufhebung des durch den Zustand des Ausgebeutetseins erzeugten Leidens vonnöten, also ein revolutionärer Akt und nicht nur ein hegelianisches Vertrauen in die Macht der Vernunft.

Und damit sind wir schon mitten in der sozialen Frage, die diese Epoche so stark beschäftigt hat wie kaum eine andere. Bei den Jungdeutschen werden die gesellschaftlichen Grundvoraussetzungen meist nur am Rande erwähnt. Sie interessieren sich vorwiegend für Fragen der Pressefreiheit, der persönlichen Mobilität und religiösen Toleranz, aber nicht für das Problem der sozialen Egalität. In dieser Hinsicht stehen sie noch ganz auf dem Boden des bürgerlichen Frühliberalismus. Obendrein bot das Deutschland der dreißiger Jahre noch kaum Anhaltspunkte für einen sozialen Protest, da durch die Metternichsche Restauration und die mit ihr verbundenen Zollschranken die deutsche Wirtschaft weit hinter den Entwicklungsstand der westlichen Industrienationen zurückgefallen war. Eine Steigerung der industriellen Produktion zeichnet sich erst in den vierziger Jahren, vor allem in Sachsen und im Rheinland, ab. Und damit kommt es erst in dieser Periode zu einer unübersehbaren Konfrontation von Geldaristokratie und Proletariat. Erst jetzt entwickelt sich das, was man allgemein als 'Pauperismus' bezeichnet.

Die ersten Proteste gegen diese gesellschaftliche Polarisierung kamen von seiten der Betroffenen selbst: den zum Proletariat absinkenden Handwerkern und Heimarbeitern. Man denke an den berühmten Weberaufstand von 1844 in Peterswaldau und Langenbilau, der nur durch rücksichtslosen militärischen Einsatz niedergeschlagen werden konnte. Wie engagierte Bürgerliche auf diese Hungerrevolte reagierten, wissen wir aus Wilhelm Wolffs Reportage "Das Elend und der Aufruhr in Schlesien" (1844) und Ernst Willkomms Roman "Weiße Sklaven oder die Leiden des Volkes" (1845). Überhaupt dringt in diesen Jahren die durch die industrielle Produktionsweise entstandene Sozialproblematik immer stärker in die Themenwelt der zeitgenössischen Romane ein, was Werke wie "Schloß und Fabrik" (1847) von Louise Otto-Peters, "Das Engelchen" (1851) von Robert Prutz und das hinterlassene Romanfragment von Georg Weerth beweisen. Viele dieser 'Schilderungen aus dem Arbeiterleben' gehen jedoch lediglich auf das Gedrückte der dargestellten Verhältnisse ein. Es sind Armenberichte, wie sie später im Naturalismus wiederkehren. Doch neben der bloßen Elendsmalerei dringt manchmal auch ein wesentlich direkteres Engagement durch, das weit über die bloße Sympathie hinausreicht. Wohl die besten Beispiele dafür bieten Dronke, Weerth und Glaßbrenner, die sich in Wort und Tat für eine revolutionäre Änderung der durch den Frühkapitalismus geschaffenen Sozialverhältnisse eingesetzt haben.

Dasselbe gilt für die sozialbetonte Lyrik der Achtundvierziger. Auch hier gibt es viel triefendes Mitleid, aber auch manch echten Protest. Und so entsteht in diesen Jahren ein ganz neues Genre: das Arbeiterlied, teils von bürgerlichen Parteigängern des vierten Standes (Heine, Beck, Pfau, Meißner, Freiligrath, Weerth, Strodtmann), teils von klassenbewußten Proletariern geschaffen, die es aus begreiflichen Gründen vorzogen, in der Anonymität zu bleiben. Denn was man bürgerlichen Autoren gerade noch verzieh, verzieh man proletarischen noch lange nicht. Daß die Autoren dieser Gedichte meist zu einer primitiven Schwarz-Weiß-Malerei neigen, sollte nicht über den politischen Wert ihrer Werke hinwegtäuschen. Die Reichen erscheinen hier stets als Schlemmer, Wucherer und Ausbeuter, die trotz aller Frömmigkeit und salbadernden Humanität nur an das "enrichissez-vous" denken. Die Arbeiter stellt man dagegen meist als das graue Heer der Enterbten und Entrechteten, als die neuen Sklaven hin, die nichts zu verlieren haben als ihre Ketten.

Auch die theoretischen Äußerungen zu sozialen Problemen haben eine ganz andere Schärfe als alles, was man aus den dreißiger Jahren zu diesen Fragen kennt – von Büchners "Hessischem Landboten" einmal abgesehen. Immer weitere Schichten werden sich bewußt, daß jede echte Freiheitlichkeit ohne eine Lösung der sozialen Widersprüche notwendig illusorisch bleibt. Und zwar entwickelt sich diese Vorstellung auf zwei völlig unabhängigen Bahnen. Anfänglich waren es vor allem die Handwerker- und Arbeiterorganisationen, die den Gedanken der Sozialreform propagierten, wobei sie sich zum Teil auf die Schriften von Saint-Simon, Fourier, Lamennais und Owen stützten. Von großem Einfluß war dabei der Schneidergeselle Wilhelm Weitling, der einen Handwerkerkommunismus predigte, dem eine radikal aufgefaßte christliche Nächstenliebe zugrunde liegt.

Zu diesen mehr 'popularen' Protesten gesellten sich um 1840 die philosophisch-revolutionären Konzepte der jungen Linkshegelianer. Statt vom bloßen Mitleid oder der christlichen Nächstenliebe auszugehen, beriefen sich diese Kreise auf Hegels Idee der Geschichtsnotwendigkeit, die zu einer fortschreitenden 'Selbstrealisierung der Menschheit' im Diesseitigen führen werde. Man denke etwa an Bruno Bauer, Arnold Ruge und Max Stirner, die Anfang der vierziger Jahre energisch gegen die herrschende Geldaristokratie auftraten, welche den Menschen in seinen ureigensten Anlagen verkrüppele und damit nie zu seiner wahren Bestimmung kommen lasse. Eine andere soziale Reformbewegung, die sich in diesen Jahren entwickelte, wird meist mit dem Begriff des 'wahren' Sozialismus umschrieben. Auch seine Vertreter waren weitgehend Bürgerliche (Grün, Hess, Beck, Meißner), die jedoch neben ihren Kontakten mit den Linkshegelianern auch in den bestehenden Arbeiterorganisationen aktiv zu werden versuchten. Wie Weitling und Stirner machten sie für den grassierenden Pauperismus vor allem die liberale Geldaristokratie verantwortlich. Über die Frage, wie man diese Verhältnisse ändern solle, herrscht jedoch auch bei ihnen eine merkwürdige Unklarheit. So sprechen sie zwar oft von Sozialismus, ja sogar Kommunismus, sehen darin jedoch lediglich eine utopische Hoffnung, eine Aufgabe der Erziehung oder eine im Entwicklungsgang der Menschheit angelegte Uridee, ohne sich konkret in Fragen der Revolution oder des realen Klassenkampfes einzulassen.

All diese Gedanken bis zur letzten Konsequenz zu durchdenken, blieb dem jungen Marx vorbehalten, der sich in den frühen vierziger Jahren – über Hegel und Feuerbach hinaus – zu einem konsequenten Materialisten entwickelte. Die Vorstellungen der anderen Linkshegelianer und 'wahren' Sozialisten erschienen ihm immer noch zu idealistisch, das heißt auf dem Kopfe stehend, anstatt von der Basis, den gegebenen gesellschaftlichen Verhältnissen, auszugehen. Was ihn interessierte, war nicht die weltverändernde Kraft der 'Idee', sondern das revolutionäre Potential, das in den sozialen und ökonomischen Widersprüchen steckt. Und zwar stieß er dabei zu immer radikaleren Folgerungen vor: zur Klassenkampftheorie und zum dialektischen Materialismus. Marx wandte sich deshalb gegen alles, was nur vom Protest des Herzens inspiriert ist. Der Kampf zwischen Bourgeoisie und Proletariat ist für ihn kein Kampf zwischen Gut und Böse, sondern ein Kampf zwischen zwei verschiedenen Klassen. Das 'System' ist es, das er verdammt, nicht seine Vertreter. Nicht die Kapitalisten sind für Marx die Bösen, sondern der Kapitalismus, der zu einer Entmenschung des vierten Standes beiträgt, die sich nur durch eine weltweite Revolution überwinden läßt. Diese Gedanken finden ihre klarste, schärfste Formulierung im "Manifest der Kommunistischen Partei" vom Januar 1848, das in letzter Konsequenz auf eine gewaltsame Veränderung der bestehenden Eigentumsverhältnisse hinzielt, um der immer erhofften, aber nie erreichten Möglichkeit einer sozialen Gleichberechtigung endlich eine konkrete Basis zu geben.

Damit ist der Vormärz eigentlich zu Ende. Fragen wir uns nur noch: Inwieweit haben all diese Theorien und Proteste wirklich zur Achtundvierziger Revolution beigetragen? Oder noch direkter gefragt: Gibt es zwischen 1840 und 1848 wirklich eine kontinuierliche Kette von Ereignissen und publizistischen Äußerungen, die auch ohne die Pariser Februarrevolution von 1848 zum Paulskirchenparlament geführt hätte? Ganz eindeutig lassen sich solche Fragen nie beantworten. Doch eins muß man wohl zugeben, daß diese Ära durchaus eine innere Logik und Konsequenz besitzt. Schon 1842, als die durch die Thronbesteigung Friedrich Wilhelms IV. ausgelösten Hoffnungen im Leeren verpufft waren, spürt man, wie die Widersprüche zwischen den politischen Lagern immer größer werden. Letztlich steuerte auch dieser Hohenzoller einen völlig reaktionären Kurs. Das äußert sich vor allem in den neuen einschneidenden Zensurbestimmungen, durch die ein Großteil der vormärzlichen Publizisten ins Exil getrieben wurde. Doch diesen Autoren gelang es dennoch, pausenlos revolutionäre Schriften nach Deutschland einzuschmuggeln, was zu einer wesentlichen Verschärfung der revolutionären Stimmung beitrug. Ja, selbst in den unteren Schichten, die von diesen Schriften nicht erfaßt wurden, läßt sich zwischen 1840 und 1848 ein merkliches Anwachsen antimonarchischer und revolutionärer Gesinnungen beobachten.

Wohl ihren deutlichsten Niederschlag hat diese wachsende Unzufriedenheit in den vielen Haßgesängen dieses Zeitraums gefunden. Allenthalben ist plötzlich von Kampfansage, Entweder-Oder oder Ça ira die Rede, als gelte es zum letzten, heiligen Gefecht auszuziehen. Für Duckmäuser, Ästheten und Liberale hat man in diesen Kreisen nur noch Hohn übrig. Das Vorbild der Vormärzler ist der Tyrannenmörder, der freie Mann, der Sklavenbefreier, der nicht mehr an Worte, sondern nur noch an Taten glaubt. "O lernet endlich hassen", heißt es bei Herwegh.[7] So fragwürdig manche dieser Haßgesänge auch waren, sie erfüllten einen Zweck: Sie vereinten die Kämpfenden. Bis 1848 waren sich daher die Nationalen, Radikaldemokraten und Sozialisten relativ einig. Als jedoch in der Paulskirche die ideologischen Debatten anfingen, löste sich diese Einheitsfront wieder auf. Hier lagen sich die Erbkaiserpartei, die liberalen Großbürger, die demokratischgesinnten Literaten und die Verfechter einer roten Republik nur allzu bald in den Haaren. Die Nationalen waren zu deutschtümelnd, die Liberalen zu zahm, die Linken zu utopisch eingestellt, um die Gunst der Stunde wirklich beim Schopf zu packen. Vor allem die Vertreter der Rechten und der Mitte verhielten sich recht biedermeierlich – zumal es die verschiedenen Regierungen sehr geschickt verstanden, der wohlhabenden Bourgeoisie den proletarischen Teufel an die Wand zu malen, um sie wieder unter ihre Knute zu bringen. Der Freiheitstrieb der deutschen Bourgeoisie wurde so schon geknickt, bevor er sich recht entwickelt hatte. Und damit siegte – aufs Ganze gesehen – doch die Metternichsche Restaurationsideologie mit all ihren totalitären Begleiterscheinungen, gegenüber der sich selbst der kurze, wenn auch machtvolle Aufschwung zwischen 1840 und 1848 als zu schwach erwies.

Verhängnisvollerweise wurde damit eine der wenigen Chancen vertan, die deutsche Entwicklung der westlichen Liberalisierung und Demokratisierung anzupassen, anstatt den Kurs auf das autoritäre Bismarck-Reich umzustellen. Denn durch das Scheitern der Achtundvierziger Revolution mußte es schließlich dahin kommen, daß die

7 Georg Herwegh, Das Lied vom Hasse. In: Werke. Berlin: Bong 1909, Bd. 1, S. 47.

Bourgeoisie ihr Heil nur noch im großen Einzelnen und nicht mehr in einer demokratischen Volksbewegung erblickte. Die ideologischen Konsequenzen dieser Haltung treten schon in den fünfziger Jahren offen zutage. Nach Ablehnung der Kaiserkrone durch Friedrich Wilhelm IV. waren die national-empfindenden Kreise geradezu gezwungen, ihre Hoffnung auf einen rechtsradikalen Führertyp zu setzen. Fast noch schmählicher verhielten sich die Liberalen, die einfach tatenlos zusahen, wie es auf fast allen Gebieten zu einem Sieg der Reaktion kam. Den Linksradikalen blieb bei einer solchen Entwicklung gar nichts anderes übrig, als ins Exil zu gehen, wenn sie nicht lange Jahre oder gar den Rest ihres Lebens im Gefängnis verbringen wollten. Und so verlor Deutschland nach 1848 – wie später unter den Sozialistengesetzen und dann im Dritten Reich – einen Großteil seiner geistigen Elite, die zum Aufbau einer echten Volksdemokratie bitter nötig gewesen wäre, an das westliche Ausland. Marx, Engels, Herwegh, Freiligrath, Wagner, Ruge, Weitling, Dronke, Kinkel, Schurz, um nur ein paar der bekannteren Namen aufzuzählen, gingen in die Schweiz, nach England oder in die USA. Ein anderer, damals noch unbekannter Dichter und Sozialrevolutionär erlag am 30. Juli 1856 in Havanna/Kuba einem Tropenfieber. Sein Name war Georg Weerth.

Daß die offizielle Germanistik diesem Mann stets aus dem Wege gegangen ist, nimmt nach dem Vorhergesagten nicht wunder. Ihr waren selbst drittrangige Romantiker oder gar völkische Obskuranten lieber als ein Autor, der es ideologisch mit Marx und Engels gehalten hatte. Das Andenken Weerths wurde daher nur von den Sozialdemokraten und den späteren Kommunisten wachgehalten. Doch selbst in ihren Anthologien taucht er meist nur mit ein paar versprengten, kürzeren Gedichten auf. Den vollen Umfang seines Werks und seines historischen Stellenwerts innerhalb der Vormärzliteratur erkannt zu haben, blieb Bruno Kaiser vorbehalten, der 1956 mit der Herausgabe der fünfbändigen Ausgabe der Werke Georg Weerths begann. Erst seitdem weiß man, daß der Arbeiter Eduard in Weerths Romanfragment (vgl. Band II unserer Werkauswahl) zu den ersten klassenbewußten Proletariern in der deutschen Literatur gehört. Erst jetzt erkannte man, daß die besten Gedichte Weerths in ihrer ästhetischen Qualität fast an Heine heranreichen, ja sie in ihrer politischen Intention manchmal an Schärfe und sozialer Einsicht übertreffen. Erst jetzt sprach sich herum, daß Weerths Satiren auf das biedermeierliche Handels- und Spießbürgertum nicht nur realistisch, sondern zugleich höchst unterhaltsam sind. Und damit wurde ihm endlich der Platz zuerkannt, der ihm eigentlich von Anfang an zustand: nämlich einer der aggressivsten und witzigsten Vormärzdichter gewesen zu sein, dessen historische und aktuelle Bedeutung heute immer klarer hervortritt. Möge auch die vorliegende Edition wieder etwas von dem wettmachen, was man ihm in der Vergangenheit schuldig geblieben ist.

BILDNACHWEIS

Seite 15: Porträt Georg Weerth, entnommen aus: Westfälische Lebensbilder, Bd. X. Im Auftrage der Historischen Kommission Westfalens herausgegeben von Robert Stupperich. Münster: Aschendorff 1970. Seite 36: Porträt Wilhelm Weerth. Im Besitz der Familie Weerth, Detmold. Porträt Wilhelmine Weerth. Im Besitz der Familie Weerth, Detmold. Beide aus: Nachrichten der Lippischen Landesbibliothek, Detmold, Heft 2. Zwischen den Seiten 174 und 175: Faksimile "Hungerlied". Original im Besitz des "Internationaal Instituut voor Sociale Geschiedenis", Amsterdam. Faksimile "Album"-Titel, Fuhlrott-Museum, Wuppertal. Zwischen den Seiten 202 und 203: Das Overstolzenhaus, Kölnisches Stadtmuseum, Sammlung Faßbender. Förderturm einer englischen Kohlengrube, Fernseharchiv des Westdeutschen Rundfunks. Zwischen den Seiten 362 und 363: "Ansturm der Aktionäre", Neue Gesellschaft für bildende Kunst, Berlin. Auflösung der Deputiertenkammer und Bürger-Demonstration, Staatsbibliothek, Preußischer Kulturbesitz, Berlin.